2025年注册会计师全国统一考试辅导教材

经　济　法

中国注册会计师协会　组织编写

中国财经出版传媒集团
中国财政经济出版社
·北京·

图书在版编目（CIP）数据

经济法/中国注册会计师协会组织编写. --北京：
中国财政经济出版社，2025.2.（2025.4 重印）--（2025 年注册会计师
全国统一考试辅导教材）. -- ISBN 978 - 7 - 5223 - 3748 - 7

Ⅰ. D922.29
中国国家版本馆 CIP 数据核字第 20253B4F39 号

责任编辑：王淑婉　黎子民　吴檬檬	责任校对：张　凡
封面设计：陈宇琰	责任印制：党　辉

经济法
JINGJIFA

中国财政经济出版社 出版

URL：http://www.cfeph.cn
E-mail：cfeph@cfeph.cn

（版权所有　翻印必究）

社址：北京市海淀区阜成路甲 28 号　邮政编码：100142
营销中心电话：010 - 88191522
天猫网店：中国财政经济出版社旗舰店
网址：https://zgczjjcbs.tmall.com
河北眺山实业有限责任公司印刷　各地新华书店经销
成品尺寸：185mm×260mm　16 开　38 印张　865 000 字
2025 年 2 月第 1 版　2025 年 4 月河北第 2 次印刷
印数：40 001—45 000　定价：77.00 元
ISBN 978 - 7 - 5223 - 3748 - 7
（图书出现印装问题，本社负责调换，电话：010 - 88190548）
本社图书质量投诉电话：010 - 88190744
打击盗版举报热线：010 - 88191661　QQ：2242791300

前　　言

注册会计师行业是社会主义市场经济体系的重要制度安排，是财会监督的重要专业力量，注册会计师审计承担着执业监督的重要使命。

《中华人民共和国注册会计师法》规定，国家实行注册会计师全国统一考试制度。作为注册会计师行业资格准入的基础环节，注册会计师全国统一考试在选拔高素质会计审计专业人才、评价专业人才资质能力、引导专业人才健康成长等方面发挥了不可替代的作用。

注册会计师全国统一考试分为专业阶段和综合阶段两个阶段。专业阶段考试设会计、审计、财务成本管理、公司战略与风险管理、经济法和税法6个科目，主要测试考生是否具备注册会计师执业所需要的职业道德和专业知识，是否掌握基本的职业技能。综合阶段考试设职业能力综合测试科目，分设试卷一和试卷二，主要测试考生是否具备执业所需综合运用专业知识的能力，是否能够坚持正确的职业价值观、遵从职业道德规范、保持正确的职业态度，是否能够有效解决实务问题。

为贯彻国家人才战略和行业人才全生命周期管理理论，落实注册会计师考试质量保证体系改革精神，体现理论性、科学性、全面性、系统性、实践性和可读性等质量要求，有效帮助考生复习备考，我会组织专家以注册会计师全国统一考试大纲为基准，编写了专业阶段考试6个科目的辅导教材，选编了《经济法规汇编》。如有疏漏，欢迎指正。

特别说明的是，本套辅导教材以及相关用书，不是注册会计师全国统一考试的指定用书。

中国注册会计师协会
2025年2月

目 录

第一编　法律概论

第一章　法律基本原理 ……………………………………………………（3）
　　第一节　法律基本概念 …………………………………………………（3）
　　第二节　法律关系 ………………………………………………………（11）
　　第三节　习近平法治思想引领全面依法治国基本方略 ………………（15）
　　第四节　市场经济的法律调整与经济法律制度 ………………………（19）

第二编　民事法律制度

第二章　基本民事法律制度 ………………………………………………（29）
　　第一节　民事法律行为制度 ……………………………………………（29）
　　第二节　代理制度 ………………………………………………………（38）
　　第三节　诉讼时效制度 …………………………………………………（42）

第三章　物权法律制度 ……………………………………………………（48）
　　第一节　物权法律制度概述 ……………………………………………（48）
　　第二节　物权变动 ………………………………………………………（53）
　　第三节　所有权 …………………………………………………………（58）
　　第四节　用益物权 ………………………………………………………（67）
　　第五节　担保物权 ………………………………………………………（71）

第四章　合同法律制度 （88）
　　第一节　合同的基本理论 （88）
　　第二节　合同的订立 （91）
　　第三节　合同的效力 （95）
　　第四节　合同的履行 （96）
　　第五节　合同的保全 （100）
　　第六节　合同的担保 （103）
　　第七节　合同的变更和转让 （110）
　　第八节　合同的权利义务终止 （113）
　　第九节　违约责任 （118）
　　第十节　几类主要的典型合同 （122）

第三编　商事法律制度

第五章　合伙企业法律制度 （149）
　　第一节　合伙企业法律制度概述 （149）
　　第二节　普通合伙企业 （153）
　　第三节　有限合伙企业 （166）
　　第四节　合伙企业的解散和清算 （172）

第六章　公司法律制度 （175）
　　第一节　公司概述 （175）
　　第二节　公司基本法律制度 （177）
　　第三节　股份有限公司 （202）
　　第四节　有限责任公司 （221）
　　第五节　国家出资公司组织机构的特别规定 （227）
　　第六节　公司的财务、会计 （228）
　　第七节　公司重大变更 （232）
　　第八节　公司解散和清算 （239）

第七章　证券法律制度 （244）
　　第一节　证券法律制度概述 （244）
　　第二节　股票的发行 （268）
　　第三节　公司债券的发行与交易 （292）
　　第四节　股票的公开交易 （302）
　　第五节　上市公司收购和重组 （312）
　　第六节　证券欺诈的法律责任 （333）

第八章　企业破产法律制度 (353)
- 第一节　破产法律制度概述 (353)
- 第二节　破产申请与受理 (357)
- 第三节　管理人制度 (372)
- 第四节　债务人财产 (379)
- 第五节　破产债权 (391)
- 第六节　债权人会议 (397)
- 第七节　重整程序 (401)
- 第八节　和解制度 (412)
- 第九节　破产清算程序 (414)
- 第十节　关联企业合并破产 (421)

第九章　票据与支付结算法律制度 (425)
- 第一节　支付结算概述 (425)
- 第二节　票据法律制度 (431)
- 第三节　非票据结算方式 (475)

第四编　经济法律制度

第十章　企业国有资产法律制度 (493)
- 第一节　企业国有资产法律制度概述 (493)
- 第二节　企业国有资产产权登记制度 (499)
- 第三节　企业国有资产评估管理制度 (503)
- 第四节　企业国有资产交易管理制度 (508)

第十一章　反垄断法律制度 (522)
- 第一节　反垄断法律制度概述 (522)
- 第二节　垄断协议规制制度 (534)
- 第三节　滥用市场支配地位规制制度 (543)
- 第四节　经营者集中反垄断审查制度 (551)
- 第五节　滥用行政权力排除、限制竞争规制制度 (557)

第十二章　涉外经济法律制度 (564)
- 第一节　涉外投资法律制度 (564)
- 第二节　对外贸易法律制度 (578)
- 第三节　外汇管理法律制度 (590)

第一编

法律概论

第一章 法律基本原理

法是在对人类生活经验进行总结的基础上形成的,由国家制定或认可并普遍适用的,调整社会关系的规则。法通过对社会成员行为的规范和引导,实现立法者所追求的社会秩序与公平正义目标。在经济活动中形成的各种具体经济关系,是法律调整的重要对象。

根据我国《宪法》的规定,国家"实行依法治国,建设社会主义法治国家"。依法治国是对新中国历史经验进行深刻总结的结果,是发展社会主义市场经济的客观需要。全面依法治国是坚持和发展中国特色社会主义的本质要求和重要保障。全面推进依法治国,必须坚持党的领导,这是社会主义法治的根本要求。社会主义市场经济在本质上是法治经济。在平等保护市场主体的产权和其他合法权益、营造公平竞争环境、完善国有资产管理体制、创新和完善宏观调控等方面,法治都发挥着至关重要的保障作用。

为了有效控制法律风险,提升服务水平,注册会计师在提供会计信息鉴证和专业咨询过程中,应当具有法律意识,熟悉相关法律知识,掌握一定的运用法律解决专业问题的技能。

第一节 法律基本概念

一、法的概念与特征

法的概念是法理学的本原性问题。不同学派对法的概念和本质有不同的观点,例如,自然法学派认为,在国家制定的实在法之上存在着一种"与公平正义有着必然联系"的自然法;社会法学派则认为,法是以最小代价实现满足社会全体最大欲望的社会制度。马克思主义经典作家批判继承了关于法概念的学说思想,从国家、阶级和物质条件等角度给出了法的科学定义,即,法是反映由一定物质生活条件所决定的统治阶级意志的,由国家制定或认可并得到国家强制力保证的,赋予社会关系参加者权利与义务的社会规范的总称。与其他类型的社会规范相比,法具有以下特征:

(一)法是由一定物质生活条件所决定的统治阶级意志的体现

马克思主义认为,统治阶级的意志通过法律的形式上升为国家意志。法作为统治阶级意志的体现,同时又具有代表全社会的属性。因此,一方面,法代表的是统治阶级的整体意志,而不是统治阶级中个别人或个别集团的意志;另一方面,法也根据不同阶级、阶层和利益群体相互斗争和妥协的具体情况，尽可能关注被统治阶级和社会弱势群体等的权利和利益。但是，在本质上，法仍集中体现统治阶级的利益。

按照马克思主义"经济基础决定上层建筑"的基本原理，作为上层建筑重要组成部分的法，是由具体的经济基础即特定物质生活条件所决定的，因此，统治阶级不可能任意立法。马克思所说的"君主们在任何时候都不得不服从经济条件，并且从来不能向经济条件发号施令"，即表明统治阶级的意志必须服从于社会的物质生活条件。

从现象层面认识法，法是被奉为法律的国家意志。从本质层面认识法，法是统治阶级意志的体现，这是对法本质认识的第一层次；法所反映的统治阶级意志受到物质生活条件的制约，这是对法本质的更深层次的认识。

（二）法是由国家制定或认可的行为规范

法由国家制定或认可，突出体现了法的国家意志性。"制定"即有权的国家机关根据调整社会关系和规范人的行为的需要，依照一定程序创制新的法律规范。通常，国家通过立法机关、行政机关立法的形式制定法律，也有一些国家通过司法机关判决的形式形成判例法，这些都是国家制定法律的方式。"认可"即由国家权力确认某种社会上已经通行的规则具有法律效力，这些规则可能来源于习惯、教义或礼仪等。国家制定或认可的特征使法具有权威性和统一性。法的权威性是指法的不可违抗性，任何人均应遵守和执行；法的统一性是指不同法律规范之间在根本原则上是一致的，除极特殊情况外，一个国家只能有一个总的法律体系，且该法律体系内部各规范之间不能相互矛盾，在本国主权范围内具有普遍拘束力。

（三）法是由国家强制力保证实施的行为规范

任何一种社会规范都有一定的实施保证，如违反道德规范会受到舆论的谴责。法与其他类型的社会规范的不同在于，法是由国家强制力保证实施的。国家强制力由军队、警察、监狱等国家机构作为支持。

当然，法具有国家强制性并不意味着法律规范的实施都是依靠国家强制而实现，也不等于国家强制力是保证法律实施的唯一力量。事实上，法律的实施主要依赖于社会主体的自觉遵守和执行。只有相关社会主体不遵守法律规定，并依照法律规范应当就不遵守法律规范的行为承担相应的法律责任时，才会由国家机器保证其实施。

（四）法是调整人的行为和社会关系的行为规范

行为规范大致可以分为两大类：一类是社会规范，调整人与人之间的关系，约束人的行为；另一类是技术规范，调整人与自然、人与劳动工具之间的关系，如度量衡等，这些规范一般不属于法的范畴。随着管理科学的出现和发展，人类管理社会的规则也不断技术化，进而产生了所谓的社会技术规范，如环境保护、食品安全、建筑质量标准等。这些规范经国家制定或认可后，也纳入法律规范的范畴。

（五）法是确定社会关系参加者的权利和义务的规范

权利和义务是法调整社会关系参加者行为的基本表达形式。法通过确定各方的权利和义务，发挥影响人们的动机、指引人们的行为和调节社会关系的功能。法律所规定的权利义务不仅指个人、组织（法人和非法人组织）及国家（作为普通法律主体）的权利和义务，还包括国家机关及其公职人员在依法执行公务时所行使的职权和职责。

还应指出的是，法律虽是调整人类社会关系的重要社会规范，但并不是唯一的社会规范。在规范人的行为、调整社会关系方面，道德、宗教规范以及风俗习惯等也在不同范围内和不同程度上发挥着十分重要的作用。另外，党纪规范在保证党的路线、方针、政策的贯彻执行，端正党风并促进社会风气好转等方面都发挥着十分重要的作用。在诸种社会规范中，道德规范虽不同于法律规范，但又与法律规范联系最为密切。道德规范是维系一个社会的最基本的规范体系，如果一个社会的道德规范整体缺失，仅凭法律是不可能维系整个社会的基本生活秩序的。从法律与道德之间的关系看，一方面，法律和道德都具有规范社会行为、调节社会关系、维护社会秩序的作用，在国家治理中都具有其地位和功能。法律是准绳，任何时候都必须遵循；道德是基石，任何时候都不可忽视。法律是成文的道德，道德是内心的法律。法律有效实施有赖于道德支持，道德践行也离不开法律约束。另一方面，法律与道德也存在区别。法律属于社会制度的范畴，道德属于社会意识形态的范畴；法律规范的主要内容是权利与义务，并且强调两者之间的平衡，道德则强调对他人、对社会集体履行义务、承担责任；法律规范是由国家强制力保证实施的，而道德规范则主要依靠社会舆论、人的内心信念以及宣传教育等手段来实现。

二、法律体系

法律体系是指一个国家的全部法律规范，按照一定的原则和要求，根据法律规范的调整对象和调整方法的不同，划分为若干法律部门，进而形成的有机联系、内在统一的整体。2011年十一届全国人大四次会议上，吴邦国委员长宣布"一个立足中国国情和实际、适应改革开放和社会主义现代化建设需要、集中体现党和人民意志的，以宪法为统帅，以宪法相关法、民法、商法等多个法律部门的法律为主干，由法律、行政法规、地方性法规等多个层次的法律规范构成的中国特色社会主义法律体系已经形成"。

根据全国人大常委会的有关文件规定，我国社会主义法律体系包含以下七个法律部门：

（一）宪法及宪法相关法

宪法是国家的根本大法，规定国家的根本制度和根本任务、公民的基本权利和义务等内容。宪法相关法是与宪法相配套、直接保障宪法实施和国家政权运作等方面的法律规范的总和，主要包括四个方面：有关国家机构的产生、组织、职权和基本工作制度的法律；有关民族区域自治制度、特别行政区制度、基层群众自治组织的法律；有关维护国家主权、领土完整和国家安全的法律；有关保障公民基本权利的法律。

（二）刑法

刑法是规定犯罪、刑事责任和刑罚的法律规范的总称。与其他法律部门相比，刑法具有两个显著特点：第一，刑法所调整的社会关系极其广泛。无论哪一方面的社会关系，只要发生了构成犯罪的行为，都受刑法的调整。第二，强制性最突出。所有法律都具有强制性，但刑法的强制性最为突出。刑法是保证其他法律有效实施的后盾。

（三）行政法

行政法是规定行政主体的组织、职权、行使职权的方式、程序以及行使行政职权的法制监督，调整行政关系的法律规范的总称，包括有关行政主体、行政行为、行政程序、行政监督以及国家公务员制度等方面的法律规范。行政法调整的是行政机关与行政相对人（自然人、法人和非法人组织）之间因行政管理活动而发生的法律关系，该种关系是一种纵向法律关系。行政机关与行政相对人之间的关系具有从属性、服从性的特点。行政行为由行政机关单方面依法作出，不需要与行政相对人平等协商。

（四）民商法

民商法是规范民事、商事活动的法律规范的总称。民法调整平等主体的自然人、法人和非法人组织之间的人身关系和财产关系，主要包括物权、债权、婚姻、家庭、收养、继承等方面的法律规范。商法是在适应现代商事活动需要的基础上，从民法中分离而逐渐发展起来的法律部门，主要包括公司、证券、破产、保险、票据、海商等领域的法律规范。根据全国人大对社会主义法律体系的划分，知识产权法律制度也被划入民商法部门。

（五）经济法[①]

经济法是调整因国家从社会整体利益出发对经济活动实行干预、管理或调控所产生的社会经济关系的法律规范的总称。经济法在承认市场对资源配置起决定性作用的前提下，通过必要的国家干预手段以克服市场的自发性、滞后性、盲目性等缺陷。按照全国人大对社会主义法律体系划分的说明，税收法律制度、宏观调控和经济管理法律制度、维护市场秩序的法律制度、行业管理和产业促进法律制度、农业法律制度、自然资源法律制度、能源法律制度、产品质量法律制度、企业国有资产法律制度、金融监管法律制度、对外贸易和经济合作法律制度等内容都属于经济法部门。

（六）社会法

社会法是调整劳动关系、社会保障关系、社会福利和特殊群体权益保障方面关系的法律规范的总称。社会法是在国家干预社会生活过程中发展起来的一个法律门类，包括两个方面：第一，有关劳动关系、劳动保障和社会保障方面的法律，如劳动法、社会保险法、工会法等；第二，有关特殊社会群体权益保障方面的法律，如未成年人保护法、妇女权益保障法、残疾人权益保障法等。

（七）诉讼与非诉讼程序法

诉讼与非诉讼程序法是规范解决社会纠纷的诉讼活动与非诉讼活动的法律规范的总称。我国的诉讼制度分为刑事诉讼、民事诉讼和行政诉讼三种，分别针对三类诉讼活动进行规范。此外，我国还针对海事诉讼活动的特殊性，制定了海事诉讼特别程序法，作为对民事诉讼法的补充。为处理国与国之间的犯罪引渡问题，我国制定了引渡法，作为刑事诉讼法的补充。

非诉讼程序在纠纷解决中也占有重要地位。我国制定了仲裁法，作为有效解决民事经济纠纷，保护当事人的合法权益的重要方式。人民调解法则将人民调解工作长期积累的经验做法上升为法律，从法律上完善人民调解制度，明确人民调解与其他纠纷解决机制的关系，加强对人民调解工作的支持和保障。劳动争议调解仲裁法和农村土地承包经

[①] 应当注意的是，本教材名称为《经济法》，但这并非法律部门意义上的"经济法"概念，而是"与市场经济活动相关的经济法律制度"的意思，内容涉及多个法律部门中诸多与注册会计师执业活动密切相关的法律制度。

营纠纷调解仲裁法，充分发挥调解和仲裁两个纠纷解决渠道的作用，明确规定了相关调解和仲裁的方式、程序，为及时化解纠纷、维护当事人合法权益提供了法律依据。

三、法律渊源

法律渊源是指法律的存在或表现形式。法律渊源表明法的效力来源，包括法的创制方式和法律规范的外部表现形式。存在于社会中的诸种规范，何者可以被视为具有法律效力的法律规范，是法律渊源要解决的问题。不同于英美法系国家，我国主要承继成文法传统，法律渊源主要表现为制定法，不包括判例法。具体而言，我国的法律渊源主要有：

（一）宪法

宪法是由全国人民代表大会依特别程序制定的具有最高效力的根本大法。宪法规定的是国家政治、经济和社会制度的基本原则，公民的基本权利和基本义务，国家机关的组织和活动原则等国家和社会中最基本、最重要的问题。宪法具有最高效力，一切法律、行政法规、地方性法规、自治条例和单行条例、规章都不得同宪法相抵触。广义的宪法不仅包括《中华人民共和国宪法》，还包括其他附属性宪法性文件，如《中华人民共和国选举法》《香港特别行政区基本法》等。

（二）法律

法律是由全国人民代表大会及其常委会制定和修改的规范性法律文件的总称，在地位和效力上仅次于宪法，高于行政法规、地方性法规、规章。其中，全国人大制定和修改的，调整国家和社会生活中带有普遍性的社会关系的规范性法律文件，属于基本法律，如《中华人民共和国刑法》《中华人民共和国民法典》等。全国人大常委会制定和修改的，调整国家和社会生活中某一方面社会关系的规范性法律文件，属于一般法律，如《中华人民共和国公司法》《中华人民共和国证券法》等。在全国人大闭会期间，全国人大常委会可以对基本法律进行部分补充和修改，但是不得同该法律的基本原则相抵触。全国人大常委会负责解释法律，其作出的法律解释与法律具有同等效力。全国人大可以授权全国人大常委会制定相关法律。

（三）法规

法规包括行政法规和地方性法规。行政法规是作为国家最高行政机关的国务院在法定职权范围内为实施宪法和法律而制定的规范性法律文件。行政法规应当依据宪法和法律制定，其地位和效力仅次于宪法和法律。根据《中华人民共和国立法法》（以下简称《立法法》）第七十二条规定，行政法规可以就下列事项作出规定：（1）为执行法律的规定需要制定行政法规的事项；（2）宪法第八十九条规定的国务院行政管理职权的事项。《中华人民共和国市场主体登记管理条例》《证券公司监督管理条例》等属于行政法规。

地方性法规是有地方立法权的地方人民代表大会及其常委会就地方性事务以及根据本地区实际情况执行法律、行政法规的需要所制定的规范性法律文件的总称。地方性法规不得与宪法、法律和行政法规相抵触。地方性法规只在本辖区内适用。根据《立法法》第八十条的规定，省、自治区、直辖市的人民代表大会及其常委会，有权制定地方性法规；第八十一条规定，设区的市的人民代表大会及其常委会有权对"城乡建设与管理、生态文明建设、历史文化保护、基层治理等方面的事项"制定地方性法规,法律对设区的市制定地方性法规的事项另有规定的,从其规定;自治州的人民代表大会及其常委会也可依照关于设区的市的人民代表大会及其常委会的地方性法规制定权的规定行使地方性法规制定权。

为强化国家区域协调发展战略,《立法法》第八十三条规定,省、自治区、直辖市和设区的市、自治州的人民代表大会及其常委会根据区域协调发展的需要,可以协同制定地方性法规,在本行政区域或者有关区域内实施。省、自治区、直辖市和设区的市、自治州可以建立区域协同立法工作机制。

此外,2023年《立法法》修正时还特别明确,上海市人大及其常委会根据全国人大常委会的授权决定,制定浦东新区法规,在浦东新区实施;海南省人大及其常委会根据法律规定,制定海南自由贸易港法规,在海南自由贸易港范围内实施。

(四) 规章

规章包括部门规章和地方政府规章。部门规章是国务院各部、委员会、中国人民银行、审计署和具有行政管理职能的直属机构以及法律规定的机构,就执行法律、国务院行政法规、决定、命令的事项在其职权范围内制定的规范性法律文件的总称。如财政部发布的《企业会计准则——基本准则》、中国人民银行发布的《支付结算办法》、中国证监会发布的《上市公司信息披露管理办法》等。没有法律或者国务院的行政法规、决定、命令的依据,部门规章不得设定减损公民、法人和其他组织权利或者增加其义务的规范,不得增加本部门的权力或者减少本部门的法定职责。

地方政府规章是指有权制定规章的地方人民政府,依据法律、行政法规和本省、自治区、直辖市的地方性法规制定的规范性法律文件。其中省、自治区、直辖市和设区的市、自治州的人民政府,可以就执行法律、行政法规、地方性法规的规定而需要制定规章的事项以及属于本行政区域的具体行政管理事项,制定地方政府规章。其中,设区的市、自治州的人民政府"限于城乡建设与管理、生态文明建设、历史文化保护、基层治理等方面的事项"制定地方政府规章。没有法律、行政法规、地方性法规的依据,地方政府规章不得设定减损公民、法人和其他组织权利或者增加其义务的规范。

此外,需要注意的是,2023年《立法法》修正过程中,《全国人民代表大会关于修改〈中华人民共和国立法法〉的决定》中补充规定,"海南省儋州市比照适用《中华人民共和国立法法》有关赋予设区的市地方立法权的规定。"这意味着,海南省儋州市具有设区的市相应的地方性法规和地方政府规章立法权。

(五) 司法解释

司法解释是最高人民法院、最高人民检察院在总结司法审判经验的基础上发布的指导性文件和法律解释的总称,如最高人民法院发布的《关于适用〈中华人民共和国民法典〉合同编通则若干问题的解释》《关于适用〈中华人民共和国民法典〉物权编的解释(一)》等。《立法法》第一百一十九条规定,最高人民法院、最高人民检察院作出的属于审判、检察工作中具体应用法律的解释,应当主要针对具体的法律条文,并符合立法的目的、原则和原意。遇法律的规定需要进一步明确具体含义的,或者法律制定后出现新的情况需要明确适用法律依据的两种情况,应当向全国人大常委会提出法律解释的要求或者提出制定、修改有关法律的议案。

最高人民法院、最高人民检察院以外的审判机关和检察机关，不得作出具体应用法律的解释。

（六）国际条约和协定

国际条约和协定是指我国作为国际法主体同其他国家或地区缔结的双边、多边协议和其他具有条约、协定性质的文件，如我国为加入世界贸易组织与相关国家签订的协议、我国与有关国家签订的双边投资保护协定等。上述文件生效以后，对缔约国的国家机关、组织和公民就具有法律上的约束力，形成法律渊源。

四、法律规范

（一）法律规范的概念与特征

法律规范是由国家制定或认可的，具体规定主体权利、义务及法律后果的行为准则。法律规范是法律构成的基本单位，具体体现法律的属性，实现法律的功能。法律规范具有如下特征：(1) 法律规范具体规定权利、义务及法律后果；(2) 法律规范规定主体的行为模式，具有可重复适用性和适用的普遍性；(3) 法律规范的可操作性强，确定性程度高。

（二）法律规范与相关概念辨析

法律规范不同于规范性法律文件。规范性法律文件是以规范化的成文形式表现出来的各种法的形式的总称，是有权制定法律规范的国家机构制定或发布的，具有普遍拘束力的法律文件，如《中华人民共和国公司法》《上市公司信息披露管理办法》等。规范性法律文件是表现法律内容的具体形式，是法律规范的载体。

法律规范不同于国家的个别命令，后者也有法律效力，但其效力仅针对特定的主体或场合，不具有可重复适用性和普遍适用性。如立法机关的个别性决定、行政措施、司法机关的判决等，其直接功能在于赋予特定法律主体法律地位或资格，或者是确认特定主体之间的权利义务关系或法律责任。

法律规范不同于法律条文。法律条文是法律规范的文字表述形式，是规范性法律文件的基本构成要素；法律规范是法律条文的内容，法律条文是法律规范的表现形式。法律规范是法律条文的内容，但法律条文的内容还可能包含其他法律要素，如法律原则等。同时，法律规范与法律条文也不是一一对应的，一项法律规范的内容可以表现在不同法律条文甚至不同的规范性法律文件中，同样，一个法律条文中也可以反映若干法律规范的内容。

（三）法律规范的种类

按照不同标准可以将法律规范进行不同的分类，例如，按照法律调整的是国内关系还是国际关系，可以将法律规范分为国内法规范和国际法规范；按照法的渊源形式，可以将法律规范分为成文法规范和不成文法规范；按照法律调整的对象和领域，可以将法律规范分为不同部门法律规范等。而在法的应用意义上，下面几种分类更为重要。

1. 授权性规范和义务性规范

这是根据法律规范为主体提供行为模式的方式进行的区分。授权性规范是规定人们可以作出一定行为或者可以要求别人作出一定行为的法律规范。该类规范肯定了主体为实现其利益所必需的行为自由，立法语言通常表现为"可以……""有权……""享有……权利"等。义务性规范是规定人们必须作出某种行为或者不作出某种行为的法律规范。义务性规范又可分为命令性规范和禁止性规范。命令性规范是指规定人们的积极义务，即规定主体应当或必须作出一定积极行为的规范，其立法语言表达通常为"应（当）……""（必）须……""有……义务"等。禁止性规范是指规定人们的消极义务（不作为义务），即禁止人们作出一定行为的规范。禁止性规范通过禁止主体作出某些行为，以实现权利人的利益，立法语言通常表现为"不得……""禁止……"等。

2. 强行性规范和任意性规范

这是根据法律规范是否允许当事人进行自主调整，及按照自己的意愿设定权利和义务的标准进行的区分。强行性规范是指所规定的义务具有确定的性质，不允许任意变动和伸缩的法律规范。如《证券法》第一百二十八条第二款规定，证券公司必须将其证券经纪业务、证券承销业务、证券自营业务、证券做市业务和证券资产管理业务分开办理，不得混合操作。任意性规范是指在法定范围内允许行为人自行确定其权利义务的具体内容的法律规范。它允许人们自行选择或协商确定作为与不作为、作为的方式以及法律关系中权利义务的具体内容。根据任意性规范协商确定的规则，在当事人之间具有法律拘束力，只有在当事人没有约定的情况下，才适用法律的一般规定。

3. 确定性规范和非确定性规范

这是根据法律规范内容的确定性程度进行的区分。确定性规范是指内容已经完备明确，无须再援引或参照其他规范来确定其内容的法律规范。绝大多数法律规范属于此种规范。非确定性规范是指没有明确具体的行为模式或者法律后果，需要引用其他法律规范来说明或补充的规范，具体包括委任性规范和准用性规范。委任性规范是指只规定某种概括性指示，具体内容则由有关国家机关通过相应途径或程序加以确定的法律规范。如《反垄断法》第十二条第二款规定："国务院反垄断委员会的组成和工作规则由国务院规定。"准用性规范是指本身没有具体的规则内容，而是规定可以援引或参照其他有关规定内容的法律规范。如《民法典》第六百五十六条规定："供用水、供用气、供用热力合同，参照适用供用电合同的有关规定。"

（四）法律规范的逻辑结构

法律规范的逻辑结构是指法律规范的构成要素及要素间在逻辑上的相互关系。通常认为，一个完整的法律规范由假定（或称条件）、模式和后果三部分构成。

假定是指法律规范所规定适用该规范的条件和情况，它将法律规范的作用与一定的事实状态相联系，指出在发生何种情况或具备何种条件时，法律规范中的行为模式开始发挥作用。模式是指法律规范所规定的行为规则，包括可以做什么、应当做什么或禁止做什么，分别对应可为模式、应为模式和勿为模式。后果是指法律规范所规定的行为应当承担的法律后果，以表达法律规范对主体具有法律意义的行为的态度。后果分为肯定式的法律后果（合法后果）和否定式的法律后果（违法后果）。在法律规范的逻辑结构上，假定、模式是后果的前提，后果是对主体遵守或违反假定和模式的评价。

第二节 法律关系

一、法律关系的概念和特征

人们在社会中结成的种种联系就是社会关系。在诸种社会关系中，根据法律规范进行调整而产生的社会关系，就是法律关系。法律关系是一个重要的法律概念，也是法律实务中最基本的分析工具。它解决的是何人对何种对象，享有何种权利、承担何种义务的问题。

法律关系是根据法律规范产生、以主体间的权利与义务关系为内容表现的特殊的社会关系。与其他社会关系相比，法律关系具有以下特征：

（一）法律关系是以法律规范为前提的社会关系

法律关系是社会关系的一种，但并非所有的社会关系都属于法律关系。法律关系是以相应法律规范的存在为前提的，没有法律规范就不可能产生相应的法律关系。例如，某些社会关系领域，如友谊关系、爱情关系、政党或社会团体的内部关系等，通常不涉及法律调整，不存在相应的法律规范，所以也就不存在相应的法律关系。再如，有些社会关系领域虽然应该得到法律的调整，但由于种种原因尚未形成有效的法律规范，法律调整缺乏法律依据，因此也不可能产生法律关系。

法律规范是抽象的、在一定范围内普遍适用的，而法律关系是对特定法律规范的具体化。法律规范规定的主体的权利义务只是一种可能性，是主体能做和应做的行为，并不是现实的行为；凡是出现法律规范所假定的事实，具有法律规范所规定的主体资格的人就依法享有具体权利并承担具体义务。

（二）法律关系是以权利义务为内容的社会关系

法律关系是特定主体之间的具体的权利义务关系。法律关系与其他社会关系的重要区别，就在于它是法律化的权利义务，是一种明确的、特定的权利义务关系。这种权利和义务可以是由法律明确规定的，也可以是由法律授权当事人在法律规定的范围内自行约定的。

（三）法律关系是以国家强制力为保障的社会关系

与道德关系等其他社会关系不同，法律关系是由国家强制力作为保障的。法律关系形成所依据的法律规范，是国家意志的体现，因此，当法律关系的义务主体不履行相应义务、侵犯其他主体的合法权利时，权利受侵害的一方就有权请求国家机关运用国家强制力，责令侵害方履行义务、承担不履行义务的法律责任。

二、法律关系的种类

按照不同的标准可以将法律关系分为不同种类。最常见的法律关系分类，是按照法律规范的性质将所形成的法律关系分为民事法律关系、刑事法律关系和行政法律关系等。

此外，法律关系的常见分类还有：

（一）绝对法律关系和相对法律关系

根据法律关系的主体是单方确定还是双方确定，可以将法律关系分为绝对法律关系和相对法律关系。

绝对法律关系中的一方主体（权利人）是确定的、具体的；另一方主体（义务人）则是除了权利人以外的所有的人。绝对法律关系以"特定主体对其他一切主体"的形式表现出来，典型的如所有权等物权法律关系、人身权法律关系等。

相对法律关系的主体，无论是权利人还是义务人，都是确定的。它以"特定主体对特定主体"的形式表现出来，典型的如债权法律关系。此外，在劳动法、行政法等领域的法律关系中大都也体现出相对法律关系的特点。

（二）调整性法律关系和保护性法律关系

按照法律关系产生的依据是合法行为还是违法行为、是否适用法律制裁，可以将法律关系分为调整性法律关系和保护性法律关系。

调整性法律关系是不需要适用法律制裁，主体权利就能够正常实现的法律关系。它建立在主体的合法行为基础上，是法的实现的正常形式。保护性法律关系是在主体的权利和义务不能正常实现的情况下，通过法律制裁而形成的法律关系。保护性法律关系是在违法行为的基础上产生的，是法的实现的非正常形式。刑事法律关系是最典型的保护性法律关系。保护性法律关系的一方主体是国家，另一方是违法者。国家拥有实施法律制裁的权力，违法者应当承担相应的法律责任。

三、法律关系的基本构成

一般认为，法律关系由主体、客体和内容三部分构成，此三者也被称为法律关系的三要素。

（一）法律关系的主体

法律关系的主体，即法律关系的参加者，是指参加法律关系，依法享有权利和承担义务的当事人。享有权利的一方称为权利人，承担义务的一方称为义务人。

1. 法律关系主体的种类

（1）自然人。自然人既包括本国公民，也包括居住在一国境内或在境内活动的外国公民和无国籍人。

（2）法人和非法人组织。法人是具有民事权利能力和民事行为能力，依法独立享有民事权利和承担民事义务的组织。《民法典》将法人分为营利法人、非营利法人和特别法人，其中营利法人是以取得利润并分配给股东等出资人为目的成立的法人，包括有限责任公司、股份有限公司和其他企业法人等；非营利法人是为公益目的或者其他非营利目的成立，不向出资人、设立人或者会员分配所取得利润的法人，包括事业单位、社会团体、基金会、社会服务机构等；特别法人包括特定的机关法人、农村集体经济组织法人、城镇农村的合作经济组织法人、基层群众性自治组织法人。非法人组织是不具有法人资格，但是能够依法以自己的名义从事民事活动的组织，包括个人独资企业、合伙企业、不具有法人资格的专业服务机构等。

(3) 国家。在特定情况下，国家可以作为一个整体成为法律关系的主体。例如，国家作为主权者是国际公法关系的主体，可以成为对外经济贸易关系中的债权人和债务人；在国内法上，国家可以直接以自己的名义参与国内法律关系（如发行国库券，或成为国家所有权关系主体）。当然，大多数情况下，国家是以其机关或者授权的组织作为代表参加法律关系的。

2. 法律关系主体的权利能力和行为能力

权利能力是指权利主体享有权利和承担义务的能力，它反映了权利主体取得权利和承担义务的资格。各种具体权利的产生必须以主体的权利能力为前提；同时，权利能力通常与国籍相联系，一个国家的所有公民都应具有权利能力。《民法典》第十四条规定："自然人的民事权利能力一律平等。"

法律关系主体要自己参与法律活动，必须具备相应的行为能力。行为能力是指权利主体能够通过自己的行为取得权利和承担义务的能力。行为能力必须以权利能力为前提，无权利能力就谈不上行为能力。

根据《民法典》的规定，自然人从出生时起到死亡时止，具有民事权利能力，依法享有民事权利，承担民事义务。自然人的民事行为能力分三种：(1) 完全民事行为能力人。18周岁以上的自然人为成年人。成年人为完全民事行为能力人，可以独立实施民事法律行为。16周岁以上的未成年人，以自己的劳动收入为主要生活来源的，视为完全民事行为能力人。(2) 限制民事行为能力人。8周岁以上的未成年人和不能完全辨认自己行为的成年人为限制民事行为能力人，实施民事法律行为由其法定代理人代理或者经其法定代理人同意、追认。但是前者可以独立实施纯获利益的民事法律行为或者与其年龄、智力相适应的民事法律行为，后者可以独立实施纯获利益的民事法律行为或者与其智力、精神健康状况相适应的民事法律行为。根据司法解释，判断限制民事行为能力人实施的民事法律行为是否与其年龄、智力、精神健康状况相适应，可以从行为与本人生活相关联的程度，本人的智力、精神健康状况能否理解其行为并预见相应的后果，以及标的、数量、价款或者报酬等方面认定。(3) 无民事行为能力人。不满8周岁的未成年人、不能辨认自己行为的成年人，以及8周岁以上的未成年人不能辨认自己行为的，为无民事行为能力人，由其法定代理人代理实施民事法律行为。

社会组织作为法律关系的主体也应当具有权利能力和行为能力，但其权利能力和行为能力不同于自然人。例如，作为民事法律关系主体的法人，其权利能力从法人成立时产生，其行为能力伴随着权利能力的产生而同时产生；法人终止时，其权利能力和行为能力同时消灭。自然人的行为能力一般通过自身实现，而法人的行为能力则通过法定代表人或其他代理人来实现。

（二）法律关系的客体

法律关系的客体，是指法律关系主体间权利义务所指向的对象。法律关系的客体通常包括以下几类：

(1) 物。法律意义上的物是指法律关系主体支配的、在生产上和生活上所需要的客观实体。物既可以是自然物，如森林、土地，也可以是人的劳动创造物，如建筑物、机器、各类产品。广义上物的概念还包括财产的一般表现形式——货币及其他各种有价证券，如汇票、支票、股票、债券等。

（2）行为。一定的行为结果可以满足权利人的利益和需要，可以成为法律关系的客体。行为包括作为和不作为，前者如旅客运输合同的客体是运送旅客的行为，后者如竞业禁止合同的客体是不从事相同或相似的经营或执业活动。

（3）人格利益。人格利益是人身权法律关系的客体，也是诸多行政、刑事法律关系的客体。具体包括公民或组织的姓名或者名称、公民的肖像、名誉、尊严、公民的人身、人格和身份等。

（4）智力成果。人类智力活动创造的成果，包括科学著作、文学艺术作品、专利、商标等，这些成果是人们脑力活动的产物，称为智力成果。智力成果常成为知识产权法律关系的客体。

伴随经济社会快速发展，新型法律客体也不断衍生，如个人信息从传统隐私权中分离、数据作为一类客体也备受关注。上述新型客体有的已经为我国法律所确认，如《民法典》第一百二十七条加入了对数据、网络虚拟财产保护的原则规定；《数据安全法》第三条第一款规定，数据是指任何以电子或其他方式对信息的记录；《个人信息保护法》第四条第一款规定，个人信息是以电子或者其他方式记录的与已识别或者可识别的自然人有关的各种信息，不包括匿名化处理后的信息；其中，匿名化是指个人信息经过处理无法识别特定自然人且不能复原的过程。

（三）法律关系的内容

法律关系的内容即法律关系主体享有的权利和承担的义务。权利是法律允许权利人为了满足自己的利益可以作为或不作为，或者要求他人为一定行为或不为一定行为，并由他人的法律义务作为保证的资格。义务是法律规定的义务人应当按照权利人的要求为一定行为或不为一定行为，以满足权利人的利益的约束。权利和义务之间关系密切，没有无义务的权利，也没有无权利的义务；不能一方只享受权利不承担义务，另一方只承担义务不享受权利；权利是权利人的行为自由，因此权利可以行使也可以放弃，但权利的行使有一定的界限，不得滥用权利。

四、法律关系的变动原因——法律事实

与任何事物一样，法律关系也有产生、发展和消灭的过程。引起法律关系变化的原因，是法律事实。所谓法律事实，是指法律规范所规定的，能够引起法律后果即法律关系产生、变更或消灭的客观现象。法律事实根据其是否以权利主体的意志为转移可以分为行为和事件两类。

（一）行为

行为是指以权利主体的意志为转移、能够引起法律后果的法律事实。根据人的行为是否属于表意行为，可以分为两类：

（1）法律行为，即以行为人的意思表示为要素的行为。行为人作出意思表示应当具有相应的行为能力。

（2）事实行为，即与表达法律效果、特定精神内容无关的行为，如创作行为、侵权行为等。由于事实行为通常与表意无关，因此事实行为构成通常不受行为人行为能力的影响。

（二）事件

事件是指与当事人意志无关，但能够引起法律关系发生、变更和消灭的客观情况，常见的有：

（1）人的出生与死亡。人的出生与死亡能够引起民事主体资格的产生和消灭，也可能导致人格权的产生和继承的开始等。

（2）自然灾害与意外事件。通常自然灾害等可构成法律上的不可抗力，常成为免除法律责任或消灭法律关系的原因。意外事件可能导致风险或不利后果的法律分配，也可能成为某些法律关系的免责事由。

（3）时间的经过。时间经过可引起一些请求权的发生或消灭，例如，时效的经过，将导致债权的效力受到减损。

第三节 习近平法治思想引领全面依法治国基本方略

一、全面依法治国新理念新思想新战略

依法治国，是指依照法律治理国家的原则和方法。法是治国重器，法治是国家治理体系和治理能力的重要依托。全面依法治国，是深刻总结我国社会主义法治建设成功经验和深刻教训作出的重大抉择。新中国成立之后，我国法治建设有过曲折探索的经历。改革开放后，1982年《宪法》强化人民民主，强调法制原则。1997年，党的十五大报告明确提出"依法治国，建设社会主义法治国家"的治国基本方略。1999年，"依法治国"写入宪法，获得了宪法确认。党的十八大以来，党中央将依法治国提升至"全面推进依法治国"的新高度，并作出一系列重大决策，提出一系列全面依法治国新理念新思想新战略；中国特色社会主义法治体系不断健全，法治中国建设迈出坚实步伐，法治固根本、稳预期、利长远的保障作用进一步发挥，党运用法治方式领导和治理国家的能力显著增强。

党的十九大报告提出，"成立中央全面依法治国领导小组，加强对法治中国建设的统一领导"。2018年3月，中共中央印发《深化党和国家机构改革方案》，组建中央全面依法治国委员会，负责全面依法治国的顶层设计、总体布局、统筹协调、整体推进、督促落实，作为党中央决策议事协调机构。中央全面依法治国委员会的主要职责是，统筹协调全面依法治国工作，坚持依法治国、依法执政、依法行政共同推进，坚持法治国家、法治政府、法治社会一体建设，研究全面依法治国重大事项、重大问题，统筹推进科学立法、严格执法、公正司法、全民守法，协调推进中国特色社会主义法治体系和社会主义法治国家建设等。中央全面依法治国委员会办公室设在司法部。

贯彻落实全面依法治国各项工作必须以科学理论为指导。2020年11月召开的中央全面依法治国工作会议，首次明确习近平法治思想为全面依法治国的指导思想。2021年11月，党的十九届六中全会通过《中共中央关于党的百年奋斗重大成就和历史经验的决

议》。在中国共产党成立百年之际总结党的百年奋斗重大成就和历史经验，《决议》指出："党中央强调，法治兴则国家兴，法治衰则国家乱；全面依法治国是中国特色社会主义的本质要求和重要保障，是国家治理的一场深刻革命；坚持依法治国首先要坚持依宪治国，坚持依法执政首要坚持依宪执政。必须坚持中国特色社会主义法治道路，贯彻中国特色社会主义法治理论，坚持依法治国、依法执政、依法行政共同推进，坚持法治国家、法治政府、法治社会一体建设，全面增强全社会尊法学法守法用法意识和能力。"

2022年10月，中国共产党第二十次全国代表大会胜利召开。党的二十大报告将"基本实现国家治理体系和治理能力现代化，全过程人民民主制度更加健全，基本建成法治国家、法治政府、法治社会"确定为到2035年我国发展的总体目标之一；并首次于第七部分专章论述"坚持全面依法治国，推进法治中国建设"。二十大报告强调，全面依法治国是国家治理的一场深刻革命，关系党执政兴国，关系人民幸福安康，关系党和国家长治久安。必须更好发挥法治固根本、稳预期、利长远的保障作用，在法治轨道上全面建设社会主义现代化国家。我们要坚持走中国特色社会主义法治道路，建设中国特色社会主义法治体系、建设社会主义法治国家，围绕保障和促进社会公平正义，坚持依法治国、依法执政、依法行政共同推进，坚持法治国家、法治政府、法治社会一体建设，全面推进科学立法、严格执法、公正司法、全民守法，全面推进国家各方面工作法治化。进而，报告从以下四方面提出重点要求：第一，完善以宪法为核心的中国特色社会主义法律体系；第二，扎实推进依法行政；第三，严格公正司法；第四，加快建设法治社会。

法治的价值在于固根本、稳预期、利长远。全面依法治国是坚持和发展中国特色社会主义的本质要求和重要保障，是实现国家治理体系和治理能力现代化的必然要求，是全面建设社会主义现代化国家、实现中华民族伟大复兴的中国梦的重要保证，是事关我们党执政兴国、人民幸福安康、实现党和国家长治久安的长远考虑，具有基础性、保障性作用。改革开放越深入越要强调法治。法治是最好的营商环境。坚持和完善法治，可以使各类市场主体的产权和合法权益受到平等保护；可以规范政府和市场的边界，尊重市场经济规律，通过市场化手段，在法治框架内调整各类市场主体的利益关系；可以强化企业合规意识，保障和服务高水平对外开放。

全面推进依法治国的总目标是建设中国特色社会主义法治体系、建设社会主义法治国家。这个总目标既明确了全面推进依法治国的性质和方向，又突出了全面推进依法治国的工作重点和总抓手，对全面推进依法治国具有纲举目张的意义。

二、习近平法治思想

习近平法治思想是马克思主义法治理论中国化的最新成果，是中国特色社会主义法治理论的重大创新发展，是习近平新时代中国特色社会主义思想的重要组成部分，是新时代全面依法治国必须长期坚持的指导思想。习近平法治思想高屋建瓴、视野宏阔、内涵丰富、论述深刻。其核心要义如下：

第一，坚持党对全面依法治国的领导。党的领导是推进全面依法治国的根本保证。

第二，坚持以人民为中心。全面依法治国最广泛、最深厚的基础是人民，必须坚持为了人民，依靠人民；必须把体现人民利益、反映人民愿望、维护人民权益、增进人民福祉落实到全面依法治国各领域全过程，保障和促进社会公平正义，努力让人民群众在每一项法律制度、每一个执法决定、每一宗司法案件中都感受到公平正义。推进全面依法治国，根本目的是依法保障人民权益。

第三，坚持中国特色社会主义法治道路。中国特色社会主义法治道路本质上是中国特色社会主义道路在法治领域的具体体现。

第四，坚持依宪治国、依宪执政。党领导人民制定宪法法律，领导人民实施宪法法律，领导健全保证宪法全面实施的体制机制，确立宪法宣誓制度。党自身要在宪法法律范围内活动。

第五，坚持在法治轨道上推进国家治理体系和治理能力现代化。法治是国家治理体系和治理能力的重要依托。

第六，坚持建设中国特色社会主义法治体系。中国特色社会主义法治体系是推进全面依法治国的总抓手。

第七，坚持依法治国、依法执政、依法行政共同推进，法治国家、法治政府、法治社会一体建设。

第八，坚持全面推进科学立法、严格执法、公正司法、全民守法。

第九，坚持统筹推进国内法治和涉外法治。

第十，坚持建设德才兼备的高素质法治工作队伍。

第十一，坚持抓住领导干部这个"关键少数"。各级领导干部要坚决贯彻党中央关于全面依法治国的重大决策部署，带头尊崇法治、敬畏法律、了解法律、掌握法律，不断提高运用法治思维和法治方式深化改革、推动发展、化解矛盾、维护稳定、应对风险的能力，做尊法、学法、守法、用法的模范。

三、全面推进依法治国的基本原则

为实现全面推进依法治国的总目标，应坚持以下基本原则：

第一，坚持中国共产党的领导。党的领导是中国特色社会主义最本质的特征，是社会主义法治最根本的保障。全面依法治国，要有利于加强和改善党的领导，有利于巩固党的执政地位、完成党的执政使命。必须坚持党领导立法、保证执法、支持司法、带头守法，把依法治国基本方略同依法执政基本方式统一起来。

第二，坚持人民主体地位。必须坚持法治建设为了人民、依靠人民、造福人民、保护人民，以保障人民根本权益为出发点和落脚点，保证人民依法享有广泛的权利和自由、承担应尽的义务，维护社会公平正义，促进共同富裕。

第三，坚持法律面前人人平等。平等是社会主义法律的基本属性。任何组织和个人都必须尊重宪法法律权威，都必须在宪法法律范围内活动，都必须依照宪法法律行使权力或权利、履行职责或义务，都不得有超越宪法法律的特权。必须维护国家法制统一、尊严、权威，切实保证宪法法律有效实施，绝不允许任何人以任何借口、任何形式以言代法、以权压法、徇私枉法。必须以规范和约束公权力为重点，加大监督力度，做到有权必有责、用权受监督、违法必追究，坚决纠正有法不依、执法不严、违法不究行为。

第四，坚持依法治国和以德治国相结合。国家和社会治理需要法律和道德共同发挥作用。必须坚持一手抓法治、一手抓德治，大力弘扬社会主义核心价值观，弘扬中华传统美德，培育社会公德、职业道德、家庭美德、个人品德，既重视发挥法律的规范作用，又重视发挥道德的教化作用，以法治体现道德理念、强化法律对道德建设的促进作用，以道德滋养法治精神、强化道德对法治文化的支撑作用，实现法律和道德相辅相成、法治和德治相得益彰。

第五，坚持从中国实际出发。必须从我国基本国情出发，同改革开放不断深化相适应，总结和运用党领导人民实行法治的成功经验，围绕社会主义法治建设重大理论和实践问题，推进法治理论创新，发展符合中国实际、具有中国特色、体现社会发展规律的社会主义法治理论，为依法治国提供理论指导和学理支撑。汲取中华法律文化精华，借鉴国外法治有益经验，但绝不照搬外国法治理念和模式。

四、建设中国特色社会主义法治体系

建设中国特色社会主义法治体系，是全面推进依法治国的总抓手，是国家治理体系的骨干工程。加快建设中国特色社会主义法治体系，就要加快形成完备的法律法规体系、高效的法治实施体系、严密的法治监督体系、有力的法治保障体系，形成完善的党内法规体系。

建设中国特色社会主义法治体系，首要的是完善以宪法为核心的中国特色社会主义法律体系，主要标准包括：第一，法的部门要齐全；第二，不同法律部门内部基本的、主要的法律规范要齐备；第三，不同法律部门之间、不同的法律规范之间、不同层级的法律规范之间，要做到逻辑严谨、结构合理、和谐统一。当前，中国特色社会主义法律体系已经形成，但仍需要紧紧围绕提高立法质量和立法效率，继续加强和改进立法工作，坚持科学立法、民主立法、依法立法，坚持立改废释并举，增强法律法规的及时性、系统性、针对性、有效性，提高法律法规的可执行性、可操作性。

法的生命力和权威在于实施。建设中国特色社会主义法治体系，还需要建立高效的法治实施体系。坚持依法治国、依法执政，首先是要坚持依宪治国、依宪执政，加强宪法实施。同时，需要坚持严格执法、公正司法、全民守法，切实维护法律尊严和权威，确保法律全面有效实施。

建设中国特色社会主义法治体系，要建立严密的法治监督体系。要以规范和约束公权力为重点，构建党统一指挥、全面覆盖、权威高效的监督体系，加大监督力度，把党内监督同国家机关监督、民主监督、司法监督、群众监督、舆论监督贯通，努力形成科学有效的权力运行制约和监督体系，增强监督合力和实效，做到有权必有责、用权受监督、有责要担当、失责必追究。

建设中国特色社会主义法治体系，必须健全法治保障体系，为全面依法治国提供有力的政治和组织保障。加强法治专门队伍和法律服务队伍建设，加强机构建设和经费保障；改革和完善不符合法治规律、不利于依法治国的体制机制；弘扬社会主义法治精神，增强全民法治观念，完善守法诚信褒奖机制和违法失信行为的惩戒机制。

建设中国特色社会主义法治体系，必须加强党内法规制度建设。要坚持依法治国和制度治党、依规治党的统筹推进、一体建设，完善党内法规制定机制体制，注重党内法规同国家法律的衔接和协调，构建以党章为根本、若干配套党内法规为支撑的党内法规制度体系，提高党内法规的执行能力和水平。

第四节 市场经济的法律调整与经济法律制度

人类生存和社会发展，均仰赖于经济活动。调整经济关系、维护经济秩序，是法律的重要任务。我国已确立全面建成高水平社会主义市场经济体制的目标，坚持全面依法治国，建设社会主义法治国家。市场经济是法治经济，法律对维护经济秩序、促进经济发展起到日益重要的作用。现代市场经济国家中，民商法和经济法是调整经济关系的主要法律部门，行政法、刑法等其他法律部门也对经济发展有重要的调整作用。

一、调整经济的法律制度的历史演进

法律对经济的调整自古就有。伴随人类社会进入阶级社会，产生私有制和国家，就必然存在法律对财产权利的保护、维护交易关系以及保障国家在一定程度上对经济的管理。即使在自然经济或早期简单商品经济社会，确定物权以定纷止争的财产法律制度、维护市场交易关系的合同法律制度、保障国家运行的财政税收法律制度乃至官工官商等国有企业制度等先后应运而生。罗马私法即为典型的调整简单商品经济关系的法律制度。中世纪海上与陆上商事活动的发展，在商人自治基础上发展出商人习惯法，有效调整了商业活动中的经济关系。

人类调整经济关系的法律制度蓬勃发展并走向成熟，还是在进入市场经济阶段之后。在市场经济初期（自由竞争市场经济阶段），人类社会的生产力得以迅速发展，与此相适应，经济民主的思想开始兴起，市场主体之间的平等地位以及市场主体的自主选择权得到普遍尊重，经济主要靠市场机制这只"看不见的手"来调节；"夜警国家"成为界定国家职能的基本遵循，政府的经济职能受到限制和约束，公共权力对市场的干预受到抵制。私法在确立市场活动主体的法律人格和地位、确定财产权利维护财产静态秩序、确立合同法制维护财产动态秩序以及确立过错责任制度全面保护人身财产权利方面起到重要作用。所有权神圣、契约自由和过错责任被奉为近代私法三大原则，人格独立、结社自由等原则也对市场经济发展起到至关重要的作用。在这一阶段，世界几大民法典相继产生，调整传统商事主体和商事行为的商法得以蓬勃发展。

进入现代市场经济阶段以后，生产的高度社会化以及人类社会的现代化导致了诸多市场失灵问题，例如，自由竞争导致的垄断，反过来屏蔽了竞争机制，从根本上动摇了市场经济的基础；市场的极端个体理性使宏观经济失衡；信息及实力的不对称，使消费者无法与企业取得实质的平等。这些变化使市场经济初期备受推崇的个人本位思想开始向社会本位思想演变；自由放任的市场经济逐步向注重政府干预和协调的市场经济转变。同时，社会公平意识也开始增强。在这一阶段，一方面，传统私法三原则逐渐软化，如在保障所有权的前提下提倡所有权负有社会义务，强调契约自由的基础上平衡其与契约

正义的关系，在过错责任基础上面对风险社会发展无过错责任加以协调，使私法更好适应社会化大生产条件下的市场经济法律调整；另一方面，自由放任的市场经济也逐步转向市场与政府的有机结合，强调为实现社会整体利益而进行的国家管理和调控，旨在调控宏观经济、维护竞争秩序和保护消费者权益的经济法开始勃兴。

二、市场经济条件下经济法律制度体系的基本理念与逻辑

现代市场经济条件下，民商法与经济法相互配合，形成调整经济关系、维护市场秩序的经济法律制度体系。市场运行的内在规律决定了经济法律制度体系中不同法律部门和制度之间的角色分工，进而形成对经济关系综合调整的制度逻辑。

民法包括人身法和财产法两个主要部分。民法首先确立经济活动参与者的主体地位，通过对其各项人身权利的保护，塑造独立法律主体，为经济活动参与者行为自由和责任承担奠定基础。民事财产法主要通过物权法、合同法、侵权责任法等法律制度，保护市场主体对财产的所有和利用；保障市场主体按照意思自治原则自主达成交易，并使合同得以履行；制裁侵害他人财产权和人身权的行为，维护主体的合法权益。

现代商法制度在中世纪商人习惯法基础上，逐渐演化为包括公司法、证券法、破产法、票据法、海商法、信托法、保险法等多个子部门的庞大体系。以商业交易为基础，公司企业法律制度在商业组织设立、内部管理、对外交易关系调整等方面起到重要作用；证券法、银行法则着重解决商业组织融资法律关系；破产法律制度解决商业组织市场退出事务处理中的法律关系。这些商事法律制度对维护市场主体经营活动及市场经济秩序发挥了重要作用。

市场发挥资源配置作用，仰赖于理性经济人、公平有序竞争和信息真实充分等基本条件。然而上述条件的达致并非市场所能，而是需要外在于市场的力量进行保护，由此政府介入市场进行调整实有必要。以法律方式介入市场进行管理和调控的经济法，一方面，调整市场经营者之间的关系，如通过反垄断法禁止垄断等遏制竞争的行为，通过反不正当竞争法禁止恶性竞争行为；另一方面，调整经营者与消费者之间的关系，如通过对消费者权益保护法等法律制度，规制产品质量、广告、价格、计量等行为以保护消费者的合法权益。由此，市场规制法律制度应运而生。此外，经济发展周期性波动是客观规律，但也会对经济发展产生重大影响。为减弱经济波动对经济发展的影响，通过宏观调控法律制度，包括规划和产业法、财政法、税法、金融法、对外贸易法等法律制度，保障经济平稳运行、健康发展。由此，宏观调控法律制度应运而生。市场规制法和宏观调控法作为经济法之两翼，协调配合，致力于维护良好的市场运行秩序，为市场发挥资源配置功能起保障作用。

三、高质量发展与优化营商环境建设

党的二十大报告将"构建新发展格局和建设现代化经济体系取得重大进展"作为全面建设社会主义现代化国家开局起步关键时期的主要目标任务之一，强调"加快构建新发展格局，着力推动高质量发展"。报告明确"高质量发展是全面建设社会主义现代化国家的首要任务"，并在"构建高水平社会主义市场经济体制"部分提到要"优化

营商环境";在"推进高水平对外开放"部分强调"营造市场化、法治化、国际化一流营商环境"。

优化营商环境，对构建新发展格局、实现高质量发展具有重要意义，同时也是形成高水平开放格局、提升国际核心竞争力的需要。有鉴于注册会计师在各国高水平市场建设中的重要作用，本部分特从世界银行营商环境项目和我国《优化营商环境条例》主要内容两个方面，简要介绍优化营商环境建设的主要内容。

（一）世界银行营商环境项目

世界银行于2001年设立全球营商环境评估项目（Doing Business，以下简称DB项目），基于对全球130多个经济体的5个相关指标数据的搜集和分析，评估商业环境。自2004年起，世界银行每年公布一份全球营商环境报告。至2020年，DB项目发展成面向190个经济体，采用10大类指标进行评估和数据发布的报告，成为全球贸易、国际投资等方面的重要参考。DB项目选取的10项指标包括开办企业、办理施工许可、获得电力、产权登记、获得信贷、保护中小投资者、纳税、跨境贸易、合同执行以及破产办理。2014年后，DB项目对美国、中国、日本等人口超过1亿的11个国家，选择常住人口最多的两个城市作为样本进行评估。我国入选的样本城市分别为北京、上海。近年来，我国营商环境总体得分和全球排名快速上升，《营商环境报告2020》显示，我国营商环境排名跃居全球第31位，连续两年被评为全球营商环境改善幅度最大的10个经济体之一。

2021年9月，世界银行决定中止DB项目评估与数据发布，以便检视以往的评估方法和评估体系。经过一系列征求意见、磋商讨论，2023年5月世界银行发布更新后的评价项目（Business Ready，以下简称BR项目）的最终体系文件：《BR项目指南手册》（B-READY Manual and Guide）和《BR项目方法论手册》（Business Ready Methodology Handbook），并开启新一轮测评。尽管评估项目名称、评估方法和体系等都有变化，但考虑到"营商环境"一词已为普遍接受使用，且我国国务院于2019年公布《优化营商环境条例》，因此本章继续沿用"营商环境"一词。

更新后的世界银行营商环境评价指标依然保持为10项，分别为市场准入、获取经营场所、公共设施连接、雇佣劳动、获取金融服务、国际贸易、税收、争端解决、市场竞争和企业破产。相较于之前BD项目的10项指标，新的BR项目指标变化包括：第一，增加雇佣劳动和市场竞争两项指标。考虑到劳动力是重要的生产要素，劳动法规对正式员工的权利保护作用以及对非正式工作人员的影响，BR项目一改BD评估中将劳动力市场监管指标作为观察指标的做法，进而将"雇佣劳动"作为评价指标之一。考虑到公平竞争对提升创新水平、刺激增长等方面的作用，一个充满竞争和活力的市场对一国经济增长是至关重要的；但现实中的市场竞争并不完美，因此需要关注竞争相关的法律与政策，这对优化营商环境尤为重要。第二，删除了保护中小投资者指标。因为该项指标侧重于检测上市公司和大型企业的制度实践，并不能代表普遍的企业操作；而营商环境评价并不针对特定的企业类群，因此保护中小投资者指标与BR项目测评目标有一定冲突。第三，将原BD项目中办理施工许可和产权登记两项合并为获取经营场所。第四，拓展原BD项目相应指标的内涵与外延。例如，将原BD项目中获得电力指标拓展为公共设施连接，因为企业经营所需的公共设施显然不仅限于电力，还包括供排水接入、互联网连接、公共设施供应质量、可靠性和可评估性等内容；将原 BD 项目中获得信贷指标拓展为获取金融服务，除商业贷款外，评估内容更广泛包括担保交易、电子支付和绿色融资的监督质量，信贷基础设置中信息的可获得性，实际获得金融服务的便利度等。

总体上，BR 项目从衡量单个企业办事便利化程度，转向评估有利于私营企业发展的各类相关法律与政策；评估维度也从原有的监管框架和办理便利程度，拓展到评估监管框架的完备性、公共服务的可及性以及企业办事便利度三个层面；评估数据采集方式也从 DB 项目所采用的对专业机构的问卷调查，丰富为法律法规梳理、专业机构调查、企业感受度调查、政府数据核验等多种途径，并且注重规则与政策的实施效果。

基于世界银行营商环境评估体系和方法的更新，新一轮的测评将继续开展。不仅其测评结果对树立我国优良营商环境的国际形象具有重要意义，而且也可以参考相应指标检测国内各城市、地区的营商环境优化工作。当然，在具体参考过程中也需要考虑世界银行 BR 测评指标对我国具体情况的适应性。

（二）优化营商环境的国内实践

近年来，党和国家高度重视优化营商环境工作。2019 年，国务院正式公布《优化营商环境条例》，此后又相继发布《关于开展营商环境创新试点工作的意见》《关于进一步优化营商环境降低市场主体制度性交易成本的意见》《关于进一步优化营商环境更好服务市场主体的实施意见》等。国务院各部委也发布相关文件，如国家税务总局、国家发展改革委等联合发布《关于推进纳税缴费便利化改革优化税收营商环境若干措施的通知》等。多个省、市也分别出台地方性法规，提倡优化营商环境，如《北京市优化营商环境条例》《广东省优化营商环境条例》等。最高人民法院也出台多个司法文件，为优化营商环境提供司法保障，如《最高人民法院印发〈关于为改善营商环境提供司法保障的若干意见〉的通知》《最高人民法院关于依法平等保护非公有制经济促进非公有制经济健康发展的意见》等。

根据《优化营商环境条例》，营商环境是指企业等市场主体在市场经济活动中所涉及的体制机制性因素和条件。优化营商环境应当秉持以下基本原则：第一，国家持续深化简政放权、放管结合、优化服务改革的原则，要求最大限度减少政府对市场资源的直接配置，最大限度减少政府对市场活动的直接干预，加强和规范事中事后监管，着力提升政务服务能力和水平，切实降低制度性交易成本，更大激发市场活力和社会创造力，增强发展动力。各级人民政府及其部门应当坚持政务公开透明，以公开为常态、不公开为例外，全面推进决策、执行、管理、服务、结果公开。第二，坚持市场化、法治化、国际化原则，以市场主体需求为导向，以深刻转变政府职能为核心，创新体制机制、强化协同联动、完善法治保障，对标国际先进水平，为各类市场主体投资兴业营造稳定、公平、透明、可预期的良好环境。第三，建立统一开放、竞争有序的现代市场体系原则，要依法促进各类生产要素自由流动，保障各类市场主体公平参与市场竞争。第四，平等对待各类市场主体原则。国家鼓励、支持、引导非公有制经济发展，激发非公有制经济活力和创造力。国家进一步扩大对外开放，积极促进外商投资，平等对待内资企业、外商投资企业等各类市场主体。

此外，《优化营商环境条例》要求国家建立和完善以市场主体和社会公众满意度为导向的营商环境评价体系，发挥营商环境评价对优化营商环境的引领和督促作用。开展营商环境评价，不得影响各地区、各部门正常工作，不得影响市场主体正常生产经营活动或者增加市场主体负担。任何单位不得利用营商环境评价谋取利益。

具体而言，《优化营商环境条例》从市场主体保护、市场环境、政务服务、监管执法和法治保障等方面做了具体规定：

1. 市场主体保护

国家坚持权利平等、机会平等、规则平等，保障各种所有制经济平等受到法律保护。（1）保护市场主体依法享有的经营自主权。（2）平等保护要求。国家保障各类市场主体依法平等使用资金、技术、人力资源、土地使用权及其他自然资源等各类生产要素和公共服务资源。各类市场主体依法平等适用国家支持发展的政策。招标投标和政府采购应当公开透明、公平公正，依法平等对待各类所有制和不同地区的市场主体，不得以不合理条件或者产品产地来源等进行限制或者排斥。（3）国家依法保护市场主体的财产权和其他合法权益，保护企业经营者人身和财产安全。严禁违反法定权限、条件、程序对市场主体的财产和企业经营者个人财产实施查封、冻结和扣押等行政强制措施；依法确需实施前述行政强制措施的，应当限定在所必需的范围内。禁止在法律、法规规定之外要求市场主体提供财力、物力或者人力的摊派行为。市场主体有权拒绝任何形式的摊派。（4）保护知识产权。国家建立知识产权侵权惩罚性赔偿制度，推动建立知识产权快速协同保护机制，健全知识产权纠纷多元化解决机制和知识产权维权援助机制，加大对知识产权的保护力度。国家持续深化商标注册、专利申请便利化改革，提高商标注册、专利申请审查效率。（5）强化中小投资者保护。国家加大中小投资者权益保护力度，完善中小投资者权益保护机制，保障中小投资者的知情权、参与权，提升中小投资者维护合法权益的便利度。

2. 市场环境

包括：（1）持续深化商事制度改革，统一企业登记业务规范，统一数据标准和平台服务接口，采用统一社会信用代码进行登记管理；国家推进"证照分离"改革，持续精简涉企经营许可事项。（2）持续放宽市场准入，实行全国统一的市场准入负面清单制度。市场准入负面清单以外的领域，各类市场主体均可以依法平等进入。各地区、各部门不得另行制定市场准入性质的负面清单。（3）加大反垄断和反不正当竞争执法力度，营造公平竞争的市场环境。（4）建立健全统一开放、竞争有序的人力资源市场体系，打破城乡、地区、行业分割和身份、性别等歧视，促进人力资源有序社会性流动和合理配置。（5）鼓励创新。鼓励和支持市场主体拓展创新空间，持续推进产品、技术、商业模式、管理等创新，充分发挥市场主体在推动科技成果转化中的作用。（6）严格落实减税降费政策，及时研究解决政策落实中的具体问题，确保减税降费政策全面、及时惠及市场主体。（7）规范政府涉企资金行为。设立政府性基金、涉企行政事业性收费、涉企保证金，应当有法律、行政法规依据或者经国务院批准。对政府性基金、涉企行政事业性收费、涉企保证金以及实行政府定价的经营服务性收费，实行目录清单管理并向社会公开，目录清单之外的前述收费和保证金一律不得执行。推广以金融机构保函替代现金缴纳涉企保证金。（8）鼓励金融机构加大对民营企业、中小企业支持力度。商业银行等金融机构在授信中不得设置不合理条件，不得对民营企业、中小企业设置歧视性要求。商业银行等金融机构应当按照国家有关规定规范收费行为，不得违规向服务对象收取不合理费用。商业银行应当向社会公开开设企业账户的服务标准、资费标准和办理时限。（9）促进多层次资本市场规范健康发展。（10）加强对公用企事业单位运营监管，保障公用事业服务供给。（11）规范行业协会、商会服务。（12）强化社会信用体系建设，持续推进政务诚信、商务诚信、社会诚信和司法公信建设，提高全社会诚信意识和信用水平，维护信用信息安全，严格保护商业秘密和个人隐私。

3. 政务服务

政府及其有关部门应当进一步增强服务意识，切实转变工作作风，为市场主体提供规范、便利、高效的政务服务。（1）推进政务服务标准化。按照减环节、减材料、减时限的要求，编制并向社会公开政务服务事项（包括行政权力事项和公共服务事项，下同）标准化工作流程和办事指南，细化量化政务服务标准，压缩自由裁量权，推进同一事项实行无差别受理、同标准办理。没有法律、法规、规章依据，不得增设政务服务事项的办理条件和环节。应当根据实际情况，推行当场办结、一次办结、限时办结等制度，实现集中办理、就近办理、网上办理、异地可办。（2）加快建设全国一体化在线政务服务平台，推动政务服务事项在全国范围内实现"一网通办"；推动政务信息系统整合，优化政务流程，促进政务服务跨地区、跨部门、跨层级数据共享和业务协同；建立电子证照共享服务系统，实现电子证照跨地区、跨部门共享和全国范围内互信互认；推动政务服务大厅与政务服务平台全面对接融合。（3）国家严格控制新设行政许可。新设行政许可应当按照行政许可法和国务院的规定严格设定标准，并进行合法性、必要性和合理性审查论证。对通过事中事后监管或者市场机制能够解决以及行政许可法和国务院规定不得设立行政许可的事项，一律不得设立行政许可，严禁以备案、登记、注册、目录、规划、年检、年报、监制、认定、认证、审定以及其他任何形式变相设定或者实施行政许可。法律、行政法规和国务院决定对相关管理事项已作出规定，但未采取行政许可管理方式的，地方不得就该事项设定行政许可。对相关管理事项尚未制定法律、行政法规的，地方可以依法就该事项设定行政许可。国家实行行政许可清单管理制度，适时调整行政许可清单并向社会公布，清单之外不得违法实施行政许可。（4）按照国家促进跨境贸易便利化的有关要求，依法削减进出口环节审批事项，取消不必要的监管要求，优化简化通关流程，提高通关效率，清理规范口岸收费，降低通关成本，推动口岸和国际贸易领域相关业务统一通过国际贸易"单一窗口"办理。（5）税务机关应当精简办税资料和流程，简并申报缴税次数，公开涉税事项办理时限，压减办税时间，加大推广使用电子发票的力度，逐步实现全程网上办税，持续优化纳税服务。（6）不动产登记机构应当按照国家有关规定，加强部门协作，实行不动产登记、交易和缴税一窗受理、并行办理，压缩办理时间，降低办理成本。国家推动建立统一的动产和权利担保登记公示系统，逐步实现市场主体在一个平台上办理动产和权利担保登记。（7）按照构建亲清新型政商关系的要求，建立畅通有效的政企沟通机制，采取多种方式及时听取市场主体的反映和诉求，了解市场主体生产经营中遇到的困难和问题，并依法帮助其解决。

4. 监督执法

包括：（1）应当严格按照法律法规和职责，落实监管责任，明确监管对象和范围、厘清监管事权，依法对市场主体进行监管，实现监管全覆盖。（2）国家健全公开透明的监管规则和标准体系，并向社会公开。（3）创新和完善信用监管，强化信用监管的支撑保障，加强信用监管的组织实施，不断提升信用监管效能。（4）国家推行"双随机、一公开"监管，除直接涉及公共安全和人民群众生命健康等特殊行业、重点领域外，市场监管领域的行政检查应当通过随机抽取检查对象、随机选派执法检查人员、抽查事项及查处结果及时向社会公开的方式进行。(5) 应当按照鼓励创新的原则，对新技术、新产业、新业态、新模式等实行包容审慎监管，针对其性质、特点分类制定和实行相应的监管规则和标准，留足发展空间，同时确保质量和安全，不得简单化予以禁止或者不予监管。(6) 充分运用互联网、大数据等技术手段，依托国家统一建立的在线监管系统，加强监管信息归集共享和关联整合，推行以远程监管、移动监管、预警防控为特征的非现场监管，提升监管的精准化、智能化水平。(7) 建立健全跨部门、跨区域行政执法联动响应和协作机制；统筹配置行政执法职能和执法资源，在相关领域推行综合行政执法，整合精简执法队伍，减少执法主体和执法层级，提高基层执法能力。(8) 行政执法机关应当依法依规全面落实行政执法公示、行政执法全过程记录和重大行政执法决定法制审核制度，实现行政执法信息及时准确公示、行政执法全过程留痕和可回溯管理、重大行政执法决定法制审核全覆盖。行政执法中应当推广运用说服教育、劝导示范、行政指导等非强制性手段，依法慎重实施行政强制。采用非强制性手段能够达到行政管理目的的，不得实施行政强制；违法行为情节轻微或者社会危害较小的，可以不实施行政强制；确需实施行政强制的，应当尽可能减少对市场主体正常生产经营活动的影响。禁止将罚没收入与行政执法机关利益挂钩。

5. 法治保障

国家根据优化营商环境需要，依法及时制定、修改、废止有关法律、法规、规章、行政规范性文件。(1) 制定规范性文件应听取意见。制定与市场主体生产经营活动密切相关的行政法规、规章、行政规范性文件（以下简称规范性文件），应当按照国务院的规定，充分听取市场主体、行业协会商会的意见；除依法需要保密外，应当通过报纸、网络等向社会公开征求意见，并建立健全意见采纳情况反馈机制。向社会公开征求意见的期限一般不少于30日。(2) 公平竞争审查与合法性审查。制定与市场主体生产经营活动密切相关的规范性文件，应当进行公平竞争审查；制定涉及市场主体权利义务的行政规范性文件，应当进行合法性审查。(3) 没有法律、法规或者国务院决定和命令依据的，行政规范性文件不得减损市场主体合法权益或者增加其义务，不得设置市场准入和退出条件，不得干预市场主体正常生产经营活动。(4) 多元纠纷解决机制。国家完善调解、仲裁、行政裁决、行政复议、诉讼等有机衔接、相互协调的多元化纠纷解决机制，为市场主体提供高效、便捷的纠纷解决途径。(5) 国家加强法治宣传教育，落实国家机关普法责任制，提高国家工作人员依法履职能力，引导市场主体合法经营、依法维护自身合法权益，不断增强全社会的法治意识，为营造法治化营商环境提供基础性支撑。

四、教材的名称与体系

随着部门法划分界限的逐渐明确以及法学学科的不断发展，"经济法"这一概念的法学意义已经被特定化为与民商法相并列的经济法法律部门以及与其相对应的经济法学科，而不再是"调整经济关系的法"或"与经济相关的法"这样的表面含义。严格地讲，"经济法"这一名称已经不能完全涵盖本教材的内容，因为从部门法意义上看，本教材不仅包括经济法相关制度，而且还包括民法和商法相关制度。但是，考虑到本教材的名称一直沿用，已约定俗成，且本教材也不是学术意义上的教材，因此继续使用"经济法"的名称。

如上所述，在现代市场经济条件下，调整经济关系的法律制度主要包括民商法和经济法这两大部门法。但是，我们也没必要把所有的民商法制度和经济法制度都囊括到本教材中。教材在内容的选择上主要考虑的是有关法律制度与注册会计师执业的相关性，另外，也适当照顾读者在理解相关制度时应具备的必要的知识基础和背景。根据这一指导思想，教材共分四编：第一编是法律概论，主要阐述法律的一般性知识和原理。其余三编则选取了民法、商法和经济法中与注册会计师执业活动联系较为密切的有关重点法律制度，并按其部门法性质，分别列入民事法律制度编、商事法律制度编和经济法律制度编；在此基础上，结合我国现行相关法律、行政法规、司法解释、部门规章以及其他规范性法律文件，介绍具体法律规则、阐释相关法理。其中，民事法律制度编包括基本民事法律制度、物权法律制度、合同法律制度三章；商事法律制度编包括合伙企业法律制度、公司法律制度、证券法律制度、企业破产法律制度和票据与支付结算法律制度五章；经济法律制度编包括企业国有资产法律制度、反垄断法律制度、涉外经济法律制度三章。

第二编

民事法律制度

第二章 基本民事法律制度

第一节 民事法律行为制度

一、民事法律行为理论

(一) 民事法律行为的概念与特征

根据《民法典》第一百三十三条的规定，民事法律行为是民事主体通过意思表示设立、变更或终止民事法律关系的行为。民事法律行为是法律关系变动的原因之一，是民法最重要的法律事实。当事人可以通过民事法律行为自主设立、变更或终止某种法律关系，实现自己追求的法律效果，因此，民事法律行为真正体现了意思自治精神。民事法律行为具有以下特征：

1. 以意思表示为要素

意思表示是指行为人将意欲达到某种预期法律后果的内在意思表现于外部的行为。如果行为人仅有内在意思而不表现于外，则不构成意思表示，民事法律行为不能成立；行为人表现于外的意思不是其内在意思的真实反映，则表明该意思表示有瑕疵，民事法律行为的效力同样受到影响。意思表示是民事法律行为的核心，也是民事法律行为与非表意行为，如事实行为等相区别的重要标志。

2. 以设立、变更或终止权利义务为目的

民事法律行为是有目的的行为，是当事人欲达到一定法律效果的行为。此处的"目的"仅指当事人实施民事法律行为所追求的法律后果，不包括行为人实施行为的动机。这一特征使得民事法律行为区别于其他法律事实，如侵权行为。侵权行为虽然也产生一定的法律后果，但这个法律后果并非由当事人自己主张，而是由法律规定的。

(二) 民事法律行为的分类

民事法律行为可以从不同角度作不同的分类。

1. 单方民事法律行为、双方民事法律行为和多方民事法律行为

《民法典》第一百三十四条规定，民事法律行为可以基于双方或者多方的意思表示一致成立，也可以基于单方的意思表示成立。单方民事法律行为是根据一方当事人的意思表示而成立的民事法律行为。该民事法律行为仅有一方当事人的意思表示而无须他方的

同意即可发生法律效力，如撤销权的行使、解除权的行使、效力待定行为的追认、债务的免除等。双方民事法律行为是指因两个当事人之间意思表示一致而成立的民事法律行为。多方民事法律行为是三个以上的当事人意思表示一致而成立的民事法律行为。双方民事法律行为或者多方民事法律行为要求当事人有两个以上，不仅各自需要进行意思表示，而且意思表示还需一致，如合同、决议等。合同是常见的双方民事法律行为，决议则是典型的多方民事法律行为。决议是指多个主体依据表决规则作出的决定。作为一种重要的多方民事法律行为，决议在性质上与合同行为存在区别：决议当事人的意思表示可以多数决的方式作出，而且对没有表示同意的成员也具有拘束力；决议中的意思表示不仅对发出表示的成员有拘束力，而且主要对表示者共同代表的法人有拘束力。

2. 有偿民事法律行为和无偿民事法律行为

有偿民事法律行为是指当事人互为给付一定代价（包括金钱、财产、劳务）的民事法律行为，如买卖合同的买方为获得对方的货物而支付价款、承揽合同的承揽人为获得对方的报酬而提供劳务等。无偿民事法律行为是指一方当事人承担给付一定代价的义务，而他方当事人不承担相应给付义务的民事法律行为，如赠与行为、无偿委托、无偿消费借贷等。

区分有偿民事法律行为与无偿民事法律行为的意义在于：（1）确定行为性质。法律规定某些民事法律行为必须是有偿的或者无偿的。如买卖必须是有偿的，而赠与则必须是无偿的，对此当事人不能自己约定。（2）认定行为效力。有偿民事法律行为显失公平时，受损害方有权请求撤销该行为；而无偿民事法律行为则不存在显失公平的问题。（3）确定行为人的责任。一般来说，有偿民事法律行为的民事责任要重于无偿民事法律行为。如买卖合同中的出卖人应当对买卖标的物的瑕疵承担违约责任；而赠与合同中的赠与人原则上不对赠与物的瑕疵承担责任。（4）主张撤销权。如果是有偿民事法律行为，只有在债务人的相对人知道或应当知道的情况下，债权人才可以主张《民法典》第五百三十九条的撤销权；如果是无偿民事法律行为，则不用考虑当事人的主观意图就可以主张《民法典》第五百三十八条的撤销权。

3. 负担行为与处分行为

根据法律行为效果的不同，可以将法律行为分为负担行为与处分行为。负担行为是使一方相对于他方承担一定给付义务的法律行为。这种给付义务既可以是作为，也可以是不作为。因此，负担行为产生的是债法上的法律效果，其中负有给付义务的主体是债务人。处分行为是直接导致权利发生变动的法律行为。物权行为就是典型的处分行为。

区分两者的意义在于：负担行为中的权利人可以享有要求履行的请求权，义务人的履行行为是请求权实现的重要前提；处分行为则直接使权利发生变动，并不需要义务人积极履行给付义务。

4. 要式民事法律行为和不要式民事法律行为

要式民事法律行为是指法律规定必须采取一定的形式或者履行一定的程序才能成立的民事法律行为，如票据行为就是法定要式民事法律行为。不要式民事法律行为是指法律不要求采取特定形式，当事人自由选择形式即可成立的民事法律行为。该类民事法律行为的形式可由当事人协商确定。

区分要式民事法律行为和不要式民事法律行为的意义在于：不要式民事法律行为可以由当事人自由选择民事法律行为的形式；要式民事法律行为要求当事人必须采取法定形式，否则民事法律行为不能成立。

5. 主民事法律行为和从民事法律行为

主民事法律行为是指不需要有其他民事法律行为的存在就可以独立成立的民事法律行为。从民事法律行为是指从属于其他民事法律行为而存在的民事法律行为。如当事人之间订立一项借贷合同，为保证该合同的履行，又订立一项担保合同，其中，借贷合同是主合同，担保合同为从合同。从民事法律行为的效力依附于主民事法律行为：主民事法律行为不成立，从民事法律行为则不能成立；主民事法律行为无效，则从民事法律行为亦当然不能生效。但是，主民事法律行为履行完毕，并不必然导致从民事法律行为效力的丧失。

区分主民事法律行为和从民事法律行为的意义在于：从民事法律行为的存废由主民事法律行为决定，主民事法律行为不存在，从民事法律行为也就不能存在。

二、意思表示

民事法律行为以意思表示为核心，因此，认识民事法律行为必须以意思表示为切入点。意思表示包括意思和表示两个方面。意思主要是指当事人欲使其内心意思发生法律上效力的效果意思。表示是指行为人将其内在的效果意思以一定方式表现于外部，为行为相对人所了解。

意思表示可以分为无相对人的意思表示和有相对人的意思表示。无相对人的意思表示不存在意思表示所针对的相对人，如遗嘱行为、抛弃动产等单方民事法律行为。值得注意的是，并非所有单方行为都是无相对人的意思表示，如撤销权的行使、法定代理人的追认等为单方行为，同时也是有相对人的意思表示。有相对人的意思表示又分为对话的意思表示和非对话的意思表示。以对话方式作出的意思表示，相对人知道其内容时生效。以非对话方式作出的意思表示，到达相对人时生效。如订立合同过程中的要约和承诺、债务免除、授予代理权、合同解除等意思表示，均采取到达主义。《民法典》第四百八十四条第二款规定的"承诺不需要通知的，根据交易习惯或者要约的要求作出承诺的行为时生效"则属于例外情况，即双方根据交易习惯或要约要求以行为方式作出承诺的，虽为有相对人的意思表示，却是在行为作出时生效。以非对话方式作出的采用数据电文形式的意思表示，相对人指定特定系统接收数据电文的，该数据电文进入该特定系统时生效；未指定特定系统的，相对人知道或者应当知道该数据电文进入其系统时生效。当事人对采用数据电文形式的意思表示的生效时间另有约定的，按照其约定。以公告方式作出的意思表示，公告发布时生效。

意思表示可以明示或者默示。沉默只有在有法律规定、当事人约定或者符合当事人之间的交易习惯时，才可以视为意思表示。如《民法典》第一千一百二十四条规定，继承开始后，继承人放弃继承的，应当在遗产处理前，以书面形式作出放弃继承的表示；没有表示的，视为接受继承。此处"没有表示的"就属于法定沉默，亦能产生意思表示的效果，即"接受继承"。

意思表示可以撤回。撤回意思表示的通知应当在意思表示到达相对人前或者与意思表示同时到达相对人。

意思表示存在解释问题。根据《民法典》第一百四十二条规定，有相对人的意思表示的解释，应当按照所使用的词句，结合相关条款、行为的性质和目的、习惯以及诚信原则，确定意思表示的含义。无相对人的意思表示的解释，不能完全拘泥于所使用的词句，而应当结合相关条款、行为的性质和目的、习惯以及诚信原则，确定行为人的真实意思。

三、民事法律行为的效力

（一）民事法律行为的成立

民事法律行为要产生法律效力，首先应当符合民事法律行为的构成要素，即必须具有当事人、意思表示、标的三个要素。一些特别的民事法律行为，除了上述三个要素以外，还必须具备其他特殊事实要素，如实践性民事法律行为的成立还必须有标的物的交付。

（二）民事法律行为的生效

民事法律行为的生效，是指已经成立的民事法律行为因为符合法律规定的有效要件而取得法律认可的效力。民事法律行为的成立和生效是两个不同的概念。民事法律行为的成立是民事法律行为生效的前提；民事法律行为未成立，当然也谈不上生效。在大多数情况下，民事法律行为成立和生效是一致的，即在民事法律行为成立时即具有法律效力。

民事法律行为生效，应当具备一定的条件，即民事法律行为的有效要件。民事法律行为的有效要件包括实质要件和形式要件。

1. 民事法律行为有效的实质要件

（1）行为人具有相应的民事行为能力。行为人实施的民事法律行为是合法行为，必然产生权利义务关系，进而产生相应的法律后果，因此，民事法律行为的行为人必须具有预见其行为性质和后果的相应的民事行为能力。就自然人而言，完全民事行为能力人可以以自己的行为取得民事权利，履行民事义务；限制民事行为能力人只能从事与其年龄和智力程度相当的民事法律行为，其他民事法律行为由其法定代理人代理，或者征得法定代理人同意下独立实施；无民事行为能力人不能独立实施民事法律行为，必须由其法定代理人代理。

法人的民事行为能力是由法人核准登记的经营范围所决定的。但从维护相对人的利益和促进交易的角度出发，原则上认定法人超越经营范围从事的民事法律行为有效。《民法典》第五百零五条规定，当事人超越经营范围订立的合同，不得仅以超越经营范围为由确认合同无效。

（2）行为人的意思表示真实。意思表示真实是指行为人在自觉、自愿的基础上作出符合其内在意志的表示行为。意思表示不真实的民事法律行为，可以撤销或宣告无效。意思表示真实包括两个方面：意思表示自愿，任何人不得强迫；行为人内在的效果意思和外在的表示一致。

（3）不违反法律、行政法规的强制性规定，不违背公序良俗。这是指意思表示的内容不得与法律的强制性或禁止性规范相抵触，也不得滥用法律的授权性或任意性规定规避强制性或禁止性规范。

2. 民事法律行为有效的形式要件

这是指意思表示的形式必须符合法律的规定。《民法典》第一百三十五条规定："民事法律行为可以采用书面形式、口头形式或者其他形式；法律、行政法规规定或者当事人约定采用特定形式的，应当采用特定形式。"如果行为人进行某项特定的民事法律行为时，未采用法律规定的特定形式，则不能产生法律效力。民事法律行为的形式主要有以下几种：（1）口头形式，指用谈话的方式进行意思表示，如当面交谈、电话交谈等。（2）书面形式，指用书面文字进行的意思表示，数据电文（包括电报、电传、传真、电子数据交换和电子邮件等）属于书面形式的一种。（3）推定形式，指当事人并不直接用口头形式或书面形式进行意思表示，而是通过实施某种积极的行为，使得他人可以推定其意思表示的形式。如在超市购物，向售货员交付货币的行为就可推定为行为人具有购买物品的意思。（4）沉默形式，即指行为人没有以积极的作为进行表示，而是以消极的不作为代替意思表示的形式。根据《民法典》第一百四十条第二款的规定，沉默只有在有法律规定、当事人约定或者符合当事人之间的交易习惯时，才可以视为意思表示。如《民法典》第一百四十五条第二款第二句、第一百七十一条第二款第二句"未作表示的，视为拒绝追认"之规定，即属具有意思表示效力的法定沉默。由于纯粹的沉默产生的意思是模糊的，容易产生歧义，因此只有法律有明文规定、当事人约定或者符合当事人之间的交易习惯时，才可以将行为人的沉默作为意思表示的一种形式，产生相应的法律后果。

（三）无效民事法律行为

1. 无效民事法律行为概述

无效民事法律行为是指因欠缺民事法律行为的有效条件，不发生当事人预期法律后果的民事法律行为。无效民事法律行为的特征是：（1）自始无效。从行为开始时起就没有法律约束力。（2）当然无效。不论当事人是否主张，是否知道，也不论是否经过人民法院或者仲裁机构确认，该民事法律行为当然无效。（3）绝对无效。绝对不发生法律效力，不能通过当事人的行为进行补正。当事人通过一定行为消除无效原因，使之有效，这不是无效民事法律行为的补正，而是消灭旧的民事法律行为，成立新的民事法律行为。无效民事法律行为有全部无效和部分无效的区别。

2. 无效民事法律行为的种类

根据《民法典》，无效民事法律行为包括以下种类：

（1）无民事行为能力人独立实施的民事法律行为无效。无民事行为能力人不能正确认识其行为的法律意义，依法不能进行民事活动，只能由其法定代理人代理。

（2）以虚假意思表示实施的民事法律行为无效。行为人与相对人以虚假的意思表示实施的民事法律行为无效。行为人如果以虚假的意思表示隐藏另外一个民事法律行为，被隐藏的民事法律行为的效力，依照有关法律规定处理。

（3）恶意串通损害他人合法权益的民事法律行为无效。恶意串通损害他人合法权益的民事法律行为，指行为人故意合谋实施的损害其他自然人、法人、非法人组织的合法权益的行为。这类民事法律行为的主要特征是当事人之间互相串通、互相配合，共同实施了违法行为。在恶意串通损害他人合法权益的民事法律行为中，当事人所表达的意思是真实的，但这种意思表示是非法的，因此是无效的。

(4) 违反强制性规定或者违背公序良俗的民事法律行为无效。根据《民法典》第一百五十三条规定，违反法律、行政法规的强制性规定的民事法律行为无效，但是该强制性规定不导致该民事法律行为无效的除外。因此，并非违反法律的行为一律都是无效的。在下列情况中，原则上由行为人承担行政责任或者刑事责任即可实现强制性规定的立法目的，不应该认定民事法律行为无效：第一，强制性规定旨在维护政府的税收、土地出让金等国家利益，认定合同有效不会影响该规范目的的实现。第二，强制性规定旨在维护其他民事主体的合法利益而非合同当事人的民事权益，认定合同有效不会影响该规范目的的实现。第三，强制性规定旨在要求当事人一方加强风险控制、内部管理等，对方无能力或者无义务审查合同是否违反强制性规定，认定合同无效将使其承担不利后果。第四，当事人一方虽然在订立合同时违反强制性规定，但是在合同订立后其已经具备补正违反强制性规定的条件却违背诚信原则不予补正。第五，法律、行政法规的强制性规定旨在规制合同订立后的履行行为，该合同的履行并非当然违法的行为。另外，违背公序良俗的民事法律行为亦无效。

（四）可撤销的民事法律行为

1. 可撤销的民事法律行为概述

可撤销的民事法律行为，是指依照法律规定，由于行为人的意思与表示不一致或者意思表示不自由，导致非真实的意思表示，可由当事人请求人民法院或者仲裁机构予以撤销的民事法律行为。

与无效民事法律行为相比较，可撤销的民事法律行为体现出以下特点：（1）行为成立后的效力不同。可撤销的民事法律行为在撤销前已经生效，在被撤销以前，其法律效果可以对抗除撤销权人以外的任何人。而无效的民事法律行为在法律上当然无效，从一开始即不发生法律效力。（2）主张权利的主体不同。可撤销的民事法律行为的撤销，应由撤销权人以撤销行为为之，人民法院不主动干预。无效民事法律行为在内容上具有明显的违法性，故对无效民事法律行为的确认，不以当事人的意志为转移，司法机关和仲裁机构可以在诉讼或仲裁过程中主动宣告其无效。（3）行为效果不同。可撤销的民事法律行为的撤销权人对权利行使拥有选择权，如果撤销权人未在规定的期限内行使撤销权，可撤销民事法律行为将终局有效，不得再被撤销。可撤销的民事法律行为一经撤销，其效力溯及至行为开始，即自行为开始时无效。而无效民事法律行为的后果则为自始无效、绝对无效。（4）行使时间不同。可撤销的民事法律行为，其撤销权的行使有时间限制。而在无效民事法律行为中，则不存在此种限制。

2. 可撤销民事法律行为的种类

（1）因重大误解而为的民事法律行为。所谓重大误解是指行为人对行为的性质、对方当事人或者标的物的品种、质量、规格、数量等产生错误认识，按照通常理解如果不发生该错误认识行为人就不会作出相应意思表示。所谓按照通常理解错误是重大的，是指从一个处在行为人地位的普通人立场来看，错误认识会对交易的成立产生重大影响。比如，将11.5万元误认为1.5万元，将二套房误认为首套房，将100公斤误认为100斤，将铁螺母误认为铜螺母。但是，基于交易习惯不构成重大误解的除外。比如，在古玩市场上对花瓶年代、手镯材质、钱币真假等发生错误认识。

（2）受欺诈而为的民事法律行为。欺诈，指故意告知虚假情况，或者负有告知义务的人故意隐瞒真实情况，致使当事人基于错误认识作出意思表示。被欺诈的一方可以请求人民法院或者仲裁机构予以撤销。如果第三人实施欺诈行为，使一方在违背真实意思的情况下实施民事法律行为，对方知道或者应当知道该欺诈行为的，受欺诈方有权请求人民法院或者仲裁机构予以撤销。

（3）受胁迫而为的民事法律行为。受胁迫而为的民事法律行为，指以给自然人及其近亲属等的人身权利、财产权利以及其他合法权益造成损害或者以给法人、非法人组织的名誉、荣誉、财产权益等造成损害为要挟，迫使其基于恐惧心理作出意思表示。被胁迫的一方可以请求人民法院或者仲裁机构予以撤销。胁迫既可以来自民事法律行为的相对人，也可以来自第三人，其法律效果一样，均导致民事法律行为的可撤销。

（4）显失公平的民事法律行为。显失公平的民事法律行为，是指一方利用对方处于危困状态、缺乏判断能力等情形，致使民事法律行为成立时当事人间的权利义务明显违反公平原则的民事法律行为。危困状态是指处于危难、急迫、困窘的境地。例如，利用对方遭遇意外事故或罹患疾病后急需帮助，以低于市价50%的价格购买其房屋，即构成显失公平。缺乏判断能力是指由于年龄大、知识匮乏、经验缺乏或者智力低等原因，对需要一定专业知识或经验的复杂交易，难以认知其法律后果。根据《民法典合同编通则解释》第十一条，当事人一方是自然人，根据该当事人的年龄、智力、知识、经验并结合交易的复杂程度，能够认定其对合同的性质、合同订立的法律后果或者交易中存在的特定风险缺乏应有的认知能力的，即构成"缺乏判断能力"。例如，利用75岁以上老年人缺乏相关知识或认知能力下降，将市价200元的保健品以300元销售。如果一方利用对方处于危困状态、缺乏判断能力的情节严重，那么即使交易中的价格未偏离市价，仍然可能构成显失公平。例如，利用刚满18周岁的学生缺乏经验，诱使其订立1万元预付款消费合同。客观地说，刚满18周岁的学生难以认知高额预付款消费所产生的"束缚"效果，难以认知到这类合同通常会剥夺其经济自由，进而使其失去一些人格自由发展的机会。对于刚满18周岁、经济上尚未完全独立的学生，在高额预付款消费中，其所承受的不利后果与其所获得的利益之间客观上显著失衡，即使合同价格未偏离市价，仍可构成显失公平的合同。对民事法律行为是否显失公平进行判断的时间点，应当以民事法律行为成立的时间点为标准。在民事法律行为成立以后发生的情势变化，导致双方利益显失公平的，不属于显失公平的民事法律行为，而应当按照诚实信用原则处理。

3. 撤销权

撤销权是权利人以其单方的意思表示撤销已经成立的民事法律行为的权利。撤销权在性质上属于形成权，故依撤销权人的意思表示即可产生相应的法律效力，无须相对人同意。在可撤销的民事法律行为中，并非所有当事人均享有撤销权。在以欺诈、胁迫的手段，使对方在违背真实意思的情况下订立的合同，只有受损害方才有权撤销。撤销权应依诉行使，由人民法院或仲裁机构作出。

撤销权有存续时间，该存续时间为除斥期间。根据《民法典》第一百五十二条的规定，有下列情形之一的，撤销权消灭：当事人自知道或者应当知道撤销事由之日起1年内、重大误解的当事人自知道或者应当知道撤销事由之日起90日内没有行使撤销权；当事人受胁迫，自胁迫行为终止之日起1年内没有行使撤销权；当事人知道撤销事由后明确表示或者以自己的行为表明放弃撤销权。当事人自民事法律行为发生之日起五年内没有行使撤销权的，撤销权消灭。

（五）效力待定的民事法律行为

效力待定的民事法律行为，是指民事法律行为成立时尚未生效，须经权利人追认才能生效的民事法律行为。追认的意思表示自到达相对人时生效。一旦追认，则民事法律行为自成立时起生效；如果权利人拒绝追认，则民事法律行为自成立时起无效。效力待定的民事法律行为主要有以下几种类型：

1. 限制民事行为能力人依法不能独立实施的民事法律行为

《民法典》第一百四十五条规定，限制民事行为能力人实施的纯获利益的民事法律行为或者与其年龄、智力、精神健康状况相适应的民事法律行为有效；实施的其他民事法律行为经法定代理人同意或者追认后有效。故限制民事行为能力人依法不能独立实施的民事法律行为属于效力待定的民事法律行为。法定代理人的追认权性质上属于形成权。仅凭其单方面意思表示就可以使得效力待定的合同转化为有效合同。

法律在保护限制民事行为能力人合法权益的同时，为避免合同相对人的利益因为合同效力待定而受损，特别规定了相对人的催告权和善意相对人的撤销权。相对人可以催告法定代理人在30日内予以追认。法定代理人未作表示的，视为拒绝追认。合同被追认之前，善意相对人有撤销的权利。撤销应当以通知的方式作出。其中的"善意"是指相对人在订立合同时不知道与其订立合同的人欠缺相应的行为能力。

2. 无权代理人实施的民事法律行为

根据《民法典》第一百七十一条的规定，行为人没有代理权、超越代理权或者代理权终止后，仍然实施代理行为，未经被代理人追认的，对被代理人不发生效力。相对人可以催告被代理人在30日内予以追认。被代理人未作表示的，视为拒绝追认。被代理人已经开始履行民事法律行为中设定的义务的，视为对民事法律行为的追认。民事法律行为被追认之前，善意相对人有撤销的权利。撤销应当以通知的方式作出。行为人实施的行为未被追认的，善意相对人有权请求行为人履行债务或者就其受到的损害请求行为人赔偿，但是赔偿的范围不得超过被代理人追认时相对人所能获得的利益。相对人知道或者应当知道行为人无权代理的，相对人和行为人按照各自的过错承担责任。

（六）民事法律行为被确认无效或被撤销的法律后果

可撤销民事法律行为在成立之时具有法律效力，对当事人有约束力。如果当事人行使撤销权，该民事法律行为因撤销而归于无效。一旦被撤销，其行为效果与无效民事法律行为的效果一样。民事法律行为存在部分无效情形，如果民事法律行为部分无效，不影响其他部分效力的，其他部分仍然有效。

根据法律规定，民事法律行为被确认为无效后和被撤销后，从行为开始时就没有法律效力。但是没有法律效力不等于没有法律后果产生。根据《民法典》第一百五十七条的规定，民事法律行为无效、被撤销或者确定不发生效力后，行为人因该行为取得的财产，应当予以返还；不能返还或者没有必要返还的，应当折价补偿。有过错的一方应当赔偿对方由此所受到的损失；各方都有过错的，应当各自承担相应的责任。法律另有规定，依照其规定。民事法律行为不成立，当事人请求返还财产、折价补偿或者赔偿损失的，参照适用上述规定。可见，民事法律行为不成立、被确认为无效后和被撤销后，将产生返还财产、赔偿损失等法律后果。有权请求返还价款或者报酬的当事人一方请求对方支付资金占用费的，人民法院应当在当事人请求的范围内按照中国人民银行授权全国银行间同业拆借中心公布的1年期贷款市场报价利率（LPR）计算。但是，占用资金的当事人对于合同不成立、无效、被撤销或者确定不发生效力没有过错的，应当以中国人民银行公布的同期同类存款基准利率计算。另外，根据《民法典》第五百零七条的规定，合同不生效、无效、被撤销或者终止的，不影响其中独立存在的有关解决争议方法的条款的效力。例如，双方当事人约定用仲裁方式解决双方争议的条款继续有效。

四、民事法律行为的附条件和附期限

（一）附条件的民事法律行为

附条件的民事法律行为是指在民事法律行为中规定一定条件，并且把该条件的成就与否作为民事法律行为效力发生或者消灭根据的民事法律行为。并非所有的民事法律行为都可以附条件，根据相关法律规定，下列民事法律行为不得附条件：（1）条件与行为性质相违背的，如《民法典》第五百六十八条第二款规定，法定抵销不得附条件；（2）条件违背社会公共利益或社会公德的，如结婚、离婚等身份性民事法律行为，原则上不得附条件。

1. 条件的特征

民事法律行为所附条件，既可以是自然现象、事件，也可以是人的行为。但它应当具备下列特征：（1）必须是将来发生的事实。作为条件的事实，必须是在进行民事法律行为时尚未发生的。过去的事实，不得作为条件。（2）必须是将来不确定的事实。该事实是否发生应当是不确定的，如果在民事法律行为成立时，该事实是将来必然发生的，则该事实应当作为民事法律行为的期限而非条件。（3）条件应当是双方当事人约定的。民事法律行为中所附条件，必须是双方当事人约定，并以意思表示的形式表现出来。条件如果是法律规定的，如民事法律行为的成立条件、生效条件，不属于此处所谓的"条件"。（4）条件必须合法。条件不得违反现行法律的规定。（5）条件是可能发生的事实。民事法律行为所附条件不可能发生，当事人约定为生效条件的，应当认定民事法律行为不发生效力。比如，当事人约定"如果黄河之水倒流，委托合同就生效"的，委托合同自始确定无效。所附条件不可能发生，当事人约定为解除条件的，应当认定未附条件，民事法律行为是否失效，依照《民法典》和相关法律、行政法规的规定认定。比如，当事人约定"如果地球停止自转，房屋买卖合同就解除"的，实为未附解除条件。除非发生法定或者约定的解除事由，房屋买卖合同不失效。

2. 条件的分类

按照所附条件对民事法律行为产生的效力的不同，可以分为附延缓条件的民事法律行为和附解除条件的民事法律行为：

(1) 附延缓条件的民事法律行为。延缓条件亦称"停止条件",《民法典》则称之为"生效条件",是指民事法律行为中所确定的权利和义务要在所附条件成就时才生效的条件。也就是说,在延缓条件成就之前,民事法律行为已经成立,但是效力却处于停止状态。条件成就之后,民事法律行为发生法律效力。

(2) 附解除条件的民事法律行为。解除条件又称"消灭条件",是指民事法律行为中所确定的权利和义务在所附条件成就时失去法律效力。附解除条件的民事法律行为,在所附条件成就以前,已经发生法律效力,行为人已经开始行使权利和承担义务。当条件成就时,权利和义务则失去法律效力。

3. 附条件民事法律行为的效力

附条件的民事法律行为一旦成立,则已经在当事人之间产生了法律关系,当事人各方均应受该法律关系的约束。因此,在条件成就与否未得到确定之前,行为人一方不得损害另一方将来条件成就时可能得到的利益。条件成就与否未定之前,行为人也不得为了自己的利益,以不正当行为促成或阻止条件成就。《民法典》第一百五十九条规定,附条件的民事法律行为,当事人为自己的利益不正当地阻止条件成就的,视为条件已成就;不正当地促成条件成就的,视为条件不成就。

(二) 附期限的民事法律行为

附期限的民事法律行为,指当事人设定一定的期限,并将期限的到来作为效力发生或消灭前提的民事法律行为。根据期限对民事法律行为效力所起作用的不同,可以将其分为延缓期限和解除期限。附延缓期限的民事法律行为,指民事法律行为虽然已经成立,但是在所附期限到来之前不发生效力,待到期限届至时,才产生法律效力。因此延缓期限也称"始期"。附解除期限的民事法律行为,指民事法律行为在约定的期限到来时,该行为所确定的法律效力消灭。因此解除期限也称"终期"。

附条件的民事法律行为与附期限的民事法律行为的区别在于:附条件的民事法律行为是以未来不确定的事实作为民事法律行为效力产生或消灭的依据,所以该民事法律行为效力的产生或消灭具有不确定性;而附期限的民事法律行为是以一定期限的到来作为民事法律行为效力产生或消灭的依据,由于期限的到来是一个必然发生的事件,所以附期限的民事法律行为的效力的产生或消灭是确定的、可预知的。

第二节 代理制度

一、代理的基本理论

(一) 代理的概念及特征

代理是指代理人在代理权限内,以被代理人的名义与第三人实施民事法律行为,由此产生的法律后果直接由被代理人承担的一种法律制度。代理关系的主体包括代理人、被代理人(亦称本人)和第三人(亦称相对人)。代理关系包括三种关系:一是被代理人与代理人之间的代理权关系；二是代理人与第三人之间实施民事法律行为的关系；三是被代理人与第三人之间承受代理行为法律后果的关系。

代理制度使得自然人及组织可以在有限的时间、条件下，通过别人从事民事活动而获得法律效果，扩大了从事民事法律活动的范围和可能性；代理制度还弥补了无民事行为能力人、限制民事行为能力人无法独立从事民事活动的不足，使得他们可以通过代理制度参加民事活动，充分实现自己的经济利益。

代理具有以下几个法律特征：

1. 代理行为是民事法律行为

代理行为以意思表示为核心，能够在被代理人与第三人之间设立、变更和终止民事权利和民事义务，因此代理行为表现为民事法律行为，如订立合同、履行债务等。代理人从事的行为主要包括三类：（1）民事法律行为；（2）民事诉讼行为；（3）某些财政、行政行为，如代理专利申请、商标注册。后面两种行为均包含意思表示要素，可准用民事法律行为的代理之规定。

并非所有的民事法律行为都可以代理。根据《民法典》的规定，依照法律规定、当事人约定或者民事法律行为的性质，应当由本人亲自实施的民事法律行为，不得代理。如立遗嘱、结婚等民事法律行为不得代理。

2. 代理人以被代理人的名义为民事法律行为

代理的法律效果并非归属于行为人自身，而是由被代理人承受。故法律要求行为必须以被代理人名义实施。《民法典》第九百二十五条、第九百二十六条属于例外，有关具体内容请参见本书第四章"合同法律制度"。

3. 代理人是在代理权限内独立向第三人为意思表示

代理人从事代理时必须拥有代理权。代理权是代理人能够以被代理人名义实施民事法律行为，并使该行为的效果直接归属于被代理人的法律资格。代理人在实施代理行为时应独立思考、自主作出意思表示。这种意思表示包括代理人向第三人作出意思表示，也包括受领第三人的意思表示。

4. 代理人所为的民事法律行为的法律效果归属于被代理人

在代理活动中，代理人不因其所实施的民事法律行为直接取得任何个人利益，由代理行为产生的权利和义务应由被代理人本人承受。

（二）代理与相关概念的区别

1. 代理与委托

委托又称委任，指依双方当事人的约定，由一方为他方处理事务的民事法律行为。委托与代理有如下区别：（1）行使权利的名义不同。代理是代理人在代理权限内以被代理人名义进行民事活动，其法律效果直接对被代理人发生效力。在委托中，受托人既可以以委托人名义活动，也可以以自己的名义活动。（2）从事的事务不同。代理涉及的行为以意思表示为要素，故代理的一定是民事法律行为；委托不要求以"意思表示"为要素，因此委托从事的行为可以是纯粹的事务性行为，如整理资料、打扫卫生等。（3）代理涉及三方当事人，即被代理人、代理人、第三人；委托则属于双方当事人之间的关系，即委托人和受托人。当然，委托和代理也存在一定的联系，如在委托代理中，委托人

（被代理人）与受托人（代理人）之间的法律关系按照委托处理，性质上属于双方法律行为；委托人、受托人及相对人三方当事人之间的法律关系按照代理处理。

2. 代理与行纪

行纪，指经纪人受他人委托以自己的名义从事商业活动的行为。行纪与代理的区别体现在：（1）行纪是以行纪人自己的名义实施民事法律行为；代理是以被代理人的名义实施民事法律行为。（2）行纪的法律效果先由行纪人承受，然后通过其他法律关系（如委托合同）转给委托人；代理的法律效果直接由被代理人承受。（3）行纪必为有偿民事法律行为；代理既可为有偿，亦可为无偿。

3. 代理与传达

传达是将当事人的意思表示忠实地转述给对方当事人的行为。代理与传达之间的区别在于：（1）传达的任务是忠实传递委托人的意思表示，传达人自己不进行意思表示。代理关系中代理人是独立向第三人进行意思表示，以代理人自己的意志决定意思表示的内容。（2）代理人要与第三人为意思表示，故要求代理人具有相应的民事行为能力；传达人是忠实传递委托人的意思表示，不以具有民事行为能力为条件。（3）身份行为必须由本人亲自实施，不可以代理；身份行为可以借助传达人传递意思表示。

（三）代理的种类

根据《民法典》的规定，代理可分委托代理和法定代理两种。基于被代理人授权的意思表示而发生的代理，为委托代理，又称意定代理。法定代理是依据法律规定而当然发生的代理。它是为无民事行为能力人和限制民事行为能力人设立的代理方式。在市场经济活动中，委托代理是适用最广泛的代理形式。本节重点介绍委托代理。

二、委托代理

（一）委托代理概述

委托代理是指基于被代理人授权的意思表示而发生的代理，又称意定代理。由于委托代理基于被代理人授权的意思表示而发生，因此委托代理的被代理人在授权时必须具有相应的民事行为能力。

委托授权为不要式行为，既可以采用书面形式，也可以采用口头或者其他方式授权。书面的委托形式是授权委托书，最典型的就是职务授权。根据《民法典》第一百七十条的规定，执行法人或者非法人组织工作任务的人员，就其职权范围内的事项，以法人或者非法人组织的名义实施民事法律行为，对法人或者非法人组织发生效力。法人或者非法人组织对执行其工作任务的人员职权范围的限制，不得对抗善意相对人。

（二）委托代理中的代理权

1. 代理权概述

代理制度的核心内容是代理权。代理权是代理人以被代理人名义独立为意思表示，并使其效果归属于他人的一种法律资格。代理权产生的根据，或基于法律规定，如法定代理；或基于被代理人的授权行为，如委托代理。

委托代理中的授权行为是一种单方民事法律行为，仅凭被代理人一方的意思表示，即可发生授权的效果。因此这种授权行为区别于被代理人与代理人之间的基础法律关系，基础法律关系可以是委托合同、合伙合同等双方民事法律行为，但授权行为一定是单方民事法律行为。被代理人的授权行为，既可以向代理人进行，也可以向相对人为之，两者效力相同。

2. 代理权的滥用

代理权是整个代理关系的基础，代理人之所以能代替被代理人实施民事法律行为，就在于代理人拥有代理权。违背代理权的设定宗旨和代理行为的基本准则，损害被代理人利益，行使代理权的行为构成滥用代理权。滥用代理权的行为包括自己代理、双方代理以及代理人和第三人恶意串通。自己代理和双方代理使得代理人不能最大限度维护被代理人的利益，违背代理制度"受人之托，忠人之事"的初衷。根据《民法典》第一百六十八条的规定，代理人不得以被代理人的名义与自己实施民事法律行为，但是被代理人同意或者追认的除外。代理人不得以被代理人的名义与自己同时代理的其他人实施民事法律行为，但是被代理的双方同意或者追认的除外。可见，自己代理与双方代理在民事法律行为类型上应当定性为效力待定行为，其行为效力取决于被代理人对意思表示追认与否。代理人和相对人恶意串通，损害被代理人合法权益的，代理人和相对人应当承担连带责任。

3. 无权代理

所谓无权代理，就是没有代理权的代理。无权代理不是代理的一种形式，而是具备代理行为的表象但是欠缺代理权的行为。无权代理在法律上并非当然无效，应当根据具体情形具体分析。无权代理的发生原因在于代理人无代理权。无权代理的情形一般包括：①没有代理权的代理行为；②超越代理权的代理行为；③代理权终止后的代理行为。

代理权的存在是代理关系成立并有效的必要条件。行为人实施的行为未被追认的，善意相对人有权请求行为人履行债务或者就其受到的损害请求行为人赔偿，但是赔偿的范围不得超过被代理人追认时相对人所能获得的利益。相对人知道或者应当知道行为人无权代理的，相对人和行为人按照各自的过错承担责任。

无权代理并非当然无效，根据《民法典》第一百七十一条的规定，在无权代理情况下实施的民事法律行为效力待定。无权代理中当事人的权利义务主要体现为以下情况：

（1）无权代理经被代理人追认，即直接对被代理人发生法律效力，产生与有权代理相同的法律后果。被代理人的此项权利称为追认权，是法律为保护被代理人利益设定的。追认权性质上属于形成权，故仅凭权利人单方的意思表示即可决定权利人与相对人之间法律关系的变动。法律对当事人权利行使有期限的要求。《民法典》第一百七十一条规定，相对人可以催告被代理人自收到通知之日起 30 日内予以追认。被代理人未作表示的，视为拒绝追认。行为人实施的行为被追认前，善意相对人有撤销的权利。撤销应当以通知的方式作出。一旦本人拒绝追认，无权代理行为就确定地转化为无效民事法律行为，由各方当事人按照各自的过错程度承担法律责任。无权代理成立后，被代理人已经开始履行法律行为项下义务的，视为对无权代理行为的追认。

（2）相对人的保护。在被代理人追认前，相对人可以催告，请求被代理人对是否追认代理权作出明确的意思表示。催告在性质上属于意思通知行为，不属于形成权。善意相对人在被代理人行使追认权之前，有权撤销其对无权代理人已经作出的意思表示，此为撤销权。撤销权在性质上也属于形成权。善意相对人享有撤销权，是相对人（第三人）与被代理人权利对等的表现。撤销应当以通知方式作出，一旦撤销则代理人与相对人所为的民事法律行为即不生效。撤销权的行使有两个条件：第一，只有善意相对人才可以行使撤销权。如果相对人知道或者应当知道无权代理人无代理权，则不能行使撤销权。第二，撤销权的行使必须在本人行使追认权之前。如果被代理人已经行使了追认权，则代理行为确定有效，此时，善意相对人无撤销权。

4. 表见代理

表见代理，指无权代理人的代理行为客观上存在使相对人相信其有代理权的情况，且相对人主观上为善意，因而可以向被代理人主张代理的效力。表见代理属于广义的无权代理的一种。《民法典》第一百七十二条规定，行为人没有代理权、超越代理权或者代理权终止后，仍然实施代理行为，相对人有理由相信行为人有代理权的，代理行为有效。法律确立表见代理规则的主要意义在于维护人们对代理制度的信赖，保护善意相对人，保障交易安全。

要成立表见代理，应当具备如下构成要件：

（1）代理人无代理权。如果代理人实际拥有代理权，则为有权代理，不发生表见代理。

（2）相对人主观上为善意且无过失。这是表见代理成立的主观要件，即相对人不知道行为人行为时属于无权代理，且相对人的不知在主观上并无过错。

（3）客观上有使相对人相信无权代理人具有代理权的情形，即存在代理权的外观。存在客观事由，并使相对人相信无权代理人有代理权，是成立表见代理的根据。在实践中，通常表现为：合同签订人持有被代理人的介绍信或盖有印章的空白合同书，使得相对人相信其有代理权；无权代理人此前曾被授予代理权，且代理期限尚未结束，但实施代理行为时代理权已经终止。

（4）相对人基于这种客观情形而与无权代理人成立民事法律行为。相对人虽有理由相信其有代理权，但最后并未成立民事法律行为，不发生表见代理。只有在相对人相信其有代理权，并发生了民事法律行为时才成立表见代理。

表见代理对于本人来说，产生与有权代理一样的效果。即在相对人与被代理人之间发生法律关系。被代理人应受无权代理人与相对人实施的民事法律行为的拘束。被代理人不得以无权代理作为抗辩事由，主张代理行为无效。

第三节 诉讼时效制度

一、诉讼时效基本理论

（一）诉讼时效的概念

诉讼时效是指请求权不行使达一定期间而失去国家强制力保护的制度。诉讼时效属于法律事实中的事件，是基于一定的事实状态在法律规定的一定期间内持续存在而当然发生不为当事人意志所决定的某种法律效果。民法上建立诉讼时效制度，目的在于维护社会经济秩序的稳定、避免时间过长导致举证困难，同时也有利于督促权利人及时行使权利。

诉讼时效具有以下特点：

（1）有债权人不行使权利的事实状态存在，而且该状态持续了一段期间。

（2）诉讼时效届满不消灭债权人实体权利，只是让债务人产生抗辩权。这意味着：①诉讼时效期间的经过，不影响债权人提起诉讼，即不丧失起诉权。②债权人起诉后，如果债务人主张诉讼时效的抗辩，法院在确认诉讼时效届满的情况下，应驳回其诉讼请求；当事人未提出诉讼时效抗辩，人民法院不应对诉讼时效问题进行释明及主动适用诉讼时效的规定进行裁判。当事人在一审期间未提出诉讼时效抗辩，在二审期间提出的，人民法院不予支持，但其基于新的证据能够证明对方当事人的请求权已过诉讼时效期间的情形除外。③诉讼时效期间届满，当事人一方向对方当事人作出同意履行义务的意思表示或者自愿履行义务后，又以诉讼时效期间届满为由进行抗辩，人民法院不予支持。

（3）诉讼时效具有强制性。法律关于诉讼时效的规定属于强制性规范，当事人对诉讼时效利益的预先放弃无效。诉讼时效的具体内容，如诉讼时效的期间、计算方法以及中止、中断的事由均由法律规定，当事人约定无效。

（二）诉讼时效的适用对象

诉讼时效并非适用于所有的请求权，根据《民法典》第一百九十六条规定，下列请求权不适用诉讼时效的规定：请求停止侵害、排除妨碍、消除危险；不动产物权和登记的动产物权的权利人请求返还财产；请求支付抚养费、赡养费或者扶养费；依法不适用诉讼时效的其他请求权。另外，最高人民法院《关于审理民事案件适用诉讼时效制度若干问题的规定》第一条也规定了一些不适用诉讼时效的债权请求权：支付存款本金及利息请求权；兑付国债、金融债券以及向不特定对象发行的企业债券本息请求权；基于投资关系产生的缴付出资请求权。

与诉讼时效相近的一个概念是除斥期间。除斥期间是指法律规定某种权利预定存续的期间，债权人在此期间不行使权利，预定期间届满，便可发生该权利消灭的法律后果。如《民法典》第一千一百二十四条第二款规定，受遗赠人应在知道受遗赠后60日内作出接受遗赠的表示，否则视为放弃。60日即为受遗赠权的除斥期间。

诉讼时效和除斥期间都是以一定的事实状态存在和一定期间的经过为条件而发生一定的法律后果，都属于法律事实中的事件。但两者有如下区别：（1）适用对象不同。诉讼时效一般适用于债权请求权；除斥期间一般适用于形成权，如追认权、解除权、撤销权等，也可能适用于请求权，如《民法典》第一千一百二十四条第二款规定的受遗赠权。（2）可以援用的主体不同。人民法院不能主动援用诉讼时效，诉讼时效须由当事人主张后，人民法院才能审查；除斥期间无论当事人是否主张，人民法院均可主动审查。（3）法律效力不同。诉讼时效届满只是让债务人取得抗辩权，债权人实体权利不消灭；除斥期间届满，实体权利消灭。

二、诉讼时效的种类与起算

（一）诉讼时效的种类

诉讼时效的种类、期间都是法定的，不同的诉讼时效有不同的期间，不同的诉讼时效有不同的起算时间。根据《民法典》规定，诉讼时效有以下几种：

1. 普通诉讼时效

除了法律有特别规定，民事权利适用普通诉讼时效期间。根据《民法典》第一百八十八条规定，向人民法院请求保护民事权利的诉讼时效期间为3年。法律另有规定的，依照其规定。

2. 长期诉讼时效

长期诉讼时效，指时效期间比普通诉讼时效的3年要长，但不到20年的诉讼时效。如《民法典》第五百九十四条规定，因国际货物买卖合同和技术进出口合同争议提起诉讼或者申请仲裁的时效期间为4年。

3. 最长诉讼时效

最长诉讼时效是指期间为20年的诉讼时效期间。根据《民法典》第一百八十八条的规定，自权利受到损害之日起超过20年的，人民法院不予保护。与其他诉讼时效相比，最长诉讼时效期间从权利被侵害时计算，而非从权利人知道或者应当知道之时起算。最长诉讼时效期间可以适用诉讼时效的延长，但不适用诉讼时效期间的中断、中止等规定。

（二）诉讼时效期间的起算

诉讼时效期间自权利人知道或者应当知道权利受到损害以及义务人之日起计算。无民事行为能力人或者限制民事行为能力人的权利受到损害的，诉讼时效期间自其法定代理人知道或者应当知道权利受到损害以及义务人之日起计算。法律另有规定的，依照其规定。权利人要能够行使请求权，原则上应当符合几个条件：有请求权受侵害的事实；权利人知道或者应当知道请求权受到损害；权利人知道或者应当知道义务人。

根据我国的法律规定和司法实践，结合各类民事法律关系的不同特点，诉讼时效起算有不同的情况：

（1）附条件的或附期限的债的请求权，从条件成就或期限届满之日起算。

（2）定有履行期限的债的请求权，从清偿期届满之日起算。当事人约定同一债务分期履行的，诉讼时效期间自最后一期履行期限届满之日起计算。

（3）未约定履行期限的合同，依照《民法典》第五百一十条、第五百一十一条的规定，可以确定履行期限的，诉讼时效期间从履行期限届满之日起计算；不能确定履行期限的，诉讼时效期间从债权人要求债务人履行义务的宽限期届满之日起计算，但债务人在债权人第一次向其主张权利之时明确表示不履行义务的，诉讼时效期间从债务人明确表示不履行义务之日起计算。

（4）无民事行为能力人或者限制民事行为能力人对其法定代理人的请求权的诉讼时效期间，自该法定代理终止之日起计算。

（5）未成年人遭受性侵害的损害赔偿请求权的诉讼时效期间，自受害人年满18周岁之日起计算。

(6) 请求他人不作为的债权请求权，应当自权利人知道义务人违反不作为义务时起计算。

(7) 国家赔偿的诉讼时效的起算，自赔偿请求人知道或者应当知道国家机关及其工作人员行使职权时的行为侵犯其人身权、财产权之日起计算，但被羁押等限制人身自由期间不计算在内。

三、诉讼时效的中止

(一) 诉讼时效中止的概念

诉讼时效中止，指在诉讼时效进行中，因一定的法定事由的发生而使权利人无法行使请求权，暂时停止计算诉讼时效期间。《民法典》第一百九十四条规定，在诉讼时效期间的最后6个月内，因不可抗力或者其他障碍不能行使请求权的，诉讼时效中止。

(二) 诉讼时效中止的事由

中止诉讼时效必须有法定事由的存在。根据《民法典》的规定，中止诉讼时效的事由包括：(1) 不可抗力；(2) 无民事行为能力人或者限制民事行为能力人没有法定代理人，或者法定代理人死亡、丧失民事行为能力、丧失代理权；(3) 继承开始后未确定继承人或者遗产管理人；(4) 权利人被义务人或者其他人控制；(5) 其他导致权利人不能行使请求权的障碍。

(三) 诉讼时效中止的时间

根据《民法典》第一百九十四条的规定，只有在诉讼时效的最后6个月内发生中止事由，才能中止诉讼时效的进行。如果在诉讼时效期间的最后6个月以前发生权利行使障碍，而到最后6个月时该障碍已经消除，则不能发生诉讼时效的中止；如果该障碍在最后6个月时尚未消除，则应从最后6个月开始时起中止时效期间，直至该障碍消除。

(四) 诉讼时效中止的法律效力

在诉讼时效中止的情况下，在时效中止的原因消除后，诉讼时效始终剩下6个月。即自中止时效的原因消除之日起满6个月，诉讼时效期间届满。在民法规定的最长诉讼时效期间内，诉讼时效中止的持续时间没有限制。

四、诉讼时效的中断

(一) 诉讼时效中断的概念

诉讼时效中断，指在诉讼时效进行中，因法定事由的发生致使已经进行的诉讼时效期间全部归于无效，诉讼时效期间重新计算。《民法典》第一百九十五条规定，有下列情形之一的，诉讼时效中断，从中断、有关程序终结时起，诉讼时效期间重新计算：(1) 权利人向义务人提出履行请求；(2) 义务人同意履行义务；(3) 权利人提起诉讼或者申请仲裁；(4) 与提起诉讼或者申请仲裁具有同等效力的其他情形。

(二) 诉讼时效中断的法定事由

1. 权利人向义务人提出履行请求

这是指权利人在诉讼程序以外作出请求履行的主张。这种主张在客观上改变了权利不行使的事实状态，导致诉讼时效中断。具有下列情形之一的，应当认定为"当事人一方提出要求"：（1）当事人一方直接向对方当事人送交主张权利文书，对方当事人在文书上签字、盖章或者虽未签字、盖章但能够以其他方式证明该文书到达对方当事人的；（2）当事人一方以发送信件或者数据电文方式主张权利，信件或者数据电文到达或者应当到达对方当事人的；（3）当事人一方为金融机构，依照法律规定或者当事人约定从对方当事人账户中扣收欠款本息的；（4）当事人一方下落不明，对方当事人在国家级或者下落不明的当事人一方住所地的省级有影响的媒体上刊登具有主张权利内容的公告的，但法律和司法解释另有特别规定的，适用其规定；（5）权利人对同一债权中的部分债权主张权利，诉讼时效中断的效力及于剩余债权，但权利人明确表示放弃剩余债权的情形除外。其中，第（1）项情形中，对方当事人为法人或者非法人组织的，签收人可以是其法定代表人、主要负责人、负责收发信件的部门或者被授权主体；对方当事人为自然人的，签收人可以是自然人本人、同住的具有完全民事行为能力的亲属或者被授权主体。

2. 义务人同意履行义务

义务人通过一定的方式向权利人作出愿意履行义务的意思表示，权利人信赖这种表示而不行使请求权，不能说是怠于行使权利，因此也构成诉讼时效的中断。义务人作出分期履行、部分履行、提供担保、请求延期履行、制定清偿债务计划等承诺或者行为，均属于义务人同意履行义务的行为。

3. 提起诉讼或者申请仲裁

提起诉讼是指通过司法程序行使请求权。当事人一方向人民法院提交起诉状或者口头起诉的，诉讼时效从提交起诉状或者口头起诉之日起中断。权利人向人民调解委员会以及其他依法有权解决相关民事纠纷的国家机关、事业单位、社会团体等社会组织提出保护相应民事权利的请求，诉讼时效从提出请求之日起中断。权利人向公安机关、人民检察院、人民法院报案或者控告，请求保护其民事权利的，诉讼时效从其报案或者控告之日起中断。上述机关决定不立案、撤销案件、不起诉的，诉讼时效期间从权利人知道或者应当知道不立案、撤销案件或者不起诉之日起重新计算；刑事案件进入审理阶段，诉讼时效期间从刑事裁判文书生效之日起重新计算。另外，下列事项均与提起诉讼或者申请仲裁具有同等效力：（1）申请支付令；（2）申请破产、申报破产债权；（3）为主张权利而申请宣告义务人失踪或死亡；（4）申请诉前财产保全、诉前临时禁令等诉前措施；（5）申请强制执行；（6）申请追加当事人或者被通知参加诉讼；（7）在诉讼中主张抵销。

除了上述三项诉讼时效中断的事由以外，下列情形也会发生诉讼时效中断的效果：（1）对于连带债权人、连带债务人中的一人发生诉讼时效中断效力的事由，应当认定对其他连带债权人、连带债务人也发生诉讼时效中断的效力。（2）债权人提起代位权诉讼的，应当认定对债权人的债权和债务人的债权均发生诉讼时效中断的效力。（3）债权转让的，应当认定诉讼时效从债权转让通知到达债务人之日起中断。债务承担情形下，构成原债务人对债务承认的，应当认定诉讼时效从债务承担意思表示到达债权人之日起中断。此外，还应注意债权转让与债务承担中诉讼时效中断要件的不同。债权转让只要转让通知到达债务人处即发生中断效力,债务承担则需要原债务人认可债务的存在方可发生中断效力。

(三) 诉讼时效中断的法律效力

诉讼时效中断的法律效力为诉讼时效的重新起算,即已经经过的诉讼时效期间失去意义。诉讼时效的中断如果是一个时间点,则从该时间点重新起算诉讼时效。如果诉讼时效的中断是一个程序,则在相关程序终结时,诉讼时效重新起算。

第三章 物权法律制度

第一节 物权法律制度概述

一、物权法律制度概况

物权法律制度是调整因物的归属和利用而产生的民事关系的法律制度。财产制度的两根支柱分别是物权制度和债权制度，其中，物权制度属于财产的归属法范畴，债权制度则属于财产的流转法范畴。作为财产归属法，物权法律制度是财产制度的基础，亦是区隔不同经济制度的标志。

新中国物权法律制度最早系统规定于1986年的《民法通则》，该法第五章第一节规定"财产所有权和与财产所有权有关的财产权"，其中大部分属于物权，初步确立了包括所有权、用益物权与担保物权在内的基本物权法律体系框架。另外，包括国有土地使用权在内的用益物权制度体系主要由《土地管理法》《城市房地产管理法》《农村土地承包法》等单行法律及相应司法解释如《最高人民法院关于审理涉及农村土地承包纠纷案件适用法律问题的解释》（以下简称《农村土地承包解释》）、《最高人民法院关于审理涉及国有土地使用权合同纠纷案件适用法律问题的解释》（以下简称《国有土地使用权解释》）等建立；担保物权制度体系则集中规定于《担保法》以及《最高人民法院关于适用〈中华人民共和国担保法〉若干问题的解释》（以下简称《担保法解释》）。2007年，《物权法》颁行，在上述各单行法及司法解释的基础上，完整系统规定了各项基本物权法律制度。之后，最高人民法院先后于2009年与2016年发布《最高人民法院关于审理建筑物区分所有权纠纷案件具体应用法律若干问题的解释》（以下简称《建筑物区分所有权解释》）及《最高人民法院关于适用〈中华人民共和国物权法〉若干问题的解释（一）》（以下简称《物权法解释一》），国务院则于2014年发布《不动产登记暂行条例》，对我国物权法律制度进一步作出具体化规定。

2020年5月28日，《民法典》颁布，2021年1月1日起施行。《民法典》整合了《民法通则》《担保法》《物权法》关于物权的规定，施行之日，将包括这三部法律在内的九部单行法废止。同时，最高人民法院为配合《民法典》的施行，对之前相应司法解释作出清理、修订并重颁。《担保法解释》与《物权法解释一》均被废止，代之以新的

《最高人民法院关于适用〈中华人民共和国民法典〉物权编的解释（一）》（以下简称《民法典物权编解释一》）及《最高人民法院关于适用〈中华人民共和国民法典〉有关担保制度的解释》（以下简称《民法典担保制度解释》），《农村土地承包解释》与《国有土地使用权解释》等司法解释则修订重颁。新的司法解释亦于 2021 年 1 月 1 日起实施。

本章所阐述的物权法律制度，主要以现行《民法典》物权编、《城市房地产管理法》《土地管理法》《农村土地承包法》《民法典物权编解释一》《民法典担保制度解释》《农村土地承包解释》及《国有土地使用权解释》等法律与司法解释为依据。

二、物的概念与种类

物是物权的客体。《民法典》第一百一十五条规定："物包括不动产和动产。法律规定权利作为物权客体的，依照其规定。"

（一）物的概念

物权法上的物指的是有体物，是除人的身体之外，凡能为人力所支配，独立满足人类社会生活需要之物。物权法上的物具有如下特点：

1. 有体性

传统民法上，物有所谓有体物与无体物之别，无体物包括权利等不具备物理实体之"物"。我国物权法上的物仅指有体物，行为、智力成果（包括电脑程序）以及各项权利等均不是物权法上的物，因而不属物权客体。其中，行为是债权的客体；智力成果则是知识产权的客体；至于权利，经法律特别规定可成为物权客体，如以股权、票据权利等出质构成权利质权，亦称"准质权"。

2. 可支配性

能为人力所支配并满足人的需要。不能为人力所支配或不为人所需之物，因其不具有交易价值而不属于物权法上的物，前者如太阳、月亮、星星等，后者则如汽车尾气。

3. 在人的身体之外

人是权利主体，不能成为物权客体。不过人体器官如脱离人的身体，则可成为物。

（二）物的种类

1. 流通物、限制流通物与禁止流通物

流通物是指可自由进入市场流通之物，绝大多数动产以及不动产中的房屋均属流通物；限制流通物是被法律限制市场流通之物，如文物、黄金、药品等；禁止流通物则是法律禁止流通之物，如《民法典》第二百四十二条规定："法律规定专属于国家所有的不动产和动产，任何组织或者个人不能取得所有权。"

2. 动产与不动产

不可移动，或如移动将损害其价值的物，为不动产，包括土地、海域以及房屋、林木等地上定着物。动产则是指不动产以外的物。区分动产与不动产的意义主要在于：（1）物权变动的要求有别。动产以交付为原则，不动产则须登记。（2）确定诉讼管辖。不动产纠纷由不动产所在地法院管辖。

3. 可替代物与不可替代物

该分类仅限于动产。可替代物是在交易上依数量、容量或重量而确定的物，如书、粮食等。不可替代物具有唯一性、不可被他物替代，如齐白石的画等。区分意义在于：交易客体为可替代物时，可以同类物替代履行；不可替代物一旦发生损害就只能转化为金钱赔偿。

4. 消费（耗）物与非消费（耗）物

该分类仅限于动产。消费物是指依其性质只能一次性使用或让与之物，如粮食、金钱等，非消费物则相反。区分意义在于：消费物不可能在使用了以后，又原封不动地归还原来的所有者；消费物的使用权人一般是所有权人；一般情况下，以让与为目的的消费物（金钱）移转占有即移转所有权。

5. 可分物与不可分物

可分物是不因分割而变更其性质或减损其价值的物，如米、酒等。反之，如牛、汽车等则属不可分物。区分意义在于：分割共有物时，可分物可进行实物分割。

6. 主物与从物

一物可能不是他物的成分，而只是作为他物发挥作用的辅助工具而存在。此时，相对于起主要效用的物（主物）而言，该辅助之物为从物，如旅馆设置的家具、房间的钥匙、书的封套、汽车后箱中的备用胎、机器的维修工具等。在无法律特别规定或当事人特别约定时，从物的权利归属与主物一致。

7. 原物与孳息物

根据两物之间存在的原有物产生新物的关系，物可分为原物与孳息物。其中，孳息又有天然孳息与法定孳息之别。《民法典》第三百二十一条规定："（第一款）天然孳息，由所有权人取得；既有所有权人又有用益物权人的，由用益物权人取得。当事人另有约定的，按照其约定。（第二款）法定孳息，当事人有约定的，按照约定取得；没有约定或者约定不明确的，按照交易习惯取得。"

三、物权的概念与种类

（一）物权的概念

根据《民法典》第一百一十四条第二款规定，物权是权利人依法对特定的物享有直接支配和排他的权利。与债权相比，物权具有以下特点：

1. 支配性

物权是对于标的物具有直接支配力的财产权，物权人有权仅以自己意志实现权利，无须第三人的积极行为协助，属于支配权。债权则属于请求权，其实现有赖于债务人的履行行为。

2. 排他性

物权人对于标的物具有意志支配力，能够排除他人意志以同样方式支配，故一物之上只能成立一项所有权。债权则具有兼容性，同一标的物上成立双重买卖，两项买卖合同均可有效，并不相互排斥。

3. 绝对性

物权是对抗所有人的财产权，排除任何他人的干涉，其他人有义务予以尊重，故为绝对权或称对世权。债权则仅对特定的债务人存在，属于相对权或称对人权。

（二）物权的种类

1. 自物权和他物权

《民法典》第一百一十四条第二款规定，物权包括所有权、用益物权和担保物权。其中，所有权即是自物权（亦称完全物权），系对于自己之物所享有的物权；用益物权和担保物权则属他物权（亦称限制物权），是在他人所有之物上设定的物权。

物权法以所有权为中心展开，无论是用益物权，还是担保物权，均是对所有权的限制。

2. 用益物权与担保物权

用益物权和担保物权均属限制物权。以使用他人所有之物为目的的物权，为用益物权，主要包括国有土地使用权、宅基地使用权、农村土地承包经营权等；以担保债权实现为目的的物权，为担保物权，包括抵押权、质权和留置权等。用益物权针对的是物的使用价值，担保物权则针对物的交换价值而设。

3. 动产物权与不动产物权

动产物权是设定在动产之上的物权，如动产所有权、动产质权、留置权等；不动产物权则是设定于不动产之上的物权，如不动产所有权、土地使用权、不动产抵押权等。用益物权一般存在于不动产之上，担保物权中的抵押权原则上亦以不动产为客体，但法律另有规定的除外，质权与留置权则只能以动产为客体，不得设于不动产之上。

4. 独立物权与从物权

能够独立存在的物权称独立物权，如所有权、土地使用权。自身并无独立价值，只能从属于其他权利存在的物权为从物权，例如，担保物权从属于债权而存在，地役权从属于需役地的所有权或使用权而存在。

四、物权法律制度的基本原则

物权法律制度的基本原则体现了物权与债权的基本区别。

（一）物权法定原则

1. 物权法定原则的含义

《民法典》第一百一十六条规定："物权的种类和内容，由法律规定。"此称物权法定原则。物权法定原则包括两方面的含义：一是种类法定，即不得创设民法或其他法律所不承认的物权；二是内容法定，即不得创设与物权法定内容相异的内容。

物权法定原则旨在限制当事人的物权创设自由，原因在于，物权具有绝对效力，如果允许当事人任意设置，可能不利于交易安全。债权则不同，其效力仅及于当事人自己，属于相对权，故不仅债权内容可由当事人自由设定，债权类型亦为开放，《民法典》合同编所规定的有名合同仅具示例意义，在此之外，还存在大量合法的无名合同。

《民法典》第一百一十六条所称"法律"，不限于《民法典》，包括一切由全国人大及其常务委员会制定的"法律"，但不包括行政法规与地方性法规，亦不包括司法解释与司法判例，即，司法解释与司法判例不得创设法律所未规定的具有物权效力的权利类型。

2. 物权法定原则的效力

第一，行为人违反种类法定原则，在法定物权种类之外创设物权，该物权创设行为无效。例如，叔侄约定：侄子若将祖宅出售，叔父有权优先购买；侄子在未满足叔父优先购买权的情况下擅将祖宅售予他人，叔父有权宣告买卖无效。此例中，叔父欲以优先购买权排除他人购买，实际上是想要创设一种具有排他效力的物权，但我国并未将优先购买权规定为法定物权种类，因此这一约定因为违反物权种类法定原则而无效，即便侄子违反约定将祖宅售予他人，叔父亦不得主张房屋买卖无效并要求买受人返还房屋。不过，这一物权法上无效的约定在合同法上仍然可能有效，因此，叔父有权请求违反约定的侄子承担合同法上的违约责任。

第二，行为人设定与法定物权相异的内容，该设定行为无效。例如，《民法典》规定，质权之设立，须以向质权人转移质物占有为前提，如果甲乙约定就甲的手表为乙设立质权，但手表仍存放于甲处，该质权设定行为即因违反物权内容法定原则而无效。

（二）物权客体特定原则

物权客体特定原则亦称一物一权原则，基本含义是：物权只存在于确定的一物之上，物尚未存在固然不可能存在物权，物尚未确定也谈不上物权；相应地，一项行为亦只能处分一物。债权的客体是当事人的给付行为，并不直接存在于物，故不奉行特定原则。一方面，一项债权合同可涉及数物，例如，买卖数物可由一项买卖合同完成，而不必就一物单独缔结一项买卖合同；另一方面，即使物尚未确定、甚至尚不存在，也不影响债权合同的有效性，例如，未来物的买卖合同在有效性方面没有任何问题。

一物一权原则与以下情形并不矛盾：

（1）多人共同对一物享有一项物权，因为多人只涉及多数物权人，而一物一权表现的是物权客体与权利本身的关系。

（2）在一物之上成立数个互不冲突的物权。如所有权与他物权的共容、用益物权与担保物权的共容等。

（三）物权公示原则

1. 公示的含义

物权以法定方式公之于外，称公示原则。公示方式依动产不动产而有不同，原则上，前者以交付占有为公示手段，后者则以登记为公示手段。《民法典》第二百零八条规定："不动产物权的设立、变更、转让和消灭，应当依照法律规定登记。动产物权的设立和转让，应当依照法律规定交付。"

物权之所以需要公示，原因在于，物权是绝对权，除权利人以外的一切人都是义务人，欲为不特定他人所尊重，物权的享有必须为人所知。告知不特定他人的各种方式中，统一依法定方式公示显然是成本最低、最为可行的。债权属于相对权，效力不及于当事人之外的不特定第三人，故无公示的要求。

2. 公示的效力

（1）物权移转效力。

若通过交付移转动产的占有，则推定为动产物权移转；若通过登记变更登记权利人，则推定为不动产物权移转。根据公示对于物权移转效力的影响程度不同，物权移转有公示生效主义与公示对抗主义两种立场。

所谓公示生效主义，是指物权移转，非经法定公示不得生效。动产的公示方式为交付,并且原则上公示生效。《民法典》第二百二十五条规定:"船舶、航空器和机动车等的物权的设立、变更、转让和消灭,未经登记,不得对抗善意第三人。"又依《民法典物权编解释一》第六条规定,转让人转移船舶、航空器和机动车等所有权,受让人已经支付对价并取得占有,虽未经登记,但转让人的债权人主张其为《民法典》第二百二十五条所称的"善意第三人"的,除法律另有规定外,不予支持。不动产物权的设立、变更、转让和消灭,原则上须经依法登记,才能发生效力,未经登记,不发生效力。例如,建设用地使用权、不动产抵押权等权利的设立或转让,非经登记,不发生效力。动产物权的设立和转让,则是自交付时发生效力。例如,质权自出质人交付质押财产时设立。

某些物权的享有与变动,只需当事人意思即为已足,不以公示为前提。公示的效力只在于对抗第三人。例如,在不动产物权方面,土地承包经营权自土地承包经营合同生效时设立,土地承包经营权人将土地承包经营权互换、转让的,当事人可以向登记机构申请登记,未经登记,不得对抗善意第三人;地役权自地役权合同生效时设立,当事人要求登记的,可以向登记机构申请地役权登记,未经登记,不得对抗善意第三人。在动产物权方面,以动产抵押的,抵押权自抵押合同生效时设立,未经登记,不得对抗善意第三人。

(2)物权推定效力。

为法定公示方式所彰显的权利人,被推定为合法权利人。动产占有人被推定为动产所有权人,不动产登记簿上记载的权利人及其所享有的权利被推定为真实。我国仅在不动产登记中较为明确地规定了此项效力。《民法典》第二百一十七条规定:"不动产权属证书是权利人享有该不动产物权的证明。不动产权属证书记载的事项,应当与不动产登记簿一致;记载不一致的,除有证据证明不动产登记簿确有错误外,以不动产登记簿为准。"登记簿也可能出现错误,对此,《民法典物权编解释一》第二条规定:"当事人有证据证明不动产登记簿的记载与真实权利状态不符、其为该不动产物权的真实权利人,请求确认其享有物权的,应予支持。"

(3)公信效力。

如果采用公示生效主义立场,法定公示方式为权利变动与享有的法律表征,第三人有理由对其表示信赖,因而,公示能够产生公信力。公信效力是善意取得的必要条件。

第二节 物权变动

一、物权变动的含义与形态

(一)物权变动的含义

物权变动是指物权的发生(取得、设定)、变更或消灭。

（二）物权变动的形态

物权变动包括物权取得、变更与消灭三种基本形态。

物权的取得又分原始取得与继受取得。物权的原始取得是指物权取得非自他人之手继受而来。典型的原始取得如基于对无主物的先占而取得所有权，依自己所有权而取得原物孳息，通过建造取得房屋所有权，等等。继受取得又称传来取得，是指权利自前手继受而来。继受取得的典型是通过法律行为让与权利，但亦可基于法律行为之外的方式发生，如继承。物权的继受取得可能是移转型，如所有权人将其所有权让与他人，亦可能是创设型，如所有权人为他人设立限制物权。判断物权取得属于原始取得抑或继受取得，关键在于所取得的权利是否源自权利前手。

物权的变更包括主体、客体及内容三方面的变更，其中，物权主体变更实际上是物权转让。

物权的消灭可分绝对消灭与相对消灭两类。绝对消灭是指物权本身不复存在，例如，客体消灭将导致物权绝对消灭；相对消灭表达的则是物权转让的含义——相对于物权出让方而言，物权消灭了。

二、物权变动的原因

物权变动的原因可分为两大类：一是基于法律行为的物权变动；二是非基于法律行为的物权变动。

法律行为旨在根据行为人意志发生法律效果。若法律效果指向债法领域，设定债法上的权利义务，则称债权行为，如买卖合同、租赁合同；若法律效果指向物权法领域，直接变动物权，则称物权行为。物权行为是直接发生物权让与、变更或废止效力之法律行为。

非基于法律行为的物权变动主要包括三类：

（1）基于事实行为。《民法典》第二百三十一条规定："因合法建造、拆除房屋等事实行为设立或者消灭物权的，自事实行为成就时发生效力。"

（2）基于法律规定。《民法典》第二百三十条规定："因继承取得物权的，自继承开始时发生效力。"

（3）基于公法行为。《民法典》第二百二十九条规定："因人民法院、仲裁机构的法律文书或者人民政府的征收决定等，导致物权设立、变更、转让或者消灭的，自法律文书或者征收决定等生效时发生效力。"其中，"人民法院、仲裁机构的法律文书"包括直接改变原有物权关系的判决书、裁决书、调解书，以及人民法院在执行程序中作出的拍卖成交裁定书、变卖成交裁定书、以物抵债裁定书。需要注意的是，本条所称法律文书必须具有直接改变原有物权关系、因而不必由当事人履行的形成效力，不包括判令一方当事人向另一方当事人作出履行的给付判决。因为，如果判决内容是一方当事人向另一方履行，那么，让物权发生变动的，是当事人的履行行为而非判决本身。

非基于法律行为的物权变动不必以公示为前提。即使尚未完成动产交付或不动产登记，也不妨碍物权之取得，并且，取得物权之人要求得到物权保护的，应予支持。只不过，依《民法典》第二百三十二条规定，取得不动产物权之人再处分物权时，"依照法律规定需要办理登记的，未经登记，不发生物权效力"。

三、物权行为

（一）物权行为的含义

财产上的法律行为有债权行为与物权行为之别。债权行为的效力在当事人之间确立债权债务关系，债务人为此负有法律上的义务。例如，甲乙双方就某套房屋订立买卖合同，买卖合同生效后，出卖人甲负有向买受人乙转让房屋所有权的义务（《民法典》第五百九十八条），乙则向甲负有支付相应价金的义务（《民法典》第六百二十六条）。买卖合同只是债权行为，并不足以导致房屋所有权转让。房屋所有权的转让依赖于出卖人向买受人为了履行买卖合同而转让所有权的行为，该行为在消灭合同之债的意义上称合同的履行行为，在转让物权的意义上则称物权行为。

（二）物权行为的特点

物权行为的特点可在与债权行为的比较中看出，二者主要有以下区别：

1. 法律效果

债权行为不会直接引起积极财产（物权）的减少，却会使得消极财产（义务）增加。物权行为则直接导致行为人积极财产的减少。例如，买卖合同生效后，出卖人负有向买受人转让所有权的义务，但义务得到履行之前，所出卖的标的物所有权仍属出卖人所有，待出卖人实际向买受人实施物权行为、转让所有权后，出卖人才失去所有权，买受人亦于此时取得所有权。

2. 处分权

物权行为使得物权发生变动，故出让人需要对标的物具有处分权。无处分权而转让他人物权（如所有权），称无权处分。无权处分行为处于效力待定状态，在得到真权利人追认或处分人取得处分权后变得有效，否则，该无权处分行为将归于无效。

债权行为则因其只是负担行为而不转让物权，故无处分权之要求。由此决定，出卖他人之物的买卖合同亦可有效，当出卖人无法履行合同时，买受人可根据有效的买卖合同主张违约救济。对此，《民法典》第五百九十七条第一款规定："因出卖人未取得处分权致使标的物所有权不能转移的，买受人可以解除合同并请求出卖人承担违约责任。"

3. 兼容性

物权只能被转让一次，出让人在实施转让物权的物权行为后，即失去所转让的物权，故对于同一物不能实施两次有效的处分行为。但债权行为因其仅负担义务，而不涉及物权变动，故可反复作出，在同一标的物上成立的数个买卖合同均可有效。需要注意的是，出卖人将同一标的物出卖于数个买受人后，只能履行其中一项买卖合同，其他未能获得标的物所有权的买受人有权请求出卖人承担违约责任。《最高人民法院关于审理买卖合同纠纷案件适用法律问题的解释》第六条与第七条即是以此为前提规定多重买卖的履行问题。

四、物权变动的公示方式

依物权公示原则，基于法律行为的物权变动需要公示。公示乃是物权发生变动的法律标志。公示方式依动产或不动产物权变动而有不同。

（一）动产物权变动的公示方式——交付

《民法典》第二百二十四条规定："动产物权的设立和转让，自交付时发生效力，但是法律另有规定的除外。"交付有现实交付与交付替代两种形态。

1. 现实交付

所谓现实交付，指的是将物直接交由对方占有。现实交付是最为典型的交付形态。

2. 交付替代

当现实交付不可能或没必要时，可以其他方式替代交付。交付替代方式包括：

（1）简易交付。《民法典》第二百二十六条规定："动产物权设立和转让前，权利人已经占有该动产的，物权自民事法律行为生效时发生效力。"例如，承租人甲想要购买租用的相机，遂与出租人乙订立买卖合同，由于甲已占有该相机，为了节约交易成本，乙向甲转让相机所有权时，自不必先令甲返还，然后再向甲交付。

（2）指示交付。是指指示占有标的物之人将物交付于受让人。《民法典》第二百二十七条规定："动产物权设立和转让前，第三人占有该动产的，负有交付义务的人可以通过转让请求第三人返还原物的权利代替交付。"例如，甲租用乙的相机，丙看见该相机后爱不释手，遂与乙订立买卖合同。正常情况下，乙向丙转让相机所有权的过程是：甲将相机归还于乙，乙再将相机交付于丙，同样是为了节约交易成本，这一繁复过程可简化为：乙指示甲直接将相机交付于丙。

（3）占有改定。所谓改定，改定的是占有人身份。《民法典》第二百二十八条规定："动产物权转让时，当事人又约定由出让人继续占有该动产的，物权自该约定生效时发生效力。"甲购买乙的相机，买卖合同订立后，乙表示相机已归甲，但要求甲让自己再用1个月，甲同意。表面看起来乙尚未向甲交付相机，但实际上已通过占有改定的方式交付，因为甲同意乙继续占有相机后，乙的占有人身份便由自主占有人改定为他主占有人，甲则通过间接占有的方式取得相机的自主占有。

（二）不动产物权变动的公示方式——登记

《民法典》第二百零九条第一款规定："不动产物权的设立、变更、转让和消灭，经依法登记，发生效力；未经登记，不发生效力，但是法律另有规定的除外。""法律另有规定"，是指登记不是生效条件而是对抗要件的情形，例如《民法典》第三百三十五条的土地承包经营权转让、第三百七十四条的地役权设立等。

根据《不动产登记暂行条例》的规定，我国实行不动产统一登记制度，国务院自然资源主管部门负责指导、监督全国不动产登记工作，县级以上地方人民政府应当确定一个部门为本行政区域的不动产登记机构，负责不动产登记工作，并接受上级人民政府不动产登记主管部门的指导、监督。需要登记的不动产物权包括：（1）集体土地所有权；（2）房屋等建筑物、构筑物所有权；（3）森林、林木所有权；（4）耕地、林地、草地等土地承包经营权；（5）建设用地使用权；（6）宅基地使用权；（7）海域使用权；（8）地役权；（9）抵押权；（10）法律规定需要登记的其他不动产权利。值得注意的是，上述不动产物权均在登记之列，只不过登记效力各有不同，有的非经登记不得生效，有的非经登记不得对抗善意第三人。

根据《不动产登记暂行条例》及《不动产登记暂行条例实施细则》的规定，登记类型主要包括：首次登记、变更登记、转移登记、注销登记、更正登记、异议登记、预告登记与查封登记。

首次登记，是指不动产权利第一次登记。未办理不动产首次登记的，除法律、行政法规另有规定的外，不得办理不动产其他类型登记。

变更登记，是指不动产登记事项发生不涉及权利转移的变更所需登记。在下列情形下，不动产权利人可以向不动产登记机构申请变更登记：（1）权利人的姓名、名称、身份证明类型或者身份证明号码发生变更的；（2）不动产的坐落、界址、用途、面积等状况变更的；（3）不动产权利期限、来源等状况发生变化的；（4）同一权利人分割或者合并不动产的；（5）抵押担保的范围、主债权数额、债务履行期限、抵押权顺位发生变化的；（6）最高额抵押担保的债权范围、最高债权额、债权确定期间等发生变化的；（7）地役权的利用目的、方法等发生变化的；（8）共有性质发生变更的；（9）法律、行政法规规定的其他不涉及不动产权利转移的变更情形。

转移登记，是指不动产权利在不同主体之间发生转移所需登记。在下列情形下，当事人可以向不动产登记机构申请转移登记：（1）买卖、互换、赠与不动产的；（2）以不动产作价出资（入股）的；（3）法人或者其他组织因合并、分立等原因致使不动产权利发生转移的；（4）不动产分割、合并导致权利发生转移的；（5）继承、受遗赠导致权利发生转移的；（6）共有人增加或者减少以及共有不动产份额变化的；（7）因人民法院、仲裁委员会的生效法律文书导致不动产权利发生转移的；（8）因主债权转移引起不动产抵押权转移的；（9）因需役地不动产权利转移引起地役权转移的；（10）法律、行政法规规定的其他不动产权利转移情形。

不动产权利消灭时，需要办理注销登记。属于注销登记的情形包括：

（1）不动产灭失的；

（2）权利人放弃不动产权利的；

（3）不动产被依法没收、征收或者收回的；

（4）人民法院、仲裁委员会的生效法律文书导致不动产权利消灭的；

（5）法律、行政法规规定的其他情形。

更正登记与异议登记用以应对可能发生的登记错误。权利人、利害关系人认为不动产登记簿记载的事项错误的，可以申请更正登记。不动产登记簿记载的权利人书面同意更正或者有证据证明登记确有错误的，登记机构应当予以更正。若是不动产登记簿记载的权利人不同意更正，利害关系人可以申请异议登记。登记机构予以异议登记的，申请人在异议登记之日起15日内不起诉，异议登记失效。异议登记不当，造成权利人损害的，权利人可以向申请人请求损害赔偿。

当事人签订买卖房屋或者其他不动产物权的协议，为保障将来实现物权，按照约定可以向登记机构申请预告登记。具体而言，有下列情形之一的，当事人可以申请预告登记：（1）预购商品房；（2）以预购商品房设定抵押；（3）房屋所有权转让、抵押；（4）法律、法规规定的其他情形。预告登记后，一方面，未经预告登记的权利人同意处分该不动产（如转移不动产所有权、设定建设用地使用权、设定地役权、设定抵押权等）的，不发生物权效力；另一方面，债权消灭或者自能够进行不动产登记之日起90日内未申请登记的，预告登记失效。所谓"债权消灭"，除包括债权因得到清偿而消灭的情形外，根据《民法典物权编解释一》第五条规定，还包括买卖不动产物权的协议被认定无效、被撤销，或者预告登记的权利人放弃债权等情形。

第三节 所有权

泛泛而言，《民法典》所包含的物权制度内容是人类对财物进行支配的一般规则。此类支配，发生在私人生活中。最为完整的支配权是所有权，其他一切类型的物权皆派生于此，所以，物权体系必定以所有权为核心。

一、所有权的概念

所有权是指在法律限制范围内，对物为全面支配的权利。《民法典》第二百四十条规定："所有权人对自己的不动产或者动产，依法享有占有、使用、收益和处分的权利。"据此，所谓全面支配，可简化为占有、使用、收益和处分四项权能。其中，占有是所有权的表征，这尤其体现于动产领域，动产占有人被推定为所有权人；使用，是指不毁损其物或变更其性质，而依物之用法以供权利人需用而言；收益，是指收取天然孳息及法定孳息，与使用权能合称用益；处分包括事实处分与法律处分，事实处分针对物本身，如毁损某物、改装某物等，法律处分针对物上权利，如抛弃或转让所有权。

二、所有权的类型

（一）所有权的法定分类

《民法典》第二编"物权"第五章的标题为"国家所有权和集体所有权、私人所有权"，由此根据所有制划分三类所有权。

1. 国家所有权

国家以所有者身份对物享有的全面支配权力。《民法典》第二百四十六条第一款规定："法律规定属于国家所有的财产，属于国家所有即全民所有。"无论是称国家所有抑或全民所有，"国家"或"全民"均无法亲自行使所有权。为此，《民法典》第二百四十六条第二款又规定："国有财产由国务院代表国家行使所有权。法律另有规定的，依照其规定。"所谓法律另有规定，例如，《民法典》第二百五十五条规定："国家机关对其直接支配的不动产和动产，享有占有、使用以及依照法律和国务院的有关规定处分的权利。"第二百五十六条规定："国家举办的事业单位对其直接支配的不动产和动产，享有占有、使用以及依照法律和国务院的有关规定收益、处分的权利。"

国家所有权的客体极为广泛，包括一切矿藏、水流、海域以及无居民海岛，城市土地、法律规定属于国家所有的农村和城市郊区的土地，未被规定为集体所有的森林、山岭、草原、荒地、滩涂等自然资源，法律规定属于国家所有的野生动植物资源，无线电频谱资源，法律规定属于国家所有的文物，国防资产，法律规定属于国家所有的铁路、公路、电力设施、电信设施和油气管道等基础设施，等等。

2. 集体所有权

《民法典》第二百六十一条第一款规定："农民集体所有的不动产和动产，属于本集体成员集体所有。"根据《土地管理法》，集体所有权包括三种形式：村集体所有、农村集体经济组织所有与乡（镇）集体所有。正如"国家"或"全民"无法行使所有权，抽象的"农民集体"亦是如此。为此，《民法典》第二百六十二条规定："对于集体所有的土地和森林、山岭、草原、荒地、滩涂等，依照下列规定行使所有权：（1）属于村农民集体所有的，由村集体经济组织或者村民委员会依法代表集体行使所有权；（2）分别属于村内两个以上农民集体所有的，由村内各该集体经济组织或者村民小组依法代表集体行使所有权；（3）属于乡镇农民集体所有的，由乡镇集体经济组织代表集体行使所有权。"

所谓集体所有的不动产和动产，主要包括：

（1）法律规定属于集体所有的土地和森林、山岭、草原、荒地、滩涂；

（2）集体所有的建筑物、生产设施、农田水利设施；

（3）集体所有的教育、科学、文化、卫生、体育等设施；

（4）集体所有的其他不动产和动产。

3. 私人所有权

《民法典》第二百六十六条规定："私人对其合法的收入、房屋、生活用品、生产工具、原材料等不动产和动产享有所有权。"此处所称私人，并不局限于自然人，民法上的法人尤其是营利法人亦包括在内。对此，《民法典》第二百六十九条规定："（第一款）营利法人对其不动产和动产依照法律、行政法规以及章程享有占有、使用、收益和处分的权利。（第二款）营利法人以外的法人，对其不动产和动产的权利，适用有关法律、行政法规以及章程的规定。"

（二）共有

1. 共有的形态

物可为单一主体独自享有所有权，亦可在不作质的分割的情况下由数个主体共享，前者称单一所有，后者则称共有。共有包括按份共有和共同共有。

按份共有与共同共有在处分权、相互之间的请求权以及处分原则（全体一致抑或多数决原则）等方面各有不同。

2. 共有形态的推定

共有人对共有的不动产或者动产没有约定为按份共有或者共同共有，或者约定不明确的，除共有人具有家庭关系等外，视为按份共有。共同共有人之间的内部关系较之按份共有更为紧密，《民法典》作按份共有推定，实际上是推定共有人之间的关系较为松散。之所以如此，原因在于：第一，家庭成员之间共同生活，彼此权利义务关系难以作清晰的划分，而除此之外的其他关系（如朋友关系）等均不具有这种法律上的密切关系，权利义务关系可以并且应当分割清楚。第二，按份共有人对外偿还债务后，可能存在向其他人追偿的问题，共同共有则无此问题。依《民法典》第三百零七条规定，在共有人内部关系上，除共有人另有约定外，按份共有人按照份额享有债权、承担债务，共同共有人共同享有债权、承担债务。偿还债务超过自己应当承担份额的按份共有人，有权向其他共有人追偿。一般情况下，每个人应就自己份额享有债权、承担债务，这是私法自治的市场体现，而共同共有则难以体现这一原则。

3. 共有的一般效力

（1）共有人的权利义务。共有人按照约定管理共有的不动产或者动产；没有约定或者约定不明确的，各共有人都有管理的权利和义务。

（2）共有物的分割方式。共有人可以协商确定分割方式。达不成协议，共有的不动产或者动产可以分割并且不会因分割减损价值的，应当对实物予以分割；难以分割或者因分割会减损价值的，应当对折价或者拍卖、变卖取得的价款予以分割。共有人分割所得的不动产或者动产有瑕疵的，其他共有人应当分担损失。

（3）对外债权债务。因共有的不动产或者动产产生的债权债务，在对外关系上，共有人享有连带债权、承担连带债务，但法律另有规定或者第三人知道共有人不具有连带债权债务关系的除外。

4. 按份共有

（1）按份共有的含义。按份共有是对同一个所有权作量上分割的共有形态，按份共有人对共有的不动产或者动产按照其份额享有所有权。关于份额的确定，《民法典》第三百零九条规定："按份共有人对共有的不动产或者动产享有的份额，没有约定或者约定不明确的，按照出资额确定；不能确定出资额的，视为等额享有。"

按份共有的特点在于分享权利分担义务，这是与共同共有的最大不同。

（2）按份共有的内部关系。按份共有的内部关系主要体现于共有物的管理、共有物的分割以及对外债权债务的内部效力三个方面。

第一，关于共有物的管理。按份共有人对共有的不动产或者动产作重大修缮、变更性质或者用途的，应当经占份额2/3以上的按份共有人同意，但是共有人之间另有约定的除外。同时，对共有物的管理费用以及其他负担，有约定的，按照约定，没有约定或者约定不明确的，按份共有人按照其份额负担。

第二，关于共有物的分割。《民法典》第三百零三条规定："共有人约定不得分割共有的不动产或者动产，以维持共有关系的，应当按照约定，但共有人有重大理由需要分割的，可以请求分割；没有约定或者约定不明确的，按份共有人可以随时请求分割……因分割造成其他共有人损害的，应当给予赔偿。"

第三，对外债权债务的内部效力。对外关系上，任何一位按份共有人均有权主张全部债权或有义务承担全部债务，但内部关系上，各共有人对其各自财产按照份额分摊，此亦反映于债权的享有与债务的承担方面，故《民法典》第三百零七条规定："在共有人内部关系上，除共有人另有约定外，按份共有人按照份额享有债权、承担债务。"相应地，当对外承担债务的共有人所承担的债务超出其应当承担的份额时，有权向其他共有人追偿。

（3）按份共有的外部关系。按份共有的外部关系涉及两方面，一是共有物的处分，二是份额处分。

第一，关于共有物的处分。按份共有人之间的关系较为松散，既然区分份额，多数份额的共有人意志便应得到尊重。为此，按份共有物的处分奉行多数决原则，其间道理，与公司多数资本决大体相通。此多数，依《民法典》第三百零一条规定，为共有份额2/3以上的多数。根据法律术语的一般用法，称"以上"者，含本数。

未满2/3份额却转让共有物者，构成无权处分，其处理规则，与共同共有情形中的无权处分一致，详见下文。

第二，关于份额之处分。按份共有人对其享有的份额有处分自由，故可自由转让其享有的共有的不动产或者动产份额。但按份共有人之间的关系毕竟较之其他人更为密切，陌生人的加入，可能影响共有人之间的相处，为此，《民法典》规定，当按份共有人转让其共有份额时，其他共有人在同等条件下享有优先购买的权利。

（4）按份共有人的优先购买权。按份共有人向共有人之外的人转让其份额，其他按份共有人有权依同等条件优先购买该共有份额。关于优先购买权，需注意如下问题：

第一，优先购买权以交易为前提。因此，除非按份共有人另有约定，否则共有份额因继承、遗赠等非交易方式发生转让时，其他共有人不得主张优先购买。同时，构成优先购买权行使前提的交易须发生在共有人与共有人之外的第三人之间。如果按份共有人之间相互转让共有份额，除非共有人另有约定，否则其他共有人不得主张优先购买。

第二，优先购买权需在同等条件下行使。判断是否构成"同等条件"时，应当综合共有份额的转让价格、价款履行方式及期限等因素确定，因此，如果按份共有人主张优先购买时，提出减少价款、增加转让人负担等交易条件的实质变更要求，其优先购买权不能得到支持。

第三，优先购买权需在期限内行使。优先购买权的行使期间，按份共有人之间有约定的，按照约定处理。没有约定或者约定不明的，按照下列情形确定：转让人向其他按份共有人发出的包含同等条件内容的通知中载明行使期间的，以该期间为准；通知中未载明行使期间，或者载明的期间短于通知送达之日起15日的，为15日；转让人未通知的，为其他按份共有人知道或者应当知道最终确定的同等条件之日起15日；转让人未通知，且无法确定其他按份共有人知道或者应当知道最终确定的同等条件的，为共有份额权属转移之日起6个月。

第四，两个以上按份共有人主张优先购买且协商不成时，按照转让时各自份额比例行使优先购买权。

第五，其他按份共有人以优先购买权受到侵害为由，仅请求撤销共有份额转让合同或者认定该合同无效的，不予支持。

5. 共同共有

（1）共同共有的含义。《民法典》第二百九十九条规定："共同共有人对共有的不动产或者动产共同享有所有权。"所谓共同享有所有权，指的是共同共有人对共有财产享有共同的权利，承担共同的义务。其特点在于，共有人对于同一物所享有的所有权不分份额，共享权利同担义务，所以亦无转让份额之问题。换言之，各共同共有物的所有权属于共有人全体，而非按应有部分享有所有权，故对该共同共有物的全部，共有人并无应有部分存在。这是共同共有和按份共有的最大不同。

依《民法典》第三百零八条，家庭关系中的共有为共同共有，包括夫妻共同财产、遗产、《农村土地承包法》中的家庭承包财产等，另外，以家庭共有财产投资的个人独资企业中的财产，亦属家庭成员共同共有。

（2）共同共有的内部关系。有如按份共有，共同共有的内部关系也主要体现在共有物的管理、共有物的分割以及对外债权债务的内部效力三个方面。

第一，关于共有物的管理。主要涉及对共有物的重大修缮及管理费用的分担。《民法典》第三百零一条规定，除非共有人之间另有约定，否则对共有的不动产或者动产作重大修缮、变更性质或者用途的，应当经全体共同共有人同意。《民法典》第三百零二条则规定，共有人对共有物的管理费用以及其他负担，有约定的，按照约定；没有约定或者约定不明确的，共同共有人共同负担。

第二，关于共有物的分割。共同共有关系存续期间，原则上禁止对共有物进行分割，原因在于，分割共有物即意味着共同共有关系的破裂。《民法典》第三百零三条规定，共有人约定不得分割共有的不动产或者动产，以维持共有关系的，应当按照约定，但共有人有重大理由需要分割的，可以请求分割；没有约定或者约定不明确的，共同共有人在共有的基础丧失或者有重大理由需要分割时可以请求分割。因分割造成其他共有人损害的，应当给予赔偿。共同共有财产分割后，一个或者数个原共有人出卖自己分得的财产时，如果出卖的财产与其他原共有人分得的财产属于一个整体或者配套使用，其他原共有人享有优先购买权。

第三，关于对外债权债务的内部效力。共同共有人之一对外受领的全部债权所得为所有共有人共享，其他共有人不存在主张分享的问题；用以承担债务的财产属于全体共有人共同共有的财产，故对外承担债务后，共有人之间亦不存在分担的问题。为此，《民法典》第三百零七条规定，在共有人内部关系上，除共有人另有约定外，共同共有人共同享有债权、承担债务。

（3）共同共有的外部关系。共同共有不分份额，故外部关系仅涉及处分共有物问题，而不涉及份额处分问题。既然全体共有人对共有物不分份额地享有共有权，即意味着各共有人之间地位平等。因此，原则上，物之处分须征得全体一致同意，共有人之间若是另有约定，则从其约定。

问题是，若共有人之一未征得其他共有人同意，擅将共有物所有权转让给第三人，该转让行为效力如何？

一般情况下，此转让行为构成无权处分，依无权处分的基本规则，其有效性取决于其他共有人追认与否。只要有任何一位共有人拒绝追认，该无权处分行为即无效，受让人不能取得共有物的所有权；若所有其他共有人均表示追认，则无权处分转化为有权处分，转让行为有效，受让人取得共有物所有权。在其他共有人未表示是否追认之前，无权处分行为既非有效，亦非无效，处于效力待定状态。需要注意的是，效力待定的只是无权处分行为，该处分行为以直接转移所有权为目的，属物权行为。与第三人签订的共有物买卖合同则属债权行为，如本章第二节所述，该行为不以处分权为有效要件，故无论其他共有人是否同意，买卖合同均有效。当其他共有人拒绝追认因而转让行为无效时，作为出卖人的共有人因无法向作为买受人的第三人履行转移所有权的义务，故应向第三人承担合同法上的违约责任。

不过，如果第三人不知并且没有义务知道所受让的标的物存在其他共有人，或者，虽然知道存在其他共有人，但不知并且没有义务知道共有人转让标的物时未征得其他共有人的同意，该第三人即构成善意，可依善意取得制度取得标的物所有权，此时，即便其他共有人表示反对，亦不影响转让行为的有效性。但如此一来，其他共有人将因擅自转让共有物的行为而失去共有物，为了获得法律救济，其他共有人应有权向转让人请求损害赔偿。

6. 准共有

共有制度以所有权为原型建构，对于其他物权，亦存在数人共同享有的问题，此称准共有。《民法典》第三百一十条规定，两个以上组织、个人共同享有用益物权、担保物权的，参照共有的规则处理。

三、善意取得制度

（一）制度价值

法律史上曾有过"任何人不得让与多于自身权利的权利"之法谚，据此，任何未得到权利人许可而处分他人权利的行为都不能发生效力。这有利于保护所有权人的利益，令其免遭他人无权处分之不测。

然而，在市场经济社会，交易极为频繁且往往在陌生人之间发生，当事人之间的互信只能借助外在表征，而《民法典》有关规定恰恰又通过公示制度提供了权利的法定表征，拥有公示方式之人被推定为合法的权利享有者，具体而言，占有动产者被推定为动产的所有权人，不动产登记簿上登记为何种权利，即推定登记人合法拥有此权利。面对纷繁复杂的市场，交易相对人既无能力且无必要一一调查物之占有人、登记簿上所记载之人究竟是否为真权利人，理应有理由信赖法定公示方式所产生的效力。

当拥有权利表征之人其实并非真权利人时（如保管人将受托保管之物转让），若固守"任何人不得让与多于自身权利的权利"之规则，判令转让行为无效，善意第三人将无法获得所有权。若该物又进入下一流通环节，第一环节的无效势必引起连锁反应。结果，交易链的任何一人都可能因为与自己无关的交易环节出现瑕疵而被追夺权利，最终导致交易安全无法保障。由此产生的另一负面效应是，既然信赖法定公示提供的权利表征无法得到保护，法律制度本身亦将陷入信任危机。因此，当真权利人与第三人及其所代表的交易安全之间发生利益冲突时，法律制度不得不作出取舍。现代法律普遍选择保护交易安全，善意取得制度遂应运而生，这一选择，同时表示法律保护从人类社会早期偏重静的安全保护过渡到了动的安全保护。

我国民法顺应了上述潮流。《民法典》第三百一十一条第一款规定："无处分权人将不动产或者动产转让给受让人的，所有权人有权追回；除法律另有规定外，符合下列情形的，受让人取得该不动产或者动产的所有权：（1）受让人受让该不动产或者动产时是善意的；（2）以合理的价格转让；（3）转让的不动产或者动产依照法律规定应当登记的已经登记，不需要登记的已经交付给受让人。"根据前一分句，所有权人有权否认无权处分行为之效力，后一分句则通过善意取得制度排除了这一权利，换言之，若符合善意取得的要件，则所有权人不得否认无权处分行为之效力。

善意取得制度对于动产与不动产均可适用，但构成要件有所不同，以下分述之。

（二）动产善意取得

1. 构成要件

结合《民法典》第三百一十一条第一款与第三百一十二条，动产善意取得必须具备如下要件：

（1）依法律行为转让所有权。善意取得只能在交易中发生，该交易所借助的手段即是法律行为。其他非因法律行为而发生的物权变动，无论是基于事实行为、公法行为还是直接基于法律规定而变动，均不存在善意取得的问题。

（2）转让人无处分权。如果转让人对于所转让的权利具有处分权，则适用正常的物权变动规则。善意取得制度旨在解决无权处分行为的有效性问题，因此必以转让人无处分权为前提。

（3）受让人为善意。唯有善意第三人才值得保护。所谓善意，指的是不知道转让人无处分权且对此不知无重大过失。第三人的善意系推定，故真权利人主张受让人不构成善意时，须负举证责任。受让人受让动产时，交易的对象、场所或者时机等不符合交易习惯的，应当认定受让人具有重大过失，从而不能构成善意。

善意的判断时点，依《民法典》第三百一十一条第一款规定，以"受让动产时"为准，具体操作时，一般以动产交付时为准，即交付之后若第三人嗣后得知转让人无处分权，不影响受让人之善意。交付有现实交付与交付替代之别。现实交付，以物的直接占有转移之时为交付之时；简易交付，转让动产法律行为生效时为动产交付之时；指示交付，转让人与受让人之间有关转让返还原物请求权的协议生效时为动产交付之时。

（4）以合理的价格转让。善意第三人之所以能够从无权处分人手中获得所有权，是因为该善意第三人代表了交易安全，所有权人利益的静态利益被让位于交易安全这一动态市场利益。这就意味着，无权处分人与善意第三人所实施的必须是市场交易行为。当第三人无偿受让标的物时，即便令其不能取得标的物所有权，第三人亦未失去任何利益，无非是无法取得额外利益而已，而若在此情形下依然令其取得所有权，则一方面第三人未付出任何代价取得真权利人的所有权，另一方面真权利人的所有权非基于自身意志而莫名失去，在双方利益关系中，显然真权利人更值得保护。受让人无偿受让时固然不受善意取得制度保护，为了将该制度对真权利人造成的损害降至最低，受让人不仅需要支付对价，而且所支付的对价在市场交易中必须属于合理。

另外，要求以合理的价格转让，除了基于利益衡量的考虑，另外一个理由是，若交易价格明显低于正常的市场价，作为谨慎的市场主体，理应对标的物来源的合法性表示怀疑，从而产生进一步了解之义务，若受让人未履行此义务，则因其应当知道而不构成善意。

判断是否构成"合理的价格"，应当根据转让标的物的性质、数量以及付款方式等具体情况，参考转让时交易地市场价格以及交易习惯等因素综合认定。

（5）物已交付。动产以交付为所有权转移的标志，若物尚未交付，则交易尚未完成，此时选择保护真权利人，对于交易安全的损害尚可控制。

根据《民法典物权编解释一》，有两点需要特别指出：第一，《民法典》第二百二十八条规定的占有改定不能满足善意取得制度意义上的"交付"要求;第二,转让人将《民法典》第二百二十五条规定的船舶、航空器和机动车等特殊动产交付给受让人的,符合善意取得的交付要件。

(6)转让人基于真权利人意思合法占有标的物。《民法典》第三百一十一条未正面规定此项要件,但可从第三百一十二条中推知。基于真权利人意思而合法占有之物,称委托物,如转让人基于与真权利人的保管合同为之保管标的物、转让人作为承租人承租真权利人之物等;相反,非基于真权利人意思而占有之物则称脱手物,如遗失物、盗窃物等。善意取得制度适用于委托物,原因在于,转让人之取得委托物占有毕竟是基于真权利人自身意志,正是真权利人这一行为,为之后的无权处分提供了机会,在此意义上说,真权利人参与了无权处分局面之形成,与完全无辜的善意相对人相较,自然是后者更值得保护。但脱手物则并非如此。物之遗失乃至于被盗并非基于真权利人意志,此时,真权利人与善意第三人同处于无辜地位,若允许适用善意取得制度,可能在客观上为销赃行为提供合法支持。

《民法典》第三百一十二条仅对脱手物中的遗失物作出规定:"所有权人或者其他权利人有权追回遗失物。该遗失物通过转让被他人占有的,权利人有权向无处分权人请求损害赔偿,或者自知道或者应当知道受让人之日起2年内向受让人请求返还原物;但是受让人通过拍卖或者向具有经营资格的经营者购得该遗失物的,权利人请求返还原物时应当支付受让人所付的费用。权利人向受让人支付所付费用后,有权向无处分权人追偿。"该条所确立的规则较为复杂,可分成两部分理解:第一,当转让人将所拾得的遗失物转让给善意第三人时,真权利人拥有选择权,或者放弃遗失物所有权向转让人请求损害赔偿,或者自知道或应当知道受让人之日起2年内向受让人请求返还原物。若真权利人选择向受让人请求返还原物,受让人返还后,有权请求转让人返还自己受让该物时所支付的对价。第二,若受让人通过拍卖或向具有经营资格的经营者购得该遗失物,真权利人向其请求返还时,应向受让人支付相应对价,否则受让人有权拒绝返还。之所以如此,原因在于,拍卖或具有经营资格的经营者较之一般市场主体更能保证所售卖之物来源的合法性,受让人因而更有理由相信自己系从权利人处取得权利,要求真权利人支付相应对价,实际上是令其买回。当然,真权利人不应承担买回自己所有之物的对价,因此买回后,有权向作出无权处分的转让人追偿。

(7)转让合同有效。转让合同是指为转让标的物所有权而订立的买卖合同等债权合同。《民法典物权编解释一》第二十条规定,转让合同无论是无效,还是被撤销,标的物受让人均不得主张善意取得。

2. **法律效果**

动产善意取得产生直接与间接两项法律效果:

(1)直接法律效果——所有权发生转移。善意受让人取得标的物所有权,相应地,真权利人的所有权随之失去。不仅如此,善意受让人取得动产后,该动产上的原有权利消灭,但善意受让人在受让时知道或者应当知道该权利的除外。

(2)间接法律效果——赔偿请求权。在利益衡量中,真权利人的利益虽让位于善意受让人而失去所有权,但并不意味着,所有权失去后不能寻求法律救济。所有权之失去,系转让人的无权处分行为所致，因此，真权利人有权向无权处分之转让人请求损害赔偿。

（三）不动产善意取得

不动产善意取得的构成要件及法律效果与动产相似，以下仅就特别之处作一简单阐述。

1. 特别构成要件

（1）交付问题。动产善意取得以交付为要件，是因为交付占有是动产物权变动的公示方式，对于不动产，则应以登记为要件。

（2）善意问题。对于不动产转让，具备下列情形之一时，应该认定不动产受让人知道转让人无处分权从而不构成善意：第一，登记簿上存在有效的异议登记；第二，预告登记有效期内，未经预告登记的权利人同意；第三，登记簿上已经记载司法机关或者行政机关依法裁定、决定查封或者以其他形式限制不动产权利的有关事项；第四，受让人知道登记簿上记载的权利主体错误；第五，受让人知道他人已经依法享有不动产物权。另外，如果真权利人有证据证明不动产受让人应当知道转让人无处分权，则应当认定受让人具有重大过失，同样不构成善意。

2. 特别法律效果

善意取得不动产，不消除不动产上其他已登记之物权，此与动产不同。原因在于，善意取得所有权仅导致登记簿上的所有权人发生变更，其他已登记的限制物权则不受影响，故继续存在于登记簿中。

（四）限制物权的善意取得

《民法典》第三百一十一条第三款规定，限制物权的善意取得，参照所有权善意取得之规定适用。

四、动产所有权的特殊取得方式

动产所有权有若干特殊的取得方式，包括先占、拾得遗失物、发现埋藏物及添附等。

（一）先占

所谓先占，就是以所有权人的意思占有无主动产。先占人基于先占行为取得无主动产的所有权。

（二）拾得遗失物

所谓拾得遗失物，是指发现他人遗失之物而实施占有。拾得行为不足以令拾得人取得遗失物的所有权，而负有归还权利人的义务，因此，拾得遗失物后，拾得人应当及时通知权利人领取，或者送交公安等有关部门，有关部门收到遗失物，知道权利人的，应当及时通知其领取，不知道的，应当及时发布招领公告。遗失物自发布招领公告之日起一年内无人认领的，归国家所有。

拾得人虽不能取得遗失物的所有权，却可享有费用偿还请求权，在遗失人发出悬赏广告时，归还遗失物的拾得人还享有悬赏广告所允诺的报酬请求权。

（三）发现埋藏物

对于发现埋藏物并实施占有者，除法律另有规定外，参照拾得遗失物的有关规定适用。

（四）添附

1. 添附的含义

添附是附合、混合与加工的总称。原物经过添附而成新物，所有权仍为一个，因而需要确定添附之后物的所有权归属。《民法典》第三百二十二条规定："因加工、附合、混合而产生的物的归属，有约定的，按照约定；没有约定或者约定不明确的，依照法律规定；法律没有规定的，按照充分发挥物的效用以及保护无过错当事人的原则确定。因一方当事人的过错或者确定物的归属造成另一方当事人损害的，应当给予赔偿或者补偿。"实际上，添附规定旨在解决当事人不存在约定时的所有权归属问题。

2. 附合

不同所有人的物密切结合，构成不可分割的一物，称附合。包括动产附合于不动产与动产附合于动产两种情形。

（1）动产附合于不动产。动产附合于不动产而成为不动产不可分割的重要成分者，不动产所有人取得附合之物所有权。如钢筋附合于房屋，房屋所有权人取得钢筋所有权。

（2）动产附合于动产。动产与他人之动产附合，非毁损不能分离，或分离须费过巨者，各动产所有人，按其动产附合时之价值，共有合成物；但附合之动产，有可视为主物者，该主物所有人，取得合成物之所有权。前者如各出木板成箱，箱的所有权由各木板所有权人共有；后者如油漆漆于他人之木板，木板是主物，故由原木板所有权人单独取得油漆之后的木板所有权。

3. 混合

所有权不属同一人的动产，相互混杂，难以识别或分离，称混合。关于混合，确定所有权时，准用动产附合之规则。

4. 加工

在他人之动产上进行改造或劳作，并生成新物的法律事实，称加工。例如，将他人木板加工为板凳，另外，诸如书写、素描、绘画、印刷、雕刻或其他于物之表面的类似劳作行为，亦属加工。通过对一项或数项材料加工或改造而形成新物之人，只要加工或改造的价值不明显低于材料价值，即取得新物所有权。新物所有权取得，材料之上的既存权利即消灭。

5. 失去权利之人的救济

因为添附而失去所有权之人，有权请求有过错之人或取得添附新物所有权之人赔偿损失。

第四节　用益物权

一、用益物权概述

以使用他人之物为目的的物权，称用益物权。用益物权人对他人所有的不动产或者动产，依法享有占有、使用和收益的权利。用益物权仅涉及物的使用价值，不包含处分权能。用益物权可使得需要使用某物之人能够以较低对价实现目的，而不必付出获得所有权的代价，亦可使得所有权人能够就其物获得收益，而不至于失去所有权。

《民法典》规定的用益物权包括土地承包经营权、建设用地使用权、宅基地使用权、居住权与地役权。土地承包经营权是依法对所承包经营的耕地、林地、草地等享有占有、使用和收益，并从事种植业、林业、畜牧业等农业生产的权利。土地承包经营权自土地承包经营权合同生效时设立。土地承包经营权互换、转让的，当事人可以向登记机构申请登记；未经登记，不得对抗善意第三人。建设用地使用权是依法对国家所有的土地享有占有、使用和收益，并利用该土地建造建筑物、构筑物及其附属设施的权利。设立建设用地使用权的，应当向登记机构申请建设用地使用权登记。建设用地使用权自登记时设立。宅基地使用权是依法对集体所有的土地享有占有和使用，并利用该土地建造住宅及其附属设施的权利。居住权是按照合同约定，对他人的住宅享有占有、使用以满足生活居住需要的权利。设立居住权的，应当向登记机构申请居住权登记。居住权自登记时设立。地役权是按照合同约定，利用他人的不动产，以提高自己不动产的效益的权利。地役权自地役权合同生效时设立。当事人要求登记的，可以向登记机构申请地役权登记；未经登记，不得对抗善意第三人。

下面主要讨论国有建设用地使用权，并附带论及集体土地的建设使用。

二、建设用地使用权

《民法典》所称的建设用地使用权在《城市房地产管理法》中被称为土地使用权，两概念均指国有建设用地使用权。

（一）建设用地使用权的取得

建设用地使用权有创设取得与移转取得两种方式，分别对应国有土地的一级市场与二级市场。其中，创设取得可采取有偿出让或无偿划拨等方式，移转取得则有转让、互换、出资、赠与或抵押等方式。

1. 创设取得

（1）无偿划拨。土地使用权划拨，是指县级以上人民政府依法批准，在土地使用者缴纳补偿、安置等费用后将该幅土地交付其使用，或者将土地使用权无偿交付给土地使用者使用的行为。根据物权法律制度的规定，下列建设用地的土地使用权，确属必需的，可以由县级以上人民政府依法批准划拨：国家机关用地和军事用地；城市基础设施用地和公益事业用地；国家重点扶持的能源、交通、水利等项目用地；法律、行政法规规定的其他用地。

依据《民法典》第三百四十七条规定，严格限制以划拨方式设立建设用地使用权。用于商业开发的建设用地不得以划拨方式取得建设用地使用权。

（2）有偿出让。除上述可经划拨取得的情形外，建设单位使用国有土地，应当以出让等有偿使用方式取得。建设用地使用权出让，是指国家将国有土地使用权在一定年限内出让给土地使用者，由土地使用者向国家支付土地使用权出让金的行为。城市规划区内的集体所有的土地，经依法征收转为国有土地后，该幅国有土地的使用权方可有偿出让。

建设用地使用权出让，可以采取拍卖、招标或者双方协议的方式，其中，工业、商业、旅游、娱乐和商品住宅等经营性用地以及同一土地有两个以上意向用地者的，应当采取招标、拍卖等公开竞价的方式出让，没有条件，不能采取拍卖、招标方式的，可以采取双方协议的方式。采取双方协议方式出让土地使用权的出让金不得低于按国家规定所确定的最低价。

《民法典》第三百五十九条规定："住宅建设用地使用权期限届满的，自动续期。续期费用的缴纳或者减免，依照法律、行政法规的规定办理；非住宅建设用地使用权期限届满后的续期，依照法律规定办理。该土地上的房屋以及其他不动产的归属，有约定的，按照约定；没有约定或者约定不明确的，依照法律、行政法规的规定办理。"

关于非住宅建设用地使用权，土地使用权出让合同约定的使用年限届满，土地使用者需要继续使用土地的，应当至迟于届满前一年申请续期，除根据社会公共利益需要收回该幅土地的，应当予以批准。经批准准予续期的，应当重新签订土地使用权出让合同，依照规定支付土地使用权出让金。土地使用权出让合同约定的使用年限届满，土地使用者未申请续期或者虽申请续期但依照前款规定未获批准的，土地使用权由国家无偿收回，该土地上的房屋及其他不动产的归属，有约定的，按照约定，没有约定或者约定不明确的，依照法律、行政法规的规定办理。

关于住宅建设用地使用权，目前我国尚未出台续期费用缴纳或减免的法律或行政法规，实践中，若干政策性文件与做法可供参考。

2016年11月27日，中共中央、国务院发布的《关于完善产权保护制度依法保护产权的意见》提出，要研究住宅建设用地等土地使用权到期后续期的法律安排，推动形成全社会对公民财产长久受保护的良好和稳定预期。

2016年12月8日，原国土资源部针对温州市出现的20年住房土地使用权到期问题向浙江省国土厅复函中指出，在尚未对住宅建设用地等土地使用权到期后续期作出法律安排前，少数住宅建设用地使用权期间届满的，可按以下过渡性办法处理：

（1）不需要提出续期申请。少数住宅建设用地使用权期间届满的，权利人不需要专门提出续期申请。

（2）不收取费用。市、县国土资源主管部门不收取相关费用。

（3）正常办理交易和登记手续。此类住房发生交易时，正常办理房地产交易和不动产登记手续，涉及"土地使用期限"仍填写该住宅建设用地使用权的原起始日期和到期日期，并注明："根据《国土资源部办公厅关于妥善处理少数住宅建设用地使用权到期问题的复函》（国土资厅函〔2016〕1712号）办理相关手续"。

2. 移转取得

（1）移转取得的方式。建设用地使用权转让、互换、出资、赠与或者抵押的，当事人应当采取书面形式订立相应的合同。使用期限由当事人约定，但不得超过建设用地使用权的剩余期限。

依《城市房地产管理法》第三十九条规定，以出让方式取得土地使用权的，转让房地产时，应当符合下列条件：①按照出让合同约定已经支付全部土地使用权出让金，并取得土地使用权证书；②按照出让合同约定进行投资开发，属于房屋建设工程的，完成开发投资总额的25%以上，属于成片开发土地的，形成工业用地或者其他建设用地条件；

③转让房地产时房屋已经建成的,还应当持有房屋所有权证书。

以划拨方式取得土地使用权的,转让房地产时,应当按照国务院规定,报有批准权的人民政府审批。有批准权的人民政府准予转让的,应当由受让方办理土地使用权出让手续,并依照国家有关规定缴纳土地使用权出让金。

(2)让与禁止。下列房地产不得转让:①以出让方式取得土地使用权,但未符合《城市房地产管理法》第三十九条规定的条件的;②司法机关和行政机关依法裁定、决定查封或者以其他形式限制房地产权利的;③依法收回土地使用权的;④共有房地产,未经其他共有人书面同意的;⑤权属有争议的;⑥未依法登记领取权属证书的;⑦法律、行政法规规定禁止转让的其他情形。

3. 登记

设立建设用地使用权的,应当向登记机构申请建设用地使用权登记。建设用地使用权自登记时设立。登记机构应当向建设用地使用权人发放建设用地使用权证书。

建设用地使用权转让、互换、出资或者赠与的,应当向登记机构申请变更登记。

建设用地使用权消灭的,出让人应当及时办理注销登记。登记机构应当收回建设用地使用权证书。

(二)建设用地使用权的期限

以无偿划拨方式取得的建设用地使用权,除法律、行政法规另有规定外,没有使用期限的限制。

以有偿出让方式取得的建设用地使用权,出让最高年限按下列用途确定:(1)居住用地70年;(2)工业用地50年;(3)教育、科技、文化、卫生、体育用地50年;(4)商业、旅游、娱乐用地40年;(5)综合或者其他用地50年。

土地使用者通过转让方式取得的土地使用权,其使用年限为土地使用权出让合同规定的使用年限减去原土地使用者已使用年限后的剩余年限。

(三)建设用地使用权的终止

建设用地使用权因土地使用权出让合同规定的使用年限届满、提前收回及土地灭失等原因而终止。

出现下列情形之一,由有关人民政府自然资源主管部门报经原批准用地的人民政府或者有批准权的人民政府批准,可以收回国有土地使用权:

(1)为公共利益需要使用土地;

(2)为实施城市规划进行旧城区改建,需要调整使用土地;

(3)土地出让等有偿使用合同约定的使用期限届满,土地使用者未申请续期或者申请续期未获批准;

(4)因单位撤销、迁移等原因,停止使用原划拨的国有土地;

(5)公路、铁路、机场、矿场等经核准报废。

(四)集体土地的建设使用

1. 农田

建设占用土地,涉及农用地转为建设用地的,应当办理农用地转用审批手续。其中,(1)永久基本农田转为建设用地的,由国务院批准。(2)在土地利用总体规划确定的城市和村庄、集镇建设用地规模范围内，为实施该规划而将永久基本农田以外的农用地转为建设用地的，按土地利用年度计划分批次按照国务院规定由原批准土地利用总体规划的机关或者其授权的机关批准。在已批准的农用地转用范围内，具体建设项目用地可以由市、县人民政府批准。（3）在土地利用总体规划确定的城市和村庄、集镇建设用地规模范围外，将永久基本农田以外的农用地转为建设用地的，由国务院或者国务院授权的省、自治区、直辖市人民政府批准。

2. 集体经营性建设用地

2019年之前，集体土地原本在原则上不得用于建设使用，也不得出让转让。原《土地管理法》第四十三条规定："（第一款）任何单位和个人进行建设，需要使用土地的，必须依法申请使用国有土地；但是，兴办乡镇企业和村民建设住宅经依法批准使用本集体经济组织农民集体所有的土地的，或者乡（镇）村公共设施和公益事业建设经依法批准使用农民集体所有的土地的除外。（第二款）前款所称依法申请使用的国有土地包括国家所有的土地和国家征收的原属于农民集体所有的土地。"《城市房地产管理法》第九条的规定与之相呼应："城市规划区内的集体所有的土地，经依法征用转为国有土地后，该幅国有土地的使用权方可有偿出让。"

经2019年修订后，《城市房地产管理法》第九条增加但书规定："城市规划区内的集体所有的土地，经依法征收转为国有土地后，该幅国有土地的使用权方可有偿出让，但法律另有规定的除外。"属于该"法律另有规定"的情形是集体经营性建设用地，规定在修订后的《土地管理法》第六十三条："（第一款）土地利用总体规划、城乡规划确定为工业、商业等经营性用途，并经依法登记的集体经营性建设用地，土地所有权人可以通过出让、出租等方式交由单位或者个人使用，并应当签订书面合同，载明土地界址、面积、动工期限、使用期限、土地用途、规划条件和双方其他权利义务。（第二款）前款规定的集体经营性建设用地出让、出租等，应当经本集体经济组织成员的村民会议2/3以上成员或者2/3以上村民代表的同意。（第三款）通过出让等方式取得的集体经营性建设用地使用权可以转让、互换、出资、赠与或者抵押，但法律、行政法规另有规定或者土地所有权人、土地使用权人签订的书面合同另有约定的除外。（第四款）集体经营性建设用地的出租，集体建设用地使用权的出让及其最高年限、转让、互换、出资、赠与、抵押等，参照同类用途的国有建设用地执行。具体办法由国务院制定。"相应地，《土地管理法》原第四十三条被删除。

第五节 担保物权

一、担保物权概述

（一）担保物权的概念与种类

以担保债权实现为目的的物权，为担保物权。担保物权人在债务人不履行到期债务或者发生当事人约定的实现担保物权的情形，依法享有就担保财产优先受偿的权利。担保物权的功能在于担保债务之履行，针对物的交换价值，因而，担保物权人虽对担保物享有处分权能，却不得使用或收益。

《民法典》物权编担保物权分编规定了抵押权、质权与留置权三种担保物权，另有担保物权散见于《民法典》其他编（如合同编第八百零七条建设工程价款优先权）或其他单行法（如《海商法》第二十一条船舶优先权、《民用航空法》第十八条民用航空器优先权）。《民法典》第三百八十八条第一款第2句规定，担保合同包括抵押合同、质押合同和其他具有担保功能的合同。该规定缓和了担保物权的法定性。除了前述担保物权，还应在尊重习惯的前提下，承认其他基于担保合同产生的担保物权，如让与担保。

担保物权可分意定担保物权与法定担保物权两类。意定担保物权由当事人合意而设立，如抵押权与质权；法定担保物权则在符合法定要件时直接由法律设立，不需要双方当事人的合意，如留置权。

（二）担保物权的特性

1. 从属性

担保物权自身不能独立存在，系从属于债权的从属物权，其从属性体现于担保物权的成立、转让与消灭各个方面。成立上的从属性指的是若无旨在担保的债权，担保物权不能成立；转让上的从属性是指担保物权不能脱离所担保的债权单独转让，所担保的债权转让时，担保物权随之转让；消灭上的从属性则指担保物权随债的消灭而消灭。

2. 权利行使的附条件性

担保物权被有效设立后不能被马上行使，此与一般权利不同。担保物权旨在担保债的履行，因此，如果债务未届履行期，或虽已届履行期但债务人已依约履行债务，或当事人约定行使担保物权的情形未出现，则权利人虽然享有担保物权，却不得行使。换言之，担保物权的行使条件是债务人不履行到期债务或者发生当事人约定的实现担保物权的情形。

3. 优先受偿性

担保物权对于债权的担保，系通过优先受偿权而实现。即，当债务人不履行到期债务或发生当事人约定的实现担保物权情形时，担保物权人可就担保物变价之后的价金优先于普通债权人得到清偿。

4. 不可分性

一旦物被用来提供担保，物的分割、被担保之债的分割，不导致担保物权分割；物部分灭失，剩余部分仍担保债之全部；债权部分清偿，不产生担保物权部分消灭之效力。对此，《民法典担保制度解释》第三十八条与第三十九条作有详细规定：（1）主债权未受全部清偿的，担保物权人可以就担保财产的全部行使其担保物权，但是留置权人行使留置权的，如果留置财产为可分物，留置财产的价值应当相当于债务的金额。（2）担保财产被分割或者部分转让时，担保物权人可以就分割或者转让后的担保物行使担保物权。（3）主债权被分割或者部分转让的，各债权人可以就其享有的债权份额行使全部担保物权。（4）主债务被分割或者部分转移时，债务人自己提供物的担保的，债权人仍有权以担保物担保全部债务履行，但是，如果物的担保由第三人提供，担保人对未经其书面同意转移的债务不再承担担保责任。

（三）担保物权与诉讼时效

主债权诉讼时效期间届满后，抵押权人主张行使抵押权的，人民法院不予支持；抵押人以主债权诉讼时效期间届满为由，主张不承担担保责任的，人民法院应予支持。主债权诉讼时效期间届满前，债权人仅对债务人提起诉讼，经人民法院判决或者调解后未在民事诉讼法规定的申请执行时效期间内对债务人申请强制执行，其向抵押人主张行使抵押权的，人民法院不予支持。

主债权诉讼时效期间届满后，财产被留置的债务人或者对留置财产享有所有权的第三人请求债权人返还留置财产的，人民法院不予支持；债务人或者第三人请求拍卖、变卖留置财产并以所得价款清偿债务的，人民法院应予支持。

主债权诉讼时效期间届满的法律后果，以登记作为公示方式的权利质权，参照适用抵押权的规定；动产质权、以交付权利凭证作为公示方式的权利质权，参照适用留置权的规定。

（四）担保物权的消灭

有下列情形之一，担保物权消灭：（1）主债权消灭；（2）担保物权实现；（3）债权人放弃担保物权；（4）法律规定担保物权消灭的其他情形。

二、抵押权

（一）抵押权的概念

所谓抵押权，是指为担保债务的履行，债务人或者第三人不转移财产的占有，将该财产抵押给债权人，债务人不履行到期债务或者发生当事人约定的实现抵押权的情形，债权人有权就该财产优先受偿。其中，债务人或者第三人为抵押人，债权人为抵押权人，提供担保的财产为抵押财产或称抵押物。

抵押权不移转抵押物的占有，不影响使用，债权人不必为保管抵押物付出成本，债权不能实现时能通过抵押权的行使确保债的安全。因此，抵押权堪称最理想的担保物权。

（二）抵押财产范围

1. 可抵押财产

《民法典》第三百九十五条第一款规定："债务人或者第三人有权处分的下列财产可以抵押：（1）建筑物和其他土地附着物；（2）建设用地使用权；（3）海域使用权；（4）生产设备、原材料、半成品、产品；（5）正在建造的建筑物、船舶、航空器；（6）交通运输工具；（7）法律、行政法规未禁止抵押的其他财产。"另依《农村土地承包法》第四十七条与第五十三条之规定，家庭承包方式取得的土地经营权，以及通过招标、拍卖、公开协商等方式承包农村土地并经依法登记取得权属证书的土地经营权，亦可抵押。

2. 动产浮动抵押

企业、个体工商户、农业生产经营者可以将现有的以及将有的生产设备、原材料、半成品、产品抵押，债务人不履行到期债务或者发生当事人约定的实现抵押权的情形，债权人有权就抵押财产确定时的动产优先受偿。由于设定此类抵押时抵押财产的范围尚未确定，而处于浮动之中，故称浮动抵押。

抵押权设定时抵押财产容许有所浮动，但抵押权之实现只能针对确定的财产，因此，动产的浮动抵押在实现之前，须经财产确定之步骤。依《民法典》第四百一十一条规定，抵押财产自下列情形之一发生时确定：（1）债务履行期届满，债权未实现；（2）抵押人被宣告破产或者解散；（3）当事人约定的实现抵押权的情形；（4）严重影响债权实现的其他情形。

3. 房地一体原则

土地与建筑物虽然各自独立为权利客体，但毕竟相互紧密结合，不可分离，故在确定抵押财产时，实行房地一体原则，即，以建筑物抵押的，该建筑物占用范围内的建设用地使用权一并抵押；以建设用地使用权抵押的，该土地上的建筑物一并抵押，但土地上的新增建筑物不作为抵押财产。另外，乡镇、村企业的建设用地使用权不得单独抵押，以乡镇、村企业的厂房等建筑物抵押的，其占用范围内的建设用地使用权一并抵押。

4. 禁止抵押的财产

下列财产不得抵押：（1）土地所有权；（2）宅基地、自留地、自留山等集体所有的土地使用权，但法律规定可以抵押的除外；（3）学校、幼儿园、医院等以公益为目的的非营利法人的教育设施、医疗卫生设施和其他公益设施；（4）所有权、使用权不明或者有争议的财产；（5）依法被查封、扣押、监管的财产；（6）法律、行政法规规定不得抵押的其他财产。

（三）抵押权的设定

1. 抵押合同

设立抵押权，当事人应当采取书面形式订立抵押合同。

抵押合同一般包括以下条款：（1）被担保债权的种类和数额；（2）债务人履行债务的期限；（3）抵押财产的名称、数量等情况；（4）担保的范围。

2. 登记

抵押合同不以登记为生效要件，但抵押权本身却须登记。不动产抵押合同生效后未办理抵押登记手续，债权人有权请求抵押人办理抵押登记手续。不同的抵押财产，登记产生的效力有所不同，具体有登记生效与登记对抗两种情形。

（1）登记生效。以建筑物和其他土地附着物、建设用地使用权、海域使用权以及正在建造的建筑物抵押的，抵押权自登记时设立。

（2）登记对抗。以动产或者家庭承包方式取得的土地经营权抵押的，抵押权自抵押合同生效时设立，未经登记，不得对抗善意第三人。

需要注意的是，动产抵押即使已经登记，也不得对抗正常经营活动中已支付合理价款并取得抵押财产的买受人。

3. 未登记的法律后果

抵押财产因不可归责于抵押人自身的原因灭失或者被征收等导致不能办理抵押登记，债权人请求抵押人在约定的担保范围内承担责任的，人民法院不予支持；但是抵押人已经获得保险金、赔偿金或者补偿金等，债权人请求抵押人在其所获金额范围内承担赔偿责任的，人民法院依法予以支持。

因抵押人转让抵押财产或者其他可归责于抵押人自身的原因导致不能办理抵押登记，

债权人请求抵押人在约定的担保范围内承担责任的，人民法院依法予以支持，但是不得超过抵押权能够设立时抵押人应当承担的责任范围。

当事人申请办理抵押登记手续时，因登记机构的过错致使其不能办理抵押登记，当事人请求登记机构承担赔偿责任的，人民法院依法予以支持。

（四）抵押担保的范围

1. 所担保的债权范围

抵押权的担保范围包括主债权及其利息、违约金、损害赔偿金、保管担保财产和实现担保物权的费用。当事人另有约定的，按照约定。

2. 抵押物范围

原则上，抵押物的范围以双方当事人约定为准。唯以下特殊情况需要特别处理：

（1）抵押物登记记载的内容与抵押合同约定的内容不一致的，以登记记载的内容为准。

（2）当事人以所有权、使用权不明或者有争议的财产抵押，构成无权处分的，依《民法典》第三百一十一条关于善意取得的规定处理；当事人以依法被查封、扣押或监管的财产抵押，若查封、扣押或监管措施已解除，抵押权人有权行使抵押权，抵押人不得以抵押权设立时财产被查封、扣押或监管为由主张抵押合同无效。

（3）抵押权设立后，抵押财产被添附，添附物归第三人所有时，抵押权效力及于抵押财产的补偿金；添附物归抵押人所有时，抵押权效力及于添附物，但添附导致抵押财产价值增加的，抵押权效力不及于增加的价值部分；抵押人与第三人因添附成为添附物的共有人时，抵押权及于抵押人对共有物所享有的份额。

（4）从物产生于抵押权设立前，抵押权效力及于从物，但当事人另有约定的除外；从物产生于抵押权设立后，抵押权效力不及于从物，但在抵押权实现时可一并处分。

（5）当事人仅以建设用地使用权抵押，抵押权效力及于土地上已有的建筑物以及正在建造的建筑物已完成部分，不及于正在建造的建筑物的续建部分以及新增建筑物，后一种情况下，该建设用地使用权实现抵押权时，应将该土地上新增的建筑物与建设用地使用权一并处分，但新增建筑物所得的价款，抵押权人无权优先受偿；当事人以正在建造的建筑物抵押，抵押权的效力范围限于已办理抵押登记的部分，当事人按照担保合同的约定，主张抵押权的效力及于续建部分、新增建筑物以及规划中尚未建造的建筑物的，不予支持；抵押人将建设用地使用权、土地上的建筑物或者正在建造的建筑物分别抵押给不同债权人的，根据抵押登记的时间先后确定清偿顺序。

（6）以违法的建筑物抵押的，抵押合同无效，但在一审法庭辩论终结前已经办理合法手续的除外；当事人以建设用地使用权依法设立抵押，抵押人以土地上存在违法建筑物为由主张抵押合同无效的，不予支持。

（7）抵押人以划拨建设用地上的建筑物抵押，当事人以该建设用地使用权不能抵押或者未办理批准手续为由主张抵押合同无效或者不生效的，不予支持，抵押权依法实现时，拍卖、变卖建筑物所得价款，应当优先用于补缴建设用地使用权出让金；当事人以划拨方式取得的建设用地使用权抵押，抵押人以未办理批准手续为由主张抵押合同无效或者不生效的，不予支持，已经依法办理抵押登记的，抵押权人有权行使抵押权，抵押权实现所得价款，应当优先用于补缴建设用地使用权出让金。

3. 抵押物的物上代位

担保期间，担保财产毁损、灭失或者被征收等，担保物权人可以按照原抵押权顺位就获得的保险金、赔偿金或者补偿金等优先受偿。被担保债权的履行期未届满的，也可以提存该保险金、赔偿金或者补偿金等。

（五）抵押权人的优先受偿权

债务人不履行债务时，债权人有权依法以该财产折价或者以拍卖、变卖该财产的价款优先受偿。

1. 优先受偿的方式

债务人不履行到期债务或者发生当事人约定的实现抵押权的情形，抵押权人可以与抵押人协议以抵押财产折价或者以拍卖、变卖该抵押财产所得的价款优先受偿。协议损害其他债权人利益的，其他债权人可以请求人民法院撤销该协议。抵押权人与抵押人未就抵押权实现方式达成协议的，抵押权人可以请求人民法院拍卖、变卖抵押财产。抵押财产折价或者变卖的，应当参照市场价格。

2. 流押合同之禁止

《民法典》第四百零一条规定："抵押权人在债务履行期限届满前，与抵押人约定债务人不履行到期债务时抵押财产归债权人所有的，只能依法就抵押财产优先受偿。"即，当事人在抵押合同中约定，债务履行期届满抵押权人未受清偿时，抵押物的所有权转移为债权人所有的内容无效。该内容的无效不影响抵押合同其他部分内容的效力，抵押权人仍然可以对抵押财产进行合理折价，或对其拍卖、变卖并就所得价款优先受偿。

禁止流押合同的目的在于防范道德风险。如果抵押人是债务人，流押合同可能导致的道德风险是：抵押人（债务人）可能故意拒不清偿债务，从而变相将其抵押物卖与债权人；如果抵押人是第三人，流押合同可能导致的道德风险是：为取得抵押物，债权人与债务人可能作出共同虚伪表示，从而损害第三人利益。

3. 土地出让金优先于抵押权

拍卖划拨的国有土地使用权所得的价款，应先依法缴纳相当于应缴纳的土地使用权出让金的款额，抵押权人可主张剩余价款的优先受偿权。

（六）抵押物转让及其限制

抵押物的所有权人仍是抵押人，故除非当事人另有约定，否则抵押人有权转让抵押物所有权，抵押权的存续也不会因为抵押财产转让而受影响。但转让可能影响抵押权人利益，故须受一定限制。具体规则是：第一，抵押人转让抵押财产的，应当及时通知抵押权人。第二，抵押权人能够证明抵押财产转让可能损害抵押权的，可以请求抵押人将转让所得的价款向抵押权人提前清偿债务或者提存。转让价款超过债权数额的部分归抵押人所有，不足部分由债务人清偿。

当事人约定禁止或者限制转让抵押财产但是未将约定登记，抵押人违反约定转让抵押财产，抵押权人请求确认转让合同无效的，不予支持；抵押财产已经交付或者登记，抵押权人请求确认转让不发生物权效力的，不予支持，但是抵押权人有证据证明受让人知道的除外；抵押权人请求抵押人承担违约责任的，可依法予以支持。

当事人约定禁止或者限制转让抵押财产且已经将约定登记,抵押人违反约定转让抵押财产,抵押权人请求确认转让合同无效的,不予支持;抵押财产已经交付或者登记,抵押权人主张转让不发生物权效力的,应予支持,但是因受让人代替债务人清偿债务导致抵押权消灭的除外。

(七)抵押权之保全

抵押人的行为足以使抵押财产价值减少的,抵押权人有权要求抵押人停止其行为。抵押财产价值减少的,抵押权人有权要求恢复抵押财产的价值,或者提供与减少的价值相应的担保。抵押人不恢复抵押财产的价值也不提供担保的,抵押权人有权要求债务人提前清偿债务。

(八)抵押权人的孳息收取权

债务人不履行到期债务或者发生当事人约定的实现抵押权的情形,致使抵押财产被人民法院依法扣押的,自扣押之日起抵押权人有权收取该抵押财产的天然孳息或者法定孳息,但抵押权人未通知应当清偿法定孳息的义务人的除外。抵押权人所收取的孳息应当先充抵收取孳息的费用。

(九)抵押与租赁

当同一物上既存在抵押权又存在租赁关系时,如同"买卖不破租赁",我国物权法律制度亦确立了"抵押不破租赁"规则,准确地说,应是"在后抵押不破在先租赁"规则,即,抵押权设立前抵押财产已出租并转移占有的,原租赁关系不受该抵押权的影响,抵押权实现后,租赁合同在有效期内对抵押物的受让人继续有效。

(十)抵押权的实现

一般情况下,抵押财产折价或者拍卖、变卖后,直接以所得价款清偿债务,价款若超过债权数额,剩余部分归抵押人所有,若不足债权数额,债务人负继续清偿义务,只不过剩余债权不再享有优先受偿权。

以抵押物所得价款清偿债务时,须首先支付实现抵押权的费用,其次支付主债权的利息,最后支付主债权。

若同一抵押财产为数项债权设定抵押,情形将较为复杂,尤其是在抵押物拍卖或变卖金额不足以清偿全部抵押债权时,抵押权如何实现,更将直接影响抵押权人的利益。例如,甲公司以价值1亿元的厂房作抵押,从乙银行获得2 000万元贷款,后又从丙银行贷款3 000万元时,仍以该厂房作抵押。此时,同一抵押物上设有两项皆属有效的抵押权。若甲公司不能清偿乙、丙两家银行的贷款,用以抵押的厂房经拍卖后仅得4 000万元,乙、丙两家银行的抵押权如何实现?对于此类情形,我国物权法律制度规定了五项基本规则:

(1)抵押权已登记的,按照登记的先后顺序清偿。

(2)抵押权已登记的先于未登记的受偿。这一规则仅适用于登记产生对抗效力的抵押权类型,因为如果是登记生效,则未登记抵押权无效,自然不存在两项抵押权冲突的问题。在登记对抗的抵押权类型中,已登记抵押权之所以优先于未登记抵押权,原因是前者具有对抗第三人效力,该第三人既包括普通债权人,亦包括虽设有抵押权但未登记之债权人。

(3)抵押权均未登记的,按照债权比例清偿。这一规则同样仅适用于登记产生对抗效力的抵押权类型。既然均未登记，即意味着各自皆无对抗第三人效力，唯一公平的实现方式即是按照债权比例清偿。此时，无论是设立在先的抵押权，还是先到期的债权，皆不得主张优先性。

（4）抵押权人可以放弃抵押权或者抵押权的顺位，同时，抵押权人与抵押人也可以协议变更抵押权顺位以及被担保的债权数额等内容，但抵押权的变更，未经其他抵押权人书面同意，不得对其他抵押权人产生不利影响。

（5）除抵押之外还存在其他担保时，若债务人以自己的财产设定抵押，抵押权人放弃该抵押权、抵押权顺位或者变更抵押权的，其他担保人在抵押权人丧失优先受偿权益的范围内免除担保责任。之所以如此，是为了防止抵押权人通过放弃抵押权或抵押权顺位，将本应由债务人自己承担的责任转嫁于其他担保人。当然，若其他担保人承诺仍然提供担保，则不在此限。

（十一）抵押预告登记

当事人办理抵押预告登记后，预告登记权利人请求就抵押财产优先受偿，经审查存在尚未办理建筑物所有权首次登记、预告登记的财产与办理建筑物所有权首次登记时的财产不一致、抵押预告登记已经失效等情形，导致不具备办理抵押登记条件的，人民法院不予支持；经审查已经办理建筑物所有权首次登记，且不存在预告登记失效等情形的，人民法院应予支持，并应当认定抵押权自预告登记之日起设立。

当事人办理了抵押预告登记，抵押人破产，经审查抵押财产属于破产财产，预告登记权利人主张就抵押财产优先受偿的，人民法院应当在受理破产申请时抵押财产的价值范围内予以支持，但是在人民法院受理破产申请前一年内，债务人对没有财产担保的债务设立抵押预告登记的除外。

（十二）动产抵押的特殊规则

1. 动产抵押的生效与登记

以动产抵押的，抵押权自抵押合同生效时设立；未经登记，不得对抗善意第三人。

动产抵押合同订立后未办理抵押登记，动产抵押权的效力按照下列情形分别处理：（1）抵押人转让抵押财产，受让人占有抵押财产后，抵押权人向受让人请求行使抵押权的，人民法院不予支持，但是抵押权人能够举证证明受让人知道或者应当知道已经订立抵押合同的除外；（2）抵押人将抵押财产出租给他人并移转占有，抵押权人行使抵押权的，租赁关系不受影响，但是抵押权人能够举证证明承租人知道或者应当知道已经订立抵押合同的除外；（3）抵押人的其他债权人向人民法院申请保全或者执行抵押财产，人民法院已经作出财产保全裁定或者采取执行措施，抵押权人主张对抵押财产优先受偿的，人民法院不予支持；（4）抵押人破产，抵押权人主张对抵押财产优先受偿的，人民法院不予支持。

2. 动产抵押与正常经营活动

以动产抵押的，不得对抗正常经营活动中已经支付合理价款并取得抵押财产的买受人。这一规则原本只适用于动产浮动抵押，《民法典》施行后，扩及至一切动产抵押情形。

《民法典担保制度解释》第五十六条对此作有细化与补充规定："（第一款）买受人在出卖人正常经营活动中通过支付合理对价取得已被设立担保物权的动产，担保物权人请求就该动产优先受偿的，人民法院不予支持，但是有下列情形之一的除外：（一）购买商品的数量明显超过一般买受人；（二）购买出卖人的生产设备；（三）订立买卖合同的目的在于担保出卖人或者第三人履行债务；（四）买受人与出卖人存在直接或者间接的控制关系；（五）买受人应当查询抵押登记而未查询的其他情形。（第二款）前款所称出卖人正常经营活动，是指出卖人的经营活动属于其营业执照明确记载的经营范围，且出卖人持续销售同类商品。前款所称担保物权人，是指已经办理登记的抵押权人、所有权保留买卖的出卖人、融资租赁合同的出租人。"

3. 动产抵押权人的超级优先权

《民法典》第四百一十六条规定，动产抵押担保的主债权是抵押物的价款，标的物交付后十日内办理抵押登记的，该抵押权人优先于抵押物买受人的其他担保物权人受偿，但是留置权人除外。抵押物的价款债权人就该抵押物所享有的抵押权优先于除留置权外的其他担保物权，该优先性甚至可回溯至办理抵押登记前十日，故称超级优先权。其规范意旨在于，通过保障价款债权人的受偿安全，为债务人融资型交易提供融资便利。

《民法典担保制度解释》第五十七条对此作有细化与补充规定："（第一款）担保人在设立动产浮动抵押并办理抵押登记后又购入或者以融资租赁方式承租新的动产，下列权利人为担保价款债权或者租金的实现而订立担保合同，并在该动产交付后十日内办理登记，主张其权利优先于在先设立的浮动抵押权的，人民法院应予支持：（一）在该动产上设立抵押权或者保留所有权的出卖人；（二）为价款支付提供融资而在该动产上设立抵押权的债权人；（三）以融资租赁方式出租该动产的出租人。（第二款）买受人取得动产但未付清价款或者承租人以融资租赁方式占有租赁物但是未付清全部租金，又以标的物为他人设立担保物权，前款所列权利人为担保价款债权或者租金的实现而订立担保合同，并在该动产交付后十日内办理登记，主张其权利优先于买受人为他人设立的担保物权的，人民法院应予支持。（第三款）同一动产上存在多个价款优先权的，人民法院应当按照登记的时间先后确定清偿顺序。"

（十三）最高额抵押

1. 最高额抵押的概念

最高额抵押是指抵押人与抵押权人协议，在最高债权额限度内，以抵押物对一定期间内连续发生的债权作担保。为担保债务的履行，债务人或者第三人对一定期间内将要连续发生的债权提供担保财产的，债务人不履行到期债务或者发生当事人约定的实现抵押权的情形，抵押权人有权在最高债权额限度内就该担保财产优先受偿。

2. 最高额抵押权的从属性与不可分性

最高额抵押担保的债权确定前，债权可转让，但最高额抵押权不得转让，当事人另有约定的除外。

3. 债权之确定

浮动抵押是抵押权生效时抵押财产尚未确定，最高额抵押则是抵押权生效时所担保的债权额尚未确定，因而同样需要经过确定步骤。依《民法典》第四百二十三条之规定，有下列情形之一的，抵押权人的债权确定：（1）约定的债权确定期间届满；（2）没有约定债权确定期间或者约定不明确，抵押权人或者抵押人自最高额抵押权设立之日起满二年后请求确定债权;(3) 新的债权不可能发生;(4) 抵押权人知道或应当知道抵押财产被查封、扣押;(5) 债务人、抵押人被宣告破产或者解散;(6) 法律规定债权确定的其他情形。

最高额抵押担保的债权确定前,抵押权人与抵押人可以通过协议变更债权确定的期间、债权范围以及最高债权额,但变更的内容不得对其他抵押权人产生不利影响。

另外,最高额抵押权设立前已经存在的债权,经当事人同意,可以转入最高额抵押担保的债权范围。

(十四) 抵押权的消灭

抵押权主要有以下消灭事由:

1. 债权消灭

债权消灭,抵押权的存在目的随之消失,故抵押权消灭。

2. 抵押权实现

此为抵押权消灭的题中之义,毋庸赘述。

3. 抵押物灭失

抵押物灭失,抵押权客体便不复存在,从而导致抵押权消灭。唯应注意者,若抵押物灭失之后存在赔偿金、保险金等价值转换形态,则抵押权并不灭失,而继续存在于抵押物的价值转换形态之上,此之谓抵押权物上代位。

4. 混同

所谓混同,是指权利与义务归于一人。债法上,混同是导致债消灭的原因。抵押权是设立于他人之物上的限制物权,因此,若抵押权人获得抵押物的所有权,即集抵押权人与抵押人于一身,用自己的物担保自己的债权显然并无意义,故混同导致抵押权消灭。

三、质权

(一) 质权的概念

在广义上,质权包括动产质权与权利质权两类。不过,质权法律制度系以动产质权为原型而建立,权利质权亦被称为准质权。

为担保债务的履行,债务人或者第三人将其动产或权利出质给债权人占有,当债务人不履行到期债务或者发生当事人约定的实现质权的情形时,债权人有权就该动产或权利优先受偿。在此法律关系中,债务人或者第三人为出质人,债权人为质权人,交付的动产为质押财产或称质物。

与抵押权不同,质权以交付质押物的占有为前提,因而,出质人交付质押物后,即失去使用该质押物的机会,而负有保管义务的质权人又不得使用,由此可见,质权较之抵押权更为僵硬。

(二) 质权的客体

质权不能存在于不动产。能够成为质权客体的,只能是动产或者权利。

1. 动产质权

除法律、行政法规禁止转让的动产外,原则上,所有动产均可出质。

2. 权利质权

债务人或者第三人有权处分的下列权利可以出质：（1）汇票、本票、支票；（2）债券、存款单；（3）仓单、提单；（4）可以转让的基金份额、股权；（5）可以转让的注册商标专用权、专利权、著作权等知识产权中的财产权；（6）现有的以及将有的应收账款；（7）法律、行政法规规定可以出质的其他财产权利。

需要特别界定的是应收账款，它是指权利人因提供一定的货物、服务或设施而获得的要求义务人付款的权利，包括现有的和未来的金钱债权及其产生的收益，但不包括因票据或其他有价证券而产生的付款请求权。具体包括下列权利：（1）销售产生的债权，包括销售货物，供应水、电、气、暖，知识产权的许可使用等；（2）出租产生的债权，包括出租动产或不动产；（3）提供服务产生的债权；（4）公路、桥梁、隧道、渡口等不动产收费权；（5）提供贷款或其他信用产生的债权。

（三）质权的设定

1. 质押合同

设立质权，当事人应当采取书面形式订立质押合同。质押合同一般包括以下条款：（1）被担保债权的种类和数额；（2）债务人履行债务的期限；（3）质押财产的名称、数量等情况；（4）担保的范围；（5）质押财产交付的时间、方式。

2. 交付或登记生效

（1）动产。质权自出质人交付质押财产时设立。金钱是作为支付手段的特殊动产，一般不能出质，但债务人或者第三人将其金钱以特户、封金、保证金等形式特定化后，移交债权人占有作为债权的担保，债务人不履行债务时，债权人亦可以该金钱优先受偿。

若当事人约定出质人代质权人占有质物，则质权不生效。

（2）证券权利。以汇票、本票、支票、债券、存款单、仓单、提单出质的，质权自权利凭证交付质权人时设立；没有权利凭证的，质权自有关部门办理出质登记时设立。

汇票等票据是文义证券，因此，《民法典担保制度解释》第五十八条规定："以汇票出质，当事人以背书记载'质押'字样并在汇票上签章，汇票已经交付质权人的，人民法院应当认定质权自汇票交付质权人时设立。"

考虑到仓单亦有其特殊之处，《民法典担保制度解释》第五十九条第一款规定："存货人或者仓单持有人在仓单上以背书记载'质押'字样，并经保管人签章，仓单已经交付质权人的，人民法院应当认定质权自仓单交付质权人时设立。没有权利凭证的仓单，依法可以办理出质登记的，仓单质权自办理出质登记时设立。"

（3）基金份额与股权。以基金份额、股权出质的，质权自办理出质登记时设立。

（4）知识产权。以注册商标专用权、专利权、著作权等知识产权中的财产权出质的，质权自办理出质登记时设立。

（5）应收账款。以应收账款出质的，质权自办理出质登记时设立。中国人民银行征信中心是应收账款质押的登记机构。

（四）质权的效力

1. 质押担保的范围

（1）所担保的债权范围。质权的担保范围包括主债权及其利息、违约金、损害赔偿金、保管担保财产和实现质权的费用。当事人另有约定的,按照约定。

(2) 出质物的范围。动产质权的效力及于质物的从物。但是,从物未随同质物移交质权人占有的,质权的效力不及于从物。另外,以依法可以转让的股份、股票出质的,质权的效力及于股份、股票的法定孳息。

(3) 出质物的物上代位。担保期间,质押财产毁损、灭失或者被征收等,质权人可以就获得的保险金、赔偿金或者补偿金等优先受偿。被担保债权的履行期未届满的,也可以提存该保险金、赔偿金或者补偿金等。

2. 质权人的优先受偿权

债务人不履行到期债务或者发生当事人约定的实现质权的情形,质权人可以与出质人协议以质押财产折价,也可以就拍卖、变卖质押财产所得的价款优先受偿。

如同流押合同被禁止,流质合同亦被禁止,即,质权人在债务履行期届满前,与出质人约定债务人不履行到期债务时质押财产归债权人所有的,该约定无效,质权人只能就质押财产优先受偿。

3. 质权人的孳息收取权

质权人有权收取质押财产的孳息,但合同另有约定的除外。所收取的孳息应当先充抵收取孳息的费用。

4. 质权人的义务

(1) 保管义务。质权人负有妥善保管质押财产的义务,因保管不善致使质押财产毁损、灭失的,应当承担赔偿责任。质权人的行为可能使质押财产毁损、灭失的,出质人可以要求质权人将质押财产提存,或者要求提前清偿债务并返还质押财产。

(2) 返还义务。债务人履行债务或者出质人提前清偿所担保的债权的,质权人应当返还质押财产。

5. 质权之保全

因不能归责于质权人的事由可能使质押财产毁损或者价值明显减少,足以危害质权人权利的,质权人有权要求出质人提供相应的担保;出质人不提供的,质权人可以拍卖、变卖质押财产,并与出质人通过协议将拍卖、变卖所得的价款提前清偿债务或者提存。

6. 质物处分限制

(1) 对质权人的限制。质权人在质权存续期间,未经出质人同意,擅自使用、处分质押财产,给出质人造成损害的,应当承担赔偿责任。质权人在质权存续期间,未经出质人同意转质,造成质押财产毁损、灭失的,应当向出质人承担赔偿责任。

(2) 对出质人的限制。基金份额、股权出质后,不得转让,但经出质人与质权人协商同意的除外。出质人转让基金份额、股权所得的价款,应当向质权人提前清偿债务或者提存。

知识产权中的财产权出质后,出质人不得转让或者许可他人使用,但经出质人与质权人协商同意的除外。出质人转让或者许可他人使用出质的知识产权中的财产权所得的价款,应当向质权人提前清偿债务或者提存。

应收账款出质后,不得转让,但经出质人与质权人协商同意的除外。出质人转让应收账款所得的价款,应当向质权人提前清偿债务或者提存。

（五）质权的实现

质押财产折价或者拍卖、变卖后，其价款超过债权数额的部分归出质人所有，不足部分由债务人清偿。

出质人可以请求质权人在债务履行期届满后及时行使质权；质权人不行使的，出质人可以请求人民法院拍卖、变卖质押财产。出质人请求质权人及时行使质权，因质权人怠于行使权利造成损害的，由质权人承担赔偿责任。

权利质权的实现各有其特殊之处。

关于仓单质权，《民法典担保制度解释》第五十九条第二款至第四款规定："（第二款）出质人既以仓单出质，又以仓储物设立担保，按照公示的先后确定清偿顺序；难以确定先后的，按照债权比例清偿。（第三款）保管人为同一货物签发多份仓单，出质人在多份仓单上设立多个质权，按照公示的先后确定清偿顺序；难以确定先后的，按照债权比例受偿。（第四款）存在第二款、第三款规定的情形，债权人举证证明其损失系由出质人与保管人的共同行为所致，请求出质人与保管人承担连带赔偿责任的，人民法院应予支持。"

关于应收账款出质，《民法典担保制度解释》第六十一条规定："（第一款）以现有的应收账款出质，应收账款债务人向质权人确认应收账款的真实性后，又以应收账款不存在或者已经消灭为由主张不承担责任的，人民法院不予支持。（第二款）以现有的应收账款出质，应收账款债务人未确认应收账款的真实性，质权人以应收账款债务人为被告，请求就应收账款优先受偿，能够举证证明办理出质登记时应收账款真实存在的，人民法院应予支持；质权人不能举证证明办理出质登记时应收账款真实存在，仅以已经办理出质登记为由，请求就应收账款优先受偿的，人民法院不予支持。（第三款）以现有的应收账款出质，应收账款债务人已经向应收账款债权人履行了债务，质权人请求应收账款债务人履行债务的，人民法院不予支持，但是应收账款债务人接到质权人要求向其履行的通知后，仍然向应收账款债权人履行的除外。（第四款）以基础设施和公用事业项目收益权、提供服务或者劳务产生的债权以及其他将有的应收账款出质，当事人为应收账款设立特定账户，发生法定或者约定的质权实现事由时，质权人请求就该特定账户内的款项优先受偿的，人民法院应予支持；特定账户内的款项不足以清偿债务或者未设立特定账户，质权人请求折价或者拍卖、变卖项目收益权等将有的应收账款，并以所得的价款优先受偿的，人民法院依法予以支持。"

（六）最高额质权

出质人与质权人可以协议设立最高额质权。最高额质权除适应质权自身特点外，其他准用最高额抵押的规则。

（七）质权的消灭

诸如债权消灭、质物消灭、质权实现等均与抵押权大致相同，特别之处在于质权人丧失质押物的占有。一般情况下，因不可归责于质权人的事由而丧失对质物的占有，质权人可以向不当占有人请求停止侵害、恢复原状、返还质物，但若质权人丧失质物占有后不能主张返还，或者质权人将质物返还于出质人，则质权消灭。

另外，质权人可以放弃质权。债务人以自己的财产出质，质权人放弃该质权的，其他担保人在质权人丧失优先受偿权益的范围内免除担保责任，但其他担保人承诺仍然提供担保的除外。

四、留置权

（一）留置权的概念与性质

1. 留置权的概念

债务人不履行到期债务，债权人可以留置已经合法占有的债务人或第三人的动产，并有权就该动产优先受偿。在此法律关系中，债权人为留置权人，占有的动产为留置财产。例如，甲为乙有偿保管某物，乙取回保管物时拒绝支付保管费，此时，甲即有权扣留该物不还，直至乙支付保管费，若乙一直拒绝支付，则甲有权将该物变卖，将所得价款扣除保管费后返还于乙。

2. 留置权的性质

留置权属于法定担保物权，不必有当事人之间的担保合同，只要具备法定要件，即可成立。不过，当事人可以特约排除留置权。

（二）留置权的成立

依物权法律制度之规定，留置权之成立，需具备以下要件：

1. 债权人合法占有债务人或第三人之动产。可被留置的动产，如果属于同一法律关系，不必属于债务人所有。《民法典担保制度解释》第六十二条第一款规定，债权人因同一法律关系留置合法占有的第三人的动产，并主张就该留置财产优先受偿的，人民法院应予支持。第三人以该留置财产并非债务人的财产为由请求返还的，人民法院不予支持。根据同一条第三款规定，如果企业之间留置的动产与债权并非同一法律关系，债权人留置第三人的财产，第三人请求债权人返还留置财产的，人民法院应予支持。

2. 债权已届清偿期。债权人的债权未届清偿期，其交付或返回所占有标的物的义务已届履行期的，不能行使留置权。但是，债权人能够证明债务人无支付能力的除外。

3. 动产之占有与债权属同一法律关系。为防止物的占有人滥用留置权，《民法典》第四百四十八条规定，债权人留置的动产，应当与债权属于同一法律关系，但是企业之间留置的除外。所谓同一法律关系，是指占有人交付或返还占有物之义务与留置所担保的债权属于同一法律关系。甲借用乙的自行车，到期乙要求归还时，甲不得以乙之前欠自己 100 元未还为由将自行车留置，原因在于，甲占有自行车因而应予返还与乙欠甲 100 元属于两项不同的法律关系。能够产生留置权的法律关系不限于合同关系，但以合同关系为典型，如保管合同、运输合同、加工承揽合同等；寄存人拒付保管费，保管人留置保管物；收货人拒付运费，承运人留置运输物；定作人拒付加工承揽费，加工承揽人留置定作物。企业之间的留置不受同一法律关系的限制，只不过，如果企业之间留置的动产与债权并非同一法律关系，债务人以该债权不属于企业持续经营中发生的债权为由请求债权人返还留置财产的，人民法院应予支持。

(三) 留置权的效力

1. 留置担保的范围

（1）所担保债权的范围。留置担保的范围包括主债权及利息、违约金、损害赔偿金、留置物保管费用和实现留置权的费用。

（2）留置物的范围。留置财产为可分物的，留置财产的价值应当相当于债务的金额。例如，甲为乙保管一批钢材，乙前来提取时拒付保管费，甲所留置的钢材价值应相当于保管费，而不得就所有钢材行使留置权。留置物为不可分物的，留置权人可以就其留置物的全部行使留置权。

2. 留置权人的优先受偿权

债务人逾期未履行债务的，留置权人可以与债务人协议以留置财产折价，也可以就拍卖、变卖留置财产所得的价款优先受偿。

3. 留置权人的孳息收取权

留置权人有权收取留置财产的孳息。所收取的孳息应当先充抵收取孳息的费用。

4. 留置权人的保管义务

留置权人负有妥善保管留置财产的义务；因保管不善致使留置财产毁损、灭失的，应当承担赔偿责任。

5. 留置权人的通知义务

债权人与债务人应当在合同中约定留置财产后的债务履行期限，没有约定或者约定不明确的，债权人留置债务人财产后，应当确定60日以上的期限，通知债务人在该期限内履行债务。

债权人未按上述期限通知债务人履行义务，而直接变价处分留置物的，应当对此造成的损失承担赔偿责任。但若债权人与债务人已在合同中约定宽限期的，债权人可以不经通知，直接行使留置权。

6. 抵押权、质权与留置权的效力等级

同一动产上已设立抵押权或者质权，该动产又被留置的，留置权人优先受偿；同一财产既设定抵押权又设定质权的，拍卖、变卖该财产所得价款按照登记、交付的时间先后确定清偿顺序。

(四) 留置权的实现

债权人留置财产后，应与债务人约定留置财产后的债务履行期间；没有约定或者约定不明确的，留置权人应当给债务人60日以上履行债务的期间，但鲜活易腐等不易保管的动产除外。债务人逾期未履行的，留置权人可以与债务人协议以留置财产折价，也可以就拍卖、变卖留置财产所得的价款优先受偿。留置财产折价或者变卖的，应当参照市场价格。

留置财产折价或者拍卖、变卖后，其价款超过债权数额的部分归债务人所有，不足部分由债务人清偿。

为了从债务关系与留置关系中解脱，债务人可以请求留置权人在债务履行期届满后行使留置权；留置权人不行使的，债务人可以请求人民法院拍卖、变卖留置财产。

（五）留置权的消灭

留置权因下列原因消灭：(1) 债权消灭；(2) 债务人另行提供担保并被留置权人接受；(3) 留置权人对留置财产丧失占有。

五、让与担保

（一）让与担保中所有权的效力

在实践中，当事人逐渐采取的一种非典型担保是让与担保。《民法典担保制度解释》《民法典合同编通则解释》均对此作出规定。

根据《民法典担保制度解释》第六十八条第一款，债务人或者第三人与债权人约定将财产形式上转移至债权人名下，债务人不履行到期债务，债权人有权对财产折价或者以拍卖、变卖该财产所得价款偿还债务的，人民法院应当认定该约定有效。当事人已经完成财产权利变动的公示，债务人不履行到期债务，债权人请求参照民法典关于担保物权的有关规定就该财产优先受偿的，人民法院应予支持。

该款中所谓的"将财产形式上转移"意味着，当事人所转移的所有权并非真正意义上的所有权，而是仅具有担保功能的所有权。形式上的受让人并不享有对财产的全面支配权，而只享有就该财产进行变价、优先受偿的权利。

（二）流质的禁止

根据《民法典担保制度解释》第六十八条第二款，债务人或者第三人与债权人约定将财产形式上转移至债权人名下，债务人不履行到期债务，财产归债权人所有的，人民法院应当认定该约定无效，但是不影响当事人有关提供担保的意思表示的效力。当事人已经完成财产权利变动的公示，债务人不履行到期债务，债权人请求对该财产享有所有权的，人民法院不予支持；债权人请求参照民法典关于担保物权的规定对财产折价或者以拍卖、变卖该财产所得的价款优先受偿的，人民法院应予支持；债务人履行债务后请求返还财产，或者请求对财产折价或者以拍卖、变卖所得的价款清偿债务的，人民法院应予支持。

在让与担保等非典型担保中，仍应适用流质（流押）禁止规定。换言之，在债务人不履行到期债务时，债权人不能直接获得真正的所有权，而只能对财产进行合理折价，或者以拍卖、变卖该财产所得的价款优先受偿。

由于流质（流押）禁止规定是强制性规定，当事人不得通过约定予以排除，也不得采取其他方式规避其适用。当事人在债务履行期限届满前签订的以物抵债协议，实际上是具有担保性质的合同，一般认定为让与担保。根据《民法典合同编通则解释》第二十八条第一款，当事人约定债务人到期没有清偿债务，债权人可以对抵债财产拍卖、变卖、折价以实现债权的，人民法院应当认定该约定有效。当事人约定债务人到期没有清偿债务，抵债财产归债权人所有的，人民法院应当认定该约定无效，但是不影响其他部分的效力；债权人请求对抵债财产拍卖、变卖、折价以实现债权的，人民法院应予支持。依据该条第二款，当事人订立前款规定的以物抵债协议后，债务人或者第三人未将财产权利转移至债权人名下，债权人主张优先受偿的，人民法院不予支持；债务人或者第三人已将财产权利转移至债权人名下的，依据《民法典担保制度解释》第六十八条的规定处理。

第四章　合同法律制度

第一节　合同的基本理论

一、合同与合同制度

（一）合同

《民法典》所称"合同"，是指民事主体之间设立、变更、终止民事法律关系的协议。根据这个定义，合同是平等主体之间的民事法律关系，任何一方不论其所有制性质及行政地位，都不能将自己的意志强加给对方。同时由于合同是双方民事法律行为，因此，合同成立不但需要当事人有意思表示，而且要求当事人之间的意思表示一致。

（二）合同法

合同制度是调整平等主体之间商品交换关系的法律规范的总称。合同制度的基本规定集中在《民法典》第三编合同编中。该编分通则、典型合同、准合同三个分编，共二十九章五百二十六条，主要继承了1999年通过的《合同法》，较为详尽、严密、具有可操作性。《民法典》自2021年1月1日起施行，《合同法》同时废止。为保障《民法典》的顺利实施，最高人民法院制定或修订了大量司法解释，与合同制度密切相关的包括《关于适用〈中华人民共和国民法典〉合同编通则若干问题的解释》（以下简称《民法典合同编通则解释》）、《民法典担保制度解释》、《关于审理建设工程施工合同纠纷案件适用法律问题的解释（一）》（以下简称《建设工程施工合同解释（一）》）、《关于审理买卖合同纠纷案件适用法律问题的解释》（以下简称《买卖合同解释》）、《关于审理融资租赁合同纠纷案件适用法律问题的解释》（以下简称《融资租赁合同解释》）、《关于审理商品房买卖合同纠纷案件适用法律若干问题的解释》（以下简称《商品房买卖合同解释》）、《关于审理城镇房屋租赁合同纠纷案件具体应用法律若干问题的解释》（以下简称《房屋租赁合同解释》）、《关于审理民间借贷案件适用法律若干问题的规定》（以下简称《民间借贷规定》）等。

合同法具有以下特征：（1）合同制度属私法范畴。合同作为一种法律事实，是当事人自由约定、协商一致的结果。如果当事人之间的约定合法，则这些约定在当事人之间产生相当于法律的效力。（2）合同制度体现意思自治原则。合同法主要是通过任意性法律规范而不是强制性法律规范调整合同关系。合同制度通过任意性规范或引导当事人的行为，或补充当事人意思的不完整。合同制度对当事人意思自治的限制，即合同制度中的强制性规范，被严格限制在合理与必要的范围之内。(3) 合同制度规范财产交易。合同制度主要调整财产的流转关系，即从动态角度为财产关系提供法律保护。

(三)《民法典》合同编的适用范围

《民法典》合同编的适用范围较广。一方面，《民法典》合同编不仅调整因合同产生的债权债务关系，其部分规定还适用于非因合同产生的债权债务关系，如基于侵权行为产生的债权债务关系。根据《民法典》第四百六十八条的规定，非因合同产生的债权债务关系，适用有关该债权债务关系的法律规定；没有规定的，适用合同编通则的有关规定，但是根据其性质不能适用的除外。例如，《民法典》第五百一十八条至第五百二十一条有关连带之债的规定便可以适用于基于共同侵权行为产生的连带之债。另一方面，《民法典》合同编可以类推适用于有关身份关系的协议。根据《民法典》第四百六十四条第二款的规定，婚姻、收养、监护等有关身份关系的协议，适用有关该身份关系的法律规定；没有规定的，可以根据其性质参照适用合同编的规定。

另外，在涉外合同中，能否适用《民法典》合同编的规定要根据具体情况分析。原则上，涉外合同的当事人可以选择处理合同争议所适用的法律，但法律另有规定的除外。涉外合同的当事人对此没有选择的，适用与合同有最密切联系的国家的法律。但在中华人民共和国境内履行的中外合资经营企业合同、中外合作经营企业合同、中外合作勘探开发自然资源合同，只能适用中华人民共和国法律。

二、合同的分类

根据不同的分类标准，可将合同分为不同的种类。合同的分类有助于正确理解法律、订立和履行合同，有助于正确地适用法律处理合同纠纷，还可对合同法律制度的完善起到促进作用。通常，在立法与合同制度理论上对合同作以下分类：

(一) 有名合同与无名合同

根据《民法典》合同编是否对合同规定有确定的名称与调整规则为标准，可将合同分为有名合同与无名合同。有名合同是立法上规定了确定名称与规则的合同，又称典型合同，如《民法典》合同编在第二分编中规定的买卖合同、赠与合同、借款合同、租赁合同等各类合同。无名合同是立法上尚未规定有确定名称与规则的合同，又称非典型合同。区分两者的法律意义在于法律适用的不同。有名合同可直接适用《民法典》合同编第二分编中关于该种合同的具体规定。对无名合同则只能在适用《民法典》合同编第一分编通则的同时，参照适用《民法典》合同编第二分编或者其他法律最相类似合同的规定。

(二) 单务合同与双务合同

根据合同当事人是否相互负有对价义务为标准，可将合同分为单务合同与双务合同。此处的对价义务并不要求双方的给付价值相等，而只是要求双方的给付具有相互依存、相互牵连的关系即可。单务合同是指仅有一方当事人承担义务的合同，如赠与合同。双务合同是指双方当事人互负对价义务的合同，如买卖合同、承揽合同、租赁合同等。区分两者的法律意义在于：双务合同中当事人之间的给付义务具有依存和牵连关系，故双务合同中存在同时履行抗辩权和风险负担的问题，而单务合同则无这些问题。

（三）诺成合同与实践合同

根据合同成立除当事人的意思表示以外，是否还要其他现实给付为标准，可以将合同分为诺成合同与实践合同。诺成合同是指当事人意思表示一致即可认定合同成立的合同。实践合同是指在当事人意思表示一致以外，尚需有实际交付标的物或者有其他现实给付行为才能成立的合同。确认某种合同属于实践合同必须法律有规定或者当事人之间有约定。常见的实践合同有保管合同、自然人之间的借贷合同、定金合同。根据《民法典》的规定，赠与合同、质押合同不是实践合同。

区分两者的法律意义在于：除了两种合同的成立要件不同以外，实践合同中作为合同成立要件的给付义务的违反不产生违约责任，至多构成缔约过失责任。

合同还可以分为有偿合同与无偿合同、要式合同与不要式合同、主合同与从合同等类型，关于这几种分类的意义在本书第二章中有阐述，此处不赘述。

三、合同的相对性

合同法律关系是特定当事人之间的法律关系，与物权法律关系中物权的绝对性相对应，合同法律关系具有相对性特征。合同的相对性，是指合同主要在特定的合同当事人之间发生权利义务关系，当事人只能基于合同向另一方当事人提出请求或提起诉讼，不能向无合同关系的第三人提出合同上的请求，也不能擅自为第三人设定合同上的义务。合同的相对性可以拓展为"债的相对性"。

合同的相对性主要体现在如下四个方面：

（一）主体的相对性

主体的相对性，指合同关系只能发生在特定的主体之间，只有合同当事人一方能够向合同的另一方当事人基于合同提出请求或提起诉讼。具体又包括：（1）只有合同关系当事人相互之间才能提出合同上的请求，合同关系以外的第三人，不能依据合同提出请求或者提起诉讼。（2）合同关系当事人不能向第三人提出合同上的请求及诉讼。

（二）内容的相对性

内容的相对性，指除法律、合同另有规定以外，只有合同当事人才能享有某个合同所规定的权利，并承担该合同规定的义务，任何第三人不能主张合同上的权利。在双务合同中，合同内容的相对性还表现在一方的权利就是另一方的义务，而因为另一方承担义务才使一方享有权利，权利义务是相互对应的。因此，权利人的权利须依赖于义务人履行义务的行为才能实现。从合同内容的相对性原理，可以引出如下几项具体规则：（1）合同规定由当事人享有的权利，原则上并不及于第三人。（2）合同当事人无权为第三人设定合同上的义务。（3）合同权利与义务主要对合同当事人产生约束力。

（三）责任的相对性

责任的相对性，是指合同责任只能在特定的当事人之间即合同关系的当事人之间发生，合同关系以外的人不负违约责任。合同责任的相对性要求：（1）违约当事人应对违约后果承担违约责任，违约当事人同样应当对履行辅助人的行为负责。(2) 在因第三人的行为造成债务不能履行的情况下，债务人仍应向债权人承担违约责任。(3) 债务人只能向合同中的债权人承担违约责任，而不应向国家或第三人承担违约责任。

（四）合同相对性的例外

虽然合同关系具有相对性，但这种相对性在一定条件下也可能会因为"物权化"或者保障债权实现等原因而被打破。从《民法典》的规定来看，下列情形均属于合同相对性原则的例外：

(1)《民法典》合同编第五章关于合同的保全的规定突破了合同的相对性，使得债权人可以向合同关系以外的第三人提起诉讼，主张权利。

(2)《民法典》第七百二十五条"所有权让与不破租赁"的规定，使得租赁合同的承租人可以租赁合同对抗新的所有权人，突破合同的相对性。

(3)《民法典》第七百九十一条第二款、第八百三十四条关于分包人与承包人共同对发包人承担连带责任、单式联运合同中某一区段的承运人与总的承运人共同向托运人承担连带责任的规定也都突破了合同的相对性。因为实际上在这两种合同中，分包人与发包人，托运人与某一区段的承运人之间并无合同关系。

第二节 合同的订立

一、合同订立程序：要约与承诺

当事人订立合同应当具备相应的资格，即应具有相应的民事权利能力和民事行为能力。除依据合同性质不能代理的以外，当事人可以委托代理人订立合同。当事人订立合同，可以采取书面形式、口头形式和其他形式。合同采用书面形式对于固定证据、警告当事人郑重其事、区分磋商与缔约两个阶段均有重要意义。采用口头形式的合同虽方便易行，但缺点是发生争议时难以举证确认责任，不够安全。当事人未以书面形式或者口头形式订立合同，但从双方从事的民事行为能够推定双方有订立合同意愿的，除法律另有规定外，人民法院可以认定是以"其他形式"订立的合同。

当事人订立合同的一般程序包括要约、承诺两个阶段。

（一）要约

要约是指希望和他人订立合同的意思表示。要约可以向特定人发出，也可以向非特定人发出。根据《民法典》的规定，该意思表示应当符合下列规定：(1) 内容具体确定。此项条件要求该意思表示已经具备了未来合同的必要内容。此处的"内容具体确定"并非要求要约已经具备了《民法典》第四百七十条第一款规定的所有条款。当事人对合同是否成立存在争议，人民法院能够确定当事人名称或者姓名、标的和数量的，一般应当认定合同成立。但法律另有规定或者当事人另有约定的除外。(2) 表明经受要约人承诺，要约人即受该意思表示的约束。

1. 要约邀请

要约邀请是希望他人向自己发出要约的表示。寄送的价目表、拍卖公告、招标公告、招股说明书、债券募集办法、基金招募说明书、商业广告和宣传等，性质均为要约邀请。但若商业广告的内容符合要约的规定，如悬赏广告，则视为要约。根据《民法典》第四百九十九条，悬赏人以公开方式声明对完成特定行为的人支付报酬的，完成该行为的人可以请求其支付。在实践中要注意要约与要约邀请的区分，如根据《商品房买卖合同解释》的规定，商品房的销售广告和宣传资料为要约邀请，但是出卖人就商品房开发规划范围内的房屋及相关设施所作的说明和允诺具体确定，并对商品房买卖合同的订立以及房屋价格的确定有重大影响的，构成要约。该说明和允诺即使未载入商品房买卖合同，亦应当为合同内容，当事人违反的，应当承担违约责任。

2. 要约的生效时间

根据《民法典》第一百三十七条，以对话方式作出的要约，相对人知道其内容时生效。以非对话方式作出的要约，到达相对人时生效。以非对话方式作出的采用数据电文形式的要约，相对人指定特定系统接收数据电文的，该数据电文进入该特定系统时生效；未指定特定系统的，相对人知道或者应当知道该数据电文进入其系统时生效。当事人对采用数据电文形式的意思表示的生效时间另有约定的，按照其约定。

3. 要约的撤回与撤销

要约可以撤回。撤回要约的通知应当在要约到达受要约人之前或者与要约同时到达受要约人。撤回要约是在要约尚未生效的情形下发生的。如果要约已经生效，则非要约的撤回，而是要约的撤销。

要约也可以撤销。撤销要约的意思表示以对话方式作出的，该意思表示的内容应当在受要约人作出承诺之前为受要约人所知道；撤销要约的意思表示以非对话方式作出的，应当在受要约人作出承诺之前到达受要约人。但是，下列情形下的要约不得撤销：（1）要约人以确定承诺期限或者以其他形式明示要约不可撤销；（2）受要约人有理由认为要约是不可撤销的，并已经为履行合同作了合理准备工作。

4. 要约的失效

有下列情形之一的，要约失效：（1）要约被拒绝；（2）要约被依法撤销；（3）承诺期限届满，受要约人未作出承诺；（4）受要约人对要约的内容作出实质性变更。

（二）承诺

承诺是受要约人同意要约的意思表示。承诺应当由受要约人向要约人作出，并在要约确定的期限内到达要约人。

1. 承诺期限

要约确定的期限称为承诺期限。对于承诺期限的起算，法律规定：要约以信件或者电报作出的，承诺期限自信件载明的日期或者电报交发之日开始计算。信件未载明日期的，自投寄该信件的邮戳日期开始计算。要约以电话、传真、电子邮件等快速通讯方式作出的，承诺期限自要约到达受要约人时开始计算。

要约没有确定承诺期限的，承诺应当依照下列规定到达：（1）要约以对话方式作出的，应当即时作出承诺；（2）要约以非对话方式作出的，承诺应当在合理期限内到达。所谓合理期限，是指依通常情形可期待承诺到达的期限，一般包括要约到达受要约人的期限、受要约人作出承诺的期限、承诺通知到达要约人的期限。

2. 承诺的生效时间

承诺自通知到达要约人时生效。承诺不需要通知的，自根据交易习惯或者要约的要求作出承诺的行为时生效。采用数据电文形式订立合同，如同要约，承诺的生效时间亦适用《民法典》第一百三十七条第二款的规则。承诺生效时合同成立。

3. 承诺的撤回

承诺人发出承诺后反悔的，可以撤回承诺，其条件是撤回承诺的通知应当在承诺通知到达要约人之前或者与承诺通知同时到达要约人，即在承诺生效前到达要约人。承诺生效，合同成立。因此，承诺不存在撤销的问题。

4. 承诺的迟延与迟到

受要约人超过承诺期限发出承诺，或者在承诺期限内发出承诺，按照通常情形不能及时到达要约人的，为迟延承诺，除要约人及时通知受要约人该承诺有效的以外，迟延的承诺为新要约。受要约人在承诺期限内发出承诺，按照通常情形能够及时到达要约人，但因其他原因使承诺到达要约人时超过承诺期限的，为迟到承诺，除要约人及时通知受要约人因承诺超过期限不接受该承诺的以外，迟到的承诺为有效承诺。

5. 承诺的内容

承诺的内容应当与要约的内容一致，但在实践中，受要约人可能对要约的文字乃至内容作出某些修改，此时承诺是否具有法律效力需根据具体情况予以确认。《民法典》规定，受要约人对要约的内容作出实质性变更的，为新要约。有关合同标的、数量、质量、价款或者报酬、履行期限、履行地点和方式、违约责任和解决争议方法等内容的变更，是对要约内容的实质性变更。承诺对要约的内容作出非实质性变更的，除要约人及时表示反对或者要约表明承诺不得对要约的内容作出任何变更的以外，该承诺有效，合同的内容以承诺的内容为准。

二、合同成立的时间与地点

《民法典》中包含很多关于合同成立的时间、地点的规定。在当事人未作特别约定时，应适用这些规定确定合同成立的时间、地点。

1. 合同成立的时间

由于合同订立方式的不同，合同成立的时间也有不同：（1）承诺生效时合同成立。这是大部分合同成立的时间标准。（2）当事人采用合同书形式订立合同的，自当事人均签名、盖章或者按指印时合同成立。如当事人未同时在合同书上签名、盖章或者按指印，则以当事人中最后一方签名、盖章或者按指印的时间为合同的成立时间。（3）当事人采用信件、数据电文等形式订立合同的，可以要求在合同成立之前签订确认书。签订确认书时合同成立。

对于第（2）、（3）种情况要注意一点：如果当事人未采用法律要求或者当事人约定的书面形式、合同书形式订立合同，或者当事人没有在合同书上签名、盖章或者按指印的，只要一方当事人履行了主要义务，对方接受的，合同仍然成立。

2. 合同成立的地点

由于合同订立方式的不同，合同成立地点的确定标准也有不同：（1）承诺生效的地点为合同成立的地点。这是大部分合同成立的地点标准。（2）采用数据电文形式订立合同的，收件人的主营业地为合同成立的地点；没有主营业地的，其住所地为合同成立的地点。（3）当事人采用合同书形式订立合同的，最后签名、盖章或者按指印的地点为合同成立的地点。

三、格式条款

格式条款是指一方当事人为了订立合同重复使用而单方预先拟定，并在订立合同时不允许对方协商变更的条款。格式条款的适用可以简化签约程序，加快交易速度，减少交易成本，避免道德风险，因此，往往有利于交易双方当事人。但是，由于格式条款是由一方当事人事先拟定，且在合同谈判中不容对方协商修改，条款内容可能有不公平之处。所以《民法典》对格式条款的效力及解释有特别规定，以保证合同相对人的合法权益：（1）采用格式条款订立合同的，提供格式条款的一方应当遵循公平原则确定当事人之间的权利和义务，并采取合理的方式提示对方注意免除或者减轻其责任等与对方有重大利害关系的条款，按照对方的要求，对该条款予以说明。提供格式条款一方对已尽合理提示及说明义务承担举证责任。提供格式条款的一方未履行提示或者说明义务，致使对方没有注意或者理解与其有重大利害关系的条款的，对方可以主张该条款不成为合同的内容。表面上看，这类格式条款无疑是合同的组成部分；实际上，格式条款提供方未提示或者未说明的内容未订入合同之中。（2）格式条款具有《民法典》规定的合同无效和免责条款无效的情形，或者提供格式条款一方不合理地免除或者减轻其责任、加重对方责任、限制对方主要权利，或者提供格式条款一方排除对方主要权利的，该条款无效。（3）对格式条款的理解发生争议的，应当按照字面含义及通常理解予以解释。对格式条款有两种以上解释的，应当作出不利于提供格式条款一方的解释。格式条款和非格式条款不一致的，应当采用非格式条款。例如，预付式消费合同中可能包含以下格式条款：经营者有权变更服务提供地点，消费者不得以此为由解除合同。对该条款可能有两种以上不同解释方案。基于诚信原则和有关格式条款的特殊解释方法，应该采取如下解释方案：经营者变更服务提供地点的，如果给消费者带来显著不便或者明显增加了消费者的负担，消费者有权以经营者违约为由解除合同。

鉴于《民法典》对格式条款作出特别规定，以保护格式条款提供方的相对人，在认定是否属于格式条款时，当事人之间可能存在争议。认定格式条款的核心标准是，不容许对方磋商修改条款内容。（1）有的合同中载明"本合同不属于格式条款"，该约定是无效的。原因在于，格式条款相关特别规定属于强制性规定，不允许当事人通过约定排除适用。（2）当事人一方可能采用第三方起草的合同示范文本，这种做法有助于节省交易成本，也可能便于满足市场监督管理部门的要求，但是并不能确保合同内容公平合理。当事人一方采用第三方起草的合同示范文本制作合同的，只要不允许对方协商修改，仍然属于格式条款。（3）经营者仅以未实际重复使用为由主张其预先拟定且未与对方协商的合同条款不是格式条款的，不应予以支持。《民法典》中关于"重复使用"的规定仅仅是对实践中常见现象的描述，并不是认定格式条款的要件。特别是，经营者在面向消费者预先拟定合同条款时，应该认定是为了重复使用。

四、免责条款

免责条款是指合同当事人在合同中规定的排除或限制一方当事人未来责任的条款。基于合同自由原则，对双方当事人自愿订立的免责条款，尤其是事后订立的免责条款，法律原则上不加干涉。但如事先约定的免责条款明显违反诚实信用原则及社会公共利益的，则法律规定其为无效。《民法典》规定，合同中的下列免责条款无效：（1）造成对方人身伤害的；（2）因故意或者重大过失造成对方财产损失的。

五、缔约过失责任

缔约过失责任，亦称缔约过错责任，是指当事人在订立合同过程中，因故意或者过失致使合同未成立、未生效、被撤销或无效，给他人造成损失而应承担的损害赔偿责任。

《民法典》规定，当事人在订立合同过程中有下列情形之一，给对方造成损失的，应当承担损害赔偿责任：（1）假借订立合同，恶意进行磋商；（2）故意隐瞒与订立合同有关的重要事实或者提供虚假情况；（3）当事人泄露或者不正当地使用在订立合同过程中知悉的商业秘密或者其他应当保密的信息；（4）有其他违背诚实信用原则的行为。

缔约过失责任与违约责任存在区别：（1）两种责任产生的时间不同。缔约过失责任发生在合同成立之前；而违约责任产生于合同生效之后。（2）适用的范围不同。缔约过失责任适用于合同未成立、合同未生效、合同无效等情况；违约责任适用于生效合同。（3）赔偿范围不同。缔约过失责任赔偿的是信赖利益的损失；而违约责任赔偿的是可期待利益的损失。可期待利益的损失通常要大于或者等于信赖利益的损失。

第三节 合同的效力

一、合同的生效

合同的生效，是指已依法成立的合同，发生相应的法律效力。

《民法典》根据合同类型的不同，分别规定了不同的合同生效时间：

（1）依法成立的合同，原则上自成立时生效。

（2）法律、行政法规规定应当办理批准等手续生效的，在依照其规定办理批准等手续后生效。合同获得批准前，当事人一方起诉请求对方履行合同约定的主要义务，经释明后拒绝变更诉讼请求的，人民法院应当判决驳回其诉讼请求。依照法律、行政法规的规定经批准才能生效的合同成立后，有义务办理申请批准等手续的一方当事人未按照法律规定或者合同约定办理申请批准的，不影响合同中履行报批等义务条款以及相关条款的效力。负有报批义务的当事人不履行报批义务或者履行报批义务不符合合同的约定或者法律、行政法规的规定,对方有权分别提出如下诉讼请求:第一,请求继续履行报批义务。第二,解除合同并请求承担违反报批义务的赔偿责任。第三,在人民法院判决当事人一方履行报批义务后,仍不履行报批义务的,对方可以主张解除合同并参照违反合同的违约责任请求其承担赔偿责任。第四,在因迟延履行报批义务等可归责于当事人的原因导致合同未获批准时,对方可以请求赔偿因此受到的损失。

(3) 法律、行政法规规定合同应当办理登记手续,但未规定登记后生效的,当事人未办理登记手续不影响合同的效力,但合同标的物所有权及其他物权不能转移。根据《民法典》物权编的规定,需要办理登记的抵押合同及商品房买卖合同均属于这类合同,即未登记不影响合同的生效,只影响物权的设立或者转移。

(4) 当事人对合同的效力可以附条件或者附期限。附生效条件的合同,自条件成就时生效。附解除条件的合同,自条件成就时失效。当事人为自己的利益不正当地阻止条件成就的,视为条件已成就;不正当地促成条件成就的,视为条件不成就。附生效期限的合同,自期限届至时生效。附终止期限的合同,自期限届满时失效。

二、合同效力的层次

合同可以根据其效力层次分为有效合同、效力待定的合同、可撤销合同及无效合同。此部分内容在本书第二章第一节民事法律行为制度部分作过详细分析,此处不赘述。根据《民法典》合同编第三章的规定,需要注意的内容包括:

(1) 无权代理人以被代理人的名义订立合同,被代理人已经开始履行合同义务或者接受相对人履行的,视为对合同的追认。

(2) 法人的法定代表人或者非法人组织的负责人超越权限订立的合同,除相对人知道或者应当知道其超越权限外,该代表行为有效,订立的合同对法人或者非法人组织发生效力。

(3) 当事人超越经营范围订立的合同的效力,应当依照《民法典》总则编和合同编的有关规定确定,不得仅以超越经营范围确认合同无效。

第四节 合同的履行

一、合同的履行规则

(一) 约定不明时合同内容的确定规则

合同生效后,合同的双方当事人应当正确、适当、全面地完成合同中规定的各项义务,当事人不得因姓名、名称的变更或者法定代表人、负责人、承办人的变动而不履行合同义务。在合同的履行中,当事人应当遵循诚实信用原则,根据合同的性质、目的和交易习惯履行通知、协助、保密等义务。

合同生效后，当事人就质量、价款或者报酬、履行地点等内容没有约定或者约定不明确的，可以协议补充；不能达成补充协议的，按照合同相关条款或者交易习惯确定。依照上述规则仍不能确定的，依照下列规则确定：

（1）质量要求不明确的，按照强制性国家标准履行；没有强制性国家标准的，按照推荐性国家标准履行；没有推荐性国家标准的，按照行业标准履行；没有国家标准、行业标准的，按照通常标准或者符合合同目的的特定标准履行。

（2）价款或者报酬不明确的，按照订立合同时履行地的市场价格履行；依法应当执行政府定价或者政府指导价的，依照规定履行。

（3）履行地点不明确，给付货币的，在接受货币一方所在地履行；交付不动产的，在不动产所在地履行；其他标的，在履行义务一方所在地履行。

（4）履行期限不明确的，债务人可以随时履行，债权人也可以随时请求履行，但是应当给对方必要的准备时间。需要强调的是，无论是债务人履行还是债权人请求履行，都必须给对方必要的准备时间。

（5）履行方式不明确的，按照有利于实现合同目的的方式履行。

（6）履行费用的负担不明确的，由履行义务一方负担；因债权人原因增加的履行费用，由债权人负担。

（二）向第三人履行、由第三人履行与第三人代为履行

合同虽是特定主体之间的民事法律行为，但是合同作为一种交易关系，往往是连续交易关系中的一个环节，因此，在合同的履行中常常会涉及第三人，如当事人约定由债务人向第三人履行或由第三人向债权人履行。为保障涉及第三人的合同履行中各方当事人的正当权益，《民法典》规定了涉及第三人的履行规则。

向第三人履行的合同包括真正的利他合同和不真正的利他合同。真正的利他合同是指法律规定或者当事人约定第三人可以直接请求债务人向其履行债务，第三人未在合理期限内明确拒绝，债务人未向第三人履行债务或者履行债务不符合约定的，第三人可以请求债务人承担违约责任；债务人对债权人的抗辩，可以向第三人主张。不真正的利他合同是指当事人约定由债务人向第三人履行债务的，债务人未向第三人履行债务或者履行债务不符合约定，应当向债权人承担违约责任。

由第三人履行的合同又称担保第三人履行的合同，是指当事人约定由第三人向债权人履行债务，第三人不履行债务或者履行债务不符合约定的，债务人应当向债权人承担违约责任。该规定严格遵循合同的相对性规则，并不将第三人作为合同相对人对待，使其不承担合同项下的义务和违约责任。

第三人代为履行是指债务人不履行债务，第三人对履行该债务具有合法利益的，第三人有权向债权人代为履行；但是，根据债务性质、按照当事人约定或者依照法律规定只能由债务人履行的除外。债权人接受第三人履行后，其对债务人的债权转让给第三人，担保权利亦一同转让，但是债务人和第三人另有约定的除外。具有合法利益的第三人向债权人履行债务的，债权人无正当理由不得拒绝受领，否则陷入受领迟延，债务人也无权加以反对。因此，该制度其实是对合同相对性的突破，具有合法利益的第三人范围不可过宽。存在广泛共识的有合法利益的第三人包括：（1）保证人或者提供物的担保的第

三人；（2）担保财产的受让人、用益物权人、合法占有人；（3）担保财产上的后顺位担保权人；（4）对债务人的财产享有合法权益且该权益将因财产被强制执行而丧失的第三人；（5）承租人拖欠租金场合的次承租人。不具有合法利益的第三人包括：（1）债务人为法人或者非法人组织的，其普通债权人；（2）债务人为自然人的，其同事、同学或者希望提供热心帮助的陌生人。

（三）中止履行、提前履行与部分履行

（1）中止履行。债权人分立、合并或者变更住所没有通知债务人，致使履行债务发生困难的，债务人可以中止履行或者将标的物提存。

（2）提前履行。债权人可以拒绝债务人提前履行债务，但提前履行不损害债权人利益的除外。债务人提前履行债务给债权人增加的费用，由债务人负担。需要注意的是，《民法典》第六百七十七条的规定把提前履行作为借款人的一项权利对待，因此，属于提前履行规则的例外。

（3）债权人可以拒绝债务人部分履行债务，但是部分履行不损害债权人利益的除外。债务人部分履行债务给债权人增加的费用，由债务人负担。

（四）电子合同的履行

通过互联网等信息网络订立的电子合同的标的为交付商品并采用快递物流方式交付的，收货人的签收时间为交付时间。电子合同的标的为提供服务的，生成的电子凭证或者实物凭证中载明的时间为提供服务时间；前述凭证没有载明时间或者载明时间与实际提供服务时间不一致的，以实际提供服务的时间为准。

电子合同的标的物为采用在线传输方式交付的，合同标的物进入对方当事人指定的特定系统且能够检索识别的时间为交付时间。

电子合同当事人对交付商品或者提供服务的方式、时间另有约定的，按照其约定。

二、按份之债和连带之债

在债权人或者债务人是复数时，会出现多数人之债的问题。按份之债、连带之债是多数人之债的两个类型。

根据《民法典》第五百一十七条的规定，债权人为二人以上，标的可分，按照份额各自享有债权的，为按份债权；债务人为二人以上，标的可分，按照份额各自负担债务的，为按份债务。按份债权人或者按份债务人的份额难以确定的，视为份额相同。

根据《民法典》第五百一十八条的规定，债权人为二人以上，部分或者全部债权人均可以请求债务人履行债务的，为连带债权；债务人为二人以上，债权人可以请求部分或者全部债务人履行全部债务的，为连带债务。连带债权或者连带债务，由法律规定或者当事人约定。

连带债务规则适用范围较广，在实践中十分重要。比如，在《民法典》规定的保证合同中，保证人与债权人约定承担连带责任保证的，保证人与主债务人便构成连带债务人，债权人既可以请求主债务人履行部分或者全部债务，也可以请求保证人在其保证范围内履行部分或者全部债务。又如，在证券法律制度中，证券服务机构为证券的发行、

上市、交易等证券业务活动制作、出具审计报告及其他鉴证报告、资产评估报告、财务顾问报告、资信评级报告或者法律意见书等文件的，如果有虚假记载、误导性陈述或者重大遗漏，给他人造成损失，则应当依法与委托人承担连带赔偿责任，但是能够证明自己没有过错的除外。

对于连带债务人之间的关系，有以下要点需要掌握：（1）连带债务人之间的份额难以确定的，视为份额相同；（2）实际承担债务超过自己份额的连带债务人，有权就超出部分在其他连带债务人未履行的份额范围内向其追偿，并相应地享有债权人的权利，但是不得损害债权人的利益。追偿权和法定代位权是两个权利，两个权利可以一并行使，但是追偿权人受偿的数额不得超出其份额。其他连带债务人对债权人的抗辩，可以向该债务人主张；（3）被追偿的连带债务人不能履行其应分担份额的，其他连带债务人应当在相应范围内按比例分担。

对于债权人与连带债务人之间的关系，有以下要点需要掌握：（1）连带债务人的清偿、抵销、提存具有绝对效力。部分连带债务人履行、抵销债务或者提存标的物的，其他债务人对债权人的债务在相应范围内消灭；该债务人可以依据前条规定向其他债务人追偿；（2）部分连带债务人的债务被债权人免除的，发生限制绝对效力，在该连带债务人应当承担的份额范围内，其他债务人对债权人的债务消灭；（3）部分连带债务人的债务与债权人的债权同归于一人的（混同），发生限制绝对效力，在扣除该债务人应当承担的份额后，债权人对其他债务人的债权继续存在；（4）债权人对部分连带债务人的给付受领迟延的，对其他连带债务人发生效力。

三、双务合同履行中的抗辩权

双务合同中的双方当事人互为债权人和债务人，双方的履行给付具有牵连性，为了体现双方权利义务的对等及保护交易安全，《民法典》为双务合同的债务人规定了同时履行抗辩权、先履行抗辩权和不安抗辩权三种履行抗辩权，使得债务人可以在法律规定的情况下保留给付以对抗相对人的请求权。

（一）同时履行抗辩权

同时履行抗辩权，是指双务合同的当事人应同时履行义务的，一方在对方未履行前，有拒绝对方请求自己履行合同的权利。《民法典》规定，当事人互负债务，没有先后履行顺序的，应当同时履行。一方在对方履行之前有权拒绝其对自己提出的履行请求。一方在对方履行债务不符合约定时，有权拒绝其相应的履行请求。

（二）先履行抗辩权

先履行抗辩权，是指双务合同中应当先履行义务的一方当事人未履行时，对方当事人有拒绝对方请求履行的权利。《民法典》规定，当事人互负债务，有先后履行顺序，先履行一方未履行的，后履行一方有权拒绝其履行请求。先履行一方履行债务不符合约定的，后履行一方有权拒绝其相应的履行请求。

（三）不安抗辩权

不安抗辩权，是指双务合同中应先履行义务的一方当事人，有确切证据证明相对人财产明显减少或欠缺信用,不能保证对待给付时,有暂时中止履行合同的权利。《民法典》规定,应当先履行债务的当事人,有确切证据证明对方有下列情形之一的,可以中止履行:(1)经营状况严重恶化;(2)转移财产、抽逃资金,以逃避债务;(3)丧失商业信誉;(4)有丧失或者可能丧失履行债务能力的其他情形。主张不安抗辩权的当事人如果没有确切证据中止履行的,则应当承担违约责任。

当事人行使不安抗辩权中止履行的,应当及时通知对方。对方提供适当担保时,应当恢复履行。中止履行后,对方在合理期限内未恢复履行能力并且未提供适当担保的,视为以自己的行为表明不履行主要债务,中止履行的一方可以解除合同并可以请求对方承担违约责任。

四、情势变更

情势变更又称情事变更,是指合同履行过程中因不可归责于当事人的事由致使继续履行合同十分艰难,如果坚持让受不利影响的当事人按照约定继续履行,那便有悖诚实信用原则,故有必要调整合同内容或者解除合同。根据《民法典》第五百三十三条的规定,合同成立后,合同的基础条件发生了当事人在订立合同时无法预见的、不属于商业风险的重大变化,继续履行合同对于当事人一方明显不公平的,受不利影响的当事人可以与对方重新协商;在合理期限内协商不成的,当事人可以请求人民法院或者仲裁机构变更或者解除合同。人民法院或者仲裁机构应当结合案件的实际情况,根据公平原则变更或者解除合同。

需要注意的要点是:(1)合同的基础条件发生重大变化既可能是因不可抗力造成的,也可能是因其他不可归责于双方当事人的事由造成的。比如,施工过程中遇到双方难以预见的复杂地质情况,继续按照约定履行会造成施工成本增加数倍。又如,因政策调整或者市场供求关系异常变动等原因导致价格发生当事人在订立合同时无法预见的、异常剧烈的涨跌,但是,合同涉及市场属性活跃、长期以来价格波动较大的大宗商品以及股票、期货等风险投资型金融产品的除外。(2)构成情事变更时,当事人负有重新协商的义务。(3)当事人请求变更合同的,人民法院不得解除合同;当事人一方请求变更合同,对方请求解除合同的,或者当事人一方请求解除合同,对方请求变更合同的,人民法院应当结合案件的实际情况,根据公平原则判决变更或者解除合同。

第五节 合同的保全

一、债权人代位权

债权人代位权,是指债务人怠于行使其对第三人(次债务人)享有的到期债权或者与该债权有关的从权利,危及债权人债权实现时,债权人为保障自己的债权,可以自己的名义代位行使债务人对次债务人的债权的权利。

债权人代位权与债权人撤销权共同构成合同的保全制度。合同的保全是合同的一般担保，是指为了保护一般债权人不因债务人的财产不当减少而受有损害，允许债权人干预债务人处分自己财产行为的法律制度。其中代位权是针对债务人消极不行使自己债权的行为，撤销权则是针对债务人积极侵害债权人债权实现的行为。两者或是为了实现债务人的财产权利，或是恢复债务人的责任财产，从而确保债权人债权的实现。

（一）代位权行使的条件

结合《民法典》的规定，债权人提起代位权诉讼，应当符合下列条件：

（1）债权人对债务人的债权合法。

（2）债务人怠于行使其到期债权或者与该债权有关的从权利，影响债权人的到期债权实现的。债务人的懈怠行为必须是债务人不以诉讼方式或者仲裁方式向次债务人主张其享有的债权或者与该债权有关的从权利。因此，如果债务人以书面或者口头方式催促次债务人履行债务，但没有就此提起诉讼或者申请仲裁，仍然构成懈怠。

（3）债务人的债权已到期。除了债务人的债权要到期以外，债权人的债权原则上也应到期。根据《民法典》第五百三十六条的规定，债权人的债权到期前，债务人的债权或者与该债权有关的从权利存在诉讼时效期间即将届满或者未及时申报破产债权等情形，影响债权人的债权实现的，债权人可以代位向债务人的相对人请求其向债务人履行、向破产管理人申报或者作出其他必要的行为。

（4）债务人的债权不是专属于债务人自身的债权。所谓专属于债务人自身的债权主要包括：抚养费、赡养费或者扶养费请求权；人身损害赔偿请求权；劳动报酬请求权，但是超过债务人及其所扶养家属的生活必需费用的部分除外；请求支付基本养老保险金、失业保险金、最低生活保障金等保障当事人基本生活的权利。需要指出的是，债权人的债权不受是否专属于债权人自身的限制。

（二）代位权诉讼中的主体及管辖

在代位权诉讼中，债权人是原告，次债务人是被告，债务人为诉讼上应当追加的第三人。因此在代位权诉讼中，如果债权人胜诉，由次债务人承担诉讼费用，且从实现的债权中优先支付。诉讼费用从实现的债权中优先支付，其目的在于确保债权人的利益不因提起代位权诉讼而受到损害。代位权诉讼的其他必要费用则由债务人承担。代位权诉讼由被告住所地人民法院管辖，但是依法应当适用专属管辖规定的除外。

（三）代位权行使的法律效果

代位权的行使范围以债权人的到期债权为限。债权人行使代位权的必要费用，由债务人负担。相对人对债务人的抗辩，可以向债权人主张。

根据《民法典》第五百三十七条的规定，人民法院认定代位权成立的，由债务人的相对人向债权人履行义务，债权人接受履行后，债权人与债务人、债务人与相对人之间相应的权利义务终止。债务人对相对人的债权或者与该债权有关的从权利被采取保全、执行措施，或者债务人破产的，依照相关法律的规定处理。

债权人提起代位权诉讼后，债务人无正当理由减免相对人的债务或者延长相对人的履行期限，债务人及其相对人均不得以此对抗债权人。

二、债权人撤销权

（一）债权人撤销权的概念与性质

债权人撤销权，是指债务人实施了减少财产行为，危及债权人债权实现时，债权人为保障自己的债权请求人民法院撤销债务人处分行为的权利。此撤销权不同于前述可撤销民事法律行为中的撤销权。

债权人撤销权的行使必须依一定的诉讼程序进行，故又称废罢诉权。债权人行使撤销权，可请求受益人返还财产，恢复债务人责任财产的原状，因此，撤销权兼有请求权和形成权的特点。合同保全中的撤销权与可撤销合同中的撤销权不同，保全撤销权是债权人请求人民法院撤销债务人与第三人之间已经生效的法律关系。撤销权效力扩及第三人，其目的是为了维护债务人的清偿能力。而可撤销合同中的撤销权没有扩及第三人，其目的是为了消除当事人之间意思表示的瑕疵。

（二）撤销权的成立要件

根据《民法典》的规定，债权人行使撤销权，应当具备以下条件：

（1）债权人须以自己的名义行使撤销权。

（2）债权人对债务人存在有效债权。债权人对债务人的债权可以到期，也可以不到期。

（3）债务人实施了减少财产的处分行为。债务人减少财产的处分行为体现为：①放弃债权（到期、未到期均可）、放弃债权担保或者恶意延长到期债权的履行期，影响债权人的债权实现；②无偿转让财产，影响债权人的债权实现；③以明显不合理的低价转让财产或者以明显不合理的高价受让他人财产或者为他人的债务提供担保，影响债权人的债权实现，并且相对人知道或者应当知道该情形。其中第③种处分行为不但要求有客观上影响债权人的债权实现的事实，还要求有受让人知道的主观要件。对于"明显不合理"的价格，应当按照交易当地一般经营者的判断，并参考交易时交易地的市场交易价或者物价部门指导价予以认定。转让价格未达到交易时交易地的市场交易价或者指导价70%的，一般可以认定为"明显不合理的低价"；受让价格高于交易时交易地的市场交易价或者指导价30%的，一般可以认定为"明显不合理的高价"。债务人与相对人存在亲属关系、关联关系的，不受上述的70%、30%的限制。

（4）债务人的处分行为有害于债权人债权的实现。

当债务人的处分行为符合上述条件时，债权人可以请求人民法院撤销债务人的处分行为。撤销权的行使范围以债权人的债权为限。

（三）撤销权行使的期限

撤销权的行使有期限限制，根据《民法典》第五百四十一条的规定，撤销权应当自债权人知道或者应当知道撤销事由之日起一年内行使。自债务人的行为发生之日起五年内没有行使撤销权的，该撤销权消灭。此处的"五年"期间为除斥期间，不适用诉讼时效中止、中断或者延长的规定。

(四)撤销权行使的法律效果

撤销权的行使范围以债权人的债权为限。一旦人民法院撤销债务人影响债权人的债权实现的行为,债务人的处分行为即归于无效。债务人的处分行为无效的法律后果则是双方返还,即受益人应当返还从债务人获得的财产。因此,撤销权行使的目的是恢复债务人的责任财产,债权人就撤销权行使的结果并无优先受偿权利。

(五)撤销权诉讼中的主体与管辖

撤销权的行使必须通过诉讼程序。在诉讼中,债权人为原告,债务人为被告,受益人或者受让人为诉讼上的第三人。撤销权诉讼由被告住所地人民法院管辖。依据《民法典》第五百四十条的规定,债权人行使撤销权的必要费用,包括合理的律师代理费、差旅费等费用,由债务人负担。

第六节 合同的担保

一、合同担保的基本理论

(一)担保方式

担保是指法律规定或者当事人约定的以保证合同履行、保障债权人利益实现为目的的法律措施。担保具有从属性与补充性特征。

合同的主要担保方式一般有五种,即:保证、抵押、质押、留置和定金。其中,保证、抵押、质押和定金,都是依据当事人的合同而设立,称为约定担保。留置则是直接依据法律的规定而设立,无须当事人之间特别约定,称为法定担保。保证是以保证人的财产和信用为担保的基础,属于人的担保。抵押、质押、留置,是以一定的财产为担保的基础,属于物的担保。定金是以一定的金钱为担保的基础,称为金钱担保。此外,所有权保留、融资租赁也可具有担保的功能。

为了换取担保人提供保证、抵押或质押等担保方式,担保人可以要求债务人为担保人的担保提供担保。这种由债务人或第三人向该担保人提供的担保,相对于原担保而言被称为反担保。并非上述五种担保方式均可作为反担保方式。反担保方式可以是债务人提供的抵押或者质押,也可以是其他人提供的保证、抵押或者质押。因此留置和定金不能作为反担保方式。在债务人自己向原担保人提供反担保的场合,保证就不得作为反担保方式。

(二)担保合同的无效

1. 担保无效的情形

担保合同必须合法方才有效。根据《民法典》和《民法典担保制度解释》的有关规定,担保合同无效的情形不仅包括违反法律、行政法规的强制性规定或者违背公序良俗的情形,还包括以下情形:以公益为目的的非营利性学校、幼儿园、医疗机构、养老机构等提供担保的,原则上担保合同无效;但是有下列情形之一的除外:(1)在购入或者以融资租赁方式承租教育设施、医疗卫生设施、养老服务设施和其他公益设施时,出卖人、出租人为担保价款或者租金实现而在该公益设施上保留所有权;(2)以教育设施、医疗卫生设施、养老服务设施和其他公益设施以外的不动产、动产或者财产权利设立担保物权。登记为营利法人的学校、幼儿园、医疗机构、养老机构等提供担保,当事人不得以其不具有担保资格为由主张担保合同无效。

2. 担保合同无效的法律责任

担保合同被确认无效时,债务人、担保人、债权人有过错的,应当根据其过错各自承担相应的民事责任,即承担《民法典》规定的缔约过失责任。根据《民法典担保制度解释》的规定,主合同有效而第三人提供的担保合同无效,人民法院应当区分不同情形确定担保人的赔偿责任:(1)债权人与担保人均有过错的,担保人承担的赔偿责任不应超过债务人不能清偿部分的1/2;(2)担保人有过错而债权人无过错的,担保人对债务人不能清偿的部分承担赔偿责任;(3)债权人有过错而担保人无过错的,担保人不承担赔偿责任。主合同无效导致第三人提供的担保合同无效,担保人无过错的,不承担赔偿责任;担保人有过错的,其承担的赔偿责任不应超过债务人不能清偿部分的1/3。

承担了担保责任或者赔偿责任的担保人,有权在其承担责任的范围内向债务人追偿。同一债权既有债务人自己提供的物的担保,又有第三人提供的担保,承担了担保责任或者赔偿责任的第三人,有权主张行使债权人对债务人享有的担保物权。

为了保证债权人的利益,主合同解除后,担保人对债务人应当承担的民事责任仍应承担担保责任。除非担保合同另有约定。

(三) 公司对外担保

1. 法定代表人的越权担保

公司的法定代表人违反公司法关于公司对外担保决议程序的规定,超越权限代表公司与相对人订立担保合同,应当依照《民法典》第六十一条和第五百零四条等规定处理:相对人善意的,担保合同对公司发生效力;相对人有权请求公司承担担保责任。相对人非善意的,担保合同对公司不发生效力;相对人请求公司承担赔偿责任的,参照主合同有效而担保合同无效的情形处理。法定代表人超越权限提供担保造成公司损失,公司有权请求法定代表人承担赔偿责任。

所谓善意,是指相对人在订立担保合同时不知道且不应当知道法定代表人超越权限。相对人有证据证明已对公司决议进行了合理审查的,应当认定其构成善意,但是公司有证据证明相对人知道或者应当知道决议系伪造、变造的除外。

2. 对外担保的决议

公司作出对外担保的有效决议是公司承担担保责任的前提条件。不过,根据《民法典担保制度解释》的有关规定,有下列情形之一的,公司不得以其未依照公司法关于公司对外担保的规定作出决议为由主张不承担担保责任:(1)金融机构开立保函或者担保公司提供担保;(2)公司为其全资子公司开展经营活动提供担保;(3)担保合同系由单独或者共同持有公司2/3以上对担保事项有表决权的股东签字同意。上述第二、第三种情形不适用于上市公司对外提供担保。

3. 对上市公司公开披露信息的信赖

根据《民法典担保制度解释》的有关规定，相对人根据上市公司公开披露的关于担保事项已经董事会或者股东大会决议通过的信息，与上市公司订立担保合同，相对人主张担保合同对上市公司发生效力，并由上市公司承担担保责任的，人民法院应予支持。相对人未根据上市公司公开披露的关于担保事项已经董事会或者股东大会决议通过的信息，与上市公司订立担保合同，上市公司主张担保合同对其不发生效力，且不承担担保责任或者赔偿责任的，人民法院应予支持。

4. 公司分支机构的担保

（1）公司的分支机构未经公司股东（大）会或者董事会决议以自己的名义对外提供担保，相对人不得请求公司或者其分支机构承担担保责任，但是相对人不知道且不应当知道分支机构对外提供担保未经公司决议程序的除外。

（2）金融机构的分支机构在其营业执照记载的经营范围内开立保函，或者经有权从事担保业务的上级机构授权开立保函，金融机构或者其分支机构不得以违反公司法关于公司对外担保决议程序的规定为由主张不承担担保责任。金融机构的分支机构未经金融机构授权提供保函之外的担保，金融机构或者其分支机构不承担担保责任，但是相对人不知道且不应当知道分支机构对外提供担保未经金融机构授权的除外。

（3）担保公司的分支机构未经担保公司授权对外提供担保，担保公司或者其分支机构不承担担保责任，但是相对人不知道且不应当知道分支机构对外提供担保未经担保公司授权的除外。公司的分支机构对外提供担保，相对人非善意，请求公司承担赔偿责任的，参照主合同有效而担保合同无效的情形处理。

（四）借新还旧场合的担保责任

根据《民法典担保制度解释》的有关规定，主合同当事人协议以新贷偿还旧贷，债权人请求旧贷的担保人承担担保责任的，人民法院不予支持；债权人请求新贷的担保人承担担保责任的，按照下列情形处理：新贷与旧贷的担保人相同的，人民法院应予支持；新贷与旧贷的担保人不同，或者旧贷无担保新贷有担保的，人民法院不予支持，但是债权人有证据证明新贷的担保人提供担保时对以新贷偿还旧贷的事实知道或者应当知道的除外。

主合同当事人协议以新贷偿还旧贷，旧贷的物的担保人在登记尚未注销的情形下同意继续为新贷提供担保，在订立新的贷款合同前又以该担保财产为其他债权人设立担保物权，其他债权人主张其担保物权顺位优先于新贷债权人的，人民法院不予支持。

二、保证

（一）保证与保证合同

1. 保证的概念

保证是指第三人和债权人约定，当债务人不履行其到期债务或者发生当事人约定的情形时，该第三人按照约定履行债务或者承担责任的担保方式。"第三人"被称作保证人；"债权人"既是主债的债权人，也是保证合同中的债权人。保证是保证人与债权人之间的合同关系。保证的方式有两种，即一般保证和连带责任保证。

2. 保证合同

保证合同是《民法典》规定的一类典型合同。保证合同是指为保障债权的实现，保证人和债权人约定，当债务人不履行到期债务或者发生当事人约定的情形时，保证人履行债务或者承担责任的合同。保证合同中，只有保证人承担债务，债权人不负对待给付义务，故为单务合同。保证合同中，保证人对债权人承担保证债务，债权人对此不提供相应对价，故为无偿合同。实践中债务人往往为此向保证人支付一定的金钱，但不影响保证合同无偿性的特征，因为保证合同的当事人为债权人与保证人，而非债务人与保证人。保证合同因保证人和债权人协商一致而成立，不需另行交付标的物，故为诺成合同。保证合同可以是单独订立的书面合同，也可以是主债权债务合同中的保证条款。

保证合同为从合同。主合同有效成立或将要成立，保证合同才发生效力。故主合同无效，保证合同无效。但保证合同无效，并不必然导致主合同无效。

根据《民法典担保制度解释》的有关规定，关于保证的成立需要注意下列问题：(1) 第三人单方以书面形式向债权人作出保证，债权人接收且未提出异议的，保证合同成立。(2) 第三人向债权人提供差额补足、流动性支持等类似承诺文件作为增信措施，具有提供担保的意思表示，债权人请求第三人承担保证责任的，应当依照保证的有关规定处理；第三人向债权人提供的承诺文件，具有加入债务或者与债务人共同承担债务等意思表示的，应当认定为债务加入。上述承诺文件难以确定是保证还是债务加入的，人民法院应当将其认定为保证。

（二）保证人

保证合同当事人为保证人和债权人。债权人可以是一切享有债权之人，自然人、法人抑或非法人组织，均无不可。自然人、法人或者非法人组织均可以为保证人，保证人也可以为两人以上。但法律对保证人仍有相应的限制，这些限制主要有：

(1) 主债务人不得同时为自身保证人。如果主债务人同时为保证人，意味着其责任财产未增加，保证的目的落空。

(2) 机关法人不得为保证人，但是经国务院批准为使用外国政府或者国际经济组织贷款进行转贷的除外。

(3) 以公益为目的的非营利性学校、幼儿园、医疗机构、养老机构等非营利法人、非法人组织原则上不得为保证人。

（三）保证方式

1. 一般保证和连带责任保证

因为保证人承担责任方式的不同，可以将保证分为一般保证和连带责任保证。所谓一般保证，是指当事人在保证合同中约定，债务人不能履行债务时，由保证人承担保证责任的保证。所谓连带责任保证，是指保证人与债权人在保证合同中约定保证人和债务人对债务承担连带责任的保证。依据《民法典》第六百八十六条第二款的规定，当事人在保证合同中对保证方式没有约定或者约定不明确的，按照一般保证承担保证责任。这两种保证之间最大的区别在于保证人是否享有先诉抗辩权，一般保证的保证人享有先诉抗辩权，连带责任保证的保证人则不享有。

所谓先诉抗辩权，是指在主合同纠纷未经审判或仲裁，并就债务人财产依法强制执行用于清偿债务前,对债权人可拒绝承担保证责任。但是有下列情形之一的,保证人不得行使先诉抗辩权:(1)债务人下落不明,且无财产可供执行;(2)人民法院已经受理债务人破产案件;(3)债权人有证据证明债务人的财产不足以履行全部债务或者丧失履行债务能力;(4)保证人书面表示放弃先诉抗辩权。

一般保证的保证人在主债务履行期限届满后,向债权人提供债务人可供执行财产的真实情况,债权人放弃或者怠于行使权利致使该财产不能被执行的,保证人在其提供可供执行财产的价值范围内不再承担保证责任。

2. 单独保证和共同保证

从保证人的数量划分,保证可以分为单独保证和共同保证。单独保证是指只有一个保证人担保同一债权的保证。共同保证是指数个保证人担保同一债权的保证。共同保证既可以在数个共同保证人与债权人签订一个保证合同时成立,也可以在数个保证人与债权人签订数个保证合同,但担保同一债权时成立。按照保证人是否约定各自承担的担保份额,可以将共同保证分为按份共同保证和连带共同保证。按份共同保证是保证人与债权人约定按份额对主债务承担保证义务的共同保证;连带共同保证是各保证人约定均对全部主债务承担保证义务的共同保证。

需要注意的是,连带共同保证的"连带"是保证人之间的连带,而非保证人与主债务人之间的连带。故称之为"连带共同保证",而非"连带责任保证"。

根据《民法典》的规定,同一债务有两个以上保证人的,保证人应当按照保证合同约定的保证份额,承担保证责任;没有约定保证份额的,债权人可以请求任何一个保证人在其保证范围内承担保证责任。可见,《民法典》未将连带共同保证作为原则予以明确规定。

(四)保证责任

1. 保证责任的范围

根据《民法典》的有关规定,保证担保的责任范围包括主债权及其利息、违约金、损害赔偿金和实现债权的费用。保证合同对责任范围另有约定的,从约定。当事人对保证担保的范围没有约定或者约定不明确的,保证人应当对全部债务承担责任。

2. 主合同变更与保证责任承担

债权人和债务人未经保证人书面同意,协商变更主债权债务合同内容,减轻债务的,保证人仍对变更后的债务承担保证责任;加重债务的,保证人对加重的部分不承担保证责任。债权人和债务人变更主债权债务合同的履行期限,未经保证人书面同意的,保证期间不受影响。

债权人转让全部或者部分债权,未通知保证人的,该转让对保证人不发生效力。保证人与债权人约定禁止债权转让,债权人未经保证人书面同意转让债权的,保证人对受让人不再承担保证责任。

债权人未经保证人书面同意,允许债务人转移全部或者部分债务,保证人对未经其同意转移的债务不再承担保证责任,但是债权人和保证人另有约定的除外。

第三人加入债务的,保证人的保证责任不受影响。

3. 保证期间与保证的诉讼时效

保证期间是确定保证人承担保证责任的期间,是债权人向保证人行使追索权的期间。

保证期间性质上属于除斥期间，不发生诉讼时效的中止、中断和延长。债权人没有在保证期间主张权利的，保证人免除保证责任。"主张权利"的方式在一般保证中表现为对债务人提起诉讼或者申请仲裁，在连带责任保证中表现为向保证人请求承担保证责任。

债权人与保证人可以约定保证期间，但是约定的保证期间早于主债务履行期限或者与主债务履行期限同时届满的，视为没有约定；保证合同约定保证人承担保证责任直至主债务本息还清时为止等类似内容的，视为约定不明；没有约定或者约定不明确的，保证期间为主债务履行期限届满之日起六个月。债权人与债务人对主债务履行期限没有约定或者约定不明确的，保证期间自债权人请求债务人履行债务的宽限期届满之日起计算。

一般保证的债权人在保证期间届满前对债务人提起诉讼或者申请仲裁的，从保证人拒绝承担保证责任的权利消灭之日起，开始计算保证债务的诉讼时效。连带责任保证的债权人在保证期间届满前请求保证人承担保证责任的，从债权人请求保证人承担保证责任之日起，开始计算保证债务的诉讼时效。

最高额保证合同对保证期间的计算方式、起算时间等没有约定或者约定不明，被担保债权的履行期限均已届满的，保证期间自债权确定之日起开始计算；被担保债权的履行期限尚未届满的，保证期间自最后到期债权的履行期限届满之日起开始计算。

债权人在保证期间内未依法行使权利的，保证责任消灭。保证责任消灭后，债权人书面通知保证人请求承担保证责任，保证人在通知书上签名、盖章或者按指印，债权人请求保证人继续承担保证责任的，人民法院不予支持，但是债权人有证据证明成立了新的保证合同的除外。

4. 保证人的抗辩权

由于保证人承担了对债务人的保证责任，所以保证人享有债务人的抗辩权。抗辩权是指债权人行使债权时，债务人根据法定事由对抗债权人行使请求权的权利。如债务人放弃对债务的抗辩权，保证人仍有权抗辩，因其保证责任并未免除。据此，不仅保证人有权参加债权人对债务人的诉讼，在债务人对债权人提起诉讼，债权人提起反诉时，保证人也可以作为第三人参加诉讼。

保证人知道或者应当知道主债权诉讼时效期间届满仍然提供保证或者承担保证责任，又以诉讼时效期间届满为由拒绝承担保证责任或者请求返还财产的，人民法院不予支持；保证人承担保证责任后向债务人追偿的，人民法院不予支持，但是债务人放弃诉讼时效抗辩的除外。

5. 共同担保下的保证责任

在同一债权上既有保证又有物的担保的，属于共同担保。《民法典》第三百九十二条规定，被担保的债权既有物的担保又有人的担保的，债务人不履行到期债务或者发生当事人约定的实现担保物权的情形，债权人应当按照约定实现债权；没有约定或者约定不明确，债务人自己提供物的担保的，债权人应当先就该物的担保实现债权；第三人提供物的担保的，债权人可以就物的担保实现债权，也可以请求保证人承担保证责任。提供担保的第三人承担担保责任后，有权向债务人追偿。

基于这条规定，物的担保和保证并存时，如果债务人不履行债务，则根据下列规则确定当事人的担保责任承担：（1）根据当事人的约定确定承担责任的顺序。（2）没有约定或者约定不明的，如果保证与债务人提供的物的担保并存，则债权人先就债务人的物的担保求偿。保证人在物的担保不足清偿时承担补充清偿责任。之所以先就债务人提供的物实现债权，是因为这样既可以避免法律关系的复杂化，又有助于节省司法成本。如果先由保证人承担责任，那保证人必然再向债务人追偿，其仍然可能要就债务人的物变价求偿，会造成较多资源浪费。在第三人的物保与债务人的物保并存时，也应同样处理，除非债务人提供的物不足以清偿全部债务。(3) 没有约定或者约定不明的，如果保证与第三人提供的物的担保并存，则债权人既可以就物的担保实现债权，也可以请求保证人承担保证责任。根据这条规定，第三人提供物的担保的，保证与物的担保居于同一清偿顺序，债权人既可以请求保证人承担保证责任，也可以对担保物行使担保物权。(4) 没有约定或者约定不明的，如果保证与第三人提供的物的担保并存，其中一人承担了担保责任，则只能向债务人追偿，不能向另外一个担保人追偿。

同一债务有两个以上保证人，保证人之间相互有追偿权，债权人未在保证期间内依法向部分保证人行使权利，导致其他保证人在承担保证责任后丧失追偿权，其他保证人主张在其不能追偿的范围内免除保证责任的，人民法院应予支持。

(五) 保证人的追偿权

根据《民法典》的有关规定，保证人承担保证责任后，除当事人另有约定外，有权在其承担保证责任的范围内向债务人追偿，享有债权人对债务人的权利，但是不得损害债权人的利益。

(六) 涉及保证人的诉讼问题

因保证合同纠纷提起的诉讼，债权人向保证人和被保证人一并主张权利的，人民法院应当将保证人和被保证人列为共同被告。保证合同约定为一般保证，债权人仅起诉保证人的，人民法院应当通知被保证人作为共同被告参加诉讼；债权人仅起诉被保证人的，可以只列被保证人为被告。

在民间借贷纠纷中，保证人为借款人提供连带责任保证，出借人仅起诉借款人的，人民法院可以不追加保证人为共同被告；出借人仅起诉保证人的，人民法院可以追加借款人为共同被告。保证人为借款人提供一般保证，出借人仅起诉保证人的，人民法院应当追加借款人为共同被告；出借人仅起诉借款人的，人民法院可以不追加保证人为共同被告。

三、定金

(一) 定金的概念及种类

定金，系以确保合同的履行为目的，由当事人一方在合同订立前后，合同履行前预先交付于另一方的金钱或者其他代替物的法律制度。按照定金的目的和功能，可以把定金分为立约定金、成约定金、证约定金、违约定金、解约定金等。根据《民法典》的有关规定，我国关于定金的性质的规定属于任意性规定，当事人可以自主确定定金的性质。

(二) 定金的生效与法律效力

《民法典》规定，定金合同自实际交付定金之时起成立。故定金合同是实践性合同。

定金的效力表现为以下几个方面：

（1）定金一旦交付，定金所有权发生移转。当定金由给付定金方转移至收受定金方时，定金所有权即发生移转，此为货币的特点决定的。

（2）给付定金一方不履行约定的债务的，无权请求返还定金；收受定金的一方不履行约定的债务的，应当双倍返还定金。当事人一方不完全履行合同的，应当按照未履行部分所占合同约定内容的比例，适用定金罚则。

（3）在迟延履行或者有其他违约行为时，并不能当然适用定金罚则。只有因当事人一方迟延履行或者其他违约行为，致使合同目的不能实现，才可以适用定金罚则。当然法律另有规定或者当事人另有约定的除外。

（4）当事人约定的定金数额不得超过主合同标的额的20%；超过20%的，超过部分无效。

（5）因不可抗力致使主合同不能履行的，不适用定金罚则。因合同关系以外第三人的过错，致使主合同不能履行的，适用定金罚则。受定金处罚的一方当事人，可以依法向第三人追偿。

（6）如果在同一合同中，当事人既约定违约金，又约定定金的，在一方违约时，当事人只能选择适用违约金条款或者定金条款，不能同时要求适用两个条款。

（7）当事人约定以交付定金作为合同成立或者生效条件，应当交付定金的一方未交付定金，但是合同主要义务已经履行完毕并为对方所接受的，人民法院应当认定合同在对方接受履行时已经成立或者生效。

（8）双方当事人均具有致使不能实现合同目的的违约行为，其中一方请求适用定金罚则的，人民法院不予支持。当事人一方仅有轻微违约，对方具有致使不能实现合同目的的违约行为，轻微违约方可以主张适用定金罚则。

（9）当事人一方已经部分履行合同，对方接受并主张按照未履行部分所占比例适用定金罚则的，人民法院应予支持。对方主张按照合同整体适用定金罚则的，人民法院不予支持，但是部分未履行致使不能实现合同目的的除外。

第七节 合同的变更和转让

依法成立的合同受法律保护，对当事人具有法律约束力，当事人应当按照合同约定履行自己的义务，不得擅自变更或者解除合同。合同订立后，因各种原因使得合同内容或者合同主体发生变更，称为合同的变更或合同的转让。

一、合同的变更

《民法典》所称合同的变更是指合同内容的变更，不包括合同主体的变更。合同主体的变更属于合同的转让。

合同是双方当事人合意的体现，因此经当事人协商一致，当然可以变更合同。但法律、行政法规规定变更合同应当办理批准等手续的，应当办理相应手续。《民法典》规定，当事人对合同变更的内容约定不明确的，推定为未变更。

除了双方通过合意变更合同以外，还存在法定变更的情形，即一方当事人单方通知对方变更合同的权利。如《民法典》第七百七十七条、第八百二十九条的规定。

合同的变更，除当事人另有约定的以外，仅对变更后未履行的部分有效，对已履行的部分无溯及力。

二、债权转让

合同的转让，即合同主体的变更，指当事人将合同的权利和义务全部或者部分转让给第三人。合同的转让分为债权转让、债务承担及债权债务的概括移转。

（一）债权转让的条件

债权转让，是指债权人将债权全部或者部分转让给第三人的法律制度。其中债权人是转让人，第三人是受让人。《民法典》规定，债权人转让权利的，无须债务人同意，但应当通知债务人。未经通知，该转让对债务人不发生效力。债权人转让权利的通知不得撤销，但经受让人同意的除外。根据此条规定，债权转让不以债务人的同意为生效条件，但是要对债务人发生效力，则必须通知债务人。债务人接到债权转让通知后仍然向让与人履行，不发生消灭债务的效果，受让人可以请求债务人向自己继续履行债务。

（二）禁止债权转让的情形

根据《民法典》的有关规定，下列情形的债权不得转让：（1）根据债权性质不得转让。主要是指基于债务人特定身份、技能等而产生的债权，如出版合同中出版公司的债权、委托合同中委托人的债权等；（2）按照当事人约定不得转让；（3）依照法律规定不得转让。

根据《民法典》的有关规定，当事人约定非金钱债权不得转让的，不得对抗善意第三人。当事人约定金钱债权不得转让的，不得对抗第三人。金钱是普遍接受的交换媒介，是最具流动性的资产；禁止金钱债权转让的特约仅在当事人之间具有相对效力。

（三）债权转让的效力

对债权人而言，在全部转让的情形下，原债权人脱离债权债务关系，受让人取代债权人地位。在部分转让的情形下，原债权人就转让部分丧失债权。

对受让人而言，债权人转让权利的，受让人取得与债权有关的从权利，如抵押权，但该从权利专属于债权人自身的除外。受让人取得从权利不因该从权利未办理转移登记手续或者未转移占有而受到影响。

对债务人而言，债权人权利的转让，不得损害债务人的利益，不应影响债务人的权利：

（1）债务人接到债权转让通知后，债务人对让与人的抗辩可以向受让人主张，如提出债权无效、诉讼时效已过等事由的抗辩。

（2）有下列情形之一的，债务人可以向受让人主张抵销：债务人接到债权转让通知时，债务人对让与人享有债权，且债务人的债权先于转让的债权到期或者同时到期；债务人的债权与转让的债权是基于同一合同产生。

因债权转让增加的履行费用，由让与人负担。

（四）债权的多重让与

让与人将同一债权转让给两个以上受让人，债务人以已经向最先通知的受让人履行为由主张其不再履行债务的，人民法院应予支持。债务人明知接受履行的受让人不是最先通知的受让人，最先通知的受让人请求债务人继续履行债务或者依据债权转让协议请求让与人承担违约责任的，人民法院应予支持；最先通知的受让人请求接受履行的受让人返还其接受的财产的，人民法院不予支持，但是接受履行的受让人明知该债权在其受让前已经转让给其他受让人的除外。

所谓最先通知的受让人，是指最先到达债务人的转让通知中载明的受让人。当事人之间对通知到达时间有争议的，人民法院应当结合通知的方式等因素综合判断，而不能仅根据债务人认可的通知时间或者通知记载的时间予以认定。当事人采用邮寄、通讯电子系统等方式发出通知的，人民法院应当以邮戳时间或者通讯电子系统记载的时间等作为认定通知到达时间的依据。

三、债务承担

《民法典》规定，债务人将合同义务的全部或者部分转移给第三人的，应当经债权人同意。债务人或者第三人可以催告债权人在合理期限内予以同意，债权人未作表示的，视为不同意。这是因为新债务人的资信情况和偿还能力须得到债权人的认可，以免债权人的利益受到不利影响。债务人转移义务的，新债务人可以主张原债务人对债权人的抗辩；原债务人对债权人享有债权的，新债务人不得向债权人主张抵销。新债务人应当承担与主债务有关的从债务，但该从债务专属于原债务人自身的除外。

债务承担除了《民法典》规定的免责的债务承担以外，还有并存的债务承担，即第三人以担保为目的加入债的关系，与原债务人共同承担同一债务。由于并存的债务承担并不使得原债务人脱离债的关系，因此原则上不以债权人的同意为必要。

四、债务加入

债务加入是指第三人加入到债权债务关系中来，债务人不退出债权债务关系，第三人和债务人成为共同债务人。根据《民法典》第五百五十二条的规定，第三人与债务人约定加入债务并通知债权人，或者第三人向债权人表示愿意加入债务，债权人未在合理期限内明确拒绝的，债权人可以请求第三人在其愿意承担的债务范围内和债务人承担连带债务。

五、债权债务的概括移转

合同权利义务的概括移转，是指合同一方当事人将自己在合同中的权利义务一并转让的法律制度。《民法典》规定，当事人一方经对方当事人同意，可以将自己在合同中的权利义务一并转让给第三人。概括移转有意定的概括移转和法定的概括移转两种情形。

意定的概括移转基于转让合同的方式进行。而法定的概括移转往往是因为某一法定事实的发生而导致。最典型的就是合同当事人发生合并或分立时，就会有法定的概括移转的发生。合同的权利和义务一并转让的，适用债权转让、债务转移的有关规定。

第八节　合同的权利义务终止

一、合同终止的基本理论

合同的权利义务终止制度包括债的终止制度和合同解除制度。债的终止，即债权债务终止，指给付义务终局地消灭；合同的解除是指合同中原给付义务的效力终止，但在因违约而解除合同等场合中，债务人的损害赔偿义务仍然存在，故给付义务并未终局地消灭。比如，出卖人按时交付符合质量要求的标的物，满足买受人的债权的，其给付义务终局地归于消灭；出卖人交付的标的物质量有严重缺陷，买受人以此为由解除合同的，尽管出卖人交付标的物和转移标的物所有权的义务消灭，其赔偿买受人损失的义务不消灭。

债权债务终止时，债务人的给付义务消灭，但当事人仍应当遵循诚信等原则，根据交易习惯履行通知、协助、保密、旧物回收等义务。债权债务终止时，债权的从权利同时消灭，但是法律另有规定或者当事人另有约定的除外。

根据《民法典》的规定，债权债务终止的情形包括：（1）债务已经按照约定履行，即清偿；（2）债务相互抵销；（3）债务人依法将标的物提存；（4）债权人免除债务；（5）债权债务同归于一人，即混同；（6）法律规定或者当事人约定终止的其他情形。

合同解除包括意定解除和法定解除。

合同的权利义务终止，不影响合同中结算条款、清理条款以及解决争议方法条款的效力。

二、清偿

清偿，又称履行，是指为了实现债权，债务人依照债之本旨圆满完成义务的行为和终局状态。它是债权债务消灭的最主要和最常见的原因。

债务人直接向债权人清偿债务，当然引起债权债务的消灭。债务人向债权人的代理人、破产企业的清算组织、收据持有人、行使代位权的债权人、债权人与债务人约定的受领清偿的第三人清偿债务的，债权债务也因此而消灭。

清偿一般应由债务人本人为之。债务人的代理人、第三人代为清偿的，也可以发生清偿的效力，但合同约定或依合同性质不能由第三人代为清偿的除外。第三人在代为清偿后，可代位行使债权人的权利。

债务人清偿债务应当按合同标的清偿，但经债权人同意并受领替代物清偿的，也能产生清偿效果。代物清偿是实践合同，在债务人交付替代物后，代物清偿合同成立，同时原债务消灭。该制度中法律关系简明。与之相比，以物抵债协议较为复杂。债权人与债务人在债务履行期限届满后订立以物抵债协议，不存在影响合同效力情形的，该协议自成立时生效。（1）以物抵债协议生效后，债务人应当履行该协议中约定的义务，一经履行，原债务消灭。（2）债务人不履行以物抵债协议，且经催告后在合理期限内仍不履行的，债权人享有替代权，即有权请求债务人履行原债务，替代以物抵债协议中的债务。债权人行使替代权的，债务人应当履行原债务；债权人不行使替代权，仍请求债务人履行以物抵债协议的，债务人应当履行以物抵债协议。

债务人对同一债权人负担的数项债务种类相同，债务人的给付不足以清偿全部债务的，除当事人另有约定外，由债务人在清偿时指定其履行的债务。债务人未作指定的，应当优先履行已经到期的债务；数项债务均到期的，优先履行对债权人缺乏担保或者担保最少的债务；均无担保或者担保相等的，优先履行债务人负担较重的债务；负担相同的，按照债务到期的先后顺序履行；到期时间相同的，按照债务比例履行。

债务人在履行主债务外还应当支付利息和实现债权的有关费用，其给付不足以清偿全部债务的，除当事人另有约定外，应当按照下列顺序履行：（1）实现债权的有关费用；（2）利息；（3）主债务。

三、抵销

抵销是双方当事人互负债务时，一方通知对方以其债权充当债务的清偿或者双方协商以债权充当债务的清偿，使得双方的债务在对等额度内消灭的行为。抵销分为法定抵销与约定抵销。抵销具有简化交易程序、降低交易成本、提高交易安全的作用。

（一）法定抵销

《民法典》规定，当事人互负债务，该债务的标的物种类、品质相同的，任何一方可以将自己的债务与对方的到期债务抵销；但是，根据债务性质、按照当事人约定或者依照法律规定不得抵销的除外。

《民法典》规定的法定抵销须具备以下条件：

1. 须双方互负有债务，互享有债权

效力不完全的债权作为主动债权而主张抵销的，应当受到相应限制。如诉讼时效完成后的债权，债权人如果可以不受限制地主张抵销，则无异于剥夺了对方的时效利益。在诉讼时效届满后主张抵销，对方提出诉讼时效抗辩的，应认定为自始未发生抵销的效果。

2. 须双方债务的给付为同一种类

抵销的债务只要求相同种类、品质，不要求数额或价值相等。

3. 须对方的债务届清偿期

在一方当事人主张抵销的情形下，并不要求双方当事人的债务均届清偿期。若一项债务已届清偿期，而另一项债务未届清偿期，则未到期的债务人可以主张抵销。因为期限利益原则上属于债务人。

4. 须双方的债务均为可抵销的债务

下列债务不可抵销：（1）法律规定不得抵销的债务。如因侵害自然人人身权益，或者故意、重大过失侵害他人财产权益产生的损害赔偿债务，侵权人不得主张抵销。(2) 根据债务性质不能抵销的债务。如以提供劳务或者不作为为债务内容的，债务人不得主张抵销。(3) 当事人约定不得抵销的债务。

法定抵销中的抵销权性质上属于形成权，因此当事人主张抵销的，应当通知对方。通知为非要式。抵销的效果自通知到达对方时生效。抵销不得附条件或者附期限。抵销产生如下法律效力：抵销的通知到达对方时双方互负的主债务、利息、违约金或者损害赔偿金等债务在同等数额内消灭。换言之，法定抵销不具有溯及既往的效力。

（二）约定抵销

《民法典》规定，当事人互负债务，标的物种类、品质不相同的，经双方协商一致，也可以抵销。

四、提存

提存是指非因可归责于债务人的原因，导致债务人无法履行债务或者难以履行债务的情况下，债务人将标的物交由提存机关保存，以终止债权债务关系的行为。《民法典》规定的提存是以清偿为目的，所以是债消灭的原因。

（一）提存的原因

《民法典》规定，有下列情形之一，难以履行债务的，债务人可以将标的物提存：(1) 债权人无正当理由拒绝受领；(2) 债权人下落不明；(3) 债权人死亡未确定继承人、遗产管理人，或者丧失民事行为能力未确定监护人；(4) 法律规定的其他情形。

（二）提存的法律效果

标的物提存后，毁损、灭失的风险由债权人承担。提存期间，标的物的孳息归债权人所有。提存费用由债权人负担。标的物不适于提存或者提存费用过高的，债务人依法可以拍卖或者变卖标的物，提存所得的价款。

提存成立的，视为债务人在其提存范围内已经履行债务，但债务人还负有附随义务。标的物提存后，债务人应当及时通知债权人或者债权人的继承人、遗产管理人、监护人、财产代管人。

债权人可以随时领取提存物，但债权人对债务人负有到期债务的，在债权人未履行债务或者提供担保之前，提存部门根据债务人的要求应当拒绝其领取提存物。债权人领取提存物的权利，自提存之日起5年内不行使则消灭，提存物扣除提存费用后归国家所有。但是，债权人未履行对债务人的到期债务，或者债权人向提存部门书面表示放弃领取提存物权利的，债务人负担提存费用后有权取回提存物。此处规定的"5年"时效为不变期间，不适用诉讼时效中止、中断或者延长的规定。

五、免除与混同

债权人免除债务人部分或者全部债务的，债权债务部分或者全部终止，但是债务人在合理期限内拒绝的除外。

债权和债务同归于一人，即债权债务混同时，债权债务终止，但是损害第三人利益的除外。

六、解除

合同的解除，是指合同有效成立以后，没有履行或者没有完全履行之前，双方当事人通过协议或者一方行使解除权的方式，使得合同关系终止的法律制度。合同的解除，分为意定解除与法定解除两种情况。

（一）意定解除

意定解除，是指根据当事人事先约定的情况或经当事人协商一致而解除合同。

1. 约定解除权和附解除条件

约定解除权是一种单方解除，即双方在订立合同时，约定了合同当事人一方解除合同的事由。一旦该事由发生，解除权人就可以通过行使解除权而终止合同。法律规定或者当事人约定了解除权行使期限，期限届满当事人不行使的，解除权消灭。法律没有规定或者当事人没有约定解除权行使期限，经对方催告后在合理期限内不行使的，该权利消灭。

附解除条件是指双方在订立合同时，约定了合同解除的条件。一旦该条件成就，合同自动失效，不需要任何一方当事人行使权利或者作出意思表示。

2. 协议解除

协议解除是以一个新的合同解除旧的合同。合同订立后，经当事人协商一致，当然可以解除合同。

（二）法定解除

法定解除，是指根据法律规定而解除合同。根据《民法典》第五百六十三条规定，在下列情形下，当事人可以单方面解除合同：

（1）因不可抗力致使不能实现合同目的。行使此项解除权，除了有不可抗力事件的发生以外，还必须要求是因不可抗力导致合同目的不能实现。合同目的不能实现的当事人可以行使解除权。

（2）在履行期限届满之前，当事人一方明确表示或者以自己的行为表明不履行主要债务。此项解除权的行使必须是不履行"主要"债务才行。不履行方的对方有权解除合同。

（3）当事人一方迟延履行主要债务，经催告后在合理期限内仍未履行。此项解除权的行使，必须符合两个条件：①迟延履行"主要"债务；②催告后在合理期限内仍未履行。

（4）当事人一方迟延履行债务或者有其他违约行为致使不能实现合同目的。迟延履行债务或者有其他违约行为并不必然导致解除权的产生。因此，此项解除权的行使条件之一必须是"致使不能实现合同目的"。既然考虑的是合同目的不能实现这个结果，因此迟延履行的债务不强调必须是"主要"债务，也不需要催告程序。

（5）以持续履行的债务为内容的不定期合同，当事人可以随时解除合同，但是应当在合理期限之前通知对方。借款合同、租赁合同等都是持续性合同。之所以不定期持续性合同的当事人可以随时解除合同，是因为不应使当事人被永久束缚在持续性合同中。不过，解除权人必须在合理期限之前通知对方，否则需要赔偿对方遭受的损失。

（6）法律规定其他解除情形的。除上述几种原因外，如果法律另有规定，当事人可以根据该法律规定，单方解除合同。在《民法典》中，此类规定很多。现就其中主要的几种情况作出说明：

①在承揽合同中，定作人可以在工作完成前随时解除承揽合同。《民法典》第七百八十七条规定，定作人在承揽人完成工作前可以随时解除合同，造成承揽人损失的，应当赔偿损失。这是基于经济效率的原因赋予定作人的权利。定作人解除合同时，不需要说明理由，而应当赔偿承揽人本应获得的报酬，只不过应当减去承揽人节省的利益。

②在货运合同中，托运人有单方解除权。依据《民法典》第八百二十九条规定，在承运人将货物交付收货人之前，托运人可以要求承运人中止运输、返还货物、变更到达地或者将货物交给其他收货人，但是应当赔偿承运人本应获得的运费，只不过应当减去承运人节省的利益。

③结合《民法典》的规定和司法实践中的做法，在无偿委托合同和一些有偿委托合同中，双方当事人均可以随时解除委托合同，且不需要说明理由；解除方只需赔偿因解除时间不当给对方造成的直接损失，除非解除方对于解除时间不当没有过错。这类有偿委托合同的当事人之间存在特别信任关系，且不需要倾斜保护一方当事人，如刑事辩护委托合同、税务咨询合同；委托人解除合同时只需要向受托人支付相应的报酬即可。在商品房委托销售合同等有偿委托合同中，当事人在未提出正当理由的情况下随时解除合同的，虽然也产生合同解除的效果，但是解除方应当赔偿对方的直接损失和合同履行后可以获得的利益，除非解除方对于损失的产生或扩大没有过错。

（三）解除权的行使

法律规定或者当事人约定解除权行使期限，期限届满当事人不行使的，该权利消灭。法律没有规定或者当事人没有约定解除权行使期限，自解除权人知道或者应当知道解除事由之日起1年内不行使，或者经对方催告后在合理期限内不行使的，该权利消灭。此处的期限是解除权的存续期限，又称"除斥期间"。

当事人一方依法主张解除合同的，应当通知对方。合同自通知到达对方时解除；通知载明债务人在一定期限内不履行债务则合同自动解除，债务人在该期限内未履行债务的，合同自通知载明的期限届满时解除。对方对解除合同有异议的，任何一方当事人均可以请求人民法院或者仲裁机构确认解除行为的效力。

当事人一方未通知对方，直接以提起诉讼或者申请仲裁的方式依法主张解除合同，人民法院或者仲裁机构确认该主张的，合同自起诉状副本或者仲裁申请书副本送达对方时解除。

（四）合同解除的效果

合同解除后，尚未履行的，终止履行；已经履行的，根据履行情况和合同性质，当事人可以请求恢复原状或者采取其他补救措施，并有权请求赔偿损失。

合同因违约解除的，解除权人可以请求违约方承担违约责任，但是当事人另有约定的除外。

主合同解除后，担保人对债务人应当承担的民事责任仍应当承担担保责任，但是担保合同另有约定的除外。

第九节 违约责任

一、违约责任的基本理论

违约责任也称为违反合同的民事责任,是指合同当事人因违反合同义务所承担的责任。《民法典》规定,当事人一方不履行合同义务或者履行合同义务不符合约定的,应当承担继续履行、采取补救措施或者赔偿损失等违约责任。

违约责任具有以下特点:(1)违约责任以合同的有效存在为前提。(2)违约责任是合同当事人不履行合同义务所产生的责任。如果当事人违反的不是合同义务,而是法律规定的其他义务,则应负其他责任。(3)违约责任具有相对性。由于合同关系具有相对性,因此违约责任也具有相对性,即违约责任只能在特定的当事人之间即合同关系的当事人之间发生。当事人一方因第三人的原因造成违约的,应当向对方承担违约责任。当事人一方和第三人之间的纠纷,依照法律规定或者按照约定解决。

《民法典》规定的违约损害赔偿责任采用严格责任。因此,只要合同当事人有违约行为存在,且给相对人造成损失,无论导致违约的原因是什么,除了法定或者约定的免责事由以外,均不得主张免责。

二、违约形态

根据合同当事人违反义务的性质、特点的不同,《民法典》将债务人的违约行为区分为预期违约和届期违约两种类型,每种类型又可以分为两类。此外,《民法典》还规定了债权人迟延。

(一)预期违约

预期违约是指在履行期限到来之前一方无正当理由而明确表示其在履行期到来后将不履行合同,或者其行为表明其在履行期到来以后将不履行合同。《民法典》第五百七十八条规定了预期违约,并将预期违约分为明示的预期违约和默示的预期违约两种。明示与默示的区别在于违约的合同当事人是否通过意思表示明确表达自己不再履行合同的意愿。

(二)届期违约

在履行期限到来以后,当事人不履行或不完全履行合同义务的,将构成届期违约。届期违约可以分为不履行和不适当履行两类。此外,履行在质量、数量等方面不符合约定的,称为不完全履行或瑕疵履行;履行在时间上迟延的,称为迟延履行。

根据《民法典》第一百八十六条的规定,因当事人一方的违约行为,损害对方人身权益、财产权益的,受损害方有权选择请求其承担违约责任或者侵权责任。债权人向人民法院起诉时作出选择后,在一审开庭以前又变更诉讼请求的,人民法院应当准许。但如对方当事人对变更后的诉讼请求提出管辖权异议,经审查异议成立的,人民法院应当驳回起诉。

（三）债权人迟延

债权人迟延又称受领迟延，是指债权人对给付未受领或者未提供必要协助的事实。债权人陷入迟延的，产生对债权人不利的后果。根据《民法典》第五百八十九条，"债务人按照约定履行债务，债权人无正当理由拒绝受领的，债务人可以请求债权人赔偿增加的费用。"在债权人受领迟延期间，债务人无须支付利息。比如，借款合同中的贷款人受领迟延的，借款人在受领迟延期间即使使用资金，也无须支付利息。

三、违约责任的承担方式

违约责任的承担方式主要有：继续履行、补救措施、损害赔偿三种方式。

（一）继续履行

继续履行，又称实际履行，是指债权人在债务人不履行合同义务时，可请求人民法院强制债务人实际履行合同义务。

《民法典》规定，当事人一方未支付价款、报酬、租金、利息，或者不履行其他金钱债务的，对方可以请求其支付，因此金钱之债一定可以请求继续履行。当事人一方不履行非金钱债务或者履行非金钱债务不符合约定的，对方可以请求履行，但是有下列情形之一的除外：（1）法律上或者事实上不能履行；（2）债务的标的不适于强制履行或者履行费用过高；（3）债权人在合理期限内未请求履行。非金钱债务存在上述除外情形之一，致使不能实现合同目的的，人民法院或者仲裁机构可以根据当事人的请求终止合同权利义务关系，但是不影响违约责任的承担。比如，合作框架协议的双方当事人均不履行具有人身属性的合作义务，致使合作关系难以维持、不能实现合同目的的，原则上任何一方都可以请求人民法院或者仲裁机构终止合作框架协议。

（二）补救措施

补救措施，是债务人的履行在质量、数量等方面不符合约定，债权人可根据合同履行情况请求债务人采取补救履行措施。《民法典》规定，当事人的履行不符合约定的，应当按照当事人的约定承担违约责任。对违约责任没有约定或者约定不明确，依据《民法典》第五百一十条的规定仍不能确定的，受损害方根据标的的性质以及损失的大小，可以合理选择请求对方承担修理、重作、更换、退货、减少价款或者报酬等违约责任。

（三）损害赔偿

当事人一方不履行合同义务或者履行合同义务不符合约定，给对方造成损失的，应当承担损害赔偿责任；一方在履行义务或者采取补救措施后，对方还有其他损失的，应当对其他损失承担赔偿责任。损害赔偿的具体方式主要有赔偿损失、支付违约金和适用定金罚则等。

1. 赔偿损失

损失赔偿额应当相当于因违约所造成的损失，包括合同履行后可以获得的利益，但不得超过违约方订立合同时预见到或者应当预见到的因违反合同可能造成的损失。当事人可以在合同中约定因违约产生的损失赔偿额的计算方法。所谓应当预见到的损失，是指与违约方处于相同或者类似情况的民事主体在订立合同时通常会预见到的损失。

在确定合同履行后可以获得的利益时，可以在扣除非违约方为订立、履行合同支出的费用等合理成本后，按照非违约方能够获得的生产利润、经营利润或者转售利润等计算。

非违约方依法行使合同解除权并实施了替代交易，主张按照替代交易价格与合同价格的差额确定合同履行后可以获得的利益的，人民法院依法予以支持；替代交易价格明显偏离替代交易发生时当地的市场价格，则应该按照市场价格与合同价格的差额确定合同履行后可以获得的利益。

非违约方依法行使合同解除权但是未实施替代交易，主张按照违约行为发生后合理期间内合同履行地的市场价格与合同价格的差额确定合同履行后可以获得的利益的，人民法院应予支持。

在以持续履行的债务为内容的定期合同中，一方不履行支付价款、租金等金钱债务，对方解除合同并要求赔偿损失的，人民法院应确定非违约方寻找替代交易的合理期限，并按照该期限对应的价款、租金等扣除非违约方应当支付的相应履约成本确定合同履行后可以获得的利益。

非违约方主张按照合同解除后剩余履行期限相应的价款、租金等扣除履约成本确定合同履行后可以获得的利益的，人民法院不予支持。但是，剩余履行期限少于寻找替代交易的合理期限的除外。

2. 支付违约金

违约金，是按照当事人约定或者法律规定，一方当事人违约时应当根据违约情况向对方支付的一定数额的货币。

约定的违约金低于造成的损失的，当事人可以请求人民法院或者仲裁机构予以增加；约定的违约金过分高于造成的损失的，当事人可以请求人民法院或者仲裁机构予以适当减少。当事人就迟延履行约定违约金的，违约方支付违约金后，还应当履行债务。

违约金如何调整是司法实践中颇具争议的问题。结合《民法典合同编通则解释》的规定，应当作如下理解。第一，对于不同类型违约金应当加以区分，赔偿性违约金旨在填补当事人可能遭受的损失，惩罚性违约金则是为了迫使对方当事人严格履行义务，特别是在当事人所受损失难以确定甚至不具有可赔性时向对方施加严格履约的压力。第二，对于赔偿性违约金，人民法院应当以当事人遭受的实际损失为基准，兼顾合同主体、交易类型、合同的履行情况、当事人的过错程度、履约背景等因素，遵循公平原则和诚信原则进行衡量，并作出调整。原因是，这类违约金条款约定之时，当事人已经预估了可能遭受到的损失。如果事后实际损失数额与违约金数额相比差距过大，理应依据实际损失数额进行调整。约定的违约金超过造成损失的30%的，一般可以认定为过分高于造成的损失。第三，对于惩罚性违约金，由于当事人在签订违约金条款时没有或者难以预估将来遭受的实际损失，所以不适合以事后的实际损失为基准进行调整，只有在违约金数额与当事人施加压力的目的相比显著不合比例时才应该予以调整。例如，上市公司甲与其高级管理人员张某约定，张某违反保密义务时应承担10万元违约金，后张某泄露了商业秘密，尚无证据证明甲遭受了实际损失。此时，张某仍应当支付10万元违约金，因为当事人约定违约金并不是对甲可能遭受的损失进行预估，而是为了迫使张某严格履行保密义务。甲可能在未来需要采取措施，防范因商业秘密泄露所可能带来的不利影响。在上市公司与其高级管理人员之间，就保密义务约定10万元违约金，并不需要减少。第四，无论是赔偿性违约金还是惩罚性违约金，恶意违约的当事人一方请求减少违约金的，一般不予支持。所谓恶意违约，是指有能力履行合同的一方当事人故意违约，进而给对方当事人造成损失。对于恶意违约方，如果支持其酌减违约金的请求，可能纵容这种不诚信的行为。

根据《买卖合同解释》的规定，买卖合同对付款期限作出的变更，不影响当事人关于逾期付款违约金的约定，但该违约金的起算点应当随之变更。买卖合同约定逾期付款违约金，买受人以出卖人接受价款时未主张逾期付款违约金为由拒绝支付该违约金的，人民法院不予支持。买卖合同因违约而解除后，守约方主张继续适用违约金条款的，人民法院应予支持。

3. 适用定金罚则

当事人在合同中既约定违约金，又约定定金的，一方违约时，对方可以选择适用违约金或者定金条款，但两者不可同时并用。买卖合同约定的定金不足以弥补一方违约造成的损失，对方请求赔偿超过定金部分的损失的，人民法院可以并处，但定金和损失赔偿的数额总和不应高于因违约造成的损失。

4. 过失相抵规则

过失相抵是指一方违约时，对方对于损失的发生或者扩大有过错，应当相应减轻违约方的违约责任。根据《民法典》的规定，包括两种情况：（1）当事人一方违约后，对方应当采取适当措施防止损失的扩大；没有采取适当措施致使损失扩大的，不得就扩大的损失请求赔偿。当事人因防止损失扩大而支出的合理费用由违约方承担；（2）当事人一方违约造成对方损失，对方对损失的发生有过错的，可以减少相应的损失赔偿额。

5. 法定免责事由

《民法典》规定的违约损害赔偿法定的免责事由仅限于不可抗力。《民法典》规定，不可抗力是指"不能预见、不能避免且不能克服的客观情况"。常见的不可抗力有：（1）自然灾害。如地震、台风、洪水、海啸等。（2）政府行为。政府行为一定是指当事人在订立合同以后发生，且不能预见的情形。如运输合同订立后，由于政府颁布禁运的法律，使合同不能履行。（3）社会异常现象。一些偶发的事件阻碍合同的履行，如罢工骚乱等。不可抗力虽为违约损害赔偿的免责事由，但有关不可抗力的具体事由很难由法律作出列举式的规定，根据合同自由原则，当事人可以在订立不可抗力条款时，具体列举各种不可抗力的事由。不过，当事人将明显不属于不可抗力的情形（如停电）约定为不可抗力的，只能解释为约定的免责事由。

关于不可抗力发生后对当事人责任的影响，要注意以下几点：（1）不可抗力并非当然免责，要根据不可抗力对合同履行的影响决定。《民法典》规定，因不可抗力不能履行合同的，根据不可抗力的影响，部分或者全部免除责任。（2）当事人迟延履行后发生不可抗力的，不能免除责任。（3）不可抗力事件发生后，主张不可抗力的一方要履行两项义务：一是及时通知对方相关情况，以减轻可能给对方造成的损失；二是提供有关不可抗力的证明。

第十节 几类主要的典型合同

一、买卖合同

买卖合同是出卖人转移标的物的所有权于买受人，买受人支付价款的合同。买卖合同是双务、有偿、诺成的合同，除法律有特别规定或者当事人有特别约定以外，买卖合同为非要式合同。买卖合同是最基本、最典型的有偿合同，故《民法典》规定，其他有偿合同，法律有规定的，依照其规定；没有规定的，参照适用买卖合同的有关规定。

（一）双方当事人的权利义务

买卖合同双方当事人的权利义务主要是围绕标的物的交付及价款的支付而发生，其中，出卖人的主要义务就是交付标的物并转移标的物的所有权，而买受人的主要义务就是支付价款。

1. 交付标的物

出卖人应当按照约定的期限交付标的物。当事人约定交付期限的，出卖人可以在该交付期限内的任何时间交付。当事人没有约定标的物的交付期限或者约定不明确的，依照法律规定执行。标的物在订立合同之前已为买受人占有的，合同生效的时间为交付时间。

出卖人应当按照约定的地点交付标的物。当事人没有约定交付地点或者约定不明确，依照《民法典》的有关规定仍不能确定的，适用下列规定：（1）标的物需要运输的，出卖人应当将标的物交付给第一承运人以运交给买受人。（2）标的物不需要运输，出卖人和买受人订立合同时知道标的物在某一地点的，出卖人应当在该地点交付标的物；不知道标的物在某一地点的，应当在出卖人订立合同时的营业地交付标的物。此条规定的"标的物需要运输的"，是指标的物由出卖人负责办理托运，承运人系独立于买卖合同当事人之外的运输业者的情形。

出卖人应当按照约定或者交易习惯向买受人交付提取标的物单证以外的有关单证和资料。此类单证主要应当包括保险单、保修单、普通发票、增值税专用发票、产品合格证、质量保证书、质量鉴定书、品质检验证书、产品进出口检疫书、原产地证明书、使用说明书、装箱单等。

2. 转移标的物的所有权

出卖人应当履行向买受人交付标的物或者交付提取标的物的单证，并转移标的物的所有权的义务。标的物不属于出卖人所有或者出卖人无权处分的，买卖合同的效力不受影响。出卖人未取得真正权利人事后同意或者事后未取得处分权，造成其不能履行转移所有权义务的，买受人可以解除合同并请求出卖人承担违约损害赔偿责任。法律、行政法规禁止或者限制转让的标的物，不得随意转让，应依照有关规定执行。

出卖人就交付的标的物，负有保证第三人对该标的物不享有任何权利的义务，但买受人订立合同时知道或者应当知道第三人对买卖的标的物享有权利的，或法律另有规定的除外。买受人有确切证据证明第三人对该标的物享有权利的，可以中止支付相应的价款，但出卖人提供适当担保的除外。

标的物的所有权自标的物交付时起转移，但法律另有规定的除外。出卖具有知识产权的计算机软件等标的物的，除法律另有规定或者当事人另有约定的以外，该标的物的知识产权不属于买受人。对于此类无须以有形载体交付的电子信息产品，当事人对交付方式约定不明确，且依照《民法典》第五百一十条的规定仍不能确定的，买受人收到约定的电子信息产品或者权利凭证即为交付。

如果出卖人就同一标的物订立多重买卖合同，原则上各个买卖合同均属有效，但标的物所有权归谁所有，则不能按照合同签订的先后顺序确定。在多个买受人中，只有先完成动产交付或者不动产转移登记的买受人才能取得标的物的所有权。

3. 标的物的风险负担

所谓风险，是指在买卖合同生效后，由于不可归责于双方当事人的事由导致标的物遭受毁损、灭失的情形。标的物的风险负担是指，在发生不可归责于双方当事人的原因导致标的物发生毁损、灭失时，应由谁负担由此导致的损失。可归责于一方当事人的事由导致标的物毁损、灭失的，不属于风险负担，应当按照违约责任或者侵权责任处理。

风险承担的具体规则如下：

（1）标的物毁损、灭失的风险，在标的物交付之前由出卖人承担，交付之后由买受人承担，但是法律另有规定或者当事人另有约定的除外。因此，除法律另有规定或者当事人另有约定以外，无论不动产还是动产，风险负担转移的标准是交付，而非所有权转移。虽然就动产而言，标的物的所有权转移的标准也是交付，从而与风险负担转移的规则一致，但所有权转移与否不是确定风险负担转移的标准，交付才是确定风险负担转移的标准。

（2）因买受人的原因致使标的物未按照约定的期限交付的，买受人应当自违反约定之日起承担标的物毁损、灭失的风险。

（3）出卖人出卖交由承运人运输的在途标的物，除当事人另有约定外，毁损、灭失的风险自合同成立时起由买受人承担。但如果出卖人出卖交由承运人运输的在途标的物，在合同成立时知道或者应当知道标的物已经毁损、灭失却未告知买受人，风险由出卖人承担。

（4）当事人没有约定交付地点或者约定不明确，标的物需要运输的，出卖人将标的物交付给第一承运人后，标的物毁损、灭失的风险由买受人承担。

（5）出卖人按照约定或者依照《民法典》有关规定将标的物置于交付地点，买受人违反约定没有收取的，标的物毁损、灭失的风险自违反约定之日起由买受人承担。

（6）出卖人未按照约定交付有关标的物的单证和资料的，不影响标的物毁损、灭失风险的转移。

（7）因标的物不符合质量要求，致使不能实现合同目的的，买受人可以拒绝接受标的物或者解除合同。买受人拒绝接受标的物或者解除合同的，标的物毁损、灭失的风险由出卖人承担。

（8）标的物毁损、灭失的风险由买受人承担的，不影响因出卖人履行债务不符合约定，买受人请求其承担违约责任的权利。

4. 标的物的检验

出卖人应当按照约定的质量要求交付标的物。出卖人提供有关标的物质量说明的，交付的标的物应当符合该说明的质量要求。

出卖人交付的标的物不符合质量要求的，买受人可以依法要求其承担违约责任。

出卖人应当按照约定的包装方式交付标的物。对包装方式没有约定或者约定不明确的，依照《民法典》有关规定仍不能确定的，应当按照通用的方式包装，没有通用方式的，应当采取足以保护标的物的包装方式。

买受人收到标的物时应当在约定的检验期限内检验。没有约定检验期限的，应当及时检验。当事人约定检验期限的，买受人应当在检验期限内将标的物的数量或者质量不符合约定的情形通知出卖人。买受人怠于通知的，视为标的物的数量或者质量符合约定。当事人没有约定检验期限的，买受人应当在发现或者应当发现标的物的数量或者质量不符合约定的合理期限内通知出卖人。此"合理期限"应当综合当事人之间的交易性质、交易目的、交易方式、交易习惯、标的物的种类、数量、性质、安装和使用情况、瑕疵的性质、买受人应尽的合理注意义务、检验方法和难易程度、买受人或者检验人所处的具体环境、自身技能以及其他合理因素，依据诚实信用原则进行判断。

买受人在合理期限内未通知或者自标的物收到之日起两年内未通知出卖人的，视为标的物的数量或者质量符合约定，但对标的物有质量保证期的，适用质量保证期，不适用该两年的规定。出卖人知道或者应当知道提供的标的物不符合约定的，买受人不受上述通知时间的限制。"两年"是最长的合理期限。该期限为不变期限，不适用诉讼时效中止、中断或者延长的规定。在超过合理期限或者两年后，出卖人自愿承担违约责任后，又以上述期限经过为由翻悔的，人民法院不予支持。

5. 价款支付

买受人应当按照约定的数额支付价款。对价款没有约定或者约定不明确，适用《民法典》的有关规定确定。

买受人应当按照约定的地点支付价款。对支付地点没有约定或者约定不明确的，依照《民法典》的有关规定仍不能确定的，买受人应当在出卖人的营业地支付，但约定支付价款以交付标的物或者交付提取标的物单证为条件的，在交付标的物或者交付提取标的物单证的所在地支付。

买受人应当按照约定的时间支付价款。对支付时间没有约定或者约定不明确，依照《民法典》的有关规定仍不能确定的，买受人应当在收到标的物或者提取标的物单证的同时支付。

出卖人多交标的物的，买受人可以接收或者拒绝接收多交的部分。买受人接收多交部分的，按照合同的价格支付价款；买受人拒绝接收多交部分的，应当及时通知出卖人。

6. 买卖合同的特别解除规则

因标的物的主物不符合约定而解除合同的，解除合同的效力及于从物。标的物的从物因不符合约定被解除的，解除的效力不及于主物，即从物有瑕疵的，买受人仅可解除与从物有关的合同部分。

标的物为数物，其中一物不符合约定的，买受人可以就该物解除合同，但该物与他物分离使标的物的价值显受损害的，当事人可以就数物解除合同。

出卖人分批交付标的物的，出卖人对其中一批标的物不交付或者交付不符合约定，致使该批标的物不能实现合同目的的，买受人可以就该批标的物解除合同。

出卖人不交付其中一批标的物或者交付不符合约定，致使今后其他各批标的物的交付不能实现合同目的的，买受人可以就该批以及今后其他各批标的物解除合同。

买受人如果就其中一批标的物解除合同，该批标的物与其他各批标的物相互依存的，可以就已经交付和未交付的各批标的物解除合同。

（二）特种买卖合同

《民法典》对多种特种买卖合同作了专门规定。

1. 分期付款买卖合同

分期付款的买受人未支付到期价款的金额达到全部价款的1/5，经催告后在合理期限内仍未支付到期价款的，出卖人可以请求买受人一并支付到期与未到期的全部价款或者解除合同。出卖人解除合同的，双方应互相返还财产，出卖人可以向买受人请求支付该标的物的使用费。分期付款要求买受人将应付的总价款在一定期限内至少分三次向出卖人支付。

2. 凭样品买卖合同

凭样品买卖的当事人应当封存样品，并可以对样品质量予以说明。出卖人交付的标的物应当与样品及其说明的质量相同。凭样品买卖的买受人不知道样品有隐蔽瑕疵的，即使交付的标的物与样品相同，出卖人交付的标的物的质量仍然应当符合同种标的物的通常标准。

3. 试用买卖合同

试用买卖的当事人可以约定标的物的试用期限。对试用期限没有约定或者约定不明确，依照《民法典》的有关规定仍不能确定的，由出卖人确定。试用买卖的买受人在试用期内可以购买标的物，也可以拒绝购买。试用期限届满，买受人对是否购买标的物未作表示的，视为购买。此外，如买受人已支付部分或全部价款，或对标的物实施了出卖、出租、设立担保物权等非试用行为的，应视为同意购买。但买卖合同存在下列约定内容之一的，不属于试用买卖：（1）约定标的物经过试用或者检验符合一定要求时，买受人应当购买标的物；（2）约定第三人经试验对标的物认可时，买受人应当购买标的物；（3）约定买受人在一定期限内可以调换标的物；（4）约定买受人在一定期限内可以退还标的物。

4. 以招标投标方式订立的买卖合同

《民法典》规定，招标投标买卖的当事人的权利和义务以及招标投标程序等，依照有关法律、行政法规的规定。所谓招标投标，是指由招标人向数人或者公众发出招标通知或招标公告，在诸多投标中按照一定的标准，选择自己最满意的投标人并与之订立合同的方式。招标投标买卖是现代社会中一种重要的竞争买卖形式，尤其在大宗订货和政府采购中被广泛使用。我国有专门的《招标投标法》《政府采购法》予以规范。

招标投标买卖的程序，一般分为招标、投标、开标、验标、评标和定标。招标时，招标人发出招标公告。招标公告在性质上属于要约邀请。投标人投标为要约，投标时投标人应当根据招标公告的要求作出意思表示。投标后，招标人应当按照公告说明的时间、地点和程序开标。开标后，招标人应当先验标，将符合招标文件规定的标书当众予以拆封、宣读，以及由招标委员会确认不符合投标文件规定的标书及超过截止日期送达的标书的效力。然后，招标人组织评标并定标，定标为承诺。中标者不一定是出价条件最优惠者，招标人可以综合衡量招标人的条件选择中标人。中标人在接到中标通知后，在指定的期间与地点与招标人签订书面合同，买卖合同原则上此时成立。

5. 商品房买卖合同

商品房买卖合同是指房地产开发企业将尚未建成或已经竣工的房屋向社会销售并转移房屋所有权于买受人，买受人支付价款的买卖合同。商品房买卖合同包括期房买卖合同与现房买卖合同。《商品房买卖合同解释》就商品房买卖合同中的相关问题作了专门规定。其中重要的问题有：

（1）销售广告的性质认定。对于商品房销售中出现的销售广告和宣传资料，根据该司法解释的规定，有几个要点：第一，有关商品房的销售广告和宣传资料原则上为要约邀请，对出卖人无合同上的约束力。第二，就商品房开发规划范围内的房屋及相关设施所作的说明和允诺具体确定，并对合同的订立以及房屋价格的确定有重大影响的，为要约。第三，第二点的内容即使未订入合同，仍属于合同的组成部分，当事人违反这些内容的，承担违约责任。

（2）商品房预售合同的效力。商品房预售，属于法律规定的特许经营范围，因此出卖人必须申领商品房预售许可证明。出卖人未取得预售许可而与买受人订立预售合同的，合同无效，但是在起诉前取得预售许可的，合同有效。商品房预售合同应当办理登记备案手续，但该登记备案手续并非合同生效条件，当事人另有约定的除外。

（3）法定解除权的行使。商品房买卖合同中当事人可以行使解除权的情形有：第一，因房屋主体结构质量不合格不能交付使用，或者房屋交付使用后，房屋主体结构质量经核验确属不合格的。第二，因房屋质量问题严重影响正常居住使用的。第三，出卖人迟延交付房屋或者买受人迟延支付购房款，经催告后在3个月的合理期限内仍未履行的。第四，约定或者法定的办理房屋所有权登记的期限届满后超过1年，因出卖人的原因导致买受人无法办理房屋所有权登记的。

（4）商品房买卖合同与贷款合同的效力关系。第一，贷款合同未能订立，导致商品房买卖合同不能履行的，当事人可以解除合同，并分析贷款合同未能订立的原因，在可归责于一方当事人的情况下，由该当事人赔偿损失。第二，商品房买卖合同无效、被撤销或者被解除，则贷款合同也应相应解除，出卖人应当将收受的购房贷款和购房款的本金及利息分别返还给担保权人和买受人。

6. 互易合同

互易合同是当事人约定易货交易，转移标的物所有权的合同。此处的"货"应当是指金钱以外的商品，因此互易合同是指金钱以外相互交换标的物所有权的合同。在货币发明之前，人类商品交易的主要形态就是互易，但是随着货币的出现，互易被买卖所取代，但仍然没有完全消失。因此，法律仍有就互易进行规范的必要。根据《民法典》的规定，互易合同参照买卖合同的规定，故互易合同属于双务、诺成的合同。互易合同双方当事人的主要义务是各自向对方交付标的物，并转移标的物的所有权。同时，合同双方各自就标的物的权利状态向对方保证无权利瑕疵。互易合同的标的物价值并不当然对等，实践中常见的是在相互交付标的物并转移标的物所有权以外，一方当事人还须交付一定金钱的情形，此种互易学理上称为附补足金的互易合同。附补足金互易合同中的金钱部分，应当参照买卖合同中关于支付价款部分的规定处理。

二、赠与合同

(一) 赠与合同概述

赠与合同是赠与人将自己的财产无偿给予受赠人，受赠人表示接受赠与的合同。赠与合同是单务、无偿、诺成合同。赠与的财产依法需要办理登记等手续的，应当办理有关手续。

赠与可以附义务。赠与附义务的，受赠人应当按照约定履行义务。

因赠与人故意或者重大过失致使赠与的财产毁损、灭失的，赠与人应当承担损害赔偿责任。赠与的财产有瑕疵的，赠与人不承担责任。附义务的赠与，赠与的财产有瑕疵的，赠与人在附义务的限度内承担与出卖人相同的责任。赠与人故意不告知瑕疵或者保证无瑕疵，造成受赠人损失的，应当承担损害赔偿责任。

赠与合同成立后，赠与人的经济状况显著恶化，严重影响其生产经营或者家庭生活的，可以不再履行赠与义务。

(二) 赠与合同的撤销

赠与合同的撤销分为任意撤销和法定撤销。

任意撤销，是指赠与人基于赠与合同的无偿性及单务性特征，在赠与财产的权利转移之前可以撤销赠与。但经过公证的赠与合同或者依法不得撤销的具有救灾、扶贫、助残等公益、道德义务性质的赠与合同，不得撤销。对于这类赠与合同，如果赠与人不交付赠与的财产，受赠人可以请求交付。

法定撤销，是指当受赠人有忘恩行为时，无论赠与财产的权利是否转移，赠与是否经过公证或者具有救灾、扶贫、助残等公益、道德义务性质，赠与人或者赠与人的继承人、法定代理人都可以撤销赠与的情形。

1. 赠与人的法定撤销权

受赠人有下列情形之一的，赠与人可以行使撤销权：(1) 严重侵害赠与人或者赠与人的近亲属的合法权益；(2) 对赠与人有扶养义务而不履行；(3) 不履行赠与合同约定的义务。

赠与人的撤销权，自知道或者应当知道撤销原因之日起 1 年内行使。

2. 赠与人的继承人、法定代理人的法定撤销权

因受赠人的违法行为致使赠与人死亡或者丧失民事行为能力的，赠与人的继承人或者法定代理人可以撤销赠与。赠与人的继承人或者法定代理人的撤销权，自知道或者应当知道撤销原因之日起 6 个月内行使。

如果是法定撤销情形，则撤销权人撤销赠与的，可以向受赠人请求返还赠与的财产。

三、借款合同

（一）借款合同概述

借款合同是借款人向贷款人借款，到期返还借款并支付利息的合同。根据《民法典》第六百六十八条的规定，借款合同应当采用书面形式，但是自然人之间借款另有约定的除外。可见，借款合同原则上是要式合同。根据《民法典》第六百七十九条的规定，"自然人之间的借款合同，自贷款人提供借款时成立"。可见，自然人之间的借款合同是实践合同，除此之外的借款合同则是诺成合同。

借款合同转移的是货币的所有权，而非货币的使用权。借款合同应采用书面形式，但自然人之间借款另有约定的除外。

（二）双方当事人的权利义务

贷款人未按照约定的日期、数额提供借款，造成借款人损失的，应当赔偿损失。借款人未按照约定的日期、数额收取借款的，应当按照约定的日期、数额支付利息。

贷款人按照约定可以检查、监督借款的使用情况。借款人应当按照约定向贷款人定期提供有关财务会计报表等资料。借款人未按照约定的借款用途使用借款的，贷款人可以停止发放借款、提前收回借款或者解除合同。

《民法典》第六百八十条规定，禁止高利放贷，借款的利率不得违反国家有关规定。借款合同对支付利息没有约定的，视为没有利息。借款合同对支付利息约定不明确，当事人不能达成补充协议的，按照当地或者当事人的交易方式、交易习惯、市场利率等因素确定利息；自然人之间借款的，视为没有利息。

借款的利息不得预先在本金中扣除。利息预先在本金中扣除的，应当按照实际借款数额返还借款并计算利息。

借款人应当按照约定的期限支付利息。对支付利息的期限没有约定或者约定不明确，依照《民法典》的有关规定仍不能确定的，借款期间不满 1 年的，应当在返还借款时一并支付；借款期间 1 年以上的，应当在每届满 1 年时支付，剩余期间不满 1 年的，应当在返还借款时一并支付。

借款人应当按照约定的期限返还借款。对借款期限没有约定或者约定不明确，依照《民法典》的有关规定仍不能确定的，借款人可以随时返还；贷款人可以催告借款人在合理期限内返还。借款人未按照约定的期限返还借款的，应当按照约定或者国家有关规定支付逾期利息。

借款人提前偿还借款的，除当事人另有约定的以外，应当按照实际借款的期间计算利息。借款人可以在还款期限届满之前向贷款人申请展期。贷款人同意的，可以展期。

（三）民间借贷合同

《民间借贷规定》等司法解释包括以下规则：

1. 民间借贷的范围

民间借贷是指自然人、法人、非法人组织之间及其相互之间进行资金融通的行为。

经金融监管部门批准设立的从事贷款业务的金融机构及其分支机构，因发放贷款等相关金融业务引发的纠纷，不属于民间借贷纠纷。

2. 民间借贷案件的受理与管辖

民间借贷属于借款合同，但是当事人之间往往没有书面借款合同，因此借据、收据、欠条等债权凭证以及其他能够证明借贷法律关系存在的证据可以作为证明借贷关系的证据。如果当事人持有的借据、收据、欠条等债权凭证没有载明债权人，仍可以提起诉讼，但被告对原告的债权人资格提出有事实依据的抗辩，人民法院经审理认为原告不具有债权人资格的，裁定驳回起诉。在管辖问题上，如果借贷双方就合同履行地未约定或者约定不明确，事后未达成补充协议，按照合同有关条款或者交易习惯仍不能确定的，以接受货币一方所在地为合同履行地。人民法院在民间借贷纠纷案件中发现虽有关联但不是同一事实的涉嫌非法集资等犯罪的线索、材料的，不影响人民法院对民间借贷纠纷案件的审理，只是应当将涉嫌非法集资等犯罪的线索、材料移送公安或者检察机关。如果借款人涉嫌犯罪或者生效判决认定其有罪，出借人起诉请求担保人承担民事责任的，人民法院应予受理。

3. 民间借贷合同的效力

《民间借贷规定》等司法解释就民间借贷的效力作了特别规定：（1）法人之间、非法人组织之间以及它们相互之间为生产、经营需要订立的民间借贷合同，原则上有效，除非存在如下情形之一：套取金融机构贷款转贷的；以向其他营利法人借贷、向本单位职工集资，或者以向公众非法吸收存款等方式取得的资金转贷的；未依法取得放贷资格的出借人，以营利为目的向社会不特定对象提供借款的；出借人事先知道或者应当知道借款人借款用于违法犯罪活动仍然提供借款的；违反法律、行政法规强制性规定的；违背公序良俗的。（2）法人或者非法人组织在本单位内部通过借款形式向职工筹集资金，用于本单位生产、经营，且不存在《民法典》第一百四十四条、第一百四十六条、第一百五十三条、第一百五十四条以及《民间借贷规定》第十三条规定的情形，当事人主张民间借贷合同有效的，人民法院应予支持。（3）借款人或者出借人的借贷行为涉嫌犯罪，或者已经生效的裁判认定构成犯罪，当事人提起民事诉讼的，民间借贷合同并不当然无效。人民法院应当依据《民法典》第一百四十四条、第一百四十六条、第一百五十三条、第一百五十四条以及《民间借贷规定》第十三条之规定，认定民间借贷合同的效力。担保人以借款人或者出借人的借贷行为涉嫌犯罪或者已经生效的裁判认定构成犯罪为由，主张不承担民事责任的，人民法院应当依据民间借贷合同与担保合同的效力、当事人的过错程度，依法确定担保人的民事责任。

4. 互联网借贷平台的法律责任

借贷双方通过网络贷款平台形成借贷关系，网络贷款平台的提供者仅提供媒介服务，不承担担保责任。网络贷款平台的提供者通过网页、广告或者其他媒介明示或者有其他证据证明其为借贷提供担保的，网络贷款平台的提供者应当承担担保责任。

5. 法定代表人在民间借贷合同中的责任

法人的法定代表人或者非法人组织的负责人以单位名义与出借人签订民间借贷合同，

有证据证明所借款项系法定代表人或者负责人个人使用，出借人请求将法定代表人或者负责人列为共同被告或者第三人的，人民法院应予准许。法人的法定代表人或者非法人组织的负责人以个人名义与出借人订立民间借贷合同，所借款项用于单位生产经营，出借人请求单位与个人共同承担责任的，人民法院应予支持。

6. 民间借贷与买卖合同混合时的处理规则

当事人以订立买卖合同作为民间借贷合同的担保，借款到期后借款人不能还款，出借人请求履行买卖合同的，人民法院应当按照民间借贷法律关系审理。当事人根据法庭审理情况变更诉讼请求的，人民法院应当准许。按照民间借贷法律关系审理作出的判决生效后，借款人不履行生效判决确定的金钱债务，出借人可以申请拍卖买卖合同标的物，以偿还债务。就拍卖所得的价款与应偿还借款本息之间的差额，借款人或者出借人有权主张返还或者补偿。

7. 民间借贷的利息与利率

（1）关于利息的约定。借贷双方没有约定利息，出借人不得主张支付借期内利息。自然人之间借贷对利息约定不明，出借人主张支付利息的，人民法院不予支持。除自然人之间借贷的外，借贷双方对借贷利息约定不明，出借人主张利息的，人民法院应当结合民间借贷合同的内容，并根据当地或者当事人的交易方式、交易习惯、市场报价利率等因素确定利息。

（2）关于利率的约定。出借人请求借款人按照合同约定利率支付利息的，人民法院应予支持，但是双方约定的利率超过合同成立时一年期贷款市场报价利率四倍的除外。"一年期贷款市场报价利率"是指中国人民银行授权全国银行间同业拆借中心自2019年8月20日起每月发布的一年期贷款市场报价利率。借贷双方对前期借款本息结算后将利息计入后期借款本金并重新出具债权凭证，如果前期利率没有超过合同成立时一年期贷款市场报价利率四倍，重新出具的债权凭证载明的金额可认定为后期借款本金。超过部分的利息，不应认定为后期借款本金。按上述计算方法计算，借款人在借款期间届满后应当支付的本息之和，超过以最初借款本金与以最初借款本金为基数、以合同成立时一年期贷款市场报价利率四倍计算的整个借款期间的利息之和的，人民法院不予支持。

（3）关于逾期利率。借贷双方对逾期利率有约定的，从其约定，但是以不超过合同成立时一年期贷款市场报价利率四倍为限。借贷双方未约定逾期利率或者约定不明的，区分不同情况处理：既未约定借期内的利率，也未约定逾期利率，出借人主张借款人自逾期还款之日起参照当时一年期贷款市场报价利率标准计算的利息承担逾期还款违约责任的，人民法院应予支持；约定了借期内的利率但未约定逾期利率，出借人主张借款人自逾期还款之日起按照借期内利率支付资金占用期间利息的，人民法院应予支持。

（4）逾期利率与其他违约责任。出借人与借款人既约定了逾期利率，又约定了违约金或者其他费用，出借人可以选择主张逾期利息、违约金或者其他费用，也可以一并主张，但是总计超过合同成立时一年期贷款市场报价利率四倍的部分，人民法院不予支持。

（四）自然人之间的借款合同

自然人之间的借款，是指双方当事人均为自然人的借款合同。自然人之间的借款合同为实践合同，自贷款人提供借款时成立。一般认为，具有下列情形之一的，可以认为满足了"出借人提供借款"的要件，合同成立：（1）以现金支付的，自借款人收到借款时；（2）以银行转账、网上电子汇款等形式支付的，自资金到达借款人账户时；（3）以票据交付的，自借款人依法取得票据权利时；（4）出借人将特定资金账户支配权授权给借款人的，自借款人取得对该账户实际支配权时；（5）出借人以与借款人约定的其他方式提供借款并实际履行完成时。

四、租赁合同

（一）租赁合同概述

租赁合同是出租人将租赁物交付承租人使用、收益，承租人支付租金的合同。租赁合同为有偿、双务、诺成合同。

租赁合同转让的是租赁物的使用权，故租赁物一般应为特定的非消耗物。正因为如此，合同的最长期限也应有所限制。《民法典》规定，租赁期限不得超过20年。超过20年的，超过部分无效。租赁期限届满，当事人可以续订租赁合同，但约定的租赁期限自续订之日起仍不得超过20年。

根据《民法典》的规定，不定期租赁主要有以下几种情况：（1）租赁期限6个月以上的，合同应当采用书面形式。当事人未采用书面形式的，无法确定租赁期限的，视为不定期租赁。（2）当事人对租赁期限没有约定或者约定不明确，依照《民法典》的有关规定仍不能确定的，视为不定期租赁。（3）租赁期届满，承租人继续使用租赁物，出租人没有提出异议的，原租赁合同继续有效，但租赁期限为不定期。

对于不定期租赁，双方当事人均可以随时解除合同，但是应当在合理期限之前通知对方。

（二）双方当事人的权利义务

出租人应当按照约定将租赁物交付承租人，并在租赁期间保持租赁物符合约定的用途。承租人应当按照约定的方法使用租赁物。对租赁物的使用方法没有约定或者约定不明确，依照《民法典》的有关规定仍不能确定的，应当按照租赁物的性质使用。

承租人按照约定的方法或者租赁物的性质使用租赁物，致使租赁物受到损耗的，不承担损害赔偿责任。承租人未按照约定的方法或者租赁物的性质使用租赁物，致使租赁物受到损失的，出租人可以解除合同并请求赔偿损失。

出租人应当履行租赁物的维修义务，但当事人另有约定的除外。承租人在租赁物需要维修时可以请求出租人在合理期限内维修。出租人未履行维修义务的，承租人可以自行维修，维修费用由出租人负担。因维修租赁物影响承租人使用的，应当相应减少租金或者延长租期。

承租人经出租人同意，可以对租赁物进行改善或者增设他物。承租人未经出租人同意，对租赁物进行改善或者增设他物的，出租人可以请求承租人恢复原状或者赔偿损失。

承租人经出租人同意，可以将租赁物转租给第三人。承租人转租的，承租人与出租人之间的租赁合同继续有效，第三人对租赁物造成损失的，承租人应当赔偿损失。承租人未经出租人同意转租的，出租人可以解除合同。

在租赁期间因占有、使用租赁物获得的收益,归承租人所有,但当事人另有约定的除外。

承租人应当按照约定的期限支付租金。对支付期限没有约定或者约定不明确,依照《民法典》的有关规定仍不能确定的,租赁期限不满1年的,应当在租赁期限届满时支付;租赁期限1年以上的,应当在每届满1年时支付,剩余期限不满1年的,应当在租赁期限届满时支付。

承租人无正当理由未支付或者迟延支付租金的,出租人可以请求承租人在合理期限内支付。承租人逾期不支付的,出租人可以解除合同。

因第三人主张权利,致使承租人不能对租赁物使用、收益的,承租人可以请求减少租金或者不支付租金。第三人主张权利的,承租人应当及时通知出租人。

租赁物在承租人按照租赁合同占有期限内发生所有权变动的,不影响租赁合同的效力。学理上称为"买卖不破租赁",但在掌握时要注意,所有的所有权让与均不破租赁,并非仅限于买卖。

(三) 次承租人的代为履行

承租人拖欠租金的,次承租人可以代承租人支付其欠付的租金和违约金,但是转租合同对出租人不具有法律约束力的除外。次承租人属于对该债务履行具有合法利益的第三人,出租人无正当理由不得拒绝受领,否则陷入债权人迟延,承租人也无权加以反对。原因是,次承租人代为履行后,其可以消灭出租人针对租赁合同的解除事由,有权继续占有、使用标的物,进而可以维持经营或继续居住。

次承租人代为支付的租金和违约金,可以充抵次承租人应当向承租人支付的租金;超出其应付的租金数额的,可以向承租人追偿。

(四) 租赁合同的解除与延期

因不可归责于承租人的事由,致使租赁物部分或者全部毁损、灭失的,承租人可以请求减少租金或者不支付租金;因租赁物部分或者全部毁损、灭失,致使不能实现合同目的的,承租人可以解除合同。

租赁物危及承租人的安全或者健康的,即使承租人订立合同时明知该租赁物质量不合格,承租人仍然可以随时解除合同。

租赁期限届满,承租人应当返还租赁物。返还的租赁物应当符合按照约定或者按照租赁物的性质使用后的状态。

(五) 房屋租赁合同

房屋租赁合同,是指以不动产——房屋为租赁标的物的租赁合同。作为一种特殊租赁合同,除了要遵守一般租赁合同的规定以外,还要注意以下问题:

1. 房屋租赁的无效与处理

房屋租赁合同存在下列情形时,合同无效:(1)出租人就未取得建设工程规划许可证或者未按照建设工程规划许可证的规定建设的房屋,与承租人订立的租赁合同无效。但在一审法庭辩论终结前取得建设工程规划许可证或者经主管部门批准建设的,人民法院应当认定有效。(2)出租人就未经批准或者未按照批准内容建设的临时建筑,与承租人订立的租赁合同无效。但在一审法庭辩论终结前经主管部门批准建设的,人民法院应当认定有效。(3)租赁期限超过临时建筑的使用期限，超过部分无效。但在一审法庭辩论终结前经主管部门批准延长使用期限的，人民法院应当认定延长使用期限内的租赁期限有效。

房屋租赁合同无效，当事人请求参照合同约定的租金标准支付房屋占有使用费的，人民法院一般应予支持。但当事人以房屋租赁合同未按照法律、行政法规规定办理登记备案手续为由，请求确认合同无效的，人民法院不予支持。

2. 房屋租赁中承租人的优先权

出租人出卖租赁房屋的，应当在出卖之前的合理期限内通知承租人，承租人享有以同等条件优先购买的权利。这是房屋租赁合同中特别为承租人设计的优先购买权，这是"居者有其屋"的政治理想在法律上的反映。因此，只有房屋租赁规定了优先购买权，其他标的物租赁并不适用优先购买权。在理解承租人的优先购买权时，应注意以下几点：(1)出租人委托拍卖人拍卖租赁房屋，应当在拍卖5日前通知承租人。承租人未参加拍卖的，人民法院应当认定承租人放弃优先购买权。(2)出租人出卖租赁房屋未在合理期限内通知承租人或者存在其他侵害承租人优先购买权的情形，承租人可以请求出租人承担赔偿责任，但不得主张出租人与第三人签订的房屋买卖合同无效。(3)具有下列情形之一的，承租人不得主张优先购买权：房屋共有人行使优先购买权的；出租人将房屋出卖给近亲属的；出租人履行通知义务后，承租人在15日内未明确表示购买的。

3. 房屋租赁中同住人的权利

承租人在房屋租赁期间死亡的，与其生前共同居住的人或者共同经营人可以按照原租赁合同租赁该房屋。

五、融资租赁合同

（一）融资租赁合同概述

融资租赁合同是出租人根据承租人对出卖人、租赁物的选择，向出卖人购买租赁物，提供给承租人使用，承租人支付租金的合同。典型的融资租赁关系涉及三方当事人，即出租人、承租人和出卖人，内容涉及租赁和买卖两个方面。其中的承租人和出卖人可以是同一主体。即承租人将其自有物出卖给出租人，再通过融资租赁合同将租赁物从出租人处租回的，人民法院不应仅以承租人和出卖人系同一人为由认定不构成融资租赁法律关系。融资租赁合同应当采用书面形式。

融资租赁合同虽具有租赁的性质，但其目的是融资。根据融资租赁的这个特点，在融资租赁合同标的物的行政许可、风险承担等问题上采取如下处理规则：(1)如果承租人对于租赁物的经营使用应当取得行政许可，出租人未取得行政许可的，不得以此为理由认定融资租赁合同无效。(2)承租人占有租赁物期间，租赁物毁损、灭失的风险由承租人承担，出租人要求承租人继续支付租金的，人民法院应予支持。但当事人另有约定或者法律另有规定的除外。

融资租赁的租赁物是出租人为承租人的使用而特别购入的，出租人通过为承租人提供融资的方式取得租金，租金是融资的对价，而非标的物使用的对价。所以，在融资租赁合同中，承租人解除合同的权利应当受到一定的限制，在合同有效期内，无正当、充分的理由不得解除合同。

出租人根据承租人对出卖人、租赁物的选择与出卖人订立买卖合同，出卖人按照约定向承租人交付标的物，承租人享有与受领标的物有关的买受人的权利。承租人检验标的物合格后出具验收合格通知书，并与出租人订立融资租赁合同，出租人据此向出卖人付款。出卖人违反合同约定的向承租人交付标的物的义务，存在下列情形之一的，承租人可以拒绝受领租赁物：（1）租赁物严重不符合约定的；（2）未按照约定交付标的物，经承租人或者出租人催告后在合理期限内仍未交付。

承租人拒绝受领租赁物，未及时通知出租人，或者无正当理由拒绝受领租赁物，造成出租人损失的，出租人可以请求承租人承担损害赔偿责任。

出租人、出卖人、承租人可以约定，出卖人不履行买卖合同义务的，由承租人行使索赔的权利。承租人行使索赔权利的，出租人应当予以协助。承租人对出卖人行使索赔权，不影响其履行融资租赁合同项下支付租金的义务，但是，承租人依赖出租人的技能确定租赁物或者出租人干预选择租赁物的，承租人可以请求减免相应租金。

出租人根据承租人对出卖人、租赁物的选择订立的买卖合同，未经承租人同意，出租人不得变更与承租人有关的合同内容。

出租人享有租赁物的所有权。承租人破产的，租赁物不属于破产财产。

有下列情形之一，出租人可以解除融资租赁合同：（1）承租人未按照合同约定的期限和数额支付租金，符合合同约定的解除条件，经出租人催告后在合理期限内仍不支付的；（2）承租人未经出租人同意，将租赁物转让、抵押、质押、投资入股或者以其他方式处分的；（3）合同对于欠付租金解除合同的情形没有明确约定，但承租人欠付租金达到两期以上，或者数额达到全部租金15%以上，经出租人催告后在合理期限内仍不支付的；（4）承租人违反合同约定，致使合同目的不能实现的其他情形。

因出租人的原因致使承租人无法占有、使用租赁物，承租人可以解除融资租赁合同。

融资租赁合同的租金，除当事人另有约定的以外，应当根据购买租赁物的大部分或者全部成本以及出租人的合理利润确定。

（二）双方当事人的权利义务

租赁物不符合租赁合同约定或者不符合使用目的的，出租人不承担责任，但承租人依赖出租人的技能确定租赁物或者出租人干预选择租赁物的除外。

出租人应当保证承租人对租赁物的占有和使用。承租人占有租赁物期间，租赁物造成第三人的人身伤害或者财产损害的，出租人不承担责任。

承租人应当妥善保管、使用租赁物，履行占有租赁物期间的维修义务。

承租人应当按照约定支付租金。承租人经催告后在合理期限内仍不支付租金的，出租人可以请求支付全部租金；也可以解除合同，收回租赁物。

出租人和承租人可以约定租赁期限届满租赁物的归属。对租赁物的归属没有约定或者约定不明确，依照《民法典》的有关规定仍不能确定的，租赁物的所有权归出租人。

当事人约定租赁期届满租赁物归承租人所有，承租人已经支付大部分租金，但无力支付剩余租金，出租人因此解除合同收回租赁物的，收回的租赁物的价值超过承租人欠付的租金以及其他费用的，承租人可以请求相应返还。

当事人约定租赁期限届满租赁物归出租人所有，因租赁物毁损、灭失或者附合、混合于他物致使承租人不能返还的，出租人有权请求承租人给予合理补偿。

当事人约定租赁期限届满，承租人仅需向出租人支付象征性价款的，视为约定的租金义务履行完毕后租赁物的所有权归承租人。

六、承揽合同

（一）承揽合同概述

承揽合同是承揽人按照定作人的要求完成工作，交付工作成果，定作人支付报酬的合同。承揽合同是双务、有偿、诺成的合同。承揽合同中的工作成果可以是有形的，也可以是无形的。承揽人可为多人，除当事人另有约定，共同承揽人对定作人承担连带责任。承揽包括加工、定作、修理、复制、测试、检验等工作。

（二）双方当事人的权利义务

承揽人应当以自己的设备、技术和劳力，完成主要工作，但当事人另有约定的除外。承揽人将其承揽的主要工作交由第三人完成的，应当就该第三人完成的工作成果向定作人负责；未经定作人同意的，定作人也可以解除合同。承揽人可以将其承揽的辅助工作交由第三人完成，并就该第三人完成的工作成果向定作人负责。

合同约定由承揽人提供材料的，承揽人应当按照约定选用材料，并接受定作人检验。合同约定由定作人提供材料的，定作人应当按照约定提供材料。承揽人对定作人提供的材料，应当及时检验，发现不符合约定时，应当及时通知定作人更换、补齐或者采取其他补救措施。承揽人不得擅自更换定作人提供的材料，不得更换不需要修理的零部件。

承揽人发现定作人提供的图纸或者技术要求不合理的，应当及时通知定作人。因定作人怠于答复等原因造成承揽人损失的，应当赔偿损失。定作人中途变更承揽工作的要求，造成承揽人损失的，应当赔偿损失。

承揽工作需要定作人协助的，定作人有协助的义务。定作人不履行协助义务致使承揽工作不能完成的，承揽人可以催告定作人在合理期限内履行义务，并可以顺延履行期限；定作人逾期不履行的，承揽人可以解除合同。

承揽人完成工作的，应当向定作人交付工作成果，并提交必要的技术资料和有关质量证明。定作人应当验收该工作成果。承揽人交付的工作成果不符合质量要求的，定作人可以合理选择请求承揽人承担修理、重作、减少报酬、赔偿损失等违约责任。

定作人应当按照约定的期限支付报酬。对支付报酬的期限没有约定或者约定不明确，依照《民法典》的有关规定仍不能确定的，定作人应当在承揽人交付工作成果时支付；工作成果部分交付的，定作人应当作相应支付。

承揽人应当妥善保管定作人提供的材料以及完成的工作成果，因保管不善造成毁损、灭失的，应当承担损害赔偿责任。承揽人应当按照定作人的要求保守秘密，未经定作人许可,不得留存复制品或者技术资料。

定作人在承揽人完成工作前可以随时解除承揽合同,这是承揽合同的一个特点。因承揽合同是为满足定作人的特殊需要而订立的,订立合同后其如需要改变,应允许定作人在承揽人完成工作前解除合同,以免给其造成更大的经济损失。但定作人因此造成承揽人损失的,应当赔偿承揽人本应获得的报酬,从中减去承揽人节省的利益。

七、建设工程合同

(一) 建设工程合同概述

1. 建设工程合同的概念及特点

建设工程合同是承包人进行工程建设,发包人支付价款的合同。建设工程合同包括工程勘察、设计、施工合同。建设工程合同本质上属于承揽合同,故建设工程合同没有规定的部分,适用承揽合同的有关规定。

建设工程合同应当采用书面形式。采用招投标方式订立合同的,招标人和中标人另行签订的建设工程施工合同约定的工程范围、建设工期、工程质量、工程价款等实质性内容,与中标合同不一致,一方当事人请求按照中标合同确定权利义务的,人民法院应予支持。如果允许招标人和中标人随意另签一份建设工程施工合同,改变中标合同的实质性内容,就会使招投标活动的目的落空,给其他投标人造成不公平、不合理的结果。此时,招标人和中标人另行约定的内容应属无效。当然,这不影响招标人和投标人依据情事变更等规定协商变更中标合同的内容。

2. 建设工程合同的无效

建设工程施工合同可能因违法而无效。建设工程施工合同无效,一方当事人请求对方赔偿损失的,应当就对方过错、损失大小、过错与损失之间的因果关系承担举证责任。损失大小无法确定,一方当事人请求参照合同约定的质量标准、建设工期、工程价款支付时间等内容确定损失大小的,人民法院可以结合双方过错程度、过错与损失之间的因果关系等因素作出裁判。

3. 建设工程合同的分包

发包人可以与总承包人订立建设工程合同,也可以分别与勘察人、设计人、施工人订立勘察、设计、施工承包合同。发包人不得将应当由一个承包人完成的建设工程支解成若干部分发包给几个承包人。

总承包人或者勘察、设计、施工承包人经发包人同意,可以将自己承包的部分工作交由第三人完成。第三人就其完成的工作成果与总承包人或者勘察、设计、施工承包人向发包人承担连带责任。承包人不得将其承包的全部建设工程转包给第三人或者将其承包的全部建设工程支解以后以分包的名义分别转包给第三人。禁止承包人将工程分包给不具备相应资质条件的单位。禁止分包单位将其承包的工程再分包。建设工程主体结构的施工必须由承包人自行完成。

4. 承包人垫资

针对实践中时常出现的承包人为建设工程垫资的问题,司法解释规定,当事人对垫资和垫资利息有约定，承包人可以请求按照约定返还垫资及其利息，但是约定的利息计算标准高于垫资时的同类贷款利率或者同期贷款市场报价利率的部分除外。当事人对垫资没有约定的，按照工程欠款处理。当事人对垫资利息没有约定的，承包人无权请求支付利息。

5. 委托监理合同

建设工程监理，是指由发包人委托具有法定资格的工程监理人，依据法律、法规、建设工程合同及设计文件，代表发包人对承包人的工程建设情况进行监督的活动。建设工程实行监理的，发包人应当与监理人采用书面形式订立委托监理合同。发包人与监理人的权利和义务以及法律责任，应当依照《民法典》关于委托合同的规定以及其他有关法律、行政法规的规定执行。

（二）双方当事人的权利义务

发包人在不妨碍承包人正常作业的情况下，可以随时对作业进度、质量进行检查。隐蔽工程在隐蔽以前，承包人应当通知发包人检查。发包人没有及时检查的，承包人可以顺延工程日期，并有权要求赔偿停工、窝工等损失。

1. 当事人的解除权

承包人将建设工程转包、违法分包的，发包人可以解除合同。

发包人提供的主要建筑材料、建筑构配件和设备不符合强制性标准或者不履行协助义务，致使承包人无法施工，经催告后在合理期限内仍未履行相应义务的，承包人可以解除合同。

合同解除后，已经完成的建设工程质量合格的，发包人应当按照约定支付相应的工程价款；已经完成的建设工程质量不合格的，参照《民法典》第七百九十三条的规定处理。

2. 建设工程的竣工

建设工程竣工后，发包人应当根据施工图纸及说明书、国家颁发的施工验收规范和质量检验标准及时进行验收。验收合格的，发包人应当按照约定支付价款，并接收该建设工程。当事人约定，发包人收到竣工结算文件后，在约定期限内不予答复，视为认可竣工结算文件的，按照约定处理。承包人可以请求按照竣工结算文件结算工程价款。

当事人对建设工程实际竣工日期有争议的，按照以下情形分别处理：（1）建设工程经竣工验收合格的，以竣工验收合格之日为竣工日期；（2）承包人已经提交竣工验收报告，发包人拖延验收的，以承包人提交验收报告之日为竣工日期；（3）建设工程未经竣工验收，发包人擅自使用的，以转移占有建设工程之日为竣工日期。

建设工程竣工前，当事人对工程质量发生争议，工程质量经鉴定合格的，鉴定期间为顺延工期期间。

建设工程竣工经验收合格后，方可交付使用；未经验收或者验收不合格的，不得交付使用。建设工程未经竣工验收，发包人擅自使用后，不得以使用部分质量不符合约定为由主张权利；但是承包人应当在建设工程的合理使用寿命内对地基基础工程和主体结构质量承担民事责任。

3. 工程价款的结算

当事人对建设工程的计价标准或者计价方法有约定的，按照约定结算工程价款。当事人约定按照固定价结算工程价款，一方当事人不得请求对建设工程造价进行鉴定。

当事人对部分事实有争议的，仅对有争议的事实进行鉴定，但争议事实范围不能确定，或者双方当事人请求对全部事实鉴定的除外。

因设计变更导致建设工程的工程量或者质量标准发生变化，当事人对该部分工程价款不能协商一致的，可以参照签订建设工程施工合同时当地建设行政主管部门发布的计价方法或者计价标准结算工程价款。

当事人对工程量有争议的，按照施工过程中形成的签证等书面文件确认。承包人能够证明发包人同意其施工，但未能提供签证文件证明工程量发生的，可以按照当事人提供的其他证据确认实际发生的工程量。

建设工程施工合同有效，但建设工程经竣工验收不合格的，工程价款结算参照前述建设工程施工合同无效时工程竣工验收不合格的情形处理。

发包人未按照约定支付价款的，承包人可以催告发包人在合理期限内支付价款。发包人逾期不支付的，除按照建设工程的性质不宜折价、拍卖的以外，承包人可以与发包人协议将该工程折价，也可以申请人民法院将该工程依法拍卖。建设工程的价款就该工程折价或者拍卖的价款优先受偿。

建筑工程的承包人的上述优先受偿权优于抵押权和其他债权。消费者交付购买商品房的全部或者大部分款项后，承包人就该商品房享有的工程价款优先受偿权不得对抗买受人。建筑工程价款包括承包人为建设工程应当支付的工作人员报酬、材料款等实际支出的费用，不包括承包人因发包人违约所造成的损失。建设工程承包人行使优先权的期限为18个月，自发包人应当给付建设工程价款之日起计算。发包人与承包人约定放弃或者限制建设工程价款优先受偿权，损害建筑工人利益，发包人根据该约定主张承包人不享有建设工程价款优先受偿权的，人民法院不予支持。

当事人对欠付工程价款利息计付标准有约定的，按照约定处理；没有约定的，按照同期同类贷款利率或者同期贷款市场报价利率计息。

利息从应付工程价款之日计付。当事人对付款时间没有约定或者约定不明的，下列时间视为应付款时间：（1）建设工程已实际交付的，为交付之日；（2）建设工程没有交付的，为提交竣工结算文件之日；（3）建设工程未交付，工程价款也未结算的，为当事人起诉之日。

4. 当事人的其他义务

勘察、设计的质量不符合要求或者未按照期限提交勘察、设计文件拖延工期，造成发包人损失的，勘察人、设计人应当继续完善勘察、设计，减收或者免收勘察、设计费并赔偿损失。

因施工人的原因致使建设工程质量不符合约定的，发包人有权请求施工人在合理期限内无偿修理或者返工、改建。经过修理或者返工、改建后，造成逾期交付的，施工人应当承担违约责任。

因承包人的过错造成建设工程质量不符合约定，承包人拒绝修理、返工或者改建，发包人可以减少支付工程价款。

因承包人的原因致使建设工程在合理使用期限内造成人身和财产损害的，承包人应当承担损害赔偿责任。

因保修人未及时履行保修义务，导致建筑物毁损或者造成人身、财产损害的，保修人应当承担赔偿责任。保修人与建筑物所有人或者发包人对建筑物毁损均有过错的，各自承担相应的责任。

发包人未按照约定的时间和要求提供原材料、设备、场地、资金、技术资料的，承包人可以顺延工程日期，并有权请求赔偿停工、窝工等损失。

因发包人的原因致使工程中途停建、缓建的，发包人应当采取措施弥补或者减少损失，赔偿承包人因此造成的停工、窝工、倒运、机械设备调迁、材料和构件积压等损失和实际费用。

因发包人变更计划，提供的资料不准确，或者未按照期限提供必需的勘察、设计工作条件而造成勘察、设计的返工、停工或者修改设计，发包人应当按照勘察人、设计人实际消耗的工作量增付费用。

发包人具有下列情形之一，造成建设工程质量缺陷的，应当承担过错责任，承包人有过错的，也应当承担相应的过错责任：（1）提供的设计有缺陷；（2）提供或者指定购买的建筑材料、建筑构配件、设备不符合强制性标准；（3）直接指定分包人分包专业工程。

因建设工程质量发生争议的，发包人可以以总承包人、分包人和实际施工人为共同被告提起诉讼。

实际施工人可以以转包人、违法分包人为被告提起诉讼。实际施工人以发包人为被告主张权利的，人民法院应当追加转包人或者违法分包人为本案第三人，在查明发包人欠付转包人或者违法分包人建设工程价款的数额后，判决发包人在欠付建设工程价款范围内对实际施工人承担责任。

八、委托合同

委托合同是委托人和受托人约定，由受托人处理委托人事务的合同。委托分为特别委托与概括委托。委托人可以特别委托受托人处理一项或者数项事务，也可以概括委托受托人处理一切事务。

（一）委托事务的处理

受托人应当按照委托人的指示处理委托事务，原则上受托人应当亲自处理委托事务。经委托人同意，受托人可以转委托。转委托经同意的，委托人可以就委托事务直接指示转委托的第三人，受托人仅就第三人的选任及其对第三人的指示承担责任。转委托未经同意的，受托人应当对转委托的第三人的行为承担责任，但在紧急情况下受托人为维护委托人的利益需要转委托的除外。

受托人应当按照委托人的要求，报告委托事务的处理情况。委托合同终止时，受托人应当报告委托事务的结果。受托人处理委托事务取得的财产，应当转交给委托人。

（二）隐名代理

受托人以自己的名义，在委托人的授权范围内与第三人订立的合同，第三人在订立合同时知道受托人与委托人之间的代理关系的，该合同直接约束委托人和第三人，但有确切证据证明该合同只约束受托人和第三人的除外。

受托人以自己的名义与第三人订立合同时，第三人不知道受托人与委托人之间的代理关系的，受托人因第三人的原因对委托人不履行义务，受托人应当向委托人披露第三人，委托人因此可以行使受托人对第三人的权利，但第三人如果知道该委托人存在，就不会与受托人订立合同的除外。

受托人因委托人的原因对第三人不履行义务，受托人应当向第三人披露委托人，第三人因此可以选择受托人或者委托人作为相对人主张其权利，但第三人不得变更选定的相对人。

委托人行使受托人对第三人的权利的，第三人可以向委托人主张其对受托人的抗辩。第三人选定委托人作为其相对人的，委托人可以向第三人主张其对受托人的抗辩以及受托人对第三人的抗辩。

（三）委托合同的费用与报酬

委托人应当预付处理委托事务的费用。受托人为处理委托事务垫付必要费用的，委托人应当偿还该费用及其利息。受托人完成委托事务的，委托人应当向其支付报酬。因不可归责于受托人的事由，委托合同解除或者委托事务不能完成的，委托人应当向受托人支付相应的报酬。当事人另有约定的，按照其约定。

（四）委托合同项下的损害赔偿

有偿的委托合同，因受托人的过错给委托人造成损失的，委托人可以请求赔偿损失。无偿的委托合同，因受托人的故意或者重大过失给委托人造成损失的，委托人可以请求赔偿损失。受托人超越权限给委托人造成损失的，应当赔偿损失。

受托人处理委托事务时，因不可归责于自己的事由受到损失的，可以向委托人请求赔偿损失。委托人经受托人同意，可以在受托人之外委托第三人处理委托事务。因此给受托人造成损失的，受托人可以向委托人请求赔偿损失。

两个以上的受托人共同处理委托事务的，对委托人承担连带责任。

九、运输合同

（一）运输合同概述

运输合同是承运人将旅客或者货物从起运地点运输到约定地点，旅客、托运人或者收货人支付票款或者运输费用的合同。运输合同分为客运合同、货运合同和多式联运合同。运输合同一般为格式合同。运输合同的订立具有强制性，以保障旅客、托运人的利益和社会秩序。《民法典》规定，从事公共运输的承运人不得拒绝旅客、托运人通常、合理的运输要求而拒绝订立运输合同。

承运人应当在约定期限或者合理期限内，按照约定的或者通常的运输路线将旅客、货物安全运输到约定地点。旅客、托运人或者收货人应当支付票款或者运输费用。承运人未按照约定路线或者通常路线运输而致使增加票款或者运输费用的，旅客、托运人或者收货人可以拒绝支付增加部分的票款或者运输费用。

除《民法典》之外，《中华人民共和国铁路法》《中华人民共和国民用航空法》《中华人民共和国海商法》等法律以及一些行政法规对相应运输方式的运输合同也作了规定。

（二）客运合同

客运合同自承运人向旅客交付客票时成立，但当事人另有约定或者另有交易习惯的除外。

旅客应当持有效客票乘运。旅客不交付票款的，承运人可以拒绝运输。

旅客可以自行决定解除客运合同。旅客因自己的原因不能按照客票记载的时间乘坐的，应当在约定的时间内办理退票或者变更手续。逾期办理的，承运人可以不退票款，并不再承担运输义务。

承运人应当严格履行安全运输义务，向旅客及时告知安全运输应当注意的事项。

承运人应当按照客票载明的时间和班次运输旅客。承运人迟延运输或者有其他不能正常运输情形的，应当根据旅客的要求安排改乘其他班次或者退票；由此造成旅客损失的，承运人应当承担赔偿责任，但是不可归责于承运人的除外。

承运人擅自降低服务标准的，应当根据旅客的请求退票或者减收票款；提高服务标准的，不应当加收票款。

在运输过程中旅客随身携带物品毁损、灭失，承运人有过错的，应当承担损害赔偿责任。旅客托运的行李毁损、灭失的，适用货物运输的有关规定。

（三）货运合同

托运人办理货物运输，应当向承运人准确表明收货人的名称或者姓名或者凭指示的收货人，货物的名称、性质、重量、数量，收货地点等有关货物运输的必要情况。因托运人申报不实或者遗漏重要情况，造成承运人损失的，托运人应当承担损害赔偿责任。货物运输需要办理审批、检验等手续的，托运人应当将办理完有关手续的文件提交承运人。

托运人应当按照约定的方式包装货物。对包装方式没有约定或者约定不明确的，依照《民法典》有关规定仍不能确定的，应当按照通用的方式包装，没有通用方式的，应当采取足以保护标的物的包装方式。托运人违反此项规定的，承运人可以拒绝运输。

在承运人将货物交付收货人之前，托运人可以要求承运人中止运输、返还货物、变更到达地或者将货物交给其他收货人，但应当赔偿承运人因此受到的损失。

货物运输到达后，承运人知道收货人的，应当及时通知收货人，收货人应当及时提货。收货人逾期提货的，应当向承运人支付保管费等费用。

收货人提货时应当按照约定的期限检验货物。对检验货物的期限没有约定或者约定不明确，依照《民法典》有关规定仍不能确定的，应当在合理期限内检验货物。收货人在约定的期限或者合理期限内对货物的数量、毁损等未提出异议的，视为承运人已经按照运输单证的记载交付货物的初步证据。但以后如收货人有证据证明货物的毁损、灭失发生在运输过程中，仍可向承运人索赔。

承运人对运输过程中货物的毁损、灭失承担损害赔偿责任，但承运人证明货物的毁损、灭失是因不可抗力、货物本身的自然性质或者合理损耗以及托运人、收货人的过错造成的，不承担损害赔偿责任。货物在运输过程中因不可抗力灭失，未收取运费的，承运人不得要求支付运费；已收取运费的，托运人可以要求返还。

货物的毁损、灭失的赔偿额，当事人有约定的，按照其约定；没有约定或者约定不明确，依照《民法典》有关规定仍不能确定的，按照交付或者应当交付时货物到达地的市场价格计算。法律、行政法规对赔偿额的计算方法和赔偿限额另有规定的，依照其规定。

托运人或者收货人不支付运费、保管费以及其他运输费用的，承运人对相应的运输货物享有留置权，但当事人另有约定的除外。

收货人不明或者收货人无正当理由拒绝受领货物的，承运人可以依法提存货物。

十、行纪合同

行纪合同，是行纪人以自己的名义为委托人从事贸易活动，委托人支付报酬的合同。

（一）行纪合同的性质

从广义上讲，行纪合同属于委托合同的一种特殊类型。故《民法典》规定，该法对行纪合同没有规定的，参照适用有关委托合同的规定。行纪合同与委托合同的主要区别在于：(1) 行纪人以自己的名义与第三人订立合同；而委托合同的受托人原则上是以委托人的名义订立合同。(2) 行纪合同为有偿合同；而委托合同可以是有偿的，也可以是无偿的。(3) 行纪人处理委托事务支出的费用，除当事人另有约定，应自行承担；而委托合同的受托人的费用由委托人承担。

（二）行纪合同当事人的权利义务

在行纪合同中，当事人双方的权利义务主要有：

(1) 行纪人处理委托事务产生的费用，由行纪人负担。行纪人占有委托物的，应当妥善保管委托物。

(2) 行纪人完成或者部分完成委托事务的，委托人应当向其支付相应的报酬。委托人逾期不支付报酬的，行纪人对委托物享有留置权，但当事人另有约定的除外。

(3) 行纪人在行纪中低于委托人指定的价格卖出或者高于委托人指定的价格买入的，应当经委托人同意。未经委托人同意，行纪人补偿其差额的，该买卖对委托人发生效力。行纪人高于委托人指定的价格卖出或者低于委托人指定的价格买入的，可以按照约定增加报酬。没有约定或者约定不明确，依照《民法典》的有关规定仍不能确定的，该利益属于委托人。委托人对价格有特别指示的，行纪人不得违背该指示卖出或者买入。

(4) 行纪人卖出或者买入具有市场定价的商品，除委托人有相反意思表示的以外，行纪人自己可以作为买受人或出卖人。此为行纪人的介入权。行纪人要行使介入权，必须要注意以下几点：①委托人委托的商品具有市场定价；②委托人没有相反的意思表示。③在可以行使介入权的情形，行纪人仍然可以要求委托人支付报酬。

(5) 行纪人与第三人订立合同的，行纪人对该合同直接享有权利、承担义务。第三人不履行义务致使委托人受到损害的，行纪人应当承担损害赔偿责任，但行纪人与委托人另有约定的除外。

十一、技术合同

（一）技术合同概述

企业事业单位财务工作实践中，经常遇到技术咨询等交易，这些交易通常涉及知识产权。《民法典》中的技术合同是知识产权合同规则的重要组成部分。其中，技术转让合同和技术许可合同的规定不仅适用于专利权、技术秘密，还可以适用于计算机软件著作权、集成电路布图设计专有权、植物新品种权等其他知识产权。不重视知识产权，就不可能开展高水平的贸易活动。

技术合同是当事人就技术开发、转让、咨询或者服务订立的确立相互之间权利和义务的合同。技术合同包括技术开发合同、技术转让合同、技术许可合同、技术咨询合同和技术服务合同五种。

技术开发合同是当事人之间就新技术、新产品、新工艺、新品种或者新材料及其系统的研究开发所订立的合同。技术开发合同包括委托开发合同和合作开发合同。

技术转让合同是合法拥有技术的权利人，将现有特定的专利、专利申请、技术秘密的相关权利让与他人所订立的合同。技术转让合同包括专利权转让、专利申请权转让、技术秘密转让等合同。

技术许可合同是合法拥有技术的权利人，将现有特定的专利、技术秘密的相关权利许可他人实施、使用所订立的合同。技术许可合同包括专利实施许可、技术秘密使用许可等合同。

技术咨询合同是当事人一方以技术知识为对方就特定技术项目提供可行性论证、技术预测、专题技术调查、分析评价报告等所订立的合同。

技术服务合同是当事人一方以技术知识为对方解决特定技术问题所订立的合同，不包括承揽合同和建设工程合同。

（二）职务技术成果

职务技术成果是执行法人或者非法人组织的工作任务，或者主要是利用法人或者非法人组织的物质技术条件所完成的技术成果。

根据《民法典》第八百四十七条的规定，职务技术成果的使用权、转让权属于法人或者非法人组织的，法人或者非法人组织可以就该项职务技术成果订立技术合同。法人或者非法人组织订立技术合同转让职务技术成果时，职务技术成果的完成人享有以同等条件优先受让的权利。

非职务技术成果的使用权、转让权属于完成技术成果的个人，完成技术成果的个人可以就该项非职务技术成果订立技术合同。

在技术转让合同和技术许可合同中，根据《民法典》第八百七十五条的规定，当事人可以按照互利的原则，在合同中约定实施专利、使用技术秘密后续改进的技术成果的分享办法；没有约定或者约定不明确，依据《民法典》第五百一十条的规定仍不能确定的，一方后续改进的技术成果，其他各方无权分享。

十二、物业服务合同

（一）物业服务合同概述

在现代社会，物业管理越来越重要。物业服务合同是通过市场方式实现不动产专业化管理的法律手段。根据《民法典》第九百三十七条第一款，物业服务合同是物业服务人在物业服务区域内，为业主提供建筑物及其附属设施的维修养护、环境卫生和相关秩序的管理维护等物业服务，业主支付物业费的合同。

物业服务合同应当采用书面形式订立。在订立物业服务合同过程中，物业服务人公开作出的有利于业主的服务承诺，为物业服务合同的组成部分，不论这些承诺是否包含在书面合同之中。

建筑物可能由不同业主区分所有，不同业主购买建筑物专有部分的时间不同。例如，一幢公寓销售的周期可能长达半年，对公寓进行日常管理的需求却从第一个购房人出现之时便产生。在实践中，建设单位通常与物业服务人订立前期物业服务合同，以便购房人在购买房屋的同时享受到物业服务。前期物业服务合同之所以对后来出现的业主也具有法律拘束力，是因为这些业主在购买房屋时也接受了前期物业服务合同的内容，这是其意思自治的结果。建设单位与物业服务人订立的前期物业服务合同约定的服务期限届满前，业主委员会或者业主可能与新物业服务人订立物业服务合同，该合同一旦生效，前期物业服务合同即终止。在业主人数众多时，如果由全体业主一同出面选聘物业服务人，颇为不便。此时，业主委员会从全体业主处获得代理权，以全体业主的名义依法选聘物业服务人，其所订立的物业服务合同对全体业主具有法律约束力。

依据《民法典》第二百七十八条，物业服务人的选聘、解聘都应该由全体业主依照法定程序共同决定。该法定程序包括两方面要求，其一，应当由专有部分面积占比2/3以上的业主且人数占比2/3以上的业主参与表决；其二，应当经参与表决专有部分面积过半数的业主且参与表决人数过半数的业主同意。根据《民法典》第九百四十六条，业主依照法定程序共同决定解聘物业服务人的，不需要任何理由。决定解聘的，应当提前60日书面通知物业服务人，但是合同对通知期限另有约定的除外。此时，如果因为可归责于业主的事由造成通知时间、方式不当，物业服务人因为信赖合同继续有效而产生劳务、材料方面的支出，则业主应当赔偿其信赖利益的损失。不过，业主不需要赔偿物业服务人原本在剩余服务期限内可以获得的物业费。

物业服务期限届满后，业主没有依法作出续聘或者另聘物业服务人的决定，物业服务人继续提供物业服务的，属于以行为发出续约的要约；业主接受其物业服务的，属于以行为予以承诺，原物业服务合同继续有效，但是服务期限为不定期。当事人可以随时解除不定期物业服务合同，但是应当提前60日书面通知对方。此时解除合同也应当由业主共同决定。

物业服务合同终止的，原物业服务人负有以下义务：其一，其应当在约定期限或者合理期限内退出物业服务区域，将物业服务用房、相关设施、物业服务所必需的相关资料等交还给业主委员会、决定自行管理的业主或者其指定的人，配合新物业服务人做好交接工作，并如实告知物业的使用和管理状况。其二，在业主或者业主大会选聘的新物业服务人或者决定自行管理的业主接管之前，为避免丧失秩序，基于诚信原则，原物业服务人应当继续处理物业服务事项，并可以请求业主支付该期间的物业费。

（二）双方当事人的权利和义务

物业服务人有义务依约在物业服务区域内，为业主提供建筑物及其附属设施的维修养护、环境卫生和相关秩序的管理维护等物业服务。在建筑物区分所有的场合，物业服务人的服务范围主要是共有部分。依据《民法典》第九百四十二条，物业服务人应当按照约定和物业的使用性质，妥善维修、养护、清洁、绿化和经营管理物业服务区域内的业主共有部分，维护物业服务区域内的基本秩序，采取合理措施保护业主的人身、财产安全。对物业服务区域内违反有关治安、环保、消防等法律法规的行为，物业服务人应当及时采取合理措施制止。物业服务人制止上述不当行为的权利来自业主的授权，属于排除妨害请求权、消除危险请求权等物权请求权的授权行使。

物业服务人负有信息公开义务和报告义务，应当定期将服务的事项、负责人员、质量要求、收费项目、收费标准、履行情况，以及维修资金使用情况、业主共有部分的经营与收益情况等以合理方式向业主公开并向业主大会、业主委员会报告。

物业服务人对主要服务事项应当亲自提供服务。业主选择物业服务人，看中的是物业服务人的专业能力和信用。物业服务人不得将其应当提供的全部物业服务转委托给第三人，或者将全部物业服务支解后分别转委托给第三人。否则，物业服务人便背弃了业主的信任。物业服务人将物业服务区域内的部分专项服务事项委托给专业性服务组织或者其他第三人的，应当就该部分专项服务事项向业主负责。

业主的主要义务是按照约定向物业服务人支付物业费。物业服务人已经按照约定和有关规定提供服务的，业主不得以未接受或者无须接受相关物业服务为由拒绝支付物业费。反之，物业服务人未按照约定和有关规定提供服务的，业主有权拒绝在相应范围内支付物业费。就此而言，物业服务合同与其他双务合同并无区别。不过，在业主人数众多时，每个业主的感受和判断可能存在显著差异，如果由每个业主自己决定是否支付物业费，势必带来巨大的混乱。只有业主依照法定程序共同决定，才可以行使同时履行抗辩权。

个别业主逾期不支付物业费的，一般应当由业主委员会催其交纳；不存在业主委员会或者物业服务人取得业主委员会授权的，物业服务人也可以催告业主交纳。业主委员会、物业服务人不得采取停止供电、供水、供热、供燃气等方式催交物业费。物业服务人可以直接起诉拖欠物业费的个别业主。根据《民法典》第九百四十四条第二款，对于逾期不支付物业费的业主，物业服务人应当先催告其在合理期限内支付；合理期限届满仍不支付的，业主陷入迟延。物业服务人可以提起诉讼或者申请仲裁，然后就业主的责任财产申请强制执行，以清偿其所欠物业费。

除了支付物业费的义务，业主还负有告知义务和容忍义务。其一，业主装饰装修房屋的，应当事先告知物业服务人，遵守物业服务人提示的合理注意事项，并配合其进行必要的现场检查。第二，业主转让、出租物业专有部分、设立居住权或者依法改变共有部分用途的，应当及时将相关情况告知物业服务人。

第三编

商事法律制度

第五章 合伙企业法律制度

第一节 合伙企业法律制度概述

一、合伙企业的概念和特征

(一) 合伙企业的概念

合伙是一种历史悠久的营业合作形式,广泛存在于工商业的各个领域。在人们的一般认识中,合伙是两个以上的人为着共同的营业目的,通过自愿约定而形成的共同出资、共同经营、共享收益、共担风险的联合体。合伙既可以仅表现为合伙人之间的合同关系,也可以经由合伙人依法定要求登记取得企业营业资格,形成组织性、主体性更为显著的合伙企业。在我国,合伙企业专指自然人、法人和其他组织依照《中华人民共和国合伙企业法》(1997年2月23日第八届全国人民代表大会常务委员会第二十四次会议通过,2006年8月27日第十届全国人民代表大会常务委员会第二十三次会议修订,以下简称《合伙企业法》)在中国境内设立的普通合伙企业和有限合伙企业。

(二) 合伙企业的特征

1. 合伙企业是合伙人共同出资、共同经营、共享收益、共担风险的自愿联合

在共同出资、共同经营、共享收益、共担风险四项特征之中,最关键的是共担风险。共担风险指的是合伙人共同承担经营风险,这是合伙关系不同于其他合同关系的最关键之处。共担风险与共享收益在逻辑上是一致的。共享收益,意味着企业有经营收益(即利润)时合伙人才能分配利润,没有利润或者亏损的时候当然就不能分享收益。因此,约定一方当事人无论企业盈亏,均有权获得投资回报(无论是固定金额还是浮动金额)的协议,均违背了合伙人共享收益和共担风险的基本原则,不构成合伙协议。当然,合伙人共担风险并不意味着合伙人承担的风险必须是相同类型或等级的。合伙人可以约定不同合伙人享有不同类型或等级的权益,承担不同类型或等级的风险。

2. 合伙企业的信用基础最终取决于普通合伙人的偿债能力

尽管《合伙企业法》规定,合伙企业首先以自有财产清偿债务,但对其债务兜底的最终还是承担无限连带责任的普通合伙人。这是合伙企业区别于有限责任公司和股份有限公司的一个重要特征。正是由于这个特征,合伙企业的普通合伙人在设立合伙时都会

慎重考察和选择其他普通合伙人，普通合伙人对外转让财产份额时，也须受其他普通合伙人的制约。这些特点导致普通合伙企业难以吸纳大量合伙人从而广募资金，普通合伙人的财产份额也缺乏流动性，无法形成活跃的交易市场。

3. 合伙企业无法人资格，但具有许多类似法人的特点

我国法律根据传统民法理论观点，历来不承认合伙具有民事主体地位。因此，在法律上，无论是民事合伙，还是合伙企业，都不具有法人资格。但是，经济生活的现实要求合伙企业具有一定的独立于合伙人的法律地位。我国《合伙企业法》恰当地回应了这种现实需求。依据该法成立的合伙企业，实际上具有相当多的类似法人的特征。例如，合伙企业可以对外以自己的名义从事法律行为，建立法律关系，而无须依赖合伙人的主体资格；合伙企业拥有自己的、与合伙人财产相区别的财产，合伙企业的债务应当先以合伙企业的财产清偿，合伙企业的财产不足以清偿时，普通合伙人才承担清偿责任；合伙企业可以以自己的名义起诉和应诉等。

4. 合伙企业的内部治理和利益分配高度灵活

合伙企业的内部事务管理和利益分配主要由合伙协议规范，而合伙协议由合伙人在自愿协商的基础上订立，法律上的强制性规范很少。因此，合伙人拥有较大的灵活度，可以根据本合伙的目的、特点和需求，构建适合于本合伙的治理结构和利益分配规则。

5. 合伙企业并非企业所得税纳税人

合伙企业的生产经营所得和其他所得，按照国家有关税收规定，由合伙人分别缴纳所得税。合伙企业的生产经营所得和其他所得，是指合伙企业从事生产经营以及与生产经营有关的活动所取得的各项收入。合伙企业不缴纳企业所得税。

二、合伙企业的类型

合伙企业分为普通合伙企业和有限合伙企业。普通合伙企业由普通合伙人组成，合伙人对合伙企业债务承担无限连带责任。普通合伙企业中还有一种特殊形态的合伙企业，即特殊的普通合伙企业，《合伙企业法》对其合伙人的责任分担方式有特别规定。有限合伙企业由普通合伙人和有限合伙人组成，普通合伙人对合伙企业债务承担无限连带责任，有限合伙人以其认缴的出资额为限对合伙企业债务承担责任。

三、合伙企业的登记与信息公示

根据《合伙企业法》和国务院《市场主体登记管理条例》的规定，合伙企业须依法登记才能取得市场主体地位并以市场主体名义从事经营活动。为保护市场竞争秩序，法律还要求合伙企业对相关信息予以备案或公示。

（一）设立登记

1. 登记与备案事项

合伙企业应当向登记机关登记以下事项：（1）名称；（2）合伙类型；（3）经营范围；（4）主要经营场所；（5）合伙人的出资额；（6）执行事务合伙人；（7）合伙人名称或者姓名、住所、承担责任方式；（8）法律、行政法规规定的其他事项。

合伙企业还应当向登记机关备案以下事项：（1）合伙协议；（2）合伙期限；（3）合伙人认缴或者实际缴付的出资数额、缴付期限和出资方式；（4）合伙企业登记联络员；（5）合伙企业受益所有人（即最终控制或享有企业收益的人）相关信息；（6）法律、行政法规规定的其他事项。

2. 材料提交及审查

合伙企业申请办理登记，应当提交下列材料：（1）申请书；（2）申请人资格文件、自然人身份证明；（3）合伙企业主要经营场所相关文件；（4）合伙协议；（5）法律、行政法规和国务院市场监督管理部门规定提交的其他材料。申请人可以委托其他自然人或者中介机构代其办理合伙企业登记。

登记机关应当对申请材料进行形式审查。登记申请不符合法律、行政法规规定，或者可能危害国家安全、社会公共利益的，登记机关不予登记并说明理由。申请人申请合伙企业设立登记，登记机关依法予以登记的，签发营业执照。营业执照签发日期为合伙企业的成立日期。法律、行政法规或者国务院决定规定设立合伙企业须经批准的，应当在批准文件有效期内向登记机关申请登记。合伙企业设立分支机构，应当向分支机构所在地的登记机关申请登记。

（二）信息公示

合伙企业应当按照国家有关规定公示年度报告和登记相关信息。合伙企业应当将营业执照置于主要经营场所的醒目位置。从事电子商务经营的合伙企业应当在其首页显著位置持续公示营业执照信息或者相关链接标识。任何单位和个人不得伪造、涂改、出租、出借、转让营业执照。营业执照遗失或者毁坏的，合伙企业应当通过国家企业信用信息公示系统声明作废，申请补领。登记机关依法作出变更登记、注销登记和撤销登记决定的，合伙企业应当缴回营业执照。拒不缴回或者无法缴回营业执照的，由登记机关通过国家企业信用信息公示系统公告营业执照作废。

（三）变更登记

合伙企业变更登记事项，应当自作出变更决议、决定或者法定变更事项发生之日起30日内向登记机关申请变更登记。合伙企业变更登记事项属于依法须经批准的，申请人应当在批准文件有效期内向登记机关申请变更登记。合伙企业变更经营范围，属于依法须经批准的项目的，应当自批准之日起30日内申请变更登记。许可证或者批准文件被吊销、撤销或者有效期届满的，应当自许可证或者批准文件被吊销、撤销或者有效期届满之日起30日内向登记机关申请变更登记或者办理注销登记。合伙企业变更主要经营场所跨登记机关辖区的，应当在迁入新的主要经营场所前，向迁入地登记机关申请变更登记。迁出地登记机关无正当理由不得拒绝移交市场主体档案等相关材料。合伙企业变更登记涉及营业执照记载事项的，登记机关应当及时为合伙企业换发营业执照。合伙企业变更上述备案事项的，应当自作出变更决议、决定或者法定变更事项发生之日起30日内向登记机关办理备案。

（四）歇业备案

因自然灾害、事故灾难、公共卫生事件、社会安全事件等原因造成经营困难的，合伙企业可以自主决定在一定时期内歇业，法律、行政法规另有规定的除外。合伙企业应当在歇业前向登记机关办理备案。登记机关通过国家企业信用信息公示系统向社会公示歇业期限、法律文书送达地址等信息。合伙企业歇业的期限最长不得超过3年。合伙企业在歇业期间开展经营活动的，视为恢复营业，合伙企业应当通过国家企业信用信息公示系统向社会公示。合伙企业歇业期间，可以以法律文书送达地址代替住所或者主要经营场所。

（五）保真责任

申请人应当对提交材料的真实性、合法性和有效性负责。提交虚假材料或者采取其他欺诈手段隐瞒重要事实取得合伙企业登记的，受虚假登记影响的自然人、法人和其他组织可以向登记机关提出撤销合伙企业登记的申请。登记机关受理申请后，应当及时开展调查。经调查认定存在虚假登记情形的，登记机关应当撤销登记。相关合伙企业和人员无法联系或者拒不配合的，登记机关可以将相关合伙企业的登记时间、登记事项等通过国家企业信用信息公示系统向社会公示，公示期为45日。相关合伙企业及其利害关系人在公示期内没有提出异议的，登记机关可以撤销登记。因虚假登记被撤销的合伙企业，其直接责任人自登记被撤销之日起3年内不得再次申请合伙企业登记，登记机关应当通过国家企业信用信息公示系统予以公示。登记机关或者其上级机关认定撤销合伙企业登记决定错误的，可以撤销该决定，恢复原登记状态，并通过国家企业信用信息公示系统公示。

（六）法律责任

合伙企业当事人违反登记法规须承担相应的法律责任。

（1）未经设立登记而以合伙企业名义从事经营活动的，由登记机关责令改正，没收违法所得；拒不改正的，处1万元以上10万元以下的罚款；情节严重的，依法责令关闭停业，并处10万元以上50万元以下的罚款。

（2）提交虚假材料或者采取其他欺诈手段隐瞒重要事实取得合伙企业登记的，由登记机关责令改正，没收违法所得，并处5万元以上20万元以下的罚款；情节严重的，处20万元以上100万元以下的罚款，吊销营业执照。

（3）合伙企业未依法变更登记的，由登记机关责令改正；拒不改正的，处1万元以上10万元以下的罚款；情节严重的，吊销营业执照。

（4）合伙企业未依法办理备案的，由登记机关责令改正；拒不改正的，处5万元以下的罚款。

（5）合伙企业未依法将营业执照置于主要经营场所醒目位置的，由登记机关责令改正；拒不改正的，处3万元以下的罚款。从事电子商务经营的合伙企业未在其首页显著位置持续公示营业执照信息或者相关链接标识的，由登记机关依照《电子商务法》处罚。

（6）合伙企业伪造、涂改、出租、出借、转让营业执照的，由登记机关没收违法所得，处10万元以下的罚款；情节严重的，处10万元以上50万元以下的罚款，吊销营业执照。

四、合伙企业法及其适用范围

（一）合伙企业法的概念

合伙企业法有狭义和广义之分。狭义的合伙企业法，是指由国家最高立法机关依法制定的、规范合伙企业合伙关系的专门法律，即《合伙企业法》。该法于1997年2月23日由第八届全国人民代表大会常务委员会第二十四次会议通过，2006年8月27日第十届全国人民代表大会常务委员会第二十三次会议修订。广义的合伙企业法，是指国家立法机关或者其他有权机关依法制定的、调整合伙企业合伙关系的各种法律规范的总称。因此，除了《合伙企业法》外，国家有关法律、行政法规和规章中关于合伙企业的法律规范，都属于合伙企业法的范畴。

（二）合伙企业法的适用范围

根据《合伙企业法》及全国人民代表大会法律工作委员会关于《中华人民共和国合伙企业法（修订草案）》审议结果的报告，在理解和掌握我国《合伙企业法》的适用范围时，需要注意采取合伙制的非企业专业服务机构的合伙人承担责任形式的法律适用问题。《合伙企业法》规定，非企业专业服务机构依据有关法律采取合伙制的，其合伙人承担责任的形式可以适用《合伙企业法》关于特殊的普通合伙企业合伙人承担责任的规定。非企业专业服务机构，是指不采取企业（如公司制）形式成立的、以自己专业知识提供特定咨询等方面服务的组织，如律师事务所、会计师事务所等专业服务机构。

第二节　普通合伙企业

一、普通合伙企业的概念和特征

（一）普通合伙企业的概念

普通合伙企业，是指由普通合伙人组成，合伙人对合伙企业债务依照《合伙企业法》规定承担无限连带责任的一种合伙企业。

（二）普通合伙企业的特征

普通合伙企业具有以下特点：

（1）由普通合伙人组成。所谓普通合伙人，是指在合伙企业中对合伙企业的债务依法承担无限连带责任的自然人、法人和其他组织。为表述简洁，在本节以下内容中，"普通合伙人"直接称"合伙人"。

（2）除法律另有规定外，合伙人对合伙企业债务依法承担无限连带责任。所谓无限连带责任，包括两个方面：一是无限责任。即所有合伙人投入合伙企业的资金和合伙企业的其他资金均为承担合伙企业债务的责任财产，此外，在合伙企业财产不够清偿债务时，合伙人还要以自己所有的财产对合伙企业债权人承担清偿责任。合伙人的无限责任与公司股东的有限责任形成鲜明对照。二是连带责任。即当合伙企业财产不能清偿企业到期债务时，所有合伙人对合伙企业未清偿债务都有全部清偿的责任，无论自己在合伙协议中所确定的承担比例如何。但是，当某一合伙人偿还合伙企业的债务超过自己所应承担的数额时，他有权向其他合伙人追偿。

在特殊情况下，普通合伙人可以不承担无限连带责任。《合伙企业法》中"特殊的普通合伙企业"对该内容作了规定，见本章"特殊的普通合伙企业"部分。

二、普通合伙企业的设立条件

根据《合伙企业法》的规定，设立普通合伙企业，应当具备下列条件：

（一）有两个以上合伙人

合伙人为自然人的，应当具有完全民事行为能力。合伙企业合伙人至少为两人以上，对于合伙企业合伙人数的最高限额，我国《合伙企业法》未作规定，由设立人根据所设企业的具体情况决定。

关于合伙人的资格，《合伙企业法》作了以下限定：（1）合伙人可以是自然人，也可以是法人或者其他组织。除法律另有规定外，这些人的组成不受限制。（2）合伙人为自然人的，应当具有完全民事行为能力。无民事行为能力人和限制民事行为能力人不得成为普通合伙企业的合伙人。（3）国有独资公司、国有企业、上市公司以及公益性的事业单位、社会团体不得成为普通合伙人。

（二）有书面合伙协议

合伙协议，是指由各合伙人通过协商，共同决定相互间的权利义务，达成的具有法律约束力的协议。订立合伙协议、设立合伙企业，应当遵循自愿、平等、公平、诚实信用原则。

合伙协议应当依法由全体合伙人协商一致，以书面形式订立。合伙协议应当载明下列事项：合伙企业的名称和主要经营场所的地点；合伙目的和合伙经营范围；合伙人的姓名或者名称、住所；合伙人的出资方式、数额和缴付期限；利润分配、亏损分担方式；合伙事务的执行；入伙与退伙；争议解决办法；合伙企业的解散与清算；违约责任等。合伙协议经全体合伙人签名、盖章后生效。合伙人按照合伙协议享有权利，履行义务。修改或者补充合伙协议，应当经全体合伙人一致同意；但是，合伙协议另有约定的除外。合伙协议未约定或者约定不明确的事项，由合伙人协商决定；协商不成的，依照《合伙企业法》和其他有关法律、行政法规的规定处理。

根据《合伙企业法》的规定，合伙人违反合伙协议的，应当依法承担违约责任。合伙人履行合伙协议发生争议的，合伙人可以通过协商或者调解解决。不愿通过协商、调解解决或者协商、调解不成的，可以按照合伙协议约定的仲裁条款或者事后达成的书面仲裁协议，向仲裁机构申请仲裁。合伙协议中未订立仲裁条款，事后又没有达成书面仲裁协议的，可以向人民法院起诉。

（三）有合伙人认缴或者实际缴付的出资

合伙协议生效后，合伙人应当按照合伙协议的规定缴纳出资。合伙人可以用货币、实物、知识产权、土地使用权或者其他财产权利出资，也可以用劳务出资。法律允许合伙人以劳务出资，有别于公司出资形式的规定，显示了合伙企业在出资形式上的灵活性。合伙人以实物、知识产权、土地使用权或者其他财产权利出资，需要评估作价的，可以由全体合伙人协商确定，也可以由全体合伙人委托法定评估机构评估。合伙人以劳务出资的，其评估办法由全体合伙人协商确定，并在合伙协议中载明。合伙人应当按照合协议约定的出资方式、数额和缴付期限履行出资义务。以非货币财产出资的，依照法律、行政法规的规定，需要办理财产权转移手续的，应当依法办理。

（四）有合伙企业的名称和生产经营场所

普通合伙企业应当在其名称中标明"普通合伙"字样，其中，特殊的普通合伙企业，应当在其名称中标明"特殊普通合伙"字样，合伙企业的名称必须和"合伙"联系起来，名称中必须有"合伙"二字。违反《合伙企业法》的规定，合伙企业未在其名称中标明"普通合伙""特殊普通合伙"或者"有限合伙"字样的，由企业登记机关责令限期改正，处以 2 000 元以上 1 万元以下的罚款。

经企业登记机关登记的合伙企业主要经营场所只能有一个，并且应当在其企业登记机关登记管辖区域内。

（五）法律、行政法规规定的其他条件

这是一条关于设立合伙企业条件的"兜底"规定，为现行《合伙企业法》于 2006 年修订时加入的条款，主要是为了与其他法律、行政法规的规定相衔接。例如，我国之前有行政法规对外国企业或个人在中国境内设立合伙企业有特别规定，但该特别规定目前已失效，根据《外商投资法》第三十一条，外商投资企业的形式、组织机构及其活动准则，适用《公司法》《合伙企业法》等法律的规定。

三、合伙企业财产与合伙人份额转让

（一）合伙企业财产的构成

根据《合伙企业法》的规定，合伙人的出资、以合伙企业名义取得的收益和依法取得的其他财产，均为合伙企业的财产。从这一规定可以看出，合伙企业财产由以下三部分构成：

（1）合伙人的出资。《合伙企业法》规定，合伙人可以用货币、实物、知识产权、土地使用权或者其他财产权利出资，也可以用劳务出资。这些出资形成合伙企业的原始财产。

（2）以合伙企业名义取得的收益。合伙企业作为一个独立的经济实体，可以有自己的独立利益，因此，以其名义取得的收益（如营业收入、投资收益等）作为合伙企业获得的财产，当然归属于合伙企业，成为合伙财产的一部分。

（3）依法取得的其他财产。即根据法律、行政法规的规定合法取得的其他财产，如合法接受的赠与财产、因遭受侵权而获得的赔偿金等。

（二）合伙企业财产的性质

合伙企业的财产相对于合伙人的个人财产而言具有独立性。一方面，合伙企业的财产独立于合伙人。合伙人缴纳出资以后，一般说来，便丧失了对其作为出资部分的财产的所有权或者持有权、占有权。合伙企业的财产权主体是合伙企业，而不是单独的每一个合伙人。另一方面，合伙企业的财产作为一个完整的统一体而存在，合伙人对合伙企业财产权益的表现形式，仅是依照合伙协议所确定的财产收益份额或者比例。

根据《合伙企业法》的规定，合伙人在合伙企业清算前，不得请求分割合伙企业的财产；但是，法律另有规定的除外。合伙人在合伙企业清算前私自转移或者处分合伙企业财产的，合伙企业不得以此对抗善意第三人。在确认善意取得的情况下，合伙企业的

损失只能向合伙人进行追索，而不能向善意第三人追索。当然，如果第三人是恶意取得的，即明知合伙人无权处分而与之进行交易，或者与合伙人同谋共同侵犯合伙企业权益，则合伙企业可以据此对抗第三人。

（三）合伙人财产份额的转让

合伙人财产份额的转让，是指合伙企业的合伙人向他人转让其在合伙企业中的全部或者部分财产份额的行为。由于合伙人财产份额的转让将会影响到合伙企业以及各合伙人的切身利益，因此，《合伙企业法》对合伙人财产份额的转让作了以下限制性规定：

（1）除合伙协议另有约定外，合伙人向合伙人以外的人转让其在合伙企业中的全部或者部分财产份额时，须经其他合伙人一致同意。这一规定适用于合伙人财产份额的外部转让。所谓合伙人财产份额的外部转让，是指合伙人把其在合伙企业中的全部或者部分财产份额转让给合伙人以外的第三人的行为。合伙人财产份额的外部转让，只有经其他合伙人一致同意，才表明其他合伙人同意与受让人共同维持原合伙企业，合伙企业才能存续下去。如果其他合伙人不同意接受受让人为新合伙人，则合伙企业无法存续下去。当然，"合伙人向合伙人以外的人转让其在合伙企业中的全部或者部分财产份额时，须经其他合伙人一致同意"是一项法定的原则，且这项原则是在合伙协议中没有规定的情况下才有法律效力。如果合伙协议有另外的约定，即合伙协议约定，合伙人向合伙人以外的人转让其在合伙企业中的全部或者部分财产份额时，无须经过其他合伙人一致同意，比如约定2/3以上合伙人同意或者一定出资比例同意的情况下，则应执行合伙协议的规定。

（2）合伙人之间转让在合伙企业中的全部或者部分财产份额时，应当通知其他合伙人。这一规定适用于合伙人财产份额的内部转让。所谓合伙人财产份额的内部转让，是指合伙人将其在合伙企业中的全部或者部分财产份额转让给其他合伙人的行为。合伙人财产份额的内部转让因不涉及合伙人以外的人参加，合伙企业存续的基础没有发生实质性变更，因此不需要经过其他合伙人一致同意，只需要通知其他合伙人即可产生法律效力。审判实践中，合伙协议如果明确约定合伙人之间转让合伙财产份额需经全体合伙人一致同意，且该约定不违反法律、行政法规的强制性规定，亦不违背公序良俗，法院通常认定其合法有效。基于此种特别约定，在其他合伙人未同意合伙财产份额转让之前，当事人就合伙财产份额转让签订的转让协议，应当认定为成立但未生效。如其他合伙人明确不同意该合伙财产份额转让，则转让协议确定不生效，不能在当事人之间产生履行力。当事人请求履行转让协议的，人民法院不予支持。（参见邢福荣与北京鼎典泰富投资管理有限公司、丁世国等合伙企业财产份额转让纠纷案，载《最高人民法院公报》2021年第5期。）

（3）合伙人向合伙人以外的人转让其在合伙企业中的财产份额的，在同等条件下，其他合伙人有优先购买权；但是，合伙协议另有约定的除外。所谓优先购买权，是指在合伙人转让其财产份额时，在非合伙人的第三人接受转让的情况下，其他合伙人基于同等条件可优先于第三人购买的权利。优先购买权的发生存在两个前提：一是合伙人财产份额的转让没有约定的转让条件、转让范围的限制。也就是说，"合伙协议"没有"另有约定"或者另外的限制，如有另外约定或者限制，则应依约定或限制办理。二是同等条件。同等的条件，主要是指购买的价格条件，当然也包括其他条件，例如付款方式、付款期限等。这一规定的目的在于维护合伙企业现有合伙人的利益,维护合伙企业在现有基础上的稳定。

合伙人以外的人依法受让合伙人在合伙企业中的财产份额的,经修改合伙协议即成为合伙企业的合伙人,依照《合伙企业法》和修改后的合伙协议享有权利,履行义务。合伙人以外的人成为合伙人须修改合伙协议,未修改合伙协议的,不应算作是法律所称的"合伙企业的合伙人"。

此外,由于合伙人以财产份额出质可能导致该财产份额依法发生权利转移,《合伙企业法》规定,合伙人以其在合伙企业中的财产份额出质的,须经其他合伙人一致同意;未经其他合伙人一致同意,其行为无效,由此给善意第三人造成损失的,由行为人依法承担赔偿责任。合伙人财产份额的出质,是指合伙人将其在合伙企业中的财产份额作为质押物来担保债权人债权实现的行为。对合伙人财产份额出质的规定,包括以下两方面的内容:一是合伙人可以以其在合伙企业中的财产份额作为质物,与他人签订质押合同,但必须经其他合伙人一致同意,否则,合伙人的出质行为无效,即不产生法律上的效力,不受法律的保护。二是合伙人非法出质给善意第三人造成损失的,依法承担赔偿责任。合伙人擅自以其在合伙企业中的财产份额出质,违背了合伙企业存续的基础,具有主观上的过错。合伙人非法出质给善意第三人造成损失的,应当依法赔偿因其过错行为给善意第三人所造成的损失。

四、合伙事务执行与损益分配

(一)合伙事务执行的形式

根据《合伙企业法》的规定,合伙人执行合伙企业事务,可以有以下两种形式:

1. 全体合伙人共同执行合伙事务

这是合伙事务执行的基本形式,也是在合伙企业中经常使用的一种形式,尤其是在合伙人较少的情况下更为适宜。合伙协议未约定或者全体合伙人未决定委托执行事务合伙人的,全体合伙人均为执行事务合伙人。在采取这种形式的合伙企业中,按照合伙协议的约定,各个合伙人都直接参与经营,处理合伙企业的事务,对外代表合伙企业。

2. 委托一个或者数个合伙人执行合伙事务

在合伙企业中,有权执行合伙事务的合伙人并不都愿意行使这种权利。按照合伙协议的约定或者经全体合伙人决定,可以委托一个或者数个合伙人对外代表合伙企业,执行合伙事务。《合伙企业法》明确规定,委托一个或者数个合伙人执行合伙事务的,其他合伙人不再执行合伙事务。这一规定主要是考虑到按照合伙协议的约定或者经全体合伙人决定,将合伙事务委托给部分合伙人执行,没有必要再由其他合伙人执行,否则容易引起矛盾与冲突。当然,对合伙协议或者全体合伙人作出的决定以外的某些事项,如果没有委托一个或数个合伙人执行时,可以由全体合伙人共同执行或者由全体合伙人决定委托给某一个特定的合伙人办理。

合伙人可以将合伙事务委托一个或者数个合伙人执行,但并非所有的合伙事务都可以委托给部分合伙人决定。根据《合伙企业法》的规定,除合伙协议另有约定外,合伙企业的下列事项应当经全体合伙人一致同意:(1)改变合伙企业的名称;(2)改变合伙企业的经营范围、主要经营场所的地点;(3)处分合伙企业的不动产;(4)转让或者处分合伙企业的知识产权和其他财产权利；（5）以合伙企业名义为他人提供担保；（6）聘任合伙人以外的人担任合伙企业的经营管理人员。

合伙人对《合伙企业法》规定或者合伙协议约定必须经全体合伙人一致同意始得执行的事务擅自处理，给合伙企业或者其他合伙人造成损失的，依法承担赔偿责任。

（二）合伙人在执行合伙事务中的权利和义务

1. 合伙人在执行合伙事务中的权利

根据《合伙企业法》的规定，合伙人在执行合伙事务中的权利主要包括以下内容：

（1）合伙人对执行合伙事务享有同等的权利。合伙企业的特点之一就是合伙经营，各合伙人无论其出资多少，都有权平等享有执行合伙企业事务的权利。

（2）执行合伙事务的合伙人对外代表合伙企业。合伙人在代表合伙企业执行事务时是以合伙企业事务执行人的身份组织实施企业的生产经营活动。合伙企业事务执行人与代理人不同，代理人以被代理人的名义行事，代理权源于被代理人的授权；而合伙企业事务执行人虽以企业名义活动，但其权利来自于法律的直接规定。合伙企业事务执行人与法人的法定代表人也不同，法定代表人是法律规定的并经过一定登记手续而产生的法人单位的代表，他不一定是该法人单位的出资者；而合伙企业事务执行人则是因其出资行为取得合伙人身份，并可以对外代表合伙企业。由于法人和其他组织可以参与合伙，《合伙企业法》同时规定，作为合伙人的法人、其他组织执行合伙企业事务的，由其委托的代表执行。

（3）不执行合伙事务的合伙人的监督权。《合伙企业法》规定，不执行合伙事务的合伙人有权监督执行事务合伙人执行合伙事务的情况。这有利于维护全体合伙人的共同利益，同时也可以促进合伙事务执行人更加认真谨慎地处理合伙企业事务。

（4）合伙人查阅合伙企业会计账簿等财务资料的权利。合伙经营是一种以营利为目的的经济活动，合伙人之间的财产共有关系、共同经营关系、连带责任关系决定了全体合伙人形成了以实现合伙目的为目标的利益共同体。每个合伙人都有权利而且有责任关心、了解合伙企业的全部经营活动。因此，查阅合伙企业会计账簿等财务资料，作为了解合伙企业经营状况和财务状况的有效手段，成为合伙人的一项重要权利。

（5）合伙人有提出异议的权利和撤销委托的权利。在合伙人分别执行合伙事务的情况下，由于执行合伙事务的合伙人的行为所产生的亏损和责任要由全体合伙人承担，因此，《合伙企业法》规定，合伙人分别执行合伙事务的，执行事务合伙人可以对其他合伙人执行的事务提出异议。提出异议时，应当暂停该项事务的执行。如果发生争议，依照有关规定作出决定。受委托执行合伙事务的合伙人不按照合伙协议或者全体合伙人的决定执行事务的，其他合伙人可以决定撤销该委托。上述"依照有关规定作出决定"是指，合伙人对合伙企业有关事项作出决议，按照合伙协议约定的表决办法办理。合伙协议未约定或者约定不明确的，实行合伙人一人一票并经全体合伙人过半数通过的表决办法。

2. 合伙人在执行合伙事务中的义务

根据《合伙企业法》的规定，合伙人在执行合伙事务中的义务主要包括以下内容：

（1）合伙事务执行人应当向不参加执行事务的合伙人报告企业的经营状况和财务状况。《合伙企业法》规定，由一个或者数个合伙人执行合伙事务的，执行事务合伙人应当定期向其他合伙人报告事务执行情况以及合伙企业的经营状况和财务状况，其执行合伙事务所产生的收益归合伙企业，所产生的费用和亏损由合伙企业承担。

（2）合伙人不得自营或者同他人合作经营与本合伙企业相竞争的业务。各合伙人组建合伙企业是为了合伙经营、共享收益，如果某一合伙人自己又从事或者与他人合作从事与合伙企业相竞争的业务，势必影响合伙企业的利益，背离合伙的初衷；同时还可能形成不正当竞争，使合伙企业处于不利地位，损害其他合伙人的利益。因此，《合伙企业法》规定，合伙人不得自营或者同他人合作经营与本合伙企业相竞争的业务。合伙人违反《合伙企业法》规定或者合伙协议的约定，从事与本合伙企业相竞争的业务的，该收益归合伙企业所有；给合伙企业或者其他合伙人造成损失的，依法承担赔偿责任。

（3）合伙人不得同本合伙企业进行交易。合伙企业中每一个合伙人都是合伙企业的投资者，如果自己与合伙企业交易，就包含了与自己交易，也包含了与别的合伙人交易，而这种交易极易损害合伙企业和其他合伙人的利益。因此，《合伙企业法》规定，除合伙协议另有约定或者经全体合伙人一致同意外，合伙人不得同本合伙企业进行交易。合伙人违反《合伙企业法》的规定或者合伙协议的约定，与本合伙企业进行交易的，该合伙人所取得收益归合伙企业所有；给合伙企业或者其他合伙人造成损失的，该合伙人应依法承担赔偿责任。

（4）合伙人不得从事损害本合伙企业利益的活动。合伙人在执行合伙事务的过程中，不得为了自己的私利，坑害其他合伙人的利益，也不得与其他人恶意串通，损害合伙企业的利益。《合伙企业法》规定，合伙人执行合伙事务，或者合伙企业从业人员利用职务上的便利，将应当归属合伙企业的利益或商业机会据为己有的，或者采取其他手段侵占合伙企业财产的，应当将该利益和财产退还合伙企业；给合伙企业或者其他合伙人造成损失的，依法承担赔偿责任。

（三）合伙事务执行的决议办法

《合伙企业法》规定，合伙人对合伙企业有关事项作出决议，按照合伙协议约定的表决办法办理。合伙协议未约定或者约定不明确的，实行合伙人一人一票并经全体合伙人过半数通过的表决办法。《合伙企业法》对合伙企业的表决办法另有规定的，从其规定。这一规定确定了合伙事务执行决议的三种办法：

（1）由合伙协议对决议办法作出约定。这种约定有两个前提：一是不与法律相抵触，即法律有规定的按照法律的规定执行，法律未作规定的可在合伙协议中约定。二是在合伙协议中作出的约定，应当由全体合伙人协商一致共同作出。至于在合伙协议中所约定的决议办法，是采取全体合伙人一致通过，还是采取2/3以上多数通过，或者采取其他办法，由全体合伙人视所决议的事项而作出约定。

（2）实行合伙人一人一票并经全体合伙人过半数通过的表决办法。这种办法也有一个前提，即合伙协议未约定或者约定不明确的，才实行合伙人一人一票并经全体合伙人过半数通过的表决办法。需要注意的是，对各合伙人，无论出资多少和以何物出资，表决权数应以合伙人的人数为准，亦即每一个合伙人对合伙企业有关事项均有同等的表决权，使用经全体合伙人过半数通过的表决办法。

（3）依照《合伙企业法》的规定作出决议。如《合伙企业法》规定，合伙人按照合伙协议的约定或者经全体合伙人决定，可以增加或者减少对合伙企业的出资；又如《合伙企业法》规定,处分合伙企业的不动产、改变合伙企业的名称等,除合伙协议另有约定外,应当经全体合伙人一致同意,等等。

(四) 合伙企业的损益分配

1. 合伙损益

合伙损益包括两方面的内容:一是合伙利润。合伙利润,是指以合伙企业的名义所取得的经济利益,它反映了合伙企业在一定期间的经营成果。二是合伙亏损。合伙亏损,是指以合伙企业的名义从事经营活动所形成的亏损(亏损即利润为负数的状态)。

2. 合伙损益分配原则

合伙损益分配包含合伙企业的利润分配与亏损分担两个方面,对合伙损益分配原则,《合伙企业法》作了原则规定,主要内容为:

(1) 合伙企业的利润分配、亏损分担,按照合伙协议的约定办理;合伙协议未约定或者约定不明确的,由合伙人协商决定;协商不成的,由合伙人按照实缴出资比例分配、分担;无法确定出资比例的,由合伙人平均分配、分担。

(2) 合伙协议不得约定将全部利润分配给部分合伙人或者由部分合伙人承担全部亏损。这一规定体现了合伙人应当共同承担企业经营风险的原则。

(五) 非合伙人参与经营管理

在合伙企业中,如果合伙人经营管理能力不足,那么企业就需要在合伙人之外聘任非合伙人担任经营管理人员,参与合伙企业的经营管理工作。《合伙企业法》规定,除合伙协议另有约定外,经全体合伙人一致同意,可以聘任合伙人以外的人担任合伙企业的经营管理人员。这项法律规定表明了以下三层含义:(1) 合伙企业可以从合伙人之外聘任经营管理人员;(2) 聘任非合伙人的经营管理人员,除合伙协议另有约定外,应当经全体合伙人一致同意;(3) 被聘任的经营管理人员,仅是合伙企业的经营管理人员,不是合伙企业的合伙人,因而不具有合伙人的资格。

关于被聘任的经营管理人员的职责,《合伙企业法》作了明确规定,主要有:(1) 被聘任的合伙企业的经营管理人员应当在合伙企业授权范围内履行职务;(2) 被聘任的合伙企业的经营管理人员,超越合伙企业授权范围履行职务的,或者在履行职务过程中因故意或者重大过失给合伙企业造成损失的,依法承担赔偿责任。

五、合伙企业与第三人的关系

合伙企业与第三人的关系,是指有关合伙企业的对外关系,涉及合伙企业对外代表权的效力、合伙企业和合伙人的债务清偿等问题。

(一) 合伙企业对外代表权的效力

1. 合伙企业与第三人的关系

所谓合伙企业与第三人的关系,是指合伙企业的外部关系,即合伙企业与合伙人以外的第三人的关系。该外部关系在一定条件下会与合伙人发生牵连,例如,当合伙企业财产无法清偿其债务时,合伙人就须对合伙企业债务承担无限连带责任。

2. 合伙事务执行中的对外代表权

可以取得合伙企业对外代表权的合伙人,主要有三种情况:一是由全体合伙人共同执行合伙企业事务的，全体合伙人都有权对外代表合伙企业，即全体合伙人都取得了合伙企业的对外代表权。二是由部分合伙人执行合伙企业事务的，只有受委托执行合伙企业事务的那一部分合伙人有权对外代表合伙企业，而不参加执行合伙企业事务的合伙人则不具有对外代表合伙企业的权利。三是由于特别授权在单项合伙事务上有执行权的合伙人，依照授权范围可以对外代表合伙企业。执行合伙企业事务的合伙人在取得对外代表权后，即可以合伙企业的名义进行经营活动，在其授权的范围内作出法律行为。合伙人的这种代表行为，对全体合伙人发生法律效力，即其执行合伙事务所产生的收益归合伙企业，所产生的费用和亏损由合伙企业承担。

3. 合伙企业对外代表权的限制

合伙人执行合伙事务的权利和对外代表合伙企业的权利，都会受到一定的内部限制。如果这种内部限制对第三人发生效力，必须以第三人知道这一情况为条件，否则，该内部限制不对该第三人发生抗辩力。《合伙企业法》规定，合伙企业对合伙人执行合伙事务以及对外代表合伙企业权利的限制，不得对抗善意第三人。这里所谓的"限制"，是指合伙企业对合伙人所享有的事务执行权与对外代表权权利能力的限制；这里所谓的"对抗"，是指具有法律上的约束力、抗辩力，具体说就是，合伙企业内部制定的代表权限制对善意第三人没有法律上的约束力，在诉讼或仲裁中不足以构成针对善意第三人的请求权的有效抗辩；这里所谓的"善意第三人"，是指不知道且没有理由知道合伙企业所作的内部限制，本着合法交易的目的，诚实地通过合伙企业的事务执行人，与合伙企业之间建立民事、商事法律关系的法人、非法人团体或自然人。如果第三人与合伙企业事务执行人恶意串通、损害合伙企业利益，则不属于善意的情形。

保护善意第三人的利益是为了维护经济往来的交易安全，这是一项被广泛认同的法律原则。例如，合伙企业内部规定，有对外代表权的合伙人甲在签订合同时，须经乙和丙两个执行事务的合伙人的同意，如果甲自作主张没有征求乙和丙的同意，与第三人丁签订了一份买卖合同，而丁不知道在合伙企业内部对甲所作的限制，在合同的履行中，也没有从中获得不正当的利益，这种情况下，第三人丁应当认定为善意第三人，丁所得到的利益应当予以保护，合伙企业不得以其内部所作的在行使权利方面的限制为由，否定善意第三人丁的正当权益，拒绝履行合伙企业应承担的责任。

（二）合伙企业和合伙人的债务清偿

1. 合伙企业的债务清偿与合伙人的关系

（1）合伙企业财产应当率先用于清偿合伙企业债务。所谓合伙企业的债务，是指在合伙企业存续期间产生的债务。《合伙企业法》规定，合伙企业对其债务，应先以其全部财产进行清偿。另一方面，该规则对合伙企业债权人的规范意义则在于，合伙企业的债权人也应首先从合伙企业的全部财产中求偿，而不应当向合伙人个人直接请求债权。这是合伙企业财产独立性的要求。

（2）合伙人的无限连带清偿责任。《合伙企业法》规定，合伙企业不能清偿到期债务的，合伙人承担无限连带责任。所谓合伙人的"无限责任"，是指当合伙企业的全部财产不足以偿付到期债务时，各个合伙人应当以其自有财产来清偿合伙企业的债务。合伙人的"连带责任"，是指当合伙企业的全部财产不足以偿付到期债务时，合伙企业的债权人有权就合伙企业所负债务向任何一个合伙人主张，该合伙人不得以其出资的份额大小、合伙协议有特别约定、合伙企业债务另有担保人或者自己已经偿付所承担的份额等理由来拒绝。可见，合伙人的无限责任和连带责任，均以合伙企业财产不足以清偿到期债务为发生前提。对此，《最高人民法院公报》2011年第7期公布的"南通双盈贸易有限公司诉镇江市丹徒区联达机械厂、魏恒聂等六人买卖合同纠纷案"判决指出："合伙企业债务的承担分为两个层次：第一顺序的债务承担人是合伙企业，第二顺序的债务承担人是全体合伙人。合伙企业法第三十九条所谓的'连带责任'，是指合伙人在第二顺序的责任承担中相互之间所负的连带责任，而非合伙人与合伙企业之间的连带责任。"

（3）合伙人之间的债务分担和追偿。《合伙企业法》规定，合伙人由于承担无限连带责任，清偿数额超过规定的亏损分担比例的，有权向其他合伙人追偿。这一规定，在重申合伙人对合伙企业债务负无限连带责任的基础上，明确了合伙人分担合伙债务的比例，是以合伙企业亏损分担的比例为准。关于合伙企业亏损分担比例，《合伙企业法》规定，合伙企业的亏损分担，按照合伙协议的约定办理；合伙协议未约定或者约定不明确的，由合伙人协商决定；协商不成的，由合伙人按照实缴出资比例分担；无法确定出资比例的，由合伙人平均分担。

合伙人之间的分担比例对债权人没有约束力。债权人可以根据自己的清偿利益，请求全体合伙人中的一人或数人承担全部清偿责任，也可以按照自己确定的清偿比例向各合伙人分别追索。如果某一合伙人实际支付的清偿数额超过其依照既定比例所应承担的数额，依照《合伙企业法》的规定，该合伙人有权就超过部分向其他未支付或者未足额支付应承担数额的合伙人追偿。但是，合伙人的这种追偿权，应当具备以下三项条件：一是追偿人已经实际承担连带责任，并且其清偿数额超过了他应当承担的数额；二是被追偿人未实际承担或者未足额承担其应当承担的数额；三是追偿的数额不得超过追偿人超额清偿部分的数额或被追偿人未足额清偿部分的数额。

2. 合伙人的债务清偿与合伙企业的关系

在合伙企业存续期间，可能发生个别合伙人因不能偿还其私人债务而被追索的情况。由于合伙人在合伙企业中拥有财产权益，合伙人的债权人可能向合伙企业提出各种清偿请求。为了保护合伙企业和其他合伙人的合法权益，同时也保护债权人的合法权益，《合伙企业法》作了如下规定：

（1）合伙人发生与合伙企业无关的债务，相关债权人不得以其债权抵销其对合伙企业的债务，也不得代位行使合伙人在合伙企业中的权利。首先，合伙人发生与合伙企业无关的债务，相关债权人不得以其债权抵销其对合伙企业的债务。基于合伙企业财产的独立性原则，该债权人对合伙企业负有的债务，与合伙企业某一合伙人对该债权人负有的债务，涉及三方当事人，不符合债务抵销的适用条件（即两方当事人互负债务）。这种情形如果允许两者抵销，实际上相当于强迫合伙企业对其个别合伙人的个人债务承担责任。其次，合伙人发生与合伙企业无关的债务，相关债权人不得代位行使该合伙人在合伙企业中的权利。这是因为合伙人之间的相互了解和信任是合伙关系稳定的基础，如果允许个别合伙人的债权人代位行使该合伙人在合伙企业中的权利，如参与管理权、事务执行权等，则不利于合伙关系的稳定和合伙企业的正常运营。况且，该债权人因无合伙人身份，其只行使合伙人的权利而不承担无限连带责任，这无异于允许他将自己行为的责任风险转嫁于合伙企业的全体合伙人，也是不公平的。

（2）合伙人的自有财产不足清偿其与合伙企业无关的债务的，该合伙人可以以其从合伙企业中分取的收益用于清偿；债权人也可以依法请求人民法院强制执行该合伙人在合伙企业中的财产份额用于清偿。这既保护了债权人的清偿利益，也无损于全体合伙人的合法权益。因为在债权人取得其债务人从合伙企业中分取的收益用来清偿的情况下，该债权人并不参与合伙企业内部事务，也不妨碍其债务人作为合伙人正常行使其正当的权利。而在债权人依法请求人民法院强制执行债务人在合伙企业中的财产份额作为清偿的情况下，如果该债权人因取得该财产份额而成为合伙企业的合伙人，则无异于合伙份额的转让。因此，债权人取得合伙人地位后，就要承担与其他合伙人同样的责任，因而不存在转嫁责任风险的问题。

人民法院强制执行合伙人的财产份额时，应当通知全体合伙人，其他合伙人有优先购买权；其他合伙人未购买，又不同意将该财产份额转让给他人的，依照《合伙企业法》的规定为该合伙人办理退伙结算，或者办理削减该合伙人相应财产份额的结算。这里需要注意三点：一是这种清偿必须通过民事诉讼法规定的强制执行程序进行，债权人不得自行接管债务人在合伙企业中的财产份额；二是人民法院强制执行合伙人的财产份额时，应当通知全体合伙人；三是在强制执行个别合伙人在合伙企业中的财产份额时，其他合伙人有优先购买权。也就是说，如果其他合伙人不愿意接受该债权人或其他人成为其合伙企业新的合伙人，可以由他们中的一人或者数人行使优先购买权，取得该债务人的财产份额。受让人支付的价金，用于向该债权人清偿债务。

六、入伙和退伙

（一）入伙

入伙，是指在合伙企业存续期间，合伙人以外的人加入合伙，取得合伙人资格。

1. 入伙的条件和程序

《合伙企业法》规定，新合伙人入伙，除合伙协议另有约定外，应当经全体合伙人一致同意，并依法订立书面入伙协议。订立入伙协议时，原合伙人应当向新合伙人如实告知原合伙企业的经营状况和财务状况。具体来说：（1）新合伙人入伙，如果合伙协议没有另外约定，均应经全体合伙人一致同意。合伙协议如果对同意入伙的表决比例、新合伙人资格、条件等另有约定，则应当按照约定办理。（2）新合伙人入伙，应当依法订立书面入伙协议，入伙协议应当以原合伙协议为基础，并对原合伙协议事项作相应变更，订立入伙协议不得违反公平原则、诚实信用原则。（3）订立入伙协议时，原合伙人应当向新合伙人如实告知原合伙企业的经营状况和财务状况。原合伙人如果没有履行如实告知的义务，那么，新合伙人是有理由主张自己受到欺诈，进而请求人民法院或仲裁机构撤销入伙协议的。

2. 新合伙人的权利和责任

一般来讲，入伙的新合伙人与原合伙人享有同等权利，承担同等责任。但是，如果原合伙人愿意以更优越的条件吸引新合伙人入伙，或者新合伙人愿意以较为不利的条件入伙，也可以在入伙协议中另行约定。关于新入伙人对入伙前合伙企业的债务承担问题，《合伙企业法》规定，新合伙人对入伙前合伙企业的债务承担无限连带责任。

（二）退伙

退伙，是指合伙人退出合伙企业，从而丧失合伙人资格。

1. 退伙的原因

合伙人退伙一般有两种原因：一是自愿退伙；二是强制退伙。

自愿退伙，是指合伙人基于自愿的意思表示而退伙。自愿退伙可以分为协议退伙和通知退伙两种。

关于协议退伙，《合伙企业法》规定，合伙协议约定合伙期限的，在合伙企业存续期间，有下列情形之一的，合伙人可以退伙：（1）合伙协议约定的退伙事由出现；（2）经全体合伙人一致同意；（3）发生合伙人难以继续参加合伙的事由；（4）其他合伙人严重违反合伙协议约定的义务。合伙人违反上述规定退伙的，应当赔偿由此给合伙企业造成的损失。

关于通知退伙，《合伙企业法》规定，合伙协议未约定合伙期限的，合伙人在不给合伙企业事务执行造成不利影响的情况下，可以退伙，但应当提前三十日通知其他合伙人。由此可见，法律对通知退伙有一定的限制，即附有以下三项条件：（1）必须是合伙协议未约定合伙企业的经营期限；（2）必须是合伙人的退伙不给合伙企业事务执行造成不利影响；（3）必须提前三十日通知其他合伙人。这三项条件必须同时具备，缺一不可。合伙人违反上述规定退伙的，应当赔偿由此给合伙企业造成的损失。

强制退伙，是指合伙人因出现法律规定的事由而退伙，不以合伙人同意为条件。强制退伙分为当然退伙和除名退伙两类。

关于当然退伙，《合伙企业法》规定，合伙人有下列情形之一的，当然退伙：（1）作为合伙人的自然人死亡或者被依法宣告死亡；（2）个人丧失偿债能力；（3）作为合伙人的法人或者其他组织依法被吊销营业执照、责令关闭、撤销或者被宣告破产；（4）法律规定或者合伙协议约定合伙人必须具有相关资格而丧失该资格；（5）合伙人在合伙企业中的全部财产份额被人民法院强制执行。此外，合伙人被依法认定为无民事行为能力人或者限制民事行为能力人的，经其他合伙人一致同意，可以依法转为有限合伙人，普通合伙企业依法转为有限合伙企业。其他合伙人未能一致同意的，该无民事行为能力或者限制民事行为能力的合伙人退伙。当然退伙以退伙事由实际发生之日为退伙生效日。

关于除名退伙，《合伙企业法》规定，合伙人有下列情形之一的，经其他合伙人一致同意，可以决议将其除名：（1）未履行出资义务；（2）因故意或者重大过失给合伙企业造成损失；（3）执行合伙事务时有不正当行为；（4）发生合伙协议约定的事由。对合伙人的除名决议应当书面通知被除名人。被除名人接到除名通知之日，除名生效，被除名人退伙。被除名人对除名决议有异议的，可以自接到除名通知之日起30日内，向人民法院起诉。

2. 退伙的效果

退伙的效果，是指退伙时退伙人在合伙企业中的财产份额和民事责任的归属变动。分为两类情况：一是财产继承；二是退伙结算。

关于财产继承，《合伙企业法》规定，合伙人死亡或者被依法宣告死亡的，对该合伙人在合伙企业中的财产份额享有合法继承权的继承人，按照合伙协议的约定或者经全体合伙人一致同意，从继承开始之日起，取得该合伙企业的合伙人资格。有下列情形之一的，合伙企业应当向合伙人的继承人退还被继承合伙人的财产份额：（1）继承人不愿意成为合伙人；（2）法律规定或者合伙协议约定合伙人必须具有相关资格，而该继承人未取得该资格；（3）合伙协议约定不能成为合伙人的其他情形。合伙人的继承人为无民事行为能力人或者限制民事行为能力人的，经全体合伙人一致同意，可以依法成为有限合伙人，普通合伙企业依法转为有限合伙企业。全体合伙人未能一致同意的，合伙企业应当将被继承合伙人的财产份额退还该继承人。根据这一法律规定，合伙人死亡时其继承人可依法定条件取得该合伙企业的合伙人资格：一是有合法继承权；二是有合伙协议的约定或者全体合伙人的一致同意；三是继承人愿意。死亡的合伙人的继承人取得该合伙企业的合伙人资格，从继承开始之日起获得。若有数个继承人，数人只能作为一个整体继承被继承人的合伙份额，否则就会破坏合伙企业原有的结构。

关于退伙结算，除合伙人死亡或者被依法宣告死亡的情形外，《合伙企业法》对退伙结算作了以下规定：（1）合伙人退伙，其他合伙人应当与该退伙人按照退伙时的合伙企业财产状况进行结算，退还退伙人的财产份额。退伙人对给合伙企业造成的损失负有赔偿责任的，相应扣减其应当赔偿的数额。退伙时有未了结的合伙企业事务的，待该事务了结后进行结算；（2）退伙人在合伙企业中财产份额的退还办法，由合伙协议约定或者由全体合伙人决定，可以退还货币，也可以退还实物；（3）合伙人退伙时，合伙企业财产少于合伙企业债务的，退伙人应当依照法律规定分担亏损，即如果合伙协议约定亏损分担比例的，按照合伙协议的约定办理；合伙协议未约定或者约定不明确的，由合伙人协商决定；协商不成的，由合伙人按照实缴出资比例分担；无法确定出资比例的，由合伙人平均分担。

合伙人退伙以后，并不能解除其对于合伙企业既往债务的连带责任。根据《合伙企业法》的规定，退伙人对基于其退伙前的原因发生的合伙企业债务，承担无限连带责任。

七、特殊的普通合伙企业

（一）特殊的普通合伙企业的概念

传统的专业服务机构（如会计师事务所、律师事务所等）通常采取普通合伙的组织形式。但20世纪80年代以后，一些国家陆续对这类专业机构的合伙人责任设定特别规则，即在合伙人均对合伙债务承担无限连带责任的一般原则下，规定对于个别合伙人在执业活动中因故意或者重大过失导致的合伙债务，其他无过错合伙人不必承担连带责任。这种特别规则使得专业服务机构合伙人可以免于承担那些由其他合伙人的故意或重大过失引发的风险。对专业服务机构来说，这种特别规则也有助于控制风险，保障业务持续发展和扩张。在美国，适用这类特别责任规则的合伙被叫作"有限责任合伙"。我国《合伙企业法》于2006年修订时，将该种合伙作为普通合伙企业中的一种特殊形态引进，命名为"特殊的普通合伙企业"。

特殊的普通合伙企业，通常是以专业知识和专门技能为客户提供有偿服务的专业服务机构，此种合伙企业的合伙人责任分担方式不同于一般的普通合伙企业。特殊的普通合伙企业名称中应当标明"特殊普通合伙"字样。

（二）特殊的普通合伙企业的责任形式

1. 责任承担

《合伙企业法》规定，一个合伙人或者数个合伙人在执业活动中因故意或者重大过失造成合伙企业债务的，应当承担无限责任或者无限连带责任，其他合伙人以其在合伙企业中的财产份额为限承担责任。合伙人在执业活动中非因故意或者重大过失造成的合伙企业债务以及合伙企业的其他债务，由全体合伙人承担无限连带责任。所谓重大过失，是指明知可能造成损失而轻率地作为或者不作为。根据这一法律规定，特殊的普通合伙企业的责任形式分为两类：

（1）有限责任与无限连带责任相结合。即一个合伙人或者数个合伙人在执业活动中因故意或者重大过失造成合伙企业债务的，应当承担无限责任或者无限连带责任，其他合伙人以其在合伙企业中的财产份额为限承担责任。

（2）无限连带责任。对合伙人在执业活动中非因故意或者重大过失造成的合伙企业债务以及合伙企业的其他债务，全体合伙人承担无限连带责任。这是在责任划分的基础上作出的合理性规定，以最大限度地实现公平、正义和保障债权人的合法权益。但是这种责任形式的前提是，合伙人在执业过程中不存在重大过错，既没有故意，也不存在重大过失。

2. 责任追偿

《合伙企业法》规定，合伙人执业活动中因故意或者重大过失造成的合伙企业债务，以合伙企业财产对外承担责任后，该合伙人应当按照合伙协议的约定对给合伙企业造成的损失承担赔偿责任。

（三）特殊的普通合伙企业的执业风险防范

特殊的普通合伙企业应当建立执业风险基金、办理职业保险。执业风险基金，主要是指为了化解经营风险，特殊的普通合伙企业从其经营收益中提取一定比例的资金，用于偿付合伙人执业活动造成的债务。执业风险基金应当单独立户管理。职业保险，又称职业责任保险，是指承保各种专业技术人员因工作上的过失或者疏忽大意所造成的合同一方或者他人的人身伤害或者财产损失的经济赔偿责任的保险。

第三节 有限合伙企业

一、有限合伙企业概述

（一）有限合伙企业的概念和特征

1. 有限合伙企业的概念

有限合伙企业，是指由有限合伙人和普通合伙人共同组成，普通合伙人对合伙企业债务承担无限连带责任，有限合伙人以其认缴的出资额为限对合伙企业债务承担责任的合伙企业。

2. 有限合伙企业的特征

有限合伙这种商事联合形式起源于中世纪欧洲的海上贸易合伙。如果说普通合伙是合伙人的联合体的话，那么，有限合伙并未形成同样的合伙人联合体，对有限合伙人来说，它只是一种投资形式。有限合伙企业与普通合伙企业和有限责任公司相比较，具有以下显著特征：

（1）在企业的经营管理上：普通合伙企业的合伙人，一般均可参与合伙企业的经营管理。有限责任公司的股东可以通过行使各种股东权利直接或间接参与公司的经营决策。而在有限合伙企业中，有限合伙人相比公司中不担任管理职务的股东更为"消极"，除了可以行使少量监督性、救济性权利外，不执行合伙事务，而由普通合伙人从事具体的经营管理。

（2）在投资者的风险承担上：普通合伙企业的合伙人对合伙债务承担无限连带责任。有限责任公司的股东对公司债务以其各自的出资额为限承担有限责任。在有限合伙企业中，不同类型的合伙人所承担的责任则存在差异，其中，有限合伙人以其各自的出资额为限承担有限责任（与公司股东的有限责任相同），普通合伙人之间承担无限连带责任。

（3）在投资者的收益分配上：有限合伙企业比有限责任公司和股份有限公司拥有更大的自由度。合伙协议可以对有限合伙人的收益权进行多种多样的分级、分类，以适应不同的投资和融资需求。股份有限公司尽管可以发行不同种类的优先股，有限责任公司尽管可以在章程中对股东收益权做特别规定，但灵活度均不如有限合伙企业。

我国《合伙企业法》2006年修订时引进有限合伙企业，其目的是为发展风险投资提供一种更实用的组织形式。有限合伙企业组建和解散程序简单，内部治理结构和投资权益设置由合伙协议决定，具有较强的灵活性，而且合伙企业不必缴纳企业所得税，具有节税优势。就目前发展情况看，有限合伙企业已经成为我国私募投资基金最常采用的一种组织形式。此外，基于类似的原因，有限合伙企业也经常被用作持股平台的组织形式。例如，有限责任公司为实施员工股权激励，同时避免员工直接持股可能产生的管理成本，可以让员工以有限合伙人身份加入一个有限合伙企业，该有限合伙企业登记为该有限责任公司的股东。这样就实现了员工通过有限合伙企业（即持股平台）间接持有有限责任公司股权的效果。

（二）有限合伙企业的法律适用

有限合伙企业与普通合伙企业之间既有相同点，也有区别。在法律适用上，凡是《合伙企业法》中对有限合伙企业有特殊规定的，应当适用有关《合伙企业法》中对有限合伙企业的特殊规定。无特殊规定的，适用有关普通合伙企业及其合伙人的一般规定。本部分主要介绍有限合伙企业的有关特殊规定。

二、有限合伙企业设立的特殊规定

（一）有限合伙企业人数

《合伙企业法》规定，有限合伙企业由2个以上50个以下合伙人设立；但是，法律另有规定的除外。有限合伙企业至少应当有1个普通合伙人。按照规定，自然人、法人和其他组织可以依照法律规定设立有限合伙企业，但国有独资公司、国有企业、上市公司以及公益性的事业单位、社会团体不得成为有限合伙企业的普通合伙人。

在有限合伙企业存续期间，有限合伙人的人数可能发生变化。然而，无论如何变化，有限合伙企业中必须包括有限合伙人与普通合伙人两部分，否则，有限合伙企业应当进行组织形式变化。《合伙企业法》规定，有限合伙企业仅剩有限合伙人的，应当解散；有限合伙企业仅剩普通合伙人的，应当转为普通合伙企业。

（二）有限合伙企业名称

《合伙企业法》规定，有限合伙企业名称中应当标明"有限合伙"字样。按照企业名称登记管理的有关规定，企业名称中应当含有企业的组织形式。为便于社会公众以及交易相对人对有限合伙企业的了解，有限合伙企业名称中应当标明"有限合伙"的字样，而不能标明"普通合伙""特殊普通合伙""有限公司""有限责任公司"等字样。

（三）有限合伙企业协议

有限合伙企业协议是有限合伙企业生产经营的重要法律文件。有限合伙企业协议除符合普通合伙企业合伙协议的规定外，还应当载明下列事项：（1）普通合伙人和有限合伙人的姓名或者名称、住所；（2）执行事务合伙人应具备的条件和选择程序；（3）执行事务合伙人权限与违约处理办法；（4）执行事务合伙人的除名条件和更换程序；（5）有限合伙人入伙、退伙的条件、程序以及相关责任；（6）有限合伙人和普通合伙人相互转变程序。

（四）有限合伙人出资形式

《合伙企业法》规定，有限合伙人可以用货币、实物、知识产权、土地使用权或者其他财产权利作价出资。有限合伙人不得以劳务出资。劳务出资的实质是用未来劳动创造的收入来投资，通常该劳动是合伙企业所需要的特定专业或技术工作。劳务难以通过市场变现，法律上执行困难。以劳务出资比较适合执行合伙企业事务的普通合伙人。有限合伙人是不执行合伙企业事务的财务投资者，允许其用劳务出资也是不妥当的。

（五）有限合伙人出资义务

《合伙企业法》规定，有限合伙人应当按照合伙协议的约定按期足额缴纳出资；未按期足额缴纳的，应当承担补缴义务，并对其他合伙人承担违约责任。按期足额出资是有限合伙人必须履行的义务，因此，有限合伙人应当按照合伙协议的约定按期足额缴纳出资。合伙人未按照协议的约定履行缴纳出资义务的，首先应当承担补缴出资的义务，同时还应对其他合伙人承担违约责任。

（六）有限合伙企业登记事项

《合伙企业法》规定，有限合伙企业登记事项中应当载明有限合伙人的姓名或者名称及认缴的出资数额。

三、有限合伙企业事务执行和利益分配的特殊规定

有限合伙企业与普通合伙企业不同，由享有不同权利和义务的两类合伙人组成：普

通合伙人执行合伙事务，承担无限连带责任；有限合伙人不执行合伙事务，仅承担有限责任。可见，有限合伙人只是一种不参与具体管理事务的财务投资者。

（一）有限合伙企业事务执行人

《合伙企业法》规定，有限合伙企业由普通合伙人执行合伙事务。执行事务合伙人可以要求在合伙协议中确定执行事务的报酬及报酬提取方式。如合伙协议约定数个普通合伙人执行合伙事务，这些普通合伙人均为合伙事务执行人。如合伙协议无约定，全体普通合伙人是合伙事务的共同执行人。合伙事务执行人除享有与一般合伙人相同的权利外，还有接受其他合伙人的监督和检查、谨慎执行合伙事务的义务，若因自己的过错造成合伙财产损失的，应向合伙企业或其他合伙人负赔偿责任。此外，由于执行事务合伙人较不执行事务合伙人对有限合伙企业要多付出劳动，因此，执行事务合伙人可以就执行事务的劳动付出，要求企业支付报酬。对于报酬的支付方式及其数额，应由合伙协议规定或全体合伙人讨论决定。

（二）禁止有限合伙人执行合伙事务

《合伙企业法》规定，有限合伙人不执行合伙事务，不得对外代表有限合伙企业。但是，对涉及有限合伙人根本权益的事项，有限合伙人有必要享有一定的参与权、监督权和救济权。根据《合伙企业法》的规定，有限合伙人的下列行为，不视为执行合伙事务：（1）参与决定普通合伙人入伙、退伙；（2）对企业的经营管理提出建议；（3）参与选择承办有限合伙企业审计业务的会计师事务所；（4）获取经审计的有限合伙企业财务会计报告；（5）对涉及自身利益的情况，查阅有限合伙企业财务会计账簿等财务资料；（6）在有限合伙企业中的利益受到侵害时，向有责任的合伙人主张权利或者提起诉讼；（7）执行事务合伙人怠于行使权利时，督促其行使权利或者为了本企业的利益以自己的名义提起诉讼；（8）依法为本企业提供担保。《合伙企业法》列举的上述事项被称为"安全港条款"，意指有限合伙人从事上述行为不视为执行合伙事务，不会引发承担与普通合伙人同样责任的后果。

与此相关，《合伙企业法》规定，第三人有理由相信有限合伙人为普通合伙人并与其交易的，该有限合伙人对该笔交易承担与普通合伙人同样的责任。有限合伙人未经授权以有限合伙企业名义与他人进行交易，给有限合伙企业或者其他合伙人造成损失的，该有限合伙人应当承担赔偿责任。

（三）有限合伙企业利润分配

《合伙企业法》规定，有限合伙企业不得将全部利润分配给部分合伙人；但是，合伙协议另有约定的除外。这就是说，有限合伙企业的合伙协议可以约定，部分合伙人（通常是有限合伙人）享有全部企业利润或者一定期限或特定项目的全部利润。但是，《合伙企业法》不允许合伙协议约定部分合伙人承担全部亏损，或者部分合伙人完全不承担亏损。这是为了将有限合伙人的权益投资与债权投资区分开。

投融资实务中，许多采取有限合伙企业形式的私募投资基金，在合伙协议等文件中将有限合伙人财产份额区分为"优先级份额"和"劣后级份额"（甚至设定更多层次的分级），并为不同级别的份额持有人设定不同的权利义务。这反映了有限合伙企业作为投资基金组织形式具有相当的灵活性优势。不过，合伙协议如果约定劣后级份额持有人作出某种承诺（例如"差额补足"承诺），确保优先级份额持有人获得约定收益，这种约定的合法性、有效性能否得到司法上的确认，目前尚不确定。

（四）有限合伙人的特别权利

1. 有限合伙人可以同本企业进行交易

《合伙企业法》规定，有限合伙人可以同本有限合伙企业进行交易；但是，合伙协议另有约定的除外。因为有限合伙人并不参与有限合伙企业事务的执行，对有限合伙企业的对外交易行为，有限合伙人并无直接或者间接的控制权，有限合伙人与本有限合伙企业进行交易时，并不必定发生利益冲突。例如，有限合伙企业（投资基金）的某有限合伙人，既是该基金的投资者，同时又担任该有限合伙企业的投资顾问（该有限合伙人与该有限合伙企业之间存在有偿的顾问服务合同）。当然，有限合伙协议可以对有限合伙人与本有限合伙企业进行交易加以限制。如果有这类限制性约定的话，则有限合伙人与本有限合伙企业间的交易必须按照协议约定的要求进行。普通合伙人如果禁止有限合伙人同本有限合伙企业进行交易的，应当在合伙协议中作出约定。

2. 有限合伙人可以经营与本企业相竞争的业务

《合伙企业法》规定，有限合伙人可以自营或者同他人合作经营与本有限合伙企业相竞争的业务；但是，合伙协议另有约定的除外。与普通合伙人不同，有限合伙人一般不承担竞业禁止义务。普通合伙人如果禁止有限合伙人自营或者同他人合作经营与本有限合伙企业相竞争的业务，应当在合伙协议中作出约定。

四、有限合伙企业财产出质与转让的特殊规定

（一）有限合伙人财产份额出质

《合伙企业法》规定，有限合伙人可以将其在有限合伙企业中的财产份额出质。但是合伙协议另有约定的除外。所谓有限合伙人将其在有限合伙企业中的财产份额出质，是指有限合伙人以其在合伙企业中的财产份额对外进行权利质押。有限合伙人在有限合伙企业中的财产份额，是有限合伙人的财产权益，在有限合伙企业存续期间，有限合伙人可以对该财产权利进行一定的处分。有限合伙人将其在有限合伙企业中的财产份额进行出质，产生的后果仅仅是有限合伙企业的有限合伙人存在变更的可能，这对有限合伙企业的财产基础并无根本的影响。因此，有限合伙人可以按照《民法典》相关法律规定进行财产份额的出质。但是，有限合伙企业合伙协议可以对有限合伙人的财产份额出质作出约定，如有特殊约定的，应按特殊约定进行。

（二）有限合伙人财产份额转让

《合伙企业法》规定，有限合伙人可以按照合伙协议的约定向合伙人以外的人转让其在有限合伙企业中的财产份额，但应当提前30日通知其他合伙人。这是因为有限合伙人向合伙人以外的其他人转让其在有限合伙企业中的财产份额，并不影响有限合

企业债权人的利益。但是，有限合伙人对外转让其在有限合伙企业中的财产份额应当依法进行：一是要按照合伙协议的约定进行转让；二是应当提前30日通知其他合伙人。有限合伙人对外转让其在有限合伙企业的财产份额时，有限合伙企业的其他合伙人有优先购买权。

五、有限合伙人债务清偿的特殊规定

《合伙企业法》规定，有限合伙人的自有财产不足清偿其与合伙企业无关的债务的，该合伙人可以以其从有限合伙企业中分取的收益用于清偿；债权人也可以依法请求人民法院强制执行该合伙人在有限合伙企业中的财产份额用于清偿。人民法院强制执行有限合伙人的财产份额时，应当通知全体合伙人。在同等条件下，其他合伙人有优先购买权。由此，有限合伙人清偿其债务时，首先应当以自有财产进行清偿，只有自有财产不足清偿时，有限合伙人才可以使用其在有限合伙企业中分取的收益进行清偿，也只有在有限合伙人的自有财产不足清偿其与合伙企业无关的债务时，人民法院才可以应债权人请求强制执行该合伙人在有限合伙企业中的财产份额用于清偿。人民法院强制执行有限合伙人的财产份额时，应当通知全体合伙人，且在同等条件下，其他合伙人有优先购买权。

六、有限合伙企业入伙和退伙的特殊规定

（一）入伙

《合伙企业法》规定，新入伙的有限合伙人对入伙前有限合伙企业的债务，以其认缴的出资额为限承担责任。这里需要注意的是，在普通合伙企业中，新入伙的合伙人对入伙前合伙企业的债务承担连带责任，而在有限合伙企业中，新入伙的有限合伙人对入伙前有限合伙企业的债务，以其认缴的出资额为限承担责任。

（二）退伙

1. 有限合伙人当然退伙

《合伙企业法》规定，有限合伙人出现下列情形之一时当然退伙：（1）作为合伙人的自然人死亡或者被依法宣告死亡；（2）作为合伙人的法人或者其他组织依法被吊销营业执照、责令关闭、撤销，或者被宣告破产；（3）法律规定或者合伙协议约定合伙人必须具有相关资格而丧失该资格；（4）合伙人在合伙企业中的全部财产份额被人民法院强制执行。

2. 有限合伙人丧失民事行为能力的处理

《合伙企业法》规定，作为有限合伙人的自然人在有限合伙企业存续期间丧失民事行为能力的，其他合伙人不得因此要求其退伙。这是因为有限合伙人对有限合伙企业只进行投资，而不负责事务执行。作为有限合伙人的自然人在有限合伙企业存续期间丧失民事行为能力，并不影响有限合伙企业的正常生产经营活动，其他合伙人不能要求该丧失民事行为能力的合伙人退伙。

3. 有限合伙人继承人的权利

《合伙企业法》规定，作为有限合伙人的自然人死亡、被依法宣告死亡或者作为有限合伙人的法人及其他组织终止时，其继承人或者权利承受人可以依法取得该有限合伙人在有限合伙企业中的资格。

4. 有限合伙人退伙后的责任承担

《合伙企业法》规定，有限合伙人退伙后，对基于其退伙前的原因发生的有限合伙企业债务，以其退伙时从有限合伙企业中取回的财产承担责任。

七、合伙人性质转变的特殊规定

《合伙企业法》规定，除合伙协议另有约定外，普通合伙人转变为有限合伙人，或者有限合伙人转变为普通合伙人，应当经全体合伙人一致同意。有限合伙人转变为普通合伙人的，对其作为有限合伙人期间有限合伙企业发生的债务承担无限连带责任。普通合伙人转变为有限合伙人的，对其作为普通合伙人期间合伙企业发生的债务承担无限连带责任。

第四节 合伙企业的解散和清算

一、合伙企业的解散

合伙企业的解散，是指各合伙人解除合伙协议，合伙企业终止活动。

根据《合伙企业法》的规定，合伙企业有下列情形之一的，应当解散：（1）合伙期限届满，合伙人决定不再经营；（2）合伙协议约定的解散事由出现；（3）全体合伙人决定解散；（4）合伙人已不具备法定人数满30天；（5）合伙协议约定的合伙目的已经实现或者无法实现；（6）依法被吊销营业执照、责令关闭或者被撤销；（7）法律、行政法规规定的其他原因。

二、合伙企业的清算

合伙企业解散的，应当进行清算。根据《合伙企业法》和《市场主体登记管理条例》，合伙企业清算应当遵守以下规定：

（一）确定清算人或清算组

合伙企业解散，应当由清算人进行清算。清算人由全体合伙人担任；经全体合伙人过半数同意，可以自合伙企业解散事由出现后15日内指定一个或者数个合伙人，或者委托第三人担任清算人。自合伙企业解散事由出现之日起15日内未确定清算人的，合伙人或者其他利害关系人可以申请人民法院指定清算人。

（二）清算人的职责

清算人在清算期间执行下列事务：（1）清理合伙企业财产，分别编制资产负债表和财产清单；（2）处理与清算有关的合伙企业未了结事务；（3）清缴所欠税款；（4）清理债权、债务；（5）处理合伙企业清偿债务后的剩余财产；（6）代表合伙企业参加诉讼或者仲裁活动。

（三）通知和公告债权人

清算人自被确定之日起10日内将合伙企业解散事项通知债权人，将清算人成员、清算人的负责人名单通过国家企业信用信息公示系统公告，并于60日内在报纸上公告。清算人可以通过国家企业信用信息公示系统发布债权人公告。债权人应当自接到通知书之日起30日内，未接到通知书的自公告之日起45日内，向清算人申报债权。债权人申报债权，应当说明债权的有关事项，并提供证明材料。清算人应当对债权进行登记。清算期间，合伙企业存续，但不得开展与清算无关的经营活动。

（四）财产清偿顺序

合伙企业财产在支付清算费用和职工工资、社会保险费用、法定补偿金以及缴纳所欠税款、清偿债务后的剩余财产，依照《合伙企业法》关于利润分配和亏损分担的规定进行分配。

合伙企业财产清偿问题主要包括以下三方面的内容：

1. 合伙企业的财产首先用于支付合伙企业的清算费用

清算费用包括：

（1）管理合伙企业财产的费用，如仓储费、保管费、保险费等；

（2）处分合伙企业财产的费用，如聘任工作人员的费用等；

（3）清算过程中的其他费用，如通告债权人的费用、调查债权的费用、咨询费用、诉讼费用等。

2. 合伙企业的财产支付合伙企业的清算费用后的清偿顺序

合伙企业的财产支付合伙企业的清算费用后的清偿顺序依次为：合伙企业职工工资、社会保险费用和法定补偿金、缴纳所欠税款、清偿债务。其中，法定补偿金主要是指法律、行政法规和规章所规定的应当支付给职工的经济补偿金，如《中华人民共和国劳动法》规定的解除劳动合同的经济补偿金等。

3. 分配剩余财产

合伙企业财产依法清偿后仍有剩余时，对剩余财产依照《合伙企业法》的规定进行分配，即按照合伙协议的约定办理；合伙协议未约定或者约定不明确的，由合伙人协商决定；协商不成的，由合伙人按照实缴出资比例分配；无法确定出资比例的，由合伙人平均分配。

违反《合伙企业法》规定，应当承担民事赔偿责任和缴纳罚款、罚金，其财产不足以同时支付的，先承担民事赔偿责任。

（五）注销登记及公示

清算人应当自清算结束之日起30日内向登记机关申请注销登记。合伙企业申请注销登记前，应当依法办理分支机构注销登记。合伙企业未发生债权债务或者已将债权债务清偿完结，未发生或者已结清清偿费用、职工工资、社会保险费用、法定补偿金、应缴纳税款（滞纳金、罚款），并由全体投资人书面承诺对上述情况的真实性承担法律责任的，可以按照简易程序办理注销登记。合伙企业应当将承诺书及注销登记申请通过国家企业信用信息公示系统公示，公示期为20日。在公示期内无相关部门、债权人及其他利害关系人提出异议的，合伙企业可以于公示期届满之日起20日内向登记机关申请注销登记。合伙企业注销依法须经批准的，或者合伙企业被吊销营业执照、责令关闭、撤销，或者被列入经营异常名录的，不适用简易注销程序。人民法院裁定强制清算或者裁定宣告破产的，有关清算人、破产管理人可以持人民法院终结强制清算程序的裁定或者终结破产程序的裁定，直接向登记机关申请办理注销登记。

清算结束，清算人应当编制清算报告，经全体合伙人签名、盖章后，在15日内向企业登记机关报送清算报告，申请办理合伙企业注销登记。经企业登记机关注销登记，合伙企业终止。合伙企业注销后，原普通合伙人对合伙企业存续期间的债务仍应承担无限连带责任。

（六）合伙企业不能清偿到期债务的处理

合伙企业不能清偿到期债务的，债权人可以依法向人民法院提出破产清算申请，也可以要求普通合伙人清偿。合伙企业依法被宣告破产的，普通合伙人对合伙企业的债务仍应承担无限连带责任。

（七）清算人法律责任

（1）清算人未依照《合伙企业法》的规定向企业登记机关报送清算报告，或者报送清算报告隐瞒重要事实，或者有重大遗漏的，由企业登记机关责令改正。由此产生的费用和损失，由清算人承担和赔偿。

（2）清算人执行清算事务，牟取非法收入或者侵占合伙企业财产的，应当将该收入和侵占的财产退还合伙企业；给合伙企业或者其他合伙人造成损失的，依法承担赔偿责任。

（3）清算人违反《合伙企业法》的规定，隐匿、转移合伙企业财产，对资产负债表或者财产清单作虚假记载，或者在未清偿债务前分配财产，损害债权人利益的，依法承担赔偿责任。

第六章 公司法律制度

第一节 公司概述

公司是人们从事商业经营活动的主要企业组织形式。人们选择公司，是因为公司制度带来了投资、融资和商业经营上的便利。一般认为，现代商事公司通常具有以下五项特征：公司有独立于股东的法律地位、股东享有有限责任、股份可自由转让、管理层受任管理、股东按股份分享公司所有权。这些特征便利了商事组织向众多投资者募集资金。因此，各国商事企业中最重要的部分——向公众募集资本的上市企业基本上都采取了公司形式。同时，为了满足无公开筹资目的的企业的需求，公司法还提供了有限责任公司和非公众股份有限公司作为投资者的选项。有限责任公司和非公众股份有限公司的股权或股份通常有不同程度的转让限制或缺乏活跃的转让市场，股东较多参与经营管理，它们与向公众募集资本的上市企业在很多方面有所不同。

中华人民共和国成立后相当长时间内未制定公司法。20世纪70年代末改革开放以后，企业改革成为经济体制改革的中心问题。从国有企业试行"放权让利""承包制""租赁制"改革，到开展"股份制"试点，多种改革方案相继出台并得到不同程度的尝试。立法层面，国家按照所有制类型陆续制定全民所有制企业、集体所有制企业、私营企业等法律法规，颁布外商独资、中外合资、中外合营三部外资企业法。1992年，中央确立"社会主义市场经济体制"的改革目标，以"现代企业制度"作为企业改革方向。公司法的制定因此加快步伐。1993年12月29日，第八届全国人民代表大会常务委员会第五次会议通过《中华人民共和国公司法》（以下简称《公司法》），自1994年7月1日起施行。截至目前，该法经历4次修正、2次修订。最近一次大规模修订是2023年12月29日第十四届全国人民代表大会常务委员会第七次会议通过的第二次修订。此次修订后的《公司法》自2024年7月1日起施行。

一、公司的概念和特征

根据我国《公司法》和《民法典》的规定，公司是指股东承担有限责任的营利性法人。其特征有以下三点：

1. 公司是法人

公司具有民事权利能力和行为能力，法律地位独立于股东、管理人员和员工。除法律规定须经政府许可才能经营的项目外，公司可以自己名义从事章程设定并经登记的营业范围内的各种法律行为，行使民事权利。公司可以拥有自己的财产，与他人签订合同，包括为他人提供担保、对外投资等，可以起诉和应诉。公司以其全部财产对自己的债务承担责任。

公司拥有独立于股东的主体资格（也即法人资格），有其作为法人的权利能力和行为能力，意味着公司可以自己的名义拥有自己的财产、对外缔约、参与诉讼等。公司具有主体资格也意味着公司不会因为某些股东的离去而解散，可以永久存续。更重要的是，公司的财产与股东的财产因此而相互独立：公司的财产一般不得用于清偿股东的个人债务。这样，公司的财产就受到法律的保护，可以排除其股东债权人的清偿请求权，而专门运用于公司的营业目的。公司也因此可以自身拥有的财产独立承担民事责任。为了保证公司财产的独立性和稳定性，各国公司法通常都禁止股东在出资后撤回出资，在要求股东出资真实性的同时，也限制公司资产任意流回股东手中。《公司法》除了允许公司依法向股东分配利润外，只允许通过减资、解散清算等方式减少或者分配公司资产，严格限制公司向股东回购股权或者提供各种形式的财务资助。

2. 公司是营利性法人

《民法典》规定，以取得利润并分配给股东等出资人为目的而成立的法人，为营利法人。追求利润、实现营利，是企业的典型特征。因此，营利法人的概念与《公司法》使用的"企业法人"概念是相通的。

3. 公司股东通常承担有限责任

股东对公司的义务或责任，一般来讲即按照章程规定缴纳出资或者股款，除此之外，股东不承担公司的债务。《公司法》规定："公司以其全部财产对公司的债务承担责任。""有限责任公司的股东以其认缴的出资额为限对公司承担责任；股份有限公司的股东以其认购的股份为限对公司承担责任。"简而言之，股东除了对公司负有出资义务之外，并不对公司的债务承担责任。例外情况是，股东如滥用公司法人独立地位和股东有限责任，逃避债务，严重损害公司债权人利益，根据《公司法》的规定，则其有可能丧失有限责任保护（参见本章第二节"六、股东义务"相关内容）。

法人资格和有限责任制度的结合，使公司和股东在主体资格和财产上相分离，公司的债务风险不会由股东承担，股东自身的债务风险也不会影响公司经营。这种分离使投资公司风险可控，在很大程度上降低了公司的融资成本。股东由此可以通过组合投资的方式投资多家公司，分散投资风险，不用担心其他股东的债务风险，也不用担心其投资的某一个公司的债务风险影响到他投资的其他公司。

在法人资格和有限责任制度下，公司股份具有了不同程度的流动性。股份有限公司的股份通常是可以自由转让的，公众性股份有限公司的股份逐渐形成了一个活跃的股份交易市场，进而产生了现代资本市场。有限责任公司的股权在满足一定条件（主要是其他股东放弃优先购买权）后，也可以对外转让，从而使有限责任公司的股权也具有一定的流动性。

简要而言，我国《公司法》所规范的公司专指营利法人或者企业法人类的公司，不包括非营利法人或非企业类法人，也不包括非法人企业，如合伙企业、独资企业。

二、公司的类型

我国《公司法》规定了两种基本的公司类型：有限责任公司和股份有限公司。二者的主要区别在于：（1）在股东人数上，有限责任公司设立时股东不得超过50人，股份有限公司股东人数无上限；（2）在股权或股份流动性上，《公司法》规定有限责任公司股权对外转让受其他股东优先购买权制约，股份有限公司股份转让通常无此限制，转让相对便捷、自由；（3）股份有限公司可以依法公开发行股份募集资金，有限责任公司不可。综合而言，两种公司的区别集中体现在融资方式和股份流动性上。除此之外，二者在设立程序、出资要求、内部组织结构、分立、合并、解散、清算等方面区别不大。因此，企业选择有限责任公司抑或股份有限公司类型，多半是基于自身的融资需求而作出的选择。

在上述分类的基础上，鉴于国家作为出资人的特殊性，《公司法》专章规定了国家出资公司的组织机构规则。国家出资公司，包括国家出资的国有独资公司、国有资本控股的有限责任公司和股份有限公司（参见本章"第五节 国家出资公司组织机构的特别规定"相关内容）。

此外，还应了解本公司与分公司、母公司与子公司的基本划分。

公司可以设立分公司。分公司为本公司的分支机构。分公司没有自己的股东会、董事会等机构，只有本公司任命的负责人和其他管理人员。分公司不具有法人资格，其民事责任由设立该分公司的本公司承担。设立分公司的本公司，须向公司登记机关申请登记，领取营业执照。分公司具有经营资格，可以自己名义订立合同。依据《民事诉讼法》及其司法解释，分公司还可以自己名义参加民事诉讼。

母公司和子公司在法律上并无严格的定义。通常认为，对另一公司持有控制性股权的公司为母公司，而被控制者为子公司。《公司法》允许公司设立子公司，母、子公司互为独立法人，各自独立承担民事责任。为分散经营风险，实践中设立子公司乃至子公司之子公司（俗称"孙公司"），建立盘根错节的公司网络的现象极为普遍。

第二节 公司基本法律制度

本节以下内容介绍公司的基本法律制度，包括公司设立与登记制度、公司投资与担保制度、股东出资制度、股东资格与股东权利义务、公司管理者制度和公司决议制度。

一、公司设立与登记制度

（一）概述

公司的法人资格和股东的有限责任并非人们可以自然享有。只有具备法定条件的人，履行一定的程序，满足一定形式，才能享有这些法律上的资格和权利。这个过程就叫作"设立公司"或"公司设立"。

设立行为是公司成立的前奏。设立公司，应当依法向公司登记机关申请设立登记。

经发起人申请，公司获准登记、取得营业执照的，方告成立。成立意味着公司取得权利能力即法人资格。

公司设立过程中，发起人的活动主要是两个方面：一是形成公司资本，包括订立投资协议、认缴、实缴出资、对出资评估作价等；二是形成公司组织，包括制定章程、设定住所、设立组织机构、选举或任命组织机构成员等。股份有限公司和有限责任公司的具体设立条件与设立方式，将在第三节和第四节阐述。

（二）前置许可

依照法律的规定，有些公司需要在工商登记前获得某种或者某些行政许可。这些行政许可被称为"前置许可"。

许可可以分为两类：

一是公司设立许可，是指公司的设立本身就须事先获得政府主管部门许可。法律、行政法规规定设立公司必须报经批准的，应当在公司登记前依法办理批准手续。例如，设立证券公司应得到证券监管部门的许可；设立保险公司须获得保险监管部门的许可。

二是经营范围许可，是指公司仅就经营范围内的某个或若干个营业项目申请政府许可。公司经营范围中属于法律、行政法规规定须经批准的项目，应当依法获得批准。例如，公司有烟草销售项目的，须事先获得烟草管理部门批准；生产经营易燃易爆物品的，须经公安机关的审批。

依许可是否有数量限制，营业许可又可以分为普通许可和特别许可。凡是对获得许可者有数量限制的，称为特别许可；无数量限制的称为普通许可。

（三）登记制度

公司登记是指法定的登记机关对公司特定法律事实予以记录。在我国，公司登记机关是县级以上地方人民政府市场监督管理部门。公司登记事项包括：（1）名称；（2）住所；（3）注册资本；（4）经营范围；（5）法定代表人的姓名；（6）有限责任公司股东、股份有限公司发起人的姓名或者名称。

关于公司登记的法律效力，《公司法》规定，"公司登记事项未经登记或者未经变更登记，不得对抗善意相对人"。可见，公司登记的效力并非设定权利，也不是单纯的公示效力，而是对公司的"善意相对人"（即不知情的相对人）产生法律上的对抗效力。例如，公司内部虽然通过了变更其法定代表人的决议，但该事项并未依法做变更登记，此时该公司原法定代表人代表公司与某不知情的相对人订立合同。事后，该公司不得以原法定代表人已被撤职因而无代表权为由，针对该合同的善意相对人，主张不履行其合同义务。

公司登记事项应当依法公示。公司登记机关应当将上述登记事项通过国家企业信用信息公示系统向社会公示。此外，公司还应按照规定通过国家企业信用信息公示系统公示下列事项：（1）有限责任公司股东认缴和实缴的出资额、出资方式和出资日期，股份有限公司发起人认购的股份数；（2）有限责任公司股东、股份有限公司发起人的股权、股份变更信息；（3）行政许可取得、变更、注销等信息；（4）法律、行政法规规定的其他信息。公司应当确保前款公示信息真实、准确、完整。《公司法》要求公司登记机关，优化公司登记办理流程，提高公司登记效率，加强信息化建设，推行网上办理等便捷方式，提升公司登记便利化水平。

公司登记包括设立登记、变更登记和注销登记。除《公司法》对公司登记作出规定外，国务院市场监督管理部门有权根据《公司法》和有关法律、行政法规的规定，制定公司登记注册的具体办法。

申请设立公司，申请人应当向公司登记机关提交设立登记申请书、公司章程等文件，提交的相关材料应当真实、合法和有效。申请材料不齐全或者不符合法定形式的，公司登记机关应当一次性告知需要补正的材料。虚报注册资本、提交虚假材料或者采取其他欺诈手段隐瞒重要事实取得公司设立登记的，公司登记机关应当依照法律、行政法规的规定予以撤销。

根据国务院《市场主体登记管理条例》，公司的下列事项还应当向登记机关办理备案：（1）公司章程；（2）经营期限；（3）有限责任公司股东或者股份有限公司发起人认缴的出资数额、缴付期限和出资方式；（4）公司董事、监事、高级管理人员；（5）公司登记联络员、外商投资企业法律文件送达接受人；（6）公司受益所有人相关信息；（7）法律、行政法规规定的其他事项。

公司登记申请人可以委托其他自然人或者中介机构代其办理登记。登记机关应当对申请材料进行形式审查。登记申请不符合法律、行政法规规定，或者可能危害国家安全、社会公共利益的，登记机关不予登记并说明理由。公司设立分支机构，应当向分支机构所在地的登记机关申请登记。法律、行政法规或者国务院决定规定设立公司须经批准的，应当在批准文件有效期内向登记机关申请登记。

登记机关依法准予登记的，应当向公司签发营业执照。营业执照签发日期为公司的成立日期。公司营业执照应当载明公司的名称、住所、注册资本、经营范围、法定代表人姓名等事项。营业执照分为正本和副本，具有同等法律效力。公司登记机关可以发给电子营业执照。电子营业执照与纸质营业执照具有同等法律效力。公司应当将营业执照置于主要经营场所的醒目位置。从事电子商务经营的公司应当在其首页显著位置持续公示营业执照信息或者相关链接标识。任何单位和个人不得伪造、涂改、出租、出借、转让营业执照。营业执照遗失或者毁坏的，公司应当通过国家企业信用信息公示系统声明作废，申请补领。登记机关依法作出变更登记、注销登记和撤销登记决定的，公司应当缴回营业执照。拒不缴回或者无法缴回营业执照的，由登记机关通过国家企业信用信息公示系统公告营业执照作废。

登记申请人应当对提交材料的真实性、合法性和有效性负责。提交虚假材料或者采取其他欺诈手段隐瞒重要事实取得公司登记的，受虚假登记影响的自然人、法人和其他组织可以向登记机关提出撤销公司登记的申请。登记机关受理申请后，应当及时开展调查。经调查认定存在虚假登记情形的，登记机关应当撤销登记。相关公司和人员无法联系或者拒不配合的，登记机关可以将相关公司的登记时间、登记事项等通过国家企业信用信息公示系统向社会公示，公示期为45日。相关公司及其利害关系人在公示期内没有提出异议的，登记机关可以撤销登记。因虚假登记被撤销的公司，其直接责任人自登记被撤销之日起3年内不得再次申请公司登记，登记机关应当通过国家企业信用信息公示系统对此予以公示。登记机关或者其上级机关认定撤销公司登记决定错误的，可以撤销该决定，恢复原登记状态，并通过国家企业信用信息公示系统公示。

公司申请变更登记，应当向公司登记机关提交公司法定代表人签署的变更登记申请书、依法作出的变更决议或者决定等文件。公司应当自作出变更决议、决定或者法定变更事项发生之日起 30 日内向登记机关申请变更登记。公司变更登记事项属于依法须经批准的，申请人应当在批准文件有效期内向登记机关申请变更登记。公司变更登记事项涉及修改公司章程的，应当提交修改后的公司章程。公司变更法定代表人的，变更登记申请书由变更后的法定代表人签署。公司变更经营范围，属于依法须经批准的项目的，应当自批准之日起 30 日内申请变更登记。许可证或者批准文件被吊销、撤销或者有效期届满的，应当自许可证或者批准文件被吊销、撤销或者有效期届满之日起 30 日内向登记机关申请变更登记或者办理注销登记。公司变更住所或者主要经营场所跨登记机关辖区的，应当在迁入新的住所或者主要经营场所前，向迁入地登记机关申请变更登记。迁出地登记机关无正当理由不得拒绝移交市场主体档案等相关材料。公司变更备案事项的，应当自作出变更决议、决定或者法定变更事项发生之日起 30 日内向登记机关办理备案。

因自然灾害、事故灾难、公共卫生事件、社会安全事件等原因造成经营困难的，公司可以自主决定在一定时期内歇业，法律、行政法规另有规定的除外。公司应当在歇业前向登记机关办理备案。登记机关通过国家企业信用信息公示系统向社会公示歇业期限、法律文书送达地址等信息。公司歇业的期限最长不得超过 3 年。公司在歇业期间开展经营活动的，视为恢复营业，公司应当通过国家企业信用信息公示系统向社会公示。公司歇业期间，可以以法律文书送达地址代替住所或者主要经营场所。

公司因解散、被宣告破产或者其他法定事由需要终止的，应当依法向公司登记机关申请注销登记，由公司登记机关公告公司终止。

公司当事人违反登记法规须承担相应的法律责任。（1）未经设立登记而以公司名义从事经营活动的，由登记机关责令改正，没收违法所得；拒不改正的，处 1 万元以上 10 万元以下的罚款；情节严重的，依法责令关闭停业，并处 10 万元以上 50 万元以下的罚款。（2）提交虚假材料或者采取其他欺诈手段隐瞒重要事实取得公司登记的，由登记机关责令改正，没收违法所得，并处 5 万元以上 20 万元以下的罚款；情节严重的，处 20 万元以上 100 万元以下的罚款，吊销营业执照。（3）公司未依法变更登记的，由登记机关责令改正；拒不改正的，处 1 万元以上 10 万元以下的罚款；情节严重的，吊销营业执照。（4）公司未依法办理备案的，由登记机关责令改正；拒不改正的，处 5 万元以下的罚款。（5）公司未依法将营业执照置于主要经营场所醒目位置的，由登记机关责令改正；拒不改正的，处 3 万元以下的罚款。从事电子商务经营的公司未在其首页显著位置持续公示营业执照信息或者相关链接标识的，由登记机关依照《电子商务法》处罚。（6）公司伪造、涂改、出租、出借、转让营业执照的，由登记机关没收违法所得，处 10 万元以下的罚款；情节严重的，处 10 万元以上 50 万元以下的罚款，吊销营业执照。

（四）公司设立行为法律后果的承担

当设立公司的股东为数人时，他们基于设立合同或者投资协议而形成人的组合，实施设立事务；设立时的股东为一人时，该股东就是设立事务的实施人。这个阶段的主要法律问题是，设立时的股东以设立中公司或者以自己名义为设立公司之目的而从事的民事活动，法律后果由谁承受。

设立时股东如果以设立中公司的名义，为设立公司实施各种民事活动，根据《公司法》的规定，此类民事活动的法律后果由公司承受。公司未成立的，法律后果由公司设立时的股东承受；设立时的股东为二人以上的，享有连带债权，承担连带债务。

设立时的股东如果以自己名义为设立公司之目的而从事民事活动，根据《公司法》的规定，此类民事活动产生的民事责任，第三人有选择权，可以请求公司承担，也可以请求公司设立时的股东承担。

公司设立过程中，股东可能因实施设立行为而对他人造成侵权。相关的侵权责任同样应当按照上述规则承担。在公司内部或者设立时的股东内部，有过错的股东应当对公司或无过错股东对外承担的民事责任负终局责任。《公司法》规定，设立时的股东因履行公司设立职责造成他人损害的，公司或者无过错的股东承担赔偿责任后，可以向有过错的股东追偿。

二、公司投资与担保制度

出于控制经营风险，保全公司资产的目的，《公司法》对公司对外投资和提供担保的能力施加了一定限制。

（一）对外投资的限制

《公司法》规定：公司可以向其他企业投资。这是一般规则。如果法律禁止特定类型的公司成为对所投资企业的债务承担连带责任的出资人，则从其规定。例如，《合伙企业法》规定，国有独资公司、国有企业、上市公司等不得投资于合伙企业成为普通合伙人。依照该规定，国有独资公司、国有企业、上市公司投资于合伙企业时仅得作为有限合伙人，因为有限合伙人无须对合伙企业债务承担连带责任。

此外，《公司法》还规定，公司向其他企业投资，按照公司章程的规定，由董事会或者股东会决议；公司章程对投资的总额及单项投资的数额有限额规定的，不得超过规定的限额。

（二）担保的限制

根据《公司法》的规定，公司为他人提供担保，按照公司章程的规定，由董事会或者股东会决议；公司章程对担保的总额或者单项担保的数额有限额规定的，不得超过规定的限额。公司为公司股东或者实际控制人提供担保的，应当经股东会决议。上述接受担保的股东或者受上述实际控制人支配的股东不得参加上述事项的表决。该项表决由出席会议的其他股东所持表决权的过半数通过。

根据该条规定，公司对外担保不是法定代表人或者董事、高级管理人员所能单独决定的事项，必须以公司股东会、董事会等公司机关的决议作为授权的基础和来源。法定代表人或其他负责人未经授权擅自为他人提供担保的，构成"越权代表"。因担保合同效力发生纠纷的，法院应当根据《民法典》第五百零四条关于法定代表人越权代表的规定，区分订立合同时债权人是否善意，认定代表行为的效力：债权人善意的，代表行为有效；反之，代表行为无效。

债权人善意，是指债权人不知道或者不应当知道法定代表人超越权限订立担保合同。

《公司法》对关联担保和非关联担保的决议机关作出了区别规定，相应地，在善意的判断标准上也应当有所区别。一种情形是，为公司股东或者实际控制人提供关联担保，《公司法》明确规定应当由股东会决议，未经股东会决议，构成越权代表。在此情况下，债权人主张担保合同有效，应当提供证据证明其在订立合同时审查了股东会决议，决议的表决程序符合《公司法》规定，在排除被担保股东（及被担保实际控制人支配的股东）表决权的情况下，该项表决由出席会议的其他股东所持表决权的过半数通过，签字人员也符合公司章程的规定。另一种情形是，公司为公司股东或者实际控制人以外的人提供非关联担保，根据《公司法》的规定，此时由公司章程规定是由董事会决议还是股东会决议。无论章程是否对决议机关作出规定，也无论章程规定决议机关为董事会还是股东会，根据《民法典》第六十一条第三款关于"法人章程或者法人权力机构对法定代表人代表权的限制，不得对抗善意相对人"的规定，只要债权人能够证明其在订立担保合同时对董事会决议或者股东会决议进行了审查，同意决议的人数及签字人员符合公司章程的规定，就应当认定其构成善意，但公司能够证明债权人明知公司章程对决议机关有明确规定的除外。

债权人对公司机关决议内容的审查一般限于形式审查，只要求尽到必要的注意义务即可，标准不宜太过严苛。公司以机关决议系法定代表人伪造或者变造、决议程序违法、签章（名）不实、担保金额超过法定限额等事由抗辩债权人非善意的，法院一般不予支持。但是，公司有证据证明债权人明知决议系伪造或者变造的除外。

三、股东出资制度

股东出资是公司形成初始资本和持续获得权益投资的来源。根据《公司法》的规定，有限责任公司的注册资本为在公司登记机关登记的全体股东认缴的出资额；股份有限公司的注册资本为在公司登记机关登记的已发行股份的股本总额。

股东出资制度在我国历经变迁。1993年《公司法》最初规定了注册资本实缴制度，对于股东的出资的金额、构成比例等有较多限制，要求所有出资一次实缴到位。2005年修订的《公司法》实行两年期限的认缴制，股东可以在初次实缴出资后的两年内缴足其余出资。《公司法》于2013年修正后，实行股东自由约定出资期限的认缴制，一般性地取消了注册资本最低限额要求、首次出资比例要求、实缴出资的期限要求、货币出资的比例要求以及强制验资制度。2023年修订的《公司法》又对有限责任公司出资期限加以限定，规定了5年的出资期限，并规定股东在特定情形下应当提前履行其出资义务。

（一）出资的含义

在我国《公司法》中，"出资"既做名词用，又做动词用。作为名词的"出资"，是指股东投入公司交换股权的各种财产。名词含义的出资实际上是指出资财产或者出资额。作为动词的"出资"有两种含义：一是指认缴出资或者认购股份，即出资人之间或者出资人与公司之间就认缴出资或者认购股份达成了意思一致，出资人愿意向公司投入一定金额财产从而获得股东资格，其他出资人或者公司表示同意；二是指实缴出资，即出资人按照出资协议的约定或公司章程记载的认缴出资额或认购股份数，并依约定时间将出资财产的权属移转给公司。因此，出资额（或出资比例）进而又可分为认缴的出资额（或出资比例）和实缴的出资额（或出资比例）。

（二）出资的法律效果

1. 认缴出资或者认购股份的法律效果

有限责任公司的出资人认缴出资的法律效果是：（1）出资人对公司负担实缴出资的义务。出资人应当按期足额缴纳公司章程所规定的其所认缴的出资额，未履行或未全面履行实缴出资义务，须在一定条件下对公司债务承担补充清偿责任。公司清算（包括自愿清算、强制清算和破产清算）时，公司因股东未缴纳出资而享有的对股东之债权应列为清算财产。股东未缴纳的出资，是指股东已认缴而未实缴的出资，包括到期应缴而未缴和出资期限未至的出资。（2）出资人认足章程规定的出资后，始有资格向登记机关申请公司设立登记。（3）公司成立后，公司有义务向出资人签发出资证明书、设置股东名册，出资人正式成为股东，可依股东名册主张行使股东权利。但有些股东权利只能按照实缴出资比例行使，如盈余分配权、增资优先认缴权，除非全体股东另有约定。

设立股份有限公司，发起人和认股人认购股份后，应当一次性缴足股款。发起人完成出资、募资并验资之后，应按时召开成立大会，审议筹办情况、通过公司章程、选举产生董事会、监事会；随后，董事会应按时向公司登记机关申请设立登记。

2. 实缴出资的法律效果

实缴出资的法律效果是，原属股东的货币转归公司所有，原属股东的非货币财产的财产权移转至公司。

（三）出资方式

1. 出资方式

根据《公司法》的规定，股东可以用货币出资，也可以用实物、知识产权、土地使用权、股权、债权等可以用货币估价并可以依法转让的非货币财产作价出资；但是，法律、行政法规规定不得作为出资的财产除外。依《市场主体登记管理条例》的规定，不得作为出资的财产包括：劳务、信用、自然人姓名、商誉、特许经营权或者设定担保的财产。

2. 非货币财产的评估作价

《公司法》规定，对作为出资的非货币财产应当评估作价，核实财产，不得高估或者低估作价。法律、行政法规对评估作价有规定的，从其规定。

实践中经常有非货币财产出资并未依法律要求评估的情况。最高人民法院认为不宜一概否认出资的效力，而应当给予补正的机会。公司法司法解释规定：出资人以非货币财产出资，未依法评估作价，公司、其他股东或者公司债权人请求认定出资人未履行出资义务的，人民法院应当委托具有合法资格的评估机构对该财产评估作价。评估确定的价额显著低于公司章程所定价额的，人民法院应当认定出资人未依法全面履行出资义务。出资人以符合法定条件的非货币财产出资后，因市场变化或者其他客观因素导致出资财产贬值，公司、其他股东或者公司债权人则无权请求该出资人承担补足出资责任。当事人另有约定的除外。

（四）出资期限

1. 一般期限

出资期限是指股东认缴出资之日至应当实缴出资之日的期间。它是股东和公司为灵活安排股东出资实缴时间所做规定的期限。《公司法》规定，有限责任公司全体股东认缴的出资额由股东按照公司章程的规定自公司成立之日起5年内缴足。法律、行政法规以及国务院决定对有限责任公司注册资本实缴、注册资本最低限额、股东出资期限另有规定的，从其规定。有限责任公司增加注册资本时，股东认缴新增资本的出资，依照本法设立有限责任公司缴纳出资的有关规定执行。5年出资期限的规定是2023年修订《公司法》的新增规则，该法于2024年7月1日起施行。依新修订的《公司法》，股份有限公司实行出资实缴制，故在新法施行后成立的股份有限公司无出资期限问题。对于该法施行前已经设定长于5年出资期限的公司，《公司法》规定了新旧转换的基本原则，即"本法施行前已登记设立的公司，出资期限超过本法规定的期限的，除法律、行政法规或者国务院另有规定外，应当逐步调整至本法规定的期限以内；对于出资期限、出资额明显异常的，公司登记机关可以依法要求其及时调整。具体实施办法由国务院规定"。

2. 加速到期

出资期限使股东获得实缴出资的缓冲期，但公司有可能在股东出资期限届至前缺乏资金清偿债务。为更好地保护公司债权人利益，降低债权投资的风险，《公司法》规定，公司不能清偿到期债务的，公司或者已到期债权的债权人有权要求已认缴出资但未届出资期限的股东提前缴纳出资。需要注意的是，股东依上述规定提前向公司缴纳出资，并不是因为股东违反了出资义务。根据《公司法》该条的文义表述，股东应将出资缴纳至公司，而不是直接向公司债权人承担赔偿责任。股东提前缴资的适用条件是"公司不能清偿到期债务"。该条件是指公司未履行或未全面履行债务，无须达到《企业破产法》所规定的破产标准，也无须公司债权人对公司先行采取强制执行措施。

（五）出资义务的履行

股东是否履行出资义务包括两个层面的问题：第一，股东出资是否依照章程的规定按期缴纳；第二，实缴出资的财产形态、金额、价值等是否与股东认缴出资时的承诺一致。

股东是否全面履行缴纳出资的义务，主要看股东出资的财产权是否依照章程的规定依法转移至公司。股东以货币出资的，应当将货币足额存入公司银行账户；以非货币财产出资的，如动产、土地使用权、知识产权、股权、债权等，应当依法办理将财产权移转至公司的手续。

出资人以房屋、土地使用权或者需要办理权属登记的知识产权等财产出资，已经交付公司使用但未办理权属变更手续的，公司法司法解释规定，当公司、其他股东或者公司债权人主张认定出资人未履行出资义务的，人民法院应当责令当事人在指定的合理期间内办理权属变更手续；在前述期间内办理了权属变更手续的，人民法院应当认定其已经履行了出资义务；出资人主张自其实际交付财产给公司使用时享有相应股东权利的，人民法院应予支持。出资人已经就前述财产出资，办理权属变更手续但未交付给公司使用，公司或者其他股东主张其向公司交付、并在实际交付之前不享有相应股东权利的，人民法院应予支持。

对于出资财产存在权利瑕疵的，出资人有义务予以补正。例如，出资人以划拨土地使用权或者设定权利负担（如担保）的土地使用权出资的，公司法司法解释规定，公司、其他股东或者公司债权人就上述出资，主张认定出资人未履行出资义务的，人民法院应当责令当事人在指定的合理期间内办理土地变更手续或者解除权利负担；逾期未办理或者未解除的，人民法院应当认定出资人未依法全面履行出资义务。

出资人以其不享有处分权的财产出资，当事人之间对于出资行为效力产生争议的，应当按照《民法典》所规定的无权处分规则处理：即该出资行为并非一概无效，公司只要符合善意取得条件，即可取得该财产的所有权。这些条件包括：（1）公司受让该不动产或者动产时是善意的，即公司不知道出资人对该财产无处分权；（2）公司以合理的价格受让；（3）转让的不动产或者动产依照法律规定应当登记的已经登记，不需要登记的已经交付给受让人。适用上述规则有利于维持公司资产稳定，保护交易安全。此时，公司取得财产所有权，原所有权人只能要求无权处分的出资人赔偿损失。

公司如果不符合善意取得条件，原所有权人则有权取回该财产，此时应当认定出资人未履行出资义务。

出资人以贪污、受贿、侵占、挪用等违法犯罪所得的货币出资后取得股权的，司法机关对违法犯罪行为予以追究、处罚时，应当采取拍卖或者变卖的方式处置其股权。这一规定旨在避免将出资财产直接从公司抽出，而是采取将出资财产所形成的股权折价补偿受害人损失的方法，以维持公司资本、保护公司债权人利益。

股东实缴出资的财产形态、金额等是否与股东认缴出资时的承诺一致，一方面通过非货币财产出资的评估作价予以事前约束，另一方面通过规定股东违反出资义务应承担相应责任的一系列规则予以事后制约。

（六）违反出资义务的责任

股东违反出资义务，包括未履行或未全面履行出资义务，可能表现为：股东未按章程规定缴纳出资（如迟延缴纳、实际价额不足等）；公司设立时股东以非货币财产出资，公司成立后发现其出资的实际价额低于章程所定价额；公司成立后，以非货币财产向公司增资的股东，其出资的实际价额低于章程所定价额等。抽逃出资也属于股东违反出资义务，只是抽逃出资行为的发生时间通常在公司成立之后。

股东违反出资义务，可能引发其对公司或者其他股东的民事责任，也可能导致其对公司债权人承担一定的民事责任。对违反出资义务的股东，公司有权限制其股东权利，甚至解除其股东资格。公司成立后，如果在增资过程中出现股东违反出资义务的情形，相关董事、监事、高级管理人员可能承担相应责任。分述如下：

（1）继续履行出资义务。股东未履行或者未全面履行出资义务，公司或者其他股东请求其向公司依法全面履行出资义务的，人民法院应予支持。《公司法》规定，公司设立时，股东未按照公司章程规定实际缴纳出资，或者实际出资的非货币财产的实际价额显著低于所认缴的出资额的，设立时的其他股东与该股东在出资不足的范围内承担连带责任。

（2）董事会催缴、股东失权。《公司法》规定：公司成立后，董事会应当对股东的出资情况进行核查,发现股东未按期足额缴纳公司章程规定的出资的,应当由公司向该股东发出书面催缴书,催缴出资。未及时履行上述义务,给公司造成损失的,负有责任的董事应当承担赔偿责任。股东未按照公司章程规定的出资日期缴纳出资,公司依法发出书面催缴书催缴出资的,可以载明缴纳出资的宽限期;宽限期自公司发出催缴书之日起,不得少于60日。宽限期届满,股东仍未履行出资义务的,公司经董事会决议可以向该股东发出失权通知,通知应当以书面形式发出。自通知发出之日起,该股东丧失其未缴纳出资的股权。依照上述规定丧失的股权应当依法转让,或者相应减少注册资本并注销该股权;六个月内未转让或者注销的,由公司其他股东按照其出资比例足额缴纳相应出资。股东对失权有异议的,应当自接到失权通知之日起30日内,向人民法院提起诉讼。

(3) 股东权利受限、股东资格解除。公司法司法解释规定:①股东未履行或者未全面履行出资义务或者抽逃出资,公司根据公司章程或者股东会决议对其利润分配请求权、新股优先认购权、剩余财产分配请求权等股东权利作出相应的合理限制,该股东请求认定该限制无效的,人民法院不予支持。②有限责任公司的股东未履行出资义务或者抽逃全部出资,经公司催告缴纳或者返还,其在合理期间内仍未缴纳或者返还出资,公司以股东会决议解除该股东的股东资格,该股东请求确认该解除行为无效的,人民法院不予支持。在解除股东资格的情形下,人民法院在判决时应当释明,公司应当及时办理法定减资程序或者由其他股东或者第三人缴纳相应的出资。在办理法定减资程序或者其他股东或者第三人缴纳相应的出资之前,公司债权人依照司法解释相关规定(即以下第(4)项、第(5)项所述)请求负有责任的股东、董事、高级管理人员等承担相应责任的,人民法院应予支持。

(4) 补充清偿责任。股东违反出资义务而公司又不能偿还债务的,公司债权人有权请求该股东在一定范围内承担清偿责任。公司法司法解释规定,股东未履行或者未全面履行出资义务,公司债权人请求未履行或者未全面履行出资义务的股东在未出资本息范围内对公司债务不能清偿的部分承担补充赔偿责任的,人民法院应予支持;未履行或者未全面履行出资义务的股东已经承担上述责任,其他债权人提出相同请求的,人民法院不予支持。

股东在公司设立时未履行或者未全面履行出资义务,依照上款规定提起诉讼的公司债权人,请求公司的发起人与被告股东承担连带责任的,人民法院应予支持;公司的发起人承担责任后,可以向被告股东追偿。

(5) 董事、高级管理人员责任。公司成立后,如在增资过程中出现股东违反出资义务的情形,相关董事、高级管理人员可能承担相应责任。公司法司法解释规定,股东在公司增资时未履行或者未全面履行出资义务的,公司、其他股东或者公司债权人请求未尽忠实义务和勤勉义务而使出资未缴足的董事、高级管理人员承担相应责任的,人民法院应予支持;董事、高级管理人员承担责任后,可以向被告股东追偿。

(6) 股权转让后的出资责任。有限责任公司股东转让已认缴出资但未届出资期限的股权的,由受让人承担缴纳该出资的义务;受让人未按期足额缴纳出资的,转让人对受让人未按期缴纳的出资承担补充责任。未按照公司章程规定的出资日期缴纳出资或者作为出资的非货币财产的实际价额显著低于所认缴的出资额的股东转让股权的,转让人与受让人在出资不足的范围内承担连带责任；受让人不知道且不应当知道存在上述情形的，由转让人承担责任。

（7）名义股东与实际出资人不符的，名义股东不得以其为名义股东为由对抗公司债权人。公司法司法解释规定，如果公司债权人以登记于公司登记机关的股东未履行出资义务为由，请求其对公司债务不能清偿的部分在未出资本息范围内承担补充赔偿责任，股东以其仅为名义股东而非实际出资人为由进行抗辩的，人民法院不予支持。但是，名义股东在承担相应的赔偿责任后，向实际出资人追偿的，人民法院应予支持。

但是，冒用他人名义出资并将该他人作为股东在公司登记机关登记的，被冒名人并非上述"名义股东"，冒名登记行为人应当承担相应责任；公司、其他股东或者公司债权人以未履行出资义务为由，请求被冒名登记为股东的承担补足出资责任或者对公司债务不能清偿部分的赔偿责任的，人民法院不予支持。

（8）抽逃出资的责任。为了确保公司资产稳定，保持公司持续经营和清偿债务的能力，《公司法》规定，只有在特定条件下公司才可以从股东处回购股份或者股权。公司成立后，股东不得抽逃出资。违反上述规定的股东应当返还抽逃的出资；给公司造成损失的，负有责任的董事、监事、高级管理人员应当与该股东承担连带赔偿责任。

公司法司法解释规定，在公司成立后，存在下列情形且损害公司权益的，可以认定该股东抽逃出资：①通过虚构债权债务关系将其出资转出；②制作虚假财务会计报表虚增利润进行分配；③利用关联交易将出资转出；④其他未经法定程序将出资抽回的行为。审判实践中，人民法院认定股东抽逃出资的行为还可能有：公司在减少注册资本时，故意不通知已知债权人，致使债权人在公司向股东返还出资财产前无法请求公司向其清偿债务或者提供担保；公司不符合分配利润的法定条件而直接向股东支付"股利"，尤其是支付固定收益；股东之间转让股权而公司为其提供担保等。不过，司法解释规定抽逃出资须以"损害公司权益"为条件，但"损害公司权益"的认定在审判实践中常常出现分歧意见，而且股东与公司之间直接或间接的交易形形色色、变化莫测，由此导致抽逃出资的认定仍然存在较大不确定性。

股东抽逃出资的责任类似于股东未履行或者未全面履行出资义务的责任。对抽逃出资的股东，公司或者其他股东可请求其向公司返还出资本息，还可要求协助抽逃出资的其他股东、董事、监事、高级管理人员或者实际控制人对此承担连带责任。

公司债权人也可请求抽逃出资的股东在抽逃出资本息范围内对公司债务不能清偿的部分承担补充赔偿责任，并要求协助抽逃出资的其他股东、董事、监事、高级管理人员或者实际控制人对此承担连带责任。该责任只能追究一次。因此，当债权人已经提出此类请求，抽逃出资的股东已经在抽逃出资本息范围内承担上述责任后，其他债权人提出相同请求的，人民法院不再予以支持。

（9）最后，股东承担以上违反出资义务的民事责任，不适用诉讼时效抗辩。公司法司法解释规定，公司股东未履行或者未全面履行出资义务或者抽逃出资，公司或者其他股东请求其向公司全面履行出资义务或者返还出资，被告股东不得以诉讼时效为由进行抗辩。

公司债权人的债权未过诉讼时效期间，其请求未履行或者未全面履行出资义务或者抽逃出资的股东承担赔偿责任，被告股东也不得以出资义务或者返还出资义务超过诉讼时效期间为由进行抗辩。

四、股东资格确认

有限责任公司与股份有限公司均涉及股东何时取得股东资格、如何证明自己的股东资格以及因股权或股份代持等原因产生的实际出资人与名义股东问题。

（一）有限责任公司

在有限责任公司，股东向公司认缴出资后，就成为公司的股东，享有相应的权利。公司应当向股东签发出资证明书、将股东的名称在相关文件上登记记载等。这些事项实际上也是公司对股东的义务。当公司未尽上述义务时，股东有权提起诉讼要求公司履行该义务。

在商事实践中，由于各种原因公司相关文件中记名为股东的人（显名股东或名义股东）与真正投资人（隐名股东或实际出资人）相分离的情形并不鲜见，双方有时会就股权投资收益的归属发生争议。如果名义股东与实际出资人约定由名义股东出面行使股权，但由实际出资人享受投资权益，这属于双方间的自愿约定，如无其他违法情形，该约定应确认有效，实际出资人可依照合同约定向名义股东主张相关权益。

《公司法》规定，有限责任公司"记载于股东名册的股东，可以依股东名册主张行使股东权利"，是指显名股东（即记名人）依据股东名册的记名来向公司主张权利或向公司提出抗辩，该记名不是显名股东对抗实际出资人的依据。公司法司法解释规定："实际出资人与名义股东因投资权益的归属发生争议，实际出资人以其实际履行了出资义务为由向名义股东主张权利的，人民法院应予支持。名义股东以公司股东名册记载、公司登记机关登记为由否认实际出资人权利的，人民法院不予支持。"

在实际出资人与名义股东之间，实际出资人的投资权益应当依双方合同确定并依法保护。但如果实际出资人请求公司变更股东、签发出资证明书、记载于股东名册、记载于公司章程并办理公司登记机关登记等，此时实际出资人的要求就已经突破了前述双方合同的范围，实际出资人将从公司外部进入公司内部、成为公司的成员。此时，应当参照《公司法》关于有限责任公司股权转让的规定处理。

《公司法》规定股东姓名或名称未在公司登记机关登记的，不得对抗善意相对人。所以第三人凭借对公司登记内容的善意信赖，一般可以合理地推定登记的股东（即显名或名义股东）即真实股东，可以接受该名义股东对股权的处分，实际出资人不能主张处分行为无效。如果第三人明知该名义股东不是实际出资的股东，股权应归属于实际出资人，那么，该第三人就不属于《公司法》所称的"善意相对人"，公司有权主张该第三人与名义股东之间的股权转让不发生权属变动的法律效果。

（二）股份有限公司

在股份有限公司，依《公司法》的规定，公司发行的股票均应为记名股票，"股票是公司签发的证明股东所持股份的凭证"。传统上，股票通常采取纸面形式。目前，股票已不限于纸面形式，更多地以电子簿记形式存在。上市公司和非上市公众公司的股份，采取电子簿记形式，集中登记、存管于专门的证券登记结算机构。其他不同时期成立的非上市、非公众股份有限公司也几乎没有发行纸面股票的。这些公司有些将股份登记、存管于区域性的股权交易所、产权交易所等类似机构，有些自行造册、记录。它们的股东用以证明股份的凭证可能是股权证、发起人协议、增资扩股协议或者收款收据等。根据中国证监会《上市公司章程指引》，个人股东出席上市公司股东会会议时，应出示"股票账户卡"而非股票来证明自己的股东资格。中国证监会《证券登记结算管理办法》则明确规定："证券登记结算机构根据证券账户的记录，确认证券持有人持有证券的事实，办理证券持有人名册的登记。证券登记结算机构出具的证券登记记录是证券持有人持有证券的合法证明。"

五、股东权利

（一）股东权利的概念

股东权利是股东基于股东资格而对公司及其组织机构享有的权利。股东权利是一种成员权。成员权须于团体内部、依团体规则行使，脱离团体则失其权能。而且，每一成员的权利必须受制于其他成员的权利。这是股东权利的基本特征。"股（事物之分支）东（所有者）"一词准确表达了股东权利的成员权和所有权属性。当然，与上述典型情况不同的是，在一人股东的公司中，股东权利不具有成员权特点。

（二）股东权利的类型

股东权利可分为参与管理权和资产收益权。参与管理权是股东依法参加公司事务的决策和经营管理的权利，如股东会参加权、提案权、质询权，在股东会上的表决权、累积投票权，股东会召集请求权和自行召集权，了解公司事务、查阅公司账簿和其他文件的知情权，提起诉讼权等权利。资产收益权是股东依法从公司取得利益、财产或处分自己股权的权利，主要为股利分配请求权、剩余财产分配权、新股认购优先权、股份质押权和股份转让权等。

（三）股东权利的内容

《公司法》概括规定，公司股东依法享有资产收益、参与重大决策和选择管理者等权利。有关股东权利的内容散见于《公司法》的相关条文之中，归纳起来主要有：

1. 表决权

股东通过亲自出席或者委托代理人出席股东会，对会议议决事项享有表示同意或者表示不同意的权利。普通股股东通常享有表决权。优先股股东一般没有表决权，或者只享有有限的表决权。股东行使表决权时，除具有特别表决权的类别股外，一般是按照一股一票或者按照出资比例行使。对于议决事项，通常以出席股东所持股份或者出资额多数通过为原则，公司法未对股东出席股东会的最低人数作出规定。除章程另有规定外，一般事项的决议按简单多数通过为原则，特别事项的决议按绝对多数通过为原则。具体规定在股份有限公司和有限责任公司略有不同，参见后文有关内容。

股东之间有可能订立协议，对将来如何行使各自的表决权提前作出协同安排。例如，约定签约股东在对特定事项表决时作出一致性的意思表示。这类协议被称为"表决权拘束协议"。在符合合同生效条件的情况下，人民法院通常认可此类协议的法律效力。

法律有时也会对股东的表决权施加限制。《公司法》规定，股份有限公司的"股东出席股东会会议，所持每一股份有一表决权，类别股股东除外。公司持有的本公司股份没有表决权"；"上市公司控股子公司不得取得该上市公司的股份。上市公司控股子公司因公司合并、质权行使等原因持有上市公司股份的，不得行使所持股份对应的表决权，并应当及时处分相关上市公司股份"。《公司法》还规定，当公司为公司股东或者实际控制人提供担保时，必须经股东会决议，该股东或者受实际控制人支配的股东不得参加规定事项的表决。审判实践中，法院通常也会支持如下做法：当特定股东与股东会决议事项存在利益冲突，其行使表决权有可能损害公司或股东整体利益时（例如，该股东与公司发生关联交易），该股东应当回避此一事项的表决。

2. 选举权和被选举权

股东有权通过股东会选举公司的董事或者监事，也有权在符合法定任职资格的条件下，被选举为公司的董事或者监事。为了保护中小股东的利益，《公司法》在股份有限公司中允许采用累积投票制。

3. 依法转让股权或股份的权利

法律禁止股东出资获得公司股权后从公司抽逃投入的资产，但允许股东为了转移投资风险或者收回投资并获得相应的利益而转让其股权或者股份。不过，在有限责任公司和股份有限公司，股东转让其股权或者股份的自由度是不同的。一般来说，有限责任公司通常对股权对外转让设有一定限制（例如其他股东享有优先购买权等），目的是维持股东间的信赖关系。股份有限公司通常以向公众筹资为目的，其股份以自由转让为原则，限制为例外。

4. 知情权

股东作为公司资本的提供者和经营风险的最终承担者，有权知悉公司的人事、财务、经营、管理等方面情况。有限责任公司和股份有限公司的股东查阅、复制相关资料的权利和程序基本相同。有限责任公司和股份有限公司股东均"有权查阅、复制公司章程、股东名册、股东会会议记录、董事会会议决议、监事会会议决议和财务会计报告"。在有限责任公司，任何股东均"可以要求查阅公司会计账簿、会计凭证。股东要求查阅公司会计账簿、会计凭证的，应当向公司提出书面请求，说明目的。公司有合理根据认为股东查阅会计账簿、会计凭证有不正当目的，可能损害公司合法利益的，可以拒绝提供查阅，并应当自股东提出书面请求之日起15日内书面答复股东并说明理由。公司拒绝提供查阅的，股东可以向人民法院提起诉讼。股东查阅前款规定的材料，可以委托会计师事务所、律师事务所等中介机构进行。股东及其委托的会计师事务所、律师事务所等中介机构查阅、复制有关材料，应当遵守有关保护国家秘密、商业秘密、个人隐私、个人信息等法律、行政法规的规定"。在股份有限公司，"连续180日以上单独或者合计持有公司3%以上股份的股东"要求查阅公司的会计账簿、会计凭证的，适用上述有限责任公司股东的知情权规定，"公司章程对持股比例有较低规定的，从其规定"。无论有限责任公司还是股份有限公司，上述规则同样适用于股东要求查阅、复制公司全资子公司相关资料的情形。鉴于上市公司有其特殊性，《公司法》规定，上市公司股东查阅、复制相关材料的，应当遵守《证券法》等法律、行政法规的规定。

提出查阅请求者应当具备股东资格。因此，公司有证据证明原告在起诉时不具有公司股东资格的，人民法院应当驳回起诉。但公司法司法解释规定，"原告有初步证据证明在持股期间其合法权益受到损害，请求依法查阅或者复制其持股期间的公司特定文件材料的除外"。

为了避免股东滥用知情权而影响公司正常经营活动，防止股东泄露公司商业机密而损害公司的利益，《公司法》对股东查阅公司会计账簿、会计凭证设有一定的限制。按照《公司法》的规定，要求查阅的股东应当向公司提出书面请求，说明目的。公司有合理根据认为股东查阅会计账簿、会计凭证有不正当目的，可能损害公司合法利益的，可以拒绝提供查阅，并应当自股东提出书面请求之日起15日内书面答复股东并说明理由。公司法司法解释列举了三种"不正当目的"的具体样态。依其规定，公司如证明股东有下列情形之一，则人民法院应认定该股东的查阅请求具有"不正当目的"：①股东自营或为他人经营的业务与公司主营业务有"实质性竞争关系"，除非公司章程另有规定或者全体股东另有约定；②股东查阅公司会计账簿，是为了向他人通报有关信息，而他人一旦获知该信息，公司合法利益即可能遭受损害；③股东在向公司提出查阅请求之日前的3年内，曾通过查阅公司会计账簿，向他人通报有关信息损害公司合法利益。此外，人民法院还可以根据司法解释的指引认定其他情形构成不正当目的。为便利胜诉股东行使知情权，公司法司法解释要求，人民法院对股东诉讼请求予以支持的，"应当在判决中明确查阅或者复制公司特定文件材料的时间、地点和特定文件材料的名录"。

除了上述查阅、复制公司资料的知情权外，《公司法》还规定，股份有限公司应当定期向股东披露董事、监事、高级管理人员从公司获得报酬的情况。

5. 建议和质询权

根据《公司法》的有关规定，股份有限公司的股东有权对公司的经营提出建议和质询，股东会要求董事、监事、高级管理人员列席会议的，董事、监事、高级管理人员应当列席并接受股东质询。在有限责任公司，股东人数最多为50人，股东通常有较多机会参与公司经营管理的决策，甚至担任公司董事、监事或者高级管理人员。因此，法律未对有限责任公司股东的建议和质询权明文规定。

6. 出资优先权

出资优先权，是指公司新增资本或发行新股时，原有股东享有的在同等条件下优先认缴出资或者认购新股的权利。依据我国《公司法》，有限责任公司股东的出资优先权（具体称"增资优先认缴权"）是法定权利，认缴金额以其实缴出资比例为准，除非全体股东约定其他认缴比例；而股份有限公司股东不享有出资优先权（具体称"新股优先认购权"），除非公司章程另有规定或者股东会决议另有决定。

出资优先权具有保护公司原股东的比例利益免受被动稀释的作用，但也有降低公司筹资效率，妨碍公司吸收非现金增资、实施股权激励等负面效果。因此，我国《公司法》对有限责任公司和股份有限公司股东是否享有法定出资优先权采取了不同的立场；同时，也允许公司章程或者股东决议（或者全体约定）作出不同于法定内容的安排。

《公司法》对有限责任公司增资优先认缴权的规定较简略。基于该项权利的原理、公司法的体系要求和审判实践的发展，关于增资优先认缴权的行使和救济还有以下几点说明：①增资优先认缴权的成立条件是，公司新增注册资本，至于是原内部增资还是吸收外部增资，法条本身并未言明。同时，《公司法》也没有阐明股东优先认缴权是优先于股东以外的人，还是优先于其本人外的所有人。因此，股东优先认缴权在公司吸收外部增资和原股东内部增资时均可适用。在公司吸收外部增资情况下，原有股东享有按其实缴出资比例，以同等条件优先于外部人认缴新增资本的权利。在原股东内部增资的情形下，每个股东对新增注册资本中与自己实缴出资比例相应的金额，享有以同等条件优先于其他股东认缴的权利。内部增资时的优先认缴权实际上也是股东享有的等比例增资权。②在具备行使该项权利的条件的前提下，股东应当在公司形成增资决议的过程中，向公司作出明确且合格的行使优先认缴权的意思表示。优先认缴权性质上属于形成权，股东作出意思表示后即与公司形成认缴出资的合意。③公司原股东仅得在同等条件下行使优先认缴权，因此，当公司拟吸收外部投资者以特定的非现金资产增资、对员工实施股权激励时，原有股东通常会因无法满足同等条件而无权优先增资。④优先认缴权的范围限于原股东的实缴出资比例，超过这个比例则原股东不享有优先认缴权。全体股东可以约定不按照出资比例行使优先认缴权。此类约定可以采取任何合理的形式，例如约定于章程中、达成书面或口头协议等，法律并无形式上的特别要求。⑤股东可以放弃行使自己的优先认缴权，其放弃的认缴份额并不当然成为其他股东行使优先认缴权的对象。⑥优先认缴权可以在公司原股东之间任意转让，但不得任意转让给股东以外的人。原股东如向股东以外的人转让其优先认缴权，则应准用股权对外转让规则，其他原股东享有购买权。⑦针对侵害优先认缴权的不同行为，股东可提起的诉讼请求包括：请求人民法院否定相关决议效力、责令公司恢复原状、行使优先认缴权或责令公司继续履行增资认缴协议、判令公司损害赔偿等。

7. 股利分配请求权

股东对公司的资产收益权主要体现为有权取得并保有公司分配的股利。单一股东的股利分配请求权必须纳入公司的决议程序中行使。公司是否分配利润、以何种形式分配、分配多少等事项的最终决定权由股东会掌握。《公司法》规定，无论有限责任公司还是股份有限公司，利润分配方案均由董事会制定，股东会以普通多数决议通过后，再由董事会实施。股利分配的比例一般与股东持股比例挂钩，但也允许另作约定。《公司法》规定，公司弥补亏损和提取公积金后所余税后利润，有限责任公司按照股东实缴的出资比例分配利润，全体股东约定不按照出资比例分配利润的除外；股份有限公司按照股东所持有的股份比例分配利润，公司章程另有规定的除外。股东会作出分配利润的决议的，董事会应当在股东会决议作出之日起6个月内进行分配。

实践中，常有股东因公司不分红而与公司发生争议。公司法司法解释规定，股东起诉请求公司分配利润的案件，应当列公司为被告。一审法庭辩论终结前，其他股东基于同一分配方案请求分配利润并申请参加诉讼的，应当列为共同原告。司法解释延续了审判实践长期以来坚持的审判思路，即法院原则上不干预公司的利润分配事务，除非存在有违公平的特定情形。依照公司法司法解释，如果公司股东会已作出含具体分配方案的有效决议，而公司又无正当理由拒不执行该决议的，法院应当判决公司依决议履行分配利润的义务；如果股东在诉讼中未提交上述决议，法院应驳回其要求公司分配利润的请求，除非公司不分配利润是因部分股东滥用股东权利所致，而且不分配利润损害了其他股东的利益。也就是说，当公司有利润可分，但因部分股东滥用股东权利（例如控股股东滥用其优势表决权）导致公司不能或拒绝分配利润，且公司不分配利润损害了其他股东的利益，则受损害的股东有权请求人民法院判令公司分配利润。

8. 提议召开临时股东会和自行召集的权利

股东认为有必要时,有权提议召开临时会议。根据《公司法》的规定,有限责任公司代表 1/10 以上表决权的股东提议的,公司应当召开临时股东会会议;股份有限公司单独或者合计持有公司 10% 以上股份的股东请求时,公司应当在两个月内召开临时股东会会议。股份有限公司单独或者合计持有公司 10% 以上股份的股东请求召开临时股东会会议的,董事会、监事会应当在收到请求之日起 10 日内作出是否召开临时股东会会议的决定,并书面答复股东。

董事会不能履行或者不履行召集股东会会议职责的,由监事会召集和主持;监事会不召集和主持的,有限责任公司代表 1/10 以上表决权的股东可以自行召集和主持股东会会议,股份有限公司连续 90 日以上单独或者合计持有公司 10% 以上股份的股东可以自行召集和主持股东会会议。

9. 临时提案权

股份有限公司单独或者合计持有公司 1% 以上股份的股东,可以在股东会召开 10 日前提出临时提案并书面提交董事会;临时提案应当有明确议题和具体决议事项。董事会应当在收到提案后 2 日内通知其他股东,并将该临时提案提交股东会审议;但临时提案违反法律、行政法规或者公司章程的规定,或者不属于股东会职权范围的除外。公司不得提高提出临时提案股东的持股比例。公开发行股份的公司,应当以公告方式作出上述通知。股东会不得对通知中未列明的事项作出决议。关于有限责任公司股东的临时提案权,《公司法》未作规定。

10. 异议股东股份回购请求权

这项权利是指股东会作出对股东权益产生重大和实质性影响的决议时,对该决议有异议的股东,有权要求公司以公平价格回购其所持出资额或者股份,从而退出公司。根据《公司法》的有关规定,有限责任公司和股份有限公司(公开发行股份的公司除外)有下列情形之一的,对股东会该项决议投反对票的股东可以请求公司按照合理的价格收购其股权:(1)公司连续五年不向股东分配利润,而公司该五年连续盈利,并且符合本法规定的分配利润条件;(2)公司转让主要财产;(3)公司章程规定的营业期限届满或者章程规定的其他解散事由出现,股东会通过决议修改章程使公司存续。自股东会决议作出之日起 60 日内,股东与公司不能达成股份收购协议的,股东可以自股东会决议作出之日起 90 日内向人民法院提起诉讼。在回购异议股东股权的事由上,有限责任公司另外还有公司合并、分立两种情形,而股份有限公司发生合并、分立时,异议股东尽管也有权要求公司回购其股份,但《公司法》未规定公司须按照合理价格收购。此外,有限责任公司的控股股东如果滥用股东权利,严重损害公司或者其他股东利益的,其他股东也有权请求公司按照合理的价格收购其股权。最后,公司依上述规定收购的本公司股权或股份,应当在 6 个月内依法转让或者注销。

11. 申请法院解散公司的权利

根据《公司法》的有关规定,公司经营管理发生严重困难,继续存续会使股东利益受到重大损失,通过其他途径不能解决的,持有公司 10% 以上表决权的股东,可以请求人民法院解散公司。关于人民法院受理和审理公司解散之诉规则和裁判标准,本章将在第七节详细说明。

12. 公司剩余财产分配请求权

公司终止后，向其全体债权人清偿债务之后尚有剩余财产的，股东有权请求分配。

（四）股东的诉讼权利

1. 股东代表诉讼

股东代表诉讼，也称股东代位诉讼，是指当董事、监事、高级管理人员或者他人违反法律、行政法规或者公司章程的行为给公司造成损失，公司拒绝或者怠于向该违法行为人请求损害赔偿时，具备法定资格的股东有权代表其他股东，代替公司提起诉讼，请求违法行为人赔偿公司损失的行为。股东代表诉讼的目的，是为了保护公司利益和股东的共同利益，而不仅仅是个别股东的利益。为保护个别股东利益而进行的诉讼是股东直接诉讼。

根据责任人身份的不同与具体情况的不同，提起股东代表诉讼有以下几种程序：

其一，股东对公司董事、监事、高级管理人员提起诉讼的程序。按照《公司法》的规定，公司董事、监事、高级管理人员执行公司职务时违反法律、行政法规或者公司章程的规定，给公司造成损失的，应当承担赔偿责任。为了避免公司在董事等控制下怠于维权追责，确保责任者真正承担相应的赔偿责任，《公司法》对股东代表诉讼作了如下规定：

（1）股东通过监事会或者董事会提起诉讼。董事、高级管理人员有上述损害公司的情形的，有限责任公司的股东、股份有限公司连续180日以上单独或者合计持有公司1%以上股份的股东，可以书面请求监事会向人民法院提起诉讼；监事有上述损害公司情形的，前述股东可以书面请求董事会向人民法院提起诉讼。

（2）股东直接提起诉讼。监事会或者董事会收到上述股东书面请求后拒绝提起诉讼，或者自收到请求之日起30日内未提起诉讼，或者情况紧急、不立即提起诉讼将会使公司利益受到难以弥补的损害的，前述股东有权为公司利益以自己的名义直接向人民法院提起诉讼。

其二，股东对他人给公司造成损失的行为提起诉讼的程序。他人侵犯公司合法权益，给公司造成损失的，有限责任公司的股东、股份有限公司连续180日以上单独或者合计持有公司1%以上股份的股东可以依照上述（1）、（2）的规定向人民法院提起诉讼。

其三，双重代表诉讼。公司全资子公司的董事、监事、高级管理人员执行公司职务时违反法律、行政法规或者公司章程的规定给全资子公司造成损失的，或者他人侵犯公司全资子公司合法权益造成损失的，有限责任公司的股东、股份有限公司连续180日以上单独或者合计持有公司1%以上股份的股东，可以依照上述（1）、（2）的规定书面请求全资子公司的监事会、董事会向人民法院提起诉讼或者以自己的名义直接向人民法院提起诉讼。

2. 股东直接诉讼

这是指股东对董事、高级管理人员损害股东利益行为提起的诉讼。根据《公司法》的规定，公司董事、高级管理人员违反法律、行政法规或者公司章程的规定，损害了股东利益的，股东可以依法向人民法院提起诉讼。

六、股东义务

股东与公司在法律地位上是分离的。股东的主要义务是按照法律规定和章程约定向公司缴纳出资，股东通常情况下并不承担公司债务。这便是通常所说的公司拥有法人独立地位和股东享有有限责任的基本含义。但另一方面，享有权利者应当善意行使权利、不得滥用权利损害他人也是法律的应有之义。以下略作阐述。

(一) 出资义务

股东应当按照法律和公司章程的规定，向公司按期足额缴纳出资。股东违反出资义务可能导致其股东权利受限、丧失股权甚至丧失股东资格等后果（参见本节"三、股东出资制度"相关内容）。

(二) 善意行使股权的义务

这项义务的主要含义是，股东不得滥用其权利。《公司法》规定，公司股东应当遵守法律、行政法规和公司章程，依法行使股东权利，不得滥用股东权利损害公司或者其他股东的利益。公司股东滥用股东权利给公司或者其他股东造成损失的，应当依法承担赔偿责任。这是关于股东不得滥用权利的一般条款。某种行为是否属于滥用股东权利，须根据上述一般条款，依个案情节认定。

实践中，股东滥用其权利的一个突出现象是，控股股东利用其与公司的关联关系损害公司利益（最典型的就是进行关联交易）。因此，《公司法》特别规定：公司的控股股东不得利用其与公司的关联关系损害公司利益；如违反该规定给公司造成损失，控股股东应当承担赔偿责任。这一规则同样适用于公司的实际控制人、董事、监事和高级管理人员，因为他们与控股股东一样与公司存在关联关系。《公司法》规定，关联关系是指公司控股股东、实际控制人、董事、监事、高级管理人员与其直接或者间接控制的企业之间的关系，以及可能导致公司利益转移的其他关系；但是，国家控股的企业之间不应当仅仅因为同受国家控股而被认定为具有关联关系。

(三) 不滥用公司法人独立地位和股东有限责任的义务

公司享有法人资格，股东享有有限责任，是现代公司法律制度的基石。有限责任制度使得股东可以将投资的风险与自身的其他财产相隔离，有利于股东控制投资风险，促进了公众投资意愿。同时，在有限责任制度下，股东个人的财富状况与公司的风险没有直接关联，也促进了股票交易市场的蓬勃发展。但有限责任制度也增加了公司债权人的风险，主要表现为股东可能通过迫使公司从事高风险业务，以获取更多的收益——因为股东的收益是上不封顶的，而承担的风险是有限的，当公司破产时，资不抵债的风险在有限责任制度下只能由债权人承担。

公司法人独立地位或股东有限责任这两块基石并非不可撼动。如果公司法人独立地位或股东有限责任被滥用，或者被运用于损害他人的不正当的目的，那么，在个案审判中就应当否认特定公司的独立地位或者股东有限责任。对于股东采取欺诈手段侵害公司债权人利益的行为，法律规定了股东以及相关主体应当承担的责任，这构成了有限责任制度的例外。《公司法》第二十三条规定："公司股东滥用公司法人独立地位和股东有限责任，逃避债务，严重损害公司债权人利益的，应当对公司债务承担连带责任。股东利用其控制的两个以上公司实施前款规定行为的，各公司应当对任一公司的债务承担连带责任。只有一个股东的公司，股东不能证明公司财产独立于股东自己的财产的，应当对公司债务承担连带责任。"该条的三款分别规定了纵向和横向的法人独立地位否认以及单一股东公司否认独立地位的情形。

纵向的法人独立地位否认的裁判理由通常是，股东与其持股的公司（例如母子公司之间）在财产、业务、人员等方面"混同"（即"纵向人格混同"），难分彼此，事实上无从区分。审判实践中，下列情形常常被认定为股东与公司之间发生"人格混同"：股东无偿使用公司资金或者财产，不作财务记载的；股东用公司的资金偿还股东的债务，或者将公司的资金供关联公司无偿使用，不作财务记载的；公司账簿与股东账簿不分，致使公司财产与股东财产无法区分的；股东自身收益与公司盈利不加区分，致使双方利益不清的；公司的财产记载于股东名下，由股东占有、使用的。

横向的法人独立地位否认的裁判理由通常是，受同一母公司或者控制人控制的数个公司在财产、业务、人员等方面"混同"、重叠，不分彼此，事实上无从区别（即"横向人格混同"）。实践中，人们常形象地称此类现象以及前述"纵向混同"为"一套人马，两块牌子"。依照《公司法》第二十三条第二款规定，"横向混同"是指发生于同一股东控制下的两个以上公司的"人格混同"。不过，审判实践中，被法院确认横向法人独立地位否认的公司未必都拥有同一个股东，也可能只是受同一主体实际控制。

在2013年最高人民法院发布的指导案例15号"徐工集团工程机械股份有限公司诉成都川交工贸有限责任公司等买卖合同纠纷案"中，原告徐工机械公司因川交工贸公司拖欠其货款未付，以川交机械公司、瑞路公司与川交工贸公司人格混同，三个公司实际控制人王某某以及川交工贸公司股东等人的个人资产与公司资产混同为由，要求他们均应承担连带清偿责任。法院认定川交工贸公司与川交机械公司、瑞路公司确实存在人格混同。主要表现为：一是三个公司人员混同。三个公司的经理、财务负责人、出纳会计、工商手续经办人均相同，其他管理人员亦存在交叉任职的情形，川交工贸公司的人事任免存在由川交机械公司决定的情形。二是三个公司业务混同。三个公司实际经营中均涉及工程机械相关业务，经销过程中存在共用销售手册、经销协议的情形；对外进行宣传时信息混同。三是三个公司财务混同。三个公司使用共同账户，以王某某的签字作为具体用款依据，对其中的资金及支配无法证明已作区分；三个公司与徐工机械公司之间的债权债务、业绩、账务及返利均计算在川交工贸公司名下。最终，法院确认，三个公司之间表征人格的因素（人员、业务、财务等）高度混同，导致各自财产无法区分，已丧失独立人格，构成"人格混同"。

在特定案件中，股东或控制人不尊重公司法人独立地位的行为可能表现为上述情形中的多种，例如，股东与公司存在"纵向人格混同"现象时，股东又有转移公司资产的行为，法院因此也可能基于多个理由否认公司的法人独立地位。

当公司为单一股东时，股东对公司财产独立性负有举证责任。当一人公司的债权人主张股东应当对公司债务承担连带责任的时候，债权人无须举证证明股东与公司发生"纵向混同"，股东负有举证责任：股东只要不能证明公司财产独立于自己的财产的，就应当对公司债务承担连带责任。

法院否认公司法律独立地位并非彻底否定其法人资格，而是在某一具体法律关系中产生如下法律后果：（1）公司行为被视为股东的行为，股东对公司债务承担连带责任（这实际上也在个案中否定了股东的有限责任）；（2）在横向否认的情况下，公司与其他公司被视为同一法律主体，各公司应当对任一公司的债务承担连带责任。

七、董事、监事、高级管理人员制度

（一）概述

在公司组织结构下，股东如果不担任董事、监事或者高级管理人员，则通常不会直

接参与公司经营管理。无论是股份有限公司还是有限责任公司,股东如果通过选举董事组成董事会,由董事会聘任经理来负责公司的日常经营管理活动,监事会负责监督,股东组成的股东会只对重大事项才有决策权,那么,这就产生了拥有公司所有权者未拥有直接的控制权,拥有控制权者未拥有相应的所有权,也即"所有与控制分离"问题。"所有与控制分离"造成了股东与管理者之间利益的不一致,而利益不一致难免导致利益冲突。如何保证负责公司经营管理的董事、高级管理人员不会为了自身的利益而损害股东整体利益?如何保证他们能够勤勤恳恳地为公司、为股东整体利益而经营管理公司?又如何保证监事们能够认真履行监督职责?这是《公司法》需要解决的核心问题。

各国公司法都对公司的董事、监事和高级管理人员(合称公司管理者)施加了一定的法律义务,以确保公司管理者能够获得股东的信任。概括而言,此类机制主要包括两类:一类是《公司法》加强股东对公司管理者的监控能力,除公司内部组织机构之间的制衡外,前文所介绍的股东权保护的各个方面也都是此类机制,包括投票选举董事、重大事项由股东会决议、股东查阅权等;另一类机制是《公司法》明确规定公司管理者的义务,直接约束其行为,以保护公司和股东的整体利益。本节主要说明后一类机制。

(二)公司董事、监事、高级管理人员的任职资格

公司董事、监事、高级管理人员是代表公司组织机构执行公司事务的人员,在公司中处于重要地位,并依法享有法律和公司章程规定的职权。为使这类人员具有胜任职务的能力与条件,《公司法》规定了他们应当具有相应的资格。

有下列情形之一的人员,不得担任公司的董事、监事、高级管理人员:(1)无民事行为能力或者限制民事行为能力;(2)因贪污、贿赂、侵占财产、挪用财产或者破坏社会主义市场经济秩序,被判处刑罚,或者因犯罪被剥夺政治权利,执行期满未逾5年,被宣告缓刑的,自缓刑考验期满之日起未逾2年;(3)担任破产清算的公司、企业的董事或者厂长、经理,对该公司、企业的破产负有个人责任的,自该公司、企业破产清算完结之日起未逾3年;(4)担任因违法被吊销营业执照、责令关闭的公司、企业的法定代表人,并负有个人责任的,自该公司、企业被吊销营业执照、责令关闭之日起未逾3年;(5)个人因所负数额较大债务到期未清偿被人民法院列为失信被执行人。

公司违反《公司法》的上述规定选举、委派董事、监事或者聘任高级管理人员的,该选举、委派或者聘任无效。公司董事、监事、高级管理人员在任职期间出现上述所列情形的,公司应当解除其职务。

(三)公司董事、监事、高级管理人员的法定义务

依据《公司法》的规定,公司董事、监事、高级管理人员应当遵守法律、行政法规和公司章程,对公司负有忠实义务和勤勉义务。公司的控股股东、实际控制人不担任公司董事但实际执行公司事务的,对公司同样负有忠实义务和勤勉义务。

1. 忠实义务

董事、监事、高级管理人员对公司负有忠实义务,应当采取措施避免自身利益与公司利益冲突,不得利用职权牟取不正当利益。忠实义务的违反一般发生在利益冲突的场合,或者发生在公司管理层为了自身利益而侵害公司利益的情况下。董事、监事、高级管理人员的忠实义务规范包括禁止类规则和限制类规则两种。

《公司法》明确禁止董事、监事、高级管理人员从事的违反忠实义务的行为有:①侵占公司财产、挪用公司资金；②将公司资金以其个人名义或者以其他个人名义开立账户存储；③利用职权贿赂或者收受其他非法收入；④接受他人与公司交易的佣金归为己有；⑤擅自披露公司秘密；⑥违反对公司忠实义务的其他行为。

董事、监事、高级管理人员直接或者间接参与或者涉及的关联交易、利用公司商业机会和经营同类业务等存在利益冲突的交易或行为，由于未必都对公司有害甚至有时能为公司带来利益，《公司法》并未完全禁止，而是规定了特定的约束条件和批准程序。分述如下：

（1）关联交易。董事、监事、高级管理人员直接或者间接与本公司订立合同或交易是典型的关联交易。涉及关联交易的董事、监事、高级管理人员要避免违反忠实义务，首先应当向公司披露相关交易中的利益冲突，进而依照章程规定取得公司批准，否则不应继续进行该等交易。《公司法》规定：董事、监事、高级管理人员，直接或者间接与本公司订立合同或者进行交易，应当就与订立合同或者进行交易有关的事项向董事会或者股东会报告，并按照公司章程的规定经董事会或者股东会决议通过。董事、监事、高级管理人员的近亲属，董事、监事、高级管理人员或者其近亲属直接或者间接控制的企业，以及与董事、监事、高级管理人员有其他关联关系的关联人，与公司订立合同或者进行交易，适用前述规定。

（2）利用公司商业机会。《公司法》规定，董事、监事、高级管理人员，不得利用职务便利为自己或者他人谋取属于公司的商业机会。问题是，一个商业机会何时才归属于公司，成为"属于公司的商业机会"？审判实践表明，"公司的商业机会"不仅包括公司正在实施或已经订立协议将要实施的业务，还包括公司尚不知道，但依公司利益最大化原则，董事、监事、高级管理人员应当提交或报告给公司的商业机会。公司原本掌握的商业机会，如果明确表示放弃或者因客观原因丧失，那么，公司董事或高级管理人员经股东会同意，可以利用该商业机会。《公司法》规定，有下列情形之一的，董事、监事、高级管理人员可以利用相关商业机会：相关董事、监事、高级管理人员向董事会或者股东会报告，并按照公司章程的规定经董事会或者股东会决议批准；或者，根据法律、行政法规或者公司章程的规定，公司不能利用该商业机会。后一种情形下，由于公司不能利用该商业机会，该商业机会实际上不是"属于公司的商业机会"。

（3）经营同类业务。《公司法》规定，董事、监事、高级管理人员未向董事会或者股东会报告，并按照公司章程的规定经董事会或者股东会决议通过，不得自营或者为他人经营与其任职公司同类的业务。如何理解"自营或者为他人经营同类业务"的含义？审判实践表明，人民法院通常对"自营"或"为他人经营"做较为宽泛的解释，而不限于董事、监事、高级管理人员在其他公司担任管理职务。例如，有的判决指出，被告董事投资于其他公司成为股东，即享有对该其他公司重大事项的表决权；作为该其他公司监事，即享有检查公司财务和对董事、经理执行公司职务进行监督的权利。因此，被告董事构成"自营"或"为他人经营"同类业务。有的判决认为："自营"包括直接经营和间接经营。所谓直接经营是指担任其他公司管理职务；所谓间接经营是指拥有其他公司股权但不担任管理职务以及间接获得投资收益（如通过亲属持股）的情形。

上述三种有利益冲突的事项，董事、监事、高级管理人员如要避免违反忠实义务，均须在如实报告的前提下，"按照公司章程的规定经董事会或者股东会决议通过"。《公司法》规定，董事会对上述三种事项决议时，关联董事不得参与表决，其表决权不计入表决权总数。出席董事会会议的无关联关系董事人数不足三人的，应当将该事项提交股东会审议。这里所说的"关联董事"是指与待决议事项存在关联关系或者利害关系的董事。关联关系，按照《公司法》的定义，是指公司控股股东、实际控制人、董事、监事、高级管理人员与其直接或者间接控制的企业之间的关系，以及可能导致公司利益转移的其他关系。但是，国家控股的企业之间不因为同受国家控股而具有关联关系。

董事、监事、高级管理人员违反忠实义务，也即违反上述禁止类规则和限制类规则所得收入（如违规利用公司机会获得的收益），实质上是以损害公司利益为代价而使自己获益，按照《公司法》的规定，这类收入应当归公司所有。公司有权要求相关董事、监事、高级管理人员向公司交付该类收入。

2. 勤勉义务

所谓勤勉义务，是指公司管理者应当在执行公司职务时勤勉尽责。换句话说，就是在执行职务时应当尽最大努力为公司或者股东的整体利益服务。勤勉义务有两层含义，一方面是积极的要求，即要求公司管理者勤谨履职、认真尽责；另一方面是消极的抗辩，是对公司管理者的一种保护，即公司管理者在勤勉尽责的情况下，就尽到了职责，不能因为决策中潜藏的商业风险而追究其责任。换言之，只要公司管理者在决策时没有利益冲突，是在当时掌握的信息和认知条件下作出的诚实、善意的决策，即使该决策事后证明是失败的，也不能追究其责任，这就是"商业判断规则"。这是因为商业经营充满了风险，不可能要求公司管理者永远决策正确，不能以事后的判断来苛责事前的决策，否则就没有人愿意承担商业经营的职责了。

《公司法》规定，董事、监事、高级管理人员对公司负有勤勉义务，执行职务应当为公司的最大利益尽到管理者通常应有的合理注意。但《公司法》并未集中列举违反勤勉义务的典型行为，而是在有关出资、财务资助、利润分配和减资等规范中规定，董事、监事、高级管理人员负有特定职责，或者应当对其失职行为承担赔偿责任。这些条款中规定的失职行为均与董事、监事、高级管理人员未尽勤勉义务有关，也有可能牵涉违反忠实义务。它们分别是：（1）有限责任公司成立后，董事会应当对股东的出资情况进行核查，发现股东未按期足额缴纳出资的，应当催缴其出资。董事会未及时履行催缴义务，给公司造成损失的，负有责任的董事应当承担赔偿责任。（2）公司成立后，股东抽逃出资给公司造成损失的，负有责任的董事、监事、高级管理人员应当与该股东承担连带赔偿责任。（3）董事、监事、高级管理人员违反规定，为他人取得本公司或者其母公司的股份提供财务资助，给公司造成损失的，应当承担赔偿责任。（4）公司违反规定向股东分配利润或者减少注册资本，给公司造成损失的，负有责任的董事、监事、高级管理人员应当承担赔偿责任。

审判实践中，被人民法院确认董事、监事、高级管理人员违反勤勉义务的行为还有：越权行为（例如，令公司从事经营范围外的营业活动，造成公司损失）、违法行为（例如，指使公司偷逃税款或者违反环保法规，导致公司遭受国家处罚或对第三人承担赔偿责任）以及各种失职行为（例如，应当代表公司与第三人签订书面合同而未签订，致使公司事后无法通过诉讼维护自身权利；未尽监督义务，在上市公司违反信息披露要求的文件上签字，声明信息披露内容真实、准确、完整；未及时依公司章程向股东催缴出资等）。

3. 损害赔偿责任

公司董事、监事、高级管理人员违反其忠实义务或者勤勉义务应承担相应的法律责任。《公司法》规定，公司董事、监事、高级管理人员执行公司职务时违反法律、行政法规或者公司章程的规定，给公司造成损失的，应当承担赔偿责任。这里的"违反法律、行政法规或者公司章程的规定"包括但不限于违反忠实义务或者勤勉义务的行为。

八、股东会和董事会决议制度

公司股东会、董事会、监事会以召开会议、作出决议的方式行使其职权。为适应通信技术的发展以及降低会议成本的需要，《公司法》规定，公司股东会、董事会、监事会召开会议和表决可以采用电子通信方式，公司章程另有规定的除外。

以下主要讨论股东会、董事会的决议制度。

（一）决议的法律特征

决议由决议机构成员按一定程序作出的意思表示构成。决议可以是全体成员一致的意思表示，也可以是依特定表决规则形成的、反映部分成员（如过半数成员或者代表过半数表决权的成员）意志的意思表示。在决议机构由两个以上成员组成的情况下，"多数决"（即按照持较多表决权成员的意思形成决议，持较少表决权成员有义务服从决议）是通常接受的表决规则。

决议依表决规则作出之时即告成立，无法定形式。《公司法》规定，无论有限责任公司还是股份有限公司，其股东会、董事会、监事会都应当对所议事项的决定作成"会议记录"。会议记录只是证明决议存在的书面证据，而非决议的法定形式。当然，公司章程可以对决议的形式作出规定。

首先，决议对参与作出决议的人具有约束力，包括表示赞同的、弃权的和反对的决议参加者。例如，公司股东会会议多数表决权通过的决议事项，对投反对票的股东也有约束力。其次，决议对决议机构成员或公司的全体股东具有约束力。例如，公司股东会的决议对未出席会议也未参加表决的股东亦有约束力。最后，决议调整公司内部关系，而不是公司与第三人之间的关系。要调整公司与第三人间的关系，须以公司名义同第三人成立法律行为。

（二）决议的成立

决议是一种法律行为。在认定决议效力之前，须首先判断其是否成立。决议成立，意指公司机构依程序作出或通过决议。决议不成立，则是指当事人所主张的某一决议，事实上从未作出或者不满足程序要求而不构成通过。《公司法》规定，有下列情形之一的，公司股东会、董事会的决议不成立：（1）未召开股东会、董事会会议作出决议；（2）股东会、董事会会议未对决议事项进行表决；（3）出席会议的人数或者所持表决权数未达到本法或者公司章程规定的人数或者所持表决权数；（4）同意决议事项的人数或者所持表决权数未达到本法或者公司章程规定的人数或者所持表决权数。上述（1）和（2）两种情形属于决议事实上未作出，（3）和（4）两种情形属于不满足程序要求而不构成决议通过。根据公司法司法解释的规定，有资格提起决议不成立之诉的人包括公司股东、董事、监事等。

（三）决议无效与撤销

股东影响公司决议的直接渠道是在股东会行使表决权，或者推选董事，进而影响董事会决议。但对许多中小股东而言，由于持股比例较小，纵使法律上有表决权和选举权，也对股东会和董事会决议难以产生影响力。为了防止股东会或者董事会中的多数滥用权利损害少数股东的正当利益，《公司法》允许股东及其他利益相关人通过民事诉讼机制对违反法律、法规和公司章程的决议提起无效之诉或者撤销之诉。

《公司法》规定，公司股东会、董事会的决议内容违反法律、行政法规的无效。"无效"是指决议自作出之时起无法律效力。不过，只有在有人请求法院宣告特定决议无效，并得到判决支持的情况下，该决议才能在事实上不具有法律拘束力。公司法司法解释规定，"公司股东、董事、监事等"有资格提起决议无效之诉。根据《民事诉讼法》的规定，原告应与诉讼争议"有直接利害关系"。因此，除股东、董事、监事外，公司高级管理人员、员工甚至公司债权人，如能证明其与所诉决议"有直接利害关系"，则也应当承认他们具有提起公司决议无效之诉的资格。

依据《公司法》，公司股东会、董事会的会议召集程序、表决方式违反法律、行政法规或者公司章程，或者决议内容违反公司章程的，股东自决议作出之日起60日内，可以请求人民法院撤销。但是，股东会、董事会的会议召集程序或者表决方式仅有轻微瑕疵，对决议未产生实质影响的除外。未被通知参加股东会会议的股东自知道或者应当知道股东会决议作出之日起60日内，可以请求人民法院撤销；自决议作出之日起1年内没有行使撤销权的，撤销权消灭。决议撤销之诉只能由股东提起。

以上规定限制了决议撤销之诉的对象，即只能是两类决议：一是"会议召集程序、表决方式违反法律、行政法规或者公司章程"的决议；二是"内容违反公司章程"的决议。这也意味着，没有该两类情形的决议是不应被撤销的。在最高人民法院发布的指导案例10号"李建军诉上海佳动力环保科技有限公司公司决议撤销纠纷案"中，法院拒绝对公司董事会解除原总经理职务的事实依据是否属实进行审查。法院在判决中阐述的理由是：该公司作出案涉决议的召集程序和表决方式符合章程规定，公司章程未对董事会解聘经理职权予以限制，故决议内容也未违反公司章程，决议不符合《公司法》所规定的决议撤销条件。也就是说，法院认为会议召集程序、表决方式不违反法律、行政法规或者公司章程，且内容也不违反公司章程的决议，属于公司自治事项，法院原则上不应当去审查决议本身是否合理，决议的事实依据是否属实。

为尽量保持公司决议的稳定性，《公司法》吸收司法解释的内容规定，股东会、董事会的会议召集程序或者表决方式仅有轻微瑕疵，对决议未产生实质影响的，决议可以不予撤销。审判实践中，常见的此种"轻微瑕疵"是公司在会议通知时间或方式、召开地点和方式等方面与法律或章程规定不符，但原告股东仍然出席了会议或者参与了决议的形成，其参与公司决议的权利未受实质性影响。

《公司法》还规定，公司股东会、董事会决议被人民法院宣告无效、撤销或者确认不成立的，公司应当向公司登记机关申请撤销根据该决议已办理的登记，但公司根据该决议与善意相对人形成的民事法律关系（例如，与善意相对人订立的合同）不受影响。

最后，关于决议不成立、无效和撤销之诉案件的诉讼当事人问题，公司法司法解释规定，原告请求确认股东会、董事会决议不成立、无效或者撤销决议的案件，应当列公司为被告。对决议涉及的其他利害关系人，可以依法列为第三人。一审法庭辩论终结前，其他有原告资格的人以相同的诉讼请求申请参加上述诉讼的，可以列为共同原告。

第三节 股份有限公司

股份有限公司，是指全部资本分成等额股份，股东承担有限责任，公司以其全部资产对公司债务承担责任的公司。现代公司的典型形态就是股份有限公司。

一、股份有限公司的设立

（一）设立方式

《公司法》规定，股份有限公司可以采取发起设立或者募集设立方式设立。发起设立，是指由发起人认购设立公司时应发行的全部股份而设立公司。募集设立，是指由发起人认购设立公司时应发行股份的一部分，其余股份向特定对象募集或者向社会公开募集而设立公司。

（二）设立条件

根据《公司法》，设立股份有限公司，一般应当具备下列条件：（1）发起人符合法定要求；（2）发起人、认股人认购股份及缴纳股款符合法律规定；（3）股份发行、筹办事项符合法律规定；（4）制订公司章程，建立符合股份有限公司要求的组织机构等。

1. 发起人条件

《公司法》规定，股份有限公司发起人应当为1人以上200人以下，其中应当有半数以上的发起人在中华人民共和国境内有住所。发起人承担公司筹办事务，应当签订发起人协议，明确各自在公司设立过程中的权利和义务。法律上并无发起人定义，依照公司法司法解释，为设立公司而签署公司章程、向公司认购出资或者股份并履行公司设立职责的人，应当认定为公司的发起人。

2. 财产条件

发起人和认股人应当依法认购股份、缴纳出资。《公司法》规定，股份有限公司的注册资本为在公司登记机关登记的已发行股份的股本总额；法律、行政法规以及国务院决定对股份有限公司注册资本最低限额另有规定的，从其规定。这里的"已发行股份"即发起人和认股人认购的全部股份，发起人和认股人所缴股款中计入公司会计科目"股本"的总额即为公司的股本总额。这意味着股份有限公司的注册资本全部应为实缴资本。

《公司法》规定，以发起设立方式设立股份有限公司的，发起人应当认足公司章程规定的公司设立时应发行的股份。以募集设立方式设立股份有限公司的，发起人认购的股份不得少于公司章程规定的公司设立时应发行股份总数的35%；但是，法律、行政法规另有规定的，从其规定。发起人应当在公司成立前按照其认购的股份全额缴纳出资。在发起人认购的股份缴足出资之前，股份有限公司不得向他人募集股份。发起人的出资既可以是货币，也可以是非货币财产，适用本章第一节股东出资制度的相关规定。

3. 组织条件

组织条件包括公司名称、住所、章程以及依法建立的组织机构等。股份有限公司的设立需要有相应的名称、住所，必须在名称中标明股份有限公司或者股份公司字样。同时，需要建立相应的组织机构，且股份发行、筹办事项符合法律规定等，这些内容在本节相关部分予以说明。

股份有限公司的发起人应当制订公司章程，采用募集方式设立的须经成立大会通过。公司章程是由设立公司的股东共同制定，对公司、股东、董事、监事、高级管理人员具有约束力的调整公司内部关系和经营行为的公司规范性文件。公司章程是公司设立的必备条件之一，也是一个体现公司自治规则和自治手段的文件。股份有限公司章程应当载明下列事项：（1）公司名称和住所；（2）公司经营范围；（3）公司设立方式；（4）公司注册资本、已发行的股份数和设立时发行的股份数，面额股的每股金额；（5）发行类别股的，每一类别股的股份数及其权利和义务；（6）发起人的姓名或者名称、认购的股份数、出资方式和出资时间；（7）董事会的组成、职权、任期和议事规则；（8）公司法定代表人的产生、变更办法；（9）监事会的组成、职权、任期和议事规则；（10）公司利润分配办法；（11）公司的解散事由与清算办法；（12）公司的通知和公告办法；（13）股东会会议认为需要规定的其他事项。

股份有限公司修改章程，应当经过出席股东会会议的代表 2/3 以上表决权的股东通过。

（三）设立程序

根据股份有限公司设立方式的不同，程序有所不同，公开募集设立还需要经过向社会公开招募股份等相关程序，其他程序与发起设立方式相同。

（1）签订发起人协议。该协议包括各个发起人的基本情况、认缴股份数额、认缴股份方式等发起设立股份有限公司过程中的相关权利义务。

（2）报经有关部门批准。依据法律、行政法规规定设立公司必须报经批准的，应当在公司登记前依法办理批准手续。这主要是前置审批方面的内容。除了法律、行政法规有特别规定的外，设立股份有限公司不需要经过特别批准，可以直接向公司登记机关注册设立。

（3）制定公司章程。

（4）认购股份、缴纳出资。以发起设立方式设立股份有限公司的，发起人应当认足公司章程规定的公司设立时应发行的股份，并在公司成立前全额缴纳股款。以募集设立方式设立股份有限公司的，无论是公开募集还是非公开募集，均实行出资实缴制。其中，对于公开募集，《公司法》特别规定：发起人应当公告招股说明书，并依法制作认股书。认股书应当载明招股说明书依法应包含的事项，由认股人填写认购的股份数、金额、住所，并签名或者盖章。认股人应当按照所认购股份足额缴纳股款。向社会公开募集股份的股款缴足后，应当经依法设立的验资机构验资并出具证明。《公司法》另规定：公司设立时应发行的股份未募足，或者发行股份的股款缴足后，发起人在 30 日内未召开成立大会的，认股人可以按照所缴股款并加算银行同期存款利息，要求发起人返还。发起人、认股人缴纳股款或者交付非货币财产出资后，除未按期募足股份、发起人未按期召开成立大会或者成立大会决议不设立公司的情形外，不得抽回其股本。

(5) 召开成立大会。募集设立股份有限公司的发起人应当自公司设立时应发行股份的股款缴足之日起30日内召开公司成立大会。发起人应当在成立大会召开15日前将会议日期通知各认股人或者予以公告。成立大会应当有持有表决权过半数的认股人出席，方可举行。公司成立大会行使下列职权：①审议发起人关于公司筹办情况的报告；②通过公司章程；③选举董事、监事；④对公司的设立费用进行审核；⑤对发起人非货币财产出资的作价进行审核；⑥发生不可抗力或者经营条件发生重大变化直接影响公司设立的，可以作出不设立公司的决议。成立大会对上列事项作出决议，应当经出席会议的认股人所持表决权过半数通过。以发起设立方式设立股份有限公司成立大会的召开和表决程序由公司章程或者发起人协议规定。

(6) 制作股东名册并置备于公司。股份有限公司应当制作股东名册并置备于公司。股东名册应当记载下列事项：①股东的姓名或者名称及住所；②各股东所认购的股份种类及股份数；③发行纸面形式的股票的，股票的编号；④各股东取得股份的日期。

(7) 设立登记。董事会应当授权代表，于公司成立大会结束后30日内向公司登记机关申请设立登记。

二、股份有限公司的组织机构

公司组织机构是代表公司活动、行使相应职权的内部机构。公司组织机构是公司法规定的，具有强制性，也是公司得以设立的必要条件。股份有限公司的组织机构包括股东会、董事会、监事会及经理。

（一）股东会

1. 职权

股份有限公司股东会由全体股东组成。股东会是公司的权力机构，依《公司法》行使职权。《公司法》规定的股东会职权包括：(1) 选举和更换董事、监事，决定有关董事、监事的报酬事项；(2) 审议批准董事会的报告；(3) 审议批准监事会的报告；(4) 审议批准公司的利润分配方案和弥补亏损方案；(5) 对公司增加或者减少注册资本作出决议；(6) 对发行公司债券作出决议；(7) 对公司合并、分立、解散、清算或者变更公司形式作出决议；(8) 修改公司章程；(9) 公司章程规定的其他职权。股东会可以授权董事会对发行公司债券作出决议。

只有一个股东的股份有限公司不设股东会。股东作出上列事项的决定时，应当采用书面形式，并由股东签名或者盖章后置备于公司。

根据《上市公司章程指引》，上市公司股东会还有以下职权：对公司聘用、解聘会计师事务所作出决议；审议公司在一年内购买、出售重大资产超过公司最近一期经审计总资产30%的事项；审议批准变更募集资金用途事项；审议股权激励计划；审议批准下列对外担保行为：(1) 本公司及本公司控股子公司的对外担保总额，超过最近一期经审计净资产的50%以后提供的任何担保；(2) 公司的对外担保总额，超过最近一期经审计总资产的30%以后提供的任何担保；(3) 公司在一年内担保金额超过公司最近一期经审计总资产30%的担保；（4）为资产负债率超过70%的担保对象提供的担保；（5）单笔担保额超过最近一期经审计净资产10%的担保；（6）对股东、实际控制人及其关联方提供的担保。

2. 年会与临时会议

股东会会议分为年会和临时会议。股东会年会应当每年召开一次。上市公司的年度股东会应当于上一会计年度结束后的6个月内举行。

有下列情形之一的，股份有限公司应当在两个月内召开临时股东会会议：（1）董事人数不足《公司法》规定人数或者公司章程所定人数的2/3时；（2）公司未弥补的亏损达股本总额1/3时；（3）单独或者合计持有公司10%以上股份的股东请求时；（4）董事会认为必要时；（5）监事会提议召开时；（6）公司章程规定的其他情形。

3. 会议召集

股东会会议由董事会召集，董事长主持；董事长不能或者不履行职务的，由副董事长主持；副董事长不能或者不履行职务的，由过半数的董事共同推举一名董事主持。董事会不能或者不履行召集股东会会议职责的，监事会应当及时召集和主持；监事会不召集和主持的，连续90日以上单独或者合计持有公司10%以上股份的股东可以自行召集和主持。单独或者合计持有公司10%以上股份的股东请求召开临时股东会会议的，董事会、监事会应当在收到请求之日起10日内作出是否召开临时股东会会议的决定，并书面答复股东。

召开股东会会议，应当将会议召开的时间、地点和审议的事项于会议召开20日前通知各股东；临时股东会会议应当于会议召开15日前通知各股东。单独或者合计持有公司1%以上股份的股东，可以在股东会会议召开10日前提出临时提案并书面提交董事会。临时提案应当有明确议题和具体决议事项。董事会应当在收到提案后2日内通知其他股东，并将该临时提案提交股东会审议；但临时提案违反法律、行政法规或者公司章程的规定，或者不属于股东会职权范围的除外。公司不得提高提出临时提案股东的持股比例。公开发行股份的公司，应当以公告方式作出以上通知。

上市公司应在保证股东会会议合法、有效的前提下，通过各种方式和途径，包括充分运用现代信息技术手段，扩大股东参与股东会会议的比例。股东会会议时间、地点的选择应有利于让尽可能多的股东参加会议。

4. 表决和决议

股东出席股东会会议，所持每一股份有一表决权，类别股股东除外。公司持有的本公司股份没有表决权。股东委托代理人出席股东会会议的，应当明确代理人代理的事项、权限和期限；代理人应当向公司提交股东授权委托书，并在授权范围内行使表决权。

股东会的决议事项分为普通事项与特别事项两类。股东会作出普通事项决议，应当经出席会议的股东所持表决权过半数通过。股东会作出特别事项决议，诸如：修改公司章程、增加或者减少注册资本的决议，以及公司合并、分立、解散或者变更公司形式的决议，应当经出席会议的股东所持表决权的2/3以上通过。需要注意的是，《公司法》未规定出席股东会会议的最低人数和持股比例要求，因此，只要满足了提前通知的程序要求，只要有一名股东出席，无论持有多少比例的股权，该股东会会议的召开都是有效的。

上市公司董事会、独立董事和符合有关条件的股东可向上市公司股东征集其在股东会上的投票权。投票权征集应采取无偿的方式进行，并应向被征集人充分披露信息。

5. 累积投票制

股东会选举董事、监事，可以按照公司章程的规定或者股东会的决议，实行累积投票制。累积投票制，是指股东会选举董事或者监事时，每一股份拥有与应选董事或者监事人数相同的表决权，股东拥有的表决权可以集中使用。累积投票制的实施有利于中小股东选举代表进入公司管理层，参与董事会的活动，保护其利益。

根据《上市公司治理准则》的规定，控股股东控股比例在30%以上的上市公司，应当采用累积投票制。采用累积投票制度的上市公司应在公司章程里规定该制度的实施细则。

其他股份有限公司也可以依据公司章程的规定或者股东会的决议，实行累积投票制。

6. 会议记录

股东会应当对所议事项的决定作成会议记录，主持人、出席会议的董事应当在会议记录上签名。会议记录应当与出席股东的签名册及代理出席的委托书一并保存。

上市公司召开股东会，还应当遵守中国证监会发布的相关规则。

（二）董事会

董事会由股东会选举产生的董事组成，代表公司并行使经营决策权。规模较小或者股东人数较少的股份有限公司，可以不设董事会，设一名董事，行使《公司法》规定的董事会的职权。该董事可以兼任公司经理。

1. 董事会的组成

股份有限公司董事会成员为3人以上，其成员中可以有公司职工代表。职工人数300人以上的股份有限公司，除依法设监事会并有公司职工代表的外，其董事会成员中应当有公司职工代表。董事会中的职工代表由公司职工通过职工代表大会、职工大会或者其他形式民主选举产生。上市公司应在其公司章程中规定规范、透明的董事选聘程序，保证董事选聘公开、公平、公正、独立。上市公司应和董事签订聘任合同，明确公司和董事之间的权利义务、董事的任期、董事违反法律法规和公司章程的责任以及公司因故提前解除合同的补偿等内容。

2. 董事的任期与解任

董事任期由公司章程规定，但每届任期不得超过3年。董事任期届满，连选可以连任。董事任期届满未及时改选，或者董事在任期内辞职导致董事会成员低于法定人数的，在改选出的董事就任前，原董事仍应当依照法律、行政法规和公司章程的规定，履行董事职务。董事辞任的，应当以书面形式通知公司，公司收到通知之日辞任生效，但在改选出的董事就任前，原董事应当继续履行职务。

股东会是董事的产生机构，有权在董事任期届满前解除其职务。《公司法》规定，股东会可以决议解任董事，决议作出之日解任生效。无正当理由，在任期届满前解任董事的，该董事可以要求公司予以赔偿。

3. 董事会职权

董事会行使下列职权：(1) 召集股东会会议，并向股东会报告工作；(2) 执行股东会的决议；(3) 决定公司的经营计划和投资方案；(4) 制订公司的利润分配方案和弥补亏损方案；(5) 制订公司增加或者减少注册资本以及发行公司债券的方案；(6) 制订公司合并、分立、解散或者变更公司形式的方案；(7) 决定公司内部管理机构的设置；(8) 决定聘任或者解聘公司经理及其报酬事项，并根据经理的提名决定聘任或者解聘公司副经理、财务负责人及其报酬事项；(9) 制定公司的基本管理制度；(10) 公司章程规定或者股东会授予的其他职权。公司章程对董事会职权的限制不得对抗善意相对人。

4. 董事会内部设置

董事会设董事长一人，可以设副董事长。董事长和副董事长由董事会以全体董事的过半数选举产生。董事长召集和主持董事会会议，检查董事会决议的实施情况。副董事长协助董事长工作，董事长不能或者不履行职务的，由副董事长履行职务；副董事长不能或者不履行职务的，由过半数的董事共同推举一名董事履行职务。

股份有限公司可以按照公司章程的规定在董事会中设置由董事组成的审计委员会，行使《公司法》规定的监事会的职权，不设监事会或者监事。审计委员会成员为3名以上，过半数成员不得在公司担任除董事以外的其他职务，且不得与公司存在任何可能影响其独立客观判断的关系。公司董事会成员中的职工代表可以成为审计委员会成员。审计委员会作出决议，应当经审计委员会成员的过半数通过。审计委员会决议的表决，应当一人一票。审计委员会的议事方式和表决程序，除《公司法》有规定的外，由公司章程规定。公司可以按照公司章程的规定在董事会中设置其他委员会。

5. 董事会会议的召开

董事会每年度至少召开两次会议，每次会议应当于会议召开10日前通知全体董事和监事。代表1/10以上表决权的股东、1/3以上董事或者监事会，可以提议召开临时董事会会议。董事长应当自接到提议后10日内，召集和主持董事会会议。董事会召开临时会议，可以另定召集董事会的通知方式和通知时限。

董事会会议应有过半数董事出席方可举行。董事会作出决议应当经全体董事的过半数通过。董事会决议的表决，应当一人一票。董事会会议应由董事本人出席，董事因故不能出席，可以书面委托其他董事代为出席，委托书中应载明授权范围。

6. 会议记录及董事责任

董事会应当对会议所议事项的决定做成会议记录，出席会议的董事应当在会议记录上签名。董事应当对董事会的决议承担责任。董事会的决议违反法律、行政法规或者公司章程、股东会决议，给公司造成严重损失的，参与决议的董事对公司负赔偿责任。但经证明在表决时曾表明异议并记载于会议记录的，该董事可以免除责任。

（三）经营管理机关

经营管理机关是指由董事会聘任的，负责公司日常经营管理活动的公司常设业务执行机关，由公司的经理组成。

《公司法》规定，股份有限公司设经理，由董事会决定聘任或者解聘。经理对董事会负责，根据公司章程的规定或者董事会的授权行使职权。经理列席董事会会议。公司董事会可以决定由董事会成员兼任经理。根据《公司法》的规定，公司的经理、副经理、财务负责人，上市公司董事会秘书和公司章程规定的其他人员，均属高级管理人员。高级管理人员对公司负有与董事、监事一样的忠实义务和勤勉义务（参见本章第二节中的相关说明）。

为保证上市公司与控股股东在人员、资产、财务上严格分开，上市公司的总经理必须专职，总经理在集团等控股股东单位不得担任除董事以外的其他职务。

（四）监事会

监事会由监事组成，代表全体股东对公司经营管理进行监督，行使监督职能，是公司的监督机构。按照《公司法》的规定，股份有限公司通常应当设监事会，例外情形有两种：（1）规模较小或者股东人数较少的股份有限公司，可以不设监事会，设一名监事，行使本法规定的监事会的职权。（2）股份有限公司按照公司章程的规定在董事会中设置由董事组成的审计委员会，行使《公司法》规定的监事会的职权，可以不设监事会或者监事。

1. 监事会的组成

监事会成员为3人以上。监事会成员应当包括股东代表和适当比例的公司职工代表，其中职工代表的比例不得低于1/3，具体比例由公司章程规定。监事会中的职工代表由公司职工通过职工代表大会、职工大会或者其他形式民主选举产生。

监事会设主席1人，可以设副主席。监事会主席和副主席由全体监事过半数选举产生。监事会主席召集和主持监事会会议；监事会主席不能或者不履行职务的，由监事会副主席召集和主持监事会会议；监事会副主席不能或者不履行职务的，由过半数的监事共同推举1名监事召集和主持监事会会议。董事、高级管理人员不得兼任监事。

2. 监事会职权和监事任期

监事会行使下列职权：（1）检查公司财务；（2）对董事、高级管理人员执行职务的行为进行监督，对违反法律、行政法规、公司章程或者股东会决议的董事、高级管理人员提出解任的建议；（3）当董事、高级管理人员的行为损害公司的利益时，要求董事、高级管理人员予以纠正；（4）提议召开临时股东会会议，在董事会不履行本法规定的召集和主持股东会会议职责时召集和主持股东会会议；（5）向股东会会议提出提案；（6）依照公司法相关规定，对违反法律、行政法规或者公司章程的规定、损害公司利益的董事、高级管理人员提起诉讼；（7）公司章程规定的其他职权。

监事可以列席董事会会议，并对董事会决议事项提出质询或者建议。监事会可以要求董事、高级管理人员提交执行职务的报告。董事、高级管理人员应当如实向监事会提供有关情况和资料，不得妨碍监事会或者监事行使职权。监事会发现公司经营情况异常，可以进行调查；必要时，可以聘请会计师事务所等协助其工作，费用由公司承担。监事会行使职权所必需的费用，由公司承担。

监事的任期每届为3年。监事任期届满，连选可以连任。监事任期届满未及时改选，或者监事在任期内辞任导致监事会成员低于法定人数的，在改选出的监事就任前，原监事仍应当依照法律、行政法规和公司章程的规定，履行监事职务。

3. 监事会会议的召开

股份有限公司监事会每6个月至少召开一次会议。监事可以提议召开临时监事会会议。监事会的议事方式和表决程序，除法律有规定的外，由公司章程规定。监事会决议应当经全体监事的过半数通过。监事会决议的表决，应当一人一票。监事会应当对所议事项的决定作成会议记录，出席会议的监事应当在会议记录上签名。

（五）上市公司组织机构的特别规定

当股份有限公司公开发行股票，并且其股票在证券交易所上市交易时，这种公司即被称为上市公司。上市公司因为股份由社会公众持有，《公司法》对其组织机构有特别规定。根据《公司法》以及有关规定，上市公司组织机构与活动原则的特别规定主要有以下内容：

（1）增加股东会特别决议事项。上市公司在一年内购买、出售重大资产或者向他人提供担保的金额超过公司资产总额30%的，应当由股东会作出决议，并经出席会议的股东所持表决权的2/3以上通过。

（2）上市公司设立独立董事。具体制度在下一部分介绍。

（3）上市公司在董事会中设置审计委员会的，董事会对下列事项作出决议前应当经审计委员会全体成员过半数通过：①聘用、解聘承办公司审计业务的会计师事务所；②聘任、解聘财务负责人；③披露财务会计报告；④国务院证券监督管理机构规定的其他事项。

（4）上市公司设立董事会秘书，负责公司股东会和董事会会议的筹备、文件保管以及公司股东资料的管理，办理信息披露事务等事宜。董事会秘书是上市公司高级管理人员。

（5）增设关联关系董事的表决权排除制度。上市公司董事与董事会会议决议事项所涉及的企业或者个人有关联关系的，该董事应当及时向董事会书面报告。有关联关系的董事不得对该项决议行使表决权，也不得代理其他董事行使表决权。该董事会会议由过半数的无关联关系董事出席即可举行，董事会会议所作决议须经无关联关系董事过半数通过。出席董事会会议的无关联关系董事人数不足3人的，应当将该事项提交上市公司股东会审议。

（6）上市公司应当依法披露股东、实际控制人的信息，相关信息应当真实、准确、完整。禁止违反法律、行政法规的规定代持上市公司股票。

（7）上市公司控股子公司不得取得该上市公司的股份。上市公司控股子公司因公司合并、质权行使等原因持有上市公司股份的，不得行使所持股份对应的表决权，并应当及时处分相关上市公司股份。

三、上市公司独立董事制度

《公司法》要求上市公司设立独立董事。为规范上市公司行为，充分发挥独立董事在上市公司治理中的作用，促进上市公司独立董事尽责履职，中国证监会于2023年发布《上市公司独立董事管理办法》。

（一）独立董事的概念和独立性要求

1. 独立董事的概念

根据《上市公司独立董事管理办法》，独立董事是指不在上市公司担任除董事外的其他职务，并与其所受聘的上市公司及其主要股东、实际控制人不存在直接或间接利害关系，或其他可能影响其进行独立客观判断关系的董事。独立董事对上市公司及全体股东负有忠实义务和勤勉义务，应当认真履行职责，维护公司整体利益，尤其要关注中小股东的合法权益不受损害。上市公司董事会成员中应当至少包括1/3独立董事。上市公司董事会下设薪酬与考核、审计、提名等专门委员会的，独立董事应当在审计委员会、提名委员会、薪酬与考核委员会成员中过半数，并担任召集人。

2. 独立董事的独立性要求

独立性是独立董事这一职位的"灵魂"。其含义是：独立董事应当独立履行职责，不受上市公司主要股东、实际控制人或者其他与上市公司存在利害关系的单位或个人的影响。根据《上市公司独立董事管理办法》第六条规定，下列人员不得担任独立董事：（1）在上市公司或者其附属企业任职的人员及其配偶、父母、子女、主要社会关系；（2）直接或者间接持有上市公司已发行股份1%以上或者是上市公司前10名股东中的自然人股东及其配偶、父母、子女；（3）在直接或者间接持有上市公司已发行股份5%以上的股东或者在上市公司前5名股东任职的人员及其配偶、父母、子女；（4）在上市公司控股股东、实际控制人的附属企业任职的人员及其配偶、父母、子女；（5）与上市公司及其控股股东、实际控制人或者其各自的附属企业有重大业务往来的人员，或者在有重大业务往来的单位及其控股股东、实际控制人任职的人员；（6）为上市公司及其控股股东、实际控制人或者其各自附属企业提供财务、法律、咨询、保荐等服务的人员，包括但不限于提供服务的中介机构的项目组全体人员、各级复核人员、在报告上签字的人员、合伙人、董事、高级管理人员及主要负责人；（7）最近12个月内曾经具有第（1）项至第（6）项所列举情形的人员；（8）法律、行政法规、中国证监会规定、证券交易所业务规则和公司章程规定的不具备独立性的其他人员。上述第（4）项至第（6）项中的上市公司控股股东、实际控制人的附属企业，不包括与上市公司受同一国有资产管理机构控制且按照相关规定未与上市公司构成关联关系的企业。

独立董事应当每年对独立性情况进行自查，并将自查情况提交董事会。董事会应当每年对在任独立董事独立性情况进行评估并出具专项意见，与年度报告同时披露。

独立董事原则上最多在3家境内上市公司兼任独立董事，并应当确保有足够的时间和精力有效地履行独立董事的职责。

（二）独立董事的任职条件

根据《上市公司独立董事管理办法》第七条规定，独立董事应当具备与其行使职权相适应的任职条件，包括：（1）根据法律、行政法规及其他有关规定，具备担任上市公司董事的资格；（2）具有《上市公司独立董事管理办法》第六条规定的独立性；（3）具备上市公司运作的基本知识，熟悉相关法律法规及规则；（4）具有5年以上履行独立董事职责所必需的法律、会计或者经济等工作经验；（5）具有良好的个人品德，不存在重大失信等不良记录；（6）法律、行政法规、中国证监会规定、证券交易所业务规则和公司章程规定的其他条件。

（三）独立董事的设置要求

上市公司应当在公司章程中明确，聘任适当人员担任独立董事，其中至少包括1名会计专业人士。

上市公司应当在董事会中设置审计委员会。审计委员会成员应当为不在上市公司担任高级管理人员的董事，其中独立董事应当过半数，并由独立董事中会计专业人士担任召集人。

上市公司可以根据需要在董事会中设置提名、薪酬与考核、战略等专门委员会。提名委员会、薪酬与考核委员会中独立董事应当过半数并担任召集人。

（四）独立董事的提名和任免

1. 独立董事的提名

上市公司董事会、监事会、单独或者合并持有上市公司已发行股份1%以上的股东可以提出独立董事候选人，并经股东大会选举决定。前述提名人不得提名与其存在利害关系的人员或者有其他可能影响独立履职情形的关系密切人员作为独立董事候选人。依法设立的投资者保护机构可以公开请求股东委托其代为行使提名独立董事的权利。

独立董事的提名人在提名前应当征得被提名人的同意。提名人应当充分了解被提名人职业、学历、职称、详细的工作经历、全部兼职、有无重大失信等不良记录等情况，并对其符合独立性和担任独立董事的其他条件发表意见。被提名人应当就其符合独立性和担任独立董事的其他条件作出公开声明。

上市公司在董事会中设置提名委员会的，提名委员会应当对被提名人任职资格进行审查，并形成明确的审查意见。上市公司应当在选举独立董事的股东大会召开前，按照《上市公司独立董事管理办法》的规定披露相关内容，并将所有独立董事候选人的有关材料报送证券交易所，相关报送材料应当真实、准确、完整。证券交易所依照规定对独立董事候选人的有关材料进行审查，审慎判断独立董事候选人是否符合任职资格并有权提出异议。证券交易所提出异议的，上市公司不得提交股东大会选举。

2. 独立董事的选任

上市公司股东大会选举两名以上独立董事的，应当实行累积投票制。鼓励上市公司实行差额选举，具体实施细则由公司章程规定。中小股东表决情况应当单独计票并披露。

独立董事每届任期与该上市公司其他董事任期相同，任期届满，连选可以连任，但是连任时间不得超过6年。

3. 独立董事的职务解除

独立董事任期届满前，上市公司可以依照法定程序解除其职务。提前解除独立董事职务的，上市公司应当及时披露具体理由和依据。独立董事有异议的，上市公司应当及时予以披露。

4. 独立董事的辞职

（1）法定情形的辞职或被解除职务

根据法律、行政法规及其他有关规定，独立董事不具备担任上市公司董事的资格的，或者独立董事不符合《上市公司独立董事管理办法》第六条规定的独立性要求的，应当立即停止履职并辞去职务。未提出辞职的，董事会知悉或者应当知悉该事实发生后应当立即按规定解除其职务。

独立董事因触及前述情形提出辞职或者被解除职务导致董事会或者其专门委员会中

独立董事所占的比例不符合《上市公司独立董事管理办法》或者公司章程的规定，或者独立董事中欠缺会计专业人士的，上市公司应当自前述事实发生之日起60日内完成补选。

(2) 主动辞职

独立董事在任期届满前可以提出辞职。独立董事辞职应当向董事会提交书面辞职报告，对任何与其辞职有关或者其认为有必要引起上市公司股东和债权人注意的情况进行说明。上市公司应当对独立董事辞职的原因及关注事项予以披露。

独立董事辞职将导致董事会或者其专门委员会中独立董事所占的比例不符合《上市公司独立董事管理办法》或者公司章程的规定，或者独立董事中欠缺会计专业人士的，拟辞职的独立董事应当继续履行职责至新任独立董事产生之日。上市公司应当自独立董事提出辞职之日起60日内完成补选。

(五) 独立董事的职责、职权和履职要求

1. 独立董事的职责

独立董事履行下列职责：(1) 参与董事会决策并对所议事项发表明确意见；(2) 对《上市公司独立董事管理办法》第二十三条、第二十六条、第二十七条和第二十八条所列上市公司与其控股股东、实际控制人、董事、高级管理人员之间的潜在重大利益冲突事项进行监督，促使董事会决策符合上市公司整体利益，保护中小股东合法权益；(3) 对上市公司经营发展提供专业、客观的建议，促进提升董事会决策水平；(4) 法律、行政法规、中国证监会规定和公司章程规定的其他职责。

2. 独立董事的特别职权

独立董事行使下列特别职权：(1) 独立聘请中介机构，对上市公司具体事项进行审计、咨询或者核查；(2) 向董事会提议召开临时股东大会；(3) 提议召开董事会会议；(4) 依法公开向股东征集股东权利；(5) 对可能损害上市公司或者中小股东权益的事项发表独立意见；(6) 法律、行政法规、中国证监会规定和公司章程规定的其他职权。独立董事行使前款第 (1) 项至第 (3) 项所列职权的，应当经全体独立董事过半数同意。独立董事行使前述所列职权的，上市公司应当及时披露。上述职权不能正常行使的，上市公司应当披露具体情况和理由。

3. 独立董事的履职方式和履职要求

董事会会议召开前，独立董事可以与董事会秘书进行沟通，就拟审议事项进行询问、要求补充材料、提出意见建议等。董事会及相关人员应当对独立董事提出的问题、要求和意见认真研究，及时向独立董事反馈议案修改等落实情况。

独立董事应当亲自出席董事会会议。因故不能亲自出席会议的，独立董事应当事先审阅会议材料，形成明确的意见，并书面委托其他独立董事代为出席。独立董事连续两次未能亲自出席董事会会议，也不委托其他独立董事代为出席的，董事会应当在该事实发生之日起30日内提议召开股东大会解除该独立董事职务。

独立董事对董事会议案投反对票或者弃权票的，应当说明具体理由及依据、议案所涉事项的合法合规性、可能存在的风险以及对上市公司和中小股东权益的影响等。上市公司在披露董事会决议时，应当同时披露独立董事的异议意见，并在董事会决议和会议记录中载明。

根据《上市公司独立董事管理办法》第二十三条规定，下列事项应当经上市公司全体独立董事过半数同意后，提交董事会审议：（1）应当披露的关联交易；（2）上市公司及相关方变更或者豁免承诺的方案；（3）被收购上市公司董事会针对收购所作出的决策及采取的措施；（4）法律、行政法规、中国证监会规定和公司章程规定的其他事项。

根据《上市公司独立董事管理办法》第二十六条规定，上市公司董事会审计委员会负责审核公司财务信息及其披露、监督及评估内外部审计工作和内部控制，下列事项应当经审计委员会全体成员过半数同意后，提交董事会审议：（1）披露财务会计报告及定期报告中的财务信息、内部控制评价报告；（2）聘用或者解聘承办上市公司审计业务的会计师事务所；（3）聘任或者解聘上市公司财务负责人；（4）因会计准则变更以外的原因作出会计政策、会计估计变更或者重大会计差错更正；（5）法律、行政法规、中国证监会规定和公司章程规定的其他事项。审计委员会每季度至少召开一次会议，两名及以上成员提议，或者召集人认为有必要时，可以召开临时会议。审计委员会会议须有2/3以上成员出席方可举行。

独立董事应当持续关注《上市公司独立董事管理办法》第二十三条、第二十六条、第二十七条和第二十八条所列事项相关的董事会决议执行情况，发现存在违反法律、行政法规、中国证监会规定、证券交易所业务规则和公司章程规定，或者违反股东大会和董事会决议等情形的，应当及时向董事会报告，并可以要求上市公司作出书面说明。涉及披露事项的，上市公司应当及时披露。上市公司未按前款规定作出说明或者及时披露的，独立董事可以向中国证监会和证券交易所报告。

独立董事每年在上市公司的现场工作时间应当不少于15日。除按规定出席股东大会、董事会及其专门委员会、独立董事专门会议外，独立董事可以通过定期获取上市公司运营情况等资料、听取管理层汇报、与内部审计机构负责人和承办上市公司审计业务的会计师事务所等中介机构沟通、实地考察、与中小股东沟通等多种方式履行职责。

上市公司董事会及其专门委员会、独立董事专门会议应当按规定制作会议记录，独立董事的意见应当在会议记录中载明。独立董事应当对会议记录签字确认。独立董事应当制作工作记录，详细记录履行职责的情况。独立董事履行职责过程中获取的资料、相关会议记录、与上市公司及中介机构工作人员的通讯记录等，构成工作记录的组成部分。对于工作记录中的重要内容，独立董事可以要求董事会秘书等相关人员签字确认，上市公司及相关人员应当予以配合。独立董事工作记录及上市公司向独立董事提供的资料，应当至少保存10年。

（六）独立董事的履职保障

1. 提供必要的工作条件

上市公司应当为独立董事履行职责提供必要的工作条件和人员支持，指定董事会办公室、董事会秘书等专门部门和专门人员协助独立董事履行职责。董事会秘书应当确保独立董事与其他董事、高级管理人员及其他相关人员之间的信息畅通，确保独立董事履行职责时能够获得足够的资源和必要的专业意见。

2. 保障独立董事的知情权

上市公司应当保障独立董事享有与其他董事同等的知情权。为保证独立董事有效行使职权，上市公司应当向独立董事定期通报公司运营情况，提供资料，组织或者配合独立董事开展实地考察等工作。上市公司可以在董事会审议重大复杂事项前，组织独立董事参与研究论证等环节，充分听取独立董事意见，并及时向独立董事反馈意见采纳情况。

上市公司应当及时向独立董事发出董事会会议通知，不迟于法律、行政法规、中国证监会规定或者公司章程规定的董事会会议通知期限提供相关会议资料，并为独立董事提供有效沟通渠道；董事会专门委员会召开会议的，上市公司原则上应当不迟于专门委员会会议召开前3日提供相关资料和信息。上市公司应当保存上述会议资料至少10年。

两名及以上独立董事认为会议材料不完整、论证不充分或者提供不及时的，可以书面向董事会提出延期召开会议或者延期审议该事项，董事会应当予以采纳。

董事会及专门委员会会议以现场召开为原则。在保证全体参会董事能够充分沟通并表达意见的前提下，必要时可以依照程序采用视频、电话或者其他方式召开。

3. 不干预独立董事独立行使职权

独立董事行使职权的，上市公司董事、高级管理人员等相关人员应当予以配合，不得拒绝、阻碍或者隐瞒相关信息，不得干预其独立行使职权。

独立董事依法行使职权遭遇阻碍的，可以向董事会说明情况，要求董事、高级管理人员等相关人员予以配合，并将受到阻碍的具体情形和解决状况记入工作记录；仍不能消除阻碍的，可以向中国证监会和证券交易所报告。

独立董事履职事项涉及应披露信息的，上市公司应当及时办理披露事宜；上市公司不予披露的，独立董事可以直接申请披露，或者向中国证监会和证券交易所报告。中国证监会和证券交易所应当畅通独立董事沟通渠道。

4. 履职费用、责任保险和津贴保障

上市公司应当承担独立董事聘请专业机构及行使其他职权时所需的费用。

上市公司可以建立独立董事责任保险制度，降低独立董事正常履行职责可能引致的风险。

上市公司应当给予独立董事与其承担的职责相适应的津贴。津贴的标准应当由董事会制订方案，股东大会审议通过，并在上市公司年度报告中进行披露。除上述津贴外，独立董事不得从上市公司及其主要股东、实际控制人或者有利害关系的单位和人员取得其他利益。

四、股份有限公司的股份及其发行、转让和回购

（一）股份及其类型

股份有限公司通过发行不同类型的股份，筹集股本（注册资本）、其他权益资本以及生产经营所需的资金。公司的所有者权益通过股份实现了单位化和标准化的划分。不同类别的股份意味着不同的股东权益。而拥有某类股份的数量又表示股东权益的大小。股份一方面便于公司和股东识别、计算每一股东的权益，从而降低了公司治理的成本；另一方面，也方便了公司资本的定价、计算和交易。因此，股份这一工具降低了公司融资和公众投资的成本。

1. 面额股与无面额股

《公司法》规定，股份有限公司的全部股份，根据章程规定，择一采用面额股或者无面额股。股份面额是纸质股票时代遗留下来的术语，其含义为纸质股票票面所记载的价额。纸质股票有的一票一股，有的一票多股。所谓"面额"一般理解是指每股的票面价额，也即每股金额。因此，即便目前的股份有限公司已不发行纸质股票，只要其股份有每股金额，人们仍然称此类股份为"面额股"。《公司法》规定，股份有限公司的股份为面额股的，每一股的金额相等。普通股的每股金额（面额）是计算股份有限公司股本的基本单位。公司股本总额就等于普通股每股金额（面额）与普通股股份总数的乘积。相应的，公司发行的股份如果没有每股金额，则此类股份就叫做"无面额股"。无面额股没有面额，故其发行不受"股票发行价不得低于面额"这一规则的限制，因而具有筹资上的灵活性。

公司如果发行无面额股，则须决定发行股份所得的股款中多少金额计入注册资本，多少计入资本公积。在发行面额股的情况下，面额具有自动区分股款的功能：与面额等值的股款计入注册资本（会计科目为股本），超出面额的股款（发行溢价）计入资本公积。公司如果发行的是无面额股，那么，该公司配置股款的自由度就不受面额限制。但也不是毫无限制，《公司法》规定，公司发行无面额股所得股款，至少应将股款的 1/2 计入注册资本。

股份有限公司可以在章程中规定本公司全部股份为面额股抑或无面额股，也可以根据公司章程的规定将已发行的面额股全部转换为无面额股或者将无面额股全部转换为面额股。

2. 普通股与类别股

公司最基本的股份类型是普通股。普通股代表公司所有权的基本份额。持有普通股的股东享有对公司事务的管理权和资产收益权。但并不是所有的权益投资者都有意愿或者有能力参与公司管理。于是，人们发明了优先股。持有优先股的股东在利润分配和（或）剩余资产分配上享有优先于普通股股东的权利，但他们通常对公司经营管理没有或仅有有限表决权。之后，实践中陆续出现了不同类别的优先股、不同类别的普通股以及分配次序居于普通股之后的后配股。这些不同于一般普通股的特殊类型股份，可以统称为"类别股"或"特别股"。

我国公司法起初只承认单一类型的普通股。直到 2013 年 11 月，国务院发布《关于开展优先股试点的指导意见》（以下简称《优先股试点意见》），开始在上市公司（含注册地在我国境内的境外上市公司）和非上市公众公司中开展优先股试点工作。2014 年 3 月，中国证监会发布《优先股试点管理办法》。2019 年 1 月，上海证券交易所设立科创板，其《股票上市规则》对上市公司股份的表决权差异安排作出规定，自此我国资本市场中开始出现特别表决权股份。《公司法》2023 年修订后，理论上我国股份有限公司无论是否上市都有依法发行包括优先股在内的多种类别股的权利，但公众公司发行优先股应符合中国证监会的相关规定。

依照《公司法》的规定，股份有限公司的类别股可以包含以下类别：

（1）优先股和劣后股。

①优先股。优先股是指在利润分配或剩余财产分配次序上优先于普通股的股份。优先股获得分配的前提仍须是公司有可分利润或者剩余财产。这是优先股不同于债券之处。

优先股可以是利润分配优先股或者清算分配优先股，也可以兼具两种优先权。我国股份有限公司目前发行的优先股通常都兼具两种优先权。优先股还可以附有转换选择权和（或）回购选择权。

优先股股东在享受优先权的同时，参与公司决策管理的权利受到限制。《优先股试点意见》规定：除以下情况外，优先股股东不出席股东会会议，所持股份没有表决权：a. 修改公司章程中与优先股相关的内容；b. 一次或累计减少公司注册资本超过10%；c. 公司合并、分立、解散或变更公司形式；d. 发行优先股；e. 公司章程规定的其他情形。上述事项的决议，除须经出席会议的普通股股东（含表决权恢复的优先股股东）所持表决权的2/3以上通过之外，还须经出席会议的优先股股东（不含表决权恢复的优先股股东）所持表决权的2/3以上通过。但是，公司累计3个会计年度或连续2个会计年度未按约定支付优先股股息的，优先股股东有权出席股东会，每股优先股股份享有公司章程规定的表决权。对于股息可累积到下一会计年度的优先股，表决权恢复直至公司全额支付所欠股息。对于股息不可累积的优先股，表决权恢复直至公司全额支付当年股息。公司章程可规定优先股表决权恢复的其他情形。

公司还可以在公司章程中规定优先股转换为普通股、发行人回购优先股的条件、价格和比例。转换选择权或回购选择权可规定由发行人或优先股股东行使。发行人要求回购优先股的，必须完全支付所欠股息，但商业银行发行优先股补充资本的除外。优先股回购后相应减记发行在外的优先股股份总数。

②劣后股。劣后股分配利润或剩余财产的顺序次后于普通股，又称"后配股"。劣后股通常出现在公司陷入经营困境或者进入破产重整程序时。认购劣后股的投资者通常是有意愿给公司提供财务帮助的政府投资机构或者公司的母公司、实际控制人等。由于劣后股的分配次序居后，具有风险"垫底"作用，因此，发行劣后股有助于公司引进新的普通股或优先股投资者。

（2）特殊表决权股。

传统的普通股遵循"一股一权"原则，每一股均有一个表决权。但实践中产生了区分普通股表决权的需要。出于优化配置决策权或者建立激励约束机制的动因，一些公司及其投资者愿意赋予公司创始人或管理层所持股份一股多个表决权，从而使这类股份的持有者在公司决策上拥有更多话语权。这就产生了一类在表决权上比一般普通股特殊的股份。例如，公司可能将其普通股分为A、B两类，两类股份的每股收益权相同，但A类普通股每股有10个表决权，B类每股只有1个表决权。A类普通股由公司创始人（或创始团队）持有。依照《公司法》的规定，股份有限公司可以设置每股表决权多于或者少于普通股的特别表决权股。至于特别表决权股能否再细分为不同组别或种类，每组或每种拥有不同表决权，《公司法》并不禁止。

特别表决权股不改变每股收益权，只是在每股表决权上有所区分。这样就为公司根据自身需要灵活配置决策机制和激励约束机制，调和企业家、管理层和财务投资者的利益关系提供了一定便利。不过，为了避免某些特别表决权股完全丧失对公司的监督权，《公司法》规定，对于监事或者审计委员会成员的选举和更换，特别表决权股与普通股每一股的表决权数相同。此外，特别表决权股与一般普通股的差异造成了它自身的"非标准化"。因此,《公司法》规定,公开发行股份的公司不得发行此类类别股,除非公开发行前已经发行。

（3）转让受限股。

股份有限公司的股份以可自由转让为原则,但也应当允许公司以章程条款限制特定类别股份的转让。某些股东人数较少、缺乏公众性的股份有限公司,有可能出于保持股东间的互信关系或股东团体稳定,而为部分或全部股份设定转让限制。依据《公司法》的规定,限制股份转让的方式可以是章程规定转让须经公司同意,也可以通过其他方式限制。所谓"公司同意",可以由公司董事会、股东会等作出,可以是会议决议,也可以是符合一定条件的决定,具体须视公司章程的规定。其他方式,不排除章程规定转让须由特定人员（如法定代表人）同意,或者规定股份符合特定条件（如公司某个项目完工）即可转让,也可以规定受让人资格等。由于限制转让股在股份流通性上打了折扣,因此,《公司法》规定,公开发行股份的公司不得发行限制转让股,除非公开发行前已经发行。

（4）其他类别股。除了本条列举的上述几类特别股外,国务院还可以规定其他种类的类别股。

《公司法》规定,发行类别股的公司,应当在公司章程中载明以下事项:①类别股分配利润或者剩余财产的顺序;②类别股的表决权数;③类别股的转让限制;④保护中小股东权益的措施;⑤股东会认为需要规定的其他事项。关于类别股股东的表决权,《公司法》规定,发行类别股的公司,股东会作出修改公司章程、增加或者减少注册资本的决议,以及公司合并、分立、解散或者变更公司形式的决议等可能影响类别股股东权利的,除应当依法经出席股东会会议股东所持表决权的2/3以上通过外,还应当经出席类别股股东会议的股东所持表决权的2/3以上通过。公司章程可以对需经类别股股东会决议的其他事项作出规定。

（二）股份形式

《公司法》规定:公司的股份采取股票的形式。股票是公司签发的证明股东所持股份的凭证。公司发行的股票,应当为记名股票。股票采用纸面形式或者国务院证券监督管理机构规定的其他形式。股票采用纸面形式的,应当载明下列主要事项:（1）公司名称;（2）公司成立日期或者股票发行的时间;（3）股票种类、票面金额及代表的股份数,发行无面额股的,股票代表的股份数。股票采用纸面形式的,还应当载明股票的编号,由法定代表人签名,公司盖章。股份有限公司成立后,即向股东正式交付股票。公司成立前不得向股东交付股票。

在我国,纸面形式目前已不再是股票的主要形式。我国上市公司和非上市公众公司的股份,现均采取电子簿记形式,集中登记、存管于专门的证券登记结算机构。其他不同时期成立的非上市、非公众股份有限公司也几乎没有发行纸面股票的。这些公司,有些将股份以电子簿记形式登记、存管于区域性的股权交易所、产权交易所等类似机构,有些自行造册、记录。

（三）股份发行

股份有限公司设立时的股份发行,被称为设立发行,此后的股份发行,被称为新股发行,实际上相当于股份有限公司增资。

股份发行，事关投资者的投资权益、企业融资效率、金融市场活跃度乃至国家经济发展质量，应当遵循公平、公正的原则。公平、公正的股份发行，意味着所有投资者都应当享有同等的投资机会和交易机会，都有权及时、全面地获知相关信息，"同类别的每一股份应当具有同等权利"（包括各项股东权利），得到法律和监管规则的平等对待，任何受到欺诈或其他不法侵害的投资者都有权请求法律上的救济。同次发行的同类别股份，每股的发行条件和价格应当相同；认购人所认购的股份，每股应当支付相同价额。

公司发行新股，股东会应当对下列事项作出决议：（1）新股种类及数额；（2）新股发行价格；（3）新股发行的起止日期；（4）向原有股东发行新股的种类及数额；（5）发行无面额股的，新股发行所得股款计入注册资本的金额。公司发行新股，可以根据公司经营情况和财务状况，确定其作价方案。

公司董事会经授权可行使新股发行决定权。《公司法》规定，公司章程或者股东会可以授权董事会在3年内决定发行不超过已发行股份50%的股份。但以非货币财产作价出资的应当经股东会决议。公司章程或者股东会授权董事会决定发行新股的，董事会决议应当经全体董事2/3以上通过。董事会依照上述规定决定发行股份导致公司注册资本、已发行股份数发生变化的，对公司章程该项记载事项的修改不需再由股东会表决。按一般的理解，"已发行股份"应指已经发行的存量股份，包括被本公司回购而暂时持有的库存股。公司发行后由本公司回购并注销的股份，不应包括在内。"已发行股份"应包含普通股和类别股。"以非货币财产作价出资的应当经股东会决议"，意思是：如果公司某次股份发行的认股人拟以非现金资产（如不动产、股权、债权、知识产权或营业体等）支付股款，或者说公司拟发行新股购买或置换他人的非现金资产，则该次股份发行的决定权只能由股东会行使，公司章程和股东会均不得授权董事会行使。

股份公开发行，应当经国务院证券监督管理机构注册，公告招股说明书。招股说明书应当附有公司章程，并载明下列事项：（1）发行的股份总数；（2）面额股的票面金额和发行价格或者无面额股的发行价格；（3）募集资金的用途；（4）认股人的权利和义务；（5）股份种类及其权利和义务；（6）本次募股的起止日期及逾期未募足时认股人可以撤回所认股份的说明。公司设立时发行股份的，还应当载明发起人认购的股份数。股份公开发行的具体内容将在本书第七章证券法律制度中说明。

（四）股份转让

1. 转让方式

股份以自由转让为原则，限制转让为例外。《公司法》规定，股份有限公司的股东持有的股份可以向其他股东转让，也可以向股东以外的人转让；公司章程对股份转让有限制的，其转让按照公司章程的规定进行。

关于转让方式，《公司法》规定，股东转让其股份，应当在依法设立的证券交易场所进行或者按照国务院规定的其他方式进行。"证券交易场所"是为证券交易参与人提供交易场所、设施和服务的机构，具有发现和形成证券交易价格的功能，包括"证券交易所"和"其他交易场所"两类。我国目前有上海、深圳、北京三家证券交易所。其他交易场所主要是除证券交易所外的其他全国性证券交易场所（主要是全国中小企业股份转让系统，或称"新三板"）和区域性股权市场。

《公司法》规定，股票的转让，由股东以背书方式或者法律、行政法规规定的其他方式进行；转让后由公司将受让人的姓名或者名称及住所记载于股东名册。股东会会议召开前20日内或者公司决定分配股利的基准日前5日内，不得变更股东名册。法律、行政法规或者国务院证券监督管理机构对上市公司股东名册变更另有规定的，从其规定。

记名的纸面形式（或其他实物券形式）股票的转让须采取背书的方式，即通过在股票实物券上记载受让人姓名或名称来完成权属移转。电子簿记形式的股票表现为计算机系统上的电子记账。股东转让电子簿记形式的股票，应当依照证券登记结算机构的规则，在计算机系统上的电子账户中变更相关记录。证券登记结算机构根据证券账户的记录，确认证券持有人持有证券的事实，办理证券持有人名册的登记。

2. 转让限制

股份有限公司的股份以自由转让为原则，以限制转让为例外。《公司法》规定：公司公开发行股份前已发行的股份，自公司股票在证券交易所上市交易之日起1年内不得转让。法律、行政法规或者国务院证券监督管理机构对上市公司的股东、实际控制人转让其所持有的本公司股份另有规定的，从其规定。

公司董事、监事、高级管理人员应当向公司申报所持有的本公司的股份及其变动情况，在就任时确定的任职期间每年转让的股份不得超过其所持有本公司股份总数的25%；所持本公司股份自公司股票上市交易之日起1年内不得转让。上述人员离职后半年内，不得转让其所持有的本公司股份。公司章程可以对公司董事、监事、高级管理人员转让其所持有的本公司股份作出其他限制性规定。要求董事、监事和高管披露持股情况以及限制其股份转让，主要目的是监督和防止董事、监事和高管实施有利益冲突的交易。

根据《上市公司董事、监事和高级管理人员所持本公司股份及其变动管理规则》（2024年）第十三条，上市公司董事、监事和高级管理人员在下列期间不得买卖本公司股票：（1）上市公司年度报告、半年度报告公告前15日内；（2）上市公司季度报告、业绩预告、业绩快报公告前5日内；（3）自可能对本公司证券及其衍生品种交易价格产生较大影响的重大事件发生之日或在决策过程中，至依法披露之日内；（4）证券交易所规定的其他期间。

股份在法律、行政法规规定的限制转让期限内出质的，质权人不得在限制转让期限内行使质权。

（五）股份回购

股份有限公司发行股份募集资金后，有些情况下需要从股东手中回购自己的股份。公司回购自己股份的动因，有时是自愿的，例如，向股东支付现金报偿、实施对高管的股权激励计划、提振公司股价、调整资本结构、变更股权结构等；有时是非自愿的，例如，异议股东行使回购请求权、公司为应对敌意收购而实施反收购措施等。股份回购的依据，有时是法律规范或公司章程，有时则是公司与他人达成的协议，如"对赌协议"。

公司回购自己的股份，具有与利润分配类似的经济效果，对本公司股东和债权人均有重大影响。从股东角度看，参加回购有可能溢价变现投资，因此，回购对象的确定可能触动股东之间的利益分配，引发纷争。从公司债权人视角看，公司回购自己股份将导致公司资产流向（回流）股东，与公司分配利润或者分配剩余资产的效果类似，可能影响公司的债务清偿能力。因此，世界各主要经济体的公司法通常对股份回购采取与利润分配一致的限制性规则。

上市公司回购自己的股份，则是在向证券市场传递某种信号。经验研究发现，市场通常会对上市公司回购股份的信息作出乐观解读，公司股价一般会有一定幅度提升。因此，股份回购有可能成为上市公司管理层或控制者操纵股价的一种手段。

我国《公司法》对股份回购的立场是：原则上禁止公司回购自己的股份，只允许法定事由下的回购。不过，与欧美资本维持模式立法不同的是，我国《公司法》并未对股份回购设置与利润分配一致的财务规则。

根据《公司法》的规定，下列情形允许公司回购本公司股份：

（1）减少公司注册资本。公司减少注册资本可以通过作出减资决议直接注销相应股份的方式进行，也可以先回购部分股份再行注销。前一种方式通常用在公司通过减资弥补亏损的情形，后一种方式则可以令股东获取一定的投资报偿。

（2）与持有本公司股份的其他公司合并。这种情况下，无论是吸收合并还是新设合并，合并后的存续公司都将持有自己的股份。合并导致的此种结果，《公司法》认为属于公司对自己股份的收购。

（3）将股份用于员工持股计划或者股权激励。员工持股计划和股权激励是股份有限公司建立内部激励机制的重要手段。股份可以是公司发行的新股，也可以通过回购取得。通常情况下，通过回购取得股份较为便利。

（4）股东因对股东会作出的公司合并、分立决议持异议，要求公司收购其股份。此项回购事由属对异议股东回购股份，但法律上没有"公司按照合理价格收购"的要求。

（5）将股份用于转换公司发行的可转换为股票的公司债券。上市公司转换公司债券为股票，需要向决定转换的可转换债券持有人交付股票。这种情况下，显然应当允许公司回购自己的股份。

（6）上市公司为维护公司价值及股东权益所必需。上市公司宣布回购自己的股份，通常是在向证券市场传递管理层相信公司股价被低估且对公司前景持乐观态度的信号。因此，回购股份通常有助于维护公司股价和股东利益。不过，股份回购是否是"维护公司价值及股东权益所必需"的措施，尚需要结合更多内外部因素一并考量。

由于股份回购涉及不同公司参与者和市场主体的利益，同时还要顾及决策的便捷性，《公司法》区分不同回购事由对决议主体作出规定。公司因减少注册资本或者与持有本公司股份之其他公司合并而收购本公司股份的，应当经股东会决议；公司为实施员工持股或股权激励、转换债券或者维护公司价值及股东权益而收购股份，可以按照公司章程或者股东会的授权，经2/3以上董事出席的董事会会议决议。公司如果依法回购异议股东股份，则不必经股东会或者董事会作出决议。

公司回购回来的股份也须依法分别处理，个别事由下的回购还有数量上限。《公司法》规定，公司为减少注册资本而回购的股份，应当自收购之日起10日内注销；公司与持有本公司股份之其他公司合并、回购异议股东股份的，所持有的本公司股份应当在6个月内转让或者注销；公司为实施员工持股或股权激励、转换债券或者维护公司价值及股东权益而收购的本公司股份，合计不得超过本公司已发行股份总数的10%，并应当在3年内转让或者注销。

《公司法》还规定，上市公司收购本公司股份，应当依照《中华人民共和国证券法》的规定履行信息披露义务。上市公司为实施员工持股或股权激励、转换债券为股票或者维护公司价值及股东权益收购本公司股份的，应当通过公开的集中交易方式进行。最后，为防止公司通过质押变相违规收购本公司股份，《公司法》规定，公司不得接受本公司的股份作为质权的标的。

第四节　有限责任公司

一、有限责任公司的设立

（一）设立条件

根据《公司法》的有关规定，设立有限责任公司，应当具备下列条件：（1）股东符合法定人数；（2）全体股东依法认缴出资；（3）制订公司章程，建立符合有限责任公司要求的组织机构等。

1. 股东条件

《公司法》规定，有限责任公司由1个以上50个以下股东出资设立，允许设立一人有限责任公司。同时，出资设立公司的股东还要符合相应的资格条件。

2. 财产条件

《公司法》经2013年修正取消了对有限责任公司最低注册资本的要求，2023年修订规定缴纳出资的法定最长期限为5年。具体规定是：有限责任公司的注册资本为在公司登记机关登记的全体股东认缴的出资额。全体股东认缴的出资额由股东按照公司章程的规定自公司成立之日起5年内缴足。法律、行政法规以及国务院决定对有限责任公司注册资本实缴、注册资本最低限额、股东出资期限另有规定的，从其规定。

有限责任公司出资形式、缴纳方式和股东的出资义务与责任，参见本章第二节"股东出资制度"的相关内容。

3. 组织条件

设立有限责任公司须由股东共同制定公司章程。公司章程应当载明：（1）公司名称和住所；（2）公司经营范围；（3）公司注册资本；（4）股东的姓名或者名称；（5）股东的出资额、出资方式和出资日期；（6）公司的机构及其产生办法、职权、议事规则；（7）公司法定代表人的产生、变更办法；（8）股东会认为需要规定的其他事项。公司章程制定之后，股东应当在公司章程上签名或者盖章。公司章程的修改必须经股东会代表2/3以上表决权的股东通过。

（二）设立程序

有限责任公司的设立程序与前述股份有限公司的设立登记部分说明的内容基本相同。这里仅就公司设立登记后的有关内容作一些补充说明。

1. 出资证明书

有限责任公司成立后，应当向股东签发出资证明书。出资证明书是确认股东出资的凭证，应当载明下列事项：（1）公司名称；（2）公司成立日期；（3）公司注册资本；（4）股东的姓名或者名称、认缴和实缴的出资额、出资方式和出资日期；（5）出资证明书的编号和核发日期。出资证明书由法定代表人签名，并由公司盖章。

2. 股东名册

有限责任公司应当置备股东名册。股东名册应为书面形式，记载下列事项：（1）股东的姓名或者名称及住所；（2）股东认缴和实缴的出资额、出资方式和出资日期；（3）出资证明书编号；（4）取得和丧失股东资格的日期。记载于股东名册的股东，可以依股东名册主张行使股东权利。

根据公司法司法解释的规定，当事人依法履行出资义务或者依法继受取得股权后，公司未依上述规定签发出资证明书、记载于股东名册并办理公司登记机关登记，当事人请求公司履行上述义务的，人民法院应予支持。

二、有限责任公司的组织机构

有限责任公司的组织机构包括股东会、董事会、监事会及经理。

（一）股东会

1. 股东会的职权

有限责任公司股东会由全体股东组成，股东会是公司的权力机构。根据《公司法》的规定，股东会行使下列职权：（1）选举和更换董事、监事，决定有关董事、监事的报酬事项；（2）审议批准董事会的报告；（3）审议批准监事会的报告；（4）审议批准公司的利润分配方案和弥补亏损方案；（5）对公司增加或者减少注册资本作出决议；（6）对发行公司债券作出决议；（7）对公司合并、分立、解散、清算或者变更公司形式作出决议；（8）修改公司章程；（9）公司章程规定的其他职权。股东会可以授权董事会对发行公司债券作出决议。

上述职权与股份有限公司的股东会职权一致，比较特殊的是：在有限责任公司中，对上述事项，股东以书面形式一致表示同意的，可以不召开股东会会议，直接作出决定，并由全体股东在决定文件上签名或者盖章。

只有一个股东的有限责任公司不设股东会。股东作出上列事项的决定时，应当采用书面形式，并由股东签名或者盖章后置备于公司。

2. 股东会会议

股东会会议分为定期会议和临时会议。定期会议应当按照公司章程的规定按时召开。代表1/10以上表决权的股东、1/3以上的董事或者监事会提议召开临时会议的，公司应当召开临时股东会会议。

3. 股东会会议的召集

首次股东会会议由出资最多的股东召集和主持，依法行使职mixed。以后的股东会会议，由董事会召集，董事长主持；董事长不能或者不履行职务的，由副董事长主持；副董事长不能或者不履行职务的，由过半数的董事共同推举一名董事主持。董事会不能或者不履行召集股东会会议职责的，由监事会召集和主持；监事会不召集和主持的，代表 1/10 以上表决权的股东可以自行召集和主持。

召开股东会会议，应当于会议召开 15 日以前通知全体股东，但公司章程另有规定或者全体股东另有约定的除外。股东会应当对所议事项的决定作成会议记录，出席会议的股东应当在会议记录上签名或者盖章。

4. 股东会决议

《公司法》规定，股东会会议由股东按照出资比例行使表决权，但公司章程另有规定的除外。股东会的议事方式和表决程序，除《公司法》有规定的之外，由公司章程规定。有限责任公司股东的表决权基于其"出资比例"计算。但"出资比例"究竟是指实缴出资的比例，还是认缴出资的比例，法无明文规定。因此，需要公司章程确定或者股东在表决前商定。但无论以实缴出资还是认缴出资计算表决权，有限责任公司股东会决议的表决结果计算均应以全体股东的表决权为基数，除非公司章程另有规定。这与股份有限公司有所不同，股份有限公司股东会决议的表决是以出席股东会的股东所持表决权为基数。

有限责任公司股东会决议可分为特别决议和普通决议。《公司法》规定，股东会会议作出修改公司章程、增加或者减少注册资本的决议以及公司合并、分立、解散或者变更公司形式的决议，必须经代表 2/3 以上表决权的股东通过。这类决议就属于特别决议。除特别决议外，其他决议为普通决议。股东会普通决议应当经代表过半数表决权的股东通过。

（二）董事会

有限责任公司设董事会。规模较小或者股东人数较少的有限责任公司，可以不设董事会，设一名董事，行使《公司法》规定的董事会职权。该董事可以兼任公司经理。

1. 董事会的组成

有限责任公司董事会成员为 3 人以上，其成员中可以有公司职工代表。职工人数 300 人以上的有限责任公司，除依法设监事会并有公司职工代表的外，其董事会成员中应当有公司职工代表。董事会中的职工代表由公司职工通过职工代表大会、职工大会或者其他形式民主选举产生。董事会设董事长 1 人，可以设副董事长。董事长、副董事长的产生办法由公司章程规定。

2. 董事任期和董事会职权

有限责任公司董事的任期和董事会职权与股份有限公司相同。

3. 董事会会议

董事会会议由董事长召集和主持；董事长不能或者不履行职务的，由副董事长召集和主持；副董事长不能或者不履行职务的，由过半数的董事共同推举 1 名董事召集和主持。

董事会的议事方式和表决程序，除《公司法》有规定的外，由公司章程规定。董事会会议应当有过半数的董事出席方可举行。董事会作出决议，应当经全体董事的过半数通过。董事会决议的表决，应当一人一票。董事会应当对所议事项的决定作成会议记录，出席会议的董事应当在会议记录上签名。

（三）经理

根据《公司法》的规定，经理并非有限责任公司的必设职位。有限责任公司如果设经理职位，则经理由董事会决定聘任或者解聘；经理对董事会负责，根据公司章程的规定或者董事会的授权行使职权。经理列席董事会会议。董事可以兼任经理。

（四）监事会

有限责任公司设监事会。规模较小或者股东人数较少的有限责任公司，可以不设监事会，设1名监事，行使监事会职权；经全体股东一致同意，也可以不设监事。有限责任公司可以按照公司章程的规定在董事会中设置由董事组成的审计委员会，行使监事会职权，不设监事会或者监事。公司董事会成员中的职工代表可以成为审计委员会成员。

1. 监事会的组成

监事会成员为3人以上。监事会成员应当包括股东代表和适当比例的公司职工代表，其中职工代表的比例不得低于1/3，具体比例由公司章程规定。监事会中的职工代表由公司职工通过职工代表大会、职工大会或者其他形式民主选举产生。监事会设主席一人，由全体监事过半数选举产生。董事、高级管理人员不得兼任监事。

2. 监事的任期和监事会的职权

有限责任公司监事的任期和监事会的职权与股份有限公司相同。

3. 监事会的召集和决议

监事会主席召集和主持监事会会议；监事会主席不能或者不履行职务的，由过半数的监事共同推举1名监事召集和主持监事会会议。监事会每年度至少召开1次会议，监事可以提议召开临时监事会会议。监事会的议事方式和表决程序，除法律有规定的外，由公司章程规定。监事会决议应当经全体监事的过半数通过。监事会决议的表决，应当一人一票。监事会应当对所议事项的决定作成会议记录，出席会议的监事应当在会议记录上签名。监事会行使职权所必需的费用，由公司承担。

三、有限责任公司的股权移转

（一）股权移转的概念和类型

股权移转，是指有限责任公司的股权基于一定的法律事实而发生权属变更。股权移转只是股东发生变化，公司的法人资格不发生变化，公司的财产不发生变化，公司以其财产对外承担的责任也不发生变化。

《公司法》对以下三种股权移转情形作了规定：基于股东法律行为的自愿转让、基于法院强制执行的强制移转以及基于自然人股东死亡而发生的股权继承。

从受让人是否为该公司原有股东的角度看，股权移转又可以分为对内移转和对外移转。对内移转，是指现有股东之间转让全部或者部分股权。对外移转，是指股东将自己的全部或部分股权转让给公司现有股东以外的人。对外移转将使现有股东以外的人加入公司，成为新的股东。

（二）股权转让规则

与股份有限公司有所不同，有限责任公司通常股东人数不多，股东间存在一定信赖关系，股东群体具有封闭性。因此，有限责任公司股权发生对外转让时，原有股东通常希望对股权流向有一定的控制力。为此,《公司法》对于有限公司股东对外转让股权设置了一套限制规则;但同时又规定,"公司章程对股权转让另有规定的,从其规定",为公司自主设置符合自身需求的股权转让规则预留了空间。对于股权的对内转让,《公司法》未设限制。

(1) 有限责任公司的股东之间可以相互转让全部或者部分股权。《公司法》对此未设任何限制。

(2) 股东向股东以外的人转让股权的,应当将股权转让的数量、价格、支付方式和期限等事项书面通知其他股东,其他股东在同等条件下有优先购买权。股东自接到书面通知之日起 30 日内未答复的,视为放弃优先购买权。两个以上股东行使优先购买权的,协商确定各自的购买比例;协商不成的,按照转让时各自的出资比例行使优先购买权。

根据公司法司法解释的规定,有限责任公司的转让股东有撤回其股权转让意思的权利。如果转让股东在其他股东表示优先购买的意思后又不同意转让股权,那么,即便其他股东起诉主张行使优先购买权,人民法院亦不予支持;但是,公司章程另有规定或者全体股东另有约定的除外(例如,公司章程可能规定股东不得撤回股权转让的意思)。司法解释还规定,其他股东如因转让股东撤回转让意思而受有损失,他们可以主张转让股东赔偿其损失,人民法院对具有合理理由的请求应当予以支持。

如果转让股东未就其股权转让事项通知其他股东,致使其他股东无从行使优先购买权,或者以欺诈、恶意串通等手段妨碍其他股东行使优先购买权,公司法司法解释规定,其他股东主张按同等条件购买拟转让股权的,人民法院应予支持;但是,其他股东须在一定期限内提出上述主张,该期限为其他股东"自知道或者应当知道"行使优先购买权同等条件之日起 30 日内,最长不超过"股权变更登记之日起 1 年"。其他股东如果仅提出确认股权转让合同及股权变动效力等请求,未同时主张按照同等条件购买转让股权,则人民法院不予支持,但其他股东非因自身原因导致无法行使优先购买权,请求损害赔偿的除外。

如果此前转让股东已经与股东以外的第三人成立股权转让合同,则转让股东可能因其他股东优先购买股权而不能履行该合同。这种情况下,第三人有权向转让股东主张损害赔偿,除非合同预先订有免责条款。

(3) 公司法司法解释规定,通过拍卖向股东以外的人转让有限责任公司股权,应当根据相关法律、司法解释进行,保障其他股东在知情的前提下享有《公司法》所规定的优先购买权。在依法设立的产权交易场所转让有限责任公司国有股权,可以参照产权交易场所的交易规则进行,亦须保障其他股东在知情的前提下享有《公司法》所规定的优先购买权。

(4)《公司法》规定"公司章程对股权转让另有规定的,从其规定"。但并非公司章程中对股权转让的任何规定都是合法有效的。首先,章程中的此类规定不得违反法律和行政法规的强制性规定。其次,一般认为,绝对禁止股权转让的规定,由于过度限制了股权的流动性,剥夺了股东的退出机会,通常应当认定为无效。但是,什么样的规定属于"绝对禁止",如何区分"绝对禁止"和"相对禁止(限制)",尚需基于具体案情实事求是地分析章程条款的合法性。例如,在最高人民法院 2018 年公布的指导案例 96 号

（宋文军诉西安市大华餐饮有限公司股东资格确认纠纷案）中，西安市大华餐饮有限公司的公司章程第 14 条规定："公司股权不向公司以外的任何团体和个人出售、转让。公司改制一年后，经董事会批准后可在公司内部赠予、转让和继承。持股人死亡或退休经董事会批准后方可继承、转让或由企业收购，持股人若辞职、调离或被辞退、解除劳动合同的，人走股留，所持股份由企业收购……"该公司章程对股权转让的限制是否合法，就需要结合此类职工持股公司的历史背景、股权结构特点、职工股东是否得到公平对待等具体案件事实等综合分析。

（三）股权强制执行的规则

人民法院依照法律规定的强制执行程序移转股东股权的，应当通知公司及全体股东，其他股东在同等条件下有优先购买权。其他股东自人民法院通知之日起满 20 日不行使优先购买权的，视为放弃优先购买权。

（四）股权继承规则

在公司章程没有另外规定的情况下，自然人股东死亡后，其合法继承人可以直接继承股东资格。公司法司法解释规定，有限责任公司的自然人股东因继承发生变化时，其他股东主张依据公司法规定行使优先购买权的，人民法院不予支持，但公司章程另有规定或者全体股东另有约定的除外。

（五）股权移转后的相关程序

股东转让股权的，应当书面通知公司，请求变更股东名册；需要办理变更登记的，并请求公司向公司登记机关办理变更登记。公司拒绝或者在合理期限内不予答复的，转让人、受让人可以依法向人民法院提起诉讼。股权转让的，受让人自记载于股东名册时起可以向公司主张行使股东权利。

股东依法转让股权后，公司应当及时注销原股东的出资证明书，向新股东签发出资证明书，并相应修改公司章程和股东名册中有关股东及其出资额的记载。对公司章程的该项修改不需再由股东会表决。

四、有限责任公司与股份有限公司的组织形态变更

有限责任公司和股份有限公司之间可以相互转化形态。有限责任公司可以变更为股份有限公司，但应当符合《公司法》规定的股份有限公司的设立条件。股份有限公司也可以变更为有限责任公司，也应当符合《公司法》规定的有限责任公司的设立条件。

公司形态变更主要是注册登记信息和公司组织机构方面的变化。例如，公司名称要相应改变，如"有限责任公司"需要改为"股份有限公司"。但公司的法人地位并没有变化。除非变更伴随增资或者减资，公司的财产也不会变化。《公司法》规定，公司变更前的债权、债务由变更后的公司承继。

实践中，最常见的公司形态转化发生在有限责任公司变更为股份有限公司。多数企业在创业初期采用有限责任公司形态，当公司发展壮大需要吸纳更多资本时，再变更为股份有限公司。中国证监会要求公开发行股票的股份有限公司必须设立并持续经营 3 年以上，但明确规定："有限责任公司按原账面净资产值折股整体变更为股份有限公司的，持续经营时间可以从有限责任公司成立之日起计算。"

对于有限责任公司变更为股份有限公司，《公司法》规定，折合的股份有限公司实收股本总额不得高于原有限责任公司净资产额。对于变更程序则并无明确规定，一般认为应当适用股份有限公司设立程序。有限责任公司变更为股份有限公司的过程中，为增加注册资本公开发行股份时，应当依法办理。

第五节　国家出资公司组织机构的特别规定

2023年《公司法》在原公司法关于国有独资公司专节的基础上，设"国家出资公司的特别规定"专章。主要修订内容有三个方面：第一，将适用范围由国有独资有限责任公司，扩大到国有独资、国有控股的有限责任公司、股份有限公司。第二，明确国家出资公司由国有资产监督管理机构等根据授权代表本级政府履行出资人职责；履行出资人职责的机构就重要的国家出资公司的重大事项作出有关决定前，应当报本级政府批准；国家出资公司应当依法建立健全内部监督管理和风险控制制度。第三，落实党中央有关部署，加强国有独资公司董事会建设，要求国有独资公司董事会成员中外部董事应当超过半数；并在董事会中设置审计委员会等专门委员会，同时不再设监事会。

一、国家出资公司的范围

《公司法》所称国家出资公司，是指国家出资的国有独资公司、国有资本控股公司，包括国家出资的有限责任公司、股份有限公司。本节所述内容是规范国家出资公司组织机构的特别规定，除此之外，适用本法其他规定。

二、国家出资公司的履行出资人职责的机构

国家出资公司，由国务院或者地方人民政府分别代表国家依法履行出资人职责，享有出资人权益。国务院或者地方人民政府可以授权国有资产监督管理机构或者其他部门、机构代表本级人民政府对国家出资公司履行出资人职责。代表本级人民政府履行出资人职责的机构、部门，以下统称为履行出资人职责的机构。

三、党在国家出资公司中的领导作用

国家出资公司中中国共产党的组织，按照中国共产党章程的规定发挥领导作用，研究讨论公司重大经营管理事项，支持公司的组织机构依法行使职权。

四、国有独资公司的章程制定和组织机构

1. 公司章程
国有独资公司章程由履行出资人职责的机构制定。
2. 关于股东会
国有独资公司不设股东会，由履行出资人职责的机构行使股东会职权。履行出资人

职责的机构可以授权公司董事会行使股东会的部分职权,但公司章程的制定和修改,公司的合并、分立、解散、申请破产,增加或者减少注册资本,分配利润,应当由履行出资人职责的机构决定。

3. 关于董事会和经理

国有独资公司的董事会依照《公司法》规定行使职权。国有独资公司的董事会成员中,应当过半数为外部董事,并应当有公司职工代表。履行出资人职责的机构负责委派董事会成员;但是,董事会成员中的职工代表由公司职工代表大会选举产生。董事会设董事长1人,可以设副董事长。董事长、副董事长由履行出资人职责的机构从董事会成员中指定。

国有独资公司的经理由董事会聘任或者解聘。经履行出资人职责的机构同意,董事会成员可以兼任经理。

国有独资公司的董事、高级管理人员,未经履行出资人职责的机构同意,不得在其他有限责任公司、股份有限公司或者其他经济组织兼职。

4. 关于监事会

国有独资公司在董事会中设置由董事组成的审计委员会行使本法规定的监事会职权的,不设监事会或者监事。

五、国家出资公司的内部监管、风控合规管理

国家出资公司应当依法建立健全内部监督管理和风险控制制度,加强内部合规管理。

第六节 公司的财务、会计

一、公司财务会计概述

(一)公司财务会计的概念

公司财务会计是指以财务会计法规、会计准则为主要依据,以货币为主要表现形式,对公司的整个财务状况和经营活动进行确认、计量、核算和报告,为公司管理者和其他利害关系人定期提供公司财务信息的活动。

公司财务会计反映的财务信息包括公司的财务状况和经营活动,如资产负债表、利润表、现金流量表等。公司财务会计服务的对象是公司管理者和其他利害关系人。其他利害关系人是指公司股东、债权人、潜在投资者、潜在的交易方、政府财税机关等。公司财务会计需要向外部公开财务信息,这与公司的管理会计或者考核指标数据等不同。

(二)公司财务会计制度的意义

公司财务制度,是指由公司管理部门制定的用来规范公司内部财务行为、处理公司内部财务关系的规章制度。公司会计制度则是公司为规范内部会计核算、确保会计信息质量,依据法律、行政法规和国务院财政部门的规定,结合本公司实际情况而制定的规章制度。公司财务会计涉及公司股东、债权人、潜在投资者、潜在交易方、公司管理者、政府相关部门等的利益,因此,公司的财务会计制度具有重要意义,主要表现为:

1. 有利于保护投资者和债权人的利益

普通投资者除通过参加股东会决定一些重大事项外,一般不参与公司日常的生产经营,只能通过了解公司的生产经营状况和财务会计情况,维护自身的利益,监督公司董事、经理的行为。公司资产是对债权人的担保,公司财务状况如何,直接影响其债权是否能得到清偿。公司财务会计工作的规范化,可以保证公司正确核算经营成果,便于债权人更好地评估公司的信用,规避相应风险。

2. 有利于企业吸收社会投资和获得交易机会

投资者作出对公司是否投资的决定依赖于公司财务会计信息的披露。公司财务会计制度的规范化和公开化,可以使人们方便地了解公司的经营状况和盈利能力,有利于吸收社会投资。潜在的交易方与公司进行交易时,往往要考察公司的实力,该实力是通过规范的财务会计反映的,因此,规范的财务会计工作可以使公司获得相应的交易机会。

3. 有利于政府对企业的监管

规范的财务会计制度可以使国家财税部门得以切实监督和检查公司的财产运营状况,掌握公司盈亏情况,保证国家各项税收的及时缴纳。同时,公司健全的财务会计制度有利于正确记录、反映公司的经营状况,有利于政府制定政策,实施宏观经济管理。

二、公司财务会计报告

(一)公司财务会计报告的内容

根据《公司法》的规定,公司应当依法编制财务会计报告。公司应当在每一会计年度终了时编制财务会计报告,并依法经会计师事务所审计。财务会计报告应当依照法律、行政法规和国务院财政部门的规定制作。公司财务会计报告主要包括以下内容:

(1)资产负债表。资产负债表反映的是公司的资产和负债规模、资产和负债构成情况、公司的权益结构,进而反映公司的短期偿债能力和支付能力,同时通过公司前后期资产负债表的对比,反映公司财务状况的变化。

(2)利润表。利润表反映的是公司在一定经营期间的经营成果及其分配情况,反映了公司的长期偿债能力,也是缴纳国家各项税收的依据。

(3)现金流量表。现金流量表反映的是公司在一定期间的现金和现金等价物流入和流出的会计报表,有利于判断公司的现金流量和资金周转情况。

(4)附注。附注是对会计报表列示的内容的进一步说明,以便于向知晓公司财务会计信息的使用者提供更加全面的财务会计信息。

(二)财务会计报告的编制、验证和公示

根据《公司法》的规定,公司财务会计报告应当由董事会负责编制,并对其真实性、完整性和准确性负责。公司除法定的会计账簿外,不得另立会计账簿。对公司资金,不得以任何个人名义开立账户存储。这是公司财务会计制度的基本要求,也是确保公司资产及公司法人地位独立性的必然要求。

公司应当依法聘用会计师事务所对财务会计报告审查验证。审计是否为公司编制财务报告后的必要程序，取决于法律、行政法规、监管规章、公司章程等是否对公司设定强制审计义务。如果法律、行政法规、监管规章等无强制审计规定，则公司可以自主决定是否对其财务报告进行审计。

公司财务会计报告审计工作的执行者是公司外部的注册会计师。注册会计师就财务报表出具的审计意见，旨在提高财务报表的"可信赖程度"。但会计师时常处于利益冲突之中。因为，选择并委托会计师事务所的通常是被审计公司的管理层（如董事会），而不是使用审计报告的投资者、债权人等。会计师和被审计公司管理层形成"服务商与客户（主顾）"或者"受托人与委托人"的关系。这种关系自然要求或者迫使会计师要忠于客户、委托人的利益。而审计准则又要求会计师"独立"于客户，"客观、公正"地执行审计。显然，"客户至上"的商业驱动力和"独立、公正"的目标很可能发生冲突。出于保持审计独立性的考虑（主要是独立于被审计公司的管理层），《公司法》规定，公司聘用、解聘承办公司审计业务的会计师事务所，依照公司章程的规定，由股东会、董事会或者监事会决定。公司股东会、董事会或者监事会就解聘会计师事务所进行表决时，应当允许会计师事务所陈述意见。基于《会计法》对公司会计、审计工作的基本要求，《公司法》规定，公司应当向聘用的会计师事务所提供真实、完整的会计凭证、会计账簿、财务会计报告及其他会计资料，不得拒绝、隐匿、谎报。

财务会计报告是股东、投资者了解公司经营情况，评估投资价值，评价公司管理层表现的重要依据。公司应当依法报送和披露有关财务、会计资料。有限责任公司应当按照公司章程规定的期限将财务会计报告送交各股东。股份有限公司的财务会计报告应当在召开股东会年会的20日前置备于本公司，供股东查阅；公开发行股份的股份有限公司应当公告其财务会计报告。

三、利润分配与公积金规则

（一）利润分配的财务规则

我国《公司法》的利润分配财务规则遵循传统资本维持模式的思路，通过将分配对象限定于"税后利润"，并以提取盈余公积金和弥补亏损为分配利润的先决条件，试图在账面上维护并巩固公司实收资本或股本，从而使公司在账面上保有吸收经营损失的缓冲。

具体来说，《公司法》的利润分配规则有以下几个要点：

（1）公司只能向股东分配"税后利润"；

（2）分配"当年税后利润"之前，公司必须提取税后利润的10%列入法定公积金，法定公积金累计额为公司注册资本的50%以上的，可以不再提取；

（3）公司的法定公积金不足以弥补以前年度亏损的，在依照上述规定提取法定公积金之前，应当先用当年利润弥补亏损；

（4）公司可以自愿从税后利润中提取"任意公积金"，但须由股东会作出决议；

（5）"弥补亏损和提取公积金后所余税后利润"，通常应按股东持股比例分配（具体来说，有限责任公司按照股东实缴的出资比例分配利润，全体股东约定不按照出资比例分配利润的除外；股份有限公司按照股东所持有的股份比例分配利润，公司章程另有规定的除外)。

股东会作出有效的利润分配决议后,公司和有资格分得该次利润的股东之间即形成以公司向股东给付股利为内容的债权债务关系。作为该债权债务关系中的债权人,合资格的股东有权要求公司依照有效的利润分配决议履行债务,也即向其支付股利。如果公司无正当理由拒绝履行或者迟延履行,股东有权依法请求法院强制执行,并要求公司就股东所受损失承担赔偿责任。为避免利润分配决议对实施分配的期限规定不明导致纷争,《公司法》规定,股东会作出分配利润的决议的,董事会应当在股东会决议作出之日起6个月内进行分配。

(二) 违法利润分配的表现和法律责任

1. 违法利润分配的表现

实践中,常见的违法利润分配有以下表现:①公司无利润而实施"分配"。公司在没有可供分配利润(甚至存在亏损)的情况下,以分配股利的名义向股东支付资金(或者虽有利润,但支付给股东的金额多于可供分配的利润)。②公司有利润,未作分配决议就将公司收入以分红名义直接支付给股东。③公司有利润,履行了利润分配的决议程序(例如,股东会通过了分配利润决议),但未提取法定公积金就实施分配。④公司与股东之间订立不以"税后利润"为分配基础的定额股息或定额回报协议,公司履行该类协议的行为也可能被法院认定为违法分配。

2. 违法利润分配的法律责任

根据《公司法》的规定,违法分配利润将导致两种法律责任:①财产返还责任。该项责任属于无过错责任。无论股东对违法分配是否知情,股东都应当将违反规定分配给自己的利润退还公司。公司分配利润通常支付的是现金,也有可能采用分配实物股利或者股份股利的方式。无论利润采取什么形式分配,只要属于违法分配,股东均应将受领的财产利益返还给公司。②损害赔偿责任。如果违法分配给公司造成损失,"股东及负有责任的董事、监事、高级管理人员应当承担赔偿责任"。

(三) 公积金规则

1. 公积金的概念

《公司法》规定了三个公积金概念:一是"法定公积金";二是"任意公积金";三是"资本公积金"。前两种公积金都来源于公司盈余,确切地说,它们应分别称为"法定盈余公积金"和"任意盈余公积金"。

资本公积金是直接由资本原因形成的公积金,属于资本的储备。公司以超过股票票面金额的发行价格发行股份所得的溢价款、发行无面额股所得股款未计入注册资本的金额以及国务院财政部门规定列入资本公积金的其他项目,应当列为公司资本公积金。

2. 公积金的用途

公积金的用途是弥补公司的亏损、扩大公司生产经营或者转为增加公司注册资本。

(1) 公积金可用于弥补亏损。亏损即利润额呈负数的状态。用公积弥补亏损的会计处理方法是,在公司资产负债表的股东权益部分,将相应的公积金科目记载的一定金额与"未分配利润"科目中表示"亏损"的一定负数金额冲抵。公司弥补亏损的第一顺序财源是任意公积金和法定公积金,这两项公积金仍不足以弥补亏损的,可以按照规定使用资本公积金。这一要求的目的是限制公司分配利润，优先以利润弥补亏损，固本（资本）培源（财源）。

（2）公积金可用于"扩大生产经营"。在公司的资产负债表中，公积金是所有者权益中的科目。所有者权益表明公司资产中来源于股东或归属于股东的价值有多少。与所有者权益（包括各类公积金）和负债之和等额的公司资产，可能是现金、实物、无形资产等各种经济资源。这些经济资源在公司的生产经营过程中循环周转，都可用于"扩大生产经营"，实际上无法区分出哪些来自公积金，哪些属于股本或负债。因此，"扩大生产经营"这一表述的宣示意义远大于实际规范意义。

（3）三种公积金均可用于增加注册资本。公司以法定公积金转增注册资本时，所留存的该项公积金不得少于转增前公司注册资本的25％。

第七节 公司重大变更

公司的重大变更包括以下情形：公司合并、分立、增加和减少注册资本。

一、公司合并

（一）公司合并的概念与方式

1. 公司合并的概念

公司合并是指两个以上的公司依照法定程序，不需要经过清算程序，直接合并为一个公司的行为。公司合并不同于公司并购。公司并购是一个更宽泛的概念，指各种涉及公司控制权转移和合并的企业横向或纵向整合行为，既包括公司合并，也包括资产收购、股权收购等方式。

2. 公司合并的方式

公司合并的方式有两种：一是吸收合并，即指一个公司吸收其他公司加入本公司，被吸收的公司解散；二是新设合并，即指两个以上公司合并设立一个新的公司，合并各方解散。

根据《公司法》，无论是吸收合并还是新设合并，都会导致合并前的公司中至少有一个会在合并后消失。一般情况下，公司人格消失必须经过解散清算程序，但正如后一节关于公司解散清算中所言，清算程序需要清理公司的所有债权债务，整个过程复杂而且可能导致被合并公司因为债务的清偿资产大量流失，这就可能导致合并的目的不能实现。因此，《公司法》特别规定了合并程序，依照该程序进行的合并可以直接实现合并效果，在这个程序中消失的公司不再需要经过解散清算程序。

3. 与吸收合并类似的其他企业整合手段

就效果而言，合并不是唯一能够达成企业横向或纵向整合效果的手段。资产收购和股权收购（一般称之为并购），辅以其他手段，也可以达成与吸收合并类似的效果。

（1）以现金购买资产方式的并购。这是指并购方公司以现金购买被并购方公司的全部资产，包括全部债权债务，被并购方公司获得并购方公司支付的现金，被并购方公司宣布解散，股东通过清算程序依据各自的股权获得现金分配。

（2）以股权购买资产方式的并购。这是指并购方公司以自身的股权交换被并购方公司的全部资产，包括全部债权债务，被并购方公司解散，被并购方公司的股东通过清算程序分配被并购方公司持有的并购方公司的股权，从而成为并购方公司的股东。

（3）以现金购买股权方式的并购。这是指并购方公司以现金购买被并购方公司股东持有的全部股权，并购方公司成为被并购方公司的唯一股东，随后解散被并购方公司，被并购方公司的全部资产，包括债权债务，由并购方公司承接。

（4）以股权购买股权方式的并购。这是指并购方公司以自身股权换取被并购方公司股东持有的被并购方公司的全部股权，被并购方公司股东成为并购方公司的股东，并购方公司成为被并购方公司的唯一股东，随后解散被并购方公司，被并购方公司的全部资产，包括债权债务，由并购方公司承接。

这四种并购方式中，前两种一般称为资产收购。与合并相比，资产收购有两个重要特点：首先，被并购方公司的每一笔债务转移至并购方公司承担，都需要经过被并购方公司的债权人的同意，对于债权人不同意转移的债务，就只能清偿。其次，被并购方公司的消灭必须经过解散清算程序。

后两种一般称为股权收购。与合并相比，股权收购的重要特点是：①被并购方公司的每一个股东必须都愿意卖出其持有的被并购方公司的股权，换取现金或者并购方公司的股权。因为与合并和资产收购不同，对于被并购方公司的股东来说，这只是一个股权转让的交易，而不是公司行为，被并购方公司不能通过公司决议要求其股东卖出股份。②被并购方公司的消灭必须经过解散清算程序，在这个过程中，被并购方公司的债权人可能直接要求清偿，而不愿意由并购方公司承继该债务。

（二）公司合并的程序

从上面几种并购方式的比较来看，《公司法》规定的法定合并为合并交易提供了三大便利：消灭公司的债务转移不需要经过债权人的同意，直接由合并后的公司承继债务；消灭公司的人格在合并完成后可以直接消灭，不需要经过清算程序；这种公司结构性的重大变化，导致股东手中持有的股权发生变化，却不需要征求每一个股东的意见，因为合并是公司行为，只要股东会通过即可。

这三种便利都可能损害债权人和公司股东的利益，因此，《公司法》在规定这三大便利的同时，规定了严格的合并程序，只有遵守这种合并程序，才能享受这些便利。《公司法》规定法定合并必须满足的程序有：

（1）签订合并协议。公司合并，应当由合并各方签订合并协议。合并协议应当包括以下主要内容：①合并各方的名称、住所；②合并后存续公司或新设公司的名称、住所；③合并各方的债权债务处理办法；④合并各方的资产状况及其处理办法；⑤存续公司或新设公司因合并而增资所发行的股份总额、种类和数量；⑥合并各方认为需要载明的其他事项。

（2）编制资产负债表及财产清单。合并各方将依据各参与方的资产负债表和财产清单处置相关资产、负债和股东权益，实施合并。

（3）参与合并的公司各自作出合并决议。合并决议由股东会作出，并采取特别多数决方式。为简化合并流程，《公司法》特别规定：公司与其持股90%以上的公司合并，被合并的公司不需经股东会决议，但应当通知其他股东，其他股东有权请求公司按照合理的价格收购其股权或者股份。公司合并支付的价款不超过本公司净资产10%的，可以不经股东会决议；但是，公司章程另有规定的除外。不过，上述不经股东会决议的合并，应当经董事会作出决议。

（4）通知债权人。公司应当自作出合并决议之日起10日内通知债权人，并于30日内在报纸上或者国家企业信用信息公示系统公告。债权人自接到通知书之日起30日内，未接到通知书的自公告之日起45日内，可以要求公司清偿债务或者提供相应的担保。

（5）依法进行公司登记。公司合并后，应当依法向公司登记机关办理相应的变更登记、注销登记、设立登记。

（三）公司合并各方的债权、债务的承接

公司合并首先导致公司法人资格的变化。吸收合并时，主并方存续，被并方解散且法人资格注销；新设合并时，参与合并的各方均解散并注销法人资格，新公司成立并取得法人资格。在上述过程中，解散、注销的公司并未依法实施清算。因此，参与合并的各公司的债权、债务须由存续公司承继。

（四）公司合并中的股东权保护

公司合并是参与合并各方公司的公司行为，由各方公司通过股东会作出合并决议，参与合并公司的股东只能通过在本公司股东会决议时投票表达自己的意见，法定合并不需要获得每一个股东的同意。因此，《公司法》规定了合并和分立中的股东保护制度：

1. 特别多数决制度

公司合并或分立均构成公司重大变更事项，必须经过股东会的特别多数决，即有限责任公司必须经代表2/3以上表决权的股东通过；股份有限公司必须经出席会议的股东所持表决权的2/3以上通过。

2. 异议股东股份收买请求权

在有限责任公司中，股东如果在股东会对合并或者分立决议时投反对票，可以请求公司按照合理的价格收购其股权，自股东会决议作出之日起60日内，股东与公司不能达成股权收购协议的，股东可以自股东会决议作出之日起90日内向人民法院提起诉讼。

在股份有限公司中，股东因对股东会作出的公司合并或者分立决议持异议，可以要求公司收购其股份，公司在收购其股份后，应当在6个月内转让或者注销。

二、公司分立

（一）公司分立的方式与效果

公司分立是指一个公司依法分为两个以上的公司。公司分立的方式有两种：一是派生分立，又称存续式分立，即公司以其部分财产另设一个或数个新的公司，原公司存续；二是新设分立，即公司以其全部财产分别归入两个以上的新设公司，原公司解散。

公司缩减规模或分拆业务可以通过转投资（即公司以部分营业资产作为出资，设立

新公司或对已有公司增资)、出售营业资产、公司分立等方法实现。分立与公司转投资和营业转让的基本区别是：转投资和营业转让的法律后果都是分拆业务的公司（即原公司）取得转投资或营业转让的对价（转投资的对价是被投资公司的股权，营业转让的对价是受让营业的公司支付的现金或资产）；而采取分立方式的话，被分立公司（即原公司）的股东将取得分出资产所换取的股权。

一般认为，公司分立是公司合并的反向程序，其道理与公司合并基本相同。如涉及公司消灭（指新设分立），则不需要经过解散清算程序。与公司合并相比，公司分立有所不同的是：①当公司派生分立导致原公司资本减少时，原公司减资不需要经过法定的减资程序。这是因为法定减资程序的目的在于保护公司债权人，而公司分立的法定程序已经为公司债权人提供了保护。②但同时，无论公司分立是否事实上导致原公司债务的转移，如果想要对原公司的债务承担进行分割，都必须经过全体债权人的"同意"（即公司在分立前与债权人就债务清偿达成了书面协议），如果在分立前没有达成关于债务分割清偿的书面协议，债权人可以要求分立后的公司共同承担连带责任。

（二）公司分立的程序

公司分立的程序与公司合并的程序基本一样，要签订分立协议，编制资产负债表及财产清单，作出分立决议，通知债权人，办理工商变更登记等。需要注意的是，公司分立程序中的通知债权人程序与公司合并程序略有不同。《公司法》规定，公司分立时，公司应当自作出分立决议之日起10日内通知债权人，并于30日内在报纸上或者国家企业信用信息公示系统公告，债权人并没有要求公司清偿债务或者提供相应担保的权利。

（三）公司分立中的债权人保护

公司分立程序中虽然也设置了债权人通知和公告程序，但并未给债权人提供请求公司清偿债务或者提供相应担保的权利，相比公司合并来说，债权人保护程度较弱，不过基本原则是一样的。《公司法》明确规定：公司分立前的债务由分立后的公司承担连带责任。但是，公司在分立前与债权人就债务清偿达成的书面协议另有约定的除外。换句话说，除非经过债权人同意，否则分立后的所有存续公司都对分立前的公司债务承担连带责任。

公司分立中的股东权保护与公司合并相同，参见上文相关说明。

三、公司增资

公司增加注册资本，简称增资。新增资本无论由原股东还是原股东以外的人投入，都属于出资，适用公司设立时股东出资或认股的规范。

公司增资通常包含以下步骤：

（1）公司董事会制订和提出增资方案。

（2）公司就增资形成股东会决议，有限责任公司股东会的该项决议须经代表2/3以上表决权的股东通过，股份有限公司股东会的该项决议须经出席会议的股东所持表决权的2/3以上通过；决议应依章程规定，对原有股东是否享有及如何行使增资优先认缴权或者新股优先认购权作出相应安排（参见本章第二节的"五、股东权利"相关内容）。

（3）公司通常与增资入股者订立"增资协议""新股认购协议"或类似协议。

（4）履行可能的批准程序，例如，涉及国有股权时，须经国有资产管理部门批准。

（5）修订公司章程，包括修订注册资本、股东名单、股东出资额等条款，该项修改章程的股东会决议，通常与第二步中的增资决议合并或同时作出。

（6）增资入股者依约缴纳其认缴的出资或认购的股份。

（7）办理相应的公司登记变更手续，包括变更注册资本、变更股东登记事项、提交修订后的公司章程或公司章程修正案。

四、公司减资

（一）减资的概念与方式

公司减少注册资本，简称减资，是指公司根据需要，依照法定条件和程序，减少公司的注册资本额。公司为避免资本闲置、向股东返还出资或者减免股东认而未缴的出资，可依法定程序减少注册资本。公司依照法律规定、公司章程（如章程规定特定条件下应回购职工股）、合同约定（如"对赌协议"中的股份回购条款）或者调解协议（如公司为避免法院强制解散而回购异议股东股份），回购股东的股份后，如果将之注销，则公司必须减少注册资本。当公司出现严重亏损时，也可以通过减资弥补亏损。

基于上述目的，公司可采取以下方式实施减资：

（1）返还出资或股款，即将股东已缴付的出资财产或股款部分或全部返还股东。

（2）减免出资或购股义务，即部分或全部免除股东已认缴或认购但未实缴的出资金额。

（3）缩减股权或股份。公司为弥补亏损而减资时，不向股东返还出资或股款，而是注销股东的一部分股权或股份。公司按照一定比例将已发行股份合并（如二股合为一股），也可达到缩减股份的目的。

减资过程涵盖减资决议、减资程序和减资行为（包括财产处分、会计处理、公司登记变更等）。三者之间存在密切的相关性：（1）减资决议的作出只要符合法律和公司章程规定即为有效决议。有效减资决议是公司启动减资程序的正当基础。（2）减资程序的主要内容是与债权人保护相关的各项措施和程序。（3）未履行债权人保护程序时，公司不得实施减资行为。公司实施减资行为的前提条件应当是：依法通知、公告，除补亏减资外，无人申报债权，或者已申报债权的债权人在规定时间未提出清偿债务或提供担保的请求，或其偿债或担保请求已得满足。如不满足减资行为的前提条件，公司不得以减资为由向股东转移资产，不得减免股东出资义务，也不得根据减资方案弥补亏损。

（二）普通减资的程序与债权人保护机制

1. 作出减资决议

公司启动减资，首先须由董事会制定减资方案，提交股东会表决。减资方案的内容通常应有：减少注册资本的数额、各股东具体承担的减少注册资本的数额、各股东的减资方式（如退还资金或减免出资义务等）、减资日期、通知和公告债权人及清偿债务或提供担保的安排、减资后变更公司登记的安排等。

2. 编制资产负债表及财产清单

资产负债表及财产清单将作为公司实施减资的财务依据，并且可以反映公司减资前后的财务和财产变化。不过，如果公司以减免股东认缴出资额的方式减资，由于认缴出资额并未列示于所有者权益之中，故此种减资并不改变公司资产负债表，公司减资前后的财产清单亦无变更。

3. 履行债权人保护程序

减资可能减少公司的责任财产（如采用返还出资的方式），也可能减免股东出资义务，均有可能危及公司债权人利益。因此，减资过程中，应有必要措施保护债权人。普通减资的债权人保护程序主要有两个部分：首先是减资公司须履行告知义务；其次是，债权人有权要求减资公司立即清偿债务或者为债务提供担保。

《公司法》规定，公司应当自股东会作出减少注册资本决议之日起10日内通知债权人，并于30日内在报纸上或者国家企业信用信息公示系统公告。需要注意的是，公司应当善意履行其通知和公告义务。公司应当对已知且有联系方式的债权人（包括合同债权人和侵权债权人），在规定时间内，以适当方式发出通知。如果公司明知或者有证据证明应当知道某债权人的联系方式而不予通知，则应当认为公司及其高管人员未尽善意通知义务。同时，公司还应当在规定时间内在报纸上或者国家企业信用信息公示系统发布减资公告。

债权人自接到通知之日起30日内，未接到通知的自公告之日起45日内，有权要求公司清偿债务或者提供相应的担保。依据该规则，债权人有权要求减资公司立即清偿债务，无论该债务是否到期。也就是说，公司的减资决议实际上导致公司未到期债务"加速到期"。这一法律后果，对减资公司而言，不啻于启动一次全面清算。不过，债权人仅有权主张减资公司清偿债务或提供担保，而无权令减资程序中止。

4. 变更公司登记

公司实施减资后，应当依照市场监管机构的规则，申请变更登记，并提交公司已在规定媒介上公告减资的有关证明。很多地方的市场监管机构还要求公司股东对公司已清偿债务或提供债务担保作出声明。这类声明在事后可能发生的诉讼中通常被法院认定为公司股东保证公司未清偿债务的单方承诺。

《公司法》特别规定了同比例减资或不同比减资事项。公司减少注册资本必定相应减少股东的出资额或者股份数，全体股东可以一同参与减资，即全体股东都减少一定的出资额或股份数；也可以部分股东参与。全体股东都参与的情况下，各股东可能按相同比例减持出资额或股份数（例如，公司注册资本减少20%，每个股东也各自减持20%的出资额或股份数），也可能按照不同比例减持。实践中常见做法有两种：一种是，全体股东均参加减资，且按相同比例（即公司注册资本的减少比例）减持各自的出资额或股份数（"同比减资"），减资后各股东持股比例与减资前相同；另一种方式是，只有部分股东参与减资（"不同比减资"）。近年来，"不同比减资"的情况经常出现（通常与履行"对赌协议"或协议中的"对赌条款"有关）。

《公司法》规定，"公司减少注册资本，应当按照股东出资或者持有股份的比例相应减少出资额或者股份"。因此，减资一般应采取同比减资的方式，即各股东持股比例在减资后不发生变化。如"法律另有规定、有限责任公司全体股东另有约定或者股份有限公司章程另有规定"，公司也可以实施不同比减资。

（三）补亏减资

根据《公司法》规定，公司弥补亏损的方法主要有三种：（1）通过当年利润弥补以前年度的亏损；（2）通过公积金弥补亏损；（3）通过减少注册资本弥补亏损。该三种补亏方式的适用是有顺序的。这种顺序体现了立法机关维持和巩固公司股本的倾向，即鼓励公司优先以利润弥补亏损，其次以从利润中逐年提取累积的法定（盈余）公积金和任意（盈余）公积金补亏，再次以股东出资为主形成的资本公积金补亏，最后的补亏手段是减少注册资本。

《公司法》规定，如果公司通过三种公积金仍然无法弥补全部亏损，公司还可以通过减资方式弥补亏损。公司以减资方式补亏的话，有两个限制：

其一，"不得向股东分配"。公司以减资方式补亏时，当然不得借机向股东返还资产。《公司法》也不鼓励公司通过减资补亏而非以经营利润补亏去满足法律规定的分红条件。因此，法律规定，公司以减资方式弥补亏损后，"在法定公积金和任意公积金累计额达到公司注册资本50%前，不得分配利润"。如此规定的目的是为了公司"巩固股本"。

其二，公司以减资方式弥补亏损时，"不得免除股东缴纳出资或者股款的义务"。也就是说，公司不得在进行减资补亏的同时，又实施以"免除股东缴纳出资或者股款义务"为内容的减资。这显然也是基于"巩固股本"的考虑。

由于减资补亏并不发生公司资产向股东转移，也不导致公司资产减少，因此，对公司债权人利益基本没有影响，故普通减资的债权人保护措施不应适用。不过，公司仍应在报纸上或者国家企业信用信息公示系统上对该减资事项予以公告，以便于现有的和潜在的交易当事人知悉。

（四）违法减资的法律后果

违法减资在公司内部和外部均有可能产生法律责任。"内部法律责任"是指发生违法减资时，股东及负有责任的董事、监事、高级管理人员应当对公司承担的法律责任。除此之外，公司违法减资还有可能损害公司债权人利益，触发公司、股东及负有责任的董事、监事、高级管理人员对公司的债权人承担一定法律责任。这类法律责任可称为违法减资的"外部法律责任"。

1. 内部法律责任

违法减资的内部法律责任主要有以下几种：（1）返还财物。因公司减资而取回出资的股东，如果减资被认定违法，则应当向公司退还其收到的财物。（2）恢复原状。如果减资方式是减免股东的出资义务或缴纳股款的义务，事后该次减资被认定违法，则公司应当通过修改公司章程、变更公司登记等，消除对股东出资义务或者缴纳股款义务的减免，将注册资本的相关记载和公示信息恢复原状。（3）损害赔偿。如果违法减资行为给公司造成损失，"股东及负有责任的董事、监事、高级管理人员应当承担赔偿责任"。这里的"损失"，大致可能有两种：一是直接损失，即公司为实施违法减资而支出的费用；二是间接损失，即公司违法减资招致对第三人（如公司债权人）承担了某种赔偿责任或者受到行政处罚。赔偿责任人包括"股东及负有责任的董事、监事、高级管理人员"。此处的"股东"应当限缩解释，即应当限于对违法减资有过错的股东。

2. 外部法律责任

实践中，不少减资公司违反减资的债权人保护规则，力图逃避对债权人的各项义务。常见做法是，故意不通知已知的债权人，而报纸上的减资公告通常不会被债权人注意到，这样就使得债权人失去了主张清偿债务或提供担保的时机。等到债权人发现债务人公司实施了减资，再要求清偿，公司可能已经没有偿债能力了。审判实践中，对于减资公司违反通知义务的做法，法院通常确认减资对起诉的债权人"不产生法律效力"或不能

"对抗"该债权人。意思是，减资（决议和行为）是有效的，但对于提起诉讼的债权人来说，公司资产并未因减资而减少，或者说股东因减资而取回的资产仍然属于减资公司责任财产的一部分。基于这一认定，法院通常会判令减资公司的股东（有时是全体股东，有时只是参与减资的股东），在减资金额范围内对起诉的债权人承担"补充赔偿责任"。法官认为，股东因减资取回财产而公司又未通知已知债权人，与股东未履行出资义务或抽逃出资是十分相似的。

第八节 公司解散和清算

一、公司解散

（一）公司解散的概念和特征

公司解散，是指公司发生章程规定或法定的除破产以外的事由而停止业务活动，并进入清算程序的过程。其特征为：

（1）公司解散事由发生后，公司并未终止，仍然具有法人资格，可以自己的名义开展与清算相关的活动，直到清算完毕并注销后才消灭其主体资格。

（2）除公司因合并或分立而解散，不必进行清算外，公司解散必须经过法定清算程序。

（3）公司解散的目的是终止其法人资格。

（二）公司解散事由

1. 解散事由及其公示

根据《公司法》的规定，公司解散的原因有以下五种情形：（1）公司章程规定的营业期限届满或者公司章程规定的其他解散事由出现；（2）股东会决议解散；（3）因公司合并或者分立需要解散；（4）依法被吊销营业执照、责令关闭或者被撤销；（5）人民法院依法判决予以解散。

公司出现上述解散事由的，应当在10日内将解散事由通过国家企业信用信息公示系统予以公示。

2. 解散事由的消除

公司有上述第（1）项、第（2）项情形，且尚未向股东分配财产的，可以通过修改公司章程或者经股东会决议而存续。修改公司章程或者经股东会决议，有限责任公司须经持有2/3以上表决权的股东通过，股份有限公司须经出席股东会会议的股东所持表决权的2/3以上通过。

上述前三项解散事由都属于公司自愿解散，必须经过公司股东会决议。后两项则是公司外部原因，也可称之为强制解散。

（三）强制解散

公司被吊销营业执照、责令关闭或者撤销，多是因为公司行为违反了法律或者行政法规，是一种行政处罚措施，必须符合相关法律或者《行政处罚法》的规定。

人民法院依法强制解散公司，是一种解决公司僵局的措施。《公司法》规定：公司经营管理发生严重困难，继续存续会使股东利益受到重大损失，通过其他途径不能解决的，持有公司10%以上表决权的股东，可以请求人民法院解散公司。

当公司中分歧股东的持股势均力敌，没有任何一方拥有优势表决权，没有任何一方可以单独推动公司作出重要决策，这时就形成了公司僵局。陷入僵局的公司，经营管理困难，股东投资的期待也无法实现。当股东之间无法通过谈判达成和解和其他解决手段时，《公司法》赋予人民法院应股东请求强制解散公司的权力，以打破僵局。

1. 强制解散公司的条件

根据公司法司法解释的规定，有下列事由之一，公司继续存续会使股东利益受到重大损失，通过其他途径不能解决，提起解散公司诉讼，人民法院应予受理：（1）公司持续2年以上无法召开股东会，公司经营管理发生严重困难的；（2）股东表决时无法达到法定或者公司章程规定的比例，持续2年以上不能作出有效的股东会决议，公司经营管理发生严重困难的；（3）公司董事长期冲突，且无法通过股东会解决，公司经营管理发生严重困难的；（4）经营管理发生其他严重困难，公司继续存续会使股东利益受到重大损失的情形。

此后，最高人民法院发布指导案例8号——"林方清诉常熟市凯莱实业有限公司、戴小明公司解散纠纷案"。该案裁判要点指出：判断公司经营管理是否发生严重困难，应从公司组织机构的运行状态进行综合分析。公司虽处于盈利状态，但其股东会机制长期失灵，内部管理有严重障碍，已陷入僵局状态，可以认定为公司经营管理发生严重困难。"公司经营管理发生严重困难"的侧重点在于公司管理方面存有严重内部障碍，如股东会机制失灵、无法就公司的经营管理进行决策等，不应片面理解为公司资金缺乏、严重亏损等经营性困难。

2. 强制解散之诉

依公司法司法解释的规定，股东不得以知情权、利润分配请求权等权益受到损害，或者公司亏损、财产不足以偿还全部债务，以及公司被吊销企业法人营业执照未进行清算等为由，提起解散公司诉讼。股东提起解散公司诉讼，同时又申请人民法院对公司进行清算的，人民法院对其提出的清算申请不予受理。人民法院可以告知原告，在人民法院判决解散公司后，依法自行组织清算或者另行申请人民法院对公司进行清算。

股东提起解散公司之诉应当以公司为被告。原告以其他股东为被告一并提起诉讼的，人民法院应当告知原告将其他股东变更为第三人；原告坚持不予变更的，人民法院应当驳回原告对其他股东的起诉。

原告提起解散公司之诉应当告知其他股东，或者由人民法院通知其参加诉讼。其他股东或者有关利害关系人申请以共同原告或者第三人身份参加诉讼的，人民法院应予准许。

人民法院审理解散公司诉讼案件，应当注重调解。根据公司法司法解释的规定，当事人协商一致以下列方式解决分歧，且不违反法律、行政法规的强制性规定的，人民法院应予支持：（1）公司回购部分股东股份；（2）其他股东受让部分股东股份；（3）他人受让部分股东股份；（4）公司减资；（5）公司分立；（6）其他能够解决分歧，恢复公司正常经营，避免公司解散的方式。当事人不能协商一致使公司存续的，人民法院应当及时判决。

经人民法院调解公司收购原告股份的，公司应当自调解书生效之日起6个月内将股份转让或者注销。股份转让或者注销之前，原告不得以公司收购其股份为由对抗公司债权人。

人民法院关于解散公司诉讼作出的判决，对公司全体股东具有法律约束力。

人民法院判决驳回解散公司诉讼请求后，提起该诉讼的股东或者其他股东又以同一事实和理由提起解散公司诉讼的,人民法院不予受理。

二、公司清算

(一)公司清算概述

公司清算,是指公司解散或被依法宣告破产后,依照一定的程序结束公司事务,收回债权,偿还债务,清理资产,并分配剩余财产,终止消灭公司的过程。公司被依法宣告破产的,依照有关企业破产的法律实施破产清算。关于企业破产法律制度的说明,详见本书有关章节。

公司解散后进入清算程序是为了公平地分配公司财产,保护股东和债权人的利益,同时也是为了保护职工利益。因此,公司出现解散事由时,应当依法启动清算。如果公司不自行清算,则由人民法院指定清算组,强制启动清算。

(二)清算义务人及其责任

清算义务人,是指有义务组织公司清算的人。《公司法》规定,董事是公司的清算义务人。当公司出现解散事由时(因公司合并或者分立需要解散的除外),清算义务人应当在解散事由出现之日起15日内成立清算组。清算义务人未及时履行清算义务,给公司或者债权人造成损失的,应当承担赔偿责任。

(三)强制启动清算

公司依照上述规定应当启动清算,逾期不成立清算组进行清算或者成立清算组后不清算的,利害关系人可以申请人民法院指定有关人员组成清算组进行清算。人民法院应当受理该申请,并及时组织清算组进行清算。根据公司法司法解释的规定,这里的"利害关系人"可以是公司的股东、债权人等。

公司因依法被吊销营业执照、责令关闭或者被撤销而解散的,作出吊销营业执照、责令关闭或者撤销决定的部门或者公司登记机关,可以申请人民法院指定有关人员组成清算组进行清算。

(四)公司在清算期间的行为限制

公司进入清算程序后,其行为受到以下限制:

(1)清算期间,公司不再从事新的经营活动,仅局限于清理公司已经发生但尚未了结的事务,包括清偿债务、实现债权以及处理公司内部事务等。

(2)清算期间,公司的代表机构为清算组。清算组负责处理未了事务,代表公司对外进行诉讼。在公司依法清算结束并办理注销登记前,有关公司的民事诉讼,仍应当以公司的名义进行。在清算组未成立前,由原公司法定代表人代表公司进行诉讼。成立清算组后,由清算组负责人代表公司参加诉讼。

(3)清算期间,公司财产在未按照法定程序清偿前,不得分配给股东。

(五)清算组及其组成

《公司法》规定,清算组由公司清算义务人董事组成,但是公司章程另有规定或者股东会决议另选他人的除外。

人民法院组织清算组进行清算时,清算组成员通常可以从下列人员或者机构中产生:(1)公司股东、董事、监事、高级管理人员;(2)依法设立的律师事务所、会计师事务所、破产清算事务所等社会中介机构;(3)依法设立的律师事务所、会计师事务所、破产清算事务所等社会中介机构中具备相关专业知识并取得执业资格的人员。人民法院指定的清算组成员有下列情形之一的，人民法院可以根据债权人、股东、董事或其他利害关系人的申请，或者依职权更换清算组成员：（1）有违反法律或者行政法规的行为；（2）丧失执业能力或者民事行为能力；（3）有严重损害公司或者债权人利益的行为。

（六）清算组的职权和义务

根据《公司法》的规定，清算组在清算期间行使下列职权：（1）清理公司财产，分别编制资产负债表和财产清单；（2）通知、公告债权人；（3）处理与清算有关的公司未了结的业务；（4）清缴所欠税款以及清算过程中产生的税款；（5）清理债权、债务；（6）分配公司清偿债务后的剩余财产；（7）代表公司参与民事诉讼活动。

清算组在公司清算期间代表公司进行一系列民事活动，全权处理公司经济事务和民事诉讼活动。根据《公司法》规定，清算组成员履行清算职责，负有忠实义务和勤勉义务。清算组成员怠于履行清算职责，给公司造成损失的，应当承担赔偿责任；因故意或者重大过失给债权人造成损失的，应当承担赔偿责任。

（七）清算程序

（1）通知债权人并公告。清算组应当自成立之日起10日内通知债权人，并于60日内在报纸上或者国家企业信用信息公示系统公告。《市场主体登记管理条例》规定，清算组应当自成立之日起10日内将清算组成员、清算组负责人名单通过国家企业信用信息公示系统公告。清算组可以通过国家企业信用信息公示系统发布债权人公告。

（2）债权申报和登记。债权人应当自接到通知之日起30日内，未接到通知的自公告之日起45日内，向清算组申报其债权。债权人申报债权，应当说明债权的有关事项，并提供证明材料。清算组应当对债权进行登记。在申报债权期间，清算组不得对债权人进行清偿。

（3）清理公司财产，制订清算方案。清算组在清理公司财产、编制资产负债表和财产清单后，应当制订清算方案，并报股东会或者人民法院确认。

（4）清偿债务，分配剩余财产。公司财产在分别支付清算费用、职工的工资、社会保险费用和法定补偿金，缴纳所欠税款，清偿公司债务后的剩余财产，有限责任公司按照股东的出资比例分配，股份有限公司按照股东持有的股份比例分配。公司财产在未依照上述规定清偿前，不得分配给股东。清算期间，公司存续，但不得开展与清算无关的经营活动。

（5）财产不足偿债，申请破产清算。清算组在清理公司财产、编制资产负债表和财产清单后，发现公司财产不足清偿债务的，应当依法向人民法院申请破产清算。人民法院受理破产申请后，清算组应当将清算事务移交给人民法院指定的破产管理人。

（6）确认清算报告，申请注销登记。公司清算结束后，清算组应当制作清算报告，报股东会或者人民法院确认，并报送公司登记机关，申请注销公司登记。清算组应当自清算结束之日起30日内向登记机关申请注销登记。公司申请注销登记前，应当依法办理分支机构注销登记。

三、注销登记

根据国务院《市场主体登记管理条例》，公司因解散、被宣告破产或者其他法定事由需要终止的，应当依法向登记机关申请注销登记。经登记机关注销登记，公司终止。公司注销依法须经批准的，应当经批准后向登记机关申请注销登记。人民法院裁定强制清算或者裁定宣告破产的，有关清算组、破产管理人可以持人民法院终结强制清算程序的裁定或者终结破产程序的裁定，直接向登记机关申请办理注销登记。

《公司法》规定了两种特别注销程序，分别是：

（一）简易注销程序

公司在存续期间未产生债务，或者已清偿全部债务的，经全体股东承诺，可以按照规定通过简易程序注销公司登记。通过简易程序注销公司登记，应当通过国家企业信用信息公示系统予以公告，公告期限不少于 20 日。公告期限届满后，未有异议的，公司可以在 20 日内向公司登记机关申请注销公司登记。公司通过简易程序注销公司登记，股东对上述公司债务情况承诺不实的，应当对注销登记前的债务承担连带责任。

公司注销依法须经批准的，或者公司被吊销营业执照、责令关闭、撤销，或者被列入经营异常名录的，不适用简易注销程序。

（二）强制注销程序

公司被吊销营业执照、责令关闭或者被撤销，满 3 年未向公司登记机关申请注销公司登记的，公司登记机关可以通过国家企业信用信息公示系统予以公告，公告期限不少于 60 日。公告期限届满后，未有异议的，公司登记机关可以注销公司登记。依照上述规定注销公司登记的，原公司股东、清算义务人的责任不受影响。

第七章 证券法律制度

第一节 证券法律制度概述

一、证券法律制度的基本原理

(一) 企业融资与证券法

1. 企业融资

资金如同企业的血脉，企业发展壮大需要资金支持。然而，多数企业依赖自身留存利润获得的资金支持毕竟有限，因此企业要想发展壮大，需要吸收外部资金。与此同时，社会上持有闲散资金的人也希望能够更有效地利用资金。如果这两种需求能够相互匹配，就可达成融资交易，即所谓的直接融资。

但受制于信息不对称，直接融资的交易达成困难重重。无论融资交易采用何种交易安排，资金富裕方都将资金交付给了资金稀缺方利用，丧失了对资金的控制权。资金富裕方出让资金的所有权，期望换取未来的收益，但这种期望能否实现依赖于两个因素：(1) 资金稀缺方使用资金能否获利；(2) 资金稀缺方是否愿意依约支付获利给资金富裕方。第一个问题的解决需要资金富裕方能够获得足够的信息评估资金稀缺方的风险，第二个问题的解决需要资金富裕方能够有充分信息监控资金稀缺方履约。在信息不对称情况下，这两个问题都很难解决。因此，传统的直接融资主要限于少数熟人之间、一定地域范围内的小规模融资交易，很难发展出面向社会公众积聚大规模资金的直接融资市场。

商业社会发明了证券作为融资工具，减少了直接融资的困难。无论是股票还是公司债券，都是对直接融资交易的等额量化，资金富裕方的融资权利被固化在小额的、标准化的证券上，便利了融资交易（在证券发行中购买证券者即等于愿意按照某约定条件向证券发行人提供融资），便利了权利行使（持有证券者即有权享受融资权利，同等证券上的权利相同），也方便了交易转让（标准化的证券容易形成大规模的交易市场），增强了融资的流动性。

但标准化证券并不能解决信息不对称问题，投资者在不能获得充分信息评估证券发行人风险、不能监控证券发行人资金使用行为的情况下，仍然不会愿意购买证券。公司法对股东权利的保护，对董事、监事和高级管理人员义务的要求，主要是用来解决股权投资者对公司（证券发行人）的监控问题；公司法和合同法律制度在某种程度上也为公司债券持有人提供了保护。现代证券法则主要被用来解决信息不对称问题。

2. 证券法的发展

现代证券法以美国1933年《证券法》为滥觞，遵循强制信息披露原则，即要求证券发行人必须在公开发行证券（即所谓直接融资）时履行信息披露义务，向社会公众真实、准确、完整地披露所有重要信息。同时，通过专门针对证券欺诈的法律责任制度，打击虚假陈述、内幕交易和操纵市场等证券欺诈活动，保证信息的真实性和获得信息的机会平等。这种监管哲学只是试图解决信息不对称问题，其仍然要求投资者在获得充分信息的情况下，自行承担投资风险，政府并不代替投资者来挑选融资企业，在最大程度上发挥了市场机制的功能，为此后各个法域的证券立法所模仿。

1993年4月22日，国务院颁布施行《股票发行与交易暂行条例》，这是新中国第一部关于证券市场的行政法规，启动了资本市场法治化进程。1998年12月29日，第九届全国人民代表大会常务委员会第六次会议通过了《中华人民共和国证券法》（以下简称《证券法》），自1999年7月1日起施行。2004年8月28日，根据第十届全国人民代表大会常务委员会第十一次会议《关于修改〈中华人民共和国证券法〉的决定》，对《证券法》作了个别条款的修正。2005年10月27日，第十届全国人民代表大会常务委员会第十八次会议对《证券法》作了大幅修订后重新颁布，自2006年1月1日起施行。此后，根据国务院简政放权的精神，《证券法》在2013年和2014年又进行了两次修改，主要是减少了行政审批的范围。2019年12月28日，第十三届全国人大常委会第十五次会议闭幕会上表决通过最新修订的《中华人民共和国证券法》，并自2020年3月1日起施行，此次修订在证券定义、注册制改革、投资者保护和违法惩戒方面都有所突破。《证券法》是证券市场的基本法。《证券法》以及其他法律中有关证券管理的规定、国务院和政府有关部门发布的有关证券方面的法规、规章以及规范性文件，构成了我国的证券法律体系。

（二）《证券法》的适用范围

《证券法》适用于法定的"证券"在证券市场上的公开发行和交易。

1. 《证券法》中的"证券"

只有"证券"的发行和交易，才适用《证券法》。《证券法》对"证券"没有明确定义，但该法第二条第一款规定："在中华人民共和国境内，股票、公司债券、存托凭证和国务院依法认定的其他证券的发行和交易，适用本法；本法未规定的，适用《中华人民共和国公司法》和其他法律、行政法规的规定。"可见，在我国，股票、公司债券以及存托凭证是最主要的证券形式，国务院还可以依法认定其他类型的证券。

《证券法》第二条第二款规定："政府债券、证券投资基金份额的上市交易，适用本法；其他法律、行政法规另有规定的，适用其规定。"目前，我国中央政府债券的发行适用《中华人民共和国国库券条例》，地方政府债券的发行适用《地方政府债券发行管理办法》，证券投资基金份额的募集适用《证券投资基金法》；只有当政府债券、证券投资基金份额在证券交易所上市交易时，才适用《证券法》。

《证券法》第二条第三款同时还规定："资产支持证券、资产管理产品发行、交易的管理办法，由国务院依照本法的原则规定。"这意味着，资产支持证券和资产管理产品目前虽然不属于《证券法》意义上的"证券"，但其发行和交易规则应由国务院依照证券法的原则予以制定，可以看成是类证券产品或"准证券"。

因此，《证券法》中的"证券"，目前主要可以分为股票、债券、可转换公司债券（以下简称可转债）以及存托凭证：

（1）股票。股票是股份的纸面形式，是公司签发的证明股东所持股份的凭证。股东据此有价证券以取得股息，行使管理权，取得清盘资产，或在证券市场上转让。股票具有收益性、流通性、非返还性和风险性等特点。

股份按不同标准可以分为若干种类，股票也因此不同。按股东承担风险程度和享有权利的不同，股份可分为普通股和优先股。关于这两种股份的介绍，参见本书公司法章节的相关内容。

按投资对象及定价币种的不同，股票可分为人民币普通股（A股或内资股）、境内上市外资股（B股）和境外上市外资股。

人民币普通股又称为A股或内资股，是由我国境内的公司发行，供境内机构、组织或个人（不含港、澳、台投资者）以人民币认购和交易的普通股股票。本章讨论的主要就是A股。

境内上市外资股又称为B股，它是以人民币标明面值，以外币认购和买卖，在境内证券交易所上市交易的股票。

境外上市外资股是指股份有限公司向境外投资者发行、以人民币标明面值、以外币认购、在境外公开的证券交易场所流通转让的股票。

（2）公司债券。公司债券是指发行人依照法定程序发行的、约定在一定期限还本付息的有价证券。和公司股票相比，公司债券的特点是：第一，债券是债权凭证，债券持有人享有的是要求公司还本付息的权利；股票是股东权凭证，股东享有资产收益、参与重大决策和选择管理者等权利。第二，债券有偿还期限，股票没有偿还期限。第三，债券通常有固定的利率，与公司的绩效没有直接联系，收益比较稳定，风险比股票小。第四，在公司破产时，债券持有人享有优先于股东的对公司剩余资产的索取权。

（3）可转债。可转债是指发行人依照法定程序发行、在一定期间内依据约定的条件可以转换成股份的公司债券。

可转债兼有债券和股票的双重法律特点。从其债券的法律性质来看，可转债是公司债券的一种，具有公司债券所有的特点。例如，它同样需要定期支付利息，到期偿还本金，同样具有债券面值、期限以及付息方式等基本要素。从其股票的法律性质来看，一旦持有人选择将可转换债券转换为股票，则这部分债务便转换为资本的构成部分，债权也转变成股权。

可转换债券是一种混合型融资和投资工具，它是公司债券与认股权（买入期权）的组合体。其期权属性赋予投资人可以在一定期限内，依据本身的自由意志，选择是否可以约定的条件将持有的债券转换为发行公司的股票。具体而言，投资人可以选择持有债券至债券到期，要求公司还本付息；也可选择在约定时间内换股，享受股利分配或资本增值。这是可转换债券区别于其他一般性债券的根本性特征。

(4) 存托凭证。存托凭证，是指由存托人签发、以境外证券为基础在中国境内发行、代表境外基础证券权益的证券。

2018年3月22日，国务院办公厅发布的《国务院办公厅转发证监会关于开展创新企业境内发行股票或存托凭证试点若干意见的通知》（国办发〔2018〕21号，以下简称《发行股票或存托凭证试点意见》）规定："试点企业可根据相关规定和自身实际，选择申请发行股票或存托凭证上市。允许试点红筹企业按程序在境内资本市场发行存托凭证上市；具备股票发行上市条件的试点红筹企业可申请在境内发行股票上市；境内注册的试点企业可申请在境内发行股票上市。"存托凭证的发行和交易，适用《证券法》《发行股票或存托凭证试点意见》《存托凭证发行与交易管理办法（试行）》以及中国证券监督管理委员会（以下简称中国证监会）的其他规定。

存托凭证发行法律关系中的主体包括：基础证券发行人、存托人和存托凭证持有人。基础证券发行人在境外发行的基础证券由存托人持有，并由存托人在境内签发存托凭证。基础证券发行人应符合证券法关于股票等证券发行的基本条件，参与存托凭证发行，依法履行信息披露等义务，并按规定接受证监会及证券交易所监督管理。

存托人应按照存托协议约定，根据存托凭证持有人意愿行使境外基础证券相应权利，办理存托凭证分红、派息等业务。存托人资质应符合证监会有关规定。

存托凭证持有人依法享有存托凭证代表的境外基础证券权益，并按照存托协议约定，通过存托人行使其权利。

基础证券发行人、存托人及存托凭证持有人通过存托协议明确存托凭证所代表权益及各方权利义务。投资者持有存托凭证即成为存托协议当事人，视为其同意并遵守存托协议约定。存托协议应约定因存托凭证发生的纠纷适用中国法律法规规定，由境内法院管辖。

存托凭证基础财产包括境外基础证券及其衍生权益。存托人可在境外委托金融机构担任托管人。托管人负责托管存托凭证基础财产，并负责办理与托管相关的其他业务。存托人和托管人应为存托凭证基础财产单独立户，将存托凭证基础财产与其自有财产有效隔离、分别管理、分别记账，不得将存托凭证基础财产归入其自有财产，不得违背受托义务侵占存托凭证基础财产。

存托凭证与基础证券之间转换的具体要求和方式由中国证监会规定。

2. 证券公开发行

证券发行就是筹资者按照法定程序向投资者发行证券，筹资者取得要筹集的资金，而认购到证券的投资者取得证券及证券所代表权益的过程。证券发行实质上就是筹资者出售证券给投资者的过程，这一行为过程可能是公开的，也可能是非公开的。但由于公开发行涉及不特定公众投资者利益保护问题，因此法律对证券公开发行通常有较为严格的程序规定。根据《证券法》第九条第一款的规定，"公开发行证券，必须符合法律、行政法规规定的条件，并依法报经国务院证券监督管理机构或者国务院授权的部门注册。未经依法注册，任何单位和个人不得公开发行证券。证券发行注册制的具体范围、实施步骤，由国务院规定。"因此，证券公开发行必须遵循《证券法》所规定的程序和步骤。如果是非公开发行，例如，在此次股份募集之后股东人数少于200人的发行，则属于私募，主要由《公司法》、合同法律制度以及交易场所的自律规则（如适用）规制。

证券公开发行，是指发行人通过公开出售证券向不特定投资者募集资金的行为。按照《证券法》第九条的界定，有两种情况可能构成公开发行：（1）向不特定对象发行证券的。不特定对象是指对于证券的购买人没有任何资质要求，例如通过随机打电话的方式确定投资者。（2）向特定对象发行证券累计超过 200 人，但依法实施员工持股计划的员工人数不计算在内。特定对象主要是指符合一定资质条件要求的投资者，主要是指那些具有获取发行人信息的能力、具有风险识别能力的投资者，即所谓的合格投资者。另外，对于特定对象还有人数限制，在证券为股票的情况下，表现为对公司股东人数的限制，即公司的股东人数如果超过 200 人，即使都是合格投资者，也构成了公开发行。另外，非公开发行证券，不得采用广告、公开劝诱和变相公开方式。反过来说，如果采用广告、公开劝诱等方式宣传证券发行活动，无论拟发行对象的人数多少，即可认定其构成了公开发行。

3. 证券市场

只有在证券市场上的公开发行和公开交易行为适用《证券法》，但证券市场本身是一个广义且抽象的概念。根据不同的分类标准，会对证券市场有不同的理解。

（1）证券市场的分类。

①一级市场和二级市场。

以市场行为和功能为标准，证券市场可以抽象地分为一级市场和二级市场。证券发行市场一般被称为一级市场，证券交易市场也就相应被称为二级市场。发行市场的主要功能在于为企业提供融资渠道；交易市场的主要功能在于让企业实现证券流通价值的最大化。学理中的一级市场通常主要是指公开发行的市场。

根据《证券法》第三十七条的规定，公开发行的证券，应当在依法设立的证券交易所上市交易或者在国务院批准的其他全国性证券交易场所交易。非公开发行的证券，可以在证券交易所、国务院批准的其他全国性证券交易场所、按照国务院规定设立的区域性股权市场转让。

②场内市场和场外市场。

以证券交易场所的组织形式为标准，证券市场可以分为场内市场和场外市场。场内市场，是指证券交易所市场。场外市场则泛指在证券交易所外进行交易的场所。传统研究认为，场内市场和场外市场的不同主要在于二者交易方式的不同：场内市场主要采取集中交易方式，多个买者和多个卖者之间进行价格磋商，体现价格发现机制，例如，集中竞价的交易方式；而场外交易市场则多采取一对一的交易磋商机制；因此，在每一时刻，场内交易市场往往只有一个市价，而场外交易市场则存在多个价格。

但是，以上认知已显落后。随着电子技术的进步、交易方式的混合化和市场的进一步细化，场外市场又可分为集中交易的公开型场外市场和非集中交易的场外市场。集中交易的公开型场外市场，即可采用集中交易方式进行公开交易的场外市场；集中交易方式通常包括集合竞价、连续竞价、电子撮合、匿名交易、做市商等交易方式。可以说，公开的场外市场由于采用多元化的交易方式（包括竞价交易和做市商交易等），与交易所市场之间的区分已经越来越不明显。目前，公开集中交易的场外市场与交易所市场的区别主要体现在两个方面：一是上市标准或挂牌门槛的区别，交易所市场的上市标准显然是要高于场外公开市场的挂牌门槛的；二是信息披露的标准不同，交易所场内市场的信息披露要求通常比场外公开市场的更为严格。因此，认识证券交易场所，宜结合挂牌条件、交易方式和信息披露严苛程度的标准，将其区分为交易所市场、集中交易的公开型场外市场和非集中交易的场外市场。

在我国，交易所市场（场内市场）表现为上海、深圳、北京三大证券交易所；集中交易的公开型场外市场目前主要就是全国中小企业股份转让系统（以下简称全国股转系统）；而非集中交易的场外市场主要就是区域性股权市场。

另外值得一提的是，场内市场与一级市场或发行市场的概念并不等同。全国股转系统作为公开场外市场也支持定向发行功能。

③主板、二板、三板和其他市场。

《证券法》第九十七条规定："证券交易所、国务院批准的其他全国性证券交易场所可以根据证券品种、行业特点、公司规模等因素设立不同的市场层次。"因此，证券交易市场可以设立不同的市场板块或市场层次。根据所服务的融资企业类型的不同（通常又具象表现为上市或挂牌条件或门槛的不同），这些市场层次可以分为主板、二板、三板市场和其他市场（例如，区域性股权交易市场）。主板市场通常服务于成熟型企业，为其提供融资和证券流通服务。由于主板市场的上市条件通常较高，不利于成长型企业特别是高新技术企业公开融资并上市，因此，为成长型企业能够顺利获得资金，有必要特别开设专门的股票融资和交易市场，即二板市场。而三板市场则通常服务于初创企业或中小企业的融资和证券流通需求。

（2）我国的多层次资本市场。

①上海、深圳证券交易所主板。

上海证券交易所的主板和深圳证券交易所的主板通常被视为我国的主板市场。根据《首次公开发行股票注册管理办法》的规定，主板突出"大盘蓝筹"特色，重点支持业务模式成熟、经营业绩稳定、规模较大、具有行业代表性的优质企业。

②上海证券交易所科创板和深圳证券交易所创业板。

根据其所服务企业的属性和上市条件，深圳证券交易所的创业板和上海证券交易所的科创板可被定位为我国的二板市场。

根据《首次公开发行股票注册管理办法》的规定，科创板面向世界科技前沿、面向经济主战场、面向国家重大需求。优先支持符合国家战略，拥有关键核心技术，科技创新能力突出，主要依靠核心技术开展生产经营，具有稳定的商业模式，市场认可度高，社会形象良好，具有较强成长性的企业。

根据《首次公开发行股票注册管理办法》的规定，创业板深入贯彻创新驱动发展战略，适应发展更多依靠创新、创造、创意的大趋势，主要服务成长型创新创业企业，支持传统产业与新技术、新产业、新业态、新模式深度融合。

③北京证券交易所。

北京证券交易所于2021年9月3日注册成立，是经国务院批准设立的中国第一家公司制证券交易所，受中国证监会监督管理。根据《北京证券交易所向不特定合格投资者公开发行股票注册管理办法》和《北京证券交易所上市公司证券发行注册管理办法》，北京证券交易所适用注册制，公开发行申请报北京证券交易所审核并经证监会注册。

北京证券交易所的特点在于：

第一，其法律地位可被界定为我国的二板市场。根据《北京证券交易所向不特定合格投资者公开发行股票注册管理办法》的规定，北京证券交易所充分发挥对全国股转系统的示范引领作用；深入贯彻创新驱动发展战略，聚焦实体经济，主要服务创新型中小企业，重点支持先进制造业和现代服务业等领域的企业，推动传统产业转型升级，培育经济发展新动能，促进经济高质量发展。

第二，发行人范围有法定限制。存量发行人为全国股转系统原精选层的挂牌公司，（新增）发行人应当为在全国股转系统连续挂牌满12个月的创新层挂牌公司。

发行人申请在北京证券交易所公开发行股票，应当符合下列规定：具备健全且运行良好的组织机构；具有持续经营能力，财务状况良好；最近3年财务会计报告无虚假记载，被出具无保留意见审计报告；依法规范经营。

发行人及其控股股东、实际控制人存在下列情形之一的，发行人不得公开发行股票：最近3年内存在贪污、贿赂、侵占财产、挪用财产或者破坏社会主义市场经济秩序的刑事犯罪；最近3年内存在欺诈发行、重大信息披露违法或者其他涉及国家安全、公共安全、生态安全、生产安全、公众健康安全等领域的重大违法行为；最近1年内受到中国证监会行政处罚。

第三，投资者范围有法定限制。发行人仅得向不特定的合格投资者进行公开发行，即参与申购和交易的投资者应符合中国证监会和北京证券交易所关于投资者适当性的管理规定。在北京证券交易所市场从事证券交易及相关业务的证券经营机构履行投资者适当性管理职责。

④全国股转系统。

全国股转系统，是经国务院批准，依据《证券法》设立的全国性证券交易场所。全国股转系统于2012年9月正式注册成立，俗称"新三板"，是我国继上海证券交易所、深圳证券交易所之后的第三家全国性证券交易场所。全国股转系统服务于中小微企业，其市场定位为三板市场，属于前文提到的集中交易的公开型场外市场，是我国多层次资本市场体系的重要组成部分。换言之，全国股转系统与我国上海、深圳、北京三大证券交易所市场一起构成了我国的公开证券市场；在全国股转系统的公开发行和公开交易，适用《证券法》。

全国股转系统的主要特征表现为：

第一，全国股转系统内部进一步分层。在2021年北京证券交易所建立之前，全国股转系统分为基础层、创新层和精选层。北京证券交易所建立之后，原精选层的挂牌公司已全部转为北京证券交易所第一批上市公司，因此目前全国股转系统分为基础层和创新层。不同层级挂牌公司实施差异化的信息披露制度。

第二，服务对象主要是中小微企业。《国务院关于全国中小企业股份转让系统有关问题的决定》（国发〔2013〕49号）明确了全国股转系统的定位主要是为创新型、创业型、成长型中小微企业发展服务。这类企业普遍规模较小，尚未形成稳定的盈利模式。在准入条件上，不设财务门槛，申请挂牌的公司可以尚未盈利，只要股权结构清晰、经营合法规范、公司治理健全、业务明确的股份公司均可以经主办券商推荐申请在全国股转系统挂牌。但挂牌公司必须履行信息披露义务，所披露的信息应当真实、准确、完整。

第三，投资者有资质要求。全国股转系统性质上属于公开型场外市场，发行人挂牌门槛相对较低，因此对于投资者有适当性要求。全国股转系统相关规则对申请参与挂牌公司股票公开转让机构投资者和自然人投资者、参与挂牌公司股票定向发行的投资者分别进行了适当性规定。

第四，全国股转系统采取多元化交易机制。股票交易可以采取做市交易方式、集合竞价交易方式以及中国证监会批准的其他交易方式。符合全国股转公司规定的单笔申报数量或交易金额标准的，全国股转系统同时提供大宗交易安排。

⑤区域性股权市场。

《证券法》第九十八条明确了区域性股权市场的法律地位："按照国务院规定设立的区域性股权市场为非公开发行证券的发行、转让提供场所和设施，具体管理办法由国务院规定。"

"非公开证券的发行、转让"的功能定位，意味着区域性股权市场是私募市场。《国务院办公厅关于规范发展区域性股权市场的通知》（国办发〔2017〕11号）即将区域性股权市场明确为"主要服务于所在省级行政区域内中小微企业的私募股权市场"。作为私募股权市场，区域性股权市场的募集、转让行为主要由《公司法》、合同法律制度及相关法律规范调整，只有在构成公开发行或变相公开发行的情形下才适用《证券法》中的相关制度。

按照《国务院关于清理整顿各类交易场所切实防范金融风险的决定》（国发〔2011〕38号）和《国务院办公厅关于清理整顿各类交易场所的实施意见》（国办发〔2012〕37号）的规定，区域性股权市场：

第一，不得将任何权益拆分为均等份额公开发行。任何交易场所利用其服务与设施，将权益拆分为均等份额后发售给投资者，即属于"均等份额公开发行"。股份公司股份公开发行适用《公司法》《证券法》相关规定。

第二，不得采取集中交易方式进行交易。所谓"集中交易方式"包括集合竞价、连续竞价、电子撮合、匿名交易、做市商等交易方式，但协议转让、依法进行的拍卖不在此列。

第三，不得将权益按照标准化交易单位持续挂牌交易。所谓"标准化交易单位"是指将股权以外的其他权益设定最小交易单位，并以最小交易单位或其整数倍进行交易。"持续挂牌交易"是指在买入后5个交易日内挂牌卖出同一交易品种或在卖出后5个交易日内挂牌买入同一交易品种。

第四，权益持有人累计不得超过200人。除法律、行政法规另有规定外，任何权益在其存续期间，无论在发行还是转让环节，其实际持有人累计不得超过200人，以信托、委托代理等方式代持的，按实际持有人数计算。

第五，不得以集中交易方式进行标准化合约交易。所谓"标准化合约"包括两种情形：一种是由交易场所统一制定，除价格外其他条款固定，规定在将来某一时间和地点交割一定数量标的物的合约；另一种是由交易场所统一制定，规定买方有权在将来某一时间以特定价格买入或者卖出约定标的物的合约。

第六，未经国务院相关金融管理部门批准，不得设立从事保险、信贷、黄金等金融产品交易的交易场所，其他任何交易场所也不得从事保险、信贷、黄金等金融产品交易。

为规范交易场所名称，凡使用"交易所"字样的交易场所，除经国务院或国务院金融管理部门批准的外，必须报省级人民政府批准。未按上述规定批准设立或违反上述规定在名称中使用"交易所"字样的交易场所，工商部门不得为其办理工商登记。

我国区域性股权市场主要表现为各地的产权交易所。区域性股权市场主要由所在地省级人民政府按规定实施监管，并承担相应风险处置责任。证监会要依法依规履职尽责，加强对省级人民政府开展区域性股权市场监管工作的指导、协调和监督。区域性股权市场的运营机构负责组织区域性股权市场的活动，对市场参与者进行自律管理，保障市场规范稳定运行。运营机构名单由省级人民政府实施管理并予以公告，同时向证监会备案。区域性股权市场的各项活动应遵守法律法规和证监会制定的业务及监管规则。

值得一提的是，根据最高人民法院2022年1月21日发布的《关于审理证券市场虚假陈述侵权民事赔偿案件的若干规定》（法释〔2022〕2号，以下简称《虚假陈述侵权民事赔偿规定》）第一条第二款规定，按照国务院规定设立的区域性股权市场中发生的虚假陈述侵权民事赔偿案件，可以参照适用该规定。

二、证券市场监管体制

对证券市场的监管包括政府统一监管和自律管理两部分。

（一）政府统一监管

1. 政府统一监管的机构

政府统一监管，是指由政府证券监管机构依法对证券发行与交易实施统一监督管理。《证券法》第七条规定："国务院证券监督管理机构依法对全国证券市场实行集中统一监督管理。"国务院证券监督管理机构依法对证券市场实行监督管理，维护证券市场公开、公平、公正，防范系统性风险，维护投资者合法权益，促进证券市场健康发展。该"国务院证券监督管理机构"即指中国证监会。

2. 国务院证券监督管理机构的职责和法定权限

根据《证券法》第一百六十九条的规定，国务院证券监督管理机构在对证券市场实施监督管理中履行下列职责：（1）依法制定有关证券市场监督管理的规章、规则，并依法进行审批、核准、注册、办理备案；（2）依法对证券的发行、交易、登记、托管、结算等行为，进行监督管理；（3）依法对证券发行人、证券公司、证券服务机构、证券交易场所、证券登记结算机构的证券业务活动，进行监督管理；（4）依法制定从事证券业务人员的行为准则，并监督实施；（5）依法监督检查证券发行、上市、交易的信息披露；（6）依法对证券业协会的自律管理活动进行指导和监督；（7）依法监测并防范、处置证券市场风险；（8）依法开展投资者教育；（9）依法对证券违法行为进行查处；（10）法律、行政法规规定的其他职责。

为了保障国务院证券监督管理机构依法履行职责，《证券法》第一百七十条赋予其法定权限，例如：现场检查权；调查取证权；询问和要求当事人作出说明或出示文件和资料权；查阅和复制权；封存、扣押权；冻结、查封权；限制被调查的当事人的证券买卖；阻止涉嫌违法人员出境等。为防范证券市场风险，维护市场秩序，国务院证券监督管理机构可以采取责令改正、监管谈话、出具警示函等措施。

3. 证券监督管理机构证券执法的法律意义和执法范围

（1）证券执法的概念和法律意义。

证券执法，是指证券监督管理机构依据《证券法》等法律法规和国务院的授权，对证券市场中涉嫌违反证券法律法规的行为进行依法调查，并对违法行为作出行政处罚的执法行为。

证券执法和证券民事赔偿制度同是证券法实施的重要机制。证券执法的法律意义在于：第一，惩戒违法者；第二，威慑潜在违法者；第三，补偿投资者。根据《证券法》第二百二十二条规定，依照《证券法》收缴的罚款和没收的违法所得，全部上缴国库。因此，行政处罚所得款项是无法用来直接补偿市场上的投资者的，但行政执法当事人承诺制度可以实现补偿投资者的功能。

（2）证券执法的范围。

根据《证券法》的规定，中国证监会的执法范围覆盖我国的多层次资本市场，即上海证券交易所、深圳证券交易所、北京证券交易所和全国股转系统，以及区域性股权市场中涉及公开发行或公开交易的事项。

另外，中国证监会对银行间债券市场、交易所债券市场的违法行为开展统一的执法工作；对涉及公司债券、企业债券、债务融资工具、金融债券等各类债券品种的违法违规行为进行认定处罚；对商业银行、证券公司等在承销各类债券过程中的违法行为，依照《证券法》的相关规定进行处罚。

4. 行政执法当事人承诺

（1）行政执法当事人承诺的概念。

行政执法当事人承诺，是指证券监管机构对涉嫌证券期货违法的单位或者个人进行调查期间，被调查的当事人承诺纠正涉嫌违法行为、赔偿有关投资者损失、消除损害或者不良影响并经证券监督管理机构认可，当事人履行承诺后证券监督管理机构终止案件调查的行政执法方式。行政执法当事人承诺是民事契约理论引入证券监管领域的一项制度创新。

（2）行政执法当事人承诺的法律特征。

根据《证券法》第一百七十一条和《证券期货行政执法当事人承诺制度实施办法》的相关规定，行政执法当事人承诺制度具有如下法律特征：

第一，当事人承诺仅适用于证券监督管理机构对涉嫌证券违法的单位或者个人进行调查的期间，即自当事人收到证券监督管理机构案件调查法律文书之日至证券监督管理机构作出行政处罚决定前。如果相关行政处罚决定已作出，则不能适用当事人承诺。

第二，当事人承诺应由被调查的当事人向证券监督管理机构书面提出申请。书面申请中应载明当事人已采取或者承诺采取的纠正涉嫌违法行为、赔偿有关投资者损失、消除损害或者不良影响的措施等事项。

第三，当事人承诺的申请，如经证券监督管理机构认可，中止案件调查。证券监督管理机构认可的方式是与当事人签署承诺认可协议。证券监督管理机构在与当事人签署承诺认可协议前，不停止对案件事实的调查。

承诺认可协议应当载明当事人承诺采取的纠正涉嫌违法行为、赔偿有关投资者损失、消除损害或者不良影响的具体措施，当事人履行承诺的期限以及承诺金数额及交纳方式等事项。承诺金，即当事人为适用行政执法当事人承诺而交纳的资金。

第四，当事人完全履行承诺认可协议后，证券监督管理机构应当终止案件调查。被调查的当事人未履行承诺或者有国务院规定的其他情形的，应当恢复调查。

(3) 行政执法当事人承诺和民事赔偿的衔接。

投资者因当事人涉嫌违法行为遭受损失的，可以向承诺金管理机构申请合理赔偿，也可以通过依法对当事人提起民事赔偿诉讼等其他途径获得赔偿。承诺金管理机构向投资者支付的赔偿总额不得超过涉及案件当事人实际交纳并用于赔偿的承诺金总额。投资者已通过其他途径获得赔偿的，不得就已获得赔偿的部分向承诺金管理机构申请赔偿。

我国已出现当事人承诺和先行赔付并用赔偿投资者的案例。如果相关证券公司、会计师事务所和律师事务所等中介机构作为先行赔付人先行垫付了赔偿款给适格投资者，之后如再向中国证监会申请并与中国证监会签署当事人承诺认可协议，其之前先行赔付给适格投资者的金额可以从应缴付的承诺金中予以扣除。

(二) 行业自律管理

目前，我国证券发行与交易活动中的自律管理，主要通过下列自律性机构来实施：

1. 中国证券业协会

中国证券业协会是1991年8月经中国人民银行批准，由中国证监会予以资格认定并经民政部核准登记的全国性自律管理组织，其会员是各类证券经营机构。会员大会是其最高权力机关，决定协会的重大事项。《证券法》第一百六十六条规定，证券业协会履行下列职责：(1) 教育和组织会员及其从业人员遵守证券法律、行政法规，组织开展证券行业诚信建设，督促证券行业履行社会责任；(2) 依法维护会员的合法权益，向证券监督管理机构反映会员的建议和要求；(3) 督促会员开展投资者教育和保护活动，维护投资者合法权益；(4) 制定和实施证券行业自律规则，监督、检查会员及其从业人员行为，对违反法律、行政法规、自律规则或者协会章程的，按照规定给予纪律处分或者实施其他自律管理措施；(5) 制定证券行业业务规范，组织从业人员的业务培训；(6) 组织会员就证券行业的发展、运作及有关内容进行研究，收集整理、发布证券相关信息，提供会员服务，组织行业交流，引导行业创新发展；(7) 对会员之间、会员与客户之间发生的证券业务纠纷进行调解；(8) 证券业协会章程规定的其他职责。

2. 证券交易场所

证券交易场所包括证券交易所和国务院批准的其他全国性证券交易场所。证券交易所和国务院批准的其他全国性证券交易场所为证券集中交易提供场所和设施，组织和监督证券交易，实行自律管理，依法登记，取得法人资格。证券交易所、国务院批准的其他全国性证券交易场所的设立、变更和解散由国务院决定。国务院批准的其他全国性证券交易场所的组织机构、管理办法等，由国务院规定。

（1）证券交易所。我国目前有上海、深圳和北京三家证券交易所。证券交易所的组织形式有两种：会员制和公司制。实行会员制的证券交易所设会员大会、理事会、总经理和监事会。实行有限责任公司制的证券交易所设股东会、董事会、总经理和监事会。证券交易所为一人有限责任公司的，不设股东会，由股东行使股东会的职权。会员制证券交易所章程的制定和修改经会员大会通过后，报中国证监会批准。公司制证券交易所的章程由股东共同制定，并报中国证监会批准；章程的修改由股东会通过后，报中国证监会批准。理事会和董事会分别是会员制证券交易所和公司制证券交易所的决策机构。目前，上海、深圳证券交易所的组织形式是会员制，北京证券交易所的组织形式是公司制。

根据《证券交易所管理办法》的规定，证券交易所组织和监督证券交易，实施自律管理，应当遵循社会公共利益优先原则，维护市场的公平、有序、透明。证券交易所的职能包括：提供证券交易的场所、设施和服务；制定和修改证券交易所的业务规则；依法审核公开发行证券申请；审核、安排证券上市交易，决定证券终止上市和重新上市；提供非公开发行证券转让服务；组织和监督证券交易；对会员进行监管；对证券上市交易公司及相关信息披露义务人进行监管；对证券服务机构为证券上市、交易等提供服务的行为进行监管；管理和公布市场信息；开展投资者教育和保护；法律、行政法规规定的以及中国证监会许可、授权或者委托的其他职能。

证券交易所主要在以下方面进行自律管理：

第一，对证券交易活动的一线监管。证券交易所应当制定具体的交易规则。证券交易所应当为组织公平的集中交易提供保障，实时公布证券交易即时行情，并按交易日制作证券市场行情表，予以公布。证券交易即时行情的权益由证券交易所依法享有。未经证券交易所许可，任何单位和个人不得发布证券交易即时行情。证券交易所对市场交易形成的基础信息和加工产生的信息产品享有专属权利。未经证券交易所同意，任何单位和个人不得发布证券交易即时行情，不得以商业目的使用。经许可使用交易信息的机构和个人，未经证券交易所同意，不得将该信息提供给其他机构和个人使用。

上市公司可以向证券交易所申请其上市交易股票的停牌或者复牌，但不得滥用停牌或者复牌损害投资者的合法权益。证券交易所可以按照业务规则的规定，决定上市交易股票的停牌或者复牌。

因不可抗力、意外事件、重大技术故障、重大人为差错等突发性事件而影响证券交易正常进行时，为维护证券交易正常秩序和市场公平，证券交易所可以按照业务规则采取技术性停牌、临时停市等处置措施，并应当及时向国务院证券监督管理机构报告；因前款规定的突发性事件导致证券交易结果出现重大异常，按交易结果进行交收将对证券交易正常秩序和市场公平造成重大影响的，证券交易所按照业务规则可以采取取消交易、通知证券登记结算机构暂缓交收等措施，并应当及时向国务院证券监督管理机构报告并公告。证券交易所对其依照规定采取措施造成的损失，不承担民事赔偿责任，但存在重大过错的除外。

证券交易所对证券交易实行实时监控，并按照国务院证券监督管理机构的要求，对异常的交易情况提出报告；证券交易所根据需要，可以按照业务规则对出现重大异常交易情况的证券账户的投资者限制交易，并及时报告国务院证券监督管理机构。

证券交易所应当加强对证券交易的风险监测，出现重大异常波动的，证券交易所可以按照业务规则采取限制交易、强制停牌等处置措施，并向国务院证券监督管理机构报告；严重影响证券市场稳定的，证券交易所可以按照业务规则采取临时停市等处置措施并公告。证券交易所对其依照规定采取措施造成的损失，不承担民事赔偿责任，但存在重大过错的除外。

第二，对会员进行自律管理。证券交易所应当制定会员管理规则。证券交易所接纳的会员应当是经批准设立并具有法人地位的境内证券经营机构。境外证券经营机构设立的驻华代表处，经申请可以成为证券交易所的特别会员。会员出现违法违规行为的，证券交易所可以按照章程、业务规则的规定采取暂停受理或者办理相关业务、限制交易权限、收取惩罚性违约金、取消会员资格等自律监管措施或者纪律处分。

第三，对上市公司进行自律管理。证券交易所应当制定证券上市规则。证券交易所应当与申请证券上市交易的公司订立上市协议，确定相互间的权利义务关系。证券交易所应当依法建立上市保荐制度。证券交易所应当监督保荐人及相关人员的业务行为，督促其切实履行法律、行政法规、部门规章以及业务规则中规定的相关职责。证券交易所按照章程、协议以及上市规则决定证券终止上市和重新上市。证券交易所应当依据业务规则和证券上市交易公司的申请，决定上市交易证券的停牌或者复牌。证券上市交易的公司不得滥用停牌或复牌损害投资者合法权益。证券交易所为维护市场秩序可以根据业务规则拒绝证券上市交易公司的停复牌申请，或者决定证券强制停复牌。中国证监会为维护市场秩序可以要求证券交易所对证券实施停复牌。证券交易所应当按照章程、协议以及业务规则，对上市公司控股股东、持股5%以上股东、其他相关股东以及董事、监事、高级管理人员等持有本公司股票的变动及信息披露情况进行监管。发行人、证券上市交易公司及相关信息披露义务人等出现违法违规行为的，证券交易所可以按照章程、协议以及业务规则的规定，采取通报批评、公开谴责、收取惩罚性违约金、向相关主管部门出具监管建议函等自律监管措施或者纪律处分。

（2）国务院批准的其他全国性证券交易场所。我国目前经国务院批准设立的全国性证券交易场所主要是全国股转系统。根据《全国中小企业股份转让系统有限责任公司管理暂行办法》的规定，全国股转系统负责组织和监督挂牌公司的股票转让及相关活动，实行自律管理。根据《非上市公众公司监督管理办法》（以下简称《非上市公众公司办法》）的规定，全国股转系统发挥自律管理作用，对在全国股转系统公开转让股票的公众公司及相关信息披露义务人披露信息进行监督，督促其依法及时、准确地披露信息。发现公开转让股票的公众公司及相关信息披露义务人有违反法律、行政法规和中国证监会相关规定的行为，应当向中国证监会报告，并采取自律管理措施。

三、强制信息披露制度

（一）强制信息披露的概念和分类

1. 强制信息披露的概念

信息披露也称信息公开，是指证券发行人及法律、行政法规和国务院证券监督管理机构规定的其他信息披露义务人（以下简称信息披露义务人），在证券发行、上市、交易过程中，按照法定或约定要求将应当向社会公开的财务、经营及其他有关影响证券投资者投资判断的信息向证券监督管理机构和证券交易所报告，并向社会公众公告的活动。

2. 信息披露的分类

（1）强制信息披露和自愿信息披露。

以披露的信息内容是否为法律强制规定必须公开的内容为标准，信息披露可以分为强制信息披露和自愿信息披露。

强制信息披露规范主要适用于公开发行的证券。信息公开是建立公开、公平、公正证券市场的基石，也是证券市场赖以存在和发展的前提。证券作为一种权益凭证，其价值和价格会受到诸多因素的影响。鉴于社会公众投资者无法通过自身的调查和分析，及时了解影响证券价格和价值的各种因素，各国或地区的证券法制为了保护证券投资者的利益，维护证券市场秩序的健康发展，都采用强制规范的方式，要求信息披露义务人披露可能影响证券价值和价格的各种因素。根据《上市公司信息披露管理办法》，信息披露义务人包括：上市公司及其董事、监事、高级管理人员、股东、实际控制人，收购人，重大资产重组、再融资、重大交易有关各方等自然人、单位及其相关人员，破产管理人及其成员，以及法律、行政法规和中国证监会规定的其他承担信息披露义务的主体。

自愿信息披露的法律基础在《证券法》第八十四条，"除依法需要披露的信息之外，信息披露义务人可以自愿披露与投资者作出价值判断和投资决策有关的信息，但不得与依法披露的信息相冲突，不得误导投资者。"发行人一旦自愿选择披露依法需披露的信息之外的信息，则应采用与强制信息披露同样的披露原则，例如真实、准确、完整等原则，如果在自愿披露的内容中出现虚假陈述，也要承担相应民事赔偿责任；另外，自愿性信息披露也应遵守公平原则，保持信息披露的持续性和一致性，不得进行选择性披露；信息披露义务人不得利用自愿披露的信息不当影响公司证券及其衍生品种交易价格，不得利用自愿性信息披露从事市场操纵等违法违规行为。

信息披露义务人不得利用自愿披露的信息不当影响公司证券及其衍生品种交易价格，不得利用自愿性信息披露从事市场操纵等违法违规行为。

（2）客观信息的披露和主观信息的披露。

以信息披露的内容为标准，信息披露可以分为客观信息的披露和主观信息的披露。客观信息的披露，即"硬信息"、历史性信息的披露，是指发行人、上市公司将其已发生的相关事实依法进行披露，例如上市公司的经营状况、财务报告、管理层和主要股东及其持股变动。

主观信息的披露，即"软信息"、预测性信息的披露，指发行人、上市公司对公司未来经营情况、财务状况进行判断并公布，一般表现为盈利预测和管理层讨论和分析。预测性信息存在较大的不确定性，现代证券法律制度早期还在一定程度上禁止披露预测性信息以避免因投资者无法正确理解而产生误导。但在某些特定环境下历史性信息并不能真实反映公司的经营状况，而预测性信息对于投资者判断上市公司发展趋势极为重要，在此背景下，监管者逐渐对预测性信息披露予以支持和规范，要求进行预测性信息披露的同时对投资者予以明确的"预先警示"，由此可使善意作出预测性陈述且有合理依据的发行人或上市公司免于因发布此类信息而承担证券欺诈的责任。因此，通常意义的虚假陈述都发生在"硬信息"披露场合，但预测性信息披露也可能因未进行充分风险提示、预测无依据等情形构成虚假陈述。

需要理解的是，自愿披露与预测性披露是不同的。以"管理层讨论与分析"和盈利预测为例：前者属于年度报告和中期报告中的必备部分，因此尽管其内容上包含预测性信息（例如，公司发展规则、未来发展战略、下一年度的经营计划等），但属于强制披露的范畴；而盈利预测则既是经典的预测性披露事项，通常也属于自愿披露，例如，根据《上市公司重大资产重组管理办法》，盈利预测不属于重大资产重组强制披露范畴，但上市公司自愿披露盈利预测报告的，该报告应当经符合《证券法》规定的会计师事务所审核，与重大资产重组报告书同时公告。

《虚假陈述侵权民事赔偿规定》第六条为盈利预测、发展规划等预测性信息披露设置了"安全港"；但自愿披露一旦选择披露，其披露要求（真实、准确、完整）法理上应等同于强制披露，目前并没有针对自愿披露的安全港规则。

（3）首次信息披露和持续信息披露。

以信息披露的发生阶段为标准，信息披露可以分为首次信息披露和持续信息披露，但两者也密不可分。发行人在证券公开发行之后，往往还会发行新的证券，进行再融资。《证券法》第五章对两类信息披露制度都进行了规定。中国证监会还制定并颁布了一系列的信息披露规章和准则，这些规章或准则也是信息公开制度的组成部分。

（二）信息披露的原则和要求

《证券法》第七十八条规定："发行人及法律、行政法规和国务院证券监督管理机构规定的其他信息披露义务人，应当及时依法履行信息披露义务。信息披露义务人披露的信息，应当真实、准确、完整，简明清晰，通俗易懂，不得有虚假记载、误导性陈述或者重大遗漏。证券同时在境内境外公开发行、交易的，其信息披露义务人在境外披露的信息，应当在境内同时披露。"学理上通常以"真实、准确、完整"为披露内容的实质原则或要求，以"简明清晰，通俗易懂"为信息披露的形式要求。

另外，对于具体负责信息披露事务的上市公司董事、监事、高级管理人员来说，其在履行职责过程还应做到"及时、公平"。《上市公司信息披露管理办法》第四条规定："上市公司的董事、监事、高级管理人员应当忠实、勤勉地履行职责，保证披露信息的真实、准确、完整，信息披露及时、公平。"及时，既指在应履行信息披露义务的时点及时予以公开和披露，也指在信息发生变更时及时予以跟进和澄清。公平，既指要对所有类型的投资者进行公平披露，也指公平对待境内、外的所有投资者。

（三）信息披露的内容

1. 首次信息披露

首次信息披露，主要指发行信息披露，尤指首次公开发行股票和公司债券的信息披露。首次信息披露的法定文件主要是招股说明书和债券募集说明书。上市公告书虽不属于发行信息披露文件，但作为公司上市"首次"披露的文件，也可将其界定为首次信息披露的范畴。

（1）招股说明书。招股说明书是公开发行股票最基本的法律文件。这是由发行人制定,向社会公众公开披露公司主要事项以及招股情况的文件。发行人首次公开发行股票的信息主要是通过招股说明书披露。

中国证监会依法制定的招股说明书内容与格式准则是信息披露的最低要求。不论准则是否有明确规定,凡是对投资者作出投资决策有重大影响的信息,均应当予以披露。发行人应当在招股说明书中披露已达到发行监管对公司独立性的基本要求。

招股说明书的有效期为6个月,自公开发行前最后一次签署之日起计算。招股说明书中引用经审计的财务报表在其最近一期截止日后6个月内有效,特殊情况下发行人可申请适当延长,但至多不超过3个月。财务报表应当以年度末、半年度末或者季度末为截止日。

发行人及其董事、监事和高级管理人员应当在招股说明书上签署书面确认意见,保证招股说明书的内容真实、准确、完整,不存在虚假记载、误导性陈述或者重大遗漏,按照诚信原则履行承诺,并声明承担相应法律责任。保荐人及其保荐代表人,以及发行人控股股东、实际控制人都在招股说明书上签字、盖章,确认招股说明书的内容真实、准确、完整,不存在虚假记载、误导性陈述或者重大遗漏,按照诚信原则履行承诺,并声明承担相应法律责任。

发行人在发行股票前应当在交易所网站和符合中国证监会规定条件的报刊依法开办的网站全文刊登招股说明书,同时在符合中国证监会规定条件的报刊刊登提示性公告,告知投资者网上刊登的地址及获取文件的途径。发行人可以将招股说明书以及有关附件刊登于其他网站,但披露内容应当完全一致,且不得早于在交易所网站、符合中国证监会规定条件的网站的披露时间。保荐人出具的发行保荐书、证券服务机构出具的文件以及其他与发行有关的重要文件应当作为招股说明书的附件。

根据《首次公开发行股票注册管理办法》的规定,交易所受理注册申请文件后,发行人应当按规定,将招股说明书、发行保荐书、上市保荐书、审计报告和法律意见书等文件在交易所网站预先披露。预先披露的招股说明书及其他注册申请文件不能含有价格信息,发行人不得据此发行股票。

(2)债券募集说明书。公司债券募集说明书,也称公司债券募集办法,是公司债券的发行人依法编制,用以记载公司债券发行相关重要信息的法律文件公司。发行债券应当编制公司债券募集说明书。根据《证券法》第十六条的规定,申请公开发行公司债券,发行人应当向国务院授权的部门或者中国证监会报送包括债券募集办法在内的法定文件。

(3)上市公告书。发行人首次公开发行证券完成后,申请证券上市交易,应当按照证券交易所的规定编制上市公告书,并在符合条件的媒体予以披露。

2. 持续信息披露

持续信息披露,是指证券上市后,信息披露义务人承担的持续披露义务。持续信息披露的形式主要是定期报告和临时报告。

(1)定期报告。定期报告是上市公司和公司债券上市交易的公司进行持续信息披露的主要形式之一,包括年度报告、中期报告。

年度报告应当在每一个会计年度结束之日起4个月内编制完成并披露。年度报告的主要内容依照中国证监会的相关规定披露。

中期报告应当在每个会计年度的上半年结束之日起2个月内编制完成并披露。中期报告的主要内容依照中国证监会的相关规定披露。

根据《上市公司信息披露管理办法》的规定，上市公司预计经营业绩发生亏损或者发生大幅变动的，应当及时进行业绩预告。定期报告披露前出现业绩泄露，或者出现业绩传闻且公司证券及其衍生品种交易出现异常波动的，上市公司应当及时披露本报告期相关财务数据。

年度报告中的财务会计报告应当经符合《证券法》规定的会计师事务所审计。定期报告中财务会计报告被出具非标准审计意见的，上市公司董事会应当针对该审计意见涉及事项作出专项说明。定期报告中财务会计报告被出具非标准审计意见，证券交易所认为涉嫌违法的，应当提请中国证监会立案调查。

（2）临时报告。临时报告，是指在定期报告之外因重大事件而应临时发布的报告。凡发生可能对上市公司证券及其衍生品种交易价格产生较大影响的重大事件，投资者尚未得知时，上市公司应当立即提出临时报告，披露事件内容，说明事件的起因、目前的状态和可能产生的影响。

根据《证券法》第八十条的规定，发生可能对上市公司、股票在国务院批准的其他全国性证券交易场所交易的公司的股票交易价格产生较大影响的重大事件，投资者尚未得知时，公司应当立即将有关该重大事件的情况向国务院证券监督管理机构和证券交易场所报送临时报告，并予公告，说明事件的起因、目前的状态和可能产生的法律后果。前款所称重大事件包括：①公司的经营方针和经营范围的重大变化；②公司的重大投资行为，公司在一年内购买、出售重大资产超过公司资产总额30%，或者公司营业用主要资产的抵押、质押、出售或者报废一次超过该资产的30%；③公司订立重要合同、提供重大担保或者从事关联交易，可能对公司的资产、负债、权益和经营成果产生重要影响；④公司发生重大债务和未能清偿到期重大债务的违约情况；⑤公司发生重大亏损或者重大损失；⑥公司生产经营的外部条件发生的重大变化；⑦公司的董事、1/3以上监事或者经理发生变动，董事长或者经理无法履行职责；⑧持有公司5%以上股份的股东或者实际控制人，其持有股份或者控制公司的情况发生较大变化，公司的实际控制人及其控制的其他企业从事与公司相同或者相似业务的情况发生较大变化；⑨公司分配股利、增资的计划，公司股权结构的重要变化，公司减资、合并、分立、解散及申请破产的决定，或者依法进入破产程序、被责令关闭；⑩涉及公司的重大诉讼、仲裁，股东大会、董事会决议被依法撤销或者宣告无效；⑪公司涉嫌犯罪被依法立案调查，公司的控股股东、实际控制人、董事、监事、高级管理人员涉嫌犯罪被依法采取强制措施；⑫国务院证券监督管理机构规定的其他事项。

公司的控股股东或者实际控制人对重大事件的发生、进展产生较大影响的，应当及时将其知悉的有关情况书面告知公司，并配合公司履行信息披露义务。

根据《证券法》第八十一条的规定，发生可能对上市交易公司债券的交易价格产生较大影响的重大事件，投资者尚未得知时，公司应当立即将有关该重大事件的情况向国务院证券监督管理机构和证券交易场所报送临时报告，并予公告，说明事件的起因、目前的状态和可能产生的法律后果。前款所称重大事件包括：①公司股权结构或者生产经营状况发生重大变化；②公司债券信用评级发生变化；③公司重大资产抵押、质押、出售、转让、报废；④公司发生未能清偿到期债务的情况；⑤公司新增借款或者对外提供担保超过上年末净资产的20%；⑥公司放弃债权或者财产超过上年末净资产的10%；⑦公司发生超过上年末净资产10%的重大损失；⑧公司分配股利，作出减资、合并、分立、解散、申请破产决定，或者依法进入破产程序、被责令关闭；⑨涉及公司的重大诉讼、仲裁；⑩公司涉嫌犯罪被依法立案调查，公司的控股股东、实际控制人、董事、监事、高级管理人员涉嫌犯罪被依法采取强制措施；⑪国务院证券监督管理机构规定的其他事项。

上市公司披露重大事件后，已披露的重大事件出现可能对上市公司证券及其衍生品种交易价格产生较大影响的进展或者变化的，应当及时披露进展或者变化情况、可能产生的影响。上市公司控股子公司发生重大事件，可能对上市公司证券及其衍生品种交易价格产生较大影响的，上市公司应当履行信息披露义务。

（四）信息披露的事务管理

1. 上市公司信息披露的制度化管理

（1）制定信息披露事务管理制度。根据《上市公司信息披露管理办法》的规定，上市公司应当制定信息披露事务管理制度，经公司董事会审议通过后，报注册地证监局和证券交易所备案。

（2）定期报告的编制、审议、披露程序和重大事件的报告、传递、审核、披露程序。在定期报告的编制、审议、披露程序中，经理、财务负责人、董事会秘书等高级管理人员应当及时编制定期报告草案，提请董事会审议；董事会秘书负责送达董事审阅；董事长负责召集和主持董事会会议审议定期报告；监事会负责审核董事会编制的定期报告；董事会秘书负责组织定期报告的披露工作。

在重大事件的报告、传递、审核、披露程序中，董事、监事、高级管理人员知悉重大事件发生时，应当按照公司规定立即履行报告义务；董事长在接到报告后，应当立即向董事会报告，并敦促董事会秘书组织临时报告的披露工作。

（3）关联关系的披露和关联交易的审议。上市公司董事、监事、高级管理人员、持股5%以上的股东及其一致行动人、实际控制人应当及时向上市公司董事会报送上市公司关联人名单及关联关系的说明。在关联交易的审议过程中，应当严格执行关联交易回避表决制度。交易各方不得通过隐瞒关联关系或者采取其他手段，规避上市公司的关联交易审议程序和信息披露义务。通过接受委托或者信托等方式持有上市公司5%以上股份的股东或者实际控制人，应当及时将委托人情况告知上市公司，配合上市公司履行信息披露义务。

（4）信息披露的方式。依法披露的信息，应当在证券交易所的网站和符合中国证监会规定条件的媒体发布，同时将其置备于上市公司住所、证券交易所，供社会公众查阅。信息披露文件的全文应当在证券交易所的网站和符合中国证监会规定条件的报刊依法开办的网站披露，定期报告、收购报告书等信息披露文件的摘要应当在证券交易所的网站和符合中国证监会规定条件的报刊披露。

2. 上市公司及其他信息披露义务人在信息披露工作中的职责

（1）信息披露义务人应当及时依法履行信息披露义务，披露的信息应当真实、准确、完整，简明清晰、通俗易懂，不得有虚假记载、误导性陈述或者重大遗漏。

信息披露义务人披露的信息应当同时向所有投资者披露，不得提前向任何单位和个人泄露。但是，法律、行政法规另有规定的除外。

在内幕信息依法披露前，内幕信息的知情人和非法获取内幕信息的人不得公开或者泄露该信息，不得利用该信息进行内幕交易。任何单位和个人不得非法要求信息披露义务人提供依法需要披露但尚未披露的信息。

证券及其衍生品种同时在境内境外公开发行、交易的，其信息披露义务人在境外市场披露的信息，应当同时在境内市场披露。

（2）信息披露义务人应当将信息披露公告文稿和相关备查文件报送上市公司注册地证监局。

（3）信息披露义务人不得以新闻发布或者答记者问等任何形式代替应当履行的报告、公告义务，不得以定期报告形式代替应当履行的临时报告义务。

（4）上市公司应当在最先发生的以下任一时点，及时履行重大事件的信息披露义务：①董事会或者监事会就该重大事件形成决议时；②有关各方就该重大事件签署意向书或者协议时；③董事、监事或者高级管理人员知悉该重大事件发生时。这里说的及时是指自起算日起或者触及披露时点的两个交易日内。在上述规定的时点之前出现下列情形之一的，上市公司应当及时披露相关事项的现状、可能影响事件进展的风险因素：①该重大事件难以保密；②该重大事件已经泄露或者市场出现传闻；③公司证券及其衍生品种出现异常交易情况。

（5）上市公司参股公司发生可能对上市公司证券及其衍生品种交易价格产生较大影响的事件的，上市公司应当履行信息披露义务。

3. 上市公司董事、监事、高级管理人员在信息披露工作中的职责

《证券法》第八十二条规定，发行人的董事、高级管理人员应当对证券发行文件和定期报告签署书面确认意见。发行人的监事会应当对董事会编制的证券发行文件和定期报告进行审核并提出书面审核意见。监事应当签署书面确认意见。发行人的董事、监事和高级管理人员应当保证发行人及时、公平地披露信息，所披露的信息真实、准确、完整。董事、监事和高级管理人员无法保证证券发行文件和定期报告内容的真实性、准确性、完整性或者有异议的，应当在书面确认意见中发表意见并陈述理由，发行人应当披露。发行人不予披露的，董事、监事和高级管理人员可以直接申请披露。

上市公司的董事、监事、高级管理人员应当勤勉尽责，关注信息披露文件的编制情况，保证定期报告、临时报告在规定期限内披露，配合上市公司及其他信息披露义务人履行信息披露义务。具体来说，上市公司的董事、监事、高级管理人员在信息披露工作中的职责表现为如下：

（1）上市公司应当制定定期报告的编制、审议、披露程序，重大事件的报告、传递、审核、披露程序；上市公司通过业绩说明会、分析师会议、路演、接受投资者调研等形式就公司的经营情况、财务状况及其他事件与任何单位和个人进行沟通的，不得提供内

幕信息。

（2）董事应当了解并持续关注公司的生产经营情况、财务状况和公司已经发生的或者可能发生的重大事件及其影响，主动调查、获取决策所需要的资料。

（3）监事应当对公司董事、高级管理人员履行信息披露职责的行为进行监督，关注公司信息披露情况，发现信息披露存在违法违规问题的，应当进行调查并提出处理建议。

（4）高级管理人员应当及时向董事会报告有关公司经营或者财务方面出现的重大事件、已披露的事件的进展或者变化情况及其他相关信息。

（5）董事会秘书负责组织和协调公司信息披露事务，汇集上市公司应予披露的信息并报告董事会，持续关注媒体对公司的报道并主动求证报道的真实情况，并负责办理上市公司信息对外公布等相关事宜。

（6）上市公司董事、监事、高级管理人员应当对公司信息披露的真实性、准确性、完整性、及时性、公平性负责，但有充分证据表明其已经履行勤勉尽责义务的除外。

上市公司董事长、经理、董事会秘书，应当对公司临时报告信息披露的真实性、准确性、完整性、及时性、公平性承担主要责任。

上市公司董事长、经理、财务负责人应当对公司财务会计报告的真实性、准确性、完整性、及时性、公平性承担主要责任。

需要说明的是，董事、监事和高级管理人员如果仅对相关信息披露文件有异议（即使该异议早在公司内部审议或表决时就已记录在案），不构成其可以不承担证券法语境下信息披露违法行政责任或民事责任的免责理由。《公司法》第一百二十五条第二款规定，"董事应当对董事会的决议承担责任。董事会的决议违反法律、行政法规或者公司章程、股东会决议，给公司造成严重损失的，参与决议的董事对公司负赔偿责任。但经证明在表决时曾表明异议并记载于会议记录的，该董事可以免除责任。"根据该条，在董事会决议给公司造成损失的情况，董事只要曾明确在审议或表决时表达过异议（并不要求董事投反对票），即可免除该董事对公司的赔偿责任，但该条适用的语境是股东派生诉讼中的损害赔偿请求。而在证券法语境下，如果相关信息披露文件出现虚假陈述，发行人的董事、监事、高级管理人员如果想要以自己曾在公布的证券发行文件或定期报告中明确声称无法保证该文件内容的真实性、准确性、完整性或有异议为由主张自己已勤勉尽责、没有过错、不承担虚假陈述民事赔偿责任的，根据《虚假陈述侵权民事赔偿规定》第十五条的规定，应同时做到如下：第一，在公司公布该信息披露文件时以书面方式发表附具体理由的异议意见并依法披露；第二，在公司内部审议、审核该信息披露文件时未投赞成票。"未投赞成票"可以理解为投反对票或弃权，但不包括在审议、表决时虽表达了异议但投赞成票的情形。值得一提的是，中国证监会在2011年公布的《信息披露违法行为行政责任认定规则》中仅将"当事人对认定的信息披露违法事项提出具体异议记载于董事会、监事会、公司办公会会议记录等，并在上述会议中投反对票的"，认定为不予行政处罚的考虑情形。可见，根据该规则，董事、监事和高级管理人员如果想要推翻其在行政法律责任中的过错推定，要求还要更高一些——不仅须在审议时表达过异议，还必须在表决时投反对票（表达了异议但在表决时弃权，并不构成不予行政处罚的考虑情形）。总之，单纯地只是在信息披露文件中声称自己无法保证该文件内容的真实性、准确性、完整性，无论是民事赔偿责任的认定还是行政责任的认定，都不构成主观上没有过错的充分理由。根据《上市公司信息披露管理办法》的规定，上市公司董事、监事在董事会或者监事会审议、审核定期报告时投赞成票，又在定期报告披露时表示无法保证定期报告内容的真实性、准确性、完整性或者有异议的，中国证监会可以对相关人员给予警告并处国务院规定限额以下罚款；情节严重的，可以对有关责任人员采取证券市场禁入的措施。

4. 上市公司的股东、实际控制人在信息披露中的职责

（1）上市公司的股东、实际控制人发生以下事件时，应当主动告知上市公司董事会，并配合上市公司履行信息披露义务：①持有公司5%以上股份的股东或者实际控制人持有股份或者控制公司的情况发生较大变化，公司的实际控制人及其控制的其他企业从事与公司相同或者相似业务的情况发生较大变化；②法院裁决禁止控股股东转让其所持股份，任何一个股东所持公司5%以上股份被质押、冻结、司法拍卖、托管、设定信托或者被依法限制表决权等，或者出现被强制过户风险；③拟对上市公司进行重大资产或者业务重组的；④中国证监会规定的其他情形。

（2）应当披露的信息在依法披露前已经在媒体上传播或者公司证券及其衍生品种出现交易异常情况的，股东或者实际控制人应当及时、准确地向上市公司作出书面报告，并配合上市公司及时、准确地公告。

（3）上市公司的股东、实际控制人不得滥用其股东权利、支配地位，不得要求上市公司向其提供内幕信息。

（4）上市公司的控股股东、实际控制人和发行对象在上市公司非公开发行股票时，应当及时向上市公司提供相关信息，配合上市公司履行信息披露义务。

（5）通过接受委托或者信托等方式持有上市公司5%以上股份的股东或者实际控制人，应当及时将委托人情况告知上市公司，配合上市公司履行信息披露义务。

5. 证券服务机构在信息披露中的职责

（1）为信息披露义务人履行信息披露义务出具专项文件的证券公司、证券服务机构及其人员，应当勤勉尽责、诚实守信，按照法律、行政法规、中国证监会规定、行业规范、业务规则等发表专业意见，保证所出具文件的真实性、准确性和完整性。在为信息披露出具专项文件时，发现上市公司及其他信息披露义务人提供的材料有虚假记载、误导性陈述、重大遗漏或者其他重大违法行为的，应当要求其补充、纠正。信息披露义务人不予补充、纠正的，保荐人、证券服务机构应当及时向公司注册地证监局和证券交易所报告。

证券服务机构应当妥善保存客户委托文件、核查和验证资料、工作底稿以及与质量控制、内部管理、业务经营有关的信息和资料。证券服务机构应当配合中国证监会的监督管理，在规定的期限内提供、报送或者披露相关资料、信息，保证其提供、报送或者披露的资料、信息真实、准确、完整，不得有虚假记载、误导性陈述或者重大遗漏。

（2）会计师事务所应当建立并保持有效的质量控制体系、独立性管理和投资者保护机制，秉承风险导向审计理念，遵守法律、行政法规、中国证监会的规定，严格执行注册会计师执业准则、职业道德守则及相关规定，完善鉴证程序，科学选用鉴证方法和技

术,充分了解被鉴证单位及其环境,审慎关注重大错报风险,获取充分、适当的证据,合理发表鉴证结论。

(3) 资产评估机构应当建立并保持有效的质量控制体系、独立性管理和投资者保护机制,恪守职业道德,遵守法律、行政法规、中国证监会的规定,严格执行评估准则或者其他评估规范,恰当选择评估方法,评估中提出的假设条件应当符合实际情况,对评估对象所涉及交易、收入、支出、投资等业务的合法性、未来预测的可靠性取得充分证据,充分考虑未来各种可能性发生的概率及其影响,形成合理的评估结论。

(五) 信息披露义务人的法律责任

法律责任是指当事人违反法律、法规以及有关规定所规定的义务,造成一定的危害所应当承担的法律后果。违反信息披露义务的行为可以概括为应按规定披露而未披露和披露的信息存在虚假记载、误导性陈述或者重大遗漏两种情况。信息披露义务人存在这两种行为,就应当承担相应的法律责任。

具体关于虚假陈述法律责任的讨论,参见本章"第六节 证券欺诈的法律责任"中的相关内容。

四、投资者保护制度

(一) 区分普通投资者和专业投资者

1. 普通投资者与专业投资者的区分标准

《证券法》第八十九条规定,"根据财产状况、金融资产状况、投资知识和经验、专业能力等因素,投资者可以分为普通投资者和专业投资者。专业投资者的标准由国务院证券监督管理机构规定",根据《证券期货投资者适当性管理办法》的规定,普通投资者和专业投资者在一定条件下可以互相转化。

2. 证券公司的适当性义务

根据《证券法》第八十八条的规定,证券公司向投资者销售证券、提供服务时,应当按照规定充分了解投资者的基本情况、财产状况、金融资产状况、投资知识和经验、专业能力等相关信息;如实说明证券、服务的重要内容,充分揭示投资风险;销售、提供与投资者上述状况相匹配的证券、服务。投资者在购买证券或者接受服务时,应当按照证券公司明示的要求提供前款所列真实信息。拒绝提供或者未按照要求提供信息的,证券公司应当告知其后果,并按照规定拒绝向其销售证券、提供服务。证券公司违反第一款规定导致投资者损失的,应当承担相应的赔偿责任。

3. 对普通投资者的特殊保护

《证券法》第八十九条第二款规定:"普通投资者与证券公司发生纠纷的,证券公司应当证明其行为符合法律、行政法规以及国务院证券监督管理机构的规定,不存在误导、欺诈等情形。证券公司不能证明的,应当承担相应的赔偿责任。"由于该款并未将适用情形限定在"诉讼纠纷",因此可以理解为无论是在诉讼纠纷还是非诉讼纠纷(例如,调解)的场合,证券公司都应承担证明"其行为符合法律、行政法规以及国务院证券监督管理机构的规定,不存在误导、欺诈等情形"的举证责任。

(二) 投资者保护机构

我国的投资者保护机构主要在代理权征集、证券纠纷调解、证券支持诉讼、股东派生诉讼、代表人诉讼等方面履行相应投资者保护的职能。

1. 代理权征集

根据《证券法》第九十条规定，上市公司董事会、独立董事、持有1%以上有表决权股份的股东或者依照法律、行政法规或者国务院证券监督管理机构的规定设立的投资者保护机构（即投资者保护机构），可以作为征集人，自行或者委托证券公司、证券服务机构，公开请求上市公司股东委托其代为出席股东大会，并代为行使提案权、表决权等股东权利。

依照前款规定征集股东权利的，征集人应当披露征集文件，上市公司应当予以配合。禁止以有偿或者变相有偿的方式公开征集股东权利。公开征集股东权利违反法律、行政法规或者国务院证券监督管理机构有关规定，导致上市公司或者其股东遭受损失的，应当依法承担赔偿责任。

值得注意的是，在征集人范围中，持有1%以上有表决权股份的股东并没有明确是否是"单独或合并持有"，因此通常理解应为"单独持有"。另外，对于被征集主体，应理解为上市公司发行在外所有持有表决权股份的股东，不得对被征集主体设置比例限制。

2. 证券纠纷调解

投资者与发行人、证券公司等发生纠纷的，双方可以向投资者保护机构申请调解。普通投资者与证券公司发生证券业务纠纷，普通投资者提出调解请求的，证券公司不得拒绝。

3. 证券支持诉讼

投资者保护机构对损害投资者利益的行为，可以依法支持投资者向人民法院提起诉讼。

4. 股东派生诉讼

发行人的董事、监事、高级管理人员执行公司职务时违反法律、行政法规或者公司章程的规定给公司造成损失，发行人的控股股东、实际控制人等侵犯公司合法权益给公司造成损失，投资者保护机构持有该公司股份的，可以为公司的利益以自己的名义向人民法院提起诉讼，持股比例和持股期限不受《公司法》规定的限制。

5. 代表人诉讼

投资者提起虚假陈述等证券民事赔偿诉讼时，诉讼标的是同一种类，且当事人一方人数众多的，可以依法推选代表人进行诉讼。投资者保护机构受50名以上投资者委托，可以作为代表人参加诉讼，并为经证券登记结算机构确认的权利人依照前款规定向人民法院登记，但投资者明确表示不愿意参加该诉讼的除外。这即是我国的特别代表人诉讼。关于特别代表人诉讼的其他具体规定，参见本章"第六节 证券欺诈的法律责任"中的相关内容。

（三）先行赔付

发行人因欺诈发行、虚假陈述或者其他重大违法行为给投资者造成损失的，发行人的控股股东、实际控制人、相关的证券公司可以委托投资者保护机构，就赔偿事宜与受到损失的投资者达成协议，予以先行赔付。先行赔付后，可以依法向发行人以及其他连带责任人追偿。

五、证券市场看门人制度

(一) 证券市场看门人的概念和范围

1. 证券市场看门人的概念

根据常见的学理定义,看门人是指担负着在证券市场交易过程中阻止不当行为职责的市场专业人士,这些专业人士一方面通过拒绝合作或不同意的方式"关上大门",使得交易者无法进入到市场进行交易,被视为证券市场的"私人警察",另一方面则以自己声誉为担保充当信誉中介向投资者保证其参与交易的证券的品质。

注册会计师即属典型的"私人警察"之一。例如,《注册会计师法》第二十条规定,"注册会计师执行审计业务,遇有下列情形之一的,应当拒绝出具有关报告:(一) 委托人示意其作不实或者不当证明的;(二) 委托人故意不提供有关会计资料和文件的;(三) 因委托人有其他不合理要求,致使注册会计师出具的报告不能对财务会计的重要事项作出正确表述的。"

2. 证券市场看门人的范围

证券市场看门人主要包括证券中介机构和证券服务机构。证券中介机构主要是指券商,即在证券发行、交易过程中从事证券承销、保荐、经纪等业务的证券公司。证券服务机构则主要包括会计师事务所、资产评估机构、财务顾问、资信评级机构以及律师事务所等。

3. 证券市场看门人的履职标准

《证券法》第一百六十条规定,会计师事务所、律师事务所以及从事证券投资咨询、资产评估、资信评级、财务顾问、信息技术系统服务的证券服务机构,应当勤勉尽责、恪尽职守,按照相关业务规则为证券的交易及相关活动提供服务。因此,证券市场看门人的履职标准为"勤勉尽责、恪尽职守",一旦未能勤勉尽责,即应承担相应法律责任。

(二) 证券市场看门人的民事赔偿责任

1. 服务机构在普通民事侵权行为中的赔偿责任

在普通民事侵权行为中,会计师事务所、资产评估机构、财务顾问、资信评级机构以及律师事务所等服务机构通常根据其过错程度对委托人的损失承担赔偿责任。

以会计师事务所为例,《注册会计师法》第四十二条规定,"会计师事务所违反本法规定,给委托人、其他利害关系人造成损失的,应当依法承担赔偿责任。"根据《最高人民法院关于审理涉及会计师事务所在审计业务活动中民事侵权赔偿案件的若干规定》(以下简称《审计侵权赔偿规定》)第五条和第六条规定,会计师事务所在审计业务活动中因过失出具不实报告,并给利害关系人造成损失的,人民法院应当根据其过失大小确定其赔偿责任;会计师事务所只有在"与被审计单位恶意串通"或"明知"被审计单位财务会计处理有违法违规等情形下才与被审计单位承担连带责任。换言之,会计师事务所只有在故意(例如,"恶意串通"或"明知")的主观状态下才承担连带赔偿责任;如果其主观状态只是过失(例如,在审计过程中未保持必要的职业谨慎),则按其过错程度确定赔偿责任的大小。

《审计侵权赔偿规定》第六条规定了注册会计师在(非证券业务)审计过程中未保持

必要的职业谨慎,导致报告不实,应认定会计师事务所存在过失的具体情形:(1)违反注册会计师法第二十条第(二)、(三)项的规定;(2)负责审计的注册会计师以低于行业一般成员应具备的专业水准执业;(3)制定的审计计划存在明显疏漏;(4)未依据执业准则、规则执行必要的审计程序;(5)在发现可能存在错误和舞弊的迹象时,未能追加必要的审计程序予以证实或者排除;(6)未能合理地运用执业准则和规则所要求的重要性原则;(7)未根据审计的要求采用必要的调查方法获取充分的审计证据;(8)明知对总体结论有重大影响的特定审计对象缺少判断能力,未能寻求专家意见而直接形成审计结论;(9)错误判断和评价审计证据;(10)其他违反执业准则、规则确定的工作程序的行为。

2. 看门人在证券虚假陈述民事侵权行为中的赔偿责任

相比普通民事侵权,证券法律制度为市场看门人加诸了更为严格的法律责任。根据《证券法》第八十五条和第一百六十三条的规定,证券发行、交易过程的保荐人、承销商,为证券的发行、上市、交易等证券业务活动制作、出具审计报告及其他鉴证报告、资产评估报告、财务顾问报告、资信评级报告或者法律意见书等文件的会计师事务所、资产评估机构、财务顾问、资信评级机构以及律师事务所,都应在出现虚假陈述导致投资者损失时,与发行人或委托人承担连带赔偿责任,除非能够证明自己没有过错。可见,就证券虚假陈述民事赔偿责任而言,证券公司、会计师事务所、资产评估机构、财务顾问、资信评级机构以及律师事务所等市场看门人承担连带责任的归责原则是过错推定,即只要不能证明自己没有过错,就应与发行人或委托人承担连带赔偿责任。

仍以会计师事务所为例。《审计侵权赔偿规定》第六条规定了会计师事务所存在过失的具体情形,并应根据该过失大小确定赔偿责任;但在虚假陈述民事赔偿诉讼中,会计师事务所一旦出现《审计侵权赔偿规定》第六条规定的过失情形,就应与委托人就投资者的损失承担连带赔偿责任。

具体关于证券服务机构在虚假陈述民事赔偿诉讼中如何才能证明自己没有过错,参见本章"第六节 证券欺诈的法律责任"中的相关内容。

第二节 股票的发行

一、股票公开发行注册制

(一)注册机关

《证券法》第九条规定,"公开发行证券,必须符合法律、行政法规规定的条件,并依法报经国务院证券监督管理机构或者国务院授权的部门注册。未经依法注册,任何单位和个人不得公开发行证券。证券发行注册制的具体范围、实施步骤,由国务院规定"。《证券法》第二十一条规定,"国务院证券监督管理机构或者国务院授权的部门依照法定条件负责证券发行申请的注册。证券公开发行注册的具体办法由国务院规定。按照国务院的规定,证券交易所等可以审核公开发行证券申请,判断发行人是否符合发行条件、信息披露要求,督促发行人完善信息披露内容。依照前两款规定参与证券发行申请注册的人员,不得与发行申请人有利害关系,不得直接或者间接接受发行申请人的馈赠,不得持有所注册的发行申请的证券,不得私下与发行申请人进行接触"。我国证券公开发行的注册机关即中国证监会(或国务院授权的部门),公开发行申请文件的接收和审核主体则主要是证券交易所等。

目前我国多层次资本市场已全面适用注册制。

(二)撤销注册

撤销注册,是指当国务院证券监督管理机构或者国务院授权的部门作出证券发行注册决定之后,发现发行人不符合法定条件或者法定程序情形的,应当撤销发行注册。针对发行人是否已发行证券,撤销注册的法律后果也不同:(1)撤销发行注册时发行人尚未发行证券的,停止发行即可。(2)撤销发行注册时发行人已行发行证券但尚未上市的,发行人应当按照发行价并加算银行同期存款利息返还证券持有人;发行人的控股股东、实际控制人以及保荐人,应当与发行人承担连带责任,但是能够证明自己没有过错的除外。

如果在股票已发行并上市之后,发现发行人在注册过程中存在欺诈,后续处理就涉及到责令回购。责令回购制度参见本节"四、首次公开发行股票"相关内容。

二、股票发行的类型

发行股票是发行人以出售股票换得投资者出资的一种募资方式,投资者在出资后获得发行人公司的股票。股票的发行可以区分为公开发行与非公开发行两种方式,后者习惯上被称为私募。股票公开发行都需经过《证券法》规定的注册程序。

(一)非公开发行股票

非公开发行股票,是指非公众公司未采用公开方式且此次发行后股东人数不超过200人的发行。这种类型的发行即为私募发行,因不属于公开发行的范畴,不适用《证券法》第二章的规定、无须经过《证券法》规定的注册程序,只需根据《公司法》遵守组织内部治理规定、履行公司内部决议程序即可,发行人也不承担《证券法》规定的强制信息披露义务。投资者的保护完全依据投资者与发行人之间的协议安排、公司章程和《公司法》的规定来执行。

(二)公开发行股票

《证券法》第九条规定,"有下列情形之一的,为公开发行:(一)向不特定对象发行证券;(二)向特定对象发行证券累计超过200人,但依法实施员工持股计划的员工数不计算在内;(三)法律、行政法规规定的其他发行行为。非公开发行证券,不得采用广告、公开劝诱和变相公开方式"。公开发行证券,必须依法注册;未经依法注册,任何单位和个人不得公开发行证券。而在确定是否属于公开发行时,公司股东累计人数是否超过200人是非常重要的界定标准。换言之,"200人"是判断是否履行注册程序的重要标准。

依据发行主体、发行方式和发行的目的不同，公开发行股票包括如下类型：

1. 股票未公开转让的公司向特定对象发行股票导致发行后股东超过200人的发行

依据《证券法》第九条的规定，"向特定对象发行证券累计超过200人，但依法实施员工持股计划的员工人数不计算在内"的发行，为公开发行。因此，即使股票发行没有采用向社会公开的方式（如广告、公告、公开劝诱等），只是针对特定对象发售，但只要此次发行之后导致股东总人数累计超过200人，就仍然构成了公开发行。只要构成公开发行，即应履行《证券法》规定的注册程序。根据《非上市公众公司办法》的规定，股票未公开转让的公司向特定对象发行股票后股东累计超过200人的，应当持申请文件向中国证监会申报；中国证监会认为公司符合发行条件和信息披露要求的，依法作出同意注册的决定。

2. 股票公开转让的公众公司的定向发行

股票公开转让的公众公司，即股票在全国股转系统进行公开挂牌交易的公司，其定向发行包括两类情形：一类是股东人数未超200人的公司向特定对象发行导致此次发行后股东人数超过200人的发行；还有一类是股东人数已超200人的公众公司向特定对象的发行。这两类发行都应依法履行《证券法》规定的注册程序。

根据《非上市公众公司办法》的规定，股票公开转让的公众公司向特定对象发行股票后股东累计不超过200人的，中国证监会豁免注册，由全国股转系统自律管理。

3. 向不特定合格投资者的公开发行

发行人可以选择在北京证券交易所向不特定合格投资者公开发行股票，并在北京证券交易所上市。此类发行本质上也属于首次公开发行，即采用公开的方式向不特定的对象发行，其特殊之处在于发行对象仅限于不特定的合格投资者（而非普通公众投资者）。此类发行应依法履行《证券法》规定的注册程序。

4. 首次公开发行股票（并上市）

发行人首次向社会公众公开发行股票，并在发行后向证券交易所申请上市的，应依法履行《证券法》规定的注册程序。发行人可以根据自身的企业定位和不同板块的上市条件，选择在主板首次公开发行并上市，或是在创业板或科创板首次公开发行并上市。

5. 上市公司发行新股

上市公司无论是公开发行新股还是向特定对象发行，都属于公开发行的范畴，必须符合法定条件，依法履行《证券法》规定的注册程序。

三、非上市公众公司及定向发行

非上市公众公司并非《公司法》规定的公司类型，而是基于《证券法》对公开发行的界定划分出来的新公司类型。中国证监会根据《非上市公众公司办法》，建立起对非上市公众公司的监管体系，并建立全国股转系统作为其股票发行和交易的市场。

（一）非上市公众公司的概念和类型

1. 非上市公众公司的概念

非上市公众公司，是指未在证券交易所上市、但具有"公众性"或"公开性"的公司。该"公众性"，可能源于公司曾进行过公开发行行为，也可能源于该公司的股票被公开转让过或公司已选择在非证券交易所的公开市场进行交易。根据《非上市公众公司办法》的规定，非上市公众公司是指有下列情形之一且其股票未在证券交易所上市交易的股份有限公司：（1）股票向特定对象发行或者转让导致股东累计超过 200 人；（2）股票公开转让。

2. 非上市公众公司的类型

（1）因股票向特定对象发行或者转让导致股东累计超过 200 人的非上市公众公司。这种情形的法律基础是《证券法》第九条，该条将"向特定对象发行证券累计超过 200 人，但依法实施员工持股计划的员工人数不计算在内"的情形，界定为公开发行。本来《证券法》第九条仅将"200 人"的无限制累计计算适用于"向特定对象发行"，但根据《国务院办公厅关于严厉打击非法发行股票和非法经营证券业务有关问题的通知》（国办发〔2006〕99 号）的规定，"严禁任何公司股东自行或委托他人以公开方式向社会公众转让股票。向特定对象转让股票，未依法报经证监会核准的，转让后，公司股东累计不得超过 200 人。"由此，《证券法》第九条规定的"公开发行"与"非公开发行"的人数区分标准——"200 人"，在实际认定中扩张成了区分"公开"（发行或交易）与"非公开"（发行或交易）的界限。股票向特定对象发行导致股东累计超过 200 人，构成公开发行，应履行注册程序；股票向特定对象转让导致股东累计超过 200 人，构成公开转让，也应履行注册程序。

根据《非上市公众公司办法》的规定，股票向特定对象转让导致股东累计超过 200 人的股份有限公司，应当自上述行为发生之日起 3 个月内，按照中国证监会有关规定制作申请文件，申请文件应当包括但不限于：定向转让说明书、律师事务所出具的法律意见书、会计师事务所出具的审计报告。股份有限公司持申请文件向中国证监会申请注册。在提交申请文件前，股份有限公司应当将相关情况通知所有股东。在三个月内股东人数降至 200 人以内的，可以不提出申请。

（2）股票公开转让的非上市公众公司。这种情形则是指申请在非证券交易所的公开市场公开转让其股票而具备了"公众性"的公司。例如公司申请在全国股转系统公开挂牌转让其股票，即成为非上市公众公司。

是否选择到公开市场公开转让其股票，是公司自主决定的事项。如果公司申请在全国股转系统以公开方式转让其股票，首先应经过公司内部决议程序。根据《非上市公众公司办法》的规定，公司申请其股票挂牌公开转让的，董事会应当依法就股票挂牌公开转让的具体方案作出决议，并提请股东大会批准，股东大会决议必须经出席会议的股东所持表决权的 2/3 以上通过。

值得注意的是，如果是股东人数已超过 200 人的公司申请其股票到全国股转系统挂牌公开转让，应当履行注册程序。根据《非上市公众公司办法》的规定，公司应当按照中国证监会有关规定制作公开转让的申请文件，申请文件应当包括但不限于：公开转让说明书、符合《证券法》规定的律师事务所出具的法律意见书、符合《证券法》规定的会计师事务所出具的审计报告、证券公司出具的推荐文件。公司持申请文件向全国股转系统申报。中国证监会在全国股转系统收到注册申请文件之日起，同步关注公司是否符合国家产业政策和全国股转系统定位。全国股转系统认为公司符合挂牌公开转让条件和信息披露要求的，将审核意见、公司注册申请文件及相关审核资料报送中国证监会注册；认为公司不符合挂牌公开转让条件或者信息披露要求的，作出终止审核决定。中国证监会收到全国股转系统报送的审核意见、公司注册申请文件及相关审核资料后，基于全国股转系统的审核意见，依法履行注册程序。公开转让说明书应当在公开转让前披露。

股东人数未超过200人的公司申请其股票挂牌公开转让，中国证监会豁免注册，由全国股转系统进行审核。

（二）非上市公众公司的定向发行

根据《非上市公众公司办法》的规定，非上市公众公司的定向发行，包括股份有限公司向特定对象发行股票导致股东累计超过200人，以及公众公司向特定对象发行股票两种情形。如前所述，这两种情形其实是指股东人数未超过200人的公司向特定对象发行导致此次发行后股东人数超过200人的发行，以及股东人数已超过200人的公众公司向特定对象的发行。

1. 特定对象的范围

依据《非上市公众公司办法》，特定对象的范围包括下列机构或者自然人：(1) 公司股东；(2) 公司的董事、监事、高级管理人员、核心员工；(3) 符合投资者适当性管理规定的自然人投资者、法人投资者及其他经济组织。股票未公开转让的公司确定发行对象时，符合第 (3) 项规定的投资者合计不得超过35名。核心员工的认定，应当由公司董事会提名，并向全体员工公示和征求意见，由监事会发表明确意见后，经股东大会审议批准。

发行人应当对发行对象的身份进行确认，有充分理由确信发行对象符合《非上市公众公司办法》和公司的相关规定。发行人应当与发行对象签订包含风险揭示条款的认购协议，发行过程中不得采取公开路演、询价等方式。

2. 定向发行的程序

发行人董事会应当依法就本次股票发行的具体方案作出决议，并提请股东大会批准，股东大会决议必须经出席会议的股东所持表决权的2/3以上通过。监事会应当对董事会编制的股票发行文件进行审核并提出书面审核意见。监事应当签署书面确认意见。

董事会、股东大会决议确定具体发行对象的，董事、股东参与认购或者与认购对象存在关联关系的，应当回避表决。出席董事会的无关联关系董事人数不足3人的，应将该事项提交公司股东大会审议。根据公司章程以及全国股转系统的规定，股票公开转让的公司年度股东大会可以授权董事会向特定对象发行股票，该项授权的有效期不得超过公司下一年度股东大会召开日。

公司应当按照中国证监会有关规定制作定向发行的申请文件，申请文件应当包括但不限于：定向发行说明书、符合《证券法》规定的律师事务所出具的法律意见书、符合《证券法》规定的会计师事务所出具的审计报告、证券公司出具的推荐文件。

股票公开转让的公众公司向公司前10名股东、实际控制人、董事、监事、高级管理人员及核心员工定向发行股票，连续12个月内发行的股份未超过公司总股本10%且融资总额不超过2 000万元的，无须提供证券公司出具的推荐文件以及律师事务所出具的法律意见书。此时，董事会决议中应当明确发行对象、发行价格和发行数量，且公司不得存在以下情形：（1）公司股东大会授权董事会向特定对象发行股票的；（2）认购人以非现金资产认购的；（3）发行股票导致公司控制权发生变动的；（4）本次发行中存在特殊投资条款安排的；（5）公司或其控股股东、实际控制人、董事、监事、高级管理人员最近12个月内被中国证监会给予行政处罚或采取监管措施、被全国股转系统采取纪律处分的。

股票公开转让的公众公司向特定对象发行股票后股东累计超过200人的，应当持申请文件向全国股转系统申报，中国证监会基于全国股转系统的审核意见依法履行注册程序。

股票公开转让的公众公司申请定向发行股票，可申请一次注册，分期发行。自中国证监会予以注册之日起，公司应当在3个月内首期发行，剩余数量应当在12个月内发行完毕。超过注册文件限定的有效期未发行的，须重新经中国证监会注册后方可发行。首期发行数量应当不少于总发行数量的50%，剩余各期发行的数量由公司自行确定，每期发行后5个工作日内将发行情况报送全国股转系统备案。

（三）非上市公众公司的信息披露

依据《非上市公众公司办法》，非上市公众公司应当履行强制信息披露义务。信息披露文件主要包括公开转让说明书、定向转让说明书、定向发行说明书、发行情况报告书、定期报告和临时报告等。

股票公开转让与定向发行的公众公司应当报送年度报告、中期报告，并予公告。年度报告中的财务会计报告应当经符合《证券法》规定的会计师事务所审计。

股票向特定对象转让导致股东累计超过200人的公众公司，应当报送年度报告，并予公告。年度报告中的财务会计报告应当经会计师事务所审计。

四、首次公开发行股票

（一）首次公开发行股票的条件

首次公开发行是我国证券市场实践中最重要的一类发行行为。以发行目的为标准，首次公开发行理论上可以分为设立发行和新股发行。《证券法》针对设立发行和新股发行规定了不同的条件。

1. 募集设立发行的条件

针对为设立股份有限公司而公开发行股票的情形，《证券法》第十一条规定，应当符合《公司法》规定的条件和经国务院批准的国务院证券监督管理机构规定的其他条件，向国务院证券监督管理机构报送募股申请和相关法定文件。

需要说明的是，这种募集设立发行本是我国《公司法》和《证券法》法定的发行方式之一，但在实践中，以募集设立的方式公开设立股份有限公司是非常罕见的，这主要是因为募集设立发行的本质含义其实就是通过首次公开发行的方式募集资金、将一个原本不存在的股份有限公司从无到有建立起来，而目前我国的首次公开发行规则通常要求股份有限公司在进行首次公开发行股票（并上市）前须已成立至少3年。但是《首次公开发行股票注册管理办法》第十条第二款对此有所放松——如果是有限责任公司按原账面净资产值折股整体变更为股份有限公司的，持续经营时间可以从有限责任公司成立之日起计算。

2. 首次公开发行新股的条件

针对新股发行，《证券法》第十二条第一款规定，"公司首次公开发行新股，应当符合下列条件：（一）具备健全且运行良好的组织机构；（二）具有持续经营能力；（三）最近3年财务会计报告被出具无保留意见审计报告；（四）发行人及其控股股东、实际控制人最近3年不存在贪污、贿赂、侵占财产、挪用财产或者破坏社会主义市场经济秩序的刑事犯罪；（五）经国务院批准的国务院证券监督管理机构规定的其他条件。上市公司发行新股，应当符合经国务院批准的国务院证券监督管理机构规定的条件，具体管理办法由国务院证券监督管理机构规定。公开发行存托凭证的，应当符合首次公开发行新股的条件以及国务院证券监督管理机构规定的其他条件。"

针对以上发行条件，《首次公开发行股票注册管理办法》进行了更为细致的规定：

（1）主体方面。

发行人是依法设立且持续经营3年以上的股份有限公司，具备健全且运行良好的组织机构，相关机构和人员能够依法履行职责。有限责任公司按原账面净资产值折股整体变更为股份有限公司的，持续经营时间可以从有限责任公司成立之日起计算。

（2）财务会计和内控方面。

发行人会计基础工作规范，财务报表的编制和披露符合企业会计准则和相关信息披露规则的规定，在所有重大方面公允地反映了发行人的财务状况、经营成果和现金流量，最近三年财务会计报告由注册会计师出具无保留意见的审计报告。发行人内部控制制度健全且被有效执行，能够合理保证公司运行效率、合法合规和财务报告的可靠性，并由注册会计师出具无保留结论的内部控制鉴证报告。

（3）持续经营能力方面。

发行人业务完整，具有直接面向市场独立持续经营的能力：①资产完整，业务及人员、财务、机构独立，与控股股东、实际控制人及其控制的其他企业间不存在对发行人构成重大不利影响的同业竞争，不存在严重影响独立性或者显失公平的关联交易；②主营业务、控制权和管理团队稳定，首次公开发行股票并在主板上市的，最近3年内主营业务和董事、高级管理人员均没有发生重大不利变化；首次公开发行股票并在科创板、创业板上市的，最近2年内主营业务和董事、高级管理人员均没有发生重大不利变化；首次公开发行股票并在科创板上市的，核心技术人员应当稳定且最近2年内没有发生重大不利变化；发行人的股份权属清晰，不存在导致控制权可能变更的重大权属纠纷，首次公开发行股票并在主板上市的，最近3年实际控制人没有发生变更；首次公开发行股票并在科创板、创业板上市的，最近2年实际控制人没有发生变更；③不存在涉及主要资产、核心技术、商标等的重大权属纠纷，重大偿债风险，重大担保、诉讼、仲裁等或有事项，经营环境已经或者将要发生重大变化等对持续经营有重大不利影响的事项。

（4）公司治理方面。

发行人生产经营符合法律、行政法规的规定，符合国家产业政策。最近3年内，发行人及其控股股东、实际控制人不存在贪污、贿赂、侵占财产、挪用财产或者破坏社会主义市场经济秩序的刑事犯罪，不存在欺诈发行、重大信息披露违法或者其他涉及国家安全、公共安全、生态安全、生产安全、公众健康安全等领域的重大违法行为。董事、监事和高级管理人员不存在最近3年内受到中国证监会行政处罚，或者因涉嫌犯罪正在被司法机关立案侦查或者涉嫌违法违规正在被中国证监会立案调查且尚未有明确结论意见等情形。

（二）首次公开发行股票的程序

根据《首次公开发行股票注册管理办法》的规定，首次公开发行应履行注册程序。

1. 董事会决议

发行人董事会应当依法就本次股票发行的具体方案、本次募集资金使用的可行性及其他必须明确的事项作出决议，并提请股东大会批准。

2. 股东大会决议

发行人股东大会就本次发行股票作出的决议，至少应当包括下列事项：本次公开发行股票的种类和数量；发行对象；定价方式；募集资金用途；发行前滚存利润的分配方案；决议的有效期；对董事会办理本次发行具体事宜的授权；其他必须明确的事项。

3. 制作发行注册申请文件并向交易所申报

发行人申请首次公开发行股票并上市，应当按照中国证监会有关规定制作注册申请文件，依法由保荐人保荐并向交易所申报。交易所收到注册申请文件后，5个工作日内作出是否受理的决定。

自注册申请文件受理之日起，发行人及其控股股东、实际控制人、董事、监事、高级管理人员，以及与本次股票公开发行并上市相关的保荐人、证券服务机构及相关责任人员，即承担相应法律责任，并承诺不得影响或干扰发行上市审核注册工作。

注册申请文件受理后，未经中国证监会或者交易所同意，不得改动。发生重大事项的，发行人、保荐人、证券服务机构应当及时向交易所报告，并按要求更新注册申请文件和信息披露资料。

4. 交易所审核

交易所设立独立的审核部门，负责审核发行人公开发行并上市申请；设立科技创新咨询委员会或行业咨询专家库，负责为板块建设和发行上市审核提供专业咨询和政策建议；设立上市委员会，负责对审核部门出具的审核报告和发行人的申请文件提出审议意见。交易所主要通过向发行人提出审核问询、发行人回答问题方式开展审核工作，判断发行人是否符合发行条件、上市条件和信息披露要求，督促发行人完善信息披露内容。

交易所按照规定的条件和程序，形成发行人是否符合发行条件和信息披露要求的审核意见。认为发行人符合发行条件和信息披露要求的，将审核意见、发行人注册申请文件及相关审核资料报中国证监会注册；认为发行人不符合发行条件或者信息披露要求的，作出终止发行上市审核决定。交易所审核过程中，发现重大敏感事项、重大无先例情况、重大舆情、重大违法线索的，应当及时向中国证监会请示报告，中国证监会及时明确意见。

交易所应当自受理注册申请文件之日起在规定的时限内形成审核意见。发行人根据要求补充、修改注册申请文件，或者交易所按照规定对发行人实施现场检查，要求保荐人、证券服务机构对有关事项进行专项核查，并要求发行人补充、修改申请文件的时间不计算在内。

5. 中国证监会履行注册程序

中国证监会在交易所收到注册申请文件之日起，同步关注发行人是否符合国家产业政策和板块定位。

中国证监会收到交易所审核意见及相关资料后，基于交易所审核意见，依法履行发行注册程序。在20个工作日内对发行人的注册申请作出予以注册或者不予注册的决定。前款规定的注册期限内，中国证监会发现存在影响发行条件的新增事项的，可以要求交易所进一步问询并就新增事项形成审核意见。发行人根据要求补充、修改注册申请文件，或者中国证监会要求交易所进一步问询，要求保荐人、证券服务机构等对有关事项进行核查，对发行人现场检查，并要求发行人补充、修改申请文件的时间不计算在内。

中国证监会认为交易所对新增事项的审核意见依据明显不充分，可以退回交易所补充审核。交易所补充审核后，认为发行人符合发行条件和信息披露要求的，重新向中国证监会报送审核意见及相关资料，前款规定的注册期限重新计算。

中国证监会的予以注册决定，自作出之日起一年内有效，发行人应当在注册决定有效期内发行股票，发行时点由发行人自主选择。

中国证监会作出予以注册决定后、发行人股票上市交易前，发行人应当持续符合发行条件，发现可能影响本次发行的重大事项的，中国证监会可以要求发行人暂缓发行、上市；相关重大事项导致发行人不符合发行条件的，应当撤销注册。中国证监会撤销注册后，股票尚未发行的，发行人应当停止发行；股票已经发行尚未上市的，发行人应当按照发行价并加算银行同期存款利息返还股票持有人。

交易所认为发行人不符合发行条件或者信息披露要求，作出终止发行上市审核决定，或者中国证监会作出不予注册决定的，自决定作出之日起6个月后，发行人可以再次提出公开发行股票并上市申请。

（三）首次公开发行股票的定价与配售

由于首次公开发行的股票是第一次面向一级市场进行公开发售，并无先前市场价格支撑，因此在首次公开发行的程序中还有一个非常重要的定价与配售环节，即确定股票的发售价格、并将股票配售给投资者。

《证券法》第三十二条规定，"股票发行采取溢价发行的，其发行价格由发行人与承销的证券公司协商确定。"通常而言，股票的发行价格是由发行人与承销商协商而定。但证券某种意义上也是商品，尤其是在发行金额较大的情况下，需要考虑市场买方因素（投资者作为买方对作为商品的特定证券是否接受及其接受度），因此在证券公开发行实践中，通常还有向投资者"询价"的环节，而"询价"之后又涉及到将股票出售给询价对象、以及出售给未参与询价但同样想购买股票的其他投资者的问题，这就需要明确的询价和配售规则。根据《证券发行与承销管理办法》第五条，首次公开发行证券可以通过询价的方式确定证券发行价格，也可以通过发行人与主承销商自主协商直接定价等其他合法可行的方式确定发行价格。发行人和主承销商应当在招股意向书（或招股说明书）和发行公告中披露本次发行证券的定价方式。

因此，我国A股市场首次公开发行定价与配售的方式主要是两种：一种是发行人与主承销商自主协商直接定价；还有一种就是网下向投资者询价并进行网上配售。

1. 发行人与主承销商自主协商直接定价并网上发行

（1）可以直接定价发行的情形。

根据《证券发行与承销管理办法》第六条，发行人和主承销商可以通过直接定价的方式确定发行价格的法定情形为：首次公开发行证券发行数量2 000万股（份）以下且无老股转让计划。如果发行人尚未盈利的，则不得直接定价，而应当通过向网下投资者询价方式确定发行价格。通过直接定价方式确定的发行价格对应市盈率不得超过同行业上市公司二级市场平均市盈率；已经或者同时境外发行的，通过直接定价方式确定的发行价格还不得超过发行人境外市场价格。

（2）网上发行。

首次公开发行证券采用直接定价方式的，除有法定情形（保荐人的相关子公司或者保荐人所属证券公司的相关子公司参与发行人证券配售的话，其具体规则由证券交易所另行规定）外，应全部向网上投资者发行，不进行网下询价和配售。

所谓网上发行，是指证券发行的价格已确定，可直接通过证券交易所的交易系统向投资者进行发售。与"网上发行"相对的即是后文的"网下向投资者询价并配售"，后者是指因证券发行价格需要向投资者询价后再确定，因此先在交易系统之外向投资者询价，之后再向进行配售，是为网下（向投资者）询价发行。

2. 网下向投资者询价、配售并同步网上发行

直接定价网上发行仅适用于证券发行数量 2 000 万股（份）以下且无老股转让计划的情形，因此网下向投资者询价、配售并同步网上发行才是我国目前 A 股市场首次公开发行股票最主要的发行方式。

（1）确定询价对象。

在交易系统之外向投资者询价，首先需要确定的是询价对象的范围。根据《证券发行与承销管理办法》的规定，首次公开发行证券采用询价方式的，应当向证券公司、基金管理公司、期货公司、信托公司、保险公司、财务公司、合格境外投资者和私募基金管理人等专业机构投资者，以及经中国证监会批准的证券交易所规则规定的其他投资者询价。上述询价对象统称网下投资者。网下投资者应当具备丰富的投资经验、良好的定价能力和风险承受能力，向中国证券业协会注册，接受中国证券业协会的自律管理，遵守中国证券业协会的自律规则。

发行人和主承销商可以在符合中国证监会相关规定和证券交易所、中国证券业协会自律规则前提下，协商设置网下投资者的具体条件，并在发行公告中预先披露。主承销商应当对网下投资者是否符合预先披露的条件进行核查，对不符合条件的投资者，应当拒绝或剔除其报价。主承销商应当遵守中国证券业协会关于投资价值研究报告的规定，向网下投资者提供投资价值研究报告。

符合条件的网下投资者可以自主决定是否报价。符合条件的网下投资者报价的，主承销商无正当理由不得拒绝。网下投资者应当遵循独立、客观、诚信的原则合理报价，不得协商报价或者故意压低、抬高价格。

网下投资者参与报价时，应当按照中国证券业协会的规定持有一定金额的非限售股份或存托凭证。参与询价的网下投资者可以为其管理的不同配售对象分别报价，具体适用证券交易所规定。首次公开发行证券发行价格或价格区间确定后，提供有效报价的投资者方可参与申购。

（2）询价并确定发行价格或价格区间。

根据《证券发行与承销管理办法》的规定，首次公开发行证券通过询价方式确定发

行价格的，可以初步询价后确定发行价格，也可以在初步询价确定发行价格区间后，通过累计投标询价确定发行价格。

网下投资者报价后，发行人和主承销商应当剔除拟申购总量中报价最高的部分，然后根据剩余报价及拟申购数量协商确定发行价格。剔除部分的配售对象不得参与网下申购。最高报价剔除的具体要求适用证券交易所相关规定。公开发行证券数量在4亿股（份）以下的，有效报价投资者的数量不少于10家；公开发行证券数量超过4亿股（份）的，有效报价投资者的数量不少于20家。剔除最高报价部分后有效报价投资者数量不足的，应当中止发行。

（3）选择配售对象并进行网下配售。

①选择配售对象。

首次公开发行证券时，发行人和主承销商可以自主协商确定有效报价条件、配售原则和配售方式，并按照事先确定的配售原则在有效申购的网下投资者中选择配售证券的对象。

《证券发行与承销管理办法》第二十六条规定，"首次公开发行证券网下配售时，发行人和主承销商不得向下列对象配售证券：（一）发行人及其股东、实际控制人、董事、监事、高级管理人员和其他员工；发行人及其股东、实际控制人、董事、监事、高级管理人员能够直接或间接实施控制、共同控制或施加重大影响的公司，以及该公司控股股东、控股子公司和控股股东控制的其他子公司；（二）主承销商及其持股比例5%以上的股东，主承销商的董事、监事、高级管理人员和其他员工；主承销商及其持股比例5%以上的股东、董事、监事、高级管理人员能够直接或间接实施控制、共同控制或施加重大影响的公司，以及该公司控股股东、控股子公司和控股股东控制的其他子公司；（三）承销商及其控股股东、董事、监事、高级管理人员和其他员工；（四）本条第（一）、（二）、（三）项所述人士的关系密切的家庭成员，包括配偶、子女及其配偶、父母及配偶的父母、兄弟姐妹及其配偶、配偶的兄弟姐妹、子女配偶的父母；（五）过去6个月内与主承销商存在保荐、承销业务关系的公司及其持股5%以上的股东、实际控制人、董事、监事、高级管理人员，或已与主承销商签署保荐、承销业务合同或达成相关意向的公司及其持股5%以上的股东、实际控制人、董事、监事、高级管理人员；（六）通过配售可能导致不当行为或不正当利益的其他自然人、法人和组织。本条第（二）、（三）项规定的禁止配售对象管理的公募基金、社保基金、养老金、年金基金不受前款规定的限制，但应当符合中国证监会和国务院其他主管部门的有关规定。"

②网下配售比例。

首次公开发行证券采用询价方式在主板上市的，公开发行后总股本在4亿股（份）以下的，网下初始发行比例不低于本次公开发行证券数量的60%；公开发行后总股本超过4亿股（份）或者发行人尚未盈利的，网下初始发行比例不低于本次公开发行证券数量的70%。

首次公开发行证券采用询价方式在科创板、创业板上市的，公开发行后总股本在4亿股（份）以下的，网下初始发行比例不低于本次公开发行证券数量的70%；公开发行后总股本超过4亿股（份）或者发行人尚未盈利的，网下初始发行比例不低于本次公开发行证券数量的80%。

发行人和主承销商应当安排不低于本次网下发行证券数量的一定比例的证券优先向公募基金、社保基金、养老金、年金基金、保险资金和合格境外投资者资金等配售，网下优先配售比例下限遵守证券交易所相关规定。公募基金、社保基金、养老金、年金基金、保险资金和合格境外投资者资金有效申购不足安排数量的，发行人和主承销商可以向其他符合条件的网下投资者配售剩余部分。

对网下投资者进行分类配售的，同类投资者获得配售的比例应当相同。公募基金、社保基金、养老金、年金基金、保险资金和合格境外投资者资金的配售比例应当不低于其他投资者。

安排战略配售的，应当扣除战略配售部分后确定网下网上发行比例。

③网下投资者申购。

网下投资者应当结合行业监管要求、资产规模等合理确定申购金额，不得超资产规模申购，承销商应当认定超资产规模的申购为无效申购。

首次公开发行证券采用询价方式的，发行人和主承销商可以安排一定比例的网下发行证券设置一定期限的限售期，具体安排适用证券交易所规定。

（4）同步网上发行和回拨机制。

所谓"同步网上发行"，即当发行人进行网下投资者配售时，应同时将余下比例的证券通过证券交易所的交易系统向网上投资者进行发售。投资者应当自行选择参与网下或网上发行，不得同时参与。换言之，参与网下询价的配售对象不得再参与网上发行购买。

根据《证券发行与承销管理办法》的规定，首次公开发行证券的网下发行应当和网上发行同时进行，网下和网上投资者在申购时无需缴付申购资金。网上申购时仅公告发行价格区间、未确定发行价格的，主承销商应当安排投资者按价格区间上限申购。首次公开发行证券，市场发生重大变化的，发行人和主承销商可以要求网下投资者缴纳保证金，保证金占拟申购金额比例上限由证券交易所规定。

首次公开发行证券，网上投资者应当持有一定数量非限售股份或存托凭证，并自主表达申购意向，不得概括委托证券公司进行证券申购。采用其他方式进行网上申购和配售的，应当符合中国证监会的有关规定。

如果网上投资者有效申购数量超过网上初始发行数量一定倍数的，应当从网下向网上回拨一定数量的证券。有效申购倍数、回拨比例及回拨后无限售期网下发行证券占本次公开发行证券数量比例由证券交易所规定。网上投资者申购数量不足网上初始发行数量的，发行人和主承销商可以将网上发行部分向网下回拨。网下投资者申购数量不足网下初始发行数量的，发行人和主承销商不得将网下发行部分向网上回拨，应当中止发行。

网下和网上投资者申购证券获得配售后，应当按时足额缴付认购资金。网上投资者在一定期限内多次未足额缴款的，由中国证券业协会会同证券交易所进行自律管理。

（5）向战略投资者配售。

①战略投资者的概念和范围。

所谓战略投资者，根据中国证监会的相关适用意见（中国证券监督管理委员会公告〔2023〕15号），是指具有同行业或者相关行业较强的重要战略性资源，与上市公司谋求双方协调互补的长期共同战略利益,愿意长期持有上市公司较大比例股份,愿意并且有能力认真履行相应职责,提名董事实际参与公司治理,提升上市公司治理水平,帮助上市公司显著提高公司质量和内在价值,具有良好诚信记录,最近3年未受到中国证监会行政处罚或者被追究刑事责任的投资者。

根据《证券发行与承销管理办法》的规定,首次公开发行证券,可以实施战略配售。参与战略配售的投资者不得参与本次公开发行证券网上发行与网下发行,但证券投资基金管理人管理的未参与战略配售的公募基金、社保基金、养老金、年金基金除外。

发行人的高级管理人员与核心员工可以通过设立资产管理计划参与战略配售。前述资产管理计划获配的证券数量不得超过本次公开发行证券数量的10%。发行人的高级管理人员与核心员工按照前款规定参与战略配售的,应当经发行人董事会审议通过,并在招股说明书中披露参与人员的姓名、担任职务、参与比例等事项。保荐人的相关子公司或者保荐人所属证券公司的相关子公司参与发行人证券配售的具体规则由证券交易所另行规定。

②战略投资者的数量和配售比例。

首次公开发行证券实施战略配售的,参与战略配售的投资者的数量应当不超过35名,战略配售证券数量占本次公开发行证券数量的比例应当不超过50%。

发行人和主承销商应当根据本次公开发行证券数量、证券限售安排等情况,合理确定参与战略配售的投资者数量和配售比例,保障证券上市后必要的流动性。

发行人应当与参与战略配售的投资者事先签署配售协议。主承销商应当对参与战略配售的投资者的选取标准、配售资格等进行核查,要求发行人、参与战略配售的投资者就核查事项出具承诺函,并聘请律师事务所出具法律意见书。

发行人和主承销商应当在发行公告中披露参与战略配售的投资者的选择标准、向参与战略配售的投资者配售的证券数量、占本次公开发行证券数量的比例以及持有期限等。

③战略投资者的持股期限。

参与战略配售的投资者应当按照最终确定的发行价格认购其承诺认购数量的证券,并承诺获得本次配售的证券持有期限不少于12个月,持有期限自本次公开发行的证券上市之日起计算。参与战略配售的投资者在承诺的持有期限内,可以按规定向证券金融公司借出获得配售的证券。借出期限届满后,证券金融公司应当将借入的证券返还给参与战略配售的投资者。参与战略配售的投资者应当使用自有资金认购,不得接受他人委托或者委托他人参与配售,但依法设立并符合特定投资目的的证券投资基金等除外。

(四) 首次公开发行股票时的老股转让

1. 老股转让的概念

根据《证券发行与承销管理办法》的规定,首次公开发行股票数量在2 000万股(份)以下且无老股转让计划的,才可以通过直接定价的方式确定发行价格。所谓"老股转让",是指首次公开发行证券时公司股东(同时)向投资者公开发售其所持股份的行为。老股转让最主要的特点就是随同首次公开发行的定价机制来确定其股票转让价格,但老股转让的出售方是公司股东(而非公司),因此老股转让部分所得资金并不属于发行人的融资资金。

2. 老股转让的条件和信息披露

根据《证券发行与承销管理办法》的规定，首次公开发行证券时公司股东公开发售股份的，公司股东应当遵循平等自愿的原则协商确定首次公开发行时公司股东之间各自公开发售股份的数量。公司股东公开发售股份的发行价格应当与公司发行股份的价格相同。首次公开发行证券时公司股东公开发售的股份，公司股东已持有时间应当在36个月以上。公司股东公开发售股份的，股份发售后，公司的股权结构不得发生重大变化，实际控制人不得发生变更。

发行人和主承销商应当在招股意向书中披露预计老股转让的数量上限，老股转让股东名称及各自转让老股数量，并明确新股发行与老股转让数量的调整机制。网上申购前，已公告老股转让方案的，还应当披露老股转让和新股发行的确定数量，老股转让股东名称及各自转让老股数量，并提示投资者关注，发行人将不会获得老股转让部分所得资金。

（五）欺诈发行股票时的回购责任

1. 欺诈发行回购的概念

欺诈发行回购，是指在股票已发行并上市之后，发行人被发现在发行注册过程中存在欺诈（例如，发行人在招股说明书等证券发行文件中隐瞒重要事实或者编造重大虚假内容）的，中国证监会可以责令发行人回购股票，或者责令负有责任的控股股东、实际控制人买回股票。欺诈发行回购制度规定在《证券法》第二十四条第二款，但《欺诈发行上市股票责令回购实施办法（试行）》对该制度进行了细化，并规定如果"发行人和负有责任的控股股东、实际控制人明显不具备回购能力，或者存在其他不适合采取责令回购措施情形的"，可不适用责令回购。

2. 欺诈发行回购责任的法律性质

欺诈发行回购本质上属于一种行政法律责任，即中国证监会以责令回购决定书的方式要求责令发行人或负有责任的控股股东、实际控制人回购已欺诈发行并上市的股票，所以又称"责令回购"。根据《欺诈发行上市股票责令回购实施办法（试行）》的规定，责令回购决定书应当包括回购方案的制定期限、回购对象范围、回购股份数量、发行人和负有责任的控股股东、实际控制人各自需要承担的回购股份比例、回购价格或者价格确定方式等内容。

发行人或者负有责任的控股股东、实际控制人不服责令回购决定的，可以在法定期限内申请行政复议或者提起行政诉讼，但复议或者诉讼期间责令回购决定不停止执行。发行人或者负有责任的控股股东、实际控制人履行责令回购决定，主动消除或者减轻欺诈发行行为危害后果的，中国证监会依法对其从轻或者减轻行政处罚。

3. 回购股票的范围

根据《欺诈发行上市股票责令回购实施办法（试行）》的规定，发行人或者负有责任的控股股东、实际控制人按照中国证监会的决定回购欺诈发行的股票的，应当向自本次发行至欺诈发行揭露日或者更正日期间买入欺诈发行的股票，且在回购时仍然持有股票的投资者发出要约。但下列股票不得纳入回购范围：（1）对欺诈发行负有责任的发行人的董事、监事、高级管理人员、控股股东、实际控制人持有的股票；（2）对欺诈发行负有责任的证券公司因包销买入的股票；（3）投资者知悉或者应当知悉发行人在证券发行文件中隐瞒重要事实或者编造重大虚假内容后买入的股票。

4. 欺诈发行回购责任与民事责任的衔接

根据《欺诈发行上市股票责令回购实施办法（试行）》的规定，发行人或者负有责任的控股股东、实际控制人拒不按照责令回购决定制定股票回购方案的，投资者可以依据责令回购决定确定的回购对象范围、回购价格等向人民法院提起民事诉讼，要求履行回购义务。

投资者对发行人或者负有责任的控股股东、实际控制人制定的股票回购方案有争议，或者要求发行人及负有责任的控股股东、实际控制人按照股票回购方案履行回购义务的，可以依法向人民法院提起民事诉讼，并可以在取得生效判决、裁定后申请强制执行。

五、上市公司发行新股

上市公司发行新股，可以向不特定对象公开发行，也可以向特定对象发行。上市公司公开发行新股的，可以分为向原股东配售股份（即"配股"）和向不特定对象公开募集股份（即"增发"）。

（一）上市公司发行新股的条件

《证券法》第十二条第二款规定，"上市公司发行新股，应当符合经国务院批准的国务院证券监督管理机构规定的条件，具体管理办法由国务院证券监督管理机构规定。"《上市公司证券发行注册管理办法》即对上市公司发行新股的具体条件进行了明确。

1. 积极条件

根据《上市公司证券发行注册管理办法》，上市公司向不特定对象发行股票，应当符合下列规定：（1）具备健全且运行良好的组织机构；（2）现任董事、监事和高级管理人员符合法律、行政法规规定的任职要求；（3）具有完整的业务体系和直接面向市场独立经营的能力，不存在对持续经营有重大不利影响的情形；（4）会计基础工作规范，内部控制制度健全且有效执行，财务报表的编制和披露符合企业会计准则和相关信息披露规则的规定，在所有重大方面公允反映了上市公司的财务状况、经营成果和现金流量，最近三年财务会计报告被出具无保留意见审计报告；（5）除金融类企业外，最近一期末不存在金额较大的财务性投资；（6）交易所主板上市公司配股、增发的，应当最近3个会计年度盈利；增发还应当满足最近3个会计年度加权平均净资产收益率平均不低于6%；净利润以扣除非经常性损益前后孰低者为计算依据。

2. 消极条件

根据《上市公司证券发行注册管理办法》，上市公司存在下列情形之一的，不得向不特定对象发行股票：（1）擅自改变前次募集资金用途未作纠正，或者未经股东大会认可；（2）上市公司或者其现任董事、监事和高级管理人员最近3年受到中国证监会行政处罚，或者最近1年受到证券交易所公开谴责，或者因涉嫌犯罪正在被司法机关立案侦查或者涉嫌违法违规正在被中国证监会立案调查；（3）上市公司或者其控股股东、实际控制人最近1年存在未履行向投资者作出的公开承诺的情形；（4）上市公司或者其控股股东、实际控制人最近3年存在贪污、贿赂、侵占财产、挪用财产或者破坏社会主义市场经济秩序的刑事犯罪，或者存在严重损害上市公司利益、投资者合法权益、社会公共利益的重大违法行为。

上市公司存在下列情形之一的，不得向特定对象发行股票：(1) 擅自改变前次募集资金用途未作纠正，或者未经股东大会认可；(2) 最近 1 年财务报表的编制和披露在重大方面不符合企业会计准则或者相关信息披露规则的规定；最近一年财务会计报告被出具否定意见或者无法表示意见的审计报告；最近 1 年财务会计报告被出具保留意见的审计报告，且保留意见所涉及事项对上市公司的重大不利影响尚未消除。本次发行涉及重大资产重组的除外；(3) 现任董事、监事和高级管理人员最近 3 年受到中国证监会行政处罚，或者最近 1 年受到证券交易所公开谴责；(4) 上市公司或者其现任董事、监事和高级管理人员因涉嫌犯罪正在被司法机关立案侦查或者涉嫌违法违规正在被中国证监会立案调查；(5) 控股股东、实际控制人最近 3 年存在严重损害上市公司利益或者投资者合法权益的重大违法行为；(6) 最近 3 年存在严重损害投资者合法权益或者社会公共利益的重大违法行为。

3. 关于募集资金使用的特别要求

上市公司发行股票，募集资金使用应当符合下列规定：(1) 符合国家产业政策和有关环境保护、土地管理等法律、行政法规规定；(2) 除金融类企业外，本次募集资金使用不得为持有财务性投资，不得直接或者间接投资于以买卖有价证券为主要业务的公司；(3) 募集资金项目实施后，不会与控股股东、实际控制人及其控制的其他企业新增构成重大不利影响的同业竞争、显失公平的关联交易，或者严重影响公司生产经营的独立性；(4) 科创板上市公司发行股票募集的资金应当投资于科技创新领域的业务。

(二) 上市公司发行新股的程序

1. 董事会决议

上市公司申请发行证券，董事会应当依法就下列事项作出决议，并提请股东大会批准：(1) 本次证券发行的方案；(2) 本次发行方案的论证分析报告；(3) 本次募集资金使用的可行性报告；(4) 其他必须明确的事项。上市公司董事会拟引入战略投资者的，应当将引入战略投资者的事项作为单独议案，就每名战略投资者单独审议，并提交股东大会批准。董事会依照前二款作出决议，董事会决议日与首次公开发行股票上市日的时间间隔不得少于 6 个月。

2. 股东大会决议

股东大会就发行证券作出的决定，应当包括下列事项：(1) 本次发行证券的种类和数量；(2) 发行方式、发行对象及向原股东配售的安排；(3) 定价方式或者价格区间；(4) 募集资金用途；(5) 决议的有效期；(6) 对董事会办理本次发行具体事宜的授权；(7) 其他必须明确的事项。

股东大会就发行证券事项作出决议，必须经出席会议的股东所持表决权的 2/3 以上通过，中小投资者表决情况应当单独计票。向本公司特定的股东及其关联人发行证券的，股东大会就发行方案进行表决时，关联股东应当回避。股东大会对引入战略投资者议案作出决议的，应当就每名战略投资者单独表决。上市公司就发行证券事项召开股东大会，应当提供网络投票方式，公司还可以通过其他方式为股东参加股东大会提供便利。

上市公司年度股东大会可以根据公司章程的规定，授权董事会决定向特定对象发行融资总额不超过人民币 3 亿元且不超过最近一年末净资产 20% 的股票，该项授权在下一年度股东大会召开日失效。

3. 制作注册申请文件并向交易所申报

上市公司申请发行证券，应当按照中国证监会有关规定制作注册申请文件，依法由保荐人保荐并向交易所申报。交易所收到注册申请文件后，5 个工作日内作出是否受理的决定。

申请文件受理后，未经中国证监会或者交易所同意，不得改动。发生重大事项的，上市公司、保荐人、证券服务机构应当及时向交易所报告，并按要求更新申请文件和信息披露资料。

自注册申请文件申报之日起，上市公司及其控股股东、实际控制人、董事、监事、高级管理人员，以及与证券发行相关的保荐人、证券服务机构及相关责任人员，即承担相应法律责任，并承诺不得影响或干扰发行上市审核注册工作。

4. 交易所审核以及向特定对象发行股票时的简易程序

交易所审核部门负责审核上市公司证券发行上市申请；交易所上市委员会负责对上市公司向不特定对象发行证券的申请文件和审核部门出具的审核报告提出审议意见。交易所主要通过向上市公司提出审核问询、上市公司回答问题方式开展审核工作，判断上市公司发行申请是否符合发行条件和信息披露要求。上市公司应当向交易所报送审核问询回复的相关文件，并以临时公告的形式披露交易所审核问询回复意见。交易所按照规定的条件和程序，形成上市公司是否符合发行条件和信息披露要求的审核意见，认为上市公司符合发行条件和信息披露要求的，将审核意见、上市公司注册申请文件及相关审核资料报中国证监会注册；认为上市公司不符合发行条件或者信息披露要求的，作出终止发行上市审核决定。交易所应当建立重大发行上市事项请示报告制度。交易所审核过程中，发现重大敏感事项、重大无先例情况、重大舆情、重大违法线索的，应当及时向中国证监会请示报告。交易所应当自受理注册申请文件之日起 2 个月内形成审核意见，但《上市公司证券发行注册管理办法》另有规定的除外。上市公司根据要求补充、修改申请文件，或者交易所按照规定对上市公司实施现场检查，要求保荐人、证券服务机构对有关事项进行专项核查，并要求上市公司补充、修改申请文件的时间不计算在内。

上市公司申请向特定对象发行股票的，适用简易程序。交易所采用简易程序的，应当在收到注册申请文件后，2 个工作日内作出是否受理的决定，自受理之日起 3 个工作日内完成审核并形成上市公司是否符合发行条件和信息披露要求的审核意见。

5. 中国证监会履行注册程序

中国证监会收到交易所审核意见及相关资料后，基于交易所审核意见，依法履行发行注册程序。在 15 个工作日内对上市公司的注册申请作出予以注册或者不予注册的决定。前款规定的注册期限内，中国证监会发现存在影响发行条件的新增事项的，可以要求交易所进一步问询并就新增事项形成审核意见。上市公司根据要求补充、修改注册申请文件，或者保荐人、证券服务机构等对有关事项进行核查，对上市公司现场检查，并要求上市公司补充、修改申请文件的时间不计算在内。

中国证监会认为交易所对新增事项的审核意见依据明显不充分，可以退回交易所补充审核。交易所补充审核后,认为上市公司符合发行条件和信息披露要求的,重新向中国证监会报送审核意见及相关资料,前款规定的注册期限重新计算。

中国证监会收到交易所报送的审核意见、上市公司注册申请文件及相关审核资料后,3个工作日内作出予以注册或者不予注册的决定。

中国证监会的予以注册决定,自作出之日起1年内有效,上市公司应当在注册决定有效期内发行证券,发行时点由上市公司自主选择。适用简易程序的,应当在中国证监会作出予以注册决定后10个工作日内完成发行缴款,未完成的,本次发行批文失效。

(三)对配股和增发的特别要求

1. 配股的承销方式

上市公司配股的,拟配售股份数量不超过本次配售前股本总额的50%,并应当采用代销方式发行。控股股东应当在股东大会召开前公开承诺认配股份的数量。控股股东不履行认配股份的承诺,或者代销期限届满,原股东认购股票的数量未达到拟配售数量70%的,上市公司应当按照发行价并加算银行同期存款利息返还已经认购的股东。

上市公司配股的,应当向股权登记日登记在册的股东配售,且配售比例应当相同。

2. 增发的发行价格

上市公司增发的,发行价格应当不低于公告招股意向书前20个交易日或者前1个交易日公司股票均价。

(四)对向特定对象发行的特别要求

1. 发行对象的数量

上市公司向特定对象发行证券,发行对象应当符合股东大会决议规定的条件,且每次发行对象不超过35名。发行对象为境外战略投资者的,应当遵守国家的相关规定。

2. 发行价格和定价基准日

上市公司向特定对象发行股票,发行价格应当不低于定价基准日前20个交易日公司股票均价的80%。所谓"定价基准日",是指计算发行底价的基准日。

根据《上市公司证券发行注册管理办法》的规定,对于不同的发行对象,适用不同的定价基准日:

(1)发行对象全部为"关联人"情形的发行价格。通常来说,向特定对象发行股票的定价基准日为发行期首日。上市公司应当以不低于发行底价的价格发行股票。但如果上市公司董事会决议提前确定了全部发行对象,且该发行对象皆属于"关联人"的,则定价基准日可以为关于本次发行股票的董事会决议公告日、股东大会决议公告日或者发行期首日。所谓"关联人",包括如下情形:①上市公司的控股股东、实际控制人或者其控制的关联人;②通过认购本次发行的股票取得上市公司实际控制权的投资者;③董事会拟引入的境内外战略投资者。

如果定价基准日为本次发行股票的董事会决议公告日或者股东大会决议公告日的,向特定对象发行股票的董事会决议公告后,出现下列情况需要重新召开董事会的,应当由董事会重新确定本次发行的定价基准日:①本次发行股票股东大会决议的有效期已过;②本次发行方案发生重大变化;③其他对本次发行定价具有重大影响的事项。

(2)发行对象不属于"关联人"情形的发行价格。发行对象不属于前述"关联人"

情形的，上市公司应当以竞价方式确定发行价格和发行对象。如果董事会决议确定了部分发行对象，已确定的发行对象不得参与竞价，且应当接受竞价结果，并明确在通过竞价方式未能产生发行价格的情况下，是否继续参与认购、价格确定原则及认购数量。

上市公司向特定对象发行证券采用竞价方式的，认购邀请书内容、认购邀请书发送对象范围、发行价格及发行对象的确定原则等应当符合中国证监会及证券交易所相关规定，上市公司和主承销商的控股股东、实际控制人、董事、监事、高级管理人员及其控制或者施加重大影响的关联方不得参与竞价。

3. 向特定对象发行的销售方式

根据《证券发行与销售管理办法》的规定，上市公司向特定对象发行证券可以采用自行销售的方式，并遵守中国证监会和证券交易所的相关规定。如果未采用自行销售方式的，应当采用代销方式。

4. 限售

向特定对象发行的股票，自发行结束之日起 6 个月内不得转让。发行对象属于前述"关联人"情形的，其认购的股票自发行结束之日起 18 个月内不得转让。

六、股票公开发行的承销和保荐

（一）股票公开发行的承销

1. 股票承销的概念

股票承销是指证券公司依照承销协议包销或者代销发行人向社会公开发行股票，并因此收取承销费用的行为。《证券法》第二十六条规定，"发行人向不特定对象发行的证券，法律、行政法规规定应当由证券公司承销的，发行人应当同证券公司签订承销协议。证券承销业务采取代销或者包销方式。"除了上市公司向特定对象发行证券采用自行销售方式之外，我国的公开发行都是承销发行。

2. 股票承销的种类

（1）代销。股票代销，又称"尽全力承销"，是指证券公司代发行人发售股票，在承销期结束时，将未售出的股票全部退还给发行人的承销方式。

股票代销时，存在发行失败的情形。根据《证券法》的规定，股票发行采用代销方式，代销期限届满，向投资者出售的股票数量未达到拟公开发行股票数量70%的，为发行失败。发行人应当按照发行价并加算银行同期存款利息返还股票认购人。

（2）包销。证券包销，分为全额包销和余额包销，是指证券公司将发行人的证券按照协议全部购入或者在承销期结束时将售后剩余证券全部自行购入的承销方式。

根据《证券法》的规定，证券公司在代销、包销期内，对所代销、包销的证券应当保证先行出售给认购人，证券公司不得为本公司预留所代销的证券和预先购入并留存所包销的证券。

根据《证券发行与承销管理办法》的规定，发行人和主承销商可以在发行方案中采用超额配售选择权。超额配售选择权，是指发行人授予主承销商的一项选择权，获此授权的主承销商可以按同一发行价格额外发售不超过首次公开发行证券数量15%的股份，即主承销商可以按不超过首次公开发行证券数量115%的股份总量向投资者发售，超额发售股份部分通常以延期交付的方式处理（即与投资者达成协议，明确投资者预先付款并同意向其延期交付该部分预售的证券）；在股票上市之日起特定时期内（例如，30个自然日），主承销商有权根据市场情况或者使用超额配售证券募集的资金从二级市场竞价交易购买发行人股票（通常为二级市场价格低于发行价格时），或者要求发行人按照发行价格增发股票（通常为二级市场价格高于发行价格时），以分配给对此超额发售部分提出认购申请的投资者。总之，主承销商按照发行人的事先授权、根据证券交易所、证券登记结算机构和中国证券业协会的规定行使超额配售选择权，属于合法的稳定二级市场操作行为，应注意与非法的操纵市场行为相区分。

3. 股票承销的规则

（1）承销团。《证券法》第三十条规定："向不特定对象发行证券聘请承销团承销的，承销团应当由主承销和参与承销的证券公司组成。"证券发行由承销团承销的，组成承销团的承销商应当签订承销团协议，由主承销商负责组织承销工作。证券发行由两家以上证券公司联合主承销的，所有担任主承销商的证券公司应当共同承担主承销责任，履行相关义务。承销团由3家以上承销商组成的，可以设副主承销商，协助主承销商组织承销活动。

（2）承销协议。根据《证券法》的规定，证券公司承销证券，应当同发行人签订代销或者包销协议，载明下列事项：①当事人的名称、住所及法定代表人姓名；②代销、包销证券的种类、数量、金额及发行价格；③代销、包销的期限及起止日期；④代销、包销的付款方式及日期；⑤代销、包销的费用和结算办法；⑥违约责任；⑦国务院证券监督管理机构规定的其他事项。

（3）承销期限。根据《证券法》的规定，证券的代销、包销期限最长不得超过90日。

（4）备案。根据《证券法》的规定，公开发行股票，代销、包销期限届满，发行人应当在规定的期限内将股票发行情况报国务院证券监督管理机构备案。

（5）承销机构的勤勉尽责义务。根据《证券法》的规定，证券公司承销证券，应当对公开发行募集文件的真实性、准确性、完整性进行核查；发现有虚假记载、误导性陈述或者重大遗漏的，不得进行销售活动；已经销售的，必须立即停止销售活动，并采取纠正措施。证券公司承销证券，不得有下列行为：①进行虚假的或者误导投资者的广告宣传或者其他宣传推介活动；②以不正当竞争手段招揽承销业务；③其他违反证券承销业务规定的行为。证券公司有前款所列行为，给其他证券承销机构或者投资者造成损失的，应当依法承担赔偿责任。

（二）股票公开发行的保荐

1. 保荐的概念

保荐，是指由具备法定资格的保荐人负责发行人的上市推荐和辅导工作，核实公司公开发行申请文件与上市文件中所载资料是否真实、准确、完整，协助发行人建立严格的信息披露制度和公司治理制度等，持续督导发行人证券上市后履行规范运作、信守承诺、信息披露等义务，并向投资者承担担保责任的一种法律制度。

2. 法定保荐情形

《证券法》第十条第一款规定："发行人申请公开发行股票、可转换为股票的公司债券，依法采取承销方式的，或者公开发行法律、行政法规规定实行保荐制度的其他证券的，应当聘请证券公司担任保荐人。"《证券发行上市保荐业务管理办法》对此予以细化，规定发行人申请从事下列发行事项，依法采取承销方式的，应当聘请具有保荐业务资格的证券公司履行保荐职责：(1) 首次公开发行股票；(2) 向不特定合格投资者公开发行股票并在北京证券交易所上市；(3) 上市公司发行新股、可转换公司债券；(4) 公开发行存托凭证；(5) 中国证监会认定的其他情形。发行人申请公开发行法律、行政法规规定实行保荐制度的其他证券的，依照前款规定办理。

3. 保荐人

保荐人，即保荐机构。《证券法》第一百二十条第四款规定："除证券公司外，任何单位和个人不得从事证券承销、证券保荐、证券经纪和证券融资融券业务。"换言之，证券保荐属于证券公司的法定"垄断"经营业务之一。但是，并非所有的证券公司都可成为保荐人，只有经中国证监会核准，取得经营保荐业务许可证的证券公司才可经营保荐业务。未经中国证监会核准，任何机构不得从事保荐业务。

同次发行的证券，其发行保荐和上市保荐应当由同一保荐机构承担。保荐机构依法对发行人申请文件、证券发行募集文件进行核查，向中国证监会、证券交易所出具保荐意见。保荐机构应当保证所出具的文件真实、准确、完整。证券发行规模达到一定数量的，可以采用联合保荐，但参与联合保荐的保荐机构不得超过 2 家。

证券发行的主承销商可以由该保荐机构担任，也可以由其他具有保荐业务资格的证券公司与该保荐机构共同担任。

4. 保荐人的职责和义务

(1) 保荐人的职责。在传统证券市场上，承销商通常承担三大职能：发现发行价格、稳定市场价格，以及监督发行人。保荐职责其实就是将承销商传统的监督发行人的职责予以抽离并强化。由此，在我国证券市场上，保荐人与承销商的法定职责其实是相对独立的（尽管有的时候保荐人就是主承销商）。承销商主要负责承销工作，仍然承担发现发行价格以及稳定市场价格的职能（例如，行使超额配售选择权），而保荐人的法律职责主要体现为：①发行过程中的尽职推荐和审慎核查；②发行人上市后一段时期内的持续督导。

(2) 保荐人的义务。针对尽职推荐和持续督导的两大职责，保荐人应承担诚实守信、勤勉尽责、审慎核查等义务。《证券法》第十条第二款即规定："保荐人应当遵守业务规则和行业规范，诚实守信，勤勉尽责，对发行人的申请文件和信息披露资料进行审慎核查，督导发行人规范运作。"另外，基于"保荐"内含的"保证"之义，保荐人还应在其发行保荐书中予以明确承诺，例如，承诺其有充分理由确信发行人符合法律法规及中国证监会有关证券发行上市的相关规定，有充分理由确信发行人申请文件和信息披露资料不存在虚假记载、误导性陈述或者重大遗漏等。

5. 保荐人的民事法律责任

保荐人的民事法律责任主要体现在两个方面：

(1) 撤销注册时与发行人连带承担的返还发行价款的民事责任。该责任规定在《证券法》第二十四条，适用过错推定的归责原则，即除非保荐人能够证明自己没有过错否则即应承担责任。

(2) 发生虚假陈述民事赔偿时与发行人连带承担的民事责任。该责任规定在《证券法》第八十五条，同样适用过错推定的归责原则。

七、优先股的发行与交易

优先股是指依据《公司法》，在一般规定的普通种类股份之外，另行规定的其他种类股份，其股份持有人优先于普通股股东分配公司利润和剩余财产，但参与公司决策管理等权利受到限制。关于优先股的特征，参见本书第六章公司法律制度第三节相关内容。

2013年11月30日，国务院发布《关于开展优先股试点的指导意见》(以下简称《优先股试点意见》)，宣布开展优先股试点。《优先股试点意见》对开展优先股试点的范围、条件、发行方式、信息披露和交易等进行了原则性规定，具体规则由《优先股试点管理办法》规定。

(一) 关于优先股的基本规定

1. 发行人和发行对象

目前我国优先股的发行人限于上市公司和非上市公众公司。上市公司可以发行优先股（既可向不特定对象公开发行，也可向特定对象发行），非上市公众公司可以向特定对象发行优先股。

上市公司和非上市公众向特定对象发行优先股仅向《优先股试点管理办法》规定的合格投资者发行，每次发行对象不得超过200人，且相同条款优先股的发行对象累计不得超过200人。上市公司向特定对象发行，发行对象为境外战略投资者的，还应当符合国务院相关部门的规定。

上市公司不得发行可转换为普通股的优先股。

但商业银行可根据商业银行资本监管规定，向特定对象发行触发事件发生时强制转换为普通股的优先股，并遵守有关规定。

2. 票面金额和发行价格

优先股每股票面金额为100元。优先股发行价格和票面股息率应当公允、合理，不得损害股东或其他利益相关方的合法利益，发行价格不得低于优先股票面金额。向不特定对象发行优先股的价格或票面股息率以市场询价或中国证监会认可的其他公开方式确定。向特定对象发行优先股的票面股息率不得高于最近两个会计年度的年均加权平均净资产收益率。

3. 与持股数额相关的优先股计算

根据《优先股试点意见》，以下事项计算持股数额时，仅合并计算普通股和表决权恢复的优先股：(1) 认定持有公司股份最多的前10名股东的名单和持股数额；(2) 根据《证券法》第四十四条（短线交易的规定）、第五十一条（内幕信息知情人的规定）、第八十条（与股票有关的重大事件的规定）和第八十一条（与公司债券有关的重大事件的规定），认定持有公司5%以上股份的股东。换言之，表决权未恢复的优先股不计算在内。

(二) 上市公司发行优先股的条件

1. 一般性的积极条件

根据《优先股试点管理办法》，上市公司发行优先股，应符合下列规定：

(1) 公司治理方面的要求：①上市公司应当与控股股东或实际控制人的人员、资产、财务分开，机构、业务独立。②上市公司内部控制制度健全，能够有效保证公司运行效率、合法合规和财务报告的可靠性，内部控制的有效性应当不存在重大缺陷。

（2）财务、会计方面的要求：①上市公司发行优先股，最近3个会计年度实现的年均可分配利润应当不少于优先股1年的股息。②上市公司最近3年现金分红情况应当符合公司章程及中国证监会的有关监管规定。③上市公司报告期不存在重大会计违规事项。向不特定对象发行优先股，最近3年财务报表被注册会计师出具的审计报告应当为标准审计报告或带强调事项段的无保留意见的审计报告；向特定对象发行优先股，最近1年财务报表被注册会计师出具的审计报告为非标准审计报告的，所涉及事项对公司无重大不利影响或者在发行前重大不利影响已经消除。

（3）募集资金使用方面的要求：上市公司发行优先股募集资金应有明确用途，与公司业务范围、经营规模相匹配，募集资金用途符合国家产业政策和有关环境保护、土地管理等法律和行政法规的规定。除金融类企业外，本次募集资金使用项目不得为持有交易性金融资产和可供出售的金融资产、借予他人等财务性投资，不得直接或间接投资于以买卖有价证券为主要业务的公司。

（4）股份数量和筹资金额方面的要求：上市公司已发行的优先股不得超过公司普通股股份总数的50%，且筹资金额不得超过发行前净资产的50%，已回购、转换的优先股不纳入计算。

（5）发行条款方面的要求：上市公司同一次发行的优先股，条款应当相同。每次优先股发行完毕前，不得再次发行优先股。

2. 消极条件

上市公司存在下列情形之一的，不得发行优先股：（1）本次发行申请文件有虚假记载、误导性陈述或重大遗漏；（2）最近12个月内受到过中国证监会的行政处罚；（3）因涉嫌犯罪正被司法机关立案侦查或涉嫌违法违规正被中国证监会立案调查；（4）上市公司的权益被控股股东或实际控制人严重损害且尚未消除；（5）上市公司及其附属公司违规对外提供担保且尚未解除；（6）存在可能严重影响公司持续经营的担保、诉讼、仲裁、市场重大质疑或其他重大事项；（7）其董事和高级管理人员不符合法律、行政法规和规章规定的任职资格；（8）严重损害投资者合法权益和社会公共利益的其他情形。

另外，如果上市公司最近36个月内因违反工商、税收、土地、环保、海关法律、行政法规或规章，受到行政处罚且情节严重的，不得向不特定对象发行优先股。上市公司向不特定对象发行优先股的，还要求公司及其控股股东或实际控制人最近12个月内应当不存在违反向投资者作出的公开承诺的行为。

3. 对向不特定对象发行优先股的特殊要求

（1）法定条件。向不特定对象发行优先股，即公开发行优先股。上市公司向不特定对象发行优先股，除应符合以上一般性积极条件外，根据《优先股试点管理办法》，应当符合以下情形之一：①其普通股为上证50指数成份股；②以向不特定对象发行优先股作为支付手段收购或吸收合并其他上市公司；③以减少注册资本为目的回购普通股的，可以公开发行优先股作为支付手段，或者在回购方案实施完毕后，可公开发行不超过回购减资总额的优先股。中国证监会同意向不特定对象发行优先股注册后不再符合前述第

①项情形的，上市公司仍可实施本次发行。

（2）对章程规定的特别要求。为了保护公众投资者，向不特定对象发行优先股的公司必须在公司章程中规定以下事项：①采取固定股息率；②在有可分配税后利润的情况下必须向优先股股东分配股息；③未向优先股股东足额派发股息的差额部分应当累积到下一会计年度；④优先股股东按照约定的股息率分配股息后，不再同普通股股东一起参加剩余利润分配。商业银行发行优先股补充资本的，可就前述第②项和第③项事项另行规定。

（3）其他特别规定：①上市公司最近3个会计年度应当连续盈利。扣除非经常性损益后的净利润与扣除前的净利润相比，以孰低者作为计算依据。②上市公司向不特定对象发行优先股的，可以向原股东优先配售。

（三）优先股的交易转让及登记结算

1. 优先股的交易转让

优先股发行后可以申请上市交易或转让，不设限售期。向不特定对象发行的优先股可以在证券交易所上市交易。上市公司向特定对象发行的优先股可以在证券交易所转让，非上市公众公司向特定对象发行的优先股可以在全国股转系统转让，转让范围仅限合格投资者。

优先股交易或转让环节的投资者适当性标准应当与发行环节一致；向特定对象发行的相同条款优先股经交易或转让后，投资者不得超过200人。

2. 优先股的登记结算

中国证券登记结算公司为优先股提供登记、存管、清算、交收等服务。

（四）信息披露

公司应当在发行文件中详尽说明优先股股东的权利义务，充分揭示风险。同时，应按规定真实、准确、完整、及时、公平地披露或者提供信息，不得有虚假记载、误导性陈述或重大遗漏。

公司应当按照中国证监会有关信息披露规则编制募集优先股说明书或其他信息披露文件，依法履行信息披露义务。

1. 定期报告中的披露

发行优先股的公司披露定期报告时，应当以专门章节披露已发行优先股情况、持有公司优先股股份最多的前十名股东的名单和持股数额、优先股股东的利润分配情况、优先股的回购情况、优先股股东表决权恢复及行使情况、优先股会计处理情况及其他与优先股有关的情况。

2. 临时报告中的披露

发行优先股的上市公司，发生表决权恢复、回购普通股等事项，以及其他可能对其普通股或优先股交易或转让价格产生较大影响事项的，上市公司应当按照《证券法》第八十条以及中国证监会的相关规定，履行临时报告、公告等信息披露义务。

（五）回购与并购重组

1. 优先股作为回购支付手段

上市公司可以向特定对象发行优先股作为支付手段，向公司特定股东回购普通股。上市公司回购普通股的价格应当公允、合理，不得损害股东或其他利益相关方的合法利益。

上市公司以减少注册资本为目的回购普通股向不特定对象发行优先股的，以及以向特定对象发行优先股为支付手段向公司特定股东回购普通股的，除应当符合优先股发行条件和程序，还应符合以下规定：（1）上市公司回购普通股应当由董事会依法作出决议并提交股东大会批准；（2）上市公司股东大会就回购普通股作出的决议，应当包括下列事项：回购普通股的价格区间，回购普通股的数量和比例，回购普通股的期限，决议的有效期，对董事会办理本次回购股份事宜的具体授权，其他相关事项。以发行优先股作为支付手段的，应当包括拟用于支付的优先股总金额以及支付比例；回购方案实施完毕之日起一年内向不特定对象发行优先股的，应当包括回购的资金总额以及资金来源；（3）上市公司股东大会就回购普通股作出决议，必须经出席会议的普通股股东（含表决权恢复的优先股股东）所持表决权的 2/3 以上通过；（4）上市公司应当在股东大会作出回购普通股决议后的次日公告该决议；（5）依法通知债权人。

2. 优先股作为并购重组支付手段

上市公司可以按照《上市公司重大资产重组管理办法》规定的条件发行优先股购买资产，同时应当遵守《优先股试点管理办法》的相关规定，依法披露有关信息、履行相应程序。

上市公司发行优先股作为支付手段购买资产的，可以同时募集配套资金。

3. 公司收购中的优先股

上市公司收购要约适用于被收购公司的所有股东，但可以针对优先股股东和普通股股东提出不同的收购条件。

第三节 公司债券的发行与交易

一、公司债券的一般理论

（一）公司债券的概念和特征

1. 公司债券的概念

公司可以通过发行公司债券筹集资金，这是债权融资的一种形式。公司债券，是指公司依照法定程序发行、约定在一定期限内还本付息的有价证券。它与股权融资方式相比，具有融资成本低、发行程序简单、不稀释公司股权（可转换公司债除外）等特点。但是这种融资形式在一定期限内需要还本付息，对公司现金流的要求较高，发行人存在一定的现金支付风险。

2. 公司债券的特征

公司债券与公司普通股相比，有不同的法律特征：

（1）公司债券的持有人是公司的债权人，享有民法上规定的债权人的所有权利；而股票的持有人则是公司的股东，享有《公司法》所规定的股东权利。

（2）公司债券的持有人，无论公司是否有盈利，享有按照约定给付利息的请求权；

而普通股股东，则必须在公司有盈利时才能依法获得股利分配。

（3）公司债券到了约定期限，公司必须偿还债券本金；而普通股股东仅在公司解散时方可请求分配剩余财产。

（4）公司债券的持有人享有优先于股票持有人获得清偿的权利；而普通股股东必须在公司全部债务清偿之后，方可就公司剩余财产请求分配。

（5）公司债券的利率一般是固定不变的，风险较小；而普通股股利分配的高低，与公司经营好坏密切相关，故常有变动，风险较大。

（6）对发行人的要求不同，公司债券则既可以由股份有限公司发行，也可以由有限责任公司发行；而股票只能由股份有限公司发行。

（二）公司债券的种类

1. 普通公司债券和可转债或附认股权公司债券

根据公司债券是否带有权益型证券的色彩，公司债券分为普通公司债券和可转债或附认股权公司债券。本节如无特别指出，"公司债券"皆指普通公司债券，即到期应还本付息的证券。可转债，本质即为附转股权公司债券，是指发行人依照法定程序向投资者发行的在一定期间内依据约定的条件可以转换成股份的公司债券。附认股权公司债券，是指发行人依照法定程序向投资者发行的，附随投资者认股选择权（即投资者可依据约定的条件向发行人认购股份的权利）的公司债券。可转债和附认股权公司债券的区别在于：前者投资者行使转股权后，相对应的债券权益即转换为股东权益，投资者身份也发生变化；后者投资者行使认股权后，通常并不丧失本来的债权人身份（除非债券本身到期），只是由于行使认股选择权还叠加了股东的身份。

区分普通公司债券和可转债或附认股权公司债券的法律意义在于：可转债和附认股权公司债券带有权益型证券的色彩，尤其是可转债，由于其转股权内含，其公开发行程序与股票和存托凭证更加类似。换言之，我国上市公司发行普通公司债券适用《公司债券发行与交易管理办法》，上市公司发行可转债则适用《上市公司证券发行注册管理办法》，上市公司发行附认股权公司债券则应同时适用《公司债券发行与交易管理办法》和《上市公司证券发行注册管理办法》。

2. 公开发行的公司债券与非公开发行的公司债券

根据公司债券的发行方式是否公开，公司债券可分为公开发行的公司债券和非公开发行的公司债券。二者区别的法律意义在于：

（1）发行对象和发行方式不同。符合规定条件的公司债券既可以向公众投资者公开发行，也可以仅面向专业投资者公开发行。而非公开发行的公司债券则仅应向专业投资者发行，并不得采用公告、公开劝诱和变相公开发行方式，且每次发行对象不得超过200人。

（2）发行程序不同。公开发行公司债券，由证券交易所负责受理、审核，并报中国证监会注册。非公开发行公司债券并不需要履行注册程序，由承销机构或依法自行销售的发行人向中国证券业协会报备。

（3）发行之后的交易场所不同。公开发行的公司债券，应当在证券交易场所交易。证券交易场所包括证券交易所、全国股转系统。非公开发行公司债券，既可以申请在证券交易场所转让，也可以申请在证券公司柜台转让。

二、公司债券的发行

(一) 公司债券发行的一般规定

1. 公司内部决议

发行公司债券，发行人应当依照《公司法》或者公司章程相关规定对以下事项作出决议：(1) 发行债券的金额；(2) 发行方式；(3) 债券期限；(4) 募集资金的用途；(5) 其他按照法律法规及公司章程规定需要明确的事项。

发行公司债券，如果对增信机制、偿债保障措施作出安排的，也应当在决议事项中载明。

2. 发行人、发行方式和规则适用

公司债券可以公开发行，也可以非公开发行。

发行公司债券，可以附认股权、可转换成相关股票等条款。上市公司、股票公开转让的非上市公众公司股东可以发行附可交换成上市公司或非上市公众公司股票条款的公司债券。商业银行等金融机构可以按照有关规定发行公司债券补充资本。上市公司发行附认股权、可转换成股票条款的公司债券，应当符合上市公司证券发行管理的相关规定（即应符合《上市公司证券发行注册管理办法》的相关规定）。股票公开转让的非上市公众公司也可发行附认股权、可转换成股票条款的公司债券，具体规则由中国证监会另行规定。

3. 发行公司债券的承销

发行公司债券应当由具有证券承销业务资格的证券公司承销。取得证券承销业务资格的证券公司、中国证券金融股份有限公司非公开发行公司债券可以自行销售。

承销机构承销公司债券，应当依照《证券法》相关规定采用包销或者代销方式。

4. 公司债券募集资金用途

公开发行公司债券筹集的资金，必须按照公司债券募集说明书所列资金用途使用；改变资金用途，必须经债券持有人会议作出决议。非公开发行公司债券，募集资金应当用于约定的用途；改变资金用途，应当履行募集说明书约定的程序。

鼓励公开发行公司债券的募集资金投向符合国家宏观调控政策和产业政策的项目建设。公开发行公司债券筹集的资金，不得用于弥补亏损和非生产性支出。发行人应当指定专项账户，用于公司债券募集资金的接收、存储、划转。

(二) 公司债券的公开发行

1. 公开发行的条件

《证券法》第十五条规定了公开发行公司债券应当符合的法定条件，《公司债券发行与交易管理办法》对此进行了细化规定。

(1) 积极条件。

根据《公司债券发行与交易管理办法》的规定，公开发行公司债券，应当符合下列条件：①具备健全且运行良好的组织机构；②最近3年平均可分配利润足以支付公司债券1年的利息；③具有合理的资产负债结构和正常的现金流量；④国务院规定的其他条件。

除此之外，资信状况符合以下标准的公开发行公司债券，专业投资者和普通投资者都可以参与认购：①发行人最近3年无债务违约或者延迟支付本息的事实；②发行人最近3年平均可分配利润不少于债券1年利息的1.5倍；③发行人最近一期末净资产规模不少于250亿元；④发行人最近36个月内累计公开发行债券不少于3期，发行规模不少于100亿元；⑤中国证监会根据投资者保护的需要规定的其他条件。未达前述五个规定标准的公开发行公司债券，仅限于专业投资者参与认购。

（2）消极条件。

根据《公司债券发行与交易管理办法》的规定，有下列情形之一的，不得再次公开发行公司债券：①对已公开发行的公司债券或者其他债务有违约或者延迟支付本息的事实，仍处于继续状态；②违反《证券法》规定，改变公开发行公司债券所募资金的用途。

2. 公开发行的注册程序

（1）制作注册申请文件并向交易所申报。

发行人公开发行公司债券，应当按照中国证监会有关规定制作注册申请文件，由发行人向证券交易所申报。证券交易所收到注册申请文件后，在5个工作日内作出是否受理的决定。

根据《证券法》第十六条的规定，注册申请文件应包括如下：①公司营业执照；②公司章程；③公司债券募集办法；④国务院授权的部门或者国务院证券监督管理机构规定的其他文件。依照《证券法》规定聘请保荐人的，还应当报送保荐人出具的发行保荐书。

自注册申请文件受理之日起，发行人及其控股股东、实际控制人、董事、监事、高级管理人员，以及与本次债券公开发行并上市相关的主承销商、证券服务机构及相关责任人员，即承担相应法律责任。

注册申请文件受理后，未经中国证监会或者证券交易所同意，不得改动。发生重大事项的，发行人、主承销商、证券服务机构应当及时向证券交易所报告，并按要求更新注册申请文件和信息披露资料。

（2）交易所审核。

证券交易所负责审核发行人公开发行公司债券并上市申请。证券交易所主要通过向发行人提出审核问询、发行人回答问题方式开展审核工作，判断发行人是否符合发行条件、上市条件和信息披露要求。

证券交易所按照规定的条件和程序，提出审核意见。认为发行人符合发行条件和信息披露要求的，将审核意见、注册申请文件及相关审核资料报送中国证监会履行发行注册程序。认为发行人不符合发行条件或信息披露要求的，作出终止发行上市审核决定。

证券交易所应当建立健全审核机制，强化质量控制，提高审核工作透明度，公开审核工作相关事项，接受社会监督。证券交易所在审核中发现申报文件涉嫌虚假记载、误导性陈述或者重大遗漏的，可以对发行人进行现场检查，对相关主承销商、证券服务机构执业质量开展延伸检查。

（3）中国证监会履行注册程序。

中国证监会收到证券交易所报送的审核意见、发行人注册申请文件及相关审核资料后，履行发行注册程序。中国证监会认为存在需要进一步说明或者落实事项的，可以问询或要求证券交易所进一步问询。中国证监会认为证券交易所的审核意见依据不充分的，可以退回证券交易所补充审核。

证券交易所应当自受理注册申请文件之日起 2 个月内出具审核意见，中国证监会应当自证券交易所受理注册申请文件之日起 3 个月内作出同意注册或者不予注册的决定。发行人根据中国证监会、证券交易所要求补充、修改注册申请文件的时间不计算在内。

公开发行公司债券，可以申请一次注册，分期发行。中国证监会同意注册的决定自作出之日起 2 年内有效，发行人应当在注册决定有效期内发行公司债券，并自主选择发行时点。公开发行公司债券的募集说明书自最后签署之日起 6 个月内有效。发行人应当及时更新债券募集说明书等公司债券发行文件，并在每期发行前报证券交易所备案。

（4）撤销注册。

中国证监会作出注册决定后、发行人公司债券上市前，发现可能影响本次发行的重大事项的，中国证监会可以要求发行人暂缓或者暂停发行、上市；相关重大事项导致发行人不符合发行条件的，可以撤销注册。中国证监会撤销注册后，公司债券尚未发行的，发行人应当停止发行；公司债券已经发行尚未上市的，发行人应当按照发行价并加算银行同期存款利息返还债券持有人。

3. 公开发行的定价

公司债券公开发行的价格或利率以询价或公开招标等市场化方式确定。发行人和主承销商应当协商确定公开发行的定价与配售方案并予公告，明确价格或利率确定原则、发行定价流程和配售规则等内容。

（三）公司债券的非公开发行

1. 非公开发行的方式和对象

非公开发行的公司债券应当向专业投资者发行，不得采用广告、公开劝诱和变相公开方式，每次发行对象不得超过 200 人。

承销机构应当按照中国证监会、证券自律组织规定的投资者适当性制度，了解和评估投资者对非公开发行公司债券的风险识别和承担能力，确认参与非公开发行公司债券认购的投资者为专业投资者，并充分揭示风险。

2. 非公开发行的报备程序

非公开发行公司债券，承销机构或依法自行销售的发行人应当在每次发行完成后 5 个工作日内向中国证券业协会报备。中国证券业协会在材料齐备时应当及时予以报备。报备不代表中国证券业协会实行合规性审查，不构成市场准入，也不豁免相关主体的违规责任。

（四）信息披露

1. 债券募集说明书

公司债券上市交易的发行人应当按照中国证监会、证券交易所的规定及时披露债券募集说明书，并在债券存续期内披露中期报告和经符合《证券法》规定的会计师事务所审计的年度报告。非公开发行公司债券的发行人信息披露的时点、内容，应当按照募集说明书的约定及证券交易场所的规定履行。发行人及其控股股东、实际控制人、董事、监事、高级管理人员等作出公开承诺的，应当在募集说明书等文件中披露。

2. 公司债券募集资金使用情况的披露

公司债券募集资金的用途应当在债券募集说明书中披露。发行人应当在定期报告中披露公开发行公司债券募集资金的使用情况、募投项目进展情况（如涉及）。非公开发行公司债券的，应当在债券募集说明书中约定募集资金使用情况的披露事宜。

3. 定期报告与发行人董事、高级管理人员的义务

发行人的董事、高级管理人员应当对公司债券发行文件和定期报告签署书面确认意见。发行人的监事会应当对董事会编制的公司债券发行文件和定期报告进行审核并提出书面审核意见。监事应当签署书面确认意见。发行人的董事、监事和高级管理人员应当保证发行人及时、公平地披露信息，所披露的信息真实、准确、完整。董事、监事和高级管理人员无法保证公司债券发行文件和定期报告内容的真实性、准确性、完整性或者有异议的，应当在书面确认意见中发表意见并陈述理由，发行人应当披露。发行人不予披露的，董事、监事和高级管理人员可以直接申请披露。

4. 重大事件临时报告

根据《证券法》第八十一条的规定，发生可能对上市交易公司债券的交易价格产生较大影响的重大事件，投资者尚未得知时，发行人应当立即将有关该重大事件的情况向中国证监会、证券交易场所报送临时报告，并予公告，说明事件的起因、目前的状态和可能产生的法律后果。《公司债券发行与交易管理办法》在《证券法》第八十一条的基础上，对前述"重大事件"进行了细化。因此，前述"重大事件"包括：（1）公司股权结构或者生产经营状况发生重大变化；（2）公司债券信用评级发生变化；（3）公司重大资产抵押、质押、出售、转让、报废；（4）发生未能清偿到期债务的情况；（5）公司新增借款或对外提供担保超过上年末净资产的20%；（6）公司放弃债权或财产超过上年末净资产的10%；（7）公司发生超过上年末净资产10%的重大损失；（8）公司分配股利，作出减资、合并、分立、解散及申请破产的决定，或者依法进入破产程序、被责令关闭；（9）涉及公司的重大诉讼、仲裁；（10）公司涉嫌犯罪被依法立案调查，公司的控股股东、实际控制人、董事、监事、高级管理人员涉嫌犯罪被依法采取强制措施；（11）募投项目情况发生重大变化，可能影响募集资金投入和使用计划，或者导致项目预期运营收益实现存在较大不确定性；（12）中国证监会规定的其他事项。

发行人的控股股东或者实际控制人对重大事件的发生、进展产生较大影响的，应当及时将其知悉的有关情况书面告知发行人，并配合发行人履行信息披露义务。

公开发行公司债券的发行人及其他信息披露义务人应当将披露的信息刊登在其证券交易场所的互联网网站和符合中国证监会规定条件的媒体，同时将其置备于公司住所、证券交易场所，供社会公众查阅。

（五）公司债券持有人的权益保护

为了有效地保护公司债券持有人的利益不受损害，《证券法》和《公司债券发行与交易管理办法》规定了相应的保护措施。

1. 信用评级

资信评级机构为公开发行公司债券进行信用评级，应当符合以下规定：（1）将评级信息告知发行人，并及时向市场公布首次评级报告、定期和不定期跟踪评级报告；

(2)公司债券的期限为一年以上的,在债券有效存续期间,应当每年至少向市场公布一次定期跟踪评级报告;(3)应充分关注可能影响评级对象信用等级的所有重大因素,及时向市场公布信用等级调整及其他与评级相关的信息变动情况,并向证券交易场所报告。

2. 公司债券的受托管理

《证券法》第九十二条第二、三款规定:"公开发行公司债券的,发行人应当为债券持有人聘请债券受托管理人,并订立债券受托管理协议。受托管理人应当由本次发行的承销机构或者其他经国务院证券监督管理机构认可的机构担任,债券持有人会议可以决议变更债券受托管理人。债券受托管理人应当勤勉尽责,公正履行受托管理职责,不得损害债券持有人利益。债券发行人未能按期兑付债券本息的,债券受托管理人可以接受全部或者部分债券持有人的委托,以自己名义代表债券持有人提起、参加民事诉讼或者清算程序。"《公司债券发行与交易管理办法》对该规定进行了进一步细化:

(1)公开发行公司债券强制受托管理,非公开发行公司债券可以约定受托管理。

公开发行公司债券的,发行人应当为债券持有人聘请债券受托管理人,并订立债券受托管理协议;非公开发行公司债券的,发行人应当在募集说明书中约定债券受托管理事项。在债券存续期限内,由债券受托管理人按照规定或者依照协议的约定维护债券持有人的利益。

发行人应当在债券募集说明书中约定,投资者认购或持有本期公司债券视作同意债券受托管理协议、债券持有人会议规则及债券募集说明书中其他有关发行人、债券持有人权利义务的相关约定。

(2)债券受托管理人的资格。

债券受托管理人由本次发行的承销机构或其他经中国证监会认可的机构担任。债券受托管理人应当为中国证券业协会会员。为本次发行提供担保的机构不得担任本次债券发行的受托管理人。

债券受托管理人应当勤勉尽责,公正履行受托管理职责,不得损害债券持有人利益。对于债券受托管理人在履行受托管理职责时可能存在的利益冲突情形及相关风险防范、解决机制,发行人应当在债券募集说明书及债券存续期间的信息披露文件中予以充分披露,并同时在债券受托管理协议中载明。

(3)公司债券受托管理人的职责。

公开发行公司债券的受托管理人应当按规定或约定履行下列职责:①持续关注发行人和保证人的资信状况、担保物状况、增信措施及偿债保障措施的实施情况,出现可能影响债券持有人重大权益的事项时,召集债券持有人会议;②在债券存续期内监督发行人募集资金的使用情况;③对发行人的偿债能力和增信措施的有效性进行全面调查和持续关注,并至少每年向市场公告一次受托管理事务报告;④在债券存续期内持续督导发行人履行信息披露义务;⑤预计发行人不能偿还债务时,要求发行人追加担保,并可以依法申请法定机关采取财产保全措施;⑥在债券存续期内勤勉处理债券持有人与发行人之间的谈判或者诉讼事务;⑦发行人为债券设定担保的,债券受托管理人应在债券发行前或债券募集说明书约定的时间内取得担保的权利证明或其他有关文件,并在增信措施有效期内妥善保管；⑧发行人不能按期兑付债券本息或出现募集说明书约定的其他违约事件的，可以接受全部或部分债券持有人的委托，以自己名义代表债券持有人提起民事诉讼、参与重组或者破产的法律程序，或者代表债券持有人申请处置抵质押物。

非公开发行公司债券的，债券受托管理人应当按照债券受托管理协议的约定履行职责。

受托管理人为履行受托管理职责，有权代表债券持有人查询债券持有人名册及相关登记信息、专项账户中募集资金的存储与划转情况，证券登记结算机构应当予以配合。

3. 债券持有人会议

《证券法》第九十二条第一款规定："公开发行公司债券的，应当设立债券持有人会议，并应当在募集说明书中说明债券持有人会议的召集程序、会议规则和其他重要事项。"

（1）债券持有人会议规则。

根据《公司债券发行与交易管理办法》的规定，发行公司债券，应当在债券募集说明书中约定债券持有人会议规则。债券持有人会议规则应当公平、合理。债券持有人会议规则应当明确债券持有人通过债券持有人会议行使权利的范围，债券持有人会议的召集、通知、决策机制和其他重要事项。

债券持有人会议按照《公司债券发行与交易管理办法》的规定及会议规则的程序要求所形成的决议对全体债券持有人有约束力，债券持有人会议规则另有约定的除外。

（2）应召集债券持有人会议的情形。

存在下列情形的，债券受托管理人应当按规定或约定召集债券持有人会议：①拟变更债券募集说明书的约定；②拟修改债券持有人会议规则；③拟变更债券受托管理人或受托管理协议的主要内容；④发行人不能按期支付本息；⑤发行人减资、合并等可能导致偿债能力发生重大不利变化，需要决定或者授权采取相应措施；⑥发行人分立、被托管、解散、申请破产或者依法进入破产程序；⑦保证人、担保物或者其他偿债保障措施发生重大变化；⑧发行人、单独或合计持有本期债券总额10%以上的债券持有人书面提议召开；⑨发行人管理层不能正常履行职责，导致发行人债务清偿能力面临严重不确定性；⑩发行人提出债务重组方案的；⑪发生其他对债券持有人权益有重大影响的事项。

在债券受托管理人应当召集而未召集债券持有人会议时，单独或合计持有本期债券总额10%以上的债券持有人有权自行召集债券持有人会议。

4. 公司债券的担保和违约处理

（1）公司债券的担保。

发行人可采取内外部增信机制、偿债保障措施，提高偿债能力，控制公司债券风险。内外部增信机制、偿债保障措施包括但不限于下列方式：①第三方担保；②商业保险；③资产抵押、质押担保；④限制发行人债务及对外担保规模；⑤限制发行人对外投资规模；⑥限制发行人向第三方出售或抵押主要资产；⑦设置债券回售条款。

公司债券增信机构可以成为中国证券业协会会员。

（2）公司债券的违约处理。

发行人应当在债券募集说明书中约定构成债券违约的情形、违约责任及其承担方式以及公司债券发生违约后的诉讼、仲裁或其他争议解决机制。

三、可转换公司债券的发行

（一）发行可转债的条件

1. 积极条件

根据《上市公司证券发行注册管理办法》的规定，上市公司发行可转债，应当符合下列规定：（1）具备健全且运行良好的组织机构；（2）最近三年平均可分配利润足以支付公司债券一年的利息；（3）具有合理的资产负债结构和正常的现金流量；（4）交易所主板上市公司向不特定对象发行可转债的，应当最近三个会计年度盈利，且最近三个会计年度加权平均净资产收益率平均不低于6%；净利润以扣除非经常性损益前后孰低者为计算依据。

除前述条件外，上市公司向不特定对象发行可转债，还应当遵守如下积极条件：（1）现任董事、监事和高级管理人员符合法律、行政法规规定的任职要求；（2）具有完整的业务体系和直接面向市场独立经营的能力，不存在对持续经营有重大不利影响的情形；（3）会计基础工作规范，内部控制制度健全且有效执行，财务报表的编制和披露符合企业会计准则和相关信息披露规则的规定，在所有重大方面公允反映了上市公司的财务状况、经营成果和现金流量，最近三年财务会计报告被出具无保留意见审计报告；（4）除金融类企业外，最近一期末不存在金额较大的财务性投资。

2. 消极条件

根据《上市公司证券发行注册管理办法》的规定，上市公司存在下列情形之一的，不得发行可转债：（1）对已公开发行的公司债券或者其他债务有违约或者延迟支付本息的事实，仍处于继续状态；（2）违反《证券法》规定，改变公开发行公司债券所募资金用途。

另外，上市公司如存在不得向不特定对象发行股票的消极情形的，亦不得向不特定对象发行可转债。上市公司如存在不得向特定对象发行股票的消极情形的，亦不得向特定对象发行可转债。但是，按照公司债券募集办法，上市公司通过收购本公司股份的方式进行公司债券转换的除外。

3. 关于公司债券募集资金使用的规定

上市公司发行可转债，对其募集资金使用的规定要求与上市公司发行股票募集资金使用的要求一致（参见本章第二节"五、上市公司发行新股"相关内容），且不得用于弥补亏损和非生产性支出。

（二）发行可转债的程序

公开发行可转债的程序与公开发行新股的程序相同，都应履行注册程序。但是，在股东大会决议时，除了需就发行证券的一般性事项进行决议外（参见本章第二节"五、上市公司发行新股"相关内容），还应就如下事项进行决议：债券利率；债券期限；赎回条款；回售条款；还本付息的期限和方式；转股期；转股价格的确定和修正。另外，股东大会的决议程序与公司发行新股时股东大会的决议程序要求也一致。

（三）可转债的利率和转股

1. 可转债的利率

可转债应当具有期限、面值、利率、评级、债券持有人权利、转股价格及调整原则、赎回及回售、转股价格向下修正等要素。（1）向不特定对象发行的可转债利率由上市公司与主承销商依法协商确定。(2) 向特定对象发行的可转债应当采用竞价方式确定利率和发行对象。

2. 可转债的转股期限

可转债自发行结束之日起 6 个月后方可转换为公司股票，转股期限由公司根据可转债的存续期限及公司财务状况确定。债券持有人对转换股票或者不转换股票有选择权，转换股票的于转股的次日成为发行公司的股东。

3. 可转债的转股价格

转股价格，是指募集说明书事先约定的可转债转换为每股股份所支付的价格。根据《可转换公司债券管理办法》的规定：(1) 向不特定对象发行可转债的转股价格应当不低于募集说明书公告日前 20 个交易日发行人股票交易均价和前 1 个交易日均价，且不得向上修正。(2) 向特定对象发行可转债的转股价格应当不低于认购邀请书发出前 20 个交易日发行人股票交易均价和前 1 个交易日均价，且不得向下修正。

（四）发行可转债的募集说明书

公开发行可转债的信息披露的内容与公开发行新股的信息披露的内容基本相同，不同的是募集说明书中的特别内容。根据《可转换公司债券管理办法》的规定，募集说明书应当约定转股价格调整条款，可以约定赎回条款、回售条款。

1. 转股价格调整条款

募集说明书应当约定转股价格调整的原则及方式。发行可转债后，因配股、增发、送股、派息、分立及其他原因引起上市公司股份变动的，应当同时调整转股价格。

募集说明书约定转股价格向下修正条款的，应当同时约定：(1) 转股价格修正方案须提交公司股东大会表决，且须经出席会议的股东所持表决权的 2/3 以上同意。股东大会进行表决时，持有公司可转换债券的股东应当回避。(2) 修正后的转股价格不低于前项规定的股东大会召开日前 20 个交易日该公司股票交易均价和前 1 交易日的均价。

2. 赎回条款和回售条款

募集说明书可以约定赎回条款，规定发行人可按事先约定的条件和价格赎回尚未转股的可转债。

募集说明书可以约定回售条款，规定债券持有人可按事先约定的条件和价格将所持债券回售给发行人。募集说明书应当约定，上市公司改变公告的募集资金用途的，赋予债券持有人一次回售的权利。

四、公司债券的交易

（一）普通公司债券的交易

1. 公开发行的公司债券的交易场所和投资者

公开发行的公司债券，应当在证券交易场所交易。公开发行公司债券并在证券交易场所交易的，应当符合证券交易场所规定的上市、挂牌条件。证券交易场所包括证券交易所和全国股转系统。

证券交易场所应当对公开发行公司债券的上市交易实施分类管理，实行差异化的交易机制，建立相应的投资者适当性管理制度，健全风险控制机制。证券交易场所应当根据债券资信状况的变化及时调整交易机制和投资者适当性安排。

公开发行公司债券申请上市交易的，应当在发行前根据证券交易场所的相关规则，明确交易机制和交易环节投资者适当性安排。发行环节和交易环节的投资者适当性要求应当保持一致。

2. 非公开发行的公司债券的交易场所和投资者

非公开发行公司债券，可以申请在证券交易场所、证券公司柜台转让。非公开发行公司债券并在证券交易场所转让的，应当遵守证券交易场所制定的业务规则，并经证券交易场所同意。非公开发行公司债券并在证券公司柜台转让的，应当符合中国证监会的相关规定。

非公开发行的公司债券仅限于专业投资者范围内转让。转让后，持有同次发行债券的投资者合计不得超过200人。

（二）可转债的交易

1. 向不特定对象发行的可转债的交易场所

理论上，上市公司和股票公开转让的非上市公众公司都可依法发行可转债，因此发行人发行的可转债也可在各自股票上市或挂牌的场所依法进行交易。根据《可转换公司债券管理办法》的规定，与公开发行的公司债券的交易场所一样，向不特定对象发行的可转债应当在依法设立的证券交易所上市交易或者在国务院批准的其他全国性证券交易场所交易。

证券交易场所应当根据可转债的特点及正股所属板块的投资者适当性要求，制定相应的投资者适当性管理规则。

2. 向特定对象发行的可转债的交易方式限制

根据《可转换公司债券管理办法》的规定，发行人向特定对象发行的可转债不得采用公开的集中交易方式转让。所谓"公开的集中交易方式"，通常表现为集中竞价（集合竞价、连续竞价）和做市商等交易方式。换言之，上市公司和股票公开转让的非上市公众公司向特定对象发行的可转债，在证券交易场所（证券交易所和全国股转系统）进行转让时，不得采用集中竞价、做市商等公开的集中交易方式。

上市公司向特定对象发行的可转债转股的，所转换股票自可转债发行结束之日起18个月内不得转让。

第四节 股票的公开交易

一、股票上市与退市

（一）股票上市条件

1. 《证券法》的原则性规则

公开发行的股票，通常首当其冲选择在证券交易所上市交易。《证券法》第四十六条规定:"申请证券上市交易,应当向证券交易所提出申请,由证券交易所依法审核同意,并由双方签订上市协议。"第四十七条规定:"申请股票上市交易,应当符合证券交易所上市规则规定的上市条件。证券交易所上市规则规定的上市条件,应当对发行人的经营年限、财务状况、最低公开发行比例和公司治理、诚信记录等提出要求。"

2. 上市规则中的规定

我国上海、深圳证券交易所分别对主板、科创板和创业板的股票上市进行了不同的规定。例如,根据上海证券交易所《股票上市规则》(上证发〔2024〕51号,以下简称《上交所股票上市规则》)的规定,境内发行人申请首次公开发行股票并在本所上市,应当符合下列条件:(1)符合《证券法》、中国证监会规定的发行条件;(2)发行后的股本总额不低于5 000万元;(3)公开发行的股份达到公司股份总数的25%以上;公司股本总额超过4亿元的,公开发行股份的比例为10%以上;(4)市值及财务指标符合本规则规定的标准;(5)本所要求的其他条件。交易所可以根据市场情况,经中国证监会批准,对上市条件和具体标准进行调整。

《科创板股票上市规则》和《创业板股票上市规则》规定了与主板不同的上市条件,尤其是在市值及财务指标方面,既有明确的数量门槛标准,又更为多样化和包容化。在北京证券交易所上市,其上市条件适用《北京证券交易所股票上市规则(试行)》的规定。

(二)股票终止上市

1. 股票终止上市的概念

股票终止上市,又称退市,是指公司股票在证券交易所终止上市交易。《证券法》第四十八条规定,"上市交易的证券,有证券交易所规定的终止上市情形的,由证券交易所按照业务规则终止其上市交易。证券交易所决定终止证券上市交易的,应当及时公告,并报国务院证券监督管理机构备案。"

2. 退市制度的法律意义和类别

(1)退市制度的法律意义。上市公司退市制度是资本市场重要的基础性制度。一方面,上市公司基于实现发展战略、维护合理估值、稳定控制权以及成本效益法则等方面的考虑,认为不再需要继续维持上市地位,或者继续维持上市地位不再有利于公司发展,可以主动向证券交易所申请其股票终止交易。另一方面,证券交易所为维护公开交易股票的总体质量与市场信心,保护投资者特别是中小投资者合法权益,依照规则要求交投不活跃、股权分布不合理、市值过低而不再适合公开交易的股票终止交易,特别是对于存在严重违法违规行为的公司,证券交易所可以依法强制其股票退出市场交易。

(2)退市制度的类别。目前,我国的退市制度主要包括主动退市和强制退市。实践中最常见的退市情形是强制退市。

3. 主动退市

(1)主动退市的概念。主动退市,是指基于上市公司意思自治或其他非强制情形下的终止上市。上市公司如果通过对上市地位维持成本收益的理性分析,或者为充分利用不同证券交易场所的比较优势,或者为便捷、高效地对公司治理结构、股权结构、资产结构、人员结构等实施调整,或者为进一步实现公司股票的长期价值,可以依据《证券法》和证券交易所规则向证券交易所申请主动退市。

(2) 主动退市的情形。主动退市分为三种模式：一是上市公司基于公司内部决议主动向证券交易所提出退市申请；二是由上市公司、上市公司股东或者其他收购人通过向所有股东发出收购全部股份或者部分股份的要约，或者因为公司回购，导致公司股本总额、股权分布等发生变化不再具备上市条件；三是上市公司因新设或者吸收合并，不再具有独立主体资格并被注销，或者上市公司股东大会决议解散。

①上市公司主动申请退市或者转市。通常来说，上市公司主动申请退市或转市，应通过公司内部决议程序。例如，《上交所股票上市规则》即规定，上市公司股东大会决议主动撤回其股票在交易所的交易，并决定不再在该所交易，或主动撤回其股票在交易所的交易，并转而申请在其他交易场所交易或转让的，须经出席会议的股东所持表决权的2/3以上通过，且经出席会议的除以下股东以外的其他股东所持表决权的2/3以上通过：上市公司的董事、监事、高级管理人员；单独或者合计持有上市公司5%以上股份的股东。

上市公司应当在股东大会召开通知发布之前，应当充分披露主动终止上市方案、退市原因及退市后的发展战略，包括并购重组安排、经营发展计划、重新上市安排、异议股东保护的专项说明等。公司应当聘请财务顾问和律师为主动终止上市提供专业服务，发表专业意见并与股东大会召开通知一并公告。股东大会对主动终止上市事项进行审议后，公司应当及时披露股东大会决议公告，说明议案的审议及通过情况。

②通过要约收购、回购实施的退市和通过合并、解散实施的退市。例如，根据《上交所股票上市规则》，全面要约收购上市公司股份、实施以上市公司为对象的公司合并、上市公司全面回购股份以及上市公司自愿解散，应当按照上市公司收购、重组、回购等监管制度及公司法律制度严格履行实施程序。

公司以自愿解散形式申请主动终止上市的，其内部股东大会决议的程序和表决要求与前述上市公司主动申请退市或转市的表决程序和表决要求一致。

(3) 主动退市的特殊性。相比强制退市，主动退市的特殊之处在于上市公司主要是基于自身原因而终止上市，非因不符合交易所的相关规定或条件而被交易所强制终止上市，因此对主动退市公司的后续处理也更为灵活、更尊重公司意愿。例如，根据《上交所股票上市规则》的规定：①主动退市公司的股票不进入退市整理期交易。交易所在公告公司股票终止上市决定之日后5个交易日内对其予以摘牌，公司股票终止上市。②主动退市公司并不一定要进入全国股转系统交易，而是可以选择在（其他）证券交易场所交易或转让其股票，或者依法作出其他安排。主动退市公司也可以随时向交易所提出重新上市申请。

4. 强制退市

(1) 强制退市情形。根据《上交所股票上市规则》，强制退市又被分为重大违法类强制退市、交易类强制退市、财务类强制退市、规范类强制退市等情形。

①重大违法行为强制退市。重大违法强制退市包括下列情形：第一，上市公司存在欺诈发行、重大信息披露违法或者其他严重损害证券市场秩序的重大违法行为，且严重影响上市地位，其股票应当被终止上市的情形。例如，只要公司首次公开发行股票申请

或者披露文件存在虚假记载、误导性陈述或者重大遗漏,被中国证监会依据《证券法》作出行政处罚决定,或者被人民法院依据《刑法》作出有罪生效判决,交易所即决定终止其股票上市,这就是"欺诈发行退市"情形。第二,上市公司存在涉及国家安全、公共安全、生态安全、生产安全和公众健康安全等领域的违法行为,情节恶劣,严重损害国家利益、社会公共利益,或者严重影响上市地位,其股票应当被终止上市的情形。

②因不能满足交易所规定的交易指标、财务指标或规范运作等要求发生的强制退市。当上市公司的各项交易指标或财务指标,或信息披露、规范运作等方面不能满足证券交易所的要求时,证券交易所出于维护公开交易股票的总体质量与市场信心的目的,也会依据规则要求交投不活跃、股权分布不合理、市值过低而不再适合公开交易或信息披露违规的股票终止交易。这种类型的退市即包括交易类强制退市、财务类强制退市、规范类强制退市。

(2) 强制退市程序。强制退市程序中主要涉及到退市风险警示、交易所决定终止上市和退市整理期。

①退市风险警示。退市风险警示并未见于我国《证券法》,属于交易所自律管理措施的范畴。根据《上交所股票上市规则》,当上市公司出现财务状况异常或者其他未规范运作的情形,导致其股票存在被终止上市的风险时,或者投资者难以判断公司前景,投资权益可能受到损害的,证券交易所并不会立即终止该股票上市交易,而是先采取风险警示。退市风险警示即属于风险警示措施的一种。退市风险警示的法律目的主要在于:先期警示市场上的投资者某些公司财务情形恶化或出现了违法信息披露的情形,可能导致终止上市;督促上市公司消除财务恶化或其他违法情形。上市公司股票被实施退市风险警示的,在公司股票简称前冠以"*ST"字样。

②交易所决定终止上市。被实施退市风险警示并不意味着当然退市,只有当*ST公司情况继续恶化,或限期内仍未改正或消除,触及了《上交所股票上市规则》规定的终止上市情形,交易所才对该公司股票启动终止上市程序。上市委员会对股票终止上市进行审议,作出独立的专业判断并形成审核意见。交易所根据上市委员会的意见,作出是否终止股票上市的决定。

③退市整理期。当证券交易所对股票作出终止上市决定之时,公司股票并非立即退出交易,通常退市公司在退市之前还有一个缓冲阶段——退市整理期。退市整理期的法律意义在于:给予退市公司一段时期的股票交易,既充分揭示风险,又为投资者在公司股票终止上市前提供必要的交易机会和退出渠道。进入退市整理期交易的股票在其简称前冠以"退市"标识。

退市整理期除了通常不适用于主动退市公司之外,《上交所股票上市规则》还规定,交易类强制退市公司股票也不进入退市整理期交易。

根据《上交所股票上市规则》,上市公司股票被实施风险警示或者处于退市整理期的,进入风险警示板进行交易。

5. 退市后的去向和交易安排

(1) 强制退市公司。

强制退市公司应进入全国股转系统交易。对于因欺诈发行强制退市的公司,交易所对其重新上市申请进行了较为严格的限制。例如,《上交所股票上市规则》规定,因欺诈发行被实施重大违法类强制退市的公司,其股票被终止上市后,不得向本所申请重新上市。深圳证券交易所《股票上市规则》亦有类似规定。

(2) 主动退市公司。

主动退市公司可以选择在证券交易场所交易或转让其股票,或者依法作出其他安排,即可依自身意愿或情形选择其他证券交易所"转换上市",也可选择进入全国股份转让系统进行交易,或是在股东意思自治的前提下作其他安排。主动退市公司也可以随时向交易所提出重新上市申请。

二、股票场内交易和结算

(一) 场内交易的一般规则

1. 投资者委托

投资者委托证券公司进行证券交易,应当通过证券公司申请在证券登记结算机构开立证券账户。证券登记结算机构应当按照规定为投资者开立证券账户。投资者申请开立账户,应当持有证明中华人民共和国公民、法人、合伙企业身份的合法证件。国家另有规定的除外。

2. 非交易所会员不得参与股票集中交易

进入实行会员制的证券交易所参与集中交易的,必须是证券交易所的会员。证券交易所不得允许非会员直接参与股票的集中交易。

投资者如欲参与证券市场交易,应当与证券公司签订证券交易委托协议,并在证券公司实名开立账户,以书面、电话、自助终端、网络等方式,委托该证券公司代其买卖证券。证券公司为投资者开立账户,应当按照规定对投资者提供的身份信息进行核对。证券公司不得将投资者的账户提供给他人使用。投资者应当使用实名开立的账户进行交易。

3. 经纪证券公司的义务

证券公司应当妥善保存客户开户资料、委托记录、交易记录和与内部管理、业务经营有关的各项资料,任何人不得隐匿、伪造、篡改或者毁损。上述资料的保存期限不得少于 20 年。

按照依法制定的交易规则进行的交易,不得改变其交易结果,但《证券法》第一百一十一条第二款规定的情形除外。对交易中违规交易者应负的民事责任不得免除;在违规交易中所获利益,依照有关规定处理。

(二) 场内交易的方式

《证券法》第三十八条规定:"证券在证券交易所上市交易,应当采用公开的集中交易方式或者国务院证券监督管理机构批准的其他方式。"由此,证券交易可以区分为公开的集中交易与非集中交易,二者的区别主要是价格形成机制不同。集中交易主要表现为集中竞价或集中报价撮合,公开的集中交易以集中竞价交易和做市商交易为代表;非集中交易主要表现为协议转让,价格形成于非集中的、一对一的磋商。我国交易所场内的交易方式主要为集中竞价和大宗交易。不过,北京证券交易所目前主要采用的是做市商交易方式。

1. 集中竞价的交易方式

（1）集中竞价的概念。

集中竞价，包括集合竞价和连续竞价两种交易方式。①集合竞价，是指对一段时间内接受的买卖申报一次性集中撮合的竞价方式。在我国证券交易市场中，集合竞价被用来产生每个交易日的开盘价格。集合竞价市场是一个间断性的市场，投资者作出买卖委托后，不能立即按照有关规则执行并成交，而是在某一规定的时间，所在成交交易按照同一价格（即股票当日开盘价格）进行匹配成交。②连续竞价，是指对买卖申报连续撮合的竞价方式。在连续交易市场，交易是在交易日的各个时点连续不断地进行的，只要根据订单匹配规则，存在两个相匹配的订单，交易就会发生，成交价格各不相同（即股票市价）。

（2）集中竞价的成交原则。

证券交易按价格优先、时间优先的原则竞价撮合成交。①成交时价格优先的原则为：较高价格买进申报优先于较低价格买进申报，较低价格卖出申报优先于较高价格卖出申报。②成交时时间优先的原则为：买卖方向、价格相同的，先申报者优先于后申报者。先后顺序按交易主机接受申报的时间确定。

（3）集中竞价交易的交易时间。

集中竞价是目前我国 A 股市场上最主要的交易方式。以上海证券交易所市场为例，其集合竞价交易过程为：每个交易日从 9 点 15 分开始接收集合竞价订单，到 9 点 25 分结束，随即给出集合竞价的成交价格，也就是当天的开盘价。9 点 25 分到 9 点 30 分期间不接收任何订单。9 点 30 分开始重新接收订单，并开始连续竞价交易阶段。9：30 至 11：30、13：00 至 14：57 为连续竞价时间，14：57 至 15：00 为收盘集合竞价时间，每周一至周五为交易日。

2. 大宗交易

（1）大宗交易的概念。

大宗交易，是指对交易规模（包括交易的数量和金额）非常大、超过市场的平均交易规模的交易，采用与通常交易方式不同的交易模式。为了提高对机构投资者的吸引力，解决大宗交易遇到的流动性问题，提高大宗交易的撮合效率，降低大宗交易的成本，减小大宗交易对市场稳定性的冲击，证券交易市场一般都建立了专门的大宗交易制度：以正常规模交易的交易制度为基础，对大宗交易的撮合方式、价格确定和信息披露等方面采取特殊处理。

（2）大宗交易的本质和发展。

大宗交易的本质其实是针对大额买卖实行协议（定价）转让，因此大宗交易最初始的表现形式就是交易对手方的事先锁定和价格的协商。但是，目前大宗交易出现如下发展趋势：交易对手从"特定对手方"向"无特定对手方"发展；交易方式从"协商交易"向"撮合交易"发展。例如，深圳证券交易所的大宗交易就分为协议大宗交易和盘后定价大宗交易方式两种。根据《深圳证券交易所交易规则》，协议大宗交易，是指大宗交易双方互为指定交易对手方，协商确定交易价格及数量的交易方式；盘后定价大宗交易,是指证券交易收盘后按照时间优先的原则,以证券当日收盘价或证券当日成交量加权平均价格对大宗交易买卖申报逐笔连续撮合的交易方式。可见,协议大宗交易本质上属于协商交易,盘后定价大宗交易属于集中交易。

3. 做市商交易

(1) 做市商交易的概念。

做市商交易,又名证券商双边报价或报价驱动式交易,是指在证券市场上,由符合条件的证券商不断向投资者报出某些特定证券的买、卖价格(双边持续报价),并在该价位上接受投资者的买、卖要求(双边回应报价),以其自有资金和自有证券或其他有权处分的证券与投资者进行证券交易,并为市场提供流动性的一种交易方式。

(2) 做市商交易的法律特征。

与集中竞价交易相比,做市商交易的特征主要表现在如下方面:①在价格形成方面,做市商交易价格来自于券商报价,交易价格并非通过市场上不特定的众多投资者集体"竞"出来的。②在交易对手方面,做市商始终居于交易一方,或为买方或为卖方。③在制度功能方面,做市商交易最大的优势在于为流动性有所不足的证券提供"做市"即活跃市场的功能。

(3) 我国做市商交易的场内适用。

我国科创板在竞价交易机制基础上引入了竞争性做市商机制。根据《证券公司科创板股票做市交易业务试点规定》,科创板股票和存托凭证可以采用做市商交易方式。

我国北京证券交易所在竞价交易的基础上亦引入了股票做市交易机制。

(三) 证券结算

1. 证券结算的概念和法律地位

(1) 证券结算的概念。

证券结算,包括清算和交收。清算,是指按照确定的规则计算证券和资金的应收应付数额的行为。清算结果确定了交易双方的履约责任。交收,是指根据确定的清算结果,通过转移证券和资金履行相关债权债务的行为;即卖方将其卖出的证券交付给买方,买方将其应付资金交付给卖方。

(2) 清算和交收的法律地位。

清算和交收属于一笔证券交易不可分割的部分,只有清算、交收完成之后,一笔证券交易才算真正完成,为此,法律保证了结算资金和证券的免于强制执行性。《证券法》第一百五十九条规定,"证券登记结算机构按照业务规则收取的各类结算资金和证券,必须存放于专门的清算交收账户,只能按业务规则用于已成交的证券交易的清算交收,不得被强制执行。"

2. 证券结算的原则

(1) 二级结算。

我国场内交易实行二级结算。《证券法》第一百零八条规定:"证券公司根据投资者的委托,按照证券交易规则提出交易申报,参与证券交易所场内的集中交易,并根据成交结果承担相应的清算交收责任;证券登记结算机构根据成交结果,按照清算交收规则,与证券公司进行证券和资金的清算交收,并为证券公司客户办理证券的登记过户手续。"

这意味着对证券登记结算机构承担清算交收责任的是作为结算参与人的证券公司。

(2) 中央对手方和净额结算。

《证券法》第一百五十八条第一款规定:"证券登记结算机构作为中央对手方提供证券结算服务,是结算参与人共同的清算交收对手,进行净额结算,为证券交易提供集中履约保障。"

中央对手方,又称共同对手方,是指在结算过程中,是所有卖方的买方和所有买方的卖方,成为所有结算参与人(证券公司)唯一的清算和交收对手。换言之,无论一笔证券交易的终端成交投资者为谁,在结算法律关系中,居于结算一方的是作为结算参与人的经纪券商,居于结算另一方的则始终是作为中央对手方的证券登记结算机构。

净额结算,是指对买入和卖出交易的证券或资金进行轧差,以计算出的净额进行交收。净额结算包括多边净额结算和双边净额结算,但我国场内交易结算主要是多边净额结算。多边净额结算,是指证券登记结算机构将每个结算参与人达成的所有交易进行轧差清算,计算出相对每个结算参与人的应收应付证券数额和应收应付资金净额,再按照清算结果与每个结算参与人进行交收。

(3) 货银对付和担保交收。

《证券法》第一百五十八条第二、三、四款规定:"证券登记结算机构为证券交易提供净额结算服务时,应当要求结算参与人按照货银对付的原则,足额交付证券和资金,并提供交收担保。在交收完成之前,任何人不得动用用于交收的证券、资金和担保物。结算参与人未按时履行交收义务的,证券登记结算机构有权按照业务规则处理前款所述财产。"

货银对付,是指证券登记结算机构与结算参与人在交收过程中,证券和资金的交收互为条件,当且仅当结算参与人履行资金交收义务的,相应证券完成交收;结算参与人履行证券交收义务的,相应资金完成交收。

共同对手方制度为净额结算时的货银对付原则提供了保障:作为共同对手方的证券登记结算机构承担对结算参与人的履约义务,并不以任何一个对手方结算参与人正常履约为前提;如果买卖中的一方结算参与人不能正常向共同对手方履约,共同对手方也应先对守约一方结算参与人履约,然后再按结算规则对违约方采取相应措施。

证券登记结算机构可以视结算参与人的风险状况,采取要求结算参与人提供交收担保等风险控制措施。

(四) 股票中央存管和中央登记

1. 中央存管

中央存管,是指在证券交易所或者国务院批准的其他全国性证券交易场所交易的证券,都应当全部存管在证券登记结算机构。证券登记结算采取全国集中统一的运营方式。我国的证券登记结算机构即中国证券登记结算公司。

根据《证券法》第一百四十七条的规定,证券登记结算机构履行下列职能:证券账户、结算账户的设立;证券的存管和过户;证券持有人名册登记;证券交易的清算和交收;受发行人的委托派发证券权益;办理与上述业务有关的查询、信息服务;国务院证券监督管理机构批准的其他业务。

2. 中央登记

中央登记与中央存管一体两面。所谓"中央",意在强调中央存管和登记机构的唯一性和权威性。因全国公开证券市场上的证券都统一存管在证券登记结算机构,因此证券登记结算机构既有便利也应及时通过初始登记、变更登记和退出登记来证明并确认所存管证券的权利归属和变动情况。换言之,公开公司的持有人名册皆由证券登记结算机构进行登记。

非公开市场的证券,其登记、结算可以委托证券登记结算机构或者其他依法从事证券登记、结算业务的机构办理。

证券登记结算机构应当妥善保存登记、存管和结算的原始凭证及有关文件和资料。其保存期限不得少于20年。

(五) 停牌、复牌、停市

1. 停牌和复牌

停牌,是指由于发生法律规定的事件,上市公司的股票暂停交易。复牌,是指停牌的上市公司股票恢复交易。《证券法》第一百一十条规定:"上市公司可以向证券交易所申请其上市交易股票的停牌或者复牌,但不得滥用停牌或者复牌损害投资者的合法权益。证券交易所可以按照业务规则的规定,决定上市交易股票的停牌或者复牌。"

2. 停市

《证券法》第一百一十一条规定:"因不可抗力、意外事件、重大技术故障、重大人为差错等突发性事件而影响证券交易正常进行时,为维护证券交易正常秩序和市场公平,证券交易所可以按照业务规则采取技术性停牌、临时停市等处置措施,并应当及时向国务院证券监督管理机构报告并公告。因前款规定的突发性事件导致证券交易结果出现重大异常,按交易结果进行交收将对证券交易正常秩序和市场公平造成重大影响的,证券交易所按照业务规则可以采取取消交易、通知证券登记结算机构暂缓交收等措施,并应当及时向国务院证券监督管理机构报告并公告。证券交易所对其依照本条规定采取措施造成的损失,不承担民事赔偿责任,但存在重大过错的除外。"

三、挂牌、退板和转板

(一) 挂牌和退板

1. 挂牌

除了证券交易所,公开发行的证券还可在其他合法证券交易场所进行交易,例如,在全国股转系统挂牌交易。

(1) 挂牌的条件。

根据全国股转系统股票挂牌业务相关规则,股份有限公司申请股票在全国股转系统挂牌,申请挂牌公司应当是依法设立且合法存续的股份有限公司,股本总额不低于500万元,并同时符合下列条件:①股权明晰,股票发行和转让行为合法合规;②公司治理健全,合法规范经营;③业务明确,具有持续经营能力;④主办券商推荐并持续督导;⑤申请挂牌公司应当持续经营不少于两个完整的会计年度,本规则另有规定的除外。有限责任公司按原账面净资产值折股整体变更为股份有限公司的,持续经营时间可以从有限责任公司成立之日起计算;⑥全国股转系统要求的其他条件。

(2) 挂牌的程序。

股东人数未超过200人的公司申请其股票挂牌公开转让,中国证监会豁免注册,由全国股转系统进行审核。全国股转系统审核同意后,即可签订挂牌协议,公司挂牌交易。

股东人数超过200人的股份有限公司属于"公众公司"的范畴,其申请其股票挂牌公开转让,应当按照中国证监会有关规定制作公开转让的申请文件,申请文件应当包括但不限于:公开转让说明书、符合《证券法》规定的律师事务所出具的法律意见书、符合《证券法》规定的会计师事务所出具的审计报告、证券公司出具的推荐文件。公司持申请文件向全国股转系统申报。中国证监会在全国股转系统收到注册申请文件之日起,同步关注公司是否符合国家产业政策和全国股转系统定位。全国股转系统认为公司符合挂牌公开转让条件和信息披露要求的,将审核意见、公司注册申请文件及相关审核资料报送中国证监会注册;认为公司不符合挂牌公开转让条件或者信息披露要求的,作出终止审核决定。中国证监会收到全国股转系统报送的审核意见、公司注册申请文件及相关审核资料后,基于全国股转系统的审核意见,依法履行注册程序。

2. 退板

退板,即在全国股转系统终止挂牌交易。全国股转系统的退板包括强制退板和申请退板两类情形。全国股转系统出具同意终止挂牌函(针对申请退板)或出具终止挂牌决定(针对强制退板),发布相关公告并通报公司注册地中国证监会派出机构。

(二) 转板

1. 转板的概念

广义的转板,既包括升板、降板,还包括不同证券交易所之间的转换上市。狭义的转板,通常指升板,理论上可能表现为在同一交易场所内由挂牌或上市条件较低的板块"升"至挂牌或上市条件较高的板块,也可能表现为从门槛较低的一交易场所转至门槛较高的另一交易场所。

2. 我国的转板机制

(1) 场外向场内转板。

根据《国务院关于全国中小企业股份转让系统有关问题的决定》的规定,在全国股转系统挂牌的公司,达到股票上市条件的,可以直接向证券交易所申请上市交易。这是关于"场外向场内转板"的原则性规定。

(2) 交易所之间转板。

根据《中国证监会关于北京证券交易所上市公司转板的指导意见》的规定,符合条件的北京证券交易所上市公司可以申请转板至上海证券交易所科创板或深圳证券交易所创业板。此种情形的转板,即转换上市,属于股票上市地的变更,不涉及股票公开发行,依法无需经中国证监会注册,由上海证券交易所、深圳证券交易所依据上市规则进行审核并作出决定。

第五节 上市公司收购和重组

一、上市公司收购概述

(一) 上市公司收购和控制权的概念

1. 上市公司收购的概念

上市公司收购,是指收购人通过在证券交易所的证券交易持有一个上市公司的股份达到一定比例,或通过证券交易所交易活动以外的其他合法方式(例如通过协议、其他安排等)控制一个上市公司的股份达到一定程度,导致其获得或者可能获得对该公司实际控制权的行为。

2. 上市公司控制权的概念

上市公司收购人的目的在于获得或巩固对上市公司的控制权,因此对"上市公司控制权"概念的理解就非常重要。根据《上市公司收购管理办法》的规定,有下列情形之一的,为拥有上市公司控制权:(1)投资者为上市公司持股50%以上的控股股东;(2)投资者可以实际支配上市公司股份表决权超过30%;(3)投资者通过实际支配上市公司股份表决权能够决定公司董事会半数以上成员选任;(4)投资者依其可实际支配的上市公司股份表决权足以对公司股东大会的决议产生重大影响;(5)中国证监会认定的其他情形。收购人可以通过取得股份的方式成为一个上市公司的控股股东,可以通过投资关系、协议、其他安排的途径成为一个上市公司的实际控制人,也可以同时采取上述方式和途径取得上市公司控制权。

收购一般是为了控制目标公司,或者巩固既有控制权,但认定收购行为的构成并不以行为人是否有获取或巩固目标公司控制权的主观意愿为要件。实际上,出于公开市场上目标公司中小股东利益保护的需要,对于特定临界点以上的继续增持行为,无论行为人主观上有无获得目标公司控制权的目的,法律通常都将其推定为将会导致目标公司控制权转移或发生变动的行为而应受到收购法则的特殊规制。例如,对于持股5%以上的继续增持,行为人应履行持股权益变动披露义务;对于持股30%以上的继续增持,则引发行为人的强制要约收购义务。当然,对于持股30%以上的继续增持,如果行为人确无获取目标公司控制权的意愿,或收购行为并不会对目标公司控制权造成影响,行为人可免于以要约的方式增持股份,但对于收购信息披露的义务和要求仍应遵循。

(二) 上市公司收购人

上市公司收购人,是指意图通过取得股份的方式成为一个上市公司的控股股东,或者通过投资关系、协议、其他安排的途径成为一个上市公司的实际控制人的投资者及其一致行动人。简言之,收购人包括投资者及与其一致行动的他人。

1. 一致行动人

一致行动,是指投资者通过协议、其他安排,与其他投资者共同扩大其所能够支配的一个上市公司股份表决权数量的行为或者事实。在上市公司的收购及相关股份权益变动活动中有一致行动情形的投资者，互为一致行动人。

根据《上市公司收购管理办法》的规定，如无相反证据，投资者有下列情形之一的，为一致行动人：(1) 投资者之间有股权控制关系；(2) 投资者受同一主体控制；(3) 投资者的董事、监事或者高级管理人员中的主要成员，同时在另一个投资者担任董事、监事或者高级管理人员；(4) 投资者参股另一投资者，可以对参股公司的重大决策产生重大影响；(5) 银行以外的其他法人、其他组织和自然人为投资者取得相关股份提供融资安排；(6) 投资者之间存在合伙、合作、联营等其他经济利益关系；(7) 持有投资者30%以上股份的自然人，与投资者持有同一上市公司股份；(8) 在投资者任职的董事、监事及高级管理人员，与投资者持有同一上市公司股份；(9) 持有投资者30%以上股份的自然人和在投资者任职的董事、监事及高级管理人员，其父母、配偶、子女及其配偶、配偶的父母、兄弟姐妹及其配偶、配偶的兄弟姐妹及其配偶等亲属，与投资者持有同一上市公司股份；(10) 在上市公司任职的董事、监事、高级管理人员及其前项所述亲属同时持有本公司股份的，或者与其自己或者其前项所述亲属直接或者间接控制的企业同时持有本公司股份；(11) 上市公司董事、监事、高级管理人员和员工与其所控制或者委托的法人或者其他组织持有本公司股份；(12) 投资者之间具有其他关联关系。一致行动人应当合并计算其所持有的股份；投资者计算其所持有的股份，应当包括登记在其名下的股份，也包括登记在其一致行动人名下的股份。投资者认为其与他人不应被视为一致行动人的，可以向中国证监会提供相反证据。

2. 上市公司收购人的消极情形

上市公司收购人应当具备一定实力，具有良好的信誉。为防止收购人虚假收购或恶意收购，利用上市公司的收购损害被收购公司及其股东的合法权益，根据《上市公司收购管理办法》第六条第二款的规定，有下列情形之一的，不得收购上市公司：(1) 收购人负有数额较大债务，到期未清偿，且处于持续状态；(2) 收购人最近3年有重大违法行为或者涉嫌有重大违法行为；(3) 收购人最近3年有严重的证券市场失信行为；(4) 收购人为自然人的，存在《公司法》第一百七十八条规定情形；(5) 法律、行政法规规定以及中国证监会认定的不得收购上市公司的其他情形。

收购人进行上市公司的收购，应当聘请符合《证券法》规定的专业机构担任财务顾问。收购人未按照《上市公司收购管理办法》规定聘请财务顾问的，不得收购上市公司。

(三) 上市公司收购中有关当事人的义务

1. 收购人的义务

(1) 信息披露义务。①持股30%以下的收购人应履行持股权益变动披露义务。②实施要约收购的收购人应按规定编制要约收购报告书。③以协议方式收购上市公司股份超过30%且符合免除发出要约相关规定的收购人应编制上市公司收购报告书。

(2) 要约收购人的禁售义务和平等对待被收购公司所有股东的义务。①采取要约收购方式的，收购人作出公告后至收购期限届满前，不得卖出被收购公司的股票，也不得采取要约规定以外的形式和超出要约的条件买入被收购公司的股票。②以要约方式进行上市公司收购的，收购人应当公平对待被收购公司的所有股东。持有同一种类股份的股东应当得到同等对待。

（3）锁定义务。收购人持有的被收购的上市公司的股票，在收购行为完成后的 18 个月内不得转让。但是，收购人在被收购公司中拥有权益的股份在同一实际控制人控制的不同主体之间进行转让不受前述 18 个月的限制，但应当遵守《上市公司收购管理办法》关于免除发出要约的有关规定。收购人通过集中竞价交易方式增持上市公司股份的，当收购人最后一笔增持股份登记过户后，视为其收购行为完成。

2. 被收购公司的控股股东或者实际控制人的义务

（1）控股股东或者实际控制人同样应履行持股权益变动披露义务。

（2）在协议收购中的义务。被收购公司的控股股东或者实际控制人不得滥用股东权利，损害被收购公司或者其他股东的合法权益的义务，这一点尤其体现在协议收购情形中。被收购公司控股股东向收购人协议转让其所持有的上市公司股份的，负有调查收购人意图、清偿其对公司的负债等具体义务。

3. 被收购公司的董事、监事、高级管理人员的义务

被收购公司的董事、监事、高级管理人员对公司负有忠实义务和勤勉义务，应当公平对待收购本公司的所有收购人。被收购公司董事会针对收购所作出的决策及采取的措施，应当有利于维护公司及其股东的利益，不得滥用职权对收购设置不适当的障碍，不得利用公司资源向收购人提供任何形式的财务资助，不得损害公司及其股东的合法权益。

（四）上市公司收购的支付方式

收购人可以采用现金、证券、现金与证券相结合等合法方式支付收购上市公司的价款。

二、持股权益变动披露

（一）持股权益变动披露的时点

1. 场内收购的权益变动披露

（1）场内收购权益变动披露的法律基础。

《证券法》第六十三条规定："通过证券交易所的证券交易，投资者持有或者通过协议、其他安排与他人共同持有一个上市公司已发行的有表决权股份达到 5% 时，应当在该事实发生之日起 3 日内，向国务院证券监督管理机构、证券交易所作出书面报告，通知该上市公司，并予公告；在上述期限内，不得再行买卖该上市公司的股票。但国务院证券监督管理机构规定的情形除外。

投资者持有或者通过协议、其他安排与他人共同持有一个上市公司已发行的有表决权股份达到 5% 后，其所持该上市公司已发行的有表决权股份比例每增加或者减少 5%，应当依照前款规定进行报告和公告，在该事实发生之日起至公告后 3 日内，不得再行买卖该上市公司的股票，但国务院证券监督管理机构规定的情形除外。投资者持有或者通过协议、其他安排与他人共同持有一个上市公司已发行的有表决权股份达到 5% 后，其所持该上市公司已发行的有表决权股份比例每增加或者减少 1%，应当在该事实发生的次日通知该上市公司，并予公告。违反第一款、第二款规定买入上市公司有表决权的股份的，在买入后的 36 个月内，对该超过规定比例部分的股份不得行使表决权。"

(2) 场内收购权益变动披露的制度目的。

场内收购权益变动披露的主要制度目的在于预警：提醒市场注意，有大股东出现，这些人可能成为潜在的收购人，并且通过对该股东以后增减股份的持续披露来让市场监控其行为。同时，规定了违反权益披露超比例持股的法律后果，即超比例部分在买入后36个月内都不得行使表决权。

(3) 场内收购权益变动披露的规则。

《上市公司收购管理办法》第十三条对《证券法》第六十三条规定的场内收购权益变动披露规则进行了细化：

①持股至5%的卡点披露规则：投资者及其一致行动人通过证券交易所的证券交易持有上市公司已发行有表决权股份比例达到5%时，应在达到5%比例之一事实发生之日起3日内进行权益披露并在该3日内停止买卖该上市公司的股票（即应"卡点"披露且停止买卖）。

②台阶规则：在达至5%的持股比例之后，前述投资者及其一致行动人通过证券交易所的交易每增加或减少5%的持股比例，都应在增加或减少了5%这一事实发生之日起3日内进行权益披露，并在增加或减少了5%这一事实发生之日起至公告后3日内停止买卖该上市公司的股票。这在传统证券法理论中被称为"台阶规则"，即以5%这一比例为一个"台阶"，每上一个"台阶"都要求场内收购人"卡点"履行相应权益披露和停止买卖的义务。要求收购人在权益披露后停止买卖，则是为了让市场有充分的时间吸收、消化收购人所披露的权益变动信息。

③持股至5%后每增、减1%的规则：在达至5%的持股比例之后，前述投资者及其一致行动人继续通过场内交易的方式持有该公司股份的比例每增加或者减少1%，收购人都应在该事实发生的次日通知该上市公司，并予公告。注意，此时仅要求收购人履行通知和公告的义务即可，并不需要停止买卖。

(4) 违反场内收购权益变动披露规则的法律后果。

行为人如未遵循前述规则中的第①项"持股至5%的卡点披露规则"和第②项"台阶规则"而买入在上市公司中拥有权益的股份的，在买入后的36个月内，对该超过规定比例部分的股份不得行使表决权。

2. 协议收购的权益变动披露

(1) 协议收购权益变动披露的特殊性。

如果收购人采取的是协议收购的方式，投资者无法单方面控制协议购买的股份数量，不能恰好在5%的时点上停下来进行报告和公告。例如，甲持有某上市公司7%的股份，假如投资者乙试图从甲处协议购买这些股份，甲、乙之间最可能达成的是7%股份的转让协议，不大可能先由乙先协议受让5%，停下来进行披露，然后再协议受让余下的2%，这样做不但增加了交易成本，甲、乙双方很可能也不愿意。换言之，对于协议收购来说，如果要求卡点5%进行披露，既不经济也不现实，因此，只用协议转让方式的收购或受让大额股份并不宜适用《证券法》第六十三条的规定。

(2) 协议收购权益变动披露的规则。

根据《上市公司收购管理办法》第十四条的规定，协议转让时的权益披露规则如下：

①通过协议转让方式，投资者及其一致行动人在一个上市公司中拥有权益的股份拟达到或者超过一个上市公司已发行股份的5%时，应当在该事实发生之日起3日内编制权益变动报告书，向中国证监会、证券交易所提交书面报告，通知该上市公司，并予公告。②前述投资者及其一致行动人拥有权益的股份达到一个上市公司已发行股份的5%后，其拥有权益的股份占该上市公司已发行股份的比例每增加或者减少达到或者超过5%的，应当依照前款规定履行报告、公告义务。③前述投资者及其一致行动人在作出报告、公告前，不得再行买卖该上市公司的股票。相关股份转让及过户登记手续按照《上市公司收购管理办法》第四章及证券交易所、证券登记结算机构的规定办理。

也就是说，在协议收购的情况下，如果收购协议中拟转让的股份达到或者超过5%，或者持股已达到或者超过5%的投资者之后再以协议转让的方式每增、减比例达到或者超过5%的，投资者在协议达成之日起3日内履行权益披露义务即可；同时，在作出报告、公告前，停止买卖（报告、公告后并无停止买卖的义务）。

例如，在上述假设案例中，乙协议受让甲持有的某上市公司7%股份的，应当在该转让协议达成之日起3日内履行权益披露义务，并不需要将该笔交易拆分为5%和2%分别受让和权益披露。又如，乙在协议受让了甲的7%股份之后，又通过协议的方式受让了同一上市公司股东丙7%的股份（此时乙的持股比例将达至14%），则同样在与丙的转让协议达成之日起3日内履行权益披露义务即可。《证券法》第六十三条要求"卡点披露"、逢5%的倍数比例即3日内不得买卖的根本原因在于：如果是场内交易收购，收购人一般可以控制收购节奏，且法律通过强制要求收购人控制收购节奏从而让市场可以相对"平缓"地对收购信息予以吸收；而协议收购的收购人通常无法控制拟受让股份的数量。

(3) 协议收购和场内收购并用时的权益变动披露。

值得注意的是，除非收购人主动采用要约收购的方式，或因持股超过30%的比例而引发强制要约收购之前，场内收购和协议收购这两种收购方式并不互相排斥，收购人极可能混合使用场内收购和协议收购，因此在披露时点的确定上需要同时考虑《证券法》第六十三条和《上市公司收购管理办法》第十四条的适用。例如，乙在协议受让了甲股东的7%股份之后，再通过证券交易所的场内交易导致其拥有权益的股份比例发生增加的，则其之后履行权益披露义务的时点应当分别为8%、9%、10%（构成5%的倍数的比例则适用台阶规则，公告后3日内不得买卖）……依此类推。

3. 其他股份变动情形下的权益变动披露

投资者及其一致行动人通过行政划转或者变更、执行法院裁定、继承、赠与等方式导致拥有权益的股份变动达到或超过5%的，或投资者及其一致行动人已持股达到或超过5%以上但因此而增、减达到或超过5%的，同样应当履行权益变动披露义务。投资者及其一致行动人应按照《上市公司收购管理办法》第十四条的规定，在相关权益变动事实发生之日起3日内履行报告、公告义务，并参照该规定办理股份过户登记手续。

(二) 持股权益变动披露的内容

根据《证券法》第六十四条的规定，权益变动披露所作的公告，应当包括下列内容：持股人的名称、住所；持有的股票的名称、数额；持股达到法定比例或者持股增减变化达到法定比例的日期、增持股份的资金来源；在上市公司中拥有有表决权的股份变动的时间及方式。依照投资者及其一致行动人的持股比例大小和是否为控股股东或实际控制人，《上市公司收购管理办法》将持股人的权益变动报告区分为简式权益变动报告书和详式权益变动报告书。换言之，投资者及其一致行动人履行《证券法》第六十三条和《上市公司收购管理办法》第十三条、第十四条规定的持股权益变动披露义务的具体方式就是编制简式权益变动报告书或详式权益变动报告书并予以公告。

1. 简式权益变动报告书

如果投资者不是上市公司的第一大股东或者实际控制人的，如果其拥有权益的股东达到或者超过该公司已发行股份的5%，但未达到20%的，则应当编制简式权益变动报告书。

简式权益变动报告书的内容应当包括：（1）投资者及其一致行动人的姓名、住所；投资者及其一致行动人为法人的，其名称、注册地及法定代表人。（2）持股目的，是否有意在未来12个月内继续增加其在上市公司中拥有的权益。（3）上市公司的名称、股票的种类、数量、比例。（4）在上市公司中拥有权益的股份达到或者超过上市公司已发行股份的5%或者拥有权益的股份增减变化达到5%的时间及方式、增持股份的资金来源。（5）在上市公司中拥有权益的股份变动的时间及方式。（6）权益变动事实发生之日前6个月内通过证券交易所的证券交易买卖该公司股票的简要情况。（7）中国证监会、证券交易所要求披露的其他内容。

2. 详式权益变动报告书

如果投资者拥有权益的股份达到或者超过一个上市公司已发行股份的5%，但未达到20%，同时，该投资者为该上市公司第一大股东或者实际控制人的，以及投资者拥有的股份达到或者超过20%但未超过30%的，投资者应当编制详式权益变动报告书。

详式权益变动报告书除了披露简式权益变动报告书所具有的内容外，还应当披露以下内容：（1）投资者及其一致行动人的控股股东、实际控制人及其股权控制关系结构图。（2）取得相关股份的价格、所需资金额，或者其他支付安排。（3）投资者、一致行动人及其控股股东、实际控制人所从事的业务与上市公司的业务是否存在同业竞争或者潜在的同业竞争，是否存在持续关联交易；存在同业竞争或者持续关联交易的，是否已作出相应的安排，确保投资者、一致行动人及其关联方与上市公司之间避免同业竞争以及保持上市公司的独立性。（4）未来12个月内对上市公司资产、业务、人员、组织结构、公司章程等进行调整的后续计划。（5）前24个月内投资者及其一致行动人与上市公司之间的重大交易。（6）不存在《上市公司收购管理办法》第六条规定的情形（即不存在上市公司收购人的消极情形）。（7）能够按照《上市公司收购管理办法》第五十条的规定提供相关文件。

已披露权益变动报告书的投资者及其一致行动人在披露之日起6个月内，因拥有权益的股份变动需要再次报告、公告权益变动报告书的，可以仅就与前次报告书不同的部分作出报告、公告；自前次披露之日起超过6个月的，投资者及其一致行动人应当按照《上市公司收购管理办法》第二章的规定编制权益变动报告书，履行报告、公告义务。

三、要约收购制度

(一) 要约收购的概念、特点和分类

1. 要约收购的概念和特点

(1) 要约收购的概念。

对于何谓要约收购,《证券法》和《上市公司收购管理办法》都无界定。从理论上讲,要约收购是指收购人在证券交易所的集中竞价系统之外,公开、直接向被收购公司所有股东发出要购买其手中持有股票的一种收购方式。

(2) 要约收购的特点。

①要约收购的价格形式上相对最为公平。要约收购与场内收购、协议收购的根本区别在于收购价格的确定方式不同:场内收购的价格即是交易所集中竞价系统的市价,市价会随着市场对收购的反映有所波动,对于作为"卖方"的被收购公司股东来说,其卖出的价格不一;协议收购也是在集中竞价系统之外的收购,但收购价格源于收购人与作为出卖方的大股东之间的协商,属于一对一的交易,价格即使大大高于市价(即有所谓控制权溢价),该溢价也无法为其他非出卖方股东分享;而要约收购的核心涵义就是公开对被收购公司所有股东发出要约,收购意图公开,对所有受要约人(即被收购公司所有股东)适用同一收购价格,且因有"底价规则"的限制,要约价格通常是要高于市价的。因此,相对于场内收购和协议收购而言,要约收购在形式上对被收购公司所有股东来说最为公平。

②要约收购排斥其他收购方式。在要约收购下,对于持有同一种类股份的股东应当得到同等对待,因此如果收购人对某一种类的股份予以要约收购,要约收购人就不得采用要约收购以外的其他方式(例如,协议收购和场内收购的方式)和超出要约的条件购入该种类的股份。这即是要约收购排斥其他收购方式之义。

③要约收购是在证券交易所之外唯一被允许的公开收购方式。根据《上市公司收购管理办法》的规定,除要约方式外,投资者不得在证券交易所外公开求购上市公司的股份。

2. 要约收购的分类

(1) 全面要约和部分要约。根据要约的预定收购比例,要约收购分为全面要约和部分要约。全面要约,是指向被收购公司所有股东发出收购其所持有的全部股份的要约。部分要约,是指向被收购公司所有股东发出收购其所持有的部分股份的要约。

全面要约与以终止被收购公司上市地位为目的的收购并不是一回事。全面要约基本出现在强制要约收购的场合,重在要求收购人尽可能地让被收购公司所有股东都分享"收购溢价",收购期限届满后,收购人购买被收购公司股东预受的全部股份即可(而预受的全部股份并不是被收购公司发行在外的所有股份)。只要全面要约收购完成后,被收购公司仍然满足交易所的股权分布要求(即公众性持股要求),就不会被终止上市。换言之,全面要约有可能造成被收购公司因不满足公众性持股要求而被交易所终止上市的结果,也有可能并不影响被收购公司的上市地位。

(2) 自愿要约和强制要约。根据要约收购行为是否来自于法律强制规定,要约收购分为自愿要约和强制要约。自愿要约，是指收购人自愿做出收购决定，并根据目标公司总股本确定预计收购股份的比例，在该比例范围内向目标公司的所有股东发出收购要约。强制要约，是指当持股者持股比例达到法定数额时，法律强制其向目标公司同类股票的全体股东发出公开收购要约的制度。《上市公司收购管理办法》规定，无论是自愿要约还是强制要约，只要采用要约方式收购一个上市公司的股份的，其预定收购的股份比例不得低于该上市公司已发行股份的5%。

（二）要约收购的规则

要约收购很可能对被收购公司的中小股东造成是否接受要约的决策压迫。为了减少要约收购对被收购公司中小股东的压迫性，各国证券法制往往都规定了较为严格的要约收购规则，保证收购要约能够同等适用于所有股东。我国《证券法》和《上市公司收购管理办法》规定的要约收购相关具体规则如下：

1. 编制要约收购报告书并作出提示性公告

根据《上市公司收购管理办法》规定，以要约方式收购上市公司股份的，收购人应当编制要约收购报告书，聘请财务顾问，通知被收购公司，同时对要约报告书摘要作出提示性公告。本次收购依法应当取得相关部门批准的，收购人应当在要约收购报告书摘要中作出特别提示，并在取得批准后公告要约收购报告书。

收购人自作出要约收购提示性公告起60日内，未公告要约收购报告书的，收购人应当在期满后次一个工作日通知被收购公司，并予公告；此后每30日应当公告一次，直至公告要约收购报告书。收购人在公告要约收购报告书之前可以自行取消收购计划，不过应当公告原因；自公告之日起12个月内，该收购人不得再次对同一上市公司进行收购。

2. 要约期限

收购要约约定的收购期限不得少于30日，并不得超过60日。但出现竞争要约的除外。在收购要约确定的承诺期内，收购人不得撤销其收购要约。

3. 变更要约

收购人需要变更收购要约的，必须及时公告，载明具体变更事项，并通知被收购公司，且不得存在下列情形：（1）降低收购价格；（2）减少预定收购股份数额；（3）缩短收购期限；（4）国务院证券监督管理机构规定的其他情形。

在收购要约期限届满前15日内，收购人不得变更收购要约，但出现竞争要约的除外。

4. 竞争要约

出现竞争要约时，发出初始要约的收购人变更收购要约距初始要约收购期限届满不足15日的，应当延长收购期限，延长后的要约期应当不少于15日，不得超过最后一个竞争要约的期满日，并按规定比例追加履约保证金；以证券支付收购价款的，应当追加相应数量的证券，交由证券登记结算机构保管。

发出竞争要约的收购人最迟不得晚于初始要约收购期限届满前15日发出要约收购的提示性公告，并应当根据规定履行报告、公告义务。

5. 要约价格和条件

（1）要约价格适用"底价规则"。"底价规则"，是指收购人对同一种类股票的要约价格，不得低于要约收购提示性公告日前 6 个月内收购人取得该种股票所支付的最高价格。要约价格低于提示性公告前 30 个交易日该种股票的每日加权平均价格的算术平均值的，收购人聘请的财务顾问应当就该种股票前 6 个月的交易情况进行分析，说明是否存在股价被操纵、要约价格是否合理等情况。

（2）收购要约提出的各项收购条件，应当适用于被收购公司的所有股东。上市公司发行不同种类股份的，收购人可以针对持有不同种类股份的股东提出不同的收购条件。

6. 要约收购的排他性

采取要约收购方式的，收购人作出公告后至收购期限届满前，不得卖出被收购公司的股票，也不得采取要约规定以外的形式和超出要约的条件买入被收购公司的股票。

7. 被收购公司董事会的义务

（1）公告董事会意见的义务。被收购公司董事会应当对收购人的主体资格、资信情况及收购意图进行调查，对要约条件进行分析，对股东是否接受要约提出建议，并聘请独立财务顾问提出专业意见。在收购人公告要约收购报告书后 20 日内，被收购公司董事会应当公告被收购公司董事会报告书与独立财务顾问的专业意见。收购人对收购要约条件做出重大变更的，被收购公司董事会应当在 3 个工作日内公告董事会及独立财务顾问就要约条件的变更情况所出具的补充意见。

（2）不得恶意处置公司资产的义务。在收购人作出提示性公告后至要约收购完成前，被收购公司除继续从事正常的经营活动或者执行股东大会已经作出的决议外，未经股东大会批准，被收购公司董事会不得通过处置公司资产、对外投资、调整公司主要业务、担保、贷款等方式，对公司的资产、负债、权益或者经营成果造成重大影响。

（3）在要约收购期间，被收购公司董事不得辞职。

8. 被收购公司股东的预受

（1）预受的概念。

预受，是指被收购公司股东同意接受要约的初步意思表示，在要约收购期限内不可撤回之前不构成承诺。

（2）预受的法律效力。

①未撤回预受前不得转让。预受并不是承诺，但预受股东应当委托证券公司办理预受要约的相关手续。收购人应当委托证券公司向证券登记结算机构申请办理预受要约股票的临时保管。证券登记结算机构临时保管的预受要约的股票，在要约收购期间不得转让。

②在要约不可撤回期之前，预受股东可以撤回预受。根据《上市公司收购管理办法》的规定，在要约收购期限届满 3 个交易日前，预受股东可以委托证券公司办理撤回预受要约的手续，证券登记结算机构根据预受要约股东的撤回申请解除对预受要约股票的临时保管。在要约收购期限届满前 3 个交易日内，预受股东不得撤回其对要约的接受。在要约收购期限内，收购人应当每日在证券交易所网站上公告已预受收购要约的股份数量。

预受股东撤回预受，既可能是因为其不满意要约条件，也可能是有更优厚的要约价格出现，例如，出现了竞争要约。预受不是承诺的法律定性，其实是给予了股东在一定期限内后悔的权利。

③对于预受股份，收购人应当依约购买。根据《上市公司收购管理办法》的规定，要约收购人在收购要约期限届满，不按照约定支付收购价款或者购买预受股份的，自该事实发生之日起3年内不得收购上市公司，中国证监会不受理收购人及其关联方提交的申报文件。

9. 要约期满

（1）收购人购买预受股份并报告、公告。根据《上市公司收购管理办法》的规定，收购期限届满，发出部分要约的收购人应当按照收购要约约定的条件购买被收购公司股东预受的股份，预受要约股份的数量超过预定收购数量时，收购人应当按照同等比例收购预受要约的股份；以终止被收购公司上市地位为目的的，收购人应当按照收购要约约定的条件购买被收购公司股东预受的全部股份；因不符合免于发于要约规定而发出全面要约的收购人应当购买被收购公司股东预受的全部股份。

收购期限届满后3个交易日内，接受委托的证券公司应当向证券登记结算机构申请办理股份转让结算、过户登记手续，解除对超过预定收购比例的股票的临时保管；收购人应当公告本次要约收购的结果。

收购期限届满后15日内，收购人应当向证券交易所提交关于收购情况的书面报告，并予以公告。

（2）因收购而不符合公众性要求的被收购公司退市。根据《上市公司收购管理办法》的规定，收购期限届满，被收购公司股权分布不符合证券交易所规定的上市交易要求，该上市公司的股票由证券交易所依法终止上市交易。

（3）剩余股东的强制出售权。根据《上市公司收购管理办法》的规定，在收购行为完成前，其余仍持有被收购公司股票的股东，有权在收购报告书规定的合理期限内向收购人以收购要约的同等条件出售其股票，收购人应当收购。

（三）强制要约收购制度

1. 强制要约收购的概念

强制要约收购，是指法律规定在特定条件下收购人对被收购公司股份的买入或增持必须采用要约收购的方式，以保护被收购公司中小股东的一种制度。对于具备法定情形的收购人来说，强制要约收购其实是一种法定义务，除非具备法律豁免的情形，否则必须采用要约的方式。

2. 触发强制要约收购的持股比例

《证券法》第六十五条规定："通过证券交易所的证券交易，投资者持有或者通过协议、其他安排与他人共同持有一个上市公司已发行的有表决权股份达到30%时，继续进行收购的，应当依法向该上市公司所有股东发出收购上市公司全部或者部分股份的要约。"可见，我国触发强制要约的持股比例点为30%。

收购人通过场内收购或协议收购或其他方式在一个上市公司中拥有权益的股份达到或者超过该公司已发行股份的5%，但未超过30%的，仅需按规定履行权益预警披露义务即可。一旦收购人拥有权益的股份达到该公司已发行股份的30%时，继续进行收购的，就引发强制要约收购义务，应当依法向该上市公司的股东发出全面要约或者部分要约，除非符合《上市公司收购管理办法》规定的免除发出要约的情形。

3. 触发强制要约收购的情形

收购人无论是以交易所交易方式（场内收购），还是以协议收购的方式，或者通过间接收购，持有一个上市公司的股份达到该公司已发行股份的30%，之后如拟继续增持，就应采用要约的方式，除非符合《上市公司收购管理办法》所规定的免除发出要约的情形。但根据收购人前期所采收购方式的不同，后续触发的仅是要约收购义务抑或全面要约收购义务，还是有所区别的。

（1）在场内收购情形下：通过证券交易所的证券交易，收购人持有一个上市公司的股份达到该公司已发行股份的30%时，继续增持股份的，应当采取要约的方式进行，收购人可以发出全面要约或者部分要约。

（2）在间接收购的情形下：收购人虽不是上市公司的股东，但通过投资关系、协议、其他安排导致其拥有权益的股份超过该公司已发行股份的30%的，应当向该公司所有股东发出全面要约；收购人预计无法在事实发生之日起30日内发出全面要约的，应当在前述30日内促使其控制的股东将所持有的上市公司股份减持至30%或者30%以下，并自减持之日起2个工作日内予以公告；其后收购人或者其控制的股东拟继续增持的，应当采取要约方式；拟免除发出要约的，应当按照《上市公司收购管理办法》的规定办理。

例如，甲公司拟购买乙公司100%的股权从而成为乙公司的母公司，乙公司持有丙上市公司60%的股份。由于乙公司成为甲公司的全资子公司后，将使得甲公司间接拥有丙上市公司的权益超过丙上市公司已发行股份的30%，只要不具备免除发出要约的法定情形，甲公司就应在与乙公司的原股东签订股权转让协议后30日内向丙上市公司除乙公司之外的其他所有股东发出全面要约。

（3）在协议收购的情形下：收购人拟通过协议方式收购一个上市公司的股份超过30%的，超过30%的部分，应当改以要约方式进行；但如果符合免除发出要约的规定，收购人可以免于以要约方式继续增持或免于发出要约。符合免除发出要约规定情形的，收购人可以履行其收购协议；不符合免除发出要约规定情形的，在履行其收购协议前，应当发出全面要约。

例如，甲公司拟向某上市公司的控股股东乙协议受让其所持有的35%的股份，由于该预定受让股份比例已超过法定的临界点30%，因此除非具备免除发出要约的法定情形，否则甲公司应在与乙签订股份转让协议之后、履行该协议之前，向该上市公司除乙之外的其他所有股东发出全面要约。但是，假设甲、乙之间的此次受让符合免于以要约方式增持的法定情形（例如，甲公司与乙实际上受制于同一实际控制人，此次股权转让不会导致上市公司控制权结构发生变更），则甲、乙可以直接履行股份受让协议进行股份转让。

4. 免除发出要约

（1）免除发出要约的概念。

免除发出要约，是指对于触发强制要约收购义务的收购人，法律规定其在法定情形下可以免于以要约的方式（如可以协议受让的方式）继续增持被收购公司股份，或者免于向被收购公司的所有股东发出收购要约的制度。换言之，免除发出要约，是对强制要约收购义务的法定豁免。

根据《上市公司收购管理办法》规定，符合免除发出要约规定的，投资者及其一致行动人可以：第一，免于以要约收购方式增持股份；第二，存在主体资格、股份种类限制或者法律、行政法规、中国证监会规定的特殊情形的，免于向被收购公司的所有股东发出收购要约。对于不符合免除发出要约规定的，投资者及其一致行动人应当在30日内将其或者其控制的股东所持有的被收购公司股份减持到30%或者30%以下；拟以要约以外的方式继续增持股份的，应当发出全面要约。因此，免除发出要约主要包括免于以要约收购的方式增持股份和免于发出要约两种情形。

（2）免于以要约方式增持股份。

根据《上市公司收购管理办法》第六十二条的规定，有下列情形之一的，收购人可以免于以要约方式增持股份：①收购人与出让人能够证明本次股份转让是在同一实际控制人控制的不同主体之间进行，未导致上市公司的实际控制人发生变化；②上市公司面临严重财务困难，收购人提出的挽救公司的重组方案取得该公司股东大会批准，且收购人承诺3年内不转让其在该公司中所拥有的权益；③中国证监会为适应证券市场发展变化和保护投资者合法权益的需要而认定的其他情形。

其中，对于前述第②项中的"上市公司面临严重财务困难"的理解，根据中国证监会相关适用意见，上市公司存在以下情形之一的，可以认定其面临严重财务困难：第一，最近两年连续亏损；第二，最近一年期末股东权益为负值；第三，最近一年亏损且其主营业务已停顿半年以上；第四，中国证监会认定的其他情形。

（3）免于发出要约。

根据《上市公司收购管理办法》第六十三条的规定，有下列情形之一的，投资者可以免于发出要约：①经政府或者国有资产管理部门批准进行国有资产无偿划转、变更、合并，导致投资者在一个上市公司中拥有权益的股份占该公司已发行股份的比例超过30%；②因上市公司按照股东大会批准的确定价格向特定股东回购股份而减少股本，导致投资者在该公司中拥有权益的股份超过该公司已发行股份的30%；③经上市公司股东大会非关联股东批准，投资者取得上市公司向其发行的新股，导致其在该公司拥有权益的股份超过该公司已发行股份的30%，投资者承诺3年内不转让本次向其发行的新股，且公司股东大会同意投资者免于发出要约；④在一个上市公司中拥有权益的股份达到或者超过该公司已发行股份的30%的，自上述事实发生之日起1年后，每12个月内增持不超过该公司已发行的2%的股份；⑤在一个上市公司中拥有权益的股份达到或者超过该公司已发行股份的50%的，继续增加其在该公司拥有的权益不影响该公司的上市地位；⑥证券公司、银行等金融机构在其经营范围内依法从事承销、贷款等业务导致其持有一个上市公司已发行股份超过30%，没有实际控制该公司的行为或者意图，并且提出在合理期限内向非关联方转让相关股份的解决方案；⑦因继承导致在一个上市公司中拥有权益的股份超过该公司已发行股份的30%；⑧因履行约定购回式证券交易协议购回上市公司股份导致投资者在一个上市公司中拥有权益的股份超过该公司已发行股份的30%，并且能够证明标的股份的表决权在协议期间未发生转移；⑨因所持优先股表决权依法恢复导致投资者在一个上市公司中拥有权益的股份超过该公司已发行股份的30%；⑩中国证监会为适应证券市场发展变化和保护投资者合法权益的需要而认定的其他情形。

相关投资者应在前款规定的权益变动行为完成后3日内就股份增持情况作出公告，律师应就相关投资者权益变动行为发表符合规定的专项核查意见并由上市公司予以披露。相关投资者按照前款第⑤项规定采用集中竞价方式增持股份，每累计增持股份比例达到该公司已发行股份的2%的，在事实发生当日和上市公司发布相关股东增持公司股份进展公告的当日不得再行增持股份。前款第④项规定的增持不超过2%的股份锁定期为增持行为完成之日起6个月。

收购人按照以上规定的情形免于发出要约的，应当聘请符合《证券法》规定的律师事务所等专业机构出具专业意见。

四、特殊类型收购

（一）协议收购

1. 协议收购的概念和特点

（1）协议收购的概念。

协议收购，是指由收购人和被收购公司的控股股东之间通过协议转让股权方式完成控制权转移的一种收购方式。

（2）协议收购的特点。

①由于协议收购涉及的股权转让往往是整笔股权，不像场内收购那样可以精确控制拟购买股份数量或比例，因此在确定权益变动披露的时点时，协议收购与场内收购有所不同。

②协议收购的价格源于收购人和转让人之间的协商，既不同于场内收购的市价，也不同于要约收购情形下通常高于市价，且适用于被收购公司所有股东的那个价格。换言之，协议收购情形下的收购溢价是为转让股东所独享的。因此，当协议收购触发强制要约收购义务时，收购人应进行全面要约。

以上特点，前文已讨论，不再赘述。但协议收购的场合，还涉及一些特殊的规则，例如过渡期安排、出让股份之控股股东的义务、股份过户等。

2. 过渡期安排

（1）过渡期的概念。

协议收购的过渡期，是指以协议方式进行上市公司收购的，自签订收购协议起至相关股份完成过户的这一段期间。

（2）对过渡期安排的限制性规定。

根据《上市公司收购管理办法》的规定，在过渡期内，收购人不得通过控股股东提议改选上市公司董事会，确有充分理由改选董事会的，来自收购人的董事不得超过董事会成员的1/3；被收购公司不得为收购人及其关联方提供担保；被收购公司不得公开发行股份募集资金，不得进行重大购买、出售资产及重大投资行为或者与收购人及其关联方进行其他关联交易，但收购人为挽救陷入危机或者面临严重财务困难的上市公司的情形除外。

3. 出让股份之控股股东的义务

协议收购场合转让股份的控股股东的具体义务表现为：被收购公司控股股东向收购人协议转让其所持有的上市公司股份的，应当对收购人的主体资格、诚信情况及收购意图进行调查，并在其权益变动报告书中披露有关调查情况。

另外，控股股东及其关联方未清偿其对公司的负债，未解除公司为其负债提供的担保，或者存在损害公司利益的其他情形的，被收购公司董事会应当对前述情形及时予以披露，并采取有效措施维护公司利益。

4. 股份过户

为了保证交易安全和协议各方的履约诚意，《上市公司收购管理办法》要求，协议收购的相关当事人应当向证券登记结算机构申请办理拟转让股份的临时保管手续，并可以将用于支付的现金存放于证券登记结算机构指定的银行。

收购报告书公告后，相关当事人应当按照证券交易所和证券登记结算机构的业务规则，在证券交易所就本次股份转让予以确认后，凭全部转让款项存放于双方认可的银行账户的证明，向证券登记结算机构申请解除拟协议转让股票的临时保管，并办理过户登记手续。

收购人未按规定履行报告、公告义务，或者未按规定提出申请的，证券交易所和证券登记结算机构不予办理股份转让和过户登记手续。

收购人在收购报告书公告后30日内仍未完成相关股份过户手续的，应当立即作出公告，说明理由；在未完成相关股份过户期间，应当每隔30日公告相关股份过户办理进展情况。

5. 管理层收购

（1）管理层收购的概念和特点。

管理层收购，通常是指上市公司董事、监事、高级管理人员、员工或者其所控制或者委托的法人或者其他组织，对本公司进行收购或者通过协议、其他安排等方式获取本公司控制权的行为。

管理层收购具有如下特点：①收购人主体具有特定性。管理层收购人通常主要是本公司管理层，但又不以管理层为限，既可能是董事、监事、高级管理人员等为代表的管理层及公司员工，也可能是由董事、监事、高级管理人员、员工所控制或委托的法人或其他组织。②对管理层收购有严格的公司治理和程序方面的要求。管理层收购本公司的股权以控制本公司，可能是符合股权激励安排、减少监督成本的安排，但也存在管理层利用其在公司的特殊地位损害公司股东的可能，并且基于管理层对公司股东的信义义务，管理层从股东手中购买本公司股权存在利益冲突。因此现代证券法制通常对管理层收购予以较为严格的特别规制。

（2）对管理层收购的特别规制。

根据《上市公司收购管理办法》的规定，上市公司董事、监事、高级管理人员、员工或者其所控制或者委托的法人或者其他组织，拟对本公司进行收购或者通过间接收购取得本公司控制权的，应符合如下条件和程序：①该上市公司应当具备健全且运行良好的组织机构以及有效的内部控制制度，公司董事会成员中独立董事的比例应当达到或者超过1/2。②公司应当聘请符合《证券法》规定的资产评估机构提供公司资产评估报告，本次收购应当经董事会非关联董事作出决议，且取得2/3以上的独立董事同意后，提交公司股东大会审议，经出席股东大会的非关联股东所持表决权过半数通过。独立董事发表意见前，应当聘请独立财务顾问就本次收购出具专业意见，独立董事及独立财务顾问的意见应当一并予以公告。③上市公司董事、监事、高级管理人员存在《公司法》第一百八十二条至第一百八十五条规定情形，或者最近3年有证券市场不良诚信记录的，不得收购本公司。

（二）间接收购

1. 对间接收购的理解

除了直接购买上市公司的股权以获得对其的控制权之外，现实中还可能存在多种安排可以达到类似的效果，《证券法》将其表述为"通过协议、其他安排"。例如，收购人可能通过获得上市公司母公司的控制权，从而间接控制了上市公司。《上市公司收购管理办法》将这些因"其他安排"而导致的控制情形统一称为"间接收购"，并且规定："收购人虽不是上市公司的股东，但通过投资关系、协议、其他安排导致其拥有权益的股份达到或者超过一个上市公司已发行股份的5%，未超过30%的"，应当按照规定进行权益变动预警披露。

2. 对间接收购的规制

（1）间接收购同样应遵循强制要约收购规则。根据《上市公司收购管理办法》的规定，收购人拥有权益的股份超过该公司已发行股份的30%的，应当向该公司所有股东发出全面要约；收购人预计无法在事实发生之日起30日内发出全面要约的，应当在前述30日内促使其控制的股东将所持有的上市公司股份减持至30%或者30%以下，并自减持之日起2个工作日内予以公告；其后收购人或者其控制的股东拟继续增持的，应当采取要约方式；拟依据《上市公司收购管理办法》的规定免于发出要约的，应当编制上市公司收购报告书，通知被收购公司，并公告上市公司收购报告书摘要。

（2）间接收购同样应遵循收购信息披露规则。投资者虽不是上市公司的股东，但通过投资关系取得对上市公司股东的控制权，而受其支配的上市公司股东所持股份达到相关比例，且对该股东的资产和利润构成重大影响的，也应当（在拥有权益的股份达到或者超过一个上市公司已发行股份的5%，未超过30%时）履行权益预警披露义务，以及履行在引发强制要约收购时编制要约收购报告书，或免于发出要约时编制上市公司收购报告书的义务。

（3）间接收购中上市公司实际控制人负有配合义务。在间接收购中，由于收购人只是上市公司的实际控制人，相关很多信息上市公司不能获得，因此，上市公司实际控制人及受其支配的股东，负有配合上市公司真实、准确、完整披露有关实际控制人发生变化的信息的义务；实际控制人及受其支配的股东拒不履行上述配合义务，导致上市公司无法履行法定信息披露义务而承担民事、行政责任的，上市公司有权对其提起诉讼。实际控制人、控股股东指使上市公司及其有关人员不依法履行信息披露义务的，中国证监会依法进行查处。

五、收购中的信息披露

在收购过程中，收购人需要披露大量的信息，以让被收购公司中小股东判断是否接受收购要约或者对公司未来的前景作出判断。由于中小股东可能并不参与上市公司的经营，对公司股票的价值也许并无准确的判断，因此，被收购公司的董事会也有一定的信息披露义务。

(一) 要约收购报告书

1. 要约收购报告书的适用

要约收购报告书是收购人进行要约收购时的法定信息披露文件。当收购人主动采用要约收购方式，或者不符合免于发出要约规定须改以要约方式进行收购的，收购人应当编制要约收购报告书，聘请财务顾问，通知被收购公司，同时对要约收购报告书摘要作出提示性公告。

2. 要约收购报告书的内容

根据《上市公司收购管理办法》，要约收购报告书必须载明下列事项：（1）收购人的姓名、住所；收购人为法人的，其名称、注册地及法定代表人，与其控股股东、实际控制人之间的股权控制关系结构图；（2）收购人关于收购的决定及收购目的，是否拟在未来12个月内继续增持；（3）上市公司的名称、收购股份的种类；（4）预定收购股份的数量和比例；（5）收购价格；（6）收购所需资金额、资金来源及资金保证，或者其他支付安排；（7）收购要约约定的条件；（8）收购期限；（9）报送收购报告书时持有被收购公司的股份数量、比例；（10）本次收购对上市公司的影响分析，包括收购人及其关联方所从事的业务与上市公司的业务是否存在同业竞争或者潜在的同业竞争，是否存在持续关联交易；存在同业竞争或者持续关联交易的，收购人是否已作出相应的安排，确保收购人及其关联方与上市公司之间避免同业竞争以及保持上市公司的独立性；（11）未来12个月内对上市公司资产、业务、人员、组织结构、公司章程等进行调整的后续计划；（12）前24个月内收购人及其关联方与上市公司之间的重大交易；（13）前6个月内通过证券交易所的证券交易买卖被收购公司股票的情况；（14）中国证监会要求披露的其他内容。

收购人发出全面要约的，应当在要约收购报告书中充分披露终止上市的风险、终止上市后收购行为完成的时间及仍持有上市公司股份的剩余股东出售其股票的其他后续安排；收购人发出以终止公司上市地位为目的的全面要约，无须披露前款第（10）项规定的内容。

(二) 上市公司收购报告书

上市公司收购报告书是当收购人触发了强制要约收购义务但符合免除发出要约情形时的法定信息披露文件。以协议方式收购上市公司股份超过30%，收购人拟依据《上市公司收购管理办法》第六十二条、第六十三条第一款第（一）项、第（二）项、第（十）项的规定免于发出要约的，应当在与上市公司股东达成收购协议之日起3日内编制上市公司收购报告书，通知被收购公司，并公告上市公司收购报告书摘要。收购人应当在收购报告书摘要公告后5日内，公告其收购报告书、财务顾问专业意见和律师出具的法律意见书；不符合《上市公司收购管理办法》规定的免于发出要约情形的，应当予以公告，并且或者在30日内减持至30%或者30%以下，或者以发出全面要约的方式增持。

(三) 被收购公司董事会报告书

考虑到被收购公司董事会在目标公司中的地位，其是判断要约收购条件是否合适的最恰当人选，以及基于公司董事会对股东承担的信义责任，证券法制通常要求被收购公司董事会对要约条件进行分析，就股东是否接受要约提出建议。被收购公司董事会报告书即是此情境下被收购公司应予以公布的法定信息披露文件。

根据《上市公司收购管理办法》的规定，被收购公司董事会应当对收购人的主体资格、资信情况及收购意图进行调查，对要约条件进行分析，对股东是否接受要约提出建议，并聘请独立财务顾问提出专业意见。在收购人公告要约收购报告书后20日内，被收购公司董事会应当将被收购公司董事会报告书与独立财务顾问的专业意见报送中国证监会，同时抄报派出机构，抄送证券交易所，并予公告。

收购人对收购要约条件作出重大变更的，被收购公司董事会应当在3个工作日内提交董事会及独立财务顾问就要约条件的变更情况所出具的补充意见，并予以报告、公告。

六、上市公司重大资产重组

公司上市后可能因为各种原因发生重大资产重组，导致上市公司的业务性质、业务风险、盈利能力都发生重大变化，投资者的投资风险也因此发生改变。在一般情况下，如果资产重组仅采用上市公司现金购买或者出售资产的方式，则只是公司的一个重大经营决策，只需按照《公司法》和公司章程中的内部决策流程即可，对投资者的保护也可以通过及时的信息披露和《公司法》对股东权的保护来完成。但上市公司重大资产重组往往导致公司发生重大变化，需要特殊的信息披露规则，甚至可能产生重组后上市公司是否还符合上市资质的问题；另外，上市公司往往采用发行股份购买资产的方式来进行重大资产重组，甚至因此伴随有上市公司控制权的转移。因此，《证券法》虽未涉及上市公司的重大资产重组行为（《证券法》第八十条将"公司的重大投资行为"列为"重大事件"），但《上市公司重大资产重组管理办法》对上市公司重大资产重组进行了明确规定。

（一）重大资产重组的界定和类型

1. 重大资产重组的概念

上市公司重大资产重组，是指上市公司及其控股或者控制的公司在日常经营活动之外购买、出售资产或者通过其他方式进行资产交易达到规定的标准，导致上市公司的主营业务、资产、收入发生重大变化的资产交易行为。其中，所称"通过其他方式进行资产交易"，包括：（1）与他人新设企业、对已设立的企业增资或者减资；（2）受托经营、租赁其他企业资产或者将经营性资产委托他人经营、租赁；（3）接受附义务的资产赠与或者对外捐赠资产；（4）中国证监会根据审慎监管原则认定的其他情形。

上市公司发行股份购买资产，如果资产交易达到《上市公司重大资产重组管理办法》规定的标准，则应适用《上市公司重大资产重组管理办法》。

上市公司按照经中国证监会注册的证券发行申请所披露的募集资金用途，使用募集资金购买资产、对外投资的行为，不适用《上市公司重大资产重组管理办法》。

2. 重大资产重组的类型

根据资产交易达到的不同标准，上市公司重大资产重组分为两类，一类是普通重大资产重组，另一类是特殊重大资产重组（或称"借壳上市"）。

（1）普通重大资产重组的标准。

根据《上市公司重大资产重组管理办法》的规定，上市公司及其控股或者控制的公司购买、出售资产，达到下列标准之一的，构成重大资产重组：①购买、出售的资产总额占上市公司最近一个会计年度经审计的合并财务会计报告期末资产总额的比例达到50%以上；②购买、出售的资产在最近一个会计年度所产生的营业收入占上市公司同期经审计的合并财务会计报告营业收入的比例达到50%以上，且超过5 000万元人民币；③购买、出售的资产净额占上市公司最近一个会计年度经审计的合并财务会计报告期末净资产额的比例达到50%以上，且超过5 000万元人民币。

购买、出售资产未达到前款规定标准，但中国证监会发现涉嫌违反国家产业政策、违反法律和行政法规、违反中国证监会的规定、可能损害上市公司或者投资者合法权益等重大问题的，可以根据审慎监管原则，责令上市公司暂停交易、按照本办法的规定补充披露相关信息、聘请符合《证券法》规定的独立财务顾问或者其他证券服务机构补充核查并披露专业意见。

（2）特殊重大资产重组的标准。

根据《上市公司重大资产重组管理办法》的规定，上市公司自控制权发生变更之日起36个月内，向收购人及其关联人购买资产，导致上市公司发生以下根本变化情形之一的，构成重大资产重组，应当按照本办法的规定履行相关义务和程序：①购买的资产总额占上市公司控制权发生变更的前一个会计年度经审计的合并财务会计报告期末资产总额的比例达到100%以上；②购买的资产在最近一个会计年度所产生的营业收入占上市公司控制权发生变更的前一个会计年度经审计的合并财务会计报告营业收入的比例达到100%以上；③购买的资产净额占上市公司控制权发生变更的前一个会计年度经审计的合并财务会计报告期末净资产额的比例达到100%以上；④为购买资产发行的股份占上市公司首次向收购人及其关联人购买资产的董事会决议前一个交易日的股份的比例达到100%以上；⑤上市公司向收购人及其关联人购买资产虽未达到本款第①至第④项标准，但可能导致上市公司主营业务发生根本变化；⑥中国证监会认定的可能导致上市公司发生根本变化的其他情形。

判断构成重大资产重组时的"控制权"，按照《上市公司收购管理办法》第八十四条的规定进行认定。上市公司股权分散，董事、高级管理人员可以支配公司重大的财务和经营决策的，视为具有上市公司控制权。

3. 计算重大资产重组相关比例的具体要求

（1）购买的资产为股权的，其资产总额以被投资企业的资产总额与该项投资所占股权比例的乘积和成交金额两者中的较高者为准，营业收入以被投资企业的营业收入与该项投资所占股权比例的乘积为准，资产净额以被投资企业的净资产额与该项投资所占股权比例的乘积和成交金额两者中的较高者为准；出售的资产为股权的，其资产总额、营业收入以及资产净额分别以被投资企业的资产总额、营业收入以及净资产额与该项投资所占股权比例的乘积为准。

购买股权导致上市公司取得被投资企业控股权的，其资产总额以被投资企业的资产总额和成交金额两者中的较高者为准，营业收入以被投资企业的营业收入为准，资产净额以被投资企业的净资产额和成交金额两者中的较高者为准；出售股权导致上市公司丧失被投资企业控股权的，其资产总额、营业收入以及资产净额分别以被投资企业的资产总额、营业收入以及净资产额为准。

（2）购买的资产为非股权资产的，其资产总额以该资产的账面值和成交金额两者中的较高者为准，资产净额以相关资产与负债的账面值差额和成交金额两者中的较高者为准；出售的资产为非股权资产的，其资产总额、资产净额分别以该资产的账面值、相关资产与负债账面值的差额为准；该非股权资产不涉及负债的，不适用"购买、出售的资产净额占上市公司最近一个会计年度经审计的合并财务会计报告期末净资产额的比例达到50%以上，且超过5 000万元人民币"的标准。

（3）上市公司同时购买、出售资产的，应当分别计算购买、出售资产的相关比例，并以两者中比例较高者为准。

（4）上市公司在12个月内连续对同一或者相关资产进行购买、出售的，以其累计数分别计算相应数额。已按照《上市公司重大资产重组管理办法》的规定编制并披露重大资产重组报告书的资产交易行为，无须纳入累计计算的范围。中国证监会对特殊重大资产重组的累计期限和范围另有规定的，从其规定。交易标的资产属于同一交易方所有或者控制，或者属于相同或者相近的业务范围，或者中国证监会认定的其他情形下，可以认定为同一或者相关资产。

（二）重大资产重组的行为要求和条件

1. 重大资产重组的原则性要件

根据《上市公司重大资产重组管理办法》的规定，上市公司实施重大资产重组，应当就本次交易符合下列要求作出充分说明，并予以披露：（1）符合国家产业政策和有关环境保护、土地管理、反垄断、外商投资、对外投资等法律和行政法规的规定；（2）不会导致上市公司不符合股票上市条件；（3）重大资产重组所涉及的资产定价公允，不存在损害上市公司和股东合法权益的情形；（4）重大资产重组所涉及的资产权属清晰，资产过户或者转移不存在法律障碍，相关债权债务处理合法；（5）有利于上市公司增强持续经营能力，不存在可能导致上市公司重组后主要资产为现金或者无具体经营业务的情形；（6）有利于上市公司在业务、资产、财务、人员、机构等方面与实际控制人及其关联人保持独立，符合中国证监会关于上市公司独立性的相关规定；（7）有利于上市公司形成或者保持健全有效的法人治理结构。

2. 上市公司实施特殊重大资产重组的特别要求

以上是所有重大资产重组行为都必须遵守的要求。根据《上市公司重大资产重组管理办法》的规定，上市公司实施特殊重大资产重组，还应当符合下列要求：（1）符合《上市公司重大资产重组管理办法》第十一条、第四十三条规定的要求；（2）上市公司购买的资产对应的经营实体应当是股份有限公司或者有限责任公司，且符合《首次公开发行股票注册管理办法》规定的其他发行条件、相关板块定位，以及证券交易所规定的具体条件；（3）上市公司及其最近3年内的控股股东、实际控制人不存在因涉嫌犯罪正被司法机关立案侦查或涉嫌违法违规正被中国证监会立案调查的情形。但是，涉嫌犯罪或违法违规的行为已经终止满3年，交易方案能够消除该行为可能造成的不良后果，且不影响对相关行为人追究责任的除外；（4）上市公司及其控股股东、实际控制人最近12个月内未受到证券交易所公开谴责,不存在其他重大失信行为;(5)本次重大资产重组不存在中国证监会认定的可能损害投资者合法权益,或者违背公开、公平、公正原则的其他情形。

上市公司实施特殊重大资产重组,涉及发行股份的,适用《证券法》和中国证监会的相关规定,应当报经中国证监会注册。

(三) 发行股份购买资产的规定

1. 发行股份购买资产的要求

根据《上市公司重大资产重组管理办法》的规定,上市公司发行股份购买资产,应当符合下列规定:(1)充分说明并披露本次交易有利于提高上市公司资产质量、改善财务状况和增强持续盈利能力,有利于上市公司减少关联交易、避免同业竞争、增强独立性;(2)上市公司最近一年及一期财务会计报告被注册会计师出具无保留意见审计报告;被出具保留意见、否定意见或者无法表示意见的审计报告的,须经注册会计师专项核查确认,该保留意见、否定意见或者无法表示意见所涉及事项的重大影响已经消除或者将通过本次交易予以消除;(3)上市公司及其现任董事、高级管理人员不存在因涉嫌犯罪正被司法机关立案侦查或涉嫌违法违规正被中国证监会立案调查的情形,但是,涉嫌犯罪或违法违规的行为已经终止满3年,交易方案有助于消除该行为可能造成的不良后果,且不影响对相关行为人追究责任的除外;(4)充分说明并披露上市公司发行股份所购买的资产为权属清晰的经营性资产,并能在约定期限内办理完毕权属转移手续;(5)中国证监会规定的其他条件。

上市公司为促进行业的整合、转型升级,在其控制权不发生变更的情况下,可以向控股股东、实际控制人或者其控制的关联人之外的特定对象发行股份购买资产。所购买资产与现有主营业务没有显著协同效应的,应当充分说明并披露本次交易后的经营发展战略和业务管理模式,以及业务转型升级可能面临的风险和应对措施。

特定对象以现金或者资产认购上市公司的股份后,上市公司用同一次发行所募集的资金向该特定对象购买资产的,视同上市公司发行股份购买资产。

2. 发行股份购买资产的发行价格

上市公司发行股份的价格不得低于市场参考价的80%。市场参考价为本次发行股份购买资产的董事会决议公告日前20个交易日、60个交易日或者120个交易日的公司股票交易均价之一。本次发行股份购买资产的董事会决议应当说明市场参考价的选择依据。

这里所称交易均价的计算公式为:

$$\frac{\text{董事会决议公告日前若干个}}{\text{交易日公司股票交易均价}} = \frac{\text{决议公告日前若干个交易日公司股票交易总额}}{\text{决议公告日前若干个交易日公司股票交易总量}}$$

3. 对以资产认购而取得上市公司股份的特定对象的限售要求

特定对象以资产认购而取得的上市公司股份,自股份发行结束之日起12个月内不得转让;属于下列情形之一的,36个月内不得转让:(1)特定对象为上市公司控股股东、实际控制人或者其控制的关联人;(2)特定对象通过认购本次发行的股份取得上市公司的实际控制权;(3)特定对象取得本次发行的股份时,对其用于认购股份的资产持续拥有权益的时间不足 12 个月。

属于特殊重大资产重组（即"借壳上市"情形）的，上市公司原控股股东、原实际控制人及其控制的关联人，以及在交易过程中从该等主体直接或间接受让该上市公司股份的特定对象应当公开承诺，在本次交易完成后 36 个月内不转让其在该上市公司中拥有权益的股份；除收购人及其关联人以外的特定对象应当公开承诺，其以资产认购而取得的上市公司股份自股份发行结束之日起 24 个月内不得转让。

4. 发行股份购买资产涉及收购情形的处理

如果上市公司发行股份购买资产导致特定对象持有或者控制的股份达到法定比例的，也应当按照《上市公司收购管理办法》的规定履行收购信息披露义务或强制要约收购义务等。

上市公司向控股股东、实际控制人或者其控制的关联人发行股份购买资产，或者发行股份购买资产将导致上市公司实际控制权发生变更的，认购股份的特定对象应当在发行股份购买资产报告书中公开承诺：本次交易完成后 6 个月内如上市公司股票连续 20 个交易日的收盘价低于发行价，或者交易完成后 6 个月期末收盘价低于发行价的，其持有公司股票的锁定期自动延长至少 6 个月。

前述（以资产认购发行人股份的）控股股东、实际控制人或者其控制的关联人还应当在发行股份购买资产报告书中公开承诺：如本次交易因涉嫌所提供或披露的信息存在虚假记载、误导性陈述或者重大遗漏，被司法机关立案侦查或者被中国证监会立案调查的，在案件调查结论明确以前，不转让其在该上市公司拥有权益的股份。

（四）信息披露和公司决议

1. 重大资产重组的信息披露

重大资产重组涉及上市公司的重大变化，具有"重大性"，属于《证券法》中的"重大事件"，应当按照信息披露相关规则的规定及时予以披露。在履行法定披露程序之前，资产重组的各参与方都应当严格保密。

根据《上市公司重大资产重组管理办法》的规定，上市公司与交易对方就重大资产重组事宜进行初步磋商时，应当立即采取必要且充分的保密措施，制定严格有效的保密制度，限定相关敏感信息的知悉范围。上市公司及交易对方聘请证券服务机构的，应当立即与所聘请的证券服务机构签署保密协议。上市公司关于重大资产重组的董事会决议公告前，相关信息已在媒体上传播或者公司股票交易出现异常波动的，上市公司应当立即将有关计划、方案或者相关事项的现状以及相关进展情况和风险因素等予以公告，并按照有关信息披露规则办理其他相关事宜。

2. 公司决议

上市公司股东大会就重大资产重组事项作出决议，必须经出席会议的股东所持表决权的 2/3 以上通过。

上市公司重大资产重组事宜与本公司股东或者其关联人存在关联关系的，股东大会就重大资产重组事项进行表决时，关联股东应当回避表决。交易对方已经与上市公司控股股东就受让上市公司股权或者向上市公司推荐董事达成协议或者默契，可能导致上市公司的实际控制权发生变化的，上市公司控股股东及其关联人应当回避表决。

上市公司就重大资产重组事宜召开股东大会，应当以现场会议形式召开，并应当提供网络投票或者其他合法方式为股东参加股东大会提供便利。除上市公司的董事、监事、高级管理人员、单独或者合计持有上市公司5%以上股份的股东以外，其他股东的投票情况应当单独统计并予以披露。

第六节　证券欺诈的法律责任

为了保证证券市场信息的真实性以及投资者获得信息的机会平等，《证券法》特别规定了几类证券欺诈行为的法律责任。这些证券欺诈行为主要包括：虚假陈述、内幕交易和操纵市场等。

一、虚假陈述行为

（一）虚假陈述行为的概念和分类

1. 虚假陈述行为的概念和界定

（1）虚假陈述的概念。

虚假陈述，是指信息披露义务人违反证券法律规定，在证券发行或者交易过程中，对重大事件作出违背事实真相的虚假记载、误导性陈述，或者在披露信息时发生重大遗漏、不正当披露信息的行为。

（2）应承担行政法律责任的虚假陈述行为界定。

具体而言，《信息披露违法行为行政责任认定规则》中规定，应当认定构成未按照规定披露信息的信息披露违法行为包括：①信息披露义务人未按照法律、行政法规、规章和规范性文件，以及证券交易所业务规则规定的信息披露（包括报告）期限、方式等要求及时、公平披露信息。②信息披露义务人在信息披露文件中对所披露内容进行不真实记载，包括发生业务不入账、虚构业务入账、不按照相关规定进行会计核算和编制财务会计报告，以及其他在信息披露中记载的事实与真实情况不符的。③信息披露义务人在信息披露文件中或者通过其他信息发布渠道、载体，作出不完整、不准确陈述，致使或者可能致使投资者对其投资行为发生错误判断的。④信息披露义务人在信息披露文件中未按照法律、行政法规、规章和规范性文件以及证券交易所业务规则关于重大事件或者重要事项信息披露要求披露信息，遗漏重大事项的。

（3）应承担民事法律责任的虚假陈述行为界定。

《虚假陈述侵权民事赔偿规定》将虚假陈述主要分为虚假记载、误导性陈述、重大遗漏：

①虚假记载，是指信息披露义务人披露的信息中对相关财务数据进行重大不实记载，或者对其他重要信息作出与真实情况不符的描述。②误导性陈述，是指信息披露义务人披露的信息隐瞒了与之相关的部分重要事实，或者未及时披露相关更正、确认信息，致使已经披露的信息因不完整、不准确而具有误导性。③重大遗漏，是指信息披露义务人

违反关于信息披露的规定，对重大事件或者重要事项等应当披露的信息未予披露。

另外，《虚假陈述侵权民事赔偿规定》还明确"未按照规定披露信息"也可能构成虚假陈述。《证券法》第八十五条规定的"未按照规定披露信息"，是指信息披露义务人未按照规定的期限、方式等要求及时、公平披露信息。信息披露义务人"未按照规定披露信息"构成虚假陈述的，依照《虚假陈述侵权民事赔偿规定》承担民事责任；构成内幕交易，依照《证券法》第五十三条的规定承担民事责任；构成《公司法》第一百九十条规定的损害股东利益行为的，依照该法承担民事责任。

2. 虚假陈述的分类

（1）"硬信息"披露虚假陈述和"软信息"披露虚假陈述。

常态意义的虚假陈述通常即指"硬信息"披露虚假陈述，例如，对已经发生的公司经营状况、财务信息等在信息披露文件中予以虚假陈述；但预测性信息披露（即"软信息"披露）的过程中也可能构成虚假陈述而使信息披露义务人须承担民事责任。根据《虚假陈述侵权民事赔偿规定》，原告以信息披露文件中的盈利预测、发展规划等预测性信息与实际经营情况存在重大差异为由主张发行人实施虚假陈述的，人民法院不予支持，但有下列情形之一的除外：①信息披露文件未对影响该预测实现的重要因素进行充分风险提示的；②预测性信息所依据的基本假设、选用的会计政策等编制基础明显不合理的；③预测性信息所依据的前提发生重大变化时，未及时履行更正义务的。前款所称的重大差异，可以参照监管部门和证券交易场所的有关规定认定。

（2）诱多型虚假陈述和诱空型虚假陈述。

诱多型虚假陈述，是指行为人发布虚假的利多消息，或隐瞒实质的利空消息不予公布或不及时公布，使投资者在股价处于相对高位时进行投资追涨，属于最常见的虚假陈述表现形式。

诱空型虚假陈述，是指行为人发布虚假的消极利空消息，或者隐瞒实质性的利好消息不予公布、不及时公布等，使得投资者以低于股票真实价值的不适当股价消极卖出甚至空仓的行为。

《虚假陈述侵权民事赔偿规定》同时适用于诱多型虚假陈述和诱空型虚假陈述。

（3）积极信息披露义务人的虚假陈述和消极信息披露人的虚假陈述。

前面两种分类在学理范畴中都属于积极信息披露义务人的虚假陈述。积极信息披露义务人，是指按照证券法律制度规定负有积极的、明确的信息披露义务的主体，即发行人或上市公司、发行人或上市公司的董事、监事、高级管理人员、承销商、保荐人、专业服务机构等法定信息披露义务人，其虚假陈述行为主要表现为违反了真实、准确、完整性要求的虚假记载、误导性陈述、重大遗漏和"未按照规定披露信息"。以上这些"积极信息披露义务人"，也构成了虚假陈述民事赔偿责任的承担主体。

相应地，还有消极信息披露人的虚假陈述。消极信息披露人，是指根据证券法律制度并不负有信息披露义务的主体，即使知悉相关应予披露的信息，其沉默本身不构成虚假陈述，因其并没有法定义务披露；即使将相关信息予以公开，通常也不构成法定的信息披露，而是信息泄露；但是，如果主动编造、传播虚假信息或误导性信息，则违反了证券法。《证券法》第五十六条规定："禁止任何单位和个人编造、传播虚假信息或者误导性信息，扰乱证券市场。禁止证券交易场所、证券公司、证券登记结算机构、证券服务机构及其从业人员，证券业协会、证券监督管理机构及其工作人员，在证券交易活动中作出虚假陈述或者信息误导。各种传播媒介传播证券市场信息必须真实、客观，禁止误导。传播媒介及其从事证券市场信息报道的工作人员不得从事与其工作职责发生利益冲突的证券买卖。编造、传播虚假信息或者误导性信息，给投资者造成损失的，行为人应当依法承担赔偿责任。"应予以说明的是，《虚假陈述侵权民事赔偿规定》第一条规定其适用范围是"信息披露义务人在证券交易场所发行、交易证券过程中实施虚假陈述引发的侵权民事赔偿案件"，即仅限于积极信息披露义务人的虚假陈述民事赔偿案件；而消极信息披露人编造、传播虚假信息或者误导性信息，给投资者造成损失而引发的民事责任，则适用《证券法》第五十六条第四款。

(4) 其他分类。

根据虚假陈述发生场所的不同，分为信息披露义务人在证券交易场所（包括证券交易所和全国股转系统）发行、交易证券过程中实施的虚假陈述和在区域性股权市场中发生的虚假陈述。因前者引发的民事赔偿案件适用《虚假陈述侵权民事赔偿规定》，因后者引发的民事赔偿案件可以参照适用《虚假陈述侵权民事赔偿规定》。

（二）虚假陈述的行政法律责任

1. 两类主体的行政法律责任

虚假陈述的行政法律责任规定在《证券法》第十三章，针对不同的责任主体规定了不同责任承担形式，例如责令改正、警告和罚款等。《信息披露违法行为行政责任认定规则》进一步中区分了两类不同的责任主体：

（1）一类是发行人或者上市公司的董事、监事和高级管理人员。董事、监事和高级管理人员负有保证信息披露真实、准确、完整、及时和公平的义务，如发生信息披露违法行为，应当视情形认定其为直接负责的主管人员或者其他直接责任人员承担行政责任，但其能够证明已尽忠实、勤勉义务，没有过错的除外。

（2）另一类是董事、监事、高级管理人员之外的其他人员。对于这些人，如果确有证据证明其行为与信息披露违法行为具有直接因果关系，包括实际承担或者履行董事、监事或者高级管理人员的职责，组织、参与、实施了公司信息披露违法行为或者直接导致信息披露违法的，应当视情形认定其为直接负责的主管人员或者其他直接责任人员。

如有证据证明因信息披露义务人受控股股东、实际控制人指使，未按照规定披露信息，或者所披露的信息有虚假记载、误导性陈述或者重大遗漏的，在认定信息披露义务人责任的同时，应当认定信息披露义务人控股股东、实际控制人的信息披露违法责任。信息披露义务人的控股股东、实际控制人是法人的，其负责人应当认定为直接负责的主管人员。

控股股东、实际控制人直接授意、指挥从事信息披露违法行为，或者隐瞒应当披露信息、不告知应当披露信息的，应当认定控股股东、实际控制人指使从事信息披露违法行为。

2. 从轻或者减轻行政处罚的考虑情形

《信息披露违法行为行政责任认定规则》中明确规定了认定从轻或者减轻处罚的考虑

情形：（1）未直接参与信息披露违法行为；（2）在信息披露违法行为被发现前，及时主动要求公司采取纠正措施或者向证券监管机构报告；（3）在获悉公司信息披露违法后，向公司有关主管人员或者公司上级主管提出质疑并采取了适当措施；（4）配合证券监管机构调查且有立功表现；（5）受他人胁迫参与信息披露违法行为；（6）其他需要考虑的情形。

3. 不予行政处罚的考虑情形

《信息披露违法行为行政责任认定规则》中明确规定了认定为不予行政处罚的考虑情形：（1）当事人对认定的信息披露违法事项提出具体异议记载于董事会、监事会、公司办公会会议记录等，并在上述会议中投反对票的；（2）当事人在信息披露违法事实所涉及期间，由于不可抗力、失去人身自由等无法正常履行职责的；（3）对公司信息披露违法行为不负有主要责任的人员在公司信息披露违法行为发生后及时向公司和证券交易所、证券监管机构报告的；（4）其他需要考虑的情形。

《信息披露违法行为行政责任认定规则》中明确规定，任何下列情形，不得单独作为不予处罚情形认定：（1）不直接从事经营管理；（2）能力不足、无相关职业背景；（3）任职时间短、不了解情况；（4）相信专业机构或者专业人员出具的意见和报告；（5）受到股东、实际控制人控制或者其他外部干预。

4. 从重处罚的情形

《信息披露违法行为行政责任认定规则》中明确规定，下列情形认定为应当从重处罚情形：（1）不配合证券监管机构监管，或者拒绝、阻碍证券监管机构及其工作人员执法，甚至以暴力、威胁及其他手段干扰执法；（2）在信息披露违法案件中变造、隐瞒、毁灭证据，或者提供伪证，妨碍调查；（3）两次以上违反信息披露规定并受到行政处罚或者证券交易所纪律处分；（4）在信息披露上有不良诚信记录并记入证券期货诚信档案；（5）证监会认定的其他情形。

（三）虚假陈述的刑事法律责任

《刑法》针对发行时虚假陈述行为和上市公司的虚假陈述行为，分别规定了两种不同的罪名，欺诈发行证券罪和违规披露、不披露重要信息罪。

根据《最高人民检察院经济犯罪检察厅关于办理财务造假犯罪案件有关问题的解答》，公司、企业利用相同的虚假财务数据，先后实施欺诈发行证券行为与违规披露、不披露重要信息行为，属于实施了两个违法行为，分别构成犯罪的，应当同时以欺诈发行证券罪和违规披露、不披露重要信息罪追究刑事责任。

（四）虚假陈述的民事法律责任

虚假陈述行为导致发行人或者上市公司的信息披露虚假，投资者可能据此作出了错误的投资决策，造成了投资损失。追究虚假陈述的民事责任，不仅可实现对受害投资者的补偿，还是对虚假陈述行为人责任追究的一种方式，可以起到威慑违法行为的作用。域外研究中通常把请求权人通过民事诉讼对责任的追究视为是一种"私人检察官"制度。

1. 民事责任承担主体和责任承担形式

（1）责任承担主体。

《证券法》第八十五条和第一百六十三条规定了虚假陈述的民事责任。第八十五条针对的是信息披露义务人等主体，第一百六十三条针对的是证券服务机构。

《证券法》第八十五条规定："信息披露义务人未按照规定披露信息，或者公告的证券发行文件、定期报告、临时报告及其他信息披露资料存在虚假记载、误导性陈述或者重大遗漏，致使投资者在证券交易中遭受损失的，信息披露义务人应当承担赔偿责任；发行人的控股股东、实际控制人、董事、监事、高级管理人员和其他直接责任人员以及保荐人、承销的证券公司及其直接责任人员，应当与发行人承担连带赔偿责任，但是能够证明自己没有过错的除外。"

《证券法》第一百六十三条规定："证券服务机构为证券的发行、上市、交易等证券业务活动制作、出具审计报告及其他鉴证报告、资产评估报告、财务顾问报告、资信评级报告或者法律意见书等文件，应当勤勉尽责，对所制作、出具的文件内容的真实性、准确性、完整性进行核查和验证。其制作、出具的文件有虚假记载、误导性陈述或者重大遗漏，给他人造成损失的，应当与发行人、上市公司承担连带赔偿责任，但是能够证明自己没有过错的除外。"

根据以上两条规定，虚假陈述民事赔偿责任承担主体表现为：①信息披露义务人。②发行人的控股股东、实际控制人、董事、监事、高级管理人员和其他直接责任人员以及保荐人、承销的证券公司及其直接责任人员。③证券服务机构（例如会计师事务所、资产估计机构、财务顾问机构、资信评级机构、律师事务所等）。

（2）连带责任的责任形式。

发行人是首要的信息披露义务人，亦是虚假陈述民事责任的"默认"承担主体以及第一责任人，其他责任主体与发行人承担连带责任。根据《虚假陈述侵权民事赔偿规定》第二十三条第一款，承担连带责任的当事人之间的责任分担与追偿，按照《民法典》第一百七十八条的规定处理。但是，需要注意以下几点：

①如果发行人虚假陈述的发生是源于其控股股东、实际控制人的组织、指使，则原告可越过发行人直接以该控股股东、实际控制人为被告请求由其承担赔偿责任。《虚假陈述侵权民事赔偿规定》第二十条规定，"发行人的控股股东、实际控制人组织、指使发行人实施虚假陈述，致使原告在证券交易中遭受损失的，原告起诉请求直接判令该控股股东、实际控制人依照本规定赔偿损失的，人民法院应当予以支持。控股股东、实际控制人组织、指使发行人实施虚假陈述，发行人在承担赔偿责任后要求该控股股东、实际控制人赔偿实际支付的赔偿款、合理的律师费、诉讼费用等损失的，人民法院应当予以支持。"

②实践中经常出现证券公司与发行人签订协议，约定如若发生虚假陈述民事赔偿而致证券公司承担责任，由发行人对其进行补偿。这种补偿约定本质上是将证券公司应承担的民事责任予以不当"转嫁"，因为发行人补偿其实意味着最终要由投资者为该责任"买单"。因此《虚假陈述侵权民事赔偿规定》第二十三条第二款规定，"保荐机构、承销机构等责任主体以存在约定为由，请求发行人或者其控股股东、实际控制人补偿其因虚假陈述所承担的赔偿责任的，人民法院不予支持。"

③公司重大资产重组的交易对方所提供的信息不符合真实、准确、完整的要求，导致公司披露的相关信息存在虚假陈述，原告起诉请求判令该交易对方与发行人等责任主体赔偿由此导致的损失的，人民法院应当予以支持。

④有证据证明发行人的供应商、客户,以及为发行人提供服务的金融机构等明知发行人实施财务造假活动,仍然为其提供相关交易合同、发票、存款证明等予以配合,或者故意隐瞒重要事实致使发行人的信息披露文件存在虚假陈述,原告起诉请求判令其与发行人等责任主体赔偿由此导致的损失的,人民法院应当予以支持。

2. 民事责任构成要件

作为特殊的侵权责任,虚假陈述民事责任的构成要件包括:客观的侵权行为(即虚假陈述行为);侵权人主观要件;侵权行为与投资者交易行为之间的交易因果关系(信赖),即因侵权人的虚假陈述行为,投资者才进行了相关证券的交易;客观的损害后果,即投资者有客观损失;损失因果关系或事实因果关系,即侵权行为与损害后果之间存在因果关系。

(1) 客观的侵权行为要件。

通常来说,原告需要证明被告存在侵权行为。但个体投资者原告通常很难具备这种察知信息披露义务人存在虚假陈述并进行举证的能力。最高人民法院于2003年公布的《关于审理证券市场因虚假陈述引发的民事赔偿案件的若干规定》曾试图通过"前置程序"解决这个问题。前置程序,是指投资者因虚假陈述行为而起诉信息披露义务人的,必须提交证监会的行政处罚决定书或者人民法院的刑事判决书,即行政处罚或刑事判决是民事诉讼的前提。前置程序最大的优势在于:便利投资者的举证。如果有前置程序,那么信息披露义务人虚假陈述的侵权行为就已在前置程序中解决,民事诉讼原告的举证责任相应就会减轻很多。但是,前置程序对民事责任的真正实现也带来了一定障碍。我国证券法中一直有"民事责任优先赔偿"的规定,《证券法》第二百二十条规定:"违反本法规定,应当承担民事赔偿责任和缴纳罚款、罚金、违法所得,违法行为人的财产不足以支付的,优先用于承担民事赔偿责任。"然而,前置程序使得"民事赔偿责任优先"事实上很难实现,因为民事赔偿责任是当其与行政罚款或罚金并存时才"优先",一旦行政罚款或罚金先行,信息披露义务人可能很难再将后续的民事赔偿责任落实到位。随着2015年立案登记制度的改革,虚假陈述民事诉讼不再要求前置程序。2015年12月《最高人民法院关于当前商事审判工作中的若干具体问题》规定:"根据立案登记司法解释规定,因虚假陈述、内幕交易和市场操纵行为引发的民事赔偿案件,立案受理时不再以监管部门的行政处罚和生效的刑事判决认定为前置条件。"该规定意味着:虚假陈述民事诉讼的受理不再以行政处罚和生效刑事判决为前提;提起虚假陈述民事诉讼的原告应承担证明被告存在侵权行为的举证责任。

《虚假陈述侵权民事赔偿规定》第二条对此进一步明确,"原告提起证券虚假陈述侵权民事赔偿诉讼,符合民事诉讼法第一百二十二条规定,并提交以下证据或者证明材料的,人民法院应当受理:(一)证明原告身份的相关文件;(二)信息披露义务人实施虚假陈述的相关证据;(三)原告因虚假陈述进行交易的凭证及投资损失等相关证据。人民法院不得仅以虚假陈述未经监管部门行政处罚或者人民法院生效刑事判决的认定为由裁定不予受理。"其中,"信息披露义务人实施虚假陈述的相关证据"可以是已有的行政处罚和生效刑事判决,也可以是其他能证明被告实施了虚假陈述的证据。

值得注意的是,如果针对诉争信息已有行政处罚或生效刑事判决的话,法院是否还对诉争信息的"重大性"进行独立司法判断呢?《虚假陈述侵权民事赔偿规定》第十条规定,"有下列情形之一的,人民法院应当认定虚假陈述的内容具有重大性:(一)虚假陈述的内容属于证券法第八十条第二款、第八十一条第二款规定的重大事件;(二)虚假陈述的内容属于监管部门制定的规章和规范性文件中要求披露的重大事件或者重要事项;(三)虚假陈述的实施、揭露或者更正导致相关证券的交易价格或者交易量产生明显的变化。前款第一项、第二项所列情形,被告提交证据足以证明虚假陈述并未导致相关证券交易价格或者交易量明显变化的,人民法院应当认定虚假陈述的内容不具有重大性。被告能够证明虚假陈述不具有重大性,并以此抗辩不应当承担民事责任的,人民法院应当予以支持。"根据该规定,无论有无行政处罚或生效刑事判决,法院都应在民事诉讼程序中对诉争信息是否构成"重大性"进行司法判断。而"重大性"的司法判断标准显然同时采纳了"一般理性人标准"和"价格影响测试标准"。

(2)不同责任主体的主观归责原则。

根据《证券法》第八十五条和第一百六十三条的规定,不同责任主体的主观归责原则并不相同:第一,发行人、上市公司作为信息披露首要义务人,对虚假陈述民事责任承担严格责任,即不问主观过错。第二,对于发行人的控股股东、实际控制人、董事、监事、高级管理人员和其他直接责任人员以及保荐人、承销的证券公司及其直接责任人员、证券服务机构,其归责原则是过错推定,即应当与发行人、上市公司承担连带赔偿责任,但是能够证明自己没有过错的除外。

针对《证券法》第八十五条和第一百六十三条中的"过错",《虚假陈述侵权民事赔偿规定》第十三条明确其包括了"故意"和"重大过失"两种情形:"(一)行为人故意制作、出具存在虚假陈述的信息披露文件,或者明知信息披露文件存在虚假陈述而不予指明、予以发布;(二)行为人严重违反注意义务,对信息披露文件中虚假陈述的形成或者发布存在过失。"

问题是适用过错推定原则的主体如何才能证明自己没有过错呢?鉴于不同主体对虚假陈述发生的作用、影响力和可归责程度不同,《虚假陈述侵权民事赔偿规定》针对不同主体进行了区别规定:

①发行人的董事、监事、高级管理人员和其他直接责任人员。

《虚假陈述侵权民事赔偿规定》第十四条规定:"发行人的董事、监事、高级管理人员和其他直接责任人员主张对虚假陈述没有过错的,人民法院应当根据其工作岗位和职责、在信息披露资料的形成和发布等活动中所起的作用、取得和了解相关信息的渠道、为核验相关信息所采取的措施等实际情况进行审查认定。

前款所列人员不能提供勤勉尽责的相应证据,仅以其不从事日常经营管理、无相关职业背景和专业知识、相信发行人或者管理层提供的资料、相信证券服务机构出具的专业意见等理由主张其没有过错的,人民法院不予支持。"

《虚假陈述侵权民事赔偿规定》第十五条规定:"发行人的董事、监事、高级管理人员依照证券法第八十二条第四款的规定,以书面方式发表附具体理由的意见并依法披露的,人民法院可以认定其主观上没有过错,但在审议、审核信息披露文件时投赞成票的除外。"如前所述,单纯地只是在信息披露文件中声称自己无法保证该文件内容的真实性、准确性、完整性,不构成主观上没有过错的理由。

②独立董事、外部监事和职工监事。

发行人的独立董事也属于董事范畴,但由于独立董事自身的特点,《虚假陈述侵权民事赔偿规定》第十六条对独立董事进行了单独规定:"独立董事能够证明下列情形之一的,人民法院应当认定其没有过错:(一)在签署相关信息披露文件之前,对不属于自身专业领域的相关具体问题,借助会计、法律等专门职业的帮助仍然未能发现问题的;(二)在揭露日或更正日之前,发现虚假陈述后及时向发行人提出异议并监督整改或者向证券交易场所、监管部门书面报告的;(三)在独立意见中对虚假陈述事项发表保留意见、反对意见或者无法表示意见并说明具体理由的,但在审议、审核相关文件时投赞成票的除外;(四)因发行人拒绝、阻碍其履行职责,导致无法对相关信息披露文件是否存在虚假陈述作出判断,并及时向证券交易场所、监管部门书面报告的;(五)能够证明勤勉尽责的其他情形。独立董事提交证据证明其在履职期间能够按照法律、监管部门制定的规章和规范性文件以及公司章程的要求履行职责的,或者在虚假陈述被揭露后及时督促发行人整改且效果较为明显的,人民法院可以结合案件事实综合判断其过错情况。"

外部监事、职工监事和独立董事有类似性,在证明自己没有过错时,参照适用以上关于独立董事的规定。

③保荐机构、承销机构等机构及其直接责任人员。

《虚假陈述侵权民事赔偿规定》第十七条规定:"保荐机构、承销机构等机构及其直接责任人员提交的尽职调查工作底稿、尽职调查报告、内部审核意见等证据能够证明下列情形的,人民法院应当认定其没有过错:(一)已经按照法律、行政法规、监管部门制定的规章和规范性文件、相关行业执业规范的要求,对信息披露文件中的相关内容进行了审慎尽职调查;(二)对信息披露文件中没有证券服务机构专业意见支持的重要内容,经过审慎尽职调查和独立判断,有合理理由相信该部分内容与真实情况相符;(三)对信息披露文件中证券服务机构出具专业意见的重要内容,经过审慎核查和必要的调查、复核,有合理理由排除了职业怀疑并形成合理信赖。

在全国中小企业股份转让系统从事挂牌和定向发行推荐业务的证券公司,适用前款规定。"

④证券服务机构。

针对证券服务机构,《虚假陈述侵权民事赔偿规定》第十八条规定:"会计师事务所、律师事务所、资信评级机构、资产评估机构、财务顾问等证券服务机构制作、出具的文件存在虚假陈述的,人民法院应当按照法律、行政法规、监管部门制定的规章和规范性文件,参考行业执业规范规定的工作范围和程序要求等内容,结合其核查、验证工作底稿等相关证据,认定其是否存在过错。证券服务机构的责任限于其工作范围和专业领域。证券服务机构依赖保荐机构或者其他证券服务机构的基础工作或者专业意见致使其出具的专业意见存在虚假陈述,能够证明其对所依赖的基础工作或者专业意见经过审慎核查和必要的调查、复核,排除了职业怀疑并形成合理信赖的,人民法院应当认定其没有过错。"

鉴于会计师事务所在信息披露文件财务内容的制作方面承担着重要角色作用,且现实虚假陈述又多与财务造假相关,因此《虚假陈述侵权民事赔偿规定》第十九条对会计师事务所进行了额外规定:"会计师事务所能够证明下列情形之一的,人民法院应当认定其没有过错:(一)按照执业准则、规则确定的工作程序和核查手段并保持必要的职业谨慎,仍未发现被审计的会计资料存在错误的;(二)审计业务必须依赖的金融机构、发行人的供应商、客户等相关单位提供不实证明文件,会计师事务所保持了必要的职业谨慎仍未发现的;(三)已对发行人的舞弊迹象提出警告并在审计业务报告中发表了审慎审计意见的;(四)能够证明没有过错的其他情形。"如果会计师事务所在执业活动中出现了"未保持必要的职业谨慎"的情形,显然无法证明其没有过错。

(3)交易因果关系的推定。

投资者要想实现民事责任的追究,必须在虚假陈述行为和其投资损失之间建立起因果关联。由于虚假陈述表现为一种信息的虚假,投资者要证明上述因果关系非常困难——其首先必须证明自己信赖了该虚假信息才对相关证券进行了交易(证明交易因果关系),其后还必须证明自己的损失和该虚假信息之间存在因果关系(证明损失因果关系)。许多公众投资者基本不可能完成这种举证责任要求。

①对"同期交易者"交易因果关系的推定。

《虚假陈述侵权民事赔偿规定》对交易因果关系采取了推定的方式,即推定原告在符合规定的情形下就是信赖了诉争虚假信息才进行了交易,交易因果关系得以解决,减少了原告投资者在这方面的举证责任。《虚假陈述侵权民事赔偿规定》第十一条规定:"原告能够证明下列情形的,人民法院应当认定原告的投资决定与虚假陈述之间的交易因果关系成立:(一)信息披露义务人实施了虚假陈述;(二)原告交易的是与虚假陈述直接关联的证券;(三)原告在虚假陈述实施日之后、揭露日或更正日之前实施了相应的交易行为,即在诱多型虚假陈述中买入了相关证券,或者在诱空型虚假陈述中卖出了相关证券。"符合《虚假陈述侵权民事赔偿规定》第十一条规定的交易者即被视为"同期交易者"。

②对交易因果关系推定的推翻。

当然,被告可以举证推翻以上交易因果关系的推定。《虚假陈述侵权民事赔偿规定》第十二条规定:"被告能够证明下列情形之一的,人民法院应当认定交易因果关系不成立:(一)原告的交易行为发生在虚假陈述实施前,或者是在揭露或更正之后;(二)原告在交易时知道或者应当知道存在虚假陈述,或者虚假陈述已经被证券市场广泛知悉;(三)原告的交易行为是受到虚假陈述实施后发生的上市公司的收购、重大资产重组等其他重大事件的影响;(四)原告的交易行为构成内幕交易、操纵证券市场等证券违法行为的;(五)原告的交易行为与虚假陈述不具有交易因果关系的其他情形。"

③虚假陈述实施日和虚假陈述揭露日或更正日。

要想实现交易因果关系的推定,必须首先确定几个关键时间点,包括虚假陈述实施日和虚假陈述揭露日或更正日。

第一,确定虚假陈述实施日。

虚假陈述实施日,是指信息披露义务人作出虚假陈述或者发生虚假陈述之日。虚假陈述实施日可按以下几种情形分别进行判断:

其一，信息披露义务人在证券交易场所的网站或者符合监管部门规定条件的媒体上公告发布具有虚假陈述内容的信息披露文件，以披露日为实施日。例如，甲公司年报中出现了虚假陈述，则该年报公告日为此次虚假陈述实施日。

其二，通过召开业绩说明会、接受新闻媒体采访等方式实施虚假陈述的，以该虚假陈述的内容在具有全国性影响的媒体上首次公布之日为实施日。

根据《上市公司信息披露管理办法》第八条第三款的规定，"信息披露义务人不得以新闻发布或者答记者问等任何形式代替应当履行的报告、公告义务，不得以定期报告形式代替应当履行的临时报告义务"，但在实务中，召开业绩说明会、记者招待会、新闻发布会等是上市公司与投资者沟通的重要途径之一，只是说不得以这种方式代替法定的信息披露义务。如果信息披露义务人在业绩说明会、记者招待会或新闻发布会上出现不实陈述，且该不实陈述具备"重大性"，同样构成虚假陈述，这就涉及对虚假陈述实施日的判断。例如，甲公司于 X 日召开业绩说明会，并宣布了重大不实的财务数据，"具有全国性影响的"乙媒体之后于 Y 日对该业绩说明会及相关信息进行了报道，则应以 Y 日为虚假陈述实施日。

其三，信息披露文件或者相关报导内容在交易日收市后发布的，以其后的第一个交易日为实施日。

其四，因未及时披露相关更正、确认信息构成误导性陈述，或者未及时披露重大事件或者重要事项等构成重大遗漏的，以应当披露相关信息期限届满后的第一个交易日为实施日。例如，甲公司于 X 日（周一）签订重大关联交易合同，相关金额达到交易所规定的应及时披露的标准，甲公司负有按照《上市公司信息披露管理办法》规定的于"触及披露时点的两个交易日内"履行信息披露的义务。以 X 日为起算日，起算 2 个交易日，则甲公司最迟应于 X+2 日（周三）披露该重大关联交易的信息。如其未披露或未及时披露，则 X+3 日即为此次虚假陈述实施日。

第二，确定虚假陈述揭露日或更正日。

虚假陈述揭露日，是指虚假陈述在具有全国性影响的报刊、电台、电视台或监管部门网站、交易场所网站、主要门户网站、行业知名的自媒体等媒体上，首次被公开揭露并为证券市场知悉之日。人民法院应当根据公开交易市场对相关信息的反应等证据，判断投资者是否知悉了虚假陈述。除当事人有相反证据足以反驳外，下列日期应当认定为揭露日：（一）监管部门以涉嫌信息披露违法为由对信息披露义务人立案调查的信息公开之日；（二）证券交易场所等自律管理组织因虚假陈述对信息披露义务人等责任主体采取自律管理措施的信息公布之日。信息披露义务人实施的虚假陈述呈连续状态的，以首次被公开揭露并为证券市场知悉之日为揭露日。信息披露义务人实施多个相互独立的虚假陈述的，人民法院应当分别认定其揭露日。

虚假陈述更正日，是指信息披露义务人在证券交易场所网站或者符合监管部门规定条件的媒体上，自行更正虚假陈述之日。

值得一提的是，虚假陈述揭露日或更正日在实践中争议较大。尽管《虚假陈述侵权民事赔偿规定》将立案调查信息公开日以及自律管理措施信息公布之日"默认"为揭露日，但当事人可以以相反证据进行反驳。当然，何为"足以反驳"的相反证据，需要看个案而定，但总体而言应把握目前立法规定揭露日或更正日的意义在于"警示"市场——"虚假陈述被揭示的意义在于其对证券市场发出了一个警示信号，提醒投资者重新判断股票价值，进而对市场价格产生影响"。换言之，并不要求"揭露"或"更正"达到"镜像"原则（像照镜子般完全、真实地揭露被造假或被虚构的信息），只要能起警示效果即可。不同程度或层次的揭示或者更正，对市场的警示效果不同，需要法院在实践中予以认定。

（4）损失及损失因果关系的证明。

①损失计算。

信息披露义务人在证券发行市场或交易市场承担民事赔偿责任的范围，以原告因虚假陈述而实际发生的损失为限。原告实际损失包括投资差额损失、投资差额损失部分的佣金和印花税。根据《虚假陈述侵权民事赔偿规定》，投资差额损失的计算方式和规则如下：

第一，在采用集中竞价的交易市场中，原告因虚假陈述买入相关股票所造成的投资差额损失，按照下列方法计算："（一）原告在实施日之后、揭露日或更正日之前买入，在揭露日或更正日之后、基准日之前卖出的股票，按买入股票的平均价格与卖出股票的平均价格之间的差额，乘以已卖出的股票数量；（二）原告在实施日之后、揭露日或更正日之前买入，基准日之前未卖出的股票，按买入股票的平均价格与基准价格之间的差额，乘以未卖出的股票数量。"

第二，在采用集中竞价的交易市场中，原告因虚假陈述卖出相关股票所造成的投资差额损失，按照下列方法计算："（一）原告在实施日之后、揭露日或更正日之前卖出，在揭露日或更正日之后、基准日之前买回的股票，按买回股票的平均价格与卖出股票的平均价格之间的差额，乘以买回的股票数量；（二）原告在实施日之后、揭露日或更正日之前卖出，基准日之前未买回的股票，按基准价格与卖出股票的平均价格之间的差额，乘以未买回的股票数量。"

计算投资差额损失时，已经除权的证券，证券价格和证券数量应当复权计算。

证券公司、基金管理公司、保险公司、信托公司、商业银行等市场参与主体依法设立的证券投资产品，在确定因虚假陈述导致的损失时，每个产品应当单独计算。投资者及依法设立的证券投资产品开立多个证券账户进行投资的，应当将各证券账户合并，所有交易按照成交时间排序，以确定其实际交易及损失情况。

②损失赔偿范围和基准日的确定。

如果说虚假陈述的实施日、揭露日或更正日是用以确定交易因果关系，那基准日就是用来确定投资者可得赔偿的损失范围。投资差额损失计算的基准日，是指虚假陈述揭露或者更正后，为将原告应获赔偿限定在虚假陈述所造成的损失范围内，确定损失计算的合理期间而规定的截止日期。

根据《虚假陈述侵权民事赔偿规定》第二十六条，基准日分别按下列情况确定："（一）在采用集中竞价的交易市场中，自揭露日或更正日起，被虚假陈述影响的证券集中交易累计成交量达到可流通部分100%之日为基准日。（二）自揭露日或更正日起，集中交易累计换手率在10个交易日内达到可流通部分100%的，以第10个交易日为基准日；在30个交易日内未达到可流通部分100%的，以第30个交易日为基准日。（三）虚假陈述揭露日或更正日起至基准日期间每个交易日收盘价的平均价格,为损失计算的基准价格。(四)无法依前款规定确定基准价格的,人民法院可以根据有专门知识的人的专业意见,参考对相关行业进行投资时的通常估值方法,确定基准价格。"

③损失因果关系的证明。

《虚假陈述侵权民事赔偿规定》对交易因果关系进行了推定,但损失因果关系仍是在诉讼程序中需要予以证明的一个重要要素。根据《虚假陈述侵权民事赔偿规定》第三十一条,人民法院应当查明虚假陈述与原告损失之间的因果关系,以及导致原告损失的其他原因等案件基本事实,确定赔偿责任范围。被告能够举证证明原告的损失部分或者全部是由他人操纵市场、证券市场的风险、证券市场对特定事件的过度反应、上市公司内外部经营环境等其他因素所导致的,对其关于相应减轻或者免除责任的抗辩,人民法院应当予以支持。

例如,甲公司被证明实施了虚假陈述,乙投资者属于《虚假陈述侵权民事赔偿规定》第十一条规定的"同期交易者",但如果甲公司能证明乙的损失部分或全部源于丙的操纵市场(即乙的损失非源于甲的虚假陈述),则法院应支持甲关于其减轻或免除赔偿乙损失的抗辩。

3. 虚假陈述民事诉讼的诉讼方式

虚假陈述民事诉讼的诉讼方式原本是虚假陈述民事责任追究的另一大难题。《证券法》第九十五条解决了这一难题。因此,目前我国虚假陈述民事诉讼的诉讼方式主要表现为三种:

(1)投资者的单独诉讼。这是传统的诉讼形式。但发行人或上市公司的虚假陈述可能影响该发行人或者上市公司的所有股东,其人数众多、分布广泛,每个股东也许受到的损失并不大,要让这些受害人单独提起诉讼,成本太高,诉讼的动力不强。

(2)普通代表人诉讼。根据《证券法》第九十五条第一、二款,"投资者提起虚假陈述等证券民事赔偿诉讼时,诉讼标的是同一种类,且当事人一方人数众多的,可以依法推选代表人进行诉讼。对按照前款规定提起的诉讼,可能存在有相同诉讼请求的其他众多投资者的,人民法院可以发出公告,说明该诉讼请求的案件情况,通知投资者在一定期间向人民法院登记。人民法院作出的判决、裁定,对参加登记的投资者发生效力"。在普通代表人诉讼中,投资者须通过进行登记参与诉讼,"明示加入"。

根据《最高人民法院关于证券纠纷代表人诉讼若干问题的规定》(法释〔2020〕5号,以下简称《代表人诉讼若干规定》),符合以下条件的,人民法院应当适用普通代表人诉讼程序进行审理:①原告一方人数10人以上,起诉符合民事诉讼法第一百一十九条规定和共同诉讼条件;②起诉书中确定2至5名拟任代表人且符合本规定第十二条规定的代表人条件;③原告提交有关行政处罚决定、刑事裁判文书、被告自认材料、证券交易所和国务院批准的其他全国性证券交易场所等给予的纪律处分或者采取的自律管理措施等证明证券侵权事实的初步证据。

(3)特别代表人诉讼。《证券法》第九十五条第三款规定:"投资者保护机构受50名以上投资者委托,可以作为代表人参加诉讼,并为经证券登记结算机构确认的权利人依照前款规定向人民法院登记,但投资者明确表示不愿意参加该诉讼的除外。"对于特别代表人诉讼,采用的是"默认加入、明示退出"的方式。

根据《代表人诉讼若干规定》,投资者保护机构依据公告确定的权利人范围向证券登记结算机构调取的权利人名单,人民法院应当予以登记,列入代表人诉讼原告名单,并通知全体原告。投资者明确表示不愿意参加诉讼的,应当在法院公告期间届满后十五日内向人民法院声明退出。未声明退出的,视为同意参加该代表人诉讼。对于声明退出的投资者,人民法院不再将其登记为特别代表人诉讼的原告,该投资者可以另行起诉。特别代表人诉讼中的代表人为投资者保护机构。诉讼过程中由于声明退出等原因导致明示授权投资者的数量不足50名的,不影响投资者保护机构的代表人资格。针对同一代表人诉讼,原则上应当由一个投资者保护机构作为代表人参加诉讼。两个以上的投资者保护机构分别受50名以上投资者委托,且均决定作为代表人参加诉讼的,应当协商处理;协商不成的,由人民法院指定其中一个作为代表人参加诉讼。

特别代表人诉讼案件,由涉诉证券集中交易的证券交易所、国务院批准的其他全国性证券交易场所所在地的中级人民法院或者专门人民法院管辖。

特别代表人诉讼作为我国本土版本的"集团诉讼",在未来将对我国证券市场投资者利益的保护起到非常明显的促进作用。

4. 虚假陈述民事诉讼的诉讼时效

根据《虚假陈述侵权民事赔偿规定》第二十二条,当事人主张以揭露日或更正日起算诉讼时效的,人民法院应当予以支持。揭露日与更正日不一致的,以在先的为准。对于虚假陈述责任人中的一人发生诉讼时效中断效力的事由,应当认定对其他连带责任人也发生诉讼时效中断的效力。

根据《虚假陈述侵权民事赔偿规定》第二十三条,在诉讼时效期间内,部分投资者向人民法院提起人数不确定的普通代表人诉讼的,人民法院应当认定该起诉行为对所有具有同类诉讼请求的权利人发生时效中断的效果。在普通代表人诉讼中,未向人民法院登记权利的投资者,其诉讼时效自权利登记期间届满后重新开始计算。向人民法院登记权利后申请撤回权利登记的投资者,其诉讼时效自撤回权利登记之次日重新开始计算。投资者保护机构依照《证券法》第九十五条第三款的规定作为代表人参加诉讼后,投资者声明退出诉讼的,其诉讼时效自声明退出之次日起重新开始计算。

二、内幕交易行为

(一) 内幕交易的概念及其违法性

1. 内幕交易的概念

内幕交易,是指证券交易内幕信息的知情人员和非法获取内幕信息的人利用内幕信息进行证券交易的行为。内幕交易的主体是内幕信息知情人员和非法获取内幕信息的人;行为特征是相关主体通过掌握的内幕信息自行买卖证券,或者建议他人买卖证券。内幕信息知情人员自己未买卖证券,也未建议他人买卖证券,但将内幕信息泄露给他人并导致接受内幕信息者依此买卖证券的,也属内幕交易行为。

2. 内幕交易的违法性

内幕交易行为破坏了投资者获取信息的平等机会,某些人因为特殊的优势可以比公众提早获得内幕信息，允许这些人利用这些信息获利是不公平的。它不仅侵犯了广大投资者的利益，违反了证券发行与交易中的"公开、公平、公正"原则，而且还会扰乱证券市场。因此，各国的证券立法都将其列为禁止的证券交易行为之一。

（二）内幕信息

1. 内幕信息的概念

内幕信息，是指证券交易活动中，涉及发行人的经营、财务或者对该发行人证券的市场价格有重大影响的尚未公开的信息。

2. 内幕信息的特征

通常认为，内幕信息具有重大性、未公开性和价值性（或相关性）三个特征。

（1）重大性。根据《证券法》第五十二条第二款，第八十条第二款和第八十一条第二款规定的，发生可能对上市公司股票交易价格、股票在国务院批准的其他全国性证券交易场所交易的公司的股票交易价格，上市交易公司债券的交易价格，产生较大影响的，应予以临时报告的重大事件，属于内幕信息。

（2）尚未公开性。内幕信息另外一个重要的特征是"尚未公开"。内幕交易只能发生在内幕信息产生至公开之间的这段时期内，这段时期在内幕交易案件的刑事侦察中被称为"内幕信息敏感期"。

根据《最高人民法院、最高人民检察院关于办理内幕交易、泄露内幕信息刑事案件具体应用法律若干问题的解释》（以下简称《内幕交易案件若干问题解释》）的规定：①证券法第八十条第二款、第八十一条第二款所列"重大事件"的发生时间，"重大事件"中涉及的"计划""方案"等的形成时间，应当认定为内幕信息的形成之时。②影响内幕信息形成的动议、筹划、决策或者执行人员，其动议、筹划、决策或者执行初始时间，应当认定为内幕信息的形成之时。③内幕信息的公开，是指内幕信息在国务院证券、期货监督管理机构指定的报刊、网站等媒体披露。

尽管"内幕信息敏感期"属于内幕交易刑事案件法律术语，但在内幕交易的行政查处实践中，同样需要确定内幕信息自何时"产生"、于何时已公开的问题。在多个内幕交易行政处罚中，也可见"内幕信息敏感期"的表述。

（3）价值性或相关性。内幕信息是指涉及发行人的经营、财务或者对该发行人证券的市场价格有重大影响的尚未公开的信息。"涉及发行人"，表明内幕信息是指与发行人或上市公司本身密切相关的财务或经营方面的信息，由此将内幕信息与其他未公开的市场信息相区分（内幕交易与利用非公开市场信息交易行为也由此得以区分）。

（三）内幕交易行为的认定

在内幕信息敏感期内，内幕信息的知情人员和非法获取内幕信息的人，不得买卖该公司的证券，或者泄露，或者建议他人买卖该证券，否则就构成了内幕交易。

1. 内幕信息知情人员

根据《证券法》第五十一条的规定，证券交易内幕信息的知情人包括：（1）发行人的董事、监事、高级管理人员。（2）持有公司5%以上股份的股东及其董事、监事、高级管理人员，公司的实际控制人及其董事、监事、高级管理人员。（3）发行人控股或者实际控制的公司及其董事、监事、高级管理人员。（4）由于所任公司职务或者因与公司业务往来可以获取公司有关内幕信息的人员。（5）上市公司收购人或者重大资产交易方及其控股股东、实际控制人、董事、监事和高级管理的人员。（6）因职务、工作可以获取内幕信息的证券交易场所、证券登记结算机构、证券公司、证券服务机构的有关人员。（7）因职责、工作可以获取内幕信息的证券监督管理机构工作人员。（8）因法定职责对证券的发行、交易或者对上市公司及其收购、重大资产交易进行管理可以获取内幕信息的有关主管部门、监管机构的工作人员。（9）可以获取内幕信息的其他人员。

2. 非法获取证券内幕信息的人员

根据《内幕交易案件若干问题解释》的规定，非法获取证券内幕信息的人员包括：（1）利用窃取、骗取、套取、窃听、利诱、刺探或者私下交易等手段获取内幕信息的；（2）内幕信息知情人员的近亲属或者其他与内幕信息知情人员关系密切的人员，在内幕信息敏感期内，从事或者明示、暗示他人从事，或者泄露内幕信息导致他人从事与该内幕信息有关的证券、期货交易，相关交易行为明显异常，且无正当理由或者正当信息来源的；（3）在内幕信息敏感期内，与内幕信息知情人员联络、接触，从事或者明示、暗示他人从事，或者泄露内幕信息导致他人从事与该内幕信息有关的证券、期货交易，相关交易行为明显异常，且无正当理由或者正当信息来源的。

根据《内幕交易案件若干问题解释》的规定，在刑事侦察中，上述所谓"相关交易行为明显异常"，要综合以下情形，从时间吻合程度、交易背离程度和利益关联程度等方面予以认定：（1）开户、销户、激活资金账户或者指定交易（托管）、撤销指定交易（转托管）的时间与该内幕信息形成、变化、公开时间基本一致的；（2）资金变化与该内幕信息形成、变化、公开时间基本一致的；（3）买入或者卖出与内幕信息有关的证券、期货合约时间与内幕信息的形成、变化和公开时间基本一致的；（4）买入或者卖出与内幕信息有关的证券、期货合约时间与获悉内幕信息的时间基本一致的；（5）买入或者卖出证券、期货合约行为明显与平时交易习惯不同的；（6）买入或者卖出证券、期货合约行为，或者集中持有证券、期货合约行为与该证券、期货公开信息反映的基本面明显背离的；（7）账户交易资金进出与该内幕信息知情人员或者非法获取人员有关联或者利害关系的；（8）其他交易行为明显异常情形。

值得说明的是，中国证监会在多个内幕交易行政查处实践中表示：在内幕信息知情人交易案中，"交易异常"并非法定构成要件。这是因为，在刑事案件中，对证据的证明力度要求较高，行为人的交易行为应明显足够异常，才可在刑事案件中认为其构成内幕交易；而在行政查处中，对证据的证明力度要求并没有那么高，有一定概然性即可。因此，在行政查处中，只要是内幕信息知情人和非法获取内幕信息的人，在内幕信息敏感期内从事了与内幕信息相关的证券交易，又不能给出正当理由或正当信息来源的，通常即会被推定从事了内幕交易。

3. 行为表现

内幕交易的客观行为表现为：

（1）自行买卖。行为人在内幕信息敏感期内，自行买卖与内幕信息直接相关的发行人的证券。

（2）建议买卖。行为人在内幕信息敏感期内，（明示或暗示）建议他人买卖与内幕信息直接相关的发行人证券。建议买卖有如下构成要件：建议人为内幕信息知情人或非法获取内幕信息的人；建议人推荐、劝说或怂恿他人买卖证券；被建议人知道或应当知道建议人掌握内幕信息；建议行为导致了相关证券的买卖行为。

（3）泄露内幕信息并导致他人买卖。行为人在内幕信息敏感期内，泄露内幕信息并导致他人买卖，而不论其泄露时的主观状态。泄露内幕信息的构成要件有：有泄露行为，包括非法获取内幕信息的人再次进行"信息传递"，但合法履行义务或职责的除外；信息接收者知道或应当知道其接受的信息是内幕信息，信息传递的次数和层级不影响内幕交易构成。

但是，如果信息接收者仅仅只是单纯接收信息，既未再次泄露，亦未自行买卖或建议他人买卖行为，则不属于内幕交易、泄露内幕信息的范畴。

4. 行政责任推定

如前所述，只要当事人属于上述内幕信息知情人员或者非法获取内幕信息的人员，又在内幕信息敏感期内买卖相关证券的，在行政查处中通常即可以推定其从事内幕交易行为。一般而言，只要监管机构提供的证据能够证明以下情形之一，就可推定内幕交易行为成立：（1）《证券法》第五十一条规定的证券交易内幕信息知情人，进行了与该内幕信息有关的证券交易活动；（2）《证券法》第五十一条规定的内幕信息知情人的配偶、父母、子女以及其他有密切关系的人，其证券交易活动与该内幕信息基本吻合；（3）因履行工作职责知悉上述内幕信息并进行了与该信息有关的证券交易活动；（4）非法获取内幕信息，并进行了与该内幕信息有关的证券交易活动；（5）内幕信息公开前与内幕信息知情人或知晓该内幕信息的人联络、接触，其证券交易活动与内幕信息高度吻合。

当然，当事人可以举证推翻上述推定。当事人可以对其在自内幕信息产生后至公开前这一段时期（内幕信息敏感期）内从事的相关证券交易活动作出合理说明，或者提供证据排除其存在利用内幕信息从事相关证券交易活动的可能。例如，当事人提供事先签订的合法、有效的、载明了明确交易条款的书面合同，以证明其证券交易活动是为了履行先前订立的合同（而非利用内幕信息）。需要注意的是，如果当事人提供的合同中的交易条款属于当事人一方有交易选择权的条款（尤其是有交易日期选择权的条款），则该合同及相关条款对于当事人交易合理性的证明力度是不够的，毕竟选择何时交易仍然是由当事人自己决定的，当事人仍然需要说明其选择在内幕信息敏感期从事相关证券交易的理由，否则无法推翻从事了内幕交易的推定。

5. 不构成"内幕交易罪"的情形

《内幕交易案件若干问题解释》明确规定，具有下列情形之一的，不属于刑法意义上的内幕交易行为：（1）持有或者通过协议、其他安排与他人共同持有上市公司5%以上股份的自然人、法人或者其他组织收购该上市公司股份的；（2）按照事先订立的书面合同、指令、计划从事相关证券、期货交易的；（3）依据已被他人披露的信息而交易的；（4）交易具有其他正当理由或者正当信息来源的。

（四）短线交易

1. 对短线交易的规定

《证券法》第四十四条规定，"上市公司、股票在国务院批准的其他全国性证券交易场所交易的公司的董事、监事、高级管理人员、持有或者通过协议、其他安排与他人共同持有该公司股份5%以上的股东，将其持有的该公司的股票或者其他具有股权性质的证券在买入后 6 个月内卖出，或者在卖出后 6 个月内又买入，由此所得收益归该公司所有，公司董事会应当收回其所得收益。但是，证券公司因包销购入售后剩余股票而持有 5% 以上股份，以及有国务院证券监督管理机构规定的其他情形除外。

前款所称董事、监事、高级管理人员、自然人股东持有的股票或者其他具有股权性质的证券，包括其配偶、父母、子女持有的及利用他人账户持有的股票或者其他具有股权性质的证券。

公司董事会不按照第一款规定执行的，股东有权要求董事会在 30 日内执行。公司董事会未在上述期限内执行的，股东有权为了公司的利益以自己的名义直接向人民法院提起诉讼。公司董事会不按照第一款的规定执行的，负有责任的董事依法承担连带责任。"

2. 短线交易归入权及其行使

《证券法》第四十四条的主要规制目的是限制公司的董事、监事、高级管理人员和持股 5% 以上的股东从事内部人交易，不论是否存在内幕信息，不论其是否知悉内幕信息，也不论其是否利用了内幕信息，一概将其在 6 个月内交易的收益收归公司所有。这被称为"短线交易归入权"。

值得注意的是，《证券法》第四十四条第三款所规定的诉讼形式应为股东派生诉讼，但是，该款并未明确提起该诉讼的股东是否应符合《公司法》中关于股东派生诉讼原告持股条件和持股期限的规定（根据《证券法》第九十四条第三款的规定，投资者保护机构作为原告提起股东派生诉讼时除外）。基于文义理解和体系理解，可将该款视为《证券法》独立于《公司法》的一个特别条款，即如果股东因为公司董事会怠于行使短线交易归入权而提起股东派生诉讼时，适用《证券法》第四十四条第三款的规定即可，没有提起诉讼时持股条件和持股期限的要求，也无须经过《公司法》所要求的"穷尽公司内部救济"的其他措施。

（五）利用未公开信息交易

1. 对利用未公开信息交易的规定

《证券法》第五十四条规定："禁止证券交易场所、证券公司、证券登记结算机构、证券服务机构和其他金融机构的从业人员、有关监管部门或者行业协会的工作人员，利用因职务便利获取的内幕信息以外的其他未公开的信息，违反规定，从事与该信息相关的证券交易活动，或者明示、暗示他人从事相关交易活动。"这即是所谓"老鼠仓"行为。

例如，甲担任某证券投资基金经理，完全掌握基金交易的标的股票、交易时点和交易数量等未公开信息。在任职期间，甲利用其掌握的前述未公开信息，先于、同期或稍晚于基金买卖相同股票的行为，即构成利用未公开信息交易。

2. 利用未公开信息交易和内幕交易的区别

"老鼠仓"行为与内幕交易的区别在于：（1）主体范围不同。"老鼠仓"行为主体特定，主要是证券交易场所、证券公司、证券登记结算机构、证券服务机构和其他金融机构的从业人员、有关监管部门或者行业协会的工作人员；而内幕交易主体虽然主要表现为"内部人"，但只要其处于"内幕信息知情人"的位置，或处于信息传递链中，其相关交易行为明显异常，且无正当理由或者正当信息来源的，都可能被推定为从事了内幕交易。（2）所利用的信息不同。"老鼠仓"行为利用的是内幕信息以外的其他未公开的信息；而内幕交易利用的是"涉及发行人的经营、财务"的具有重大性且未公开的信息。

三、操纵市场行为

（一）操纵市场行为的概念

操纵市场，是指行为人利用其资金、持股或信息等优势或者利用其他手段影响或者意图影响证券市场价格，扰乱证券市场秩序的行为。《证券法》禁止任何操纵证券市场的行为。

值得注意的是，《证券法》第四十五条规定了程序化交易，以区别非法的操纵市场，"通过计算机程序自动生成或者下达交易指令进行程序化交易的，应当符合国务院证券监督管理机构的规定，并向证券交易所报告，不得影响证券交易所系统安全或者正常交易秩序"。

（二）操纵证券市场行为的具体类型

1. 操纵市场的规定

《证券法》第五十五条规定，禁止任何人以下列手段操纵证券市场，影响或者意图影响证券交易价格或者证券交易量：

（1）单独或者通过合谋，集中资金优势、持股优势或者利用信息优势联合或者连续买卖，操纵证券交易价格或者证券交易量。

（2）与他人串通，以事先约定的时间、价格和方式相互进行证券交易，影响证券交易价格或者证券交易量。

（3）在自己实际控制的账户之间进行证券交易，影响证券交易价格或者证券交易量。

（4）不以成交为目的，频繁或者大量申报并撤销申报。

（5）利用虚假或者不确定的重大信息，诱导投资者进行证券交易。

（6）对证券、发行人公开作出评价、预测或者投资建议，并进行反向证券交易。

（7）利用在其他相关市场的活动操纵证券市场。

（8）操纵证券市场的其他手段。

操纵证券市场行为给投资者造成损失的，行为人应当依法承担赔偿责任。

2. 联合或连续买卖式操纵

以上第（1）项行为属于通过真实的联合或连续交易影响证券交易价格或者证券交易量的行为，通常被称为联合或连续买卖式操纵。

认定该类操纵行为的关键是辨别行为人主观方面的操纵意图：

第一，操纵意图是区别操纵行为与投资者正常投资行为的关键。例如，通过交易所的连续购买行为大量持有某上市公司的股票，其意图获得或巩固目标公司控制权，而非影响证券交易价格或者证券交易量，因此就不是操纵，而是合法收购行为。主观方面操纵意图的辨别，需要看行为人的交易动机、交易前后的状况、交易形态、交易占有率以及是否违反投资效率等因素。

第二，操纵意图也是区别"利用信息优势"联合或连续买卖式操纵与内幕交易的关键。两类违法行为的相似点在于：涉及内部人利用公司重大的、尚未公布的信息。但内幕交易不仅表现为自行买卖、建议他人买卖，还表现为泄露信息导致他人买卖，且关键就在于内幕交易行为人并无操纵市场的意图。

除了主观的操纵意图，在客观行为方面，则要从行为人是否为市场价格的主导者、行为人是否为某种证券的市场支配者，以及行为人若停止买卖是否导致某种证券之价格暴跌等因素去考量联合或连续交易行为的不法性。

3. 对敲操纵或相对委托式操纵

以上第（2）项通常被称为"对敲"或"相对委托"。对敲操纵的特点在于：①交易证券所有权形式上有转移，但本质上属于虚假交易，其交易根本目的在于通过影响证券交易价格或者证券交易量诱使其他投资者作出错误的投资决定。②操纵者有两个以上，双方不存在控制关系，单一操纵者不能完成对敲操纵。③操纵者之间事先有合谋，一方被利用或不知情，不构成"对敲"或"相对委托"。④双方在相近的时间点上以相近的价格和数量进行反向交易即可。

4. 洗售操纵或自买自卖操纵

以上第（3）项通常被称为洗售操纵或自买自卖操纵。洗售操纵的特点在于：①属于虚假交易。②行为人自己既为买方，又为卖方，本质上是自买自卖。我国证券账户采用实名制，如若参与交易的账户名称都非本人，而是由其实际控制的若干账户，亦构成实质意义上的自买自卖。

"实际控制"是认定自买自卖的关键。下列账户可被认定为行为人"实际控制的账户"：①行为人以自己名义开户并使用的实名账户；②行为人向账户转入或者从账户转出资金，并承担实际损益的他人账户；③行为人通过第一项、第二项以外的方式管理、支配或者使用的他人账户；④行为人通过投资关系、协议等方式对账户内资产行使交易决策权的他人账户；⑤其他有证据证明行为人具有交易决策权的账户。

5. 虚假申报操纵

以上第（4）项通常被称为虚假申报操纵，即行为人不以成交为目的，频繁申报、撤单或者大额申报、撤单，误导投资者作出投资决策，影响证券交易价格或者证券交易量。对于市场来说，申报本身就是价格信号，行为人通过不断频繁提交买入或卖出特定证券的申报，人为营造相关证券受到市场资金重点关注、交易气氛活跃的假象，诱使其他投资者跟风买入或卖出，从而影响证券的交易价格或交易量。实践中，行为人通常会在影响证券交易价格或证券交易量后进行与申报相反的交易来谋利，但虚假申报操纵的认定并不以是否有反向交易为要件。

6. 蛊惑交易操纵

以上第（5）项通常被称为蛊惑交易操纵。由于联合或连续买卖式操纵也涉及"利用信息优势"，因此有必要区分这两种操纵行为："利用信息优势"联合或连续买卖式操纵主要是指有信息优势的"内部人"利用该优势，影响或者意图影响证券交易价格或者证券交易量，其所利用的信息通常是真实的或确定的、重大的、但尚未公布的信息；而蛊惑交易操纵行为人通常利用的是虚假的或不确定的重大信息，误导投资者作出投资决策，故而被称为"蛊惑交易"。

蛊惑交易操纵也应与虚假陈述予以区分。二者的联系点在于都涉及虚假的或不确定的重大信息。但"蛊惑交易"操纵行为主体没有限定，且有操纵意图的主观要件。而虚假陈述的行为人通常指积极的信息披露义务人，也不具备操纵意图的主观要件。

蛊惑交易操纵与编造、传播虚假信息或者误导性信息的区别在于：主观目的和行为表现的不同。蛊惑交易操纵的认定要看行为人的操纵意图或操纵结果；但编造、传播虚假信息或者误导性信息的主要行为模式表现为编造和/或传播虚假的信息或者误导性信息，除非能够证明行为人有操纵意图或有操纵结果，否则并不构成操纵。

7. 抢先交易操纵

以上第（6）项通常被称为抢先交易操纵。抢先交易操纵模式经典表现为：①行为人提前交易（如提前买入）；②行为人对证券、发行人公开作出评价、预测或者投资建议；③行为人反向交易（如卖出）。行为人评价、测评信息或建议内容的真假性不论，有可能就是对真实的、既有公开信息（如上市公司已公布的年报）的解读，关键是通过这种评价、测评、建议甚至是解读，来对投资者进行"印象形成"。

值得注意的是，如果没有反向交易行为，行为人仅进行公开测评、评价、建议、解读等行为，并意图影响或影响了证券交易价格或证券交易量，则可能构成蛊惑交易操纵。

8. 跨市场操纵

以上第（7）项通常被称为跨市场操纵。目前对于该类操纵行为的认定争议较大，例如，如何界定"其他相关市场"的范围？从广义来看，会对境内证券市场交易价格或交易量带来影响的其他市场，都属于该范围之内。例如，利用在期货市场的活动影响股票市场的价格或交易量，利用境外证券市场的活动影响境内证券市场的交易价格或交易量等，都属于跨市场操纵的范围。

9. 以其他手段操纵证券市场

操纵手段千变万化，很难通过立法将其全部囊括。因此，立法上规定了一个概括性的条款。目前对于该"以其他手段操纵证券市场"，已经有一些行政和司法上的认定。例如，在赵喆操纵证券交易价格案中，法院认定被告人"利用修改计算机信息系统存储数据的方法"，人为操纵股票价格，构成了"以其他手段操纵证券市场"。

第八章 企业破产法律制度

第一节 破产法律制度概述

一、破产与破产法的概念与特征

(一) 破产的概念与特征

破产是指对丧失清偿能力的债务人,经法院审理,强制清算其全部财产,公平、有序地清偿全体债权人的法律制度。破产的概念一般是指破产清算程序,但在谈及破产法律制度时,通常是从广义理解,不仅包括破产清算制度,而且包括以挽救债务人、避免其破产清算为主要目的的重整、和解等法律制度。

破产清算是破产法的基本制度,它与同样具有保障债权实现功能的民事执行制度相比,具有以下特征:

(1) 破产程序中的债务人已丧失清偿能力,不能对债权人履行全部清偿义务,故须以破产方式解决对全体债权人的公平、有序清偿以及企业规范退出市场的问题。而民事执行程序中的债务人通常具有清偿能力,因拒不履行义务而需要强制执行。当民事执行程序中的债务人丧失清偿能力时,就应当转入破产程序。在民事执行中,强调债务人自动履行义务、债权人主动行使权利。而在破产程序中,因债权人的单独受偿或债务人对个别债权人的主动履行违背对全体债权人公平清偿的原则,反原则上为法律所禁止。

(2) 就债务清偿而言,破产清算是为全体债权人的利益而进行,属于债权的集体清偿程序。但对享有物权担保等特别优先受偿权的债权人的清偿,原则上仍属于个别清偿程序,仅在法律另有规定的情况下除外。民事执行是为申请执行的个别债权人的利益进行的,属于债权的个别清偿程序。后者的目的只为实现债的个别清偿,而前者则更强调清偿在债权人之间的公平,解决多数债权人之间因债务人财产不足清偿全部债权而发生的矛盾,以保证公平、有序的债务清偿。

(3) 破产是对债务人财产等法律关系的全面清算,破产宣告后,破产人为企业法人的,清算完成后将终结其民事主体资格。而民事执行的范围则仅限于与所执行债务相关的财产,不涉及企业民事主体资格消灭问题。此外,民事执行的对象范围广泛,既包括对财产的执行，也包括对行为的执行，而破产程序中执行的对象仅为财产。

另一方面，破产制度与民事执行制度又有着密切的关系。从程序意义上讲，两者都是依法进行的、以实现债权为目的的具有执行性质的程序，其最初产生原因主要是为了保护债权人的利益，在许多具体程序上两者也有相通之处。所以，《企业破产法》第四条规定："破产案件审理程序，本法没有规定的，适用民事诉讼法的有关规定。"

（二）破产法的概念与特征

破产法是规定在债务人丧失清偿能力时，法院强制对其全部财产进行清算分配，公平、有序清偿债权人，或通过债务人与债权人会议达成的和解协议清偿债务，或进行企业重整，避免债务人破产的法律规范的总称。破产法有广义和狭义之分。狭义的破产法特指破产法典，如我国于2006年8月27日通过的《企业破产法》；广义的破产法则还包括其他有关破产的法律、行政法规规章、司法解释及散见于其他立法中的调整破产关系的法律规范，如《民法典》《商业银行法》《保险法》《公司法》《合伙企业法》《农民专业合作社法》等立法中有关破产的规定。现代意义上的破产法均由破产清算制度与挽救债务人的重整、和解等制度两方面的法律构成。

破产法具有以下特征：

（1）破产法是集实体与程序内容合一的综合性法律，主要调整债务人丧失清偿能力时对债务的公平、有序清偿即权利实现，以及对债务人的挽救更生问题，对当事人间的实体权利义务争议（如债务是否存在与数额多少等）则应在破产程序之外通过民事诉讼、仲裁等方式解决。破产法不具备解决民事权利义务争议、保障当事人诉讼权利的各项制度。

（2）破产法的基本制度主要源于民事债权和民事执行制度，并根据破产程序的特点对当事人实体与程序上的权利、义务予以必要的扩张或限制，同时遵循经济法的理念，兼顾对社会利益与实质公平的维护。

（3）破产法的社会涉及面甚广，不仅民法、民事诉讼法与之相关，企业法、公司法、金融法、劳动法、社会保障法乃至刑法、行政法等都与之有密切联系。破产法的顺利实施需要依靠相关法律及配套制度营造的社会环境保障，单靠一部破产法是难以广泛实施并充分发挥其应有之社会调整功能的。

（三）我国破产立法概况

1986年12月2日，第六届全国人大常委会第十八次会议通过了《中华人民共和国企业破产法（试行）》（以下简称旧破产法），仅适用于全民所有制企业。1991年4月9日，第七届全国人大第四次会议通过《中华人民共和国民事诉讼法》。其第二编第十九章规定"企业法人破产还债程序"，适用于非全民所有制的企业法人。至此，所有法人型企业均被纳入破产法的调整体系。2006年8月27日，第十届全国人大常委会第二十三次会议通过了《中华人民共和国企业破产法》（以下简称《企业破产法》），自2007年6月1日起施行，旧破产法同时废止。2007年10月28日第十届全国人大常委会第三十次会议《关于修改〈中华人民共和国民事诉讼法〉的决定》，删除原法第十九章"企业法人破产还债程序"，破产问题统一由《企业破产法》调整。

二、破产法的立法宗旨与调整作用

（一）破产法的立法宗旨

《企业破产法》第一条规定："为规范企业破产程序，公平清理债权债务，保护债权人和债务人的合法权益，维护社会主义市场经济秩序，制定本法。"《企业破产法》对立法宗旨与实施原则在强调破产法基本调整功能的基础上进行了以下革新：第一，明确破产法的特定社会调整目标，区分其直接社会调整作用与间接社会影响的关系；第二，区分破产法与劳动法、社会保障法等相关立法间不同的调整范围，将不属于破产法调整的破产企业职工的救济安置等社会问题交由其他立法调整；第三，排除政府的不当行政干预，避免因行政利益的影响而扭曲破产法的实施，同时强调地方政府应当通过府院协调机制为破产案件的审理提供充分的社会保障，解决失业职工安置等破产衍生问题，保障破产法的顺利实施。

（二）破产法的调整作用

2015年《中央经济工作会议公报》指出，"要依法为实施市场化破产程序创造条件"。2024年中共中央二十届三中全会的决定中指出，要"健全企业破产机制，探索建立个人破产制度，推进企业注销配套改革，完善企业退出制度。"破产法是保障市场经济正常运行的基础法律制度。破产法的直接调整作用，是通过其特有的调整手段保障债务关系在债务人丧失清偿能力时的最终公平、有序实现，通过重整与和解制度避免具有挽救希望与价值的债务人企业破产，维护债权人和债务人的合法权益，完善企业市场退出机制，维护社会利益与正常经济秩序。破产法通过对债务关系的调整还产生一系列的间接社会影响，有助于完善市场经济优胜劣汰的竞争机制；通过破产清算与重整等制度，清除僵尸企业，调整产业与产品结构，实现中央"去产能、去库存、去杠杆、降成本、补短板，提高供给体系质量和效率，提高投资有效性"的战略目标，优化社会资源的市场配置。

三、破产法的适用范围

（一）破产法的主体适用范围

根据《企业破产法》第二条规定，其主体适用范围是所有的企业法人。同时，该法第一百三十五条规定："其他法律规定企业法人以外的组织的清算，属于破产清算的，参照适用本法规定的程序"，适当扩大了破产法的实际适用范围。目前，根据其他法律规定，可以参照适用破产法的主体主要是合伙企业、农民专业合作社等。根据最高人民法院发布的《关于对因资不抵债无法继续办学被终止的民办学校如何组织清算问题的批复》，资不抵债的民办学校的清算，参照适用《企业破产法》规定的程序进行。根据最高人民法院发布的《关于个人独资企业清算是否可以参照适用企业破产法规定的破产清算程序的批复》，在个人独资企业不能清偿到期债务，并且资产不足以清偿全部债务或者明显缺乏清偿能力的情况下，可以参照适用《企业破产法》规定的破产清算程序进行清算。

（二）《企业破产法》的地域适用范围

一国的破产立法自然适用于本国司法领域，《企业破产法》的地域适用范围主要是指破产法的域外效力问题，即一国的破产程序对破产人位于其他国家的财产是否有效。破产程序的域外效力发生于跨境破产的情况。跨境破产，是指同时涉及本国与外国因素的破产程序。通常，影响跨境破产形成的实质因素主要是债务人的财产位于两个以上的国家。

从历史上看，对于破产程序的域外效力在立法上主要有两种理论。一种是属地主义，主张破产程序的效力仅及于本国国内，只有破产人在该国内的财产属于破产财产，本国破产裁判对债务人在国外的财产不具有法律效力，外国的破产裁判对该国债务人在本国的财产也不具有法律效力。另一种为普及主义，认为破产制度设立的目的，在于一次性公平解决破产人全部债务清偿问题，破产程序的效力应及于破产人在国内外的全部财产，所以本国破产裁判对债务人在国外的财产具有法律效力，外国的破产裁判对该国债务人在本国的财产也具有法律效力。两种立法主义各有利弊，目前普及主义具有普遍适用的趋势，各国破产法在积极采取各种措施解决跨境破产问题。有的国家对外国破产程序视同外国法院裁判，按照相应的法律程序个案处理，在一定条件下承认其全部或部分效力。有的国家采取缔结条约的方法，承认缔约方破产程序在本国具有相应的法律效力。联合国国际贸易法委员会制定了《跨国界破产示范法》等规范，力图通过全球立法统一化的方式普遍性地解决跨境破产问题。目前，一些国家已经在本国立法中采纳了《跨国界破产示范法》的主要原则，适当承认外国破产程序的效力已成为各国的立法发展趋势。

我国《企业破产法》采取有限制的普及主义原则，其第五条规定："依照本法开始的破产程序，对债务人在中华人民共和国领域外的财产发生效力。对外国法院作出的发生法律效力的破产案件的判决、裁定，涉及债务人在中华人民共和国领域内的财产，申请或者请求人民法院承认和执行的，人民法院依照中华人民共和国缔结或者参加的国际条约，或者按照互惠原则进行审查，认为不违反中华人民共和国法律的基本原则，不损害国家主权、安全和社会公共利益，不损害中华人民共和国领域内债权人的合法权益的，裁定承认和执行。"

人民法院在处理跨境破产案件时，要妥善解决跨境破产中的法律冲突与矛盾，合理确定跨境破产案件中的管辖权。在坚持同类债权平等保护的原则下，协调好外国债权人利益与我国债权人利益的平衡，合理保护我国境内职工债权、税收债权等优先权的清偿利益。积极参与、推动跨境破产国际条约的签订以及对联合国国际贸易法委员会《跨国界破产示范法》等规范的借鉴与采纳，探索互惠原则尤其是推定互惠原则的适用，加强我国法院和管理人在跨境破产领域的合作，推进国际投资与贸易健康有序发展。

(三)《企业破产法》的时间适用范围

《企业破产法》第一百三十六条规定:"本法自 2007 年 6 月 1 日起施行,《中华人民共和国企业破产法(试行)》同时废止。"

第二节 破产申请与受理

一、破产原因

(一) 破产原因概述

破产原因,也称破产界限,指认定债务人丧失清偿能力,当事人得以提出破产申请,法院据以启动破产程序的法律事实。破产原因也是和解与重整程序开始的原因,但重整程序开始的原因更为宽松,债务人在尚未发生破产原因但有明显丧失清偿能力可能时,也可以依法申请重整。

各国立法规定破产原因的方式主要有列举主义与概括主义。前者列举规定表明债务人丧失清偿能力的各种具体行为,实施行为之一者即视为发生破产原因,后者则对破产原因从法学理论上作抽象概括规定。通常用于概括规定破产原因的概念有不能清偿(到期债务)、资产不足以清偿全部债务(即资不抵债)以及停止支付。我国立法对破产原因的规定采取概括主义。

所谓不能清偿,是指债务人对债权人请求偿还的到期债务,因丧失清偿能力而持续无法偿还的客观财产状况。这里的到期债务是指已到偿还期限、提出清偿要求、无合理争议或经生效法律文书确定的债务。不能清偿在法律上的着眼点是债务关系能否正常维持。资不抵债是指债务人的资产不足以清偿全部债务,其着眼点是资债比例关系以及因此产生的清偿风险。资不抵债在考察债务人的偿还能力时仅以实有财产为限,不考虑信用、能力等其他偿还因素;计算债务数额时,不考虑是否到期,均纳入总额之内。由于债务人在资不抵债时,如到期债务数额不大,并不一定不能清偿,而且还存在以资产之外的信用、能力方式还债的可能,所以,当以资不抵债作为破产原因时,还需考虑债务人是否具有持续经营能力等因素。另一方面,在债务人资产超过负债时,也可能因资产结构不合理等原因长期无法变现,对到期债务缺乏现实支付能力而持续无法清偿。所以,两者对破产界限的认定既有交叉又有区别,尽管在实践中进入破产程序的债务人往往是既不能清偿又资不抵债。由于债务双方对资不抵债的举证能力不同,所以资不抵债主要是在债务人提出破产申请时适用。停止支付是指债务人以其行为向债权人作出不能支付债务的主观意思表示。停止支付包括以明示、默示表示的各种行为,既包括债务人以书面或口头表示无力还债,也包括欠债不还却转移财产、停业关店,老板"跑路"、弃企隐匿,票据被拒付等明显缺乏清偿能力的情况。

采用概括主义立法的国家大多以不能清偿作为对所有破产主体普遍适用的一般破产原因,而以资不抵债作为对特定主体主动申请破产的特殊破产原因,以防止其在资不抵债的情况下仍不适当地扩张债务，损害债权人利益。这里的特定主体是指资合法人、清算中法人、遗产等仅以有限财产为清偿保证、无人对其债务负无限责任的主体。同时规定，停止支付可推定为不能清偿，以解决债权人申请破产时对债务人的财产状况或清偿能力举证困难问题，保障债权人的破产申请权可以顺利行使。

（二）《企业破产法》及司法解释对破产原因的规定

根据《企业破产法》第二条的规定，企业法人的破产原因是不能清偿到期债务，并且资产不足以清偿全部债务或者明显缺乏清偿能力。2011年最高人民法院颁布了《破产法司法解释（一）》。其第一条规定："债务人不能清偿到期债务并且具有下列情形之一的，人民法院应当认定其具备破产原因：（一）资产不足以清偿全部债务；（二）明显缺乏清偿能力。相关当事人以对债务人的债务负有连带责任的人未丧失清偿能力为由，主张债务人不具备破产原因的，人民法院应不予支持。"据此规定，破产原因可以分为两种情况：第一，债务人不能清偿到期债务，并且资产不足以清偿全部债务，主要适用于债务人提出破产申请且其资不抵债情况通过对相关证据的形式审查即可判断的案件；第二，债务人不能清偿到期债务，并且明显缺乏清偿能力，主要适用于债权人提出破产申请和债务人提出破产申请但其资不抵债状况通过形式审查不易判断的案件。此外，对债务人丧失清偿能力、发生破产原因的认定，不以其他对其债务负有清偿义务者（如连带责任人、担保人）也丧失清偿能力、不能代为清偿为条件。只要债务人本人不能清偿到期债务即为发生破产原因，其他人对其负债的连带责任、担保责任，是对债权人的责任，不能视为债务人的清偿能力或其延伸。对每一个民事主体的清偿能力与破产原因必须独立考察，不同民事主体之间不存在清偿能力或破产原因认定上的连带关系。

《破产法司法解释（一）》第二条规定："下列情形同时存在的，人民法院应当认定债务人不能清偿到期债务：（一）债权债务关系依法成立；（二）债务履行期限已经届满；（三）债务人未完全清偿债务。"本条规定实际上是将破产法理论上的"不能清偿"解释为"停止支付"，因为仅仅依据这三项条件只能说明债务人未清偿债务，尚不能够充分说明债务人是因为已经完全丧失清偿能力而不能清偿债务。该规定适用于债权人申请破产的情况，目的是在债权人提出破产申请时，解决其无法举证证明债务人的客观财产状况与清偿能力特别是涉及信用、能力的清偿因素是否丧失问题，合理确定债权人的举证责任，并通过推定确认债务人存在破产申请原因（但允许债务人提出抗辩）。对于债务人申请破产的，法院可以依据债务清偿情况以及债务人提交的各项证据材料认定其是否发生破产原因的。

《破产法司法解释（一）》第三条规定了对资不抵债的认定，指出"债务人的资产负债表，或者审计报告、资产评估报告等显示其全部资产不足以偿付全部负债的，人民法院应当认定债务人资产不足以清偿全部债务，但有相反证据足以证明债务人资产能够偿付全部负债的除外"。由于往往只有债务人才可能提供充分证据材料证明其是否资不抵债，而且即使其资不抵债也仅表明其在特定时点上资产与负债的关系可能处于危机境地，不一定会丧失对到期债务的清偿能力，尤其是在将来持续经营过程中也丧失债务清偿能力。所以，这一概念在其他国家用于规定破产原因时，一般仅适用于债务人自愿申请破产的情况。通常，判断是否资不抵债的依据是债务人的资产负债表，但如其自行编制的资产负债表未经过审计，内容就有可能出现不及时、不真实、不准确的问题。因此，当利害关系人对债务人出具的资产负债表存在异议时，本条规定，可以以中介机构出具的具有更高公信力与证明力的审计报告和资产评估报告作为判断债务人资产与负债状况的依据。而且，如果当事人提交的证据能够证明债务人的资产与债务状况，还可以推翻资产负债表、审计报告或者资产评估报告对是否资不抵债的认定。

根据《企业破产法》第七条规定，只要债务人不能清偿到期债务，无须考虑资不抵债问题，债权人就可以向人民法院提出破产申请。《企业破产法》第二条规定的"明显缺乏清偿能力"，就是要起到推定债务人不能清偿到期债务、认定其发生破产原因的作用，并排除对资不抵债概念在认定破产原因时的不当适用。《破产法司法解释（一）》第四条规定："债务人账面资产虽大于负债，但存在下列情形之一的，人民法院应当认定其明显缺乏清偿能力"，并列举了五种情况。第一，因资金严重不足或者财产不能变现等原因，无法清偿债务。在司法实践中，有时虽然债务人账面资产（如土地使用权、厂房等）大于负债，但由于无法变现或变现即意味着失去经营条件不得不破产倒闭，导致长期对到期债务无法清偿，即使是有物权担保的债权人有时也难以说服法院采取必然导致债务人企业倒闭、职工失业的执行措施以实现权利，所以只有通过破产程序才能彻底解决债务清偿问题。第二，法定代表人下落不明且无其他人员负责管理财产，无法清偿债务。此种情况下债务人已经丧失民事行为能力，往往也已丧失了清偿能力，必须及时启动破产程序才能维护债权人的利益。第三，经人民法院强制执行，无法清偿债务。经采取强制执行措施仍不能清偿债务的债务人显然已经完全丧失清偿能力，甚至由于已经司法程序确认而无须再推定破产原因发生。因为任何债务的不能执行，都意味着债务人完全丧失清偿能力。所以依据本项规定，只要债务人的任何一个债权人经人民法院强制执行未能得到清偿，其每一个债权人均有权提出破产申请，并不要求申请人自己已经采取了强制执行措施。第四，长期亏损且经营扭亏困难，无法清偿债务。此项规定侧重于从债务人的持续经营能力角度考察其清偿能力。当债务人不能清偿债务，同时长期亏损且经营扭亏困难，失去持续经营能力时，虽然其账面资产大于负债，但未来只会持续性减少，进一步损害债权人利益，所以应认为其发生破产申请原因。第五，导致债务人丧失清偿能力的其他情形。此乃通常授权法院在法律列举情况之外可以裁量认定适用相关规定的兜底性条款。

二、破产申请的提出

《企业破产法》将当事人提起破产清算、和解与重整这三个程序的申请统一规定于第二章之中，所以该章中有关"申请和受理"的规定是适用于清算、和解与重整三个程序的。

（一）提出破产申请的当事人

根据法律规定，债务人发生破产原因，可以向人民法院提出重整、和解或者破产清算申请。债务人不能清偿到期债务，债权人可以向人民法院提出对债务人进行重整或者破产清算的申请，但不能提出和解申请。

无论债权人是否设有物权担保均享有破产申请权。债务人发生破产原因时，担保债权人通常可从担保物上获得优先清偿，没有必要浪费时间、精力去申请债务人破产。但在担保物价款可能不足以清偿所担保的债权时，便不得不行使破产申请权，以维护其权利。此外，担保债权人出于某些特殊的利益考虑，如挽救债务人、收购竞争对手等，或因担保物变现遇到阻碍也可能需要提出清算或重整申请，以达到其正当目的。《企业破产法》对担保债权人行使破产申请权没有限制规定。

税务机关和社会保险机构享有对债务人的破产清算申请权，但一般认为其不宜享有重整申请权，尽管他们可以参加重整程序受偿。因为现行法律法规规定，他们不能在重整程序中主动作出债权减免的让步，不能为重整作出实质贡献，赋予其重整申请权是没有意义的。破产企业的职工作为债权人可以申请债务人企业破产清算或者重整。但职工债权人一方面是企业的债权人，另一方面又是其雇员，申请企业破产可能实现申请职工的债权，但也可能因企业破产倒闭导致全部职工的失业，从而可能出现债权与就业权、申请职工与其他职工的利益矛盾。所以为慎重起见，职工提出破产申请应经职工代表大会或者全体职工（会议）多数决议通过。

企业法人已解散但未清算或者未清算完毕，资产不足以清偿债务的，依法负有清算责任的人应当向人民法院申请破产清算。《公司法》第二百三十七条第一款规定："清算组在清理公司财产、编制资产负债表和财产清单后，发现公司财产不足清偿债务的，应当依法向人民法院申请破产清算。"此外，最高人民法院《关于适用〈中华人民共和国公司法〉若干问题的规定（二）》第十七条对此种情况还规定有一简易程序，该条指出："人民法院指定的清算组在清理公司财产、编制资产负债表和财产清单时，发现公司财产不足清偿债务的，可以与债权人协商制作有关债务清偿方案。债务清偿方案经全体债权人确认且不损害其他利害关系人利益的，人民法院可依清算组的申请裁定予以认可。清算组依据该清偿方案清偿债务后，应当向人民法院申请裁定终结清算程序。债权人对债务清偿方案不予确认或者人民法院不予认可的，清算组应当依法向人民法院申请宣告破产。"

为避免强制清算程序在适用上的浪费，合理解决企业清算过程中债权人的破产申请权利，《破产法司法解释（一）》第五条规定："企业法人已解散但未清算或者未在合理期限内清算完毕，债权人申请债务人破产清算的，除债务人在法定异议期限内举证证明其未出现破产原因外，人民法院应当受理。"在上述情况下，债权人本也可以申请适用《公司法》司法解释中规定的司法强制清算程序，但鉴于目前企业发生解散原因如被吊销营业执照后不清算等恶意逃债现象较为严重，且这类企业即使进行司法强制清算往往最后也要转入破产清算程序，所以司法解释本条规定，债权人可以选择直接申请其破产，以简化程序，节省司法资源与诉讼时间，更好地保障债权人的合法权益。在企业已经发生解散原因的情况下，因清算义务人怠于履行义务，导致公司财产贬值、流失、毁损或者灭失，或者导致主要财产、账册、重要文件等灭失，无法进行破产清算时，债权人仍可以在破产程序终结后主张由清算义务人对公司债务承担连带清偿等法律责任。《民商事审判会议纪要》第一百一十七条规定："要依法区分公司解散清算与破产清算的不同功能和不同适用条件。债务人同时符合破产清算条件和强制清算条件的，应当及时适用破产清算程序实现对债权人利益的公平保护。债权人对符合破产清算条件的债务人提起公司强制清算申请，经人民法院释明，债权人仍然坚持申请对债务人强制清算的，人民法院应当裁定不予受理。"

根据《企业破产法》第一百三十四条规定："商业银行、证券公司、保险公司等金融机构有本法第二条规定情形的，国务院金融监督管理机构可以向人民法院提出对该金融机构进行重整或者破产清算的申请。国务院金融监督管理机构依法对出现重大经营风险的金融机构采取接管、托管等措施的，可以向人民法院申请中止以该金融机构为被告或者被执行人的民事诉讼程序或者执行程序。"

（二）破产案件的管辖

当事人的申请应向对破产案件有管辖权的人民法院提出。《企业破产法》规定，破产案件的地域管辖由债务人住所地人民法院管辖。债务人住所地指债务人的主要办事机构所在地。债务人主要办事机构所在地不明确、存在争议的，由其注册登记地人民法院管辖。根据《民事诉讼法》以及最高人民法院对旧破产法的司法解释规定，破产案件的级别管辖依破产企业的工商登记情况确定。基层人民法院一般管辖县、县级市或者区的工商行政管理机关核准登记企业的破产案件；中级人民法院一般管辖地区、地级市（含本级）以上的工商行政管理机关核准登记企业的破产案件。上级人民法院有权审理下级人民法院管辖的企业破产案件，确有必要将本院管辖的企业破产案件交下级人民法院审理的，应当报请其上级人民法院批准。下级人民法院对它所管辖的企业破产案件，认为需要由上级人民法院审理的，可以报请上级人民法院审理。人民法院之间因管辖权发生争议，由争议双方协商解决；协商解决不了的，报请它们的共同上级人民法院指定管辖。省、自治区、直辖市范围内因特殊情况需对个别企业破产案件的地域管辖作调整的，须经共同上级人民法院批准。金融机构、上市公司的破产与重整案件或者具有重大影响、法律关系复杂的破产案件，一般应由中级人民法院管辖。

（三）当事人提出破产申请时的举证责任

当事人向人民法院提出破产申请，应当提交破产申请书和有关证据。破产申请书应当载明下列事项：（1）申请人、被申请人的基本情况；（2）申请目的，即申请破产清算还是申请重整或和解；（3）申请的事实和理由；（4）人民法院认为应当载明的其他事项。

债权人提出破产申请时，应当提交债务人不能清偿到期债务的有关证据。根据《破产法司法解释（一）》第二条的规定，债权人需要举证证明是"债权债务关系依法成立、债务履行期限已经届满、债务人未完全清偿债务"，其举证责任具有可行性。债务人提出申请的，还应当向人民法院提交企业财产状况说明、债务清册、债权清册、有关财务会计报告、职工安置预案以及职工工资的支付和社会保险费用的缴纳情况等有关材料。企业在进入破产程序后应当尽力清偿职工债权，但对职工就业安置等社会问题，往往既无能力也无义务承担。所以除特殊企业外，要求提交的"职工安置预案"实际应由地方政府有关部门负责制定、企业予以协助。债务人为国有企业的，职工安置预案应列明拟安置职工基本情况、安置障碍及主要解决方案、稳定因素评估及主要应对措施等。债务人为非国有企业的，职工安置预案应列明劳动关系解除后依法应对职工的补偿方案，但并不要求企业承担安置资金、解决就业等问题。

申请人申请债务人破产重整的，除提交《企业破产法》规定的上述材料外，还应当提交债务人具有重整可行性的报告。申请人申请上市公司破产重整的，应当提交关于上市公司具有重整可行性的报告、上市公司住所地省级人民政府向证券监督管理部门的通报情况材料以及证券监督管理部门的意见、上市公司住所地人民政府出具的维稳预案等。

破产申请提交后，在人民法院受理破产申请前，申请人可以请求撤回申请。

三、破产申请的受理

（一）人民法院对破产申请的审查

人民法院收到破产申请后，应当依法进行审查，及时作出是否受理破产案件的裁定。曾有法院在申请人对相关材料的补充、补正环节，以不及时告知，或者对可一次性补充、补正的材料故意分多次告知的方式，拖延受理，阻碍破产申请，以达到迫使申请人放弃申请、不受理破产案件的目的。为解决这一问题，《破产法司法解释（一）》第七条规定："人民法院收到破产申请时，应当向申请人出具收到申请及所附证据的书面凭证。人民法院收到破产申请后应当及时对申请人的主体资格、债务人的主体资格和破产原因，以及有关材料和证据等进行审查，并依据企业破产法第十条的规定作出是否受理的裁定。人民法院认为申请人应当补充、补正相关材料的，应当自收到破产申请之日起5日内告知申请人。当事人补充、补正相关材料的期间不计入企业破产法第十条规定的期限。"对与案件受理审查事项即债务人是否存在破产原因无关，可以在案件受理后再予查明的其他问题，法院不得要求申请人在受理前就必须提交证据材料，不得以要求提交与案件受理无关材料的方式阻碍当事人正常行使破产申请权，或作为不受理案件的借口。在司法实践中，有的法院在当事人提出重整申请时就要求提交完整的重整计划草案、确定重整投资人，甚至要求投资人提交高额的所谓保证金，故意以此作为阻止受理重整申请的手段，这些做法都是违法的，必须予以纠正。

为维护当事人的破产申请权，保障破产程序顺利启动，2016年7月28日颁布的《最高人民法院关于破产案件立案受理有关问题的通知》规定，各级法院不得在法定条件之外设置附加条件，限制剥夺当事人的破产申请权，阻止破产案件立案受理，影响破产程序正常启动。自2016年8月1日起，对于债权人、债务人等法定主体提出的破产申请材料，人民法院立案部门一律接收并出具书面凭证，然后根据《企业破产法》第八条的规定进行形式审查。立案部门经审查认为申请人提交的材料符合法律规定的，应当场登记立案。不符合法律规定的，应予释明，并以书面形式一次性告知应当补充、补正的材料，补充、补正期间不计入审查期限。申请人按要求补充、补正的，应当登记立案。立案部门登记立案后，应及时将案件移送负责审理破产案件的审判业务部门。审判业务部门应当在5日内将立案及合议庭组成情况通知债务人及提出申请的债权人。

人民法院在对债务人的通知中，应告知债务人不得转移资产、逃避债务，不得进行任何有碍于公平清偿的行为，否则将追究其法律责任。

《破产法司法解释（一）》第六条第一款规定："债权人申请债务人破产的，应当提交债务人不能清偿到期债务的有关证据。债务人对债权人的申请未在法定期限内向人民法院提出异议，或者异议不成立的，人民法院应当依法裁定受理破产申请。"债务人对债权人提出的破产申请有异议的，应当自收到人民法院的通知之日起7日内向人民法院提出，并提交相关的证据材料。人民法院认为有必要的，可以组织债权人与债务人等利害关系人进行听证，听证会期间不计入法定受理期间。

债务人以其具有清偿能力或资产超过负债为由提出抗辩异议，但又不能立即清偿债务或与债权人达成和解的，依据《破产法司法解释（一）》第二、四等条的规定，其异议不能成立。

在债务人对债权人申请人是否享有债权提出异议时，人民法院应当依法对异议及相关债权进行审查。如果人民法院能够依据双方签订的合同、支付凭证、对账单和还款协议等主要证据确定债权存在，且债务人没有相反证据和合理理由予以反驳的，人民法院对其异议应不予支持。在此需特别注意的是，人民法院不能因为债务人对债权提出毫无道理和证据的异议，就不加区别地要求债权人都通过诉讼解决，否则将使债务人可以任意拖延债权人的破产申请，甚至趁机转移财产逃债，侵害债权人的破产申请权、破产受偿权等权益。此外，债务人对债权人申请人享有债权的数额提出异议时，如果存在双方无争议的部分债权数额，且债务人对该数额已经丧失清偿能力，则此项异议同样不能阻止法院受理破产申请，虽然对双方有争议的那部分债权的确认仍需通过诉讼解决。与此同理，债务人仅对申请人的债权是否存在担保等提出异议，因不影响破产原因的成立，也不能成为阻止提出破产申请的理由，不影响法院对破产申请的受理。

《破产法司法解释（一）》第八条规定："破产案件的诉讼费用，应根据企业破产法第四十三条的规定，从债务人财产中拨付。相关当事人以申请人未预先交纳诉讼费用为由，对破产申请提出异议的，人民法院不予支持。"

《民商事审判会议纪要》第一百零八条第一款规定："人民法院裁定受理破产申请前，提出破产申请的债权人的债权因清偿或者其他原因消灭的，因申请人不再具备申请资格，人民法院应当裁定不予受理。但该裁定不影响其他符合条件的主体再次提出破产申请。破产申请受理后，管理人以上述清偿符合《企业破产法》第三十一条、第三十二条为由请求撤销的，人民法院查实后应当予以支持。"

（二）人民法院对破产申请的受理

债权人提出破产申请的，人民法院应当自债务人提出异议期满之日起10日内裁定是否受理。除上述情形外，人民法院应当自收到破产申请之日起15日内裁定是否受理。有特殊情况需要延长受理案件期限的，经上一级人民法院批准，可以延长15日。

人民法院裁定受理破产申请的，应当将裁定自作出之日起5日内送达申请人。债权人提出申请的，人民法院应当自裁定作出之日起5日内送达债务人。债务人应当自裁定送达之日起15日内，向人民法院提交财产状况说明、债务清册、债权清册、有关财务会计报告以及职工工资的支付和社会保险费用的缴纳情况等有关材料。债务人违反法律规定，拒不向人民法院提交或者提交不真实的上述文件与情况说明的，应承担相应法律责任。《破产法司法解释（一）》第六条第二款规定："受理破产申请后，人民法院应当责令债务人依法提交其财产状况说明、债务清册、债权清册、财务会计报告等有关材料，债务人拒不提交的，人民法院可以对债务人的直接责任人员采取罚款等强制措施。"

债务人不能提交或者拒不提交有关材料，只要现有情况能够表明债务人已经发生破产原因，不影响人民法院对破产申请的受理和审理。根据最高人民法院颁布的《关于债权人对人员下落不明或者财产状况不清的债务人申请破产清算案件如何处理的批复》规定，债权人对人员下落不明或者财产状况不清的债务人申请破产清算，符合《企业破产法》规定的，人民法院应依法予以受理。债务人能否依据《企业破产法》第十一条第二款的规定向人民法院提交财产状况说明、债权债务清册等相关材料，不影响对债权人申请的受理。此外，所谓债权人申请动机不纯和债务人存在资产不明等逃债行为，也不是拒绝受理案件的理由，应否受理破产案件的关键是债务人是否发生破产原因。即使存在债务人的转移财产等逃债行为，通过对破产案件的受理，可以由管理人行使撤销权等权利追回财产，打击债务人的逃债行为，维护债权人权益。最高人民法院在其颁布的《关于正确审理企业破产案件为维护市场经济秩序提供司法保障若干问题的意见》中指出："对于已经出现破产原因的企业，人民法院要依法受理符合条件的破产清算申请，通过破产清算程序使其从市场中有序退出。对于虽有借破产逃废债务可能但符合破产清算申请受理条件的非诚信企业，也要将其纳入到法定的破产清算程序中，通过撤销和否定其不当处置财产行为，以及追究出资人等相关主体责任的方式，使其借破产逃废债务的目的落空，剥夺其市场主体资格。对债权人申请债务人破产清算的，人民法院审查的重点是债务人是否不能清偿到期债务，而不能以债权人无法提交债务人财产状况说明等为由，不受理债权人的申请。""人民法院在审理债务人人员下落不明或财产状况不清的破产案件时，要从充分保障债权人合法利益的角度出发，在对债务人的法定代表人、财务管理人员、其他经营管理人员，以及出资人等进行释明，或者采取相应罚款、训诫、拘留等强制措施后，债务人仍不向人民法院提交有关材料或者不提交全部材料，影响清算顺利进行的，人民法院就现有财产对已知债权进行公平清偿并裁定终结清算程序后，应当告知债权人可以另行提起诉讼要求有责任的有限责任公司股东、股份有限公司董事、控股股东以及实际控制人等清算义务人对债务人的债务承担清偿责任。"根据上述规定，在当事人特别是债务人不能提交或拒不提交有关材料的情况下，只要可以认定破产原因存在，法院不得拒绝受理破产申请或驳回破产申请。

在这一问题上，必须厘清立法关于破产申请人等提交证据材料的义务与人民法院受理破产申请标准之间的关系。过去一直存在一种误解，认为如果破产申请人等未能履行提交全部证据材料的义务，人民法院就可以不受理破产申请，这是不符合立法本意与法理逻辑的。当事人提出破产申请应当依法提交破产申请书和有关证据，这是为人民法院审查应否受理破产申请以及受理申请后顺利审理破产案件提供有利条件。但是在当事人未能依法提交全部有关证据材料的情况下，无论是债权人因客观条件所限无法提交，还是债务人拒不提交，如果能够根据债务人的外观行为（如未清偿依法成立的到期债务）和已经提交的材料足以判定债务人存在破产原因，法院就应当受理破产申请。在司法实践中，申请人未能提交全部有关证据材料，通常并不影响对破产原因存在的判定。《企业破产法》第二条第一款明确规定："企业法人不能清偿到期债务，并且资产不足以清偿全部债务或者明显缺乏清偿能力的，依照本法规定清理债务。"法院判定应否受理破产申请的标准，不是申请人等是否提交了法律规定的全部有关证据材料，而是债务人是否存在破产原因，即对到期债务能否清偿。

为保障当事人的破产申请权，《民商事审判会议纪要》第一百零七条第一款规定："充分发挥破产重整案件信息网的线上预约登记功能，提高破产案件的受理效率。当事人提出破产申请的，人民法院不得以非法定理由拒绝接收破产申请材料。如果可能影响社会稳定的，要加强府院协调，制定相应预案，但不应当以'影响社会稳定'之名，行消极不作为之实。破产申请材料不完备的，立案部门应当告知当事人在指定期限内补充材料，待材料齐备后以'破申'作为案件类型代字编制案号登记立案，并及时将案件移送破产审判部门进行破产审查。"

人民法院裁定不受理破产申请的，应当将裁定自作出之日起5日内送达申请人并说明理由。申请人对裁定不服的，可以自裁定送达之日起10日内向上一级人民法院提起上诉。

过去曾有法院拒不接受申请人递交的破产申请，或收到破产申请拒不向申请人出具收到申请及所附证据的书面凭证，从而导致申请人难以举证确认法院何时收到破产申请，无法起算法定受理期间与届满时间，进而难以向上级法院提出上诉或者异议。为此，《破产法司法解释（一）》第九条规定："申请人向人民法院提出破产申请，人民法院未接收其申请，或者未按本规定第七条执行的，申请人可以向上一级人民法院提出破产申请。上一级人民法院接到破产申请后，应当责令下级法院依法审查并及时作出是否受理的裁定；下级法院仍不作出是否受理裁定的，上一级人民法院可以径行作出裁定。上一级人民法院裁定受理破产申请的，可以同时指令下级人民法院审理该案件。"据此，申请人如有书面证据、录音录像等视听材料，可以证明人民法院拒不接受其破产申请和有关材料，或者未向其出具收到申请及所附证据的书面凭证，或在法定期限内未作出是否受理裁定的，就可以直接向上一级法院提出破产申请。此外，当事人还可以在"全国企业破产重整案件信息网"上预约破产立案、上传申请材料等，取得向法院提交破产申请的证据，以维护其破产申请权利。

为从法院内部体制上解决破产案件受理难问题，最高人民法院在《关于正确适用〈中华人民共和国企业破产法〉若干问题的规定（一），充分发挥人民法院审理企业破产案件司法职能作用的通知》中指出，人民法院要加强法官专业化队伍建设，在人员和物资保障方面给予支持。有条件的法院可以根据受理企业破产案件的数量，成立专门的破产案件审判庭，或指定专门的合议庭负责审理破产案件，应建立合理的企业破产案件专门绩效考评机制。2016年，最高人民法院还发布了《关于在中级人民法院设立清算与破产审判庭的工作方案》。为了更好地提升我国的营商环境，经最高人民法院批准，2019年起，在深圳、北京、上海、天津、广州、温州、重庆、杭州、济南、青岛、南京、厦门、苏州等地相继设立破产法庭。

（三）破产申请的驳回

人民法院受理破产申请后至破产宣告前，经审查发现案件受理的时点债务人未发生破产原因的，可以裁定驳回申请。但是，破产案件受理后债务人发生破产原因的除外。此外，案件受理时债务人存在破产原因，后由于债务人财产的市场价值发生变化导致其在案件受理后资产超过负债的，不影响破产案件的受理效力与继续审理，人民法院不得裁定驳回申请，债务人如不愿意进行破产清算，可以通过申请和解、重整等方式清偿债务、结束破产程序。申请人对驳回申请裁定不服的，可以自裁定送达之日起10日内向上一级人民法院提起上诉。

《民商事审判会议纪要》第一百零八条第二款规定："人民法院裁定受理破产申请系

对债务人具有破产原因的初步认可，破产申请受理后，申请人请求撤回破产申请的，人民法院不予准许。除非存在《企业破产法》第十二条第二款规定的情形，人民法院不得裁定驳回破产申请。"

（四）破产申请受理裁定的法律效力

人民法院裁定受理破产申请的，应当同时指定管理人，并在裁定受理破产申请之日起25日内通知已知债权人，并予以公告。通知和公告应当载明下列事项：（1）申请人、被申请人的名称或者姓名；（2）人民法院受理破产申请的时间；（3）申报债权的期限、地点和注意事项；（4）管理人的名称或者姓名及其处理事务的地址；（5）债务人的债务人或者财产持有人应当向管理人清偿债务或者交付财产的要求；（6）第一次债权人会议召开的时间和地点；（7）人民法院认为应当通知和公告的其他事项。

为保证破产程序顺利进行，自人民法院受理破产申请的裁定送达债务人之日起至破产程序终结之日，债务人的有关人员承担下列义务：（1）妥善保管其占有和管理的财产、印章和账簿、文书等资料；（2）根据人民法院、管理人的要求进行工作，并如实回答询问；（3）列席债权人会议并如实回答债权人的询问；（4）未经人民法院许可，不得离开住所地；（5）不得新任其他企业的董事、监事、高级管理人员。所谓债务人的有关人员指企业的法定代表人；经人民法院决定，可以包括企业的财务管理人员和其他经营管理人员。债务人的有关人员违反法律规定，擅自离开住所地的，人民法院可以予以训诫、拘留，可以依法并处罚款。

为保证对全体债权人的公平清偿，《企业破产法》第十六条规定："人民法院受理破产申请后，债务人对个别债权人的债务清偿无效。"但是，债务人以其财产向债权人提供物权担保的，其在担保物市场价值内向债权人所作的债务清偿，原则上不受上述规定限制，但法律或司法解释等另有规定的除外。因物权担保债权人享有对担保物的优先受偿权，这种优先权本身就是可以个别行使的权利，而且对该债务的清偿可使债务人收回担保财产，用于对所有债权人的清偿，或用于和解、重整中的继续经营活动，不会损害其他债权人的利益，不违反公平清偿原则。

人民法院受理破产申请后，债务人的债务人或者财产持有人应当向管理人清偿债务或者交付财产，如其故意违反法律规定向债务人清偿债务或者交付财产，使债权人受到损失的，不免除其清偿债务或者交付财产的义务。所谓故意违反法律规定，是指上述当事人明知或应知人民法院已经受理破产申请，仍向债务人清偿债务或者交付财产。通常，以人民法院受理破产申请后，债务人的债务人或者财产持有人接到法院向其发出的通知或者法院向社会发布公告为标准，判断当事人是否明知或应知破产案件已经受理。所谓不免除清偿债务或者交付财产的义务，是以债权人因此受到损失的范围为限。如果债务人的债务人或者财产持有人虽向债务人清偿债务或者交付财产，但债务人将接收到的清偿款项或者财产全部上交管理人，债权人并未受到损失，则不必再承担民事责任。

人民法院受理破产申请后，管理人对破产申请受理前成立而债务人和对方当事人均未履行完毕的合同有权决定解除或者继续履行，并通知对方当事人。管理人决定解除或者继续履行合同，一般应当重点考虑保障债权人的权益最大化，但也应兼顾公平原则。管理人自破产申请受理之日起两个月内未通知对方当事人，或者自收到对方当事人催告之日起 30 日内未答复的，视为解除合同。不过此项规定仅是要限制管理人的合同选择履行权，即超过上述法定期限，管理人即丧失强制要求对方继续履行合同的选择权，但此后双方均同意继续履行合同，合同仍可继续履行。因为这是当事人的契约自由，是其意志自由范围内决定的事项，法律是不予干预的。认为超过法定期限就只能将合同解除，禁止双方自愿继续履行的观点，是不符合立法本意的。管理人决定继续履行合同的，对方当事人应当履行，但有权要求管理人提供担保。管理人不提供担保的，视为解除合同。管理人在破产程序中只享有一次性的合同选择履行权，不得反向再次或多次行使，尤其是不得在决定或以实际行为接受继续履行合同后又决定解除合同，或以超过通知或答复法定期限为由主张合同已经解除，否则不仅违背诚信原则，而且会严重损害对方当事人的正当权益。管理人对合同选择履行权的行使，既包括明示的方式，如通知对方当事人合同是否继续履行，也包括默示的方式，如以实际行为表明对合同的继续履行，包括在买卖合同中接收对方交付的履行标的物、在租赁合同中继续接受对方支付的租金，并对合同的履行不提出异议，无论管理人以何种方式选择继续履行合同或解除合同，均不得再反悔。但是，管理人不能多次反向行使合同选择履行权，并不排斥其在选择合同继续履行后，在合同继续履行中再依据合同法律制度的有关规定以及双方在合同中的约定要求解除合同，或者在解除合同后，当事人之间又协商签订新的有关合同。对于一些特殊种类的合同，出于维护社会公平、实现诚实信用、保障经济秩序等目的，管理人的合同选择履行权要受到必要的限制。例如，对于破产企业为他人提供担保的合同，原则上管理人无权选择解除合同，逃避法律义务，但符合破产撤销权规定的除外。保险公司破产时，对尚未履行完毕的保险合同特别是人寿保险合同，管理人无权予以解除，以保护投保人等当事人的权益。根据国际惯例或商务惯例，如国际互换与衍生工具协会制订的 ISDA 主协议以及中国银行间市场交易商协会发布的《中国银行间市场金融衍生产品交易协议》（NAFMII 主协议），对于金融衍生品交易的合同，在企业进入破产程序时要予以终止，进行净额结算，管理人无权选择对合同继续履行。《民法典》第七百二十五条规定："租赁物在承租人按照租赁合同占有期限内发生所有权变动的，不影响租赁合同的效力。"据此，破产企业对外出租不动产如房屋的，管理人原则上不得解除合同，在变价财产时，房屋可以带租约出售，承租人在同等条件下享有优先购买权。

《企业破产法》规定，人民法院受理破产申请后，有关债务人财产的保全措施应当解除，执行程序应当中止。应当解除的保全措施，既包括民事诉讼保全措施，也包括在行政处罚程序中的保全措施，如海关、工商管理部门等对债务人财产（指合法财产，不包括禁止持有的毒品、枪支、走私物品等非法物）采取的扣押、查封等措施，还应包括刑事诉讼中公安、检察机关等采取的相关措施。根据司法解释规定，对债务人财产采取保全措施的相关单位，在知悉人民法院已裁定受理有关债务人的破产申请后，应当依法及时解除对债务人财产的保全措施。人民法院受理破产申请后至破产宣告前裁定驳回破产申请，或者依据《企业破产法》第一百零八条的规定裁定终结破产程序的，应当及时通知原已采取保全措施并已依法解除保全措施的单位按照原保全顺位恢复相关保全措施。在已依法解除保全的单位恢复保全措施或者表示不再恢复之前，受理破产申请的人民法院不得解除对债务人财产的保全措施。

《保障管理人履职意见》第十八条还从管理人履职角度对解除保全措施问题作出规定,指出:"人民法院裁定受理企业破产案件后,管理人持受理破产申请裁定书和指定管理人决定书,依法向有关部门、金融机构申请解除对破产企业财产的查封、扣押、冻结等保全措施的,相关部门和单位应当根据企业破产法规定予以支持配合。保全措施解除后,管理人应当及时通知原采取保全措施的相关部门和单位。管理人申请接管、处置海关监管货物的,应当先行办结海关手续,海关应当对管理人办理相关手续提供便利并予以指导。"

此外,司法解释还规定,人民法院在受理破产申请后,对于可能因有关利益相关人的行为或者其他原因,影响破产程序依法进行的,可以根据管理人的申请或者依职权,对债务人的全部或者部分财产采取保全措施。

最高人民法院在《破产法司法解释(二)》中对执行程序中止问题作出进一步规定,其第二十二条规定:"破产申请受理前,债权人就债务人财产向人民法院提起本规定第二十一条第一款所列诉讼,人民法院已经作出生效民事判决书或者调解书但尚未执行完毕的,破产申请受理后,相关执行行为应当依据企业破产法第十九条的规定中止,债权人应当依法向管理人申报相关债权。"所谓执行程序应当中止,通常是指对无物权担保债权的执行,物权担保债权人对担保物的执行原则上可以不中止,除法律另有规定,例如当事人申请的是重整程序。因为在破产清算和和解程序中,物权担保债权人对担保物享有优先受偿权,其就担保物的个别执行,不违反公平清偿原则。物权担保债权人就担保物的清偿应当按照《民法典》的规定进行。《破产法司法解释(二)》第十四条还规定:"债务人对以自有财产设定担保物权的债权进行的个别清偿,管理人依据企业破产法第三十二条的规定请求撤销的,人民法院不予支持。但是,债务清偿时担保财产的价值低于债权额的除外。"

破产申请受理后,有关债务人财产的执行程序未依法中止的,采取执行措施的相关单位应当依法予以纠正。依法执行回转的财产,人民法院应当认定为债务人财产。

为进一步落实破产法的此项规定,《民商事审判会议纪要》第一百零九条规定:"要切实落实破产案件受理后相关保全措施应予解除、相关执行措施应当中止、债务人财产应当及时交付管理人等规定,充分运用信息化技术手段,通过信息共享与整合,维护债务人财产的完整性。相关人民法院拒不解除保全措施或者拒不中止执行的,破产受理人民法院可以请求该法院的上级人民法院依法予以纠正。对债务人财产采取保全措施或者执行措施的人民法院未依法及时解除保全措施、移交处置权,或者中止执行程序并移交有关财产的,上级人民法院应当依法予以纠正。相关人员违反上述规定造成严重后果的,破产受理人民法院可以向人民法院纪检监察部门移送其违法审判责任线索。人民法院审理企业破产案件时,有关债务人财产被其他具有强制执行权力的国家行政机关,包括税务机关、公安机关、海关等采取保全措施或者执行程序的,人民法院应当积极与上述机关进行协调和沟通,取得有关机关的配合,参照上述具体操作规程,解除有关保全措施、中止有关执行程序,以便保障破产程序顺利进行。"

根据《企业破产法》规定,人民法院受理破产申请后,已经开始而尚未终结的有关债务人的民事诉讼或者仲裁应当中止;在管理人接管债务人财产、掌握诉讼情况后,该诉讼或者仲裁继续进行。《破产法司法解释（二）》第二十一条规定："破产申请受理前，债权人就债务人财产提起下列诉讼，破产申请受理时案件尚未审结的，人民法院应当中止审理：（一）主张次债务人代替债务人直接向其偿还债务的；（二）主张债务人的出资人、发起人和负有监督股东履行出资义务的董事、高级管理人员，或者协助抽逃出资的其他股东、董事、高级管理人员、实际控制人等直接向其承担出资不实或者抽逃出资责任的；（三）以债务人的股东与债务人法人人格严重混同为由，主张债务人的股东直接向其偿还债务人对其所负债务的；（四）其他就债务人财产提起的个别清偿诉讼。债务人破产宣告后，人民法院应当依照企业破产法第四十四条的规定判决驳回债权人的诉讼请求。但是，债权人一审中变更其诉讼请求为追收的相关财产归入债务人财产的除外。债务人破产宣告前，人民法院依据企业破产法第十二条或者第一百零八条的规定裁定驳回破产申请或者终结破产程序的，上述中止审理的案件应当依法恢复审理。"破产申请受理后，债权人就债务人财产向人民法院提起上述诉讼的，人民法院不予受理。

《民商事审判会议纪要》第一百一十条规定："人民法院受理破产申请后，已经开始而尚未终结的有关债务人的民事诉讼，在管理人接管债务人财产和诉讼事务后继续进行。债权人已经对债务人提起的给付之诉，破产申请受理后，人民法院应当继续审理，但是在判定相关当事人实体权利义务时，应当注意与企业破产法及其司法解释的规定相协调。上述裁判作出并生效前，债权人可以同时向管理人申报债权，但其作为债权尚未确定的债权人，原则上不得行使表决权，除非人民法院临时确定其债权额。上述裁判生效后，债权人应当根据裁判认定的债权数额在破产程序中依法统一受偿，其对债务人享有的债权利息应当按照《企业破产法》第四十六条第二款的规定停止计算。人民法院受理破产申请后，债权人新提起的要求债务人清偿的民事诉讼，人民法院不予受理，同时告知债权人应当向管理人申报债权。债权人申报债权后，对管理人编制的债权表记载有异议的，可以根据《企业破产法》第五十八条的规定提起债权确认之诉。"

破产申请受理后，有关债务人的民事诉讼只能向受理破产申请的人民法院提起。但是其他法律有特殊规定的应当除外，如当事人约定仲裁解决纠纷的，仍应当以仲裁方式解决。《破产法司法解释（二）》第四十七条进一步规定："人民法院受理破产申请后，当事人提起的有关债务人的民事诉讼案件，应当依据企业破产法第二十一条的规定，由受理破产申请的人民法院管辖。受理破产申请的人民法院管辖的有关债务人的第一审民事案件，可以依据民事诉讼法第三十八条的规定，由上级人民法院提审，或者报请上级人民法院批准后交下级人民法院审理。受理破产申请的人民法院，如对有关债务人的海事纠纷、专利纠纷、证券市场因虚假陈述引发的民事赔偿纠纷等案件不能行使管辖权的，可以依据民事诉讼法第三十七条的规定，由上级人民法院指定管辖。"

四、执行案件的移送破产审查

执行案件移送破产审查，简称"执转破"，是实现执行程序与破产程序衔接的重要措施。一般而言，债务人有清偿能力而拒不履行生效法律文书规定的民事义务，应当适用民事执行程序，强制其履行义务，保障债权的个别实现。而在债务人丧失清偿能力时，为保障对全体债权人的公平、有序清偿，则应适用破产程序。前者是债权的个别实现程序，而后者则是债权的集体实现程序，适用的前提条件和对象有所不同，这是法律和程序适用上的合理分工。但实践中经常出现债务人已丧失清偿能力，本应适用破产程序，却仍滞留于执行程序，不仅使大量执行积案不能结案，而且对破产案件的受理也造成不利影响。为此，2017年最高人民法院出台了《最高人民法院关于执行案件移送破产审查若干问题的指导意见》。该意见指出，推进执行案件移送破产审查工作，有利于健全市场主体救治和退出机制，有利于完善司法工作机制，有利于化解执行积案，是人民法院贯彻中央供给侧结构性改革部署的重要举措，是当前和今后一段时期人民法院服务经济社会发展大局的重要任务。

执行案件移送破产审查工作，涉及执行程序与破产程序之间的转换衔接，不同法院之间、同一法院内部执行部门、立案部门、破产审判部门之间，应坚持依法有序、协调配合、高效便捷的工作原则，防止推诿扯皮，影响司法效率，损害当事人合法权益。

执行案件移送破产审查，应同时符合下列条件：（1）被执行人为企业法人；（2）被执行人或者有关被执行人的任何一个执行案件的申请执行人书面同意将执行案件移送破产审查；（3）被执行人不能清偿到期债务，并且资产不足以清偿全部债务或者明显缺乏清偿能力。

执行案件移送破产审查，由被执行人住所地人民法院管辖。

执行法院在执行程序中应加强对执行案件移送破产审查有关事宜的告知和征询工作。执行法院采取财产调查措施后，发现作为被执行人的企业法人符合《企业破产法》第二条规定的，应当及时询问申请执行人、被执行人是否同意将案件移送破产审查并释明法律后果。申请执行人、被执行人均不同意移送且无人申请破产的，执行法院应当按照《最高人民法院关于适用〈中华人民共和国民事诉讼法〉的解释》第五百一十四条的规定处理，企业法人的其他已经取得执行依据的债权人申请参与分配的，人民法院不予支持。

执行部门应严格遵守执行案件移送破产审查的内部决定程序。执行法院作出移送决定后，应当于5日内送达申请执行人和被执行人。申请执行人或被执行人对决定有异议的，可以在受移送法院破产审查期间提出，由受移送法院一并处理。

执行法院作出移送决定后，应当书面通知所有已知执行法院，执行法院均应中止对被执行人的执行程序。但是，对被执行人的季节性商品、鲜活、易腐烂变质以及其他不宜长期保存的物品，执行法院应当及时变价处置，处置的价款不作分配。受移送法院裁定受理破产案件的，执行法院应当在收到裁定书之日起7日内，将该价款移交受理破产案件的法院。

为确保对被执行人财产的查封、扣押、冻结措施的连续性，执行法院决定移送后、受移送法院裁定受理破产案件之前，对被执行人的查封、扣押、冻结措施不解除。查封、扣押、冻结期限在破产审查期间届满的，申请执行人可以向执行法院申请延长期限，由执行法院负责办理。

执行法院移送案件时，应当确保材料完备，内容、形式符合规定。执行法院作出移送决定后，应当向受移送法院移送下列材料：（1）执行案件移送破产审查决定书；（2）申请执行人或被执行人同意移送的书面材料；（3）执行法院采取财产调查措施查明的被执行人的财产状况，已查封、扣押、冻结财产清单及相关材料；（4）执行法院已分配财产清单及相关材料；（5）被执行人债务清单；（6）其他应当移送的材料。移送的材料不完备或内容错误，影响受移送法院认定破产原因是否具备的，受移送法院可以要求执行法院于10日内补齐、补正，该期间不计入受移送法院破产审查的期间。受移送法院需要查阅执行程序中的其他案件材料，或者依法委托执行法院办理财产处置等事项的，执行法院应予协助配合。

执行法院移送破产审查的材料，由受移送法院立案部门负责接收。受移送法院不得以材料不完备等为由拒绝接收。立案部门经审核认为移送材料完备的应登记立案，并及时将案件移送破产审判部门进行破产审查。受移送法院应当认真审核并及时反馈意见，不得无故不予接收或暂缓立案。破产审判部门在审查过程中发现本院对案件不具有管辖权的，应当按照《中华人民共和国民事诉讼法》第三十六条的规定处理。

受移送法院的破产审判部门应当自收到移送的材料之日起30日内作出是否受理的裁定，并在5日内送达申请执行人、被执行人，送交执行法院。受移送法院裁定受理破产案件的，在此前的执行程序中产生的评估费、公告费、保管费等执行费用，可以参照破产费用的规定，从债务人财产中随时清偿。

执行法院收到破产受理裁定后，应当解除对债务人财产的查封、扣押、冻结措施；或者根据破产受理法院的要求，出具函件将查封、扣押、冻结财产的处置权交破产受理法院。破产受理法院可以持执行法院的移送处置函件进行续行查封、扣押、冻结，解除查封、扣押、冻结，或者予以处置。执行法院收到破产受理裁定拒不解除查封、扣押、冻结措施的，破产受理法院可以请求执行法院的上级法院依法予以纠正。

执行法院收到受移送法院受理裁定后，应当于7日内将已经扣划到账的银行存款、实际扣押的动产、有价证券等被执行人财产移交给受理破产案件的法院或管理人。受移送法院作出受理裁定时，已通过拍卖程序处置且成交裁定已送达买受人的拍卖财产，通过以物抵债偿还债务且抵债裁定已送达债权人的抵债财产，已完成转账、汇款、现金交付的执行款，因财产所有权已经发生变动，不属于被执行人的财产，不再移交。

受移送法院作出不予受理或驳回申请裁定的，应当在裁定生效后7日内将接收的材料、被执行人的财产退回执行法院，执行法院应当恢复对被执行人的执行，不得重复启动执行案件移送破产审查程序。申请执行人或被执行人以有新证据足以证明被执行人已经具备了破产原因为由，再次要求将执行案件移送破产审查的，人民法院不予支持。但申请执行人或被执行人可以直接向具有管辖权的法院提出破产申请。

受移送法院裁定宣告被执行人破产或裁定终止和解程序、重整程序的，应当自裁定作出之日起5日内送交执行法院，执行法院应当裁定终结对被执行人的执行。

受移送法院拒绝接收移送的材料，或者收到移送的材料后不按规定的期限作出是否受理裁定的，执行法院可函请受移送法院的上一级法院进行监督。上一级法院收到函件后应当指令受移送法院在10日内接收材料或作出是否受理的裁定。受移送法院收到上级法院的通知后，10日内仍不接收材料或不作出是否受理裁定的，上一级法院可以径行对移送破产审查的案件行使管辖权。上一级法院裁定受理破产案件的，可以指令受移送法院审理。

第三节 管理人制度

一、管理人制度的一般理论

《企业破产法》在债务人财产的管理上,用管理人制度取代了旧法中以政府官员为主导的清算组制度,这是我国破产法走向市场化、规范化、国际化的重要一步。通常而言,管理人是指破产案件受理后成立的,全面接管破产企业并负责破产财产的保管、清理、估价、处理和分配等破产清算事务的专门机构或人员。管理人概念有广义与狭义之分。狭义的管理人仅负责破产清算程序中的管理工作,所以又称破产管理人,如前述概念。广义的管理人则还在重整、和解程序中承担管理、监督工作。我国《企业破产法》规定,管理人的工作自案件受理开始,横贯破产清算、和解与重整三个程序,使用是广义的管理人概念。

作为债务人财产的管理人,必须具有独立的法律地位,在破产案件中与债权人、债务人等不存在可能影响其公正从事管理活动的利害关系,并具有相应的专业能力。为此,各国破产立法均规定由律师、注册会计师等具有专门知识与较高社会公信力的专业人士或机构担任管理人。

《企业破产法》第二十二条规定,管理人由人民法院指定,指定管理人和确定管理人报酬的办法,由最高人民法院规定。《企业破产法》颁布后,最高人民法院制定了《最高人民法院关于审理企业破产案件指定管理人的规定》(以下简称《指定管理人规定》)和《最高人民法院关于审理企业破产案件确定管理人报酬的规定》(以下简称《确定管理人报酬规定》),以指导管理人制度的具体实施。

二、管理人的资格与指定

(一) 管理人的资格

《企业破产法》第二十四条规定:"管理人可以由有关部门、机构的人员组成的清算组或者依法设立的律师事务所、会计师事务所、破产清算事务所等社会中介机构担任。人民法院根据债务人的实际情况,可以在征询有关社会中介机构的意见后,指定该机构具备相关专业知识并取得执业资格的人员担任管理人。有下列情形之一的,不得担任管理人:(一) 因故意犯罪受过刑事处罚;(二) 曾被吊销相关专业执业证书;(三) 与本案有利害关系;(四) 人民法院认为不宜担任管理人的其他情形。个人担任管理人的,应当参加执业责任保险。"为了进一步完善管理人队伍知识与专业结构,《破产审判会议纪要》第四条规定:"人民法院要指导编入管理人名册的中介机构采取适当方式吸收具有专业技术知识、企业经营能力的人员充实到管理人队伍中来,促进管理人队伍内在结构更加合理,充分发挥和提升管理人在企业病因诊断、资源整合等方面的重要作用。"

对担任管理人资格的规定在理解与执行上需注意以下几个问题：

1. 清算组担任管理人的案件范围

《指定管理人规定》综合考虑各方面的因素，在第十八条规定了可以指定清算组担任管理人的案件范围。其一，破产申请受理前，根据有关规定已经成立的清算组，人民法院认为符合司法解释有关规定的案件。这里的"清算组"，包括所有在破产申请受理前依有关法律、法规成立的清算组、清算委员会、行政清算组（行政清理组）等。但并非所有这些清算组都可以继续在破产案件中被指定为管理人，人民法院应依照《企业破产法》及司法解释规定的条件审查清算组成员任职的适格性。不符合规定时，应依法另行指定管理人。其二，《企业破产法》第一百三十三条规定的案件，即纳入国家计划的国有企业政策性破产案件。目前，此类案件因政策性破产已经被彻底废止而不再发生。其三，有关法律规定企业破产时成立清算组的案件，主要是指司法解释出台时《商业银行法》和《保险法》等规定的金融机构破产案件。这些立法大都在《企业破产法》颁布前制定的，难以考虑到与管理人制度的衔接，也不可能将清算组称为管理人，从法理上讲，本可以不予特别考虑。但因目前我国对金融机构的破产尚缺乏具体制度规定，为了解决金融监督管理机构和相关行政部门参加破产程序、进行监督的需要，只能通过人民法院指定清算组担任管理人的形式，使其参加到破产程序中来。所以，这是一个变通性规定。其四，人民法院认为可以指定清算组为管理人的其他情形。此为兜底条款，为人民法院审理上述情形以外的破产案件确需指定清算组为管理人的情况留下一定操作空间。需要强调指出的是，由中介机构担任管理人是破产法所倡导的市场化主导模式，指定具有一定行政色彩的清算组担任管理人仅以必要为前提，且在发展趋势上应逐步弱化、予以淘汰。在管理人的指定上，必须克服旧有的思维模式与过去行政干预主导的操作惯例。

2. 个人担任管理人问题

《企业破产法》规定，中介机构中具备相关专业知识并取得执业资格的个人，也可以担任管理人，但立法对哪些破产案件适合个人担任管理人未作明确界定。为利于统一执法，《指定管理人规定》规定，对于事实清楚、债权债务关系简单、债务人财产相对集中的企业破产案件，人民法院可以指定管理人名册中的个人为管理人。司法解释没有将指定个人管理人的适用范围限定为小额破产案件，主要是考虑实践中破产案件的标的额标准复杂、具体数额不易确定，尤其是在破产案件受理时就确定，有时虽然案件标的额较大，但符合上述三个界定因素，并不会增加破产清算工作的难度与复杂性，仍可以由个人担任管理人。此外，由个人担任管理人并非仅由一个个人完成破产案件的管理工作，管理人可以聘任必要的工作人员。

3. 管理人的回避问题

《指定管理人规定》第二十三条规定："社会中介机构、清算组成员有下列情形之一，可能影响其忠实履行管理人职责的，人民法院可以认定为企业破产法第二十四条第三款第三项规定的利害关系：（一）与债务人、债权人有未了结的债权债务关系；（二）在人民法院受理破产申请前3年内，曾为债务人提供相对固定的中介服务；（三）现在是或者在人民法院受理破产申请前3年内曾经是债务人、债权人的控股股东或者实际控制人；（四）现在担任或者在人民法院受理破产申请前3年内曾经担任债务人、债权人的财务顾问、法律顾问；（五）人民法院认为可能影响其忠实履行管理人职责的其他情形。"第二十四条规定："清算组成员的派出人员、社会中介机构的派出人员、个人管理人有下列情形之一，可能影响其忠实履行管理人职责的，可以认定为企业破产法第二十四条第三款第三项规定的利害关系：（一）具有本规定第二十三条规定情形；（二）现在担任或者在人民法院受理破产申请前3年内曾经担任债务人、债权人的董事、监事、高级管理人员；（三）与债权人或者债务人的控股股东、董事、监事、高级管理人员存在夫妻、直系血亲、三代以内旁系血亲或者近姻亲关系；（四）人民法院认为可能影响其公正履行管理人职责的其他情形。"

（二）管理人的指定

根据《企业破产法》规定，管理人由人民法院指定。理论上讲，所有法律允许担任管理人的中介机构及其取得相关执业资格的成员，都有资格请求人民法院指定其担任管理人职务。但在实践中，并非所有的中介机构及个人都具备担任管理人的客观能力与主观意愿，不加区别地指定其担任管理人职务是对破产管理工作的不负责任，可能会影响破产案件的管理效率与质量。而且在破产案件受理数量有限的情况下，允许所有的法定机构都可以参与管理人工作可能会造成恶性竞争，不利于对专业化、高质量的管理人队伍的培养。为解决这一矛盾，《指定管理人规定》设置了管理人名册制度。由人民法院根据本地破产案件发生数量从报名者中择优确定编入管理人名册的人数，并从编入管理人名册的中介机构及其取得执业资格的成员中实际指定管理人。人民法院对管理人名册实行动态管理，根据破产案件发生的数量、编入管理人名册者的工作考核情况以及社会中介机构和个人的情况变化，适时调整名册，加以增删，以适应审理破产案件的实际需要。

根据《指定管理人规定》，目前指定管理人主要有随机、竞争、接受推荐三种方式。第一，随机方式。随机产生是一般破产案件指定管理人的主要方式。随机方式包括抽签、摇号、轮候等形式。随机方式指定管理人有助于排除人为干预，其程序较为公开、透明，有利于防止人民法院的有关人员行使权力寻租现象的发生，但是也存在指定的管理人业务能力可能与案件管理的实际要求不相符等弊端。第二，竞争方式。《指定管理人规定》第二十一条规定："对于商业银行、证券公司、保险公司等金融机构或者在全国范围有重大影响、法律关系复杂、债务人财产分散的企业破产案件，人民法院可以采取公告的方式，邀请编入各地人民法院管理人名册中的社会中介机构参与竞争，从参与竞争的社会中介机构中指定管理人。参与竞争的社会中介机构不得少于三家。采取竞争方式指定管理人的，人民法院应当组成专门的评审委员会。评审委员会应当结合案件的特点，综合考量社会中介机构的专业水准、经验、机构规模、初步报价等因素，从参与竞争的社会中介机构中择优指定管理人。被指定为管理人的社会中介机构应经评审委员会成员1/2以上通过。采取竞争方式指定管理人的，人民法院应当确定一至两名备选社会中介机构，作为需要更换管理人时的接替人选。"以竞争方式指定管理人有利于确定最优者担任管理工作，但是也存在可能有人为因素影响、指定程序较为复杂、时间较长、成本较高等问题。从发展趋势上看，竞争方式应当成为较为重要的破产案件指定管理人的主要模式。第三，接受推荐的方式。进入破产程序前经过行政清理、清算的商业银行、证券公司、保险公司等金融机构的破产案件，人民法院可以在金融监督管理机构推荐的已编入管理人名册的社会中介机构中指定管理人。通常，金融监管部门推荐的管理人往往参加了对该金融机构破产前的部分行政处置工作，或者参加过对其他金融机构的破产管理工作，对金融企业的情况比较熟悉，由其担任管理人，可以节省破产费用与时间，保障案件管理质量，但是此中也可能存在违法寻租空间。

为完善管理人指定制度，《破产审判会议纪要》确定以下改革方向。第一，探索管理人跨区域执业。除从本地名册选择管理人外，各地法院还可以探索从外省、市管理人名册中选任管理人，确保重大破产案件能够遴选出最佳管理人。两家以上具备资质的中介机构请求联合担任同一破产案件管理人的，人民法院经审查符合自愿协商、优势互补、权责一致要求且确有必要的，可以准许。第二，实行管理人分级管理。高级人民法院或者自行编制管理人名册的中级人民法院可以综合考虑管理人的专业水准、工作经验、执业操守、工作绩效、勤勉程度等因素，合理确定管理人等级，对管理人实行分级管理、定期考评。对债务人财产数量不多、债权债务关系简单的破产案件，可以在相应等级的管理人中采取轮候、抽签、摇号等随机方式指定管理人。第三，建立竞争选定管理人工作机制。破产案件中以竞争机制选任管理人，有利于提升破产管理质量。上市公司破产案件、在本地有重大影响的破产案件或者债权债务关系复杂，涉及债权人、职工以及利害关系人人数较多的破产案件，在指定管理人时，一般应当通过竞争方式依法选定。

在由清算组担任管理人时，对清算组成员的指定方法，《指定管理人规定》第十九条规定："清算组为管理人的，人民法院可以从政府有关部门、编入管理人名册的社会中介机构、金融资产管理公司中指定清算组成员，人民银行及金融监督管理机构可以按照有关法律和行政法规的规定派人参加清算组。"

人民法院指定管理人时，应当同时根据中介机构或清算组的推荐，指定管理人负责人。社会中介机构或者清算组需要变更管理人负责人的，应当向人民法院申请。

管理人无正当理由，不得拒绝人民法院的指定。《指定管理人规定》第三十九条对管理人拒绝指定行为规定有相应处罚，可以决定停止其担任管理人1年至3年，或将其从管理人名册中除名。

《企业破产法》第二十二条第二款规定，管理人"不能依法、公正执行职务或者有其他不能胜任职务"情形的，债权人会议可以申请人民法院予以更换。《指定管理人规定》对管理人的更换原因加以释明，以列举的方式分别对机构管理人和个人管理人的法定更换事由作出明确规定。其第三十三条规定："社会中介机构管理人有下列情形之一的，人民法院可以根据债权人会议的申请或者依职权径行决定更换管理人：（一）执业许可证或者营业执照被吊销或者注销；（二）出现解散、破产事由或者丧失承担执业责任风险的能力；（三）与本案有利害关系；（四）履行职务时，因故意或者重大过失导致债权人利益受到损害；（五）有本规定第二十六条规定的情形（社会中介机构或者个人有重大债务纠纷或者因涉嫌违法行为正被相关部门调查的）。清算组成员参照适用前款规定。"其第三十四条规定："个人管理人有下列情形之一的，人民法院可以根据债权人会议的申请或者依职权径行决定更换管理人：（一）执业资格被取消、吊销；（二）与本案有利害关系；（三）履行职务时，因故意或者重大过失导致债权人利益受到损害；（四）失踪、死亡或者丧失民事行为能力；（五）因健康原因无法履行职务；（六）执业责任保险失效；（七）有本规定第二十六条规定的情形。清算组成员的派出人员、社会中介机构的派出人员参照适用前款规定。"在更换管理人时，除竞争方式外（因司法解释要求其设有管理人备选中介机构，可直接更换），通常可以原指定方式进行。

三、管理人的报酬

管理人履行职责，付出劳动，应当获得合理的报酬。《企业破产法》第二十八条规定："管理人的报酬由人民法院确定。"

根据《确定管理人报酬规定》规定，管理人获得的报酬是纯报酬，不包括其因执行职务、进行破产管理工作中需支付的其他费用，如公告费用、变价财产费用等。《确定管理人报酬规定》第二条规定："人民法院应根据债务人最终清偿的财产价值总额，在以下比例限制范围内分段确定管理人报酬：（一）不超过100万元（含本数，下同）的，在12%以下确定；（二）超过100万元至500万元的部分，在10%以下确定；（三）超过500万元至1 000万元的部分，在8%以下确定；（四）超过1 000万元至5 000万元的部分，在6%以下确定；（五）超过5 000万元至1亿元的部分，在3%以下确定；（六）超过1亿元至5亿元的部分，在1%以下确定；（七）超过5亿元的部分，在0.5%以下确定。""高级人民法院认为有必要的，可以参照上述比例在30%的浮动范围内制定符合当地实际情况的管理人报酬比例限制范围，并通过当地有影响的媒体公告，同时报最高人民法院备案。"

在上述规定中只规定了管理人报酬提取比例的上限，人民法院在具体确定或者调整管理人报酬方案时，应当考虑以下因素：（一）破产案件的复杂性；（二）管理人的勤勉程度；（三）管理人为重整、和解工作作出的实际贡献；（四）管理人承担的风险和责任；（五）债务人住所地居民可支配收入及物价水平；（六）其他影响管理人报酬的情况。对于债务人财产不足以支付破产费用或者对债权人没有财产可供清偿分配的案件，人民法院可以考虑根据管理人工作的时间等情况确定其相应报酬。

人民法院采取公开竞争方式指定管理人的，可以根据社会中介机构提出的报价确定管理人报酬方案，报酬比例不得超出上述限制范围。

清算组中有关政府部门派出的工作人员参与工作的，不收取报酬。其他机构或人员的报酬根据其履行职责的情况确定。

对于担保物的价值是否计入管理人报酬计酬基数内，各国规定有所不同。在我国的司法实践中，破产案件受理后，有些担保财产如机器设备等抵押物处于管理人的占有与管理之下，有些担保物如质押物、留置物则因被债权人占有，通常无须管理人的管理工作，债权人就可以通过对担保物的执行实现其权利。此外，有些不需要移转占有的担保物如土地使用权、股权、商标权等，本身通常不存在管理、维护工作，只是在变价处分时，需要管理人做一些安排。综合考虑这些情况，我国立法规定，担保权人优先受偿的担保物价值原则上不计入管理人报酬的标的额。《确定管理人报酬规定》第十三条规定："管理人对担保物的维护、变现、交付等管理工作付出合理劳动的，有权向担保权人收取适当的报酬。管理人与担保权人就上述报酬数额不能协商一致的，人民法院应当参照本规定第二条规定的方法确定，但报酬比例不得超出该条规定限制范围的10%。"

管理人经人民法院许可，可以聘用必要的工作人员。《企业破产法》第四十一条规定，管理人执行职务的费用、报酬和聘用工作人员的费用为破产费用。为避免管理人重复计酬收费，必须对破产费用的支出加以限定。其中，最可能发生重复酬问题的，是管理人聘请工作人员的费用，如不加控制，可能出现管理人将其工作全部聘请工作人员完成，并从破产财产中支付聘请工作人员的费用，而自己白拿报酬的现象。《确定管理人报酬规定》第十四条规定："律师事务所、会计师事务所通过聘用本专业的其他社会中介机构或者人员协助履行管理人职责的，所需费用从其报酬中支付。破产清算事务所通过聘用其他社会中介机构或者人员协助履行管理人职责的，所需费用从其报酬中支付。"管理人经人民法院许可聘用企业经营管理人员，或者管理人确有必要聘请其他社会中介机构或人员处理重大诉讼、仲裁、执行或审计等专业性较强工作，如所需费用需要列入破产费用的，应当经债权人会议同意。

人民法院受理破产申请后，应当对债务人可供清偿的财产价值和管理人的工作量作出预测，初步确定管理人的报酬方案，包括管理人报酬比例和收取时间等，并在方案确定后3日内书面通知管理人。

管理人应当在第一次债权人会议上报告管理人报酬方案内容。管理人、债权人会议对管理人报酬方案有不同意见，可以进行协商。双方就调整管理人报酬方案内容协商一致的，管理人应向人民法院书面提出具体的请求和理由，并附相应的债权人会议决议。人民法院经审查认为上述请求和理由不违反法律和行政法规强制性规定，且不损害他人合法权益的，应当按照双方协商的结果调整管理人报酬方案。

债权人会议对管理人报酬有异议，无法与管理人协商一致的，应当向人民法院书面提出具体的请求和理由。异议书应当附有相应的债权人会议决议。人民法院应当自收到债权人会议异议书之日起3日内通知管理人。管理人应当自收到通知之日起3日内作出书面说明。人民法院认为有必要的，可以举行听证会，听取当事人意见。人民法院应当自收到债权人会议异议书之日起10日内，就是否调整管理人报酬问题书面通知管理人、债权人委员会或者债权人会议主席。

人民法院确定管理人报酬方案后，可以根据破产案件和管理人履行职责的实际情况进行调整，并在调整方案确定后3日内书面通知管理人。管理人应当自收到上述通知之日起3日内，向债权人委员会或者债权人会议主席报告管理人报酬方案调整内容。

管理人发生更换的，人民法院应当分别确定更换前后的管理人报酬。其报酬比例总和不得超出司法解释规定的限制范围。

最终确定的管理人报酬及收取情况，应列入破产财产分配方案。在和解、重整程序中，管理人报酬方案内容应列入和解协议草案或重整计划草案，报债权人会议审查通过。

人民法院可以根据破产案件的不同情况确定管理人报酬的支付方式，发挥管理人报酬在激励、约束管理人勤勉履职方面的积极作用。管理人报酬原则上应当根据破产案件审理进度和管理人履职情况分期支付。案情简单、耗时较短的破产案件，可以在破产程序终结后一次性向管理人支付报酬。

各地法院要积极争取财政部门资金支持，或采取从其他破产案件管理人的较高报酬中提取一定比例等方式，推动设立破产费用保障资金或管理人报酬互助基金等，建立破产费用保障长效机制，解决因债务人财产不足以支付破产费用而影响破产程序启动和进行的问题。

四、管理人的职责与责任

管理人应当勤勉尽责，忠实执行职务。根据《企业破产法》规定，管理人履行下列职责：（一）接管债务人的财产、印章和账簿、文书等资料；（二）调查债务人财产状况，制作财产状况报告；（三）决定债务人的内部管理事务；（四）决定债务人的日常开支和其他必要开支；（五）在第一次债权人会议召开之前，决定继续或者停止债务人的营业；（六）管理和处分债务人的财产；（七）代表债务人参加诉讼、仲裁或者其他法律程序；（八）提议召开债权人会议；（九）人民法院认为管理人应当履行的其他职责。《企业破产法》第二十六条规定："在第一次债权人会议召开之前，管理人决定继续或者停止债务人的营业或者有本法第六十九条规定行为之一的，应当经人民法院许可。"此外，《企业破产法》对管理人在重整等程序中的职责另有具体规定。

管理人可以凭人民法院破产申请受理裁定书、指定管理人决定书及管理人负责人身份证明材料，向银行申请开立管理人账户。管理人可以凭人民法院破产申请受理裁定书、指定管理人决定书接管破产企业账户，依法办理破产企业账户资金划转，非正常户激活或注销，司法冻结状态等账户信息、交易明细、征信信息查询等业务，金融机构应当予以配合并及时办理。破产程序中的企业应当接受税务机关的税务管理，管理人负责管理企业财产和营业事务的，由管理人代表破产企业履行法律规定的相关纳税义务。破产企业因履行合同、处置财产或继续营业等原因在破产程序中确需使用发票的，管理人可以以纳税人名义到税务部门申领、开具发票。税务部门在督促纳税人就新产生的纳税义务足额纳税的同时，按照有关规定满足其合理发票领用需要，不得以破产企业存在欠税情形为由拒绝。

企业董事、监事或高级管理人员违反忠实勤勉义务，未履职尽责，致使所在企业破产，被人民法院判令承担相应责任的，管理人可以凭生效法律文书，通过全国企业破产重整案件信息网向市场监管、金融管理等部门申请对相关人员的任职资格限制进行登记。破产企业的有关人员可能涉嫌犯罪的，管理人应当及时将犯罪线索报送司法或监察机关。

人民法院应当支持和保障管理人依法履行职责，不得代替管理人作出本应由管理人自己作出的决定。管理人应当依法管理和处分债务人财产，审慎决定债务人内部管理事务，不得将自己的职责全部或者部分转让给他人。

《民商事审判会议纪要》第一百一十六条规定："要合理区分人民法院和管理人在委托审计、评估等财产管理工作中的职责。破产程序中确实需要聘请中介机构对债务人财产进行审计、评估的，根据《企业破产法》第二十八条的规定，经人民法院许可后，管理人可以自行公开聘请，但是应当对其聘请的中介机构的相关行为进行监督。上述中介机构因不当履行职责给债务人、债权人或者第三人造成损害的，应当承担赔偿责任。管理人在聘用过程中存在过错的,应当在其过错范围内承担相应的补充赔偿责任。"

管理人依法执行职务,向人民法院报告工作,并接受债权人会议和债权人委员会的监督。管理人应当列席债权人会议,向债权人会议报告职务执行情况,并回答询问。管理人没有正当理由不得辞去职务。管理人辞去职务应当经人民法院许可。

管理人未依法勤勉尽责,忠实执行职务的,人民法院可以依法处以罚款;给债权人、债务人或者第三人造成损失的,依法承担赔偿责任。

人民法院应当支持、引导、推动本辖区范围内管理人名册中的社会中介机构、个人成立管理人协会,加强对管理人的管理和约束,维护管理人的合法权益,逐步形成规范、稳定和自律的行业组织,确保管理人队伍既充满活力又规范有序发展。

第四节 债务人财产

一、债务人财产的一般规定

(一)债务人财产的范围

在债务人财产即破产财产的构成范围上,各国破产法采取的主要有固定主义与膨胀主义两种立法主义。固定主义以破产程序启动时债务人所有的财产,包括已存在的在将来行使的财产请求权为破产财产。所谓固定,是指破产程序启动时破产财产的范围即已确定。所谓膨胀,是指破产财产不仅包括债务人在破产程序启动时所有的财产,而且包括其在破产程序终结前所新取得的财产,破产财产的范围在破产程序启动后仍有所膨胀扩大。我国立法采取的是膨胀主义。根据《企业破产法》第三十条规定,债务人财产包括破产申请受理时属于债务人的全部财产,以及破产申请受理后至破产程序终结前债务人取得的财产。债务人财产在破产宣告后改称为破产财产。据此规定,确定债务人财产范围的界定时点是破产申请受理时,而不是破产宣告时。

最高人民法院在《破产法司法解释(二)》中对破产财产的具体范围作出规定,指出"除债务人所有的货币、实物外,债务人依法享有的可以用货币估价并可以依法转让的债权、股权、知识产权、用益物权等财产和财产权益,人民法院均应认定为债务人财产。"但"下列财产不应认定为债务人财产:(一)债务人基于仓储、保管、承揽、代销、借用、寄存、租赁等合同或者其他法律关系占有、使用的他人财产;(二)债务人在所有权保留买卖中尚未取得所有权的财产; (三)所有权专属于国家且不得转让的财产;(四)其他依照法律、行政法规不属于债务人的财产"。

债务人已依法设定担保物权的特定财产,属于债务人财产。债务人的特定财产在担保物权消灭或者实现担保物权后的剩余部分,在破产程序中可用以清偿破产费用、共益债务和其他破产债权。

债务人对按份享有所有权的共有财产的相关份额,或者共同享有所有权的共有财产的相应财产权利，以及依法分割共有财产所得部分，人民法院均应认定为债务人财产。人民法院宣告债务人破产清算，属于共有财产分割的法定事由。人民法院裁定债务人重整或者和解的，共有财产的分割应当依据《民法典》第三百零三条的规定进行；基于重整或者和解的需要必须分割共有财产，管理人请求分割的，人民法院应予准许。因分割共有财产导致其他共有人损害产生的债务，其他共有人请求作为共益债务清偿的，人民法院应予支持。

（二）债务人财产的收回

人民法院受理破产申请后，管理人的一项重要工作就是清理债务人财产，追收财产。债务人的出资人尚未完全履行出资义务的，管理人应当要求该出资人缴纳所认缴的出资，而不受出资期限的限制。所谓债务人的出资人尚未完全履行出资义务，是指该出资人因出资分期缴纳期限未到而没有缴纳认缴的出资、出资缴纳期限已到而没有缴纳或全部缴纳认缴的出资，广义上还包括缴纳出资后又抽逃出资的情况。根据《公司法》规定，出资人是以认缴的而不是实缴的出资或股份对公司承担责任，所以在企业破产时，出资人必须立即缴纳所认缴的出资，而不受原出资期限是否已到的限制。管理人代表债务人提起诉讼，主张出资人向债务人依法缴付未履行的出资或者返还抽逃的出资本息，出资人以认缴出资尚未届至公司章程规定的缴纳期限或者违反出资义务已经超过诉讼时效为由抗辩的，人民法院不予支持。管理人依据公司法的相关规定代表债务人提起诉讼，主张公司的发起人和负有监督股东履行出资义务的董事、高级管理人员，或者协助抽逃出资的其他股东、董事、高级管理人员、实际控制人等，对股东违反出资义务或者抽逃出资承担相应责任，并将财产归入债务人财产的，人民法院应予支持。

为维护债权人及债务人的合法权益，《企业破产法》第三十六条规定："债务人的董事、监事和高级管理人员利用职权从企业获取的非正常收入和侵占的企业财产，管理人应当追回。"《破产法司法解释（二）》第二十四条规定："债务人有企业破产法第二条第一款规定的情形（即发生破产原因）时，债务人的董事、监事和高级管理人员利用职权获取的以下收入，人民法院应当认定为企业破产法第三十六条规定的非正常收入：（一）绩效奖金；（二）普遍拖欠职工工资情况下获取的工资性收入；（三）其他非正常收入。债务人的董事、监事和高级管理人员拒不向管理人返还上述债务人财产，管理人主张上述人员予以返还的，人民法院应予支持。债务人的董事、监事和高级管理人员因返还第一款第（一）项、第（三）项非正常收入形成的债权，可以作为普通破产债权清偿。因返还第一款第（二）项非正常收入形成的债权，依据企业破产法第一百一十三条第三款的规定，按照该企业职工平均工资计算的部分作为拖欠职工工资清偿；高出该企业职工平均工资计算的部分，可以作为普通破产债权清偿。"

管理人负有依法向次债务人、债务人的出资人等追收债务人财产的责任。债权人通过债权人会议或者债权人委员会，要求管理人依法向次债务人、债务人的出资人等追收债务人财产，管理人无正当理由拒绝追收的，债权人会议有权申请人民法院更换管理人，人民法院对其请求应予支持。管理人不予追收，个别债权人代表全体债权人提起相关诉讼，主张次债务人或者债务人的出资人等向债务人清偿或者返还债务人财产，或者依法申请合并破产的，人民法院应予受理。

在人民法院受理破产申请后，管理人可以通过清偿债务或者提供为债权人接受的担保，取回质物、留置物或解除债务人财产上存在的物权担保。管理人所作的债务清偿或者替代担保，在原担保物的价值低于被担保的债权额时，以担保物当时的市场价值为限。否则，就可能出现对实际上并不在担保范围内的债权优先偏袒清偿的情况。管理人拟通过清偿债务或者提供担保取回质物、留置物，或者与质权人、留置权人协议以质物、留置物折价清偿债务等方式，进行对债权人利益有重大影响的财产处分行为的，应当及时报告债权人委员会。未设立债权人委员会的，管理人应当及时报告人民法院。

二、破产撤销权与无效行为

《企业破产法》规定了破产撤销权与无效行为。撤销权是指管理人对债务人在破产案件受理前的法定期间内进行的欺诈逃债或损害公平清偿的行为，有不予承认、申请法院撤销，并追回财产的权利。我国破产法上的无效行为则是针对立法当时《民法通则》《合同法》等规定的无效行为在破产程序中的表现特点作出的规定，以强调对破产逃债行为的打击。

债务人陷于破产境地后，其财产全部用于清偿债权人尚且不足，对财产已经丧失实际利益，但仍掌握着财产处分权力。这时其出于种种不良利益动机极易发生道德风险，往往会在破产案件受理前竭力转移财产、逃避债务，或对个别债权人进行偏袒性清偿。一些债权人也会利用各种不正当手段争夺清偿，从而造成经济秩序混乱，使破产法公平、有序清偿之目的无法实现。由于破产程序启动后，债务人财产被管理人接管，债务人丧失财产控制权，所以上述违法行为集中发生在破产案件受理前夕、债务人仍控制其财产的期间内。要实现破产法保障公平清偿的宗旨，就必须制定相应的行为规则，使债务人诚信地承担债务责任，并对债务人在此期间进行的不当财产处分行为采取必要的法律措施加以纠正，恢复、保全债务人的责任财产，实现破产财产在全体债权人间的公平分配，这便是设置撤销权的目的。破产法以维护债务公平清偿为首要目标，撤销权则是维护公平清偿的关键环节，故各国均将撤销权视为破产法上最重要的制度之一。

民法中对撤销权作有规定。《民法典》第五百三十八条规定："债务人以放弃其债权、放弃债权担保、无偿转让财产等方式无偿处分财产权益，或者恶意延长其到期债权的履行期限，影响债权人的债权实现的，债权人可以请求人民法院撤销债务人的行为。"第五百三十九条规定："债务人以明显不合理的低价转让财产、以明显不合理的高价受让他人财产或者为他人的债务提供担保，影响债权人的债权实现，债务人的相对人知道或者应当知道该情形的，债权人可以请求人民法院撤销债务人的行为。"

破产撤销权也是依民法撤销权的原理产生的，但两者有一定区别。破产撤销权针对债务人丧失清偿能力的特殊情况设置，适用范围同民法撤销权有所不同。破产法规定的一些可撤销行为，在债务人有清偿能力时是具有法律效力的，属于债务人对其民事权利的处分，如对原无担保的债务提供物权担保，对未到期的债权提前清偿等。但在债务人丧失清偿能力时，因违背公平清偿原则，这些行为便属于损害债权人团体利益的欺诈行为或对个别债权人的偏袒清偿行为，应予撤销。民法撤销权的行使主体为当事人和利害关系人，而破产撤销权要维护的是债权人团体的利益而不是个别债权人的利益，所以在破产程序中由管理人统一行使，故破产撤销权存在利益主体与行使主体分离的现象。由于破产管理人并非直接利害关系人，其依法行使包括撤销权在内的破产事务管理职权，实质上是为债权人的利益工作，所以对其而言，及时依法行使撤销权不仅是权利，而且也是一项义务。管理人应当在规定的期间内行使撤销权以维护债权人权益，并在违背义务时承担相应的法律责任。《破产法司法解释（二）》第九条规定："管理人依据企业破产法第三十一条和第三十二条的规定提起诉讼，请求撤销涉及债务人财产的相关行为并由相对人返还债务人财产的，人民法院应予支持。管理人因过错未依法行使撤销权导致债务人财产不当减损，债权人提起诉讼主张管理人对其损失承担相应赔偿责任的，人民法院应予支持。"此外，两类撤销权在行为的主观构成要件、适用条件等方面也存在一定区别。民法撤销权可以在破产程序中并行适用，但其与破产撤销权冲突或重合时，破产撤销权优先适用。

撤销权是为防止债权人的利益受到侵害，故从理论上讲，其构成应有债权人利益因该行为受损的事实，通常为可撤销行为发生在债务人存在破产原因的情况下。立法如采用这一实质判断原则较为公平，但因时过境迁、信息不对称，存在管理人和债权人举证困难、法官判断困难问题，在实践中甚难实行。我国破产法采用程序判断原则，只要债务人的特定行为发生在法定期间内，即构成可撤销行为，除法律另有规定者外，立法不再对被撤销行为实施时债务人是否存在破产原因作实质判断，债务人与第三人主观上是否为恶意原则上也不影响撤销权的行使，据此解决举证责任等问题，更好地维护债权人利益。

《企业破产法》对破产无效行为和撤销权制度作有全面规定，其第三十三条规定："涉及债务人财产的下列行为无效：（一）为逃避债务而隐匿、转移财产的；（二）虚构债务或者承认不真实的债务的。"其中，"为逃避债务"而隐匿、转移财产，是指债务人的行为客观上构成逃避债务的后果，而不是要求债务人主观上必须具有逃避债务的目的。因为无论债务人有无逃避债务的目的，其在丧失清偿能力时隐匿、转移财产，客观上就是损害债权人利益的无效行为，如以主观目的作为认定行为无效的构成要件，则存在难以克服的举证与判定问题。管理人依据上述法律规定提起诉讼，主张被隐匿、转移财产的实际占有人返还债务人财产，或者主张债务人虚构债务或者承认不真实债务的行为无效并返还债务人财产的，人民法院应予支持。

《企业破产法》第三十一条规定："人民法院受理破产申请前一年内，涉及债务人财产的下列行为，管理人有权请求人民法院予以撤销：（一）无偿转让财产的；（二）以明显不合理的价格进行交易的；（三）对没有财产担保的债务提供财产担保的；（四）对未到期的债务提前清偿的；（五）放弃债权的。"在具体理解与执行上，注意以下方面：

第一"无偿转让财产"行为中的"财产"，既包括实物财产也包括财产性权利。此类行为之所以被撤销，是因为行为的无偿性减少了债务人财产，侵害了债权人的清偿利益，所以在无偿行为的方式上并不完全局限于"转让"这一种类型，无偿设置用益物权等其他无偿行为也应包括在内。

第二，"以明显不合理的价格进行交易"，也属于损害债权人清偿利益的行为。虽然在交易中价格条件的不合理往往是实践中表现最为突出的问题，但由于不合理的交易条件不仅限于价格一项，故付款条件、付款期限等其他交易条件明显不合理的不公平交易，也可以撤销。人民法院根据管理人的请求撤销对债务人财产以明显不合理价格进行的交易的，买卖双方应当依法返还从对方获取的财产或者价款。因撤销该交易，债务人所产生的应返还受让人已支付价款的债务，作为共益债务清偿。

第三，"对没有财产担保的债务提供财产担保"，是指债务人对其原来已经成立的没有财产担保的债务补充设置物权担保，或对已设置财产担保的债务追加担保。因其使被提供或追加担保的债权人在破产程序中得到本不享有的优惠清偿利益，所以应当撤销，但于可撤销期间内在设定债务的同时为债务提供的财产担保不包括在内，因其是有对价的行为。

第四，"对未到期的债务提前清偿"，是指对在破产申请受理之后才到期的债务，提前到破产申请受理之前清偿，因其使本只能得到破产比例清偿的该债权得到了偏袒性的全额清偿，所以应当予以撤销。《破产法司法解释（二）》第十二条规定："破产申请受理前一年内债务人提前清偿的未到期债务，在破产申请受理前已经到期，管理人请求撤销该清偿行为的，人民法院不予支持。但是，该清偿行为发生在破产申请受理前六个月内且债务人有企业破产法第二条第一款规定情形的除外。"

第五，"放弃债权"，即债务免除、放弃权利，是指以明示或默示的方式放弃对他人的债权，包括放弃债权等权利、不为诉讼时效的中断、撤回诉讼、对诉讼标的之舍弃等，此类行为在其他国家立法中通常归属于无偿行为之列。为了维护债务人财产，《破产法司法解释（二）》第十九条规定："债务人对外享有债权的诉讼时效，自人民法院受理破产申请之日起中断。债务人无正当理由未对其到期债权及时行使权利，导致其对外债权在破产申请受理前一年内超过诉讼时效期间的，人民法院受理破产申请之日起重新计算上述债权的诉讼时效期间。"

《破产法司法解释（二）》第十三条规定："破产申请受理后，管理人未依据企业破产法第三十一条的规定请求撤销债务人无偿转让财产、以明显不合理价格交易、放弃债权行为的，债权人依据民法典第五百三十八条、第五百三十九条等规定提起诉讼，请求撤销债务人上述行为并将因此追回的财产归入债务人财产的，人民法院应予受理。相对人以债权人行使撤销权的范围超出债权人的债权抗辩的，人民法院不予支持。"

《企业破产法》第三十二条规定："人民法院受理破产申请前6个月内，债务人有本法第二条第一款规定的情形，仍对个别债权人进行清偿的，管理人有权请求人民法院予以撤销。但是，个别清偿使债务人财产受益的除外。"这是对债务人在发生破产原因时清偿到期债务行为的撤销。债务人发生破产原因，本应及时申请破产，以减少债权人的损失并保障公平清偿。但其不申请破产，反而继续个别清偿债务，这就可能会造成清偿不公，如债务人对其关联人的债权优先偏袒性清偿等，所以虽是对到期债务的清偿，法律规定也可予以撤销。但此条规定在适用时需要加以适当限制，否则会影响到正常的债务清偿秩序和债务人的生产经营。首先，"对个别债权人进行清偿"，是指对无物权担保债权人的个别清偿，对有物权担保债权人在担保物的市价范围内所做的清偿不受限制。其次，应将可撤销行为限定在恶意所为、具有不公平效果的范围内。对清偿是否存在恶意，可以根据被清偿的债权人与债务人有无关联关系或其他特殊利益关系，债务清偿是否具有必要性、急迫性、合理性等分析确认。《破产法司法解释（二）》第十六条规定："债务人对债权人进行的以下个别清偿，管理人依据企业破产法第三十二条的规定请求撤销的，人民法院不予支持：（一）债务人为维系基本生产需要而支付水费、电费等的；（二）债务人支付劳动报酬、人身损害赔偿金的；（三）使债务人财产受益的其他个别清偿。"其第十五条还规定："债务人经诉讼、仲裁、执行程序对债权人进行的个别清偿，管理人依据企业破产法第三十二条的规定请求撤销的，人民法院不予支持。但是，债务人与债权人恶意串通损害其他债权人利益的除外。"

为了解决经过行政清理或强制清算程序转入破产程序的企业其可撤销行为的起算时间被延误问题，《破产法司法解释（二）》第十条规定："债务人经过行政清理程序转入破产程序的，企业破产法第三十一条和第三十二条规定的可撤销行为的起算点，为行政监管机构作出撤销决定之日。债务人经过强制清算程序转入破产程序的，企业破产法第三十一条和第三十二条规定的可撤销行为的起算点，为人民法院裁定受理强制清算申请之日。"

撤销权原则上应由管理人统一行使。《企业破产法》第三十四条规定："因本法第三十一条、第三十二条或者第三十三条规定的行为而取得的债务人的财产，管理人有权追回。"在重整程序中，债务人可以在管理人的监督下自行管理财产和营业事务，其职权相当于管理人，但对与债务人存在利益冲突的职权，仍应由管理人行使。撤销权撤销的是原由债务人作出的行为，与债务人的行为和利益可能存在冲突，故撤销权仍应由管理人行使，以保护债权人权益。

《企业破产法》完善了对可撤销行为的法律责任制度，其第一百二十八条规定："债务人有本法第三十一条、第三十二条、第三十三条规定的行为，损害债权人利益的，债务人的法定代表人和其他直接责任人员依法承担赔偿责任。"《破产法司法解释（二）》第十八条规定："管理人代表债务人依据企业破产法第一百二十八条的规定，以债务人的法定代表人和其他直接责任人员对所涉债务人财产的相关行为存在故意或者重大过失，造成债务人财产损失为由提起诉讼，主张上述责任人员承担相应赔偿责任的，人民法院应予支持。"

2006年6月29日，第十届全国人大常委会第二十二次会议通过了《中华人民共和国刑法修正案（六）》，自公布之日起施行。该修正案的第六条规定："公司、企业通过隐匿财产、承担虚构的债务或者以其他方式转移财产、处分财产，实施虚假破产，严重损害债权人或者其他人利益的，对直接负责的主管人员和其他直接责任人员，处5年以下有期徒刑或者拘役，并处或者单处2万元以上20万元以下罚金。"此外，《企业破产法》还规定，对其他违反该法规定，构成犯罪的行为，也要依法追究刑事责任。

根据《企业破产法》规定，在破产清算程序终结后两年内，债权人可以行使破产撤销权或针对债务人的无效行为而追回财产。在此期间内追回的财产，应用于对全体债权人分配。在破产清算程序终结两年之后，债权人发现因无效行为而应追回的财产，或者可行使民法撤销权追回财产时，仍可行使相应权利追回财产，但追回的财产一般不再按照破产法规定用于对全体债权人清偿，而是用于对追回财产的债权人个别清偿。

三、取回权

（一）一般取回权

破产法上的取回权分为一般取回权与特别取回权。《企业破产法》第三十八条规定：

"人民法院受理破产申请后，债务人占有的不属于债务人的财产，该财产的权利人可以通过管理人取回。但是，本法另有规定的除外。"这是对一般取回权的规定。所谓"本法另有规定的除外"，《破产法司法解释（二）》第四十条规定："债务人重整期间，权利人要求取回债务人合法占有的权利人的财产，不符合双方事先约定条件的，人民法院不予支持。但是，因管理人或者自行管理的债务人违反约定，可能导致取回物被转让、毁损、灭失或者价值明显减少的除外。"

取回权的基础权利主要是物权，尤其是所有权，但也不完全排除依债权产生取回权的特殊情况。司法实践中，取回权主要表现为承揽人破产时，定作人取回定作物；承运人破产时，托运人取回托运货物；承租人破产时，出租人收回出租物；保管人破产时，寄存人或存货人取回寄存物或仓储物；受托人破产时，信托人取回信托财产，等等。

一般取回权在破产案件受理后形成，其行使不受原约定条件、期限的限制，也不受破产程序限制（重整程序除外），在无争议时无须通过诉讼程序，但因财产在管理人占有之下，权利人须通过其取回财产。《破产法司法解释（二）》第二十八条规定："权利人行使取回权时未依法向管理人支付相关的加工费、保管费、托运费、委托费、代销费等费用，管理人拒绝其取回相关财产的，人民法院应予支持。"权利人依法向管理人主张取回相关财产，管理人不予认可，权利人有权以债务人为被告向人民法院提起诉讼请求行使取回权。权利人依据人民法院或者仲裁机关的相关生效法律文书向管理人主张取回所涉争议财产，管理人以生效法律文书错误为由拒绝其行使取回权的，人民法院不予支持。权利人行使取回权，应当在破产财产变价方案或者和解协议、重整计划草案提交债权人会议表决前向管理人提出。权利人在上述期限后主张取回相关财产的，应当承担延迟行使取回权增加的相关费用。

对债务人占有的权属不清的鲜活易腐等不易保管的财产或者不及时变现价值将严重贬损的财产，管理人应当及时变价并提存变价款，有关权利人可以就该变价款行使取回权。

通常情况下，一般取回权的行使只限于取回原物。如原物被违法转让，便需要根据不同情况确定相应的处理方法。《破产法司法解释（二）》第三十条规定："债务人占有的他人财产被违法转让给第三人，依据民法典第三百一十一条的规定第三人已善意取得财产所有权，原权利人无法取回该财产的，人民法院应当按照以下规定处理：（一）转让行为发生在破产申请受理前的，原权利人因财产损失形成的债权，作为普通破产债权清偿；（二）转让行为发生在破产申请受理后的，因管理人或者相关人员执行职务导致原权利人损害产生的债务，作为共益债务清偿。"第三十一条规定："债务人占有的他人财产被违法转让给第三人，第三人已向债务人支付了转让价款，但依据民法典第三百一十一条的规定未取得财产所有权，原权利人依法追回转让财产的，对因第三人已支付对价而产生的债务，人民法院应当按照以下规定处理：（一）转让行为发生在破产申请受理前的，作为普通破产债权清偿；（二）转让行为发生在破产申请受理后的，作为共益债务清偿。"

债务人占有的他人财产毁损、灭失，因此获得的保险金、赔偿金、代偿物尚未交付给债务人，或者代偿物虽已交付给债务人但能与债务人财产相区分的，权利人有权主张取回就此获得的保险金、赔偿金、代偿物，这就是代偿取回权。代偿取回权是对一般取回权制度的必要补充。代偿取回权行使的基本前提，是代偿物与债务人的其他财产能够加以区分。如果保险金、赔偿金等已经交付给债务人，且与债务人财产混同，不能相区分，人民法院应当按照以下规定处理：（1）财产毁损、灭失发生在破产申请受理前的，权利人因财产损失形成的债权，作为普通破产债权清偿；（2）财产毁损、灭失发生在破产申请受理后的，因管理人或者相关人员执行职务导致权利人损害产生的债务，作为共益债务清偿。债务人占有的他人财产毁损、灭失，没有获得相应的保险金、赔偿金、代偿物，或者保险金、赔偿物、代偿物不足以弥补其损失的部分，也应按照上述原则处理。

管理人或者相关人员在执行职务过程中，因故意或者重大过失不当转让他人财产或者造成他人财产毁损、灭失，导致他人损害产生的债务作为共益债务，由债务人财产随时清偿不足弥补损失，权利人向管理人或者相关人员主张承担补充赔偿责任的，人民法院应予支持。上述债务作为共益债务由债务人财产随时清偿后，债权人有权以管理人或者相关人员执行职务不当导致债务人财产减少给其造成损失为由提起诉讼，主张管理人或者相关人员承担相应赔偿责任。此外，权利人的财产在破产申请受理前被非法转让，在破产程序中未能获得足额清偿的，权利人有权对负有责任的债务人董事、高级管理人员以侵害其权利为由提起诉讼，主张相关人员承担相应赔偿责任。

（二）出卖人取回权

《企业破产法》第三十九条规定："人民法院受理破产申请时，出卖人已将买卖标的物向作为买受人的债务人发运，债务人尚未收到且未付清全部价款的，出卖人可以取回在运途中的标的物。但是，管理人可以支付全部价款，请求出卖人交付标的物。"这是对特别取回权中出卖人取回权的规定。

买受人在破产申请受理时尚未付清货款，同时也没有收到货物，尚未取得货物的所有权。如不允许出卖人对尚属于自己的货物行使取回权，货物在管理人收到后被纳入破产财产，其未得到支付的货款便只能作为破产债权受偿，有失公平。为此，破产法特设立出卖人取回权。

《破产法司法解释（二）》第三十九条规定："出卖人依据企业破产法第三十九条的规定，通过通知承运人或者实际占有人中止运输、返还货物、变更到达地，或者将货物交给其他收货人等方式，对在运途中标的物主张了取回权但未能实现，或者在货物未达管理人前已向管理人主张取回在运途中标的物，在买卖标的物到达管理人后，出卖人向管理人主张取回的，管理人应予准许。出卖人对在运途中标的物未及时行使取回权，在买卖标的物到达管理人后向管理人行使在运途中标的物取回权的，管理人不应准许。"

（三）所有权保留买卖合同的处理

所有权保留买卖合同，是当事人约定买受人未履行支付价款或者其他义务，标的物的所有权属于出卖人的买卖合同。所有权保留买卖合同的标的物，不适用于不动产。出卖人对标的物保留的所有权，未经登记，不得对抗善意第三人。在所有权保留买卖合同的标的物所有权未依法转移给买受人前，一方当事人破产的，该买卖合同属于双方均未履行完毕的合同，管理人有权依法决定解除或者继续履行合同。

根据《破产法司法解释（二）》的规定，出卖人破产时，其管理人决定继续履行合同的，买受人应当按照原合同的约定支付价款或者履行其他义务。买受人未依约支付价款或者履行完毕其他义务，或者将标的物出卖、出质或者作出其他不当处分，给出卖人造成损害，出卖人管理人依法主张取回标的物的，人民法院应予支持。但是，买受人已经支付标的物总价款75%以上或者第三人善意取得标的物所有权或者其他物权的除外。因上述原因出卖人未能取回标的物的，管理人有权依法主张买受人继续支付价款、履行完毕其他义务，以及承担相应赔偿责任。

出卖人破产，其管理人决定解除合同的，有权依法要求买受人向其交付买卖标的物。买受人以其不存在未依约支付价款或者履行完毕其他义务，或者将标的物出卖、出质或者作出其他不当处分情形抗辩的，人民法院不予支持。买受人将买卖标的物交付出卖人管理人后，在合同履行中依法履行义务者，其已支付价款损失形成的债权作为共益债务清偿；买受人在合同履行中违反约定义务的，其上述债权作为普通破产债权清偿。

买受人破产，其管理人决定继续履行合同的，原合同中约定的买受人支付价款或者履行其他义务的期限在破产申请受理时视为到期，买受人管理人应当及时向出卖人支付价款或者履行其他义务。买受人管理人无正当理由未及时支付价款或者履行完毕其他义务，或者将标的物出卖、出质或者作出其他不当处分，给出卖人造成损害的，出卖人有权依法主张取回标的物；但买受人已支付标的物总价款75%以上或者第三人善意取得标的物所有权或者其他物权的除外。出卖人因上述情况未能取回标的物，有权主张买受人继续支付价款、履行完毕其他义务，以及承担相应赔偿责任。对因买受人未支付价款或者未履行完毕其他义务，以及买受人管理人将标的物出卖、出质或者作出其他不当处分导致出卖人损害产生的债务，作为共益债务清偿。

买受人破产，其管理人决定解除合同的，出卖人有权主张取回买卖标的物。出卖人取回买卖标的物的，买受人管理人有权主张出卖人返还已支付价款。取回的标的物价值明显减少给出卖人造成损失的，出卖人可从买受人已支付价款中优先予以抵扣，剩余部分返还给买受人；对买受人已支付价款不足以弥补出卖人标的物价值减损损失形成的债权，作为共益债务清偿。

《民法典》第六百四十三条规定，出卖人依法取回标的物后，"买受人在双方约定或者出卖人指定的合理回赎期限内，消除出卖人取回标的物的事由的，可以请求回赎标的物。买受人在回赎期限内没有回赎标的物，出卖人可以以合理价格将标的物出卖给第三人，出卖所得价款扣除买受人未支付的价款以及必要费用后仍有剩余的，应当返还买受人；不足部分由买受人清偿。"

四、抵销权

破产法上的抵销权，是指债权人在破产申请受理前对债务人即破产人负有债务的，无论是否已到清偿期限、标的是否相同，均可在破产财产最终分配确定前向管理人主张相互抵销的权利。《企业破产法》第四十条规定："债权人在破产申请受理前对债务人负有债务的，可以向管理人主张抵销。"破产抵销权是破产债权只能依破产程序受偿的例外，抵销权实施的结果使该债权在抵销范围内从破产财产中得到全额、优先清偿。破产抵销权是民法抵销权在债务人丧失清偿能力时的特别适用，故具有优先于民法抵销权适用的效力。但在破产程序中并不排斥民法上的抵销在不违背破产法公平清偿原则下的适用，例如对破产费用、共益债务的抵销。

破产法上的抵销权只能由债权人向管理人提出行使，管理人（或债务人）不得主动主张债务抵销。因为抵销权作为债权人的一项权利，是可以任由其行使或放弃的，而管理人主动主张抵销，将使个别债权人受益，使破产财产减少，客观上对其他破产债权人不利，与管理人应当为全体债权人共同利益活动的职责不符，故除非抵销能使债务人财产受益，管理人不得主动主张抵销。债务人在重整程序中自行管理财产的，也应受不得主动主张抵销的限制。《破产法司法解释（二）》第四十一条规定："债权人依据企业破产法第四十条的规定行使抵销权，应当向管理人提出抵销主张。管理人不得主动抵销债务人与债权人的互负债务，但抵销使债务人财产受益的除外。"

债权人应当在破产财产最终分配确定之前向管理人主张破产抵销。所谓"破产财产最后分配确定前"，在破产清算程序中，是指破产财产分配方案提交债权人会议表决之前；在重整与和解程序中，是指重整计划草案、和解协议草案提交债权人会议表决之前。

管理人收到债权人提出的主张债务抵销的通知后，经审查无异议的，抵销自管理人收到通知之日起生效。管理人对抵销主张有异议的，应当在约定的异议期限内或者自收到主张债务抵销的通知之日起3个月内向人民法院提起诉讼。无正当理由逾期提起的，人民法院不予支持。管理人以下列理由提出异议的，人民法院不予支持：（1）破产申请受理时，债务人对债权人负有的债务尚未到期；（2）破产申请受理时，债权人对债务人负有的债务尚未到期；（3）双方互负债务标的物种类、品质不同。人民法院判决驳回管理人提起的抵销无效诉讼请求的，该抵销自管理人收到主张债务抵销的通知之日起生效。

为防止破产抵销权被当事人所滥用，损害他人利益，各国破产法对抵销权的行使均规定有禁止条款。《企业破产法》第四十条规定："债权人在破产申请受理前对债务人负有债务的，可以向管理人主张抵销。但是，有下列情形之一的，不得抵销：（一）债务人的债务人在破产申请受理后取得他人对债务人的债权的；（二）债权人已知债务人有不能清偿到期债务或者破产申请的事实，对债务人负担债务的；但是，债权人因为法律规定或者有破产申请一年前所发生的原因而负担债务的除外；（三）债务人的债务人已知债务人有不能清偿到期债务或者破产申请的事实，对债务人取得债权的；但是，债务人的债务人因为法律规定或者有破产申请一年前所发生的原因而取得债权的除外。"

据此规定，以下几种情况在破产程序中禁止抵销：

第一，债务人的债务人在破产申请受理后取得他人对债务人的债权的，禁止抵销，因为债权转手后的抵销会损害其他破产债权人的利益。通常，破产债权只能获得债权名义数额一定比例的清偿，甚至得不到清偿，实际价值与收购价格远低于名义价值。但当它用于抵销债务时，却可获得全额清偿，在破产清偿与抵销清偿之间有巨大的差额。如不禁止债务人的债务人用破产申请受理后取得的他人破产债权对自己债务进行抵销，则势必出现债务人低价收买破产债权以抵销须全额偿付的债务，损害其他破产债权人利益的现象。

第二，债权人已知债务人有不能清偿到期债务或者破产申请的事实，对债务人负担债务的，禁止抵销；但是，债权人因为法律规定或者有破产申请一年前所发生的原因而负担债务的除外。如不禁止此种情况下的抵销，就可能出现债权人在知道债务人有不能清偿到期债务或者破产申请的事实时，通过购买债务人的财产造成负债，却恶意地不予清偿，待到破产程序启动后再用其不能获得完全清偿的破产债权与该项债务进行抵销，使其他破产债权人可分配破产财产减少。但债权人负担的债务，是因为法律规定如继承，或者是破产申请一年前所发生的原因者除外。如在破产申请一年前当事人签订了企业合并合同，但延迟至破产申请受理的一年内才完成工商变更登记，而企业的合并各方有的对债务人享有债权，有的对债务人负有债务，合并后即可以进行抵销。

第三，债务人的债务人已知债务人有不能清偿到期债务或者破产申请的事实，对债务人取得债权的；但是，债务人的债务人因为法律规定或者有破产申请一年前所发生的原因而取得债权的除外。此项规定禁止抵销的理由与第一种情况实质相同，只不过因债务人的债务人"已知债务人有不能清偿到期债务或者破产申请的事实"，而将禁止抵销债权取得的时间提前到破产申请受理前。所谓"对债务人取得债权"，一般是指取得他人对债务人的债权，因为只有在此种情况下才存在取得债权成本与抵销清偿之间的差额，有利可图。"但书"豁免禁止抵销的情况与前一项规定相同。

债权人以对债务人特定财产享有优先受偿权的债权进行抵销，因未损害其他债权人的利益，不受上述禁止规定的限制。《破产法司法解释（二）》第四十五条规定："企业破产法第四十条所列不得抵销情形的债权人，主张以其对债务人特定财产享有优先受偿权的债权，与债务人对其不享有优先受偿权的债权抵销，债务人管理人以抵销存在企业破产法第四十条规定的情形提出异议的，人民法院不予支持。但是，用以抵销的债权大于债权人享有优先受偿权财产价值的除外"。

如果当事人违反法律禁止抵销规定进行了抵销，管理人可以向法院申请认定抵销无效。《破产法司法解释（二）》第四十四条规定："破产申请受理前6个月内，债务人有企业破产法第二条第一款规定的情形，债务人与个别债权人以抵销方式对个别债权人清偿，其抵销的债权债务属于企业破产法第四十条第（二）、（三）项规定的情形之一，管理人在破产申请受理之日起3个月内向人民法院提起诉讼，主张该抵销无效的，人民法院应予支持"。

根据各国立法之惯例，股东之破产债权，不得与其欠缴的注册资本相抵销。通常破产债权只能得到一部分清偿，甚至得不到清偿，其实际价值大大低于名义债额。如果允许股东将其破产债权与欠缴的注册资本抵销，实际上是允许股东以其名不符实的破产债权不足额地缴纳法律和公司章程中规定其应当全额缴纳的出资额，这不仅违反了资本充实原则，而且也违反了《公司法》关于"作为出资的非货币财产应当评估作价，核实财产"的规定，将严重损害其他债权人与公司的合法权益。为此，《破产法司法解释（二）》第四十六条规定："债务人的股东主张以下列债务与债务人对其负有的债务抵销，债务人管理人提出异议的，人民法院应予支持：（一）债务人股东因欠缴债务人的出资或者抽逃出资对债务人所负的债务；（二）债务人股东滥用股东权利或者关联关系损害公司利益对债务人所负的债务"。

此外，其他法律、法规在实体法意义上规定禁止抵销的情况在破产程序中同样适用。一些国家规定，因债务之性质不得抵销者，在破产程序中也禁止抵销，如养老金、抚养费、抚恤金、生活费、工资、税收等。还有的国家规定，破产债权人因犯罪行为或侵权行为而对破产人负担的债务原则上禁止抵销，以避免道德风险。这些规定对我国破产抵销权的完善具有借鉴意义。

五、破产费用与共益债务

在破产案件中，为保障破产程序顺利进行，维护全体债权人的共同利益，会产生各种各样的费用支出；为在必要时继续破产企业的营业、继续履行合同、进行破产财产的管理等，也可能会使破产财产负担一定的债务。《企业破产法》区分其性质，分别规定为破产费用与共益债务，由债务人财产随时清偿，并规定债务人财产不足以清偿所有破产费用和共益债务时的清偿顺序。

（一）破产费用

破产费用，是在破产程序中为全体债权人共同利益，因程序进行而支付的各项费用的总称。《企业破产法》第四十一条规定："人民法院受理破产申请后发生的下列费用，为破产费用：（一）破产案件的诉讼费用；（二）管理、变价和分配债务人财产的费用；（三）管理人执行职务的费用、报酬和聘用工作人员的费用。"

为进一步明确司法实践中某些特殊费用的法律性质，《破产法司法解释三》第一条规定："人民法院裁定受理破产申请的，此前债务人尚未支付的公司强制清算费用、未终结的执行程序中产生的评估费、公告费、保管费等执行费用，可以参照企业破产法关于破产费用的规定，由债务人财产随时清偿。此前债务人尚未支付的案件受理费、执行申请费，可以作为破产债权清偿。"之所以规定破产申请受理前发生的上述费用也可作为破产费用清偿，是因为在破产程序启动后，这些费用支付而产生财产性利益和程序性效力利益可以为破产程序中的全体债权人所承受。如符合此种情况，这些费用的性质也由原为个别债权人利益的支付转变为为全体债权人共同利益的支付，故也应当参照破产费用清偿。但是，破产申请受理前债务人尚未支付的案件受理费、执行申请费，不具有为全体债权人共同利益支付的性质，只能作为破产债权清偿。

（二）共益债务

共益债务，是在破产程序中发生的应由债务人财产负担的债务的总称。《企业破产法》第四十二条规定："人民法院受理破产申请后发生的下列债务，为共益债务：（一）因管理人或者债务人请求对方当事人履行双方均未履行完毕的合同所产生的债务；（二）债务人财产受无因管理所产生的债务；（三）因债务人不当得利所产生的债务；（四）为债务人继续营业而应支付的劳动报酬和社会保险费用以及由此产生的其他债务；（五）管理人或者相关人员执行职务致人损害所产生的债务；（六）债务人财产致人损害所产生的债务。"

《破产法司法解释三》第二条规定："破产申请受理后，经债权人会议决议通过，或者第一次债权人会议召开前经人民法院许可，管理人或者自行管理的债务人可以为债务人继续营业而借款。提供借款的债权人主张参照企业破产法第四十二条第四项的规定优先于普通破产债权清偿的，人民法院应予支持，但其主张优先于此前已就债务人特定财产享有担保的债权清偿的，人民法院不予支持。管理人或者自行管理的债务人可以为前述借款设定抵押担保，抵押物在破产申请受理前已为其他债权人设定抵押的，债权人主张按照《民法典》第四百一十四条规定的顺序清偿,人民法院应予支持。"

(三) 破产费用与共益债务的清偿

破产费用与共益债务均是以债务人财产为清偿对象的,并享有优先于其他债权的受偿权。但是,它们优先受偿的范围原则上仅限于债务人的无担保财产,对债务人的特定财产享有担保权的权利人,仍对该特定财产享有优先于破产费用与共益债务受偿的权利。不过专为设有担保权的特定财产而支出的费用,如担保财产的拍卖费用、升值、维护与续建费用等,应当从担保财产的变价款中支付。

《企业破产法》第四十三条规定:"破产费用和共益债务由债务人财产随时清偿。债务人财产不足以清偿所有破产费用和共益债务的,先行清偿破产费用。债务人财产不足以清偿所有破产费用或者共益债务的,按照比例清偿。债务人财产不足以清偿破产费用的,管理人应当提请人民法院终结破产程序。人民法院应当自收到请求之日起15日内裁定终结破产程序,并予公告。"债务人财产虽然不足以支付所有破产费用,但是破产案件的债权人、管理人、债务人的出资人或者其他利害关系人愿意垫付相关费用的,经人民法院同意,破产程序可以继续进行。这样可以避免因债务人财产不足,反而使债务人或其董事、监事、经理等高级管理人员的转移财产、逃避债务等违法行为无法纠正,不能追回财产,并使其逃脱法律制裁。

在债权人或债务人等提出破产清算申请时,人民法院即发现债务人财产可能不足以支付破产费用、无财产可供分配的,应当先受理破产案件,在对此情况审查确认后作出破产宣告,同时作出终结破产程序的裁定。这样可使当事人的债务关系得以合法终结,使债务人企业依法规范退出市场。

第五节 破 产 债 权

一、破产债权申报的一般规则

破产债权是依破产程序启动前原因成立的,经依法申报确认,并得由破产财产中获得清偿的可强制执行的财产请求权,但法律另有规定者除外。《企业破产法》第一百零七条第二款规定,"人民法院受理破产申请时对债务人享有的债权称为破产债权"。据此,确定破产债权的时点与破产程序启动的时点相统一,均为受理破产申请时,对破产人的特定财产享有担保权的债权也属于破产债权。

债权申报是不确定多数债权人集体清偿程序中的必备制度,破产、清算等集体清偿程序中都存在债权申报问题。只有通过债权的申报,才能够确定有权参加清偿的债权人范围,确定不同债权人的清偿顺序,做到对全体债权人的有序、公平清偿。债权的个别清偿程序如诉讼执行程序,因债权人的权利实现与其他债权人互不影响,故不存在债权申报问题。根据破产法的一般原则,破产案件受理后,债权人只有在依法申报债权并得到确认后,才能行使破产参与、受偿等权利。债权人行使各项权利,应依照破产法规定的程序进行。

《企业破产法》规定，人民法院受理破产申请后，应当确定债权人申报债权的期限。债权申报期限自人民法院发布受理破产申请公告之日起计算，最短不得少于30日，最长不得超过3个月。在法律规定的期间内，人民法院可以根据案件的具体情况确定申报债权的期限。

债权人应当在人民法院确定的债权申报期限内向管理人申报债权，这是一般性规则，但法律另有规定的除外。债务人所欠职工的工资和医疗、伤残补助、抚恤费用，所欠的应当划入职工个人账户的基本养老保险、基本医疗保险费用，以及法律、行政法规规定应当支付给职工的补偿金，不必申报，由管理人调查后列出清单并予以公示。职工对清单记载有异议的，可以要求管理人更正；管理人不予更正的，职工可以向人民法院提起债权确认诉讼。据此，职工劳动债权是免申报的债权，这有助于更好地维护职工权益，避免出现因职工离职等情况而遗漏债权申报的现象。除此之外，其他债权如税收债权、社会保障债权以及对债务人特定财产享有担保权的债权等均需依法申报。

未到期的债权，在破产申请受理时视为到期。附利息的债权自破产申请受理时起停止计息。根据2021年1月1日起施行的《最高人民法院关于适用〈中华人民共和国民法典〉有关担保制度的解释》第二十二条规定："人民法院受理债务人破产案件后，债权人请求担保人承担担保责任，担保人主张担保债务自人民法院受理破产申请之日起停止计息的，人民法院对担保人的主张应予支持。"无利息的债权，无论是否到期均以本金申报债权。附条件、附期限的债权和诉讼、仲裁未决的债权，债权人也可以申报。职工劳动债权计算到解除劳动合同时止，所以管理人接管企业后的一项重要工作，就是及时解除所有不必维持的劳动合同，避免给债权人和债务人扩大损失。

债权人申报债权时，应当书面说明债权的数额和有无财产担保，并提交有关证据。申报的债权是连带债权的，应当说明。连带债权人可以由其中一人代表全体连带债权人申报债权，也可以共同申报债权。

《民法典》第五百三十六条规定："债权人的债权到期前，债务人的债权或者与该债权有关的从权利存在诉讼时效期间即将届满或者未及时申报破产债权等情形，影响债权人的债权实现的，债权人可以代位向债务人的相对人请求其向债务人履行、向破产管理人申报或者作出其他必要的行为。"

《企业破产法》第五十六条规定："在人民法院确定的债权申报期限内，债权人未申报债权的，可以在破产财产最后分配前补充申报；但是，此前已进行的分配，不再对其补充分配。为审查和确认补充申报债权的费用，由补充申报人承担。"补充申报债权人所应承担的费用，仅限于依破产程序审查和确认补充申报债权所实际发生的费用，不得按照法院审理诉讼案件的标准收费。补充申报的债权人对其申报债权前已经进行完毕的各项破产活动，如债权人会议所作出的各项决议，原则上不得再提出异议。需注意的是，根据《企业破产法》的规定，有些产生于破产案件受理后的债权也属于破产债权，如管理人行使合同解除权后对方当事人因合同解除产生的损害赔偿请求权等。这些债权有可能因产生时间过晚而无法在法院规定的申报期间内申报，但此种情况下的补充申报并非因其自身过错造成，由其承担债权的审查和确认费用是不合理的，所以应当作为破产费用支付。

二、破产债权申报的特别规定

《企业破产法》对一些特殊破产债权的确认与申报作有特别规定。债务人的保证人或者其他连带债务人已经代替债务人清偿债务的，以其对债务人的求偿权申报债权；尚未代替债务人清偿债务的，以其对债务人的将来求偿权预先申报债权。允许保证人或连带债务人预先申报债权，是为避免在债务未到期时，债权人不参加破产清偿而待到期后再直接向保证人或连带债务人要求清偿，而保证人或连带债务人在履行保证或连带责任后却因破产人的破产财产分配程序已终结，而无法行使其代位求偿权。但是，债权人已向管理人申报全部债权的，保证人或连带债务人不能再申报债权，其履行代偿义务也不再具有代位求偿权。否则，就会出现债务人对一项破产债务向债权人和保证人或连带债务人作二次重复清偿，从而损害其他债权人的合法权益。例如破产债权数额为10万元，破产清偿比例为20%。债权人如未向管理人申报债权，保证人可以预先申报债权并先得到2万元清偿。其向债权人清偿10万元后，所承担的担保责任为8万元。如果债权人自己先向管理人申报债权可得到2万元清偿，保证人同样须承担8万元的连带责任。如果允许保证人在履行连带责任后仍享有代位求偿权，将其承担的8万元再次申报破产债权，则可从破产财产中再获得1.6万元的清偿。这将使破产财产对10万元破产债权的清偿数额从2万元不当地增加至3.6万元，超过其他债权的破产分配比例，因重复清偿而损害其他债权人的合法权益。

根据《民法典》第一百七十八条规定，"二人以上依法承担连带责任的，权利人有权请求部分或者全部连带责任人承担责任。"据此，负有连带义务的债务人，每人都负有清偿全部债务的义务。连带债务的设立通过扩大债务人的范围，使全体连带债务人的所有一般财产（无物权担保财产）都成为债务清偿的执行对象，以最大限度地保障债权人的利益。遵照这一宗旨，各国破产立法都规定，当负有连带义务的债务人全体或数人破产时，债权人可以将债权总额作为破产债权，同时或先后分别向每个破产人要求清偿，但其获得清偿的总数不得超过债权总额。我国《企业破产法》第五十二条也规定，连带债务人数人被裁定适用该法规定的程序的，其债权人有权就全部债权分别在各破产案件中申报债权。这一规定对保障债权人的利益是十分必要的。在各连带债务人财产合计具有清偿能力的正常情况下，债权人一般是先要求一个连带债务人清偿债务，当其不能完全还清时，再以债务余额逐个向其他连带债务人要求清偿，直至完全得到偿还为止。但在连带债务人全体或数人同时破产时情况便不同了。其一，各连带债务人的破产程序在同时进行，一旦破产财产分配完毕后，债权人的权利便无从实现。所以，逐个向连带债务人要求清偿的方法已不可能完全保障债权人的利益，必须允许其向所有破产的连带债务人同时提出清偿要求。其二，破产债权一般不可能得到全额偿还，要打相当比例的折扣。如债权人只能在以债权总额向一个连带债务人要求清偿后，再以余额向其他连带债务人求偿，或虽可同时分别向各连带债务人求偿，但提出的各破产债权总和不能超过债权总额，则因破产清偿比例所限，不可能实现连带责任的要求，使债权完全得到偿还，所谓同时要求清偿也就失去了实际意义。在这种情况下，各连带债务人实际承担的只是在补充范围内债务余额的连带责任，并没有将连带债务人的全部财产都纳入对债权总额的连带清偿范围内,只有允许债权人同时对每个破产人都以债权总额作为破产债权,才可能使债权得到最大限度的清偿,实现连带债务要求每个债务人都对全部债务负清偿责任的设立目的。不过债权人从各连带债务人处所接受的清偿总额不得超过其所享有的债权总额,否则应作为不当得利返还各破产人,由于在连带债务人之间通常是按份之债的关系,所以各破产案件的管理人可以依约定自行解决公平分担问题。打破时间、顺序及破产债权数额方面的传统清偿操作方式的约束,是使连带责任在连带债务人全体或数人进入破产程序时完全实现的关键。

《最高人民法院关于适用〈中华人民共和国民法典〉有关担保制度的解释》第二十三条规定:"人民法院受理债务人破产案件,债权人在破产程序中申报债权后又向人民法院提起诉讼,请求担保人承担担保责任的,人民法院依法予以支持。担保人清偿债权人的全部债权后,可以代替债权人在破产程序中受偿;在债权人的债权未获全部清偿前,担保人不得代替债权人在破产程序中受偿,但是有权就债权人通过破产分配和实现担保债权等方式获得清偿总额中超出债权的部分,在其承担担保责任的范围内请求债权人返还。债权人在债务人破产程序中未获全部清偿,请求担保人继续承担担保责任的,人民法院应予支持;担保人承担担保责任后,向和解协议或者重整计划执行完毕后的债务人追偿的,人民法院不予支持。"第二十四条规定:"债权人知道或者应当知道债务人破产,既未申报债权也未通知担保人,致使担保人不能预先行使追偿权的,担保人就该债权在破产程序中可能受偿的范围内免除担保责任,但是担保人因自身过错未行使追偿权的除外。"

根据《民法典》第六百八十七条的规定,一般保证的保证人在主合同纠纷未经审判或者仲裁,并就债务人财产依法强制执行仍不能履行债务前,有权拒绝向债权人承担保证责任,即可享有先诉抗辩权。但在人民法院受理债务人破产案件后,一般保证人不得行使先诉抗辩权。因此时债权人已不能通过对债务人财产的个别执行先行向债务人行使权利,所以可以直接向负补充责任的保证人追偿。

人民法院受理保证人破产案件的,保证人的保证责任不得因其破产而免除。保证债务已到期时,债权人可依保证合同的约定向保证人申报债权追偿。保证债务尚未到期的,可适用《企业破产法》第四十六条的规定,将其未到期之保证责任视为已到期,提前予以清偿。取消保证人的期限利益后,对负连带责任的保证人可以直接申报债权求偿。但对负补充责任的保证人的追偿,还存在先诉抗辩权和补充责任的处理问题。这时如果继续维持负补充责任的保证人的先诉抗辩权,债权人必须待债务到期后先向债务人求偿,然后再向保证人求偿,但这时保证人的破产财产可能已经分配完毕,无异于变相免除保证责任。故为保障交易公平,实现保证担保设置之本意,这时应当取消保证人的先诉抗辩权。由于债权人尚未获得主债务人的清偿,申报债权时无法确定保证人应承担补充责任的范围,故可先以保证债权额的全部向保证人申报债权。在破产分配过程中,如债权人先获得债务人清偿,便应根据清偿结果相应调减其对保证人的破产债权额。如债权人先从保证人处获得清偿,应先行提留,待债权人在债务到期从债务人处行使受偿权利后,再确定保证人应否承担保证责任,并按保证人实际应承担补充责任的范围向债权人支付,余款由法院收回,分配给保证人的其他破产债权人。需要注意的是,保证人的补充责任应按破产债权数额而不是实际分配数额确定,否则便会不适当地扩大其责任范围,使保证人的补充责任变成连带责任。例如,债权人的债权为 10 万元,保证担保的范围为债务全额,保证人的破产分配比例为 50%。债权人以 10 万元申报债权后先从保证人处获得破产分配 5 万元,予以提存。债务到期后债务人亦破产,债权人又从债务人处获得破产分配 5 万元。这时,虽然债权人从破产人处获得的破产清偿总额未超过原债权额,但保证人所做的清偿却超出了其应负的补充责任范围。因为当债权人从债务人处获得 5 万元的破产清偿以后,其对保证人享有的破产债权便不再是原来推定的 10 万元,而应根据债务人的实际清偿情况相应核减为 5 万元,即保证人仅应对债权人未从债务人处得到清偿的 5 万元债权承担补充清偿责任,依破产分配比例,实际清偿额应为 2.5 万元。在此案例中,债权人的 10 万元债权额,从债务人和保证人的破产分配中,共应得到 7.5 万元清偿。如不依此方式计算,就使保证人从仅对债务人未能清偿部分承担补充责任,变成了实际上对全部债务承担连带责任,违背了保证合同的责任约定。根据上述原理,《破产法司法解释三》第四条规定:"保证人被裁定进入破产程序的,债权人有权申报其对保证人的保证债权。主债务未到期的,保证债权在保证人破产申请受理时视为到期。一般保证的保证人主张行使先诉抗辩权的,人民法院不予支持,但债权人在一般保证人破产程序中的分配额应予提存,待一般保证人应承担的保证责任确定后再按照破产清偿比例予以分配。保证人被确定应当承担保证责任的,保证人的管理人可以就保证人实际承担的清偿额向主债务人或其他债务人行使求偿权。"

《破产法司法解释三》第五条规定:"债务人、保证人均被裁定进入破产程序的,债权人有权向债务人、保证人分别申报债权。债权人向债务人、保证人均申报全部债权的,从一方破产程序中获得清偿后,其对另一方的债权额不作调整,但债权人的受偿额不得超出其债权总额。保证人履行保证责任后不再享有求偿权。"需注意的是,此条中所谓"从一方破产程序中获得清偿后,其对另一方的债权额不作调整",只限于承担连带责任的保证人,而对于承担一般责任的保证人,则应当按照前述第四条的规定进行调减。

管理人或者债务人依照破产法规定解除双方均未履行完毕的合同,对方当事人以因合同解除所产生的损害赔偿请求权申报债权,违约金不得作为破产债权申报。

债务人是委托合同的委托人,其破产案件被人民法院受理,受托人不知该事实,继续处理委托事务的,受托人以由此产生的请求权申报破产债权。如果受托人已知该事实,但为了债务人即全体债权人利益,在无法向管理人移交事务的紧急情况下应当继续处理委托事务。为此,《民法典》第九百三十五条规定:"因委托人死亡或者被宣告破产、解散,致使委托合同终止将损害委托人利益的,在委托人的继承人、遗产管理人或者清算人承受委托事务之前,受托人应当继续处理委托事务。"受托人由此产生的请求权作为共益债务优先清偿。如果受托人已知委托人破产之事实,无必要的继续处理委托事务,以不当增加委托费用与报酬数额的,由此而产生的债权,不得作为共益债务或破产债权受偿。为保障委托人的利益,《民法典》第九百三十六条还规定:"因受托人死亡、丧失民事行为能力或者被宣告破产、解散,致使委托合同终止的,受托人的继承人、遗产管理人、法定代理人或者清算人应当及时通知委托人。因委托合同终止将损害委托人利益的,在委托人作出善后处理之前,受托人的继承人、遗产管理人、法定代理人或者清算人应当采取必要措施。"

债务人是票据的出票人,其破产案件被人民法院受理,该票据的付款人继续付款或者承兑的，付款人以由此产生的请求权申报债权。这一规定是为了维护票据作为无因证券的地位，保证票据的流通信用，保障付款人或承兑人的合法权益。虽然出票人已经破产，但该票据的付款人依据合同可能仍需要继续付款或者承兑，以维持票据信用，故由此产生的债权应作为破产债权。

此外，《破产法司法解释三》第三条规定：“破产申请受理后，债务人欠缴款项产生的滞纳金，包括债务人未履行生效法律文书应当加倍支付的迟延利息和劳动保险金的滞纳金，债权人作为破产债权申报的，人民法院不予确认。”此处规定的欠缴款项产生的滞纳金，专指在破产申请受理后新发生者。《企业破产法》第四十六条第二款规定：“附利息的债权自破产申请受理时起停止计息。”据此，滞纳金债权在破产申请受理后，也应当与其他破产债权一样停止计算利息，故司法解释作出上述规定。

三、破产债权的确认

债权人申报之债权需经审查确认后才能在破产程序中行使权利。根据《企业破产法》以及《破产法司法解释三》第六条规定，管理人应当依照企业破产法第五十七条的规定对所申报的债权进行登记造册，详尽记载申报人的姓名、单位、代理人、申报债权额、担保情况、证据、联系方式等事项，形成债权申报登记册，不允许以其认为申报债权超过诉讼时效或不能成立等为由拒绝编入债权申报登记册。管理人对债权申报登记造册后，应当依照企业破产法第五十七条的规定对债权的性质、数额、担保财产、是否超过诉讼时效期间、是否超过强制执行期间等情况进行审查、编制债权表并提交债权人会议核查。债权表、债权申报登记册及债权申报材料在破产期间由管理人保管，债权人、债务人、债务人职工及其他利害关系人有权查阅。

债权审查的判断原则是，凡未经发生法律效力的法律文书所确认的债权，均应在审查之列；已经发生法律效力的法律文书所确认的债权，原则上可直接列入债权确认表中，但确有证据证明该债权是虚构、不真实的，或依据破产法应做特殊调整的除外。《破产法司法解释三》第七条规定：“已经生效法律文书确定的债权，管理人应当予以确认。管理人认为债权人据以申报债权的生效法律文书确定的债权错误，或者有证据证明债权人与债务人恶意通过诉讼、仲裁或者公证机关赋予强制执行力公证文书的形式虚构债权债务的，应当依法通过审判监督程序向作出该判决、裁定、调解书的人民法院或者上一级人民法院申请撤销生效法律文书，或者向受理破产申请的人民法院申请撤销或者不予执行仲裁裁决、不予执行公证债权文书后，重新确定债权。"

管理人依法编制的债权登记表，应当提交第一次债权人会议核查。经核查后，管理人、债务人、其他债权人等对债权无异议的，列入债权确认表中。

经核查后仍存在异议的债权，由人民法院裁定该异议债权是否列入债权确认表内。债权确认表由人民法院裁定确认，但允许通过提起债权确认诉讼予以修正，即该项裁定无实体法律效力，不影响债权人等利害关系人提起债权确认诉讼的权利。《破产法司法解释三》第八条规定：“债务人、债权人对债权表记载的债权有异议的，应当说明理由和法律依据。经管理人解释或调整后，异议人仍然不服，或者管理人不予解释或调整的，异议人应当在债权人会议核查结束后十五日内向人民法院提起债权确认的诉讼。当事人之间在破产申请受理前订立有仲裁条款或仲裁协议的，应当向选定的仲裁机构申请确认债权债务关系。"该规定中十五日的期限不是诉讼时效或权利除斥期间，超过该期限，异议人仍有权提起债权确认的诉讼。

《破产法司法解释三》第九条规定："债务人对债权表记载的债权有异议向人民法院提起诉讼的，应将被异议债权人列为被告。债权人对债权表记载的他人债权有异议的，应将被异议债权人列为被告；债权人对债权表记载的本人债权有异议的，应将债务人列为被告。对同一笔债权存在多个异议人，其他异议人申请参加诉讼的，应当列为共同原告。"

第六节 债权人会议

一、债权人会议的组成

（一）债权人会议的概念

我国破产程序中的债权人会议，是由所有依法申报债权的债权人组成，以保障债权人共同利益为目的，为实现债权人的破产程序知情权、参与权，讨论决定有关破产事宜，表达债权人意志，协调债权人行为的破产议事机构。

在破产程序中，债权人会议不是一个独立的民事权利主体，而只是具有自治性质的团体机构。债权人会议仅在破产程序中与法院、管理人、债务人或破产人等有关当事人进行交涉，负责处理涉及全体债权人共同利益的问题，协调债权人的法律行为，采用多数表决的方式在其职权范围内议决有关破产事宜。债权人会议不能与破产程序之外的主体发生法律关系。债权人会议依召集会议的方式进行活动，虽属于法定必设机关，但不是常设的机构，而是会议体机构。债权人会议仅为决议机关，虽享有法定职权，但本身无执行功能，其所作出的相关决议一般由管理人、债权人委员会负责执行。

（二）债权人会议的成员与权利

依法申报债权的债权人为债权人会议的成员，有权参加债权人会议，享有表决权。需注意的是，凡是申报债权者均有权参加第一次债权人会议，有权参加对其债权的核查、确认活动，并可依法提出异议。第一次会议确认债权后的债权人会议，只有债权得到确认者才有权参加并行使表决权。债权尚未确定的债权人，除人民法院能够为其行使表决权而临时确定债权额者外，不得行使表决权。根据《企业破产法》第五十九条第三款规定："对债务人的特定财产享有担保权的债权人，未放弃优先受偿权利的，对于本法第六十一条第一款第七项（通过和解协议）、第十项（通过破产财产的分配方案）规定的事项不享有表决权。"据此，对债务人的特定财产享有担保权的债权人也属于债权人会议成员，且享有法定范围内的表决权。

每个债权人都享有在破产程序中的知情权。《破产法司法解释三》第十条规定："单个债权人有权查阅债务人财产状况报告、债权人会议决议、债权人委员会决议、管理人监督报告等参与破产程序所必需的债务人财务和经营信息资料。管理人无正当理由不予提供的，债权人可以请求人民法院作出决定；人民法院应当在 5 日内作出决定。上述信息资料涉及商业秘密的，债权人应当依法承担保密义务或者签署保密协议；涉及国家秘密的应当依照相关法律规定处理。"

债权人可以自己出席会议，也可以委托代理人出席债权人会议，行使表决权。代理人出席债权人会议，应当向人民法院或者债权人会议主席提交债权人的授权委托书。

为维护企业职工的权益，立法规定债权人会议应当有债务人的职工和工会的代表参加，对有关事项发表意见。通常认为，债务人的职工和工会的代表在债权人会议上没有表决权，重整程序除外。因为破产企业中不一定都存在职工债权，即使存在职工债权，因其处于最优先的清偿地位，破产程序的进行与分配一般不影响其实际利益，故不宜享有表决权，以保证当事人的权利与义务对等。但如存在职工劳动债权不能从破产财产中获得全额、及时优先受偿，或是在重整程序中债权人会议决议通过可能影响其清偿、就业利益的重整计划草案等情况下，职工债权人应享有表决权，职工债权人的表决权可以通过职工代表行使。

为保证债权人会议的顺利进行，我国立法规定，债权人会议设主席一人，由人民法院在有表决权的债权人中指定。由单位债权人出任债权人会议主席的，该单位应当指定一名常任代表履行主席职务，且一般情况下不得更换。债权人会议主席依法行使职权，负责债权人会议的召集、主持等工作。

在债权人会议上除有权出席会议的债权人之外，还有其他列席人员。债权人会议的列席人员是指不属于会议正式成员，无表决权，为协助债权人会议顺利召开，因履行法定义务或职务义务而参加会议的人员。债务人的法定代表人有义务列席债权人会议。经人民法院决定，债务人企业的财务管理人员和其他经营管理人员也有义务列席债权人会议。管理人作为负有财产事务管理职责的人应当列席债权人会议。有义务列席会议的债务人的有关人员，经人民法院传唤，无正当理由拒不列席债权人会议的，人民法院可以拘传，并依法处以罚款。债务人的有关人员违反法律规定，拒不陈述、回答，或者作虚假陈述、回答的，人民法院可以依法处以罚款。

二、债权人会议的召集与职权

（一）债权人会议的召集

债权人会议是依召集方式活动、依表决决议方式作出决策的议决机关。第一次债权人会议由人民法院召集，自债权申报期限届满之日起 15 日内召开。以后的债权人会议，在人民法院认为必要时，或者管理人、债权人委员会、占债权总额 1/4 以上的债权人向债权人会议主席提议时召开。这里的提议召开，应理解为有提议即应召开，债权人会议主席无权拒绝召开会议。召开债权人会议，管理人应当提前 15 日通知已知的债权人。

（二）债权人会议的职权

《企业破产法》第六十一条对债权人会议的职权作有规定："债权人会议行使下列职权：（一）核查债权；（二）申请人民法院更换管理人，审查管理人的费用和报酬；（三）监督管理人；（四）选任和更换债权人委员会成员；（五）决定继续或者停止债务人的营业；

(六）通过重整计划；（七）通过和解协议；（八）通过债务人财产的管理方案；（九）通过破产财产的变价方案；（十）通过破产财产的分配方案；（十一）人民法院认为应当由债权人会议行使的其他职权。债权人会议应当对所议事项的决议作成会议记录。"

债权人会议的决议，由出席会议的有表决权的债权人过半数通过，并且其所代表的债权额占无财产担保债权总额的1/2以上。但是，法律对债权人会议通过和解协议与重整计划草案的决议有更为严格的规定。《破产法司法解释三》第十一条第一款规定："债权人会议的决议除现场表决外，可以由管理人事先将相关决议事项告知债权人，采取通信、网络投票等非现场方式进行表决。采取非现场方式进行表决的，管理人应当在债权人会议召开后的3日内，以信函、电子邮件、公告等方式将表决结果告知参与表决的债权人。"

债权人会议的决议，对于在该决议事项上有表决权的全体债权人均有约束力。同时，立法为反对债权人会议决议者提供了救济渠道。债权人认为债权人会议的决议违反法律规定，损害其利益的，可以自债权人会议作出决议之日起15日内，请求人民法院裁定撤销该决议，责令债权人会议依法重新作出决议。《破产法司法解释三》第十二条对撤销债权人会议决议作出具体规定："债权人会议的决议具有以下情形之一，损害债权人利益，债权人申请撤销的，人民法院应予支持：（一）债权人会议的召开违反法定程序；（二）债权人会议的表决违反法定程序；（三）债权人会议的决议内容违法；（四）债权人会议的决议超出债权人会议的职权范围。人民法院可以裁定撤销全部或者部分事项决议，责令债权人会议依法重新作出决议。债权人申请撤销债权人会议决议的，应当提出书面申请。债权人会议采取通信、网络投票等非现场方式进行表决的，债权人申请撤销的期限自债权人收到通知之日起算。"

《企业破产法》还对一些表决事项上可能出现的债权人会议僵局设置了解决办法。其第六十五条规定："本法第六十一条第一款第八项、第九项所列事项（即通过债务人财产的管理方案和通过破产财产的变价方案），经债权人会议表决未通过的，由人民法院裁定。本法第六十一条第一款第十项所列事项（即通过破产财产的分配方案），经债权人会议二次表决仍未通过的，由人民法院裁定。对前两款规定的裁定，人民法院可以在债权人会议上宣布或者另行通知债权人。"人民法院在裁定之前应对方案进行严格的审查，如果发现方案存在违反法律规定、违反债权人利益最大化原则、损害少数债权人法定权益等问题，应当要求管理人对方案作出相应修改后，再次提交债权人会议表决。第六十六条规定："债权人对人民法院依照本法第六十五条第一款作出的裁定（即批准债务人财产管理方案和破产财产变价方案的裁定）不服的，债权额占无财产担保债权总额1/2以上的债权人对人民法院依照本法第六十五条第二款作出的裁定（即批准破产财产分配方案的裁定）不服的，可以自裁定宣布之日或者收到通知之日起15日内向该人民法院申请复议。复议期间不停止裁定的执行。"

三、债权人委员会

（一）债权人委员会的概念与组成

《企业破产法》规定，在债权人会议中可以设置债权人委员会，建立了各国破产法中普遍存在的破产监督人制度。债权人委员会是遵循债权人的共同意志，代表债权人会议监督管理人行为以及破产程序合法、公正进行，处理破产程序中的有关事项，维护债权人利益的常设监督机构。在破产程序中设立债权人委员会具有重要意义，有助于保护全体债权人的利益，保障债权人会议职能的有效执行，并在债权人会议闭会期间对破产程序进行日常必要的监督。

债权人委员会为破产程序中的选任机关，由债权人会议根据案件具体情况决定是否设置。债权人委员会中的债权人代表由债权人会议选任、罢免。此外，债权人委员会中还应当有一名债务人企业的职工代表或者工会代表。为便于决定事项、开展工作，债权人委员会的成员人数原则上应为奇数，最多不得超过9人。出任债权人委员会的成员应当经人民法院书面认可。

（二）债权人委员会的职权

债权人委员会行使下列职权：（1）监督债务人财产的管理和处分；（2）监督破产财产分配；（3）提议召开债权人会议；（4）债权人会议委托的其他职权。根据《破产法司法解释三》第十三条的规定："债权人会议可以依照企业破产法第六十八条第一款第四项的规定，委托债权人委员会行使企业破产法第六十一条第一款第二、三、五项规定的债权人会议职权。债权人会议不得作出概括性授权，委托其行使债权人会议所有职权。"

债权人委员会执行职务时，有权要求管理人、债务人的有关人员对其职权范围内的事务作出说明或者提供有关文件。管理人、债务人的有关人员违反法律规定拒绝接受监督的，债权人委员会有权就监督事项请求人民法院作出决定，强制施行。人民法院接到债权人委员会的请求应当在5日内作出决定。

《破产法司法解释三》第十四条规定："债权人委员会决定所议事项应获得全体成员过半数通过，并作成议事记录。债权人委员会成员对所议事项的决议有不同意见的，应当在记录中载明。债权人委员会行使职权应当接受债权人会议的监督，以适当的方式向债权人会议及时汇报工作，并接受人民法院的指导。"

为保障债权人委员会能够及时了解破产程序进行的有关信息，行使对重大事项的监督权力，《企业破产法》第六十九条还规定，管理人实施下列行为，应当及时报告债权人委员会：（一）涉及土地、房屋等不动产权益的转让；（二）探矿权、采矿权、知识产权等财产权的转让；（三）全部库存或者营业的转让；（四）借款；（五）设定财产担保；（六）债权和有价证券的转让；（七）履行债务人和对方当事人均未履行完毕的合同；（八）放弃权利；（九）担保物的收回；（十）对债权人利益有重大影响的其他财产处分行为。未设立债权人委员会的，管理人实施上述行为应当及时报告人民法院。

《破产法司法解释三》第十五条规定："管理人处分企业破产法第六十九条规定的债务人重大财产的，应当事先制作财产管理或者变价方案并提交债权人会议进行表决，债权人会议表决未通过的，管理人不得处分。管理人实施处分前，应当根据企业破产法第六十九条的规定，提前十日书面报告债权人委员会或者人民法院。债权人委员会可以依照企业破产法第六十八条第二款的规定，要求管理人对处分行为作出相应说明或者提供有关文件依据。债权人委员会认为管理人实施的处分行为不符合债权人会议通过的财产管理或变价方案的，有权要求管理人纠正。管理人拒绝纠正的，债权人委员会可以请求人民法院作出决定。人民法院认为管理人实施的处分行为不符合债权人会议通过的财产管理或变价方案的，应当责令管理人停止处分行为。管理人应当予以纠正，或者提交债权人会议重新表决通过后实施。"

由于立法对管理人应报告债权人委员会的上述财产处分行为，往往仅作了定性规定，而没有定量规定，即没有规定数额界限，这就使对该条规定部分内容的理解与执行可能出现意见争议、操作困难。实践中，可以采取债权人会议对债权人委员会、管理人授权的方式解决具体操作标准问题。即由第一次债权人会议通过相应决议，根据本案具体情况对管理人的财产处分行为进行授权，根据行为的性质区分，在一定数额以下者，管理人可以自行处理，不必随时报告债权人委员会，而是在债权人委员会例会上集中报告；而超过一定数额者，应当报告债权人委员会，数额再高者，则应报告债权人会议。

债权人委员会的成员应当依法正确履行职责，公平维护债权人的正当权益，如有违法渎职行为，应当承担相应的法律责任。

第七节 重整程序

一、重整制度的一般理论

（一）重整制度的概念与意义

《企业破产法》借鉴外国立法经验建立了重整制度。重整制度集中体现了破产法的拯救功能，代表了现代破产法的发展趋势。重整是指对已经或可能发生破产原因但又有挽救希望与价值的企业，通过对各方利害关系人的利益协调，借助法律强制进行股权、营业、资产重组与债务清理，以避免破产退出、获得事业更生的法律制度。我国重整制度的适用范围为企业法人，由于其程序复杂、时间较长、费用较高，故实践中主要适用于大中型企业，小型企业则往往采用更为简化的和解程序。

传统的破产清算制度在保障债务公平清偿，维护债权人、债务人的正当权益，维护社会经济秩序等方面具有重要的作用，但也存在一些不足之处。其耗时长、成本高，而债权人实际分配往往较少。破产企业及其经营事业被清算消灭，各项有形、无形的资产构成要素被分解变卖或灭失，丧失作为完整运营体的社会价值，许多财产或权利完全丧失经济价值或大幅贬值，对社会财富与生产力来说也是一种损害。企业的破产倒闭还会造成职工失业，乃至发生其供应商、销售商、担保企业等的连锁破产，对企业所在城市与社区的经济、金融、税收、社会发展都可能产生消极影响。重整制度的设置，就是要在可能的情况下尽力缓解这些不利影响，避免或减少职工失业，挽救企业的营运与社会价值，努力保护社会投资与事业经营，实现财产价值的最大化，保障债权人等利害关系人的权益，维护社会稳定与和谐。

重整制度的产生，是破产法价值取向发展中的一次突破。在现代立法由个体本位逐步向兼具社会本位的转变过程中，重整制度体现国家公权力透过司法程序对社会经济活动的介入，在维护债权人、债务人权益的同时，也强调保障社会的整体利益与实质公平。

(二) 重整制度的特征

重整制度具有以下特点：

第一，重整申请时间提前、启动主体多元化。重整申请可以在债务人有破产原因发生可能时就提出，使债务人获得更为充裕的挽救机会。重整申请可以由多方主体提出，不仅债务人、债权人可以提出，债务人的股东也可在一定条件下提出。根据《企业破产法》第一百三十四条的规定，国务院金融监督管理机构可以向人民法院提出对金融机构进行重整的申请。

第二，参与重整活动的主体多元化、重整措施多样化。债权人包括有物权担保的债权人、债务人、债务人的股东及新的战略和财务投资人等各方利害关系人均参与重整程序。重整企业可运用多种重整措施，达到恢复营运能力、清偿债务、避免破产的目的，除延期、减免偿还债务外，还可引入新的投资人，向重组企业者无偿转让全部或部分股权，核减或增加注册资本，向特定对象定向发行新股或债券，将债权转为股份，转让营业或置换资产等方法。重整的目的在于维持企业之事业，而不限于企业本身，故必要时还可采取出售式重整，清算注销原破产企业，设立新公司，或采取企业分立、合并等方法。

第三，担保物权受限。在担保物为企业重整所必需时，物权担保债权人的优先受偿权受到限制，原则上不能行使对担保物的变现权利，这是重整程序与其他破产程序的重大不同之处。限制担保物权行使的目的，是为保证债务人不因担保财产的清偿而影响其生产经营，导致重整失败。

第四，重整程序具有强制性。只要债权人会议各表决组及股东组以法定多数通过重整计划，经人民法院裁定批准，对所有当事人均具有法律效力。而且，在未获全部表决组通过的情况下（但至少有一组利益受到不利影响的组别通过），如果重整计划草案符合法定条件，债务人或者管理人可以申请人民法院予以批准。人民法院可在保证反对者的法定利益不受损害等条件下强制批准重整计划，以避免因部分利害关系人的反对而无法进行重整。

第五，债务人可负责制定、执行重整计划。除非债务人存在破产欺诈、无经营能力等情况，在重整期间，经债务人申请、人民法院批准，债务人可以在管理人的监督下制定重整计划草案，自行管理财产和营业事务。这可以消除债务人及其股东、董事、高级管理人员等对重整的抵制心理，保障其合理的既得利益，促使其在发生债务危机时尽早申请重整，以减少债权人的损失，并力促重整成功。而且，相对于由律师、注册会计师等出任的管理人，债务人更为熟悉企业的经营与业务，由其负责重整计划的制定与执行，成功的可能性较大。

推行预重整制度，积极探索庭外重组与庭内重整制度的衔接。在企业进入重整程序之前，可以先由债权人与债务人、出资人等利害关系人通过庭外商业谈判，拟定并通过重整计划。重整程序启动后，将重整计划草案提交人民法院依法审查批准。《民商事审判会议纪要》第一百一十五条规定："继续完善庭外重组与庭内重整的衔接机制，降低制度性成本，提高破产制度效率。人民法院受理重整申请前，债务人和部分债权人已经达成的有关协议与重整程序中制作的重整计划草案内容一致的，有关债权人对该协议的同意视为对该重整计划草案表决的同意。但重整计划草案对协议内容进行了修改并对有关债权人有不利影响，或者与有关债权人重大利益相关的，受到影响的债权人有权按照企业破产法的规定对重整计划草案重新进行表决。"

由于上市公司的重整较为特殊，不仅涉及《企业破产法》《证券法》《公司法》等法律的综合适用，还涉及司法程序与行政审核程序的衔接问题。为进一步明确案件的审理原则，细化有关程序和实体规定，更好地规范相关主体的权利义务，以充分保护债权人、广大投资者和上市公司的合法权益，优化配置社会资源，促进资本市场健康发展，保障职工权益，维护社会稳定，最高人民法院发布了《关于审理上市公司破产重整案件工作座谈会纪要》（以下简称《座谈会纪要》），《座谈会纪要》规定了审理上市公司破产重整案件的原则。

1. 依法公正审理原则

上市公司破产重整案件参与主体众多，涉及利益关系复杂，人民法院审理上市公司破产重整案件，既要有利于化解上市公司的债务和经营危机，提高上市公司质量，保护债权人和投资者的合法权益，维护证券市场和社会的稳定，又要防止没有再生希望的上市公司利用破产重整程序逃废债务，滥用司法资源和社会资源；既要保护债权人利益，又要兼顾职工利益、出资人利益和社会利益，妥善处理好各方利益的冲突。上市公司重整计划草案未获批准或重整计划执行不能的，人民法院应当及时宣告债务人破产清算，不能因地方政府的不当行政干预而不及时处理。

2. 挽救危困企业原则

充分发挥破产重整制度的作用，为尚有挽救希望的危困企业提供获得新生的机会，减少上市公司破产清算对社会带来的不利影响。

3. 维护社会稳定原则

上市公司进入破产重整程序后，因涉及债权人、上市公司、出资人、企业职工等相关当事人的利益，矛盾比较集中和突出，如果处理不当，极易引发群体性、突发性事件，影响社会稳定。人民法院审理上市公司破产重整案件，要充分发挥地方政府的风险预警、部门联动、资金保障等协调机制的作用，积极配合政府做好上市公司重整中的维稳工作，加强与证券监管机构的沟通协调。

二、重整申请和重整期间

（一）重整申请

《企业破产法》规定，债务人或者债权人可以依法直接向人民法院申请对债务人进行重整。债权人申请对债务人进行破产清算的，在人民法院受理破产申请后、宣告债务人破产前，债务人或者出资额占债务人注册资本 1/10 以上的出资人，可以向人民法院申请重整。其他债权人也可以申请对债务人进行重整。国务院金融监督管理机构可以向人民法院提出对金融机构进行重整的申请。债务人提出重整申请，除应提交《企业破产法》第八条规定的材料外，还应当提交债务人通过重整程序，能够持续经营，偿还债务，摆脱困境的重整可行性报告。

《破产审判会议纪要》规定，对于债权债务关系复杂、债务规模较大，或者涉及上市公司重整的案件，人民法院在审查重整申请时，可以组织申请人、被申请人听证。债权人、出资人、重整投资人等利害关系人经人民法院准许，也可以参加听证。听证期间不计入重整申请审查期限。《座谈会纪要》对申请上市公司重整时的听证作有具体规定。债权人对上市公司提出重整申请，上市公司在法律规定的时间内提出异议，或者债权人、上市公司、出资人分别向人民法院提出破产清算申请和重整申请的，人民法院应当组织召开听证会。人民法院应当于听证会召开前通知申请人、被申请人，并送达相关申请材料。公司债权人、出资人、实际控制人等利害关系人申请参加听证的，人民法院应当予以准许。人民法院应当就申请人是否具备申请资格、上市公司是否已经发生重整事由、上市公司是否具有重整可行性等内容进行听证。

人民法院应当建立对重整企业的识别审查机制与标准。破产重整的对象应当是具有挽救价值和可能的困境企业；对于僵尸企业，应通过破产清算，果断实现市场出清。人民法院在审查重整申请时，根据债务人的资产状况、技术工艺、生产销售、行业前景等因素，能够认定债务人明显不具备重整价值以及拯救可能性的，应裁定不予受理。

人民法院经审查认为重整申请符合法律规定的，应当裁定债务人重整，并予以公告。对不具有重整可能的申请应及时裁定不予受理，不能让重整制度变成债务人阻止债权人实现权利的手段，变成个别地方政府不正当行政干预企业市场化破产的避风港。

鉴于上市公司破产重整案件较为敏感，不仅涉及企业职工和二级市场众多投资者的利益安排，还涉及与地方政府和证券监管机构的沟通协调。因此，目前人民法院在裁定受理上市公司破产重整申请前，应当将相关材料逐级报送最高人民法院。

针对破产重整上市公司的信息保密和披露问题，《座谈会纪要》规定，对于股票仍在正常交易的上市公司，在上市公司破产重整申请相关信息披露前，上市公司及其债权人、出资人等利害关系人应当按照法律、行政法规、证券监管机构的部门规章及证券交易所上市规则做好信息保密工作。上市公司的债权人提出破产重整申请的，人民法院应当要求债权人提供其已就此告知上市公司的有关证据。上市公司应当按照相关规则及时履行信息披露义务。

上市公司进入破产重整程序后，由管理人履行相关法律、行政法规、部门规章和公司章程规定的原上市公司董事会、董事和高级管理人员承担的职责和义务，上市公司自行管理财产和营业事务的除外。管理人在上市公司破产重整程序中存在信息披露违法违规行为的，应当依法承担相应的责任。

（二）重整期间

自人民法院裁定债务人重整之日起至重整程序终止，为重整期间。需注意的是，所谓重整期间，仅指重整申请受理至重整计划草案得到或未得到债权人会议分组表决通过和人民法院批准的期间，不包括重整计划得到批准后的执行期间。

在重整期间，债务人的财产管理和营业事务执行，可以由债务人或管理人负责。《企业破产法》规定，经债务人申请，人民法院批准，债务人可以在管理人的监督下自行管理财产和营业事务。为使债务人自行管理能够更为快捷、顺利、低成本地进行，《民商事审判会议纪要》第一百一十一条规定："重整期间，债务人同时符合下列条件的，经申请，人民法院可以批准债务人在管理人的监督下自行管理财产和营业事务：（一）债务人的内部治理机制仍正常运转；（二）债务人自行管理有利于债务人继续经营；（三）债务人不存在隐匿、转移财产的行为；（四）债务人不存在其他严重损害债权人利益的行为。债务人提出重整申请时可以一并提出自行管理的申请。经人民法院批准由债务人自行管理财产和营业事务的，企业破产法规定的管理人职权中有关财产管理和营业经营的职权应当由债务人行使。管理人应当对债务人的自行管理行为进行监督。管理人发现债务人存在严重损害债权人利益的行为或者有其他不适宜自行管理情形的，可以申请人民法院作出终止债务人自行管理的决定。人民法院决定终止的，应当通知管理人接管债务人财产和营业事务。债务人有上述行为而管理人未申请人民法院作出终止决定的，债权人等利害关系人可以向人民法院提出申请。"

重整案件受理后法院批准债务人自行管理的，管理人应当向债务人移交财产和营业事务，人民法院要督促管理人制定监督债务人的具体制度。管理人负责管理财产和营业事务的，可以聘任债务人的经营管理人员负责营业等事务。

为保障重整的顺利进行，在重整期间，对债务人的特定财产享有的担保权暂停行使。但非企业重整中必需使用的担保财产，担保权人可以行使担保权。此外，担保物有损坏或者价值明显减少的可能，足以危害担保权人权利的，担保权人可以向人民法院请求恢复行使担保权。《民商事审判会议纪要》第一百一十二条规定："重整程序中，要依法平衡保护担保物权人的合法权益和企业重整价值。重整申请受理后，管理人或者自行管理的债务人应当及时确定设定有担保物权的债务人财产是否为重整所必需。如果认为担保物不是重整所必需，管理人或者自行管理的债务人应当及时对担保物进行拍卖或者变卖，拍卖或者变卖担保物所得价款在支付拍卖、变卖费用后优先清偿担保物权人的债权。在担保物权暂停行使期间，担保物权人根据《企业破产法》第七十五条的规定向人民法院请求恢复行使担保物权的，人民法院应当自收到恢复行使担保物权申请之日起30日内作出裁定。经审查，担保物权人的申请不符合第七十五条的规定，或者虽然符合该条规定但管理人或者自行管理的债务人有证据证明担保物是重整所必需，并且提供与减少价值相应担保或者补偿的，人民法院应当裁定不予批准恢复行使担保物权。担保物权人不服该裁定的，可以自收到裁定书之日起10日内，向作出裁定的人民法院申请复议。人民法院裁定批准行使担保物权的，管理人或者自行管理的债务人应当自收到裁定书之日起15日内启动对担保物的拍卖或者变卖，拍卖或者变卖担保物所得价款在支付拍卖、变卖费用后优先清偿担保物权人的债权。"

在重整期间，债务人或者管理人为继续营业而借款的，可以参照共益债务优先受偿，还可以以债务人财产为该借款设定担保。

债务人合法占有的他人财产，该财产的权利人在重整期间要求取回的，应当符合事先约定的条件。

在重整期间，债务人的出资人不得请求投资收益分配；债务人的董事、监事、高级管理人员未经人民法院同意不得向第三人转让其持有的债务人的股权。

在重整期间，有下列情形之一的，经管理人或者利害关系人请求，人民法院应当裁定终止重整程序，并宣告债务人破产：（1）债务人的经营状况和财产状况继续恶化，缺乏挽救的可能性；（2）债务人有欺诈、恶意减少债务人财产或者其他显著不利于债权人的行为；（3）由于债务人的行为致使管理人无法执行职务。

三、重整计划的制定与批准

（一）重整计划的制定

债务人企业在重整申请受理后，应当在法定期限内制定并提交重整计划草案。重整计划草案由管理人或自行管理的债务人制作，应当自人民法院裁定债务人重整之日起6个月内，同时向人民法院和债权人会议提交。债权人、股东、战略投资人等利害关系人也可以制作或参与制作重整计划草案，提交给债务人或管理人。债务人或管理人认为该重整计划草案可行的，可以提交债权人会议讨论。期限届满，经债务人或者管理人请求，有正当理由的，人民法院可以裁定延期3个月。债务人或者管理人未按期提出重整计划草案的，人民法院应当裁定终止重整程序，并宣告债务人破产。

根据《企业破产法》第八十一条规定："重整计划草案应当包括下列内容：（一）债务人的经营方案；（二）债权分类；（三）债权调整方案；（四）债权受偿方案；（五）重整计划的执行期限；（六）重整计划执行的监督期限；（七）有利于债务人重整的其他方案。"所谓经营方案，是指债务人重新获得营运与盈利能力的经营管理方案、融资方案以及股权、资产与业务重组方案等有关具体重整措施内容的方案。人民法院要与政府建立沟通协调机制，帮助管理人或债务人解决重整计划草案制定中的困难和问题。

上市公司或者其管理人制定的重整计划草案中的经营方案涉及并购重组等行政许可审批事项的，应当聘请报国务院证券监管机构和国务院有关主管部门备案的财务顾问机构、律师事务所以及会计师事务所、资产评估机构等证券服务机构按照证券监管机构的有关要求及格式编制相关材料，并作为重整计划草案及其经营方案的必备文件。

控股股东、实际控制人及其关联方在上市公司破产重整程序前因违规占用、担保等行为对上市公司造成损害的，制定重整计划草案时应当根据其过错对控股股东及实际控制人支配的股东的股权作相应减少调整。

（二）重整计划草案的表决与批准

在重整计划草案提请表决之前，债务人或管理人应当向债权人等利害关系人履行详尽的信息披露义务，利害关系人认为债务人或管理人说明不充分的，可以要求债务人或管理人补充说明或接受询问。

重整计划草案在债权人会议上进行分组表决。表决组的划分要充分体现出当事人在重整计划中的差别利益。根据《企业破产法》规定，债权人参加讨论重整计划草案的债权人会议，依照下列债权分类，分组对重整计划草案进行表决：（1）对债务人的特定财产享有担保权的债权；（2）债务人所欠职工的工资和医疗、伤残补助、抚恤费用，所欠的应当划入职工个人账户的基本养老保险、基本医疗保险费用，以及法律、行政法规规定应当支付给职工的补偿金；（3）债务人所欠税款；（4）普通债权。

人民法院在必要时可以决定在普通债权组中设小额债权组对重整计划草案进行表决。在司法实践中，较为常见的做法是在普通债权组中设定统一的数额标准，对每个普通债权该数额以下的部分均给予较高比例的清偿。《企业破产法》规定的债权分组是指导性的，不是强制性的，除法律列举的组别划分外，人民法院还可以根据案件具体情况，决定设置其他组别，如公司债债权人组、次级债权人组等。但是，表决组别的设置不得损害、影响表决结果的公平性。

债务人的出资人代表可以列席讨论重整计划草案的债权人会议。重整计划草案涉及出资人权益调整事项的，应当设出资人组，对该事项进行表决。出资人组的表决按照公司法规定的股东会的表决方式进行，经参与表决的出资人所持表决权2/3以上通过的，即为该组通过重整计划草案，同意者的人数不是表决是否通过的考虑因素。在上市公司的重整中，为最大限度保护中小投资者的合法权益，上市公司或者管理人应当提供网络表决的方式，为出资人行使表决权提供便利。

《企业破产法》第八十三条规定："重整计划不得规定减免债务人欠缴的本法第八十二条第一款第二项规定以外的社会保险费用；该项费用的债权人不参加重整计划草案的表决。"

《破产法司法解释三》第十一条第二款规定："根据企业破产法第八十二条规定，对重整计划草案进行分组表决时，权益因重整计划草案受到调整或者影响的债权人或者股东，有权参加表决；权益未受到调整或者影响债权人或者股东，参照企业破产法第八十三条的规定，不参加重整计划草案的表决。"

人民法院应当自收到重整计划草案之日起30日内召开债权人会议，对重整计划草案进行表决。出席会议的同一表决组的债权人过半数同意重整计划草案，并且其所代表的债权额占该组债权总额的2/3以上的，即为该组通过重整计划草案。

各表决组均通过重整计划草案时，重整计划即为通过。自重整计划通过之日起10日内，债务人或者管理人应当向人民法院提出批准重整计划的申请。企业的重整不仅是债务减免和财务调整，重点是维持企业的营运价值。人民法院在审查重整计划时，除合法性审查外，还应审查其中的经营方案是否具有可行性。重整计划中关于企业重新获得盈利能力的经营方案具有可行性、表决程序合法、内容不损害各表决组中反对者的清偿利益的，人民法院应当自收到申请之日起30日内裁定批准重整计划，终止重整程序，并予以公告。

为保障重整程序能够顺利进行，《企业破产法》还专门设置了人民法院强制批准重整计划草案的程序。该法第八十七条规定："部分表决组未通过重整计划草案的，债务人或者管理人可以同未通过重整计划草案的表决组协商。该表决组可以在协商后再表决一次。双方协商的结果不得损害其他表决组的利益。未通过重整计划草案的表决组拒绝再次表决或者再次表决仍未通过重整计划草案，但重整计划草案符合下列条件的，债务人或者管理人可以申请人民法院批准重整计划草案：（一）按照重整计划草案，本法第八十二条第一款第一项所列债权就该特定财产将获得全额清偿，其因延期清偿所受的损失将得到公平补偿，并且其担保权未受到实质性损害，或者该表决组已经通过重整计划草案；（二）按照重整计划草案，本法第八十二条第一款第二项、第三项所列债权将获得全额清偿，或者相应表决组已经通过重整计划草案；（三）按照重整计划草案，普通债权所获得的清偿比例，不低于其在重整计划草案被提请批准时依照破产清算程序所能获得的清偿比例，或者该表决组已经通过重整计划草案；（四）重整计划草案对出资人权益的调整公平、公正，或者出资人组已经通过重整计划草案；（五）重整计划草案公平对待同一表决组的成员，并且所规定的债权清偿顺序不违反本法第一百一十三条的规定；（六）债务人的经营方案具有可行性。人民法院经审查认为重整计划草案符合前款规定的，应当自收到申请之日起 30 日内裁定批准，终止重整程序，并予以公告。"

人民法院应当审慎适用强制批准权，不得滥用。确需强制批准重整计划草案的，重整计划草案除应当符合企业破产法上述规定外，如债权人分多组的，还应当至少有一组利益受到重整计划草案不利影响的组别已经通过重整计划草案，且各表决组中反对者能够获得的清偿利益不低于依照破产清算程序所能获得的利益。对立法规定的强制批准重整计划草案条件在理解时还需注意：

第一，"有物权担保之债权就该特定财产获得全额清偿，其因延期清偿所受的损失得到公平补偿，并且其担保权未受到实质性损害"，不仅是在该表决组未通过重整计划草案时才需要审查的内容，即使该表决组以法定多数通过了重整计划草案，也必须审查确认反对重整计划草案的少数成员的上述权利得到全部保障。法定优先受偿权是不允许由任意当事人组成的自治组织以多数表决形式加以剥夺的。如果重整计划草案中制定有任何限制、剥夺债权人法定优先受偿权的内容，必须以该组每一个债权人都同意为前提。法定多数表决通过重整计划草案，不是剥夺少数反对者的法定优先受偿权的理由，除非该债权人自愿放弃其权利。该款以及其他款中的所谓"或者该表决组已经通过重整计划草案"，不能理解为只要该表决组以法定多数通过了重整计划草案，对重整计划草案中是否存在"或者"之前规定的损害反对者法定既得利益的情况无须审查，就可以批准重整计划草案。对债务人特定财产有优先受偿权的债权"因延期清偿所受的损失将得到公平补偿"，通常是指支付其法定或约定利息。

第二，所谓"普通债权所获得的清偿比例，不低于其在重整计划草案被提请批准时依照破产清算程序所能获得的清偿比例"，其关键是对破产清偿与重整清偿比例的公平模拟计算。在破产清算程序中，债权人分配的数额多少、比例高低，完全由破产财产的实际变现情况即经市场化清算的价值所决定。而在重整程序中，由于通常要维持企业的继续存续，往往不对企业全部财产进行实际清算变现，所以无论是所谓债权人"在重整计划草案被提请批准时依照破产清算程序所能获得的清偿比例"，还是在重整计划草案中拟定的重整分配比例，完全是模拟计算出来的。这种模拟计算的结果就可能由于利益冲突、技术失误、人为操纵等因素的影响而存在不够准确、合理乃至故意损害债权人利益的问题，并由此引发债权人的争议，所以需要对债权人的知情权、异议权等权利予以全面、充分的保护。此外，在比较破产清偿与重整计划的清偿比例高低时，必须将因迟延清偿债务导致债权人的利息等利益损失考虑在内，即对延期支付的清偿比例与数额进行折现，才能实现真正的公平。

第三，"重整计划草案对出资人权益的调整公平、公正"。这里的调整是指减少或完全剥夺股东所持股份，如将其股份有偿或无偿地转让给债权人、新的战略投资者等。在重整程序中可以对股东的股权进行调整，限制乃至剥夺其对公司的控制权，是各国破产立法的共同规则。有的国家立法明文规定，在公司"资不抵债"，或者是股东滥用对公司的控制权利损害公司利益时，应当调整减少股东股权、限制股东控制权。《座谈会纪要》

也规定,控股股东、实际控制人及其关联方在上市公司破产重整程序前因违规占用、担保等行为对上市公司造成损害的,制定重整计划草案时应当根据其过错对控股股东及实际控制人支配的股东的股权作相应调整。

最高人民法院在《关于正确审理企业破产案件为维护市场经济秩序提供司法保障若干问题的意见》中指出:"人民法院适用强制批准裁量权挽救危困企业时,要保证反对重整计划草案的债权人或者出资人在重整中至少可以获得在破产清算中本可获得的清偿。对于重整计划草案被提请批准时依照破产清算程序所能获得的清偿比例的确定,应充分考虑其计算方法是否科学、客观、准确,是否充分保护了利害关系人的应有利益。人民法院要严格审查重整计划草案,综合考虑社会公共利益,积极审慎适用裁量权。对不符合强制批准条件的,不能借挽救企业之名违法审批。上级人民法院要肩负起监督职责,对利害关系人就重整程序中反映的问题要进行认真审查,问题属实的,要及时予以纠正。"

在管理人或债务人提出强制批准重整计划草案的申请后,应当通知所有未通过重整计划草案的表决组以及通过重整计划草案的表决组中的反对者。人民法院裁定批准重整计划前,他们可以就重整计划草案中的破产清算率是否公平、重整清偿率是否实质上高于破产清算率以及对出资人的权益调整是否公平、公正等问题以书面形式提出异议。人民法院应当组织债务人、债权人及利害关系人及时进行听证,并可以委托其他中介机构进行重新评估。

上市公司重整计划草案涉及证券监管机构行政许可事项的,受理案件的人民法院应当通过最高人民法院,启动与中国证券监督管理委员会的会商机制。由最高人民法院将有关材料函送中国证券监督管理委员会,由中国证券监督管理委员会安排并购重组专家咨询委员会对会商案件进行研究。并购重组专家咨询委员会应当按照与并购重组审核委员会相同的审核标准,对提起会商的行政许可事项进行研究并出具专家咨询意见。人民法院应当参考专家咨询意见,作出是否批准重整计划草案的裁定。

重整计划草案未获得债权人会议通过且未依照法律规定获得人民法院的强制批准,或者债权人会议已通过的重整计划未获得人民法院批准的,人民法院应当裁定终止重整程序,并宣告债务人破产。

《民商事审判会议纪要》第一百一十四条第三款规定:"重整程序因人民法院裁定批准重整计划草案而终止的,重整案件可作结案处理。重整计划执行完毕后,人民法院可以根据管理人等利害关系人申请,作出重整程序终结的裁定。"

根据《保障管理人履职意见》规定,人民法院裁定批准重整计划或重整计划执行完毕后,重整企业或管理人可以凭人民法院出具的相应裁定书,申请在金融信用信息基础数据库中添加相关信息,及时反映企业重整情况。

四、重整计划的执行、监督与终止

(一)重整计划的执行

根据《企业破产法》规定,重整计划由债务人负责执行。为此,在重整计划草案制定时以及债权人会议审查、表决重整计划草案时，必须考虑在重整计划草案中对债务人董事、监事、经理等高级管理人员中有违法行为者及不称职者进行更换，以免在债务人执行重整计划的过程中因人员不当而发生问题。

人民法院裁定批准重整计划后，已接管财产和营业事务的管理人应当向债务人移交财产和营业事务。重整计划内容涉及证券监管机构并购重组行政许可事项的，上市公司应当按照相关规定履行行政许可核准程序。重整计划草案提交出资人组表决且经人民法院裁定批准后，上市公司无须再行召开股东大会，可以直接向证券监管机构提交出资人组表决结果及人民法院裁定书，以申请并购重组许可申请。并购重组审核委员会的审核工作应当充分考虑人民法院与中国证券监督管理委员会会商机制中并购重组专家咨询委员会提交的专家咨询意见。并购重组申请事项获得证券监管机构行政许可后，应当在重整计划的执行期限内实施完成。

债务人应严格执行重整计划，但因出现国家政策调整、法律修改变化等特殊情况，导致原重整计划无法执行的，债务人或管理人可以申请变更重整计划一次。债权人会议决议同意变更重整计划的，应自决议通过之日起10日内提请人民法院批准。债权人会议决议不同意或者人民法院不批准变更申请的，经管理人或者利害关系人请求，人民法院应当裁定终止重整计划的执行，并宣告债务人破产。

人民法院裁定同意变更重整计划的，债务人或者管理人应当在6个月内提出新的重整计划。变更后的重整计划应提交给因重整计划变更而遭受不利影响的债权人组和出资人组进行表决。表决、申请人民法院批准以及人民法院裁定是否批准的程序与原重整计划的相同。

在重整或和解程序中，税务机关依法受偿后，管理人或债务人企业可以向税务机关提出纳税信用修复申请，税务机关根据人民法院出具的批准重整计划或认可和解协议的裁定书评价其纳税信用级别。已被公布重大税收违法失信案件信息的债务人企业，经税务机关确认后，停止公布并从公告栏中撤出，并将相关情况及时通知实施联合惩戒和管理的部门。有关部门应当依据各自法定职责，按照法律法规和有关规定解除惩戒，保障企业正常经营和后续发展。

企业重整后，投资主体、股权结构、公司治理模式、经营方式等与原企业相比，往往发生了根本变化，人民法院要通过加强与政府的沟通协调，帮助重整企业修复信用记录，依法获取税收优惠，以利于重整企业恢复正常生产经营。

（二）重整计划的监督

在重整计划中应当规定对重整计划执行的监督期限。自人民法院裁定批准重整计划之日起，在重整计划规定的监督期内，由管理人监督重整计划的执行，债务人应当向管理人报告重整计划执行情况和债务人财务状况。管理人应当代表债务人参加监督期开始前已经启动而尚未终结的诉讼、仲裁活动。

《民商事审判会议纪要》第一百一十三条规定："要依法确保重整计划的执行和有效监督。重整计划的执行期间和监督期间原则上应当一致。二者不一致的，人民法院在确定和调整重整程序中的管理人报酬方案时，应当根据重整期间和重整计划监督期间管理人工作量的不同予以区别对待。其中，重整期间的管理人报酬应当根据管理人对重整发挥的实际作用等因素予以确定和支付；重整计划监督期间管理人报酬的支付比例和支付时间，应当根据管理人监督职责的履行情况，与债权人按照重整计划实际受偿比例和受偿时间相匹配。重整计划执行期间，因重整程序终止后新发生的事实或者事件引发的有关债务人的民事诉讼，不适用《企业破产法》第二十一条有关集中管辖的规定。除重整计划有明确约定外，上述纠纷引发的诉讼，不再由管理人代表债务人进行。"

监督期届满时，管理人应当向人民法院提交监督报告。自监督报告提交之日起，管理人的监督职责终止。经管理人申请，人民法院可以裁定延长重整计划执行的监督期限。管理人向人民法院提交的监督报告，重整计划的利害关系人有权查阅。

（三）重整计划的效力

经人民法院裁定批准的重整计划，对债务人和全体债权人均有约束力，包括对债务人的特定财产享有担保权的债权人。债权人对债务人的保证人和其他连带债务人所享有的权利，不受重整计划的影响，可以依据原合同约定行使权利。

在重整程序中，债权人未依法申报债权的，在债务人或管理人向人民法院和债权人会议提交重整计划草案表决后，可以继续申报债权，但在重整计划执行期间不得行使受偿权利；在重整计划执行完毕后，可以按照重整计划规定的同类债权的清偿条件行使权利。

债务人不能执行或者不执行重整计划，且不符合重整计划变更条件的，人民法院经管理人或者利害关系人请求，应当裁定终止重整计划的执行，并宣告债务人破产。《民商事审判会议纪要》第一百一十四条第一、二款规定："重整期间或者重整计划执行期间，债务人因法定事由被宣告破产的，人民法院不再另立新的案号，原重整程序的管理人原则上应当继续履行破产清算程序中的职责。原重整程序的管理人不能继续履行职责或者不适宜继续担任管理人的，人民法院应当依法重新指定管理人。重整程序转破产清算案件中的管理人报酬，应当综合管理人为重整工作和清算工作分别发挥的实际作用等因素合理确定。重整期间因法定事由转入破产清算程序的，应当按照破产清算案件确定管理人报酬。重整计划执行期间因法定事由转入破产清算程序的，后续破产清算阶段的管理人报酬应当根据管理人实际工作量予以确定，不能简单根据债务人最终清偿的财产价值总额计算。"

人民法院裁定终止重整计划执行的，债权人在重整计划中作出的债权调整的承诺失去效力，但为重整计划的执行提供的担保继续有效。债权人因执行重整计划所受的清偿仍然有效，债权未受清偿的部分作为破产债权。在重整计划执行中已经接受清偿的债权人，只有在其他同顺位债权人与自己所受的重整清偿达到同一比例时，才能继续接受破产分配。

按照重整计划减免的债务，自重整计划执行完毕时起，债务人不再承担清偿责任。

第八节 和解制度

一、和解的特征与一般程序

(一) 和解的概念与特征

和解是客观上具有避免债务人破产作用的法律制度之一，并具有简便快速清理债权债务关系的效用。在发生破产原因时，债务人可以提出和解申请及和解协议草案，由债权人会议表决，如获得通过，经人民法院裁定认可后生效执行，可以避免企业被破产清算。因和解程序在债务人发生破产原因后才能提出申请，且不能约束对债务人的特定财产享有担保权的债权人，又没有强制批准程序，所以其挽救债务人的强制性效果不如重整程序，主要适用于没有重要财产设置物权担保的企业以及中小型企业，但其具有简单易行、成本低廉、时间快等优势。

《民商事审判会议纪要》第一百零七条第二款规定："注重发挥破产和解制度简便快速清理债权债务关系的功能，债务人根据《企业破产法》第九十五条的规定，直接提出和解申请，或者在破产申请受理后宣告破产前申请和解的，人民法院应当依法受理并及时作出是否批准的裁定。"

(二) 和解程序

和解申请只能由债务人一方提出，这是与清算申请和重整申请还可由债权人等其他主体提出有所不同的。债务人申请和解，应当提出和解协议草案。

人民法院经审查认为和解申请符合法律规定的，应当受理其申请，裁定和解，予以公告，并召集债权人会议讨论表决和解协议草案。和解程序对就债务人特定财产享有担保权的权利人无约束力，该权利人自人民法院受理和解申请之日起，可以对担保物行使权利。债务人如要避免担保物被执行，需与担保债权人个别协商解决。

债权人会议通过和解协议的决议，由出席会议的有表决权的债权人过半数同意，并且其所代表的债权额占无财产担保债权总额的 2/3 以上。对债务人的特定财产享有担保权的债权人，对此事项无表决权，也不受和解协议的约束。

债权人会议通过和解协议的，由人民法院裁定认可，终止和解程序，并予以公告。管理人应当向债务人移交财产和营业事务，并向人民法院提交执行职务的报告。和解协议草案经债权人会议表决未获得通过，或者已经债权人会议通过的和解协议未获得人民法院认可的，人民法院应当裁定终止和解程序，并宣告债务人破产。

二、和解协议的效力

(一) 和解协议对债务人与和解债权人的效力

经人民法院裁定认可的和解协议，对债务人和全体和解债权人均有约束力。和解债权人是指人民法院受理破产申请时对债务人享有无物权担保等特别优先权的债权人。债务人应当按照和解协议规定的条件清偿债务。按照和解协议减免的债务，自和解协议执行完毕时起，债务人不再承担清偿责任。

在和解程序中，债权人未依法申报债权的，在债务人向债权人会议提交的和解协议草案付诸表决后，可以继续申报债权，但在和解协议执行期间不得行使权利；在和解协议执行完毕后，可以按照和解协议规定的清偿条件行使权利。

（二）和解协议对债务人的保证人和其他连带债务人的效力

和解债权人对债务人的保证人和其他连带债务人所享有的权利，不受和解协议的影响。也就是说，和解协议对债务人的保证人或连带债务人无效，和解债权人对债务人所作的债务减免清偿或延期偿还的让步，效力不及于债务人的保证人或连带债务人，他们仍应按原来债的约定或法定责任承担保证或连带责任。在破产和解（也包括重整程序）中，不适用主债务减少从债务随之减少的原则。因为债权人设立保证或连带债务之本意，就是为使保证人或连带债务人在债务人无力清偿债务尤其是破产时承担责任，如因债权人在和解协议中不得已而减免债务人的部分债务，便相应减轻保证人或连带债务人的责任，这就与保证或连带债务设立的宗旨相违背，债权人设置担保或连带债务之目的就无从达到，且违反法律规定之诚信、公平原则。让债务人的保证人或连带债务人仍按原来债的约定或法定责任承担保证或连带责任，并没有加重其本应承担的责任，如果债权人不参加破产程序，而是直接向债务人的保证人或连带债务人追偿，他们也须承担同样的责任。再者，破产程序中的和解与一般民事和解不同，不是建立在双方互让的基础上，而只能是债权人单方无奈的让步，债务人因陷于破产境地已无步可让。而债权人的这种让步从本质上讲，是一种迫不得已的非自愿行为，所谓"两害相权取其轻"而已。此外，破产和解是强制和解，和解协议由法定多数表决即可通过，部分不同意的债权人也要受协议拘束，如其债权设有保证担保或连带债务，在他们反对和解的情况下仍使保证人或连带债务人的责任随之减免，显然是不公平、不合理的。这样做还可能迫使设有保证担保或连带债务的债权人不得不为自身利益而强烈反对和解，使和解难以达成，反不利于挽救债务人。

（三）和解协议的终止

因债务人的欺诈或者其他违法行为而成立的和解协议，人民法院应当裁定无效，并宣告债务人破产。有上述情形的，和解债权人因执行和解协议所受的清偿，在其他债权人所受清偿同等比例的范围内，不需要返还，这是与一般合同无效时双方应返回财产不同的。

债务人不能执行或者不执行和解协议的，人民法院经和解债权人请求，应当裁定终止和解协议的执行，并宣告债务人破产。破产法上的和解协议只具有程序法上的意义，没有强制执行的效力。债务人不履行和解协议时，债权人只能向法院申请终止和解协议，宣告其破产，依照破产清算程序获得清偿，而不能提起对和解协议的强制执行程序，否则又可能出现债务人的财产全部被部分债权人执行完毕，而其他债权人得不到清偿的不公现象。

人民法院裁定终止和解协议执行的，和解债权人在和解协议中作出的债权调整的承诺失去效力，但债务人方面为和解协议的执行提供的担保继续有效。和解债权人因执行和解协议所受的清偿仍然有效，不予退回，和解债权未受清偿的部分作为破产债权。上述债权人只有在其他债权人同自己所受的清偿达到同一比例时，才能继续接受分配。

为尊重当事人的自主决定权，《企业破产法》还规定，人民法院受理破产申请后，债务人与全体债权人就债权债务的处理自行达成协议的，可以请求人民法院裁定认可，并终结破产程序。

第九节 破产清算程序

一、破产宣告

破产宣告是指法院依据当事人等的申请或法定职权裁定宣布债务人破产以清偿债务的活动。人民法院受理破产清算申请后，第一次债权人会议上无人提出重整或和解申请的，管理人应当在债权审核确认和必要的审计、资产评估后，及时向人民法院提出宣告破产的申请。人民法院应当自收到申请之日起7日内作出破产宣告裁定并进行公告。债务人被宣告破产后，不得再转入重整程序或和解程序。人民法院受理破产和解或重整申请后，债务人出现应当宣告破产的法定原因时，人民法院应当依法宣告债务人破产。人民法院依法宣告债务人破产，应当自裁定作出之日起5日内送达债务人和管理人，自裁定作出之日起10日内通知已知债权人，并予以公告。

债务人被宣告破产后，在破产程序中的有关称谓发生相应变化，债务人称为破产人，债务人财产称为破产财产，破产申请受理时对债务人享有的债权称为破产债权。

《企业破产法》第一百零八条规定："破产宣告前，有下列情形之一的，人民法院应当裁定终结破产程序，并予以公告：（一）第三人为债务人提供足额担保或者为债务人清偿全部到期债务的；（二）债务人已清偿全部到期债务的。"因为在上述情况下，债务人已经解决了债务清偿问题，完成了破产程序的任务，故应终结破产程序。需注意的是，所谓"第三人为债务人提供足额担保"，必须是为债权人所自愿接受的担保，从程序上讲，则应采取和解方式进行，也就是要由债务人向债权人会议提交包括第三人为债务人提供足额担保内容的和解协议草案，由其表决通过，依法定程序完成。

二、别除权

《企业破产法》第一百零九条规定："对破产人的特定财产享有担保权的权利人，对该特定财产享有优先受偿的权利。"此项权利即是破产法理论上的别除权。别除权是指债权人因其债权设有物权担保或享有法定特别优先权，而在破产程序中就债务人（即破产人）特定财产享有的优先受偿权利。别除权人行使优先受偿权原则上不受破产清算与和解程序的限制，但在重整程序中受到一定限制。在破产清算和破产和解程序中，别除权人可以随时向管理人主张就该特定财产变价处置行使优先受偿权，管理人应及时变价处置，不得以须经债权人会议决议等为由拒绝。但因单独处置担保财产会降低其他破产财产的价值而应整体处置的除外。

根据《企业破产法》规定，别除权之债权属于破产债权，其担保物属于破产财产。据此，别除权人享有破产申请权，也应当申报债权，未依法申报债权者不得在破产程序中行使权利。

别除权人就破产人的特定财产享有优先受偿权利，即该项财产的变价款必须优先清偿别除权人的担保债权，只有在全部清偿其担保债权后仍有剩余时才能够用于对其他普通债权人的清偿，但法律另有规定的除外。

别除权人放弃优先受偿权或行使优先受偿权未能完全受偿的债权作为普通债权清偿。但如破产人仅作为担保人为他人债务提供物权担保，担保债权人的债权虽然在破产程序中可以构成别除权，但因破产人不是主债务人，在担保物价款不足以清偿担保债额时，余债不得作为破产债权向破产人要求清偿，只能向原主债务人求偿。此时，别除权人如放弃优先受偿权利，其债权也不能转为对破产人的破产债权，因两人之间只有担保关系，无基础债务关系。

别除权的基础权利是担保物权和法定特别优先权。各国立法对担保物权种类的规定不尽相同，《民法典》第三百八十八条第一款规定："设立担保物权，应当依照本法和其他法律的规定订立担保合同。担保合同包括抵押合同、质押合同和其他具有担保功能的合同。"我国法律规定的担保物权中被公认在破产程序中可享有别除权的有抵押权、质权和留置权。此外，《民法典》第三百八十七条第一款规定："债权人在借贷、买卖等民事活动中，为保障实现其债权，需要担保的，可以依照本法和其他法律的规定设立担保物权。"《海商法》第十一条规定有船舶（含建造中的船舶）抵押权，《民用航空法》第十六条规定了民用航空器抵押权，这些权利在破产程序中均构成别除权。

优先权，是指特定债权人依据法律直接规定，对债务人的一般财产（不含特定财产）或特定财产之变卖价值享有的优先于其他债权人受偿的权利。其中，对债务人一般财产享有的优先受偿权利，为一般优先权；对债务人特定财产享有的优先受偿权利，为特别优先权。优先权主要是立法基于对社会政策、公共利益、实质公平等方面的考虑而设置的，目的是为破除债权人之间形式上的平等，维护实质上的社会公平。赋予特种债权以优先权，主要是根据债权的性质或产生原因确定，以体现公平、正义的法律理念，并保障有关社会利益的立法政策实现。优先权为法定权利，不由当事人约定设置，不以登记或占有公示为成立要件。在破产程序中，一般优先权表现为普通债权分配顺序的先后，而特别优先权因具有担保物权的一般特征构成别除权。

目前，我国主要是在《海商法》《民用航空法》等立法中对特别优先权有较为系统的规定。《海商法》中规定了船舶优先权。《民用航空法》中规定了民用航空器优先权。此外，《民法典》第八百零七条规定："发包人未按照约定支付价款的，承包人可以催告发包人在合理期限内支付价款。发包人逾期不支付的，除根据建设工程的性质不宜折价、拍卖外，承包人可以与发包人协议将该工程折价，也可以请求人民法院将该工程依法拍卖。建设工程的价款就该工程折价或者拍卖的价款优先受偿。"承包人的建设工程款债权属于特别优先权。《最高人民法院关于破产企业国有划拨土地使用权应否列入破产财产等问题的批复》第二条规定："企业对其以划拨方式取得的国有土地使用权无处分权，以该土地使用权设定抵押，未经有审批权限的人民政府或土地行政管理部门批准的，不影响抵押合同效力；履行了法定的审批手续，并依法办理抵押登记的，抵押权自登记时设立。根据《中华人民共和国城市房地产管理法》第五十一条的规定，抵押权人只有在以抵押标的物折价或拍卖、变卖所得价款缴纳相当于土地使用权出让金的款项后，对剩余部分方可享有优先受偿权。但纳入国家兼并破产计划的国有企业，其用以划拨方式取得的国有土地使用权设定抵押的，应依据国务院有关文件规定办理。"国家对应缴纳的"土地使用权出让金"，优先于抵押权人等其他债权人受偿，此项权利也属于优先权。这些特别优先权均构成别除权。

别除权与职工劳动债权之间的清偿顺序在符合法定条件时，可以依《企业破产法》第一百三十二条的特别规定确定。现在随着时间的推移，在《企业破产法》公布前拖欠的职工债权已经滚动解决，可适用第一百三十二条规定的情况已极少发生。

三、破产财产的变价和分配

（一）破产财产的变价

破产财产的分配以货币分配为基本方式。在破产宣告后，管理人应当及时拟订破产财产变价方案，提交债权人会议讨论。管理人应当按照债权人会议通过的或者人民法院依法裁定的破产财产变价方案，适时变价出售破产财产。

破产财产处置应当以价值最大化为原则，兼顾处置效率。变价出售破产财产原则上以拍卖方式进行，但债权人会议另有决议的除外。人民法院要积极探索更为有效的破产财产处置方式和渠道，最大限度提升破产财产变价率。采用拍卖方式进行处置的，拍卖所得预计不足以支付评估拍卖费用，或者拍卖不成的，经债权人会议决议，可以采取作价变卖或实物分配方式。变卖或实物分配的方案经债权人会议两次表决仍未通过的，由人民法院裁定处理。破产财产的变价出售必须以价值最大化即债权人利益最大化为原则，不能与破产企业职工安置挂钩。职工安置是政府应负责解决的问题，不允许以低价向购买者出售破产财产的方式换取其对职工的就业安置，以损害债权人利益的方式解决政府的财政与工作问题。

破产企业可以以全部或者部分变价方式出售。企业变价出售时，可以将其中的无形资产和其他财产单独变价出售。按照国家规定不能拍卖或者限制转让的财产，应当按照国家规定的方式处理。

《保障管理人履职意见》指出，要依法积极推动存在未办理验收等瑕疵的不动产完善有关手续，明确权属，为破产企业不动产及时办理权属登记手续，支持管理人加快破产企业财产处置。有效利用各类资产的多元化专业交易流转平台，充分发挥交易市场的价格发现、价值实现功能，提升管理人的资产处置效率。

（二）破产财产的分配

破产分配是指将破产财产按照法律规定的债权清偿顺序和案件实际情况决定的受偿比例进行清偿的程序。破产财产的分配应当遵守法定的分配顺序和分配方法。对破产财产可以进行一次性分配，也可以进行多次分配，需视破产财产的多少、变价难易等情况而定。依照破产分配进行的时间不同，可分为中间分配、最后分配和追加分配。

《企业破产法》第一百一十三条规定："破产财产在优先清偿破产费用和共益债务后，依照下列顺序清偿：（一）破产人所欠职工的工资和医疗、伤残补助、抚恤费用，所欠的应当划入职工个人账户的基本养老保险、基本医疗保险费用，以及法律、行政法规规定应当支付给职工的补偿金；（二）破产人欠缴的除前项规定以外的社会保险费用和破产人所欠税款；（三）普通破产债权。破产财产不足以清偿同一顺序的清偿要求的，按照比例分配。破产企业的董事、监事和高级管理人员的工资按照该企业职工的平均工资计算。"

最高人民法院发布的《关于商品房消费者权利保护问题的批复》（法释〔2023〕1号）规定："一、建设工程价款优先受偿权、抵押权以及其他债权之间的权利顺位关系，按照《最高人民法院关于审理建设工程施工合同纠纷案件适用法律问题的解释（一）》第三十六条的规定处理。二、商品房消费者以居住为目的购买房屋并已支付全部价款，主张其房屋交付请求权优先于建设工程价款优先受偿权、抵押权以及其他债权的，人民法院应当予以支持。只支付了部分价款的商品房消费者，在一审法庭辩论终结前已实际支付剩余价款的，可以适用前款规定。三、在房屋不能交付且无实际交付可能的情况下，商品房消费者主张价款返还请求权优先于建设工程价款优先受偿权、抵押权以及其他债权的，人民法院应当予以支持。"

《破产审判会议纪要》第二十八条进一步规定了破产债权的清偿原则和顺序："对于法律没有明确规定清偿顺序的债权，人民法院可以按照人身损害赔偿债权优先于财产性债权、私法债权优先于公法债权、补偿性债权优先于惩罚性债权的原则合理确定清偿顺序。因债务人侵权行为造成的人身损害赔偿，可以参照企业破产法第一百一十三条第一款第一项规定的顺序清偿，但其中涉及的惩罚性赔偿除外。破产财产依照企业破产法第一百一十三条规定的顺序清偿后仍有剩余的，可依次用于清偿破产受理前产生的民事惩罚性赔偿金、行政罚款、刑事罚金等惩罚性债权。"

破产分配时，对债务人的董事、监事和高级管理人员在破产申请受理前拖欠的工资，应当按照企业拖欠职工工资的平均期间、以同期职工平均工资为标准予以调整，此前如有多发放的，应作为非正常收入予以追回。这是为避免企业董事、监事和高级管理人员在企业濒临破产期间拖欠职工的工资，却对自己的工资按期照发，或者在企业破产后，破产财产被董事、监事和高级管理人员不合理的高额工资所侵占，损害债权人利益。《破产法司法解释（二）》指出其"高出该企业职工平均工资计算的部分，可以作为普通破产债权清偿"。

最高人民法院《关于正确审理企业破产案件为维护市场经济秩序提供司法保障若干问题的意见》中规定，对于职工欠薪和就业问题突出、债权人矛盾激化、债务人弃企逃债等敏感类破产案件，要及时向当地党委汇报，争取政府的支持。有条件的地方，可通过政府设立的维稳基金或鼓励第三方垫款等方式，优先解决破产企业职工的安置问题，政府或第三方就劳动债权的垫款，可以在破产程序中按照职工债权的受偿顺序优先获得清偿。《破产审判会议纪要》规定，破产程序中要依法妥善处理劳动关系，推动完善职工欠薪保障机制，依法保护职工生存权。由第三方垫付的职工债权，原则上按照垫付的职工债权性质进行清偿；由欠薪保障基金垫付的，应按照企业破产法第一百一十三条第一款第二项的顺序清偿。债务人欠缴的住房公积金，按照债务人拖欠的职工工资性质清偿。

根据最高人民法院《关于税务机关就破产企业欠缴税款产生的滞纳金提起的债权确认之诉应否受理问题的批复》规定，破产企业在破产案件受理前因欠缴税款产生的滞纳金属于普通破产债权，不享有与欠缴税款相同的优先受偿地位。破产案件受理后，欠缴税款的滞纳金应当停止计算，在破产程序中不得作为破产债权清偿。

此外，其他立法对破产分配顺序有特别规定的，依其规定执行。如《商业银行法》第七十一条规定："商业银行不能支付到期债务，经国务院银行业监督管理机构同意，由人民法院依法宣告其破产。商业银行被宣告破产的，由人民法院组织国务院银行业监督管理机构等有关部门和有关人员成立清算组，进行清算。商业银行破产清算时，在支付清算费用、所欠职工工资和劳动保险费用后，应当优先支付个人储蓄存款的本金和利息。"《企业破产法》第一百三十四条第二款还规定："金融机构实施破产的，国务院可以依据本法和其他有关法律的规定制定实施办法。"再如《农民专业合作社法》（2017修订）第五十五条规定："农民专业合作社破产适用企业破产法的有关规定。但是，破产财产在清偿破产费用和共益债务后，应当优先清偿破产前与农民成员已发生交易但尚未结清的款项。"

在实践中，有些破产财产变现处分较为困难，或在变价过程中会造成较大损失，如债权难以追回，股权无法变现。在破产分配时，经债权人会议决议，可以进行实物、债权或股权分配。例如，在某证券公司的破产案件中，破产财产中包括公司持有的两只股票，且持股比例在被持股的上市公司中较高，如果在二级市场出售变现存在变价周期较长、集中大量抛售股票易带动股价下跌导致变现价值损失等问题，管理人决定对股票采用实物的方式分配，其分配方案经债权人会议表决通过，得到人民法院裁定认可，并通过中国证券登记结算有限责任公司以非交易过户的方式划转至参与分配的债权人相关证券账户，财产分配顺利执行完毕。

《企业破产法》第一百三十二条对职工债权的清偿问题作有特别规定。根据该条规定："本法施行后，破产人在本法公布之日前所欠职工的工资和医疗、伤残补助、抚恤费用，所欠的应当划入职工个人账户的基本养老保险、基本医疗保险费用，以及法律、行政法规规定应当支付给职工的补偿金，依照本法第一百一十三条的规定清偿后不足以清偿的部分，以本法第一百零九条规定的特定财产优先于对该特定财产享有担保权的权利人受偿。"

职工劳动债权的清偿顺序，是破产立法时的一个重要争议问题。在立法过程中，有的人主张担保物权优先受偿，有的人主张职工劳动债权优先受偿。《企业破产法》以该法公布时间为界，以"老事老办法、新事新办法"的折中方式处理这一难题。对破产企业拖欠的职工劳动债权仅靠在破产法中提前其清偿顺序，是不能从根本上解决问题的。关键是必须制止、减少欠薪等问题的发生，这要靠社会保障法、劳动法的完善，要靠政府在平时主动正确履行其监管职责解决。此外，应当建立企业职工工资保障基金，以在企业破产时充分保障职工的权益。

管理人应当及时拟订破产财产分配方案，提交债权人会议讨论。破产财产分配方案应当载明下列事项：（1）参加破产财产分配的债权人名称或者姓名、住所；（2）参加破产财产分配的债权额；（3）可供分配的破产财产数额；（4）破产财产分配的顺序、比例及数额；（5）实施破产财产分配的方法。

债权人会议表决通过破产财产分配方案，由管理人将该方案提请人民法院裁定认可后执行。

管理人按照破产财产分配方案实施多次分配的，应当公告本次分配的财产额和债权额。管理人实施最后分配的，应当在公告中指明，并载明法律规定的事项。

管理人实施分配，应当通知所有债权人。对债权人留有明确姓名或名称、地址、经确认的银行账户，无须债权人受领行为即可交付的，管理人可以在通知后直接将破产财产分配额交付债权人。无法通知且无法直接交付，或者经通知债权人未受领也无法直接交付的破产财产分配额，管理人应当提存。债权人自最后分配公告之日起满两个月仍不领取的，视为放弃受领分配的权利，管理人或者人民法院应当将提存的分配额分配给其他债权人。

对附生效条件或者解除条件的债权，管理人应当将其分配额提存。在最后分配公告日，生效条件未成就或者解除条件成就的，提存的分配额应当分配给其他债权人；在最后分配公告日，生效条件成就或者解除条件未成就的，提存的分配额应当交付给该债权人。

破产财产分配时，对于诉讼或者仲裁未决的债权，管理人应当依争议标的额将其分配额提存，按照诉讼或者仲裁结果处理。自破产程序终结之日起满两年仍不能受领分配的，人民法院应当将提存的分配额分配给其他债权人。

四、破产程序的终结

（一）破产终结程序

破产程序终结方式主要有四种：其一，因和解、重整程序完成而终结；其二，因债务人以其他方式解决债务清偿问题（包括第三人代为清偿债务、自行和解）而终结；其三，因债务人的破产财产不足以支付破产费用而终结；其四，因破产财产分配完毕而终结。在破产清算程序中主要涉及后两种情况。

人民法院终结破产清算程序应当以查明债务人财产状况、明确债务人财产的分配方案、确保破产债权获得依法清偿为基础。破产申请受理后，经管理人调查，债务人财产不足以清偿破产费用且无人代为清偿或垫付的，人民法院应当依管理人申请宣告债务人破产并裁定终结破产清算程序。

破产人无财产可供分配的，管理人应当请求人民法院裁定终结破产程序。在破产人有财产可供分配的情况下，管理人在最后分配完结后，应当及时向人民法院提交破产财产分配报告，并提请人民法院裁定终结破产程序。人民法院应当自收到管理人终结破产程序的请求之日起15日内作出是否终结破产程序的裁定。裁定终结破产程序的，应当予以公告。

管理人应当自破产程序终结之日起10日内，持人民法院终结破产程序的裁定，向破产人的原登记机关办理注销登记。根据《保障管理人履职意见》的规定，管理人持人民法院终结破产清算程序裁定书申请税务注销的，税务部门应即时出具清税文书，按照有关规定核销"死欠"，不得违反规定要求额外提供证明文件，或以税款未获全部清偿为由拒绝办理。管理人可以凭企业注销登记申请书、人民法院终结破产程序裁定书申请办理破产企业注销，市场监管部门不额外设置注销条件。申请简易注销的破产企业营业执照遗失的，通过国家企业信用信息公示系统免费发布营业执照作废声明或在报纸刊登遗失公告后，破产企业或管理人可不再补领营业执照。在破产清算程序终结以及重整或和解程序终止前，非经破产案件审理法院同意或管理人申请，市场监管等部门不得办理企业登记事项变更手续。

（二）遗留事务的处理

通常情况下，管理人应于办理破产人注销登记完毕的次日终止执行职务。但是，破产案件中存在债权诉讼或者仲裁未决等情况时，管理人可以在破产程序终结后，继续办理破产案件的遗留事务。

在破产程序因债务人财产不足以支付破产费用而终结，或者因破产人无财产可供分配或破产财产分配完毕而终结时，自终结之日起两年内，有下列情形之一的，债权人可以请求人民法院按照破产财产分配方案进行追加分配：

（1）发现在破产案件中有可撤销行为、无效行为或者债务人的董事、监事和高级管理人员利用职权从企业获取非正常收入和侵占企业财产的情况，应当追回财产的；

（2）发现破产人有应当供分配的其他财产的。

有上述情形，但财产数量不足以支付分配费用的，不再进行追加分配，由人民法院将其上交国库。

（三）无法清算破产案件的审理与责任承担

清算义务人的清算义务是在公司出现解散事由时，于法定期限内启动清算程序并成立清算组织两项相关联的事项。清算义务人义务的实际产生以公司出现解散事由为前提。债务人发生破产原因，并不是《公司法》规定的解散事由。对未发生解散事由的债务人公司，董事等清算义务人是没有申请清算包括破产清算义务的。

《企业破产法》第七条第三款规定："企业法人已解散但未清算或者未清算完毕，资产不足以清偿债务的，依法负有清算责任的人应当向人民法院申请破产清算。"根据这一规定，在企业法人已解散但未清算的情况下，应当向人民法院申请破产清算的是清算义务人。在企业法人已解散但未清算完毕的情况下，因清算组已经成立，清算义务人的清算义务已经履行，所以应当向人民法院申请破产清算的是清算组即清算人，而不是清算义务人。在破产清算程序中，负有妥善保管并向管理人移交公司财产、账册、重要文件等资料义务者，是破产法规定的公司法定代表人以及财务管理人员和其他经营管理人员等配合清算义务人，而不是清算义务人。所以不能简单地认为，只要在破产程序中因债务人财产、印章和账簿、文书下落不明等无法清算，就应当追究清算义务人的连带责任或相应责任。

根据上述原则，《民商事审判会议纪要》第一百一十八条规定："人民法院在审理债务人相关人员下落不明或者财产状况不清的破产案件时，应当充分贯彻债权人利益保护原则，避免债务人通过破产程序不当损害债权人利益，同时也要避免不当突破股东有限责任原则。人民法院在适用《最高人民法院关于债权人对人员下落不明或者财产状况不清的债务人申请破产清算案件如何处理的批复》第三款的规定，判定债务人相关人员承担责任时，应当依照企业破产法的相关规定来确定相关主体的义务内容和责任范围，不得根据《公司法司法解释（二）》第十八条第二款的规定来判定相关主体的责任。上述批复第三款规定的'债务人的有关人员不履行法定义务，人民法院可依据有关法律规定追究其相应法律责任'，系指债务人的法定代表人、财务管理人员和其他经营管理人员不履行《企业破产法》第十五条规定的配合清算义务，人民法院可以根据《企业破产法》第一百二十六条、第一百二十七条追究其相应法律责任，或者参照《民事诉讼法》第一百一十一条的规定，依法拘留，构成犯罪的，依法追究刑事责任；债务人的法定代表人或者实际控制人不配合清算的，人民法院可以依据《出境入境管理法》第十二条的规定，对其作出不准出境的决定,以确保破产程序顺利进行。上述批复第三款规定的'其行为导致无法清算或者造成损失',系指债务人的有关人员不配合清算的行为导致债务人财产状况不明,或者依法负有清算责任的人未依照《企业破产法》第七条第三款的规定及时履行破产申请义务,导致债务人主要财产、账册、重要文件等灭失,致使管理人无法执行清算职务,给债权人利益造成损害。'有关权利人起诉请求其承担相应民事责任',系指管理人请求上述主体承担相应损害赔偿责任并将因此获得的赔偿归入债务人财产。管理人未主张上述赔偿,个别债权人可以代表全体债权人提起上述诉讼。上述破产清算案件被裁定终结后,相关主体以债务人主要财产、账册、重要文件等重新出现为由,申请对破产清算程序启动审判监督的,人民法院不予受理,但符合《企业破产法》第一百二十三条规定的,债权人可以请求人民法院追加分配。"

第十节 关联企业合并破产

一、关联企业合并破产概说

在市场经济中,企业集团与关联企业的存在已是常态。企业以集团结构经营可以弥补不发达、不完善的市场制度,将外部的市场交易在一定程度上实现集团内部化,降低交易成本与商业风险,优化资源配置,避免各独立企业间竞争中产生的社会成本与市场损耗,有利于获取最大经济利益,具有经济上充分的合理性。组建集团各成员企业可将涉及环境责任、消费者责任、技术创新等高风险的营业集中于某一企业,使其余企业免受潜在风险责任的影响;集团经营还可以规避行政限制,集中资源,有利于获得政府颁发的经营资质与牌照、业务许可证或特许证等。而跨国集团的结构则更易满足所在国对企业设立与经营等监管方面的要求,规避有关法律限制,减轻纳税等负担。

集团企业经营的一体化程度可大致分为两种情况,其一是各关联企业虽然集合管理,统一战略布局,广泛合作,但规范独立经营,不存在资产、债务等方面的人格混同;其二是由于不规范、非市场化的运作,导致各关联企业在资产、债务、经营决策、企业管理、人事任免等方面存在混同,严重者已失去独立的法人人格。控制关系的滥用,使控制企业可能将资产、债务等资源与负担在不同企业间不当转移,使某些关联企业资产多而负债少,而另一些企业则资产少而负债多,损害相关企业、股东及其债权人的权益,并使多个关联企业均进入破产程序时,在债务清理、财产界定、资产追索、重整挽救等方面出现许多比独立企业破产复杂得多的难题。在采取行使撤销权、由母公司承担连带责任清偿债务、对母公司的债权劣后清偿等方法,仍不足以解决因不当控制关系产生的后果、影响对各企业债权人公平清偿时,就需要考虑采用合并破产程序。

合并破产制度具有重要意义。第一,可以保障不同关联企业间债权人清偿的实质公平,即在整体债权人间的清偿公平。第二,可以保障破产程序的顺利进行。由于关联企业间的资产、债权债务、经营、人员等各方面高度混同,加之错综复杂的关联关系与不当交易，当它们分别独立进行破产程序时，给法院和管理人的债权确认、财产区分等清算与重整工作带来极大困难，使破产成本增大，工作效率低下，不仅影响债权人的实质利益，影响司法效率，甚至使破产程序都无法正常进行。第三，有利于企业重整挽救。由于各关联企业的生产经营相互交叉、上下衔接，严重混同，已经形成一个整体性的综合经营实体，各个企业实际上可能仅是集团企业的一个经营部门，这就使得企业的重整挽救在分别进行的模式下往往因运营资产不完整、企业单体经营效益低下等，而无法实现重整价值，企业挽救难以进行。第四，可以维护破产法的立法价值。在人格严重混同的关联企业分别破产或重整时存在的诸多弊端，对破产法有序、公平清偿的立法价值以及重整挽救制度造成严重损害，需要在实质合并破产制度下予以矫正。

关联企业在破产程序中的合并有实质合并与程序合并之区别。实质合并是通过对各关联企业资产与负债的合并处置，在破产程序中将多个关联企业视为一个单一企业，在统一财产分配与债务清偿的基础上进行破产程序，所有企业同类债权人的清偿率按相同原则确定，各企业的法人人格在破产程序进行的期间内不再独立。在目前我国的实践中，实质合并主要以各关联企业资产与负债严重混同导致法人人格混同等为适用条件。

程序合并是对多个破产案件程序的合并审理，在《破产审判会议纪要》中称为协调审理，体现为对不同法院管辖的多个企业破产案件的程序并案审理、整体重整或破产清算，通过统一制定集团各企业相互协调衔接的重整计划、清算方案乃至整个集团企业合一的整体重整计划，达到企业挽救目的，或使破产财产实现更高的清算价值。但在程序合并中，各关联企业仍保持法人人格的独立，资产与债务清偿比例等分别确定。

二、关联企业实质合并破产

目前，关联企业的实质合并破产清算与重整已成为我国司法实践中一项新制度。但实质合并破产的具体操作模式尚未为破产法明确规定，实务中适用的方法也不统一，有时错误的理解与适用会影响当事人的正当权益。为此，《破产审判会议纪要》对此问题作出一些原则性规定。纪要指出，人民法院审理关联企业破产案件时，要立足于破产关联企业之间的具体关系模式，采取不同方式予以处理。既要通过实质合并审理方式处理法人人格高度混同的关联关系，确保全体债权人公平清偿，也要避免不当采用实质合并审理方式损害相关利益主体的合法权益。

《破产审判会议纪要》指出，对关联企业实质合并破产要审慎适用。人民法院在审理企业破产案件时，应当尊重企业法人人格的独立性，以对关联企业成员的破产原因进行单独判断并适用单个破产程序为基本原则。当关联企业成员之间存在法人人格高度混同、区分各关联企业成员财产的成本过高、严重损害债权人公平清偿利益时，可例外适用关联企业实质合并破产方式进行审理。

人民法院收到实质合并申请后，应当及时通知相关利害关系人并组织听证，听证时间不计入审查时间。人民法院在审查实质合并申请过程中，可以综合考虑关联企业之间资产的混同程度及其持续时间、各企业之间的利益关系、债权人整体清偿利益、增加企业重整的可能性等因素，在收到申请之日起30日内作出是否实质合并审理的裁定。

相关利害关系人对受理法院作出的实质合并审理裁定不服的，可以自裁定书送达之日起 15 日内向受理法院的上一级人民法院申请复议。

采用实质合并方式审理关联企业破产案件的，应由关联企业中的核心控制企业住所地人民法院管辖。核心控制企业不明确的，由关联企业主要财产所在地人民法院管辖。多个法院之间对管辖权发生争议的，应当报请共同的上级人民法院指定管辖。

人民法院裁定采用实质合并方式审理破产案件的，各关联企业成员之间的债权债务归于消灭，但相互间设置的物权担保继续有效，各成员的财产作为合并后统一的破产财产，由各成员的债权人在同一程序中按照法定顺序公平受偿。采用实质合并方式进行重整的，重整计划草案中应当制定统一的债权分类、债权调整和债权受偿方案。

需注意的是，《破产审判会议纪要》第三十七条规定，"适用实质合并规则进行破产清算的，破产程序终结后各关联企业成员均应予以注销。适用实质合并规则进行和解或重整的，各关联企业原则上应当合并为一个企业。根据和解协议或重整计划，确有需要保持个别企业独立的，应当依照企业分立的有关规则单独处理"。这一规定由于对实质合并破产的法律性质出现误解，将对关联企业资产与负债的合并处理，误解为对企业的组织合并，不符合司法实践的需要，使企业重整挽救遇到阻碍，在实践中已经被搁置不用。

首先需要强调指出的是，实质合并破产中的"合并"，不是公司法、企业法上的组织合并，而只是在破产程序进行期间以对各关联企业的资产与负债统一处理为目的的法人人格模拟合并。法院实质合并破产的裁定，不具有对各关联企业实行公司法上组织合并程序的效力，更不进行公司合并的工商登记变更。在实质合并破产时，各合并企业的法人人格仅仅是在破产程序中不再独立。实质合并破产作为一种以对资产与负债统一公平处理为目的的法人人格模拟合并，目标是要解决以资产与负债混同为关键特征的法人人格混同所造成的不当法律后果。无论是在公司法上还是在破产法上，法人人格的混同都不是认定对各混同企业进行组织合并的法律理由，也不产生企业组织合并的法律效力与后果。在公司法上，对"公司股东滥用公司法人独立地位和股东有限责任，逃避债务，严重损害公司债权人利益"的处理，是揭开公司的面纱，由股东"对公司债务承担连带责任"，而不是合并企业。在破产法上，作为集体清偿程序，对各关联企业法人人格严重混同的处理，是进行实质合并破产，即对各企业的资产与负债统一处置，同样也不是合并企业组织。也就是说，无论是在非破产程序还是在破产程序中，在法律上对法人人格混同的处置措施，是超越企业独立人格、纠正人格混同不当行为产生的各种不当法律后果，而不是强制进行组织合并，解决的主要是债务清偿的法律责任问题，而不是组织调整问题。在重整程序结束，经过实质合并重整的法律处置，消除了各企业法人人格混同的不当后果，也就是修复其独立的法人人格后，各企业自然应当恢复原正常的独立状态。至于此后根据集团经营目标是否需要进行企业合并或分立，已不再属于实质合并破产的范围，而属于依据公司法、企业法正常操作的问题。

其次，从实际操作效果看，这种对企业强制合并或分立的措施将给企业集团的正常运营造成严重的困难，不仅使企业集团形式的所有市场组织优势全部丧失，甚至会无法继续经营，进而导致重整失败。在诸多关联企业被强制组织合并后，原各企业已经获得的政府颁发的经营资质与牌照（如金融牌照）、业务许可证或特许证等经营前提条件，将因在合并后形成单一企业，主体情况变更不再符合颁发条件而丧失经营资质，或需重新申请，从而无法持续经营，企业的重整价值丧失，重整也将归于失败。原企业集团架构中有上市公司存在的，其上市公司也将因为被强制与其他公司组织合并而不再符合上市条件，丧失上市资格。此外，大型集团的各关联企业往往分布在全国各地不同省份，甚至世界各国，强行合并后公司的正常治理与经营管理也会存在严重问题。所以这一规定是不妥的。

三、关联企业程序合并破产

程序合并破产在《破产审判会议纪要》中称为协调审理。根据纪要规定，多个关联企业成员均存在破产原因但不符合实质合并条件的，人民法院可根据相关主体的申请对多个破产程序进行协调审理，并可根据程序协调的需要，综合考虑破产案件审理的效率、破产申请的先后顺序、成员负债规模大小、核心控制企业住所地等因素，由共同的上级法院确定一家法院集中管辖。

协调审理不消灭关联企业成员之间的债权债务关系，不对关联企业成员的财产进行合并，各关联企业成员的债权人仍以该企业成员财产为限依法获得清偿。根据纪要规定，在程序合并中，也要利用其他法律手段解决关联企业成员之间尚不构成法人人格严重混同的不当资源配置关系，如关联企业成员之间不当利用关联控制关系形成的债权，应当劣后于其他普通债权顺序清偿，且该劣后债权人不得依据其他关联企业成员提供的物权担保就特定财产优先受偿。会议纪要关于关联企业成员之间不当债权劣后清偿的规定，对司法实践具有重要指导意义，可以在关联企业合并破产中有效的维护债权人的合法权益。

第九章 票据与支付结算法律制度

第一节 支付结算概述

一、支付结算的概念与方式

支付结算,是指单位、个人在社会经济活动中使用票据、银行卡、汇兑、托收承付、委托收款、信用证、电子支付等结算方式进行货币给付及资金清算的行为。

在现代市场经济中,产品市场和要素市场各个环节的流通均需要借助于货币这一媒介。依其形式,货币结算可以分为现金结算和非现金结算:前者是指支付结算双方直接使用现金进行给付,后者是指双方通过开户银行将款项从付款人账户转移到收款人账户的货币给付及资金清算行为。我国实行现金管理制度,除按照国务院《现金管理暂行条例》可以使用现金结算的情形外,单位之间的货币结算都需要通过银行转账进行。

支付结算的方式,依不同的标准,可作不同的分类。例如,银行本票和支票是同城结算方式,托收承付、银行汇票是异地结算方式,汇兑、商业汇票、委托收款、银行卡等是同城和异地均可采用的结算方式。根据支付工具在支付结算中的功能,汇兑、委托收款、托收承付是贷记支付工具,银行汇票、银行本票、支票是借记支付工具。

从支付结算方式的法律特征考虑,可将其分为票据结算方式和非票据结算方式。本章第二节介绍票据法律制度,第三节介绍汇兑、托收承付、委托收款、国内信用证、银行卡、预付卡、电子支付等非票据结算方式。

二、支付结算的特征

从法律上看,支付结算主要有如下两个特征:

(一)支付结算必须通过法律规定的中介机构进行

支付结算主要涉及付款人(或出票人)、收款人(或持票人)和中介机构。银行(包括农村信用社)是支付结算和资金清算的主要中介机构。非银行金融机构和其他单位未经中国人民银行批准不得作为中介机构经营支付结算业务。根据《非银行支付机构监督管理条例》和《非银行支付机构监督管理条例实施细则》，除银行业金融机构外，在中华人民共和国境内依法设立，并取得支付业务许可的有限责任公司或者股份有限公司，可以从事根据收款人或者付款人提交的电子支付指令转移货币资金等支付业务。中国人民银行依法对非银行支付机构实施监督管理。中国人民银行的分支机构根据中国人民银行的授权，履行监督管理职责。

（二）支付结算必须遵循法律规定的特定形式要求

支付结算行为具有要式性。票据和结算凭证是办理支付结算的工具，直接关系到支付结算的准确、及时和安全。单位、个人和银行办理支付结算，必须使用按中国人民银行统一规定印制的票据凭证和结算凭证。未使用按中国人民银行统一规定印制的票据，票据无效；未使用中国人民银行统一规定格式的结算凭证，银行不予受理。

填写票据和结算凭证，必须做到标准化、规范化。例如，单位和银行的名称应当记载全称或规范化的简称；票据和结算凭证上的签章形式要严格按照要求；结算凭证的金额、签发日期、收款人名称不得更改，更改的结算凭证，银行不予受理；票据和结算凭证金额须以中文大写和阿拉伯数字同时记载，二者必须一致，二者不一致的票据无效，二者不一致的结算凭证，银行不予受理。

三、支付结算的原则

支付结算工作的任务，是根据经济往来组织支付结算，准确、及时、安全办理支付结算，依法管理支付结算，保障支付结算活动的正常进行。为此，《支付结算办法》（2024年修正）第十六条规定，单位、个人和银行在办理支付结算时必须遵守下列原则：

（一）"恪守信用，履约付款"原则

承担付款义务的一方当事人，应当按照约定的付款金额、时间和方式进行支付。对于银行来说，一方面，银行应当依照客户的委托妥善办理支付结算；另一方面，作为中介机构，银行应以善意且符合规定的正常操作程序审查票据和结算凭证，对票据和结算凭证上的签章以及需要交验的相关证件未发现异常而支付金额，对出票人或付款人不再承担接受委托付款的责任，对持票人或收款人不再承担付款的责任。

（二）"谁的钱进谁的账，由谁支配"原则

委托人是支付结算的发起人，对其账户中的资金具有自主的处分权。银行应当遵循委托人的意志，按支付结算凭证的内容，准确、及时办理支付结算，尊重和维护客户的合法权益。银行应当依法为单位、个人在银行所开立的存款账户的信息保密，维护其资金的自主支配权。对单位、个人在银行开立上述存款账户的存款，除法律、行政法规另有规定外，银行不得为任何单位或者个人查询；除法律另有规定外，银行不代任何单位或者个人冻结、扣款，不得停止单位、个人存款的正常支付。

（三）"银行不垫款"原则

银行在办理支付结算业务时，只是作为中介机构，接受客户的委托，办理结算当事人之间的资金转移，不承担垫付款项的责任。在银行开立存款账户的单位和个人办理支付结算，除非《支付结算办法》另有规定，账户内须有足够的资金保证支付。没

有开立存款账户的个人向银行交付款项后，也可以通过银行办理支付结算。客户只能在存款余额范围内签发支款凭证；委托银行代收款项的，只有在款项收妥后，收款人才能使用。

四、银行结算账户

支付结算活动，在多数情形下是通过存款人在银行开立的结算账户进行的。限于篇幅，本书仅介绍人民币结算账户，不涉及外币结算账户。

根据中国人民银行《人民币银行结算账户管理办法》的规定，银行结算账户是指银行为存款人开立的办理资金收付结算的人民币活期存款账户。这里的"银行"是指在中国境内经中国人民银行批准经营支付结算业务的政策性银行、商业银行（含外资独资银行、中外合资银行、外国银行分行等）、农村信用社（城市信用合作社现已改制为城市商业银行）；"存款人"是指在中国境内开立银行结算账户的机关、团体、部队、企业、事业单位、其他组织、个体工商户和自然人。

由此可见，银行结算账户办理的是人民币业务，与外币账户不同。2020年8月，中国人民银行下发了《关于印发〈本外币合一银行结算账户体系试点工作方案〉和〈本外币合一银行结算账户体系试点办法〉的通知》（银发〔2020〕227号），在若干地区开展本外币合一银行结算账户体系试点；银行结算账户办理的是资金收付结算业务，与普通的储蓄账户不同；银行结算账户是活期存款账户，与定期存款账户不同。

存款人可以自主选择银行开立银行结算账户。除法律、行政法规和国务院规定外，任何单位和个人不得强令存款人到指定银行开立银行结算账户。境外机构在中国境内银行开立人民币银行结算账户须遵循《境外机构人民币银行结算账户管理办法》（银发〔2010〕249号）、《中国人民银行关于境外机构人民币银行结算账户开立和使用有关问题的通知》（银发〔2012〕183号）、《中国人民银行办公厅关于境外中央银行类机构在境内银行业金融机构开立人民币银行结算账户有关事项的通知》（银办发〔2015〕227号）等规定。

（一）银行结算账户的种类

按存款人不同，银行结算账户可分为单位银行结算账户和个人银行结算账户。

1. 单位银行结算账户

存款人以单位名称开立的银行结算账户为单位银行结算账户。个体工商户凭营业执照以字号或经营者姓名开立的银行结算账户纳入单位银行结算账户管理。单位银行结算账户按用途可分为基本存款账户、一般存款账户、专用存款账户和临时存款账户。

根据《中国人民银行关于取消企业银行账户许可有关事宜的决定》（中国人民银行令〔2019〕第1号）及《中国人民银行关于取消企业银行账户许可的通知》（银发〔2019〕41号）等，境内依法设立的企业法人、非法人企业、个体工商户（以下统称企业）在银行办理基本存款账户、临时存款账户业务（含企业在取消账户许可前已开立基本存款账户、临时存款账户的变更和撤销业务），由核准制改为备案制，人民银行不再核发开户许可证。银行为企业开立、变更、撤销基本存款账户、临时存款账户，要通过人民币银行结算账户管理系统向人民银行当地分支机构备案。机关、事业单位等其他单位办理银行账户业务仍按原银行账户管理制度执行。机关、实行预算管理的事业单位开立基本存款账户、临时存款账户和专用存款账户，应经财政部门批准并经人民银行核准，另有规定的除外。

2. 个人银行结算账户

存款人因投资、消费、结算等凭个人身份证件，以自然人名称开立的可办理支付结算的银行结算账户，为个人银行结算账户。

（二）基本存款账户

基本存款账户是指存款人因办理日常转账结算和现金收付需要开立的银行账户，是其主办账户。

下列存款人可以申请开立基本存款账户：（1）企业法人；（2）非法人企业；（3）机关、事业单位；（4）团级（含）以上军队、武警部队及分散执勤的支（分）队；（5）社会团体；（6）民办非企业组织；（7）异地常设机构；（8）外国驻华机构；（9）个体工商户；（10）居民委员会、村民委员会、社区委员会；（11）单位设立的独立核算的附属机构；（12）其他组织。可见，具备申请资格的并不限于具有独立法人资格的单位。

存款人申请开立基本存款账户，应向银行出具法律规定的证明文件。单位银行结算账户的存款人只能在银行开立一个基本存款账户。

取消企业银行账户许可后，银行完成企业基本存款账户信息备案，账户管理系统生成基本存款账户编号。企业基本存款账户编号代替原基本存款账户核准号使用。企业申请开立一般存款账户、专用存款账户、临时存款账户的，应当向银行提供基本存款账户编号。

根据2021年10月9日发布的《中国人民银行关于做好小微企业银行账户优化服务和风险防控工作的指导意见》及《小微企业银行账户简易开户服务业务指引》，银行根据《人民币银行结算账户管理办法》等规定审核小微企业开户证明文件后，简化辅助证明材料要求，开立账户功能与客户身份核实程度、账户风险等级相匹配的银行基本存款账户，满足客户开户需求。

（三）一般存款账户

一般存款账户是指存款人在基本存款账户开户银行以外的银行营业机构开立的用于办理借款转存、借款归还和其他结算的银行结算账户。该账户可以办理现金缴存，但不得办理现金支取。

开立基本存款账户的存款人都可以开立一般存款账户。

（四）专用存款账户

专用存款账户是指存款人按照法律、行政法规和规章，为对其特定资金进行专项管理和使用而开立的银行结算账户。对下列资金的管理与使用，存款人可以申请开立专用存款账户：（1）基本建设资金；（2）更新改造资金；（3）财政预算外资金；（4）粮、棉、油收购资金；（5）证券交易结算资金；（6）期货交易保证金；（7）信托基金；（8）金融机构存放同业资金；（9）政策性房地产开发资金；（10）单位银行卡备用金；（11）住房基金；（12）社会保障基金；（13）收入汇缴资金和业务支出资金；

(14) 党、团、工会设在单位的组织机构经费;(15) 其他需要专项管理和使用的资金。

合格境外机构投资者在境内从事证券投资开立的人民币特殊账户和人民币结算资金账户(简称"QFII专用存款账户")纳入专用存款账户管理。

(五) 临时存款账户

临时存款账户是指存款人因临时需要并在规定期限内使用而开立的银行结算账户。存款人有下列情况的,可以申请开立临时存款账户:(1) 设立临时机构;(2) 异地临时经营活动;(3) 注册验资;(4) 境外(含港澳台地区)机构在境内从事经营活动。

存款人为临时机构的,只能在其驻在地开立一个临时存款账户,不得开立其他银行结算账户;存款人在异地从事临时活动的,只能在其临时活动地开立一个临时存款账户;建筑施工及安装单位在异地同时承建多个项目的,可以根据建筑施工及安装合同开立不超过项目合同个数的临时存款账户。

临时存款账户应根据有关开户证明文件确定的期限或存款人的需要确定其有效期限。临时存款账户的有效期最长不得超过2年。

(六) 个人银行结算账户

个人银行结算账户是自然人因投资、消费、结算等而开立的可办理支付结算业务的存款账户。

自然人可根据需要申请开立个人银行结算账户,也可以在已开立的储蓄账户中选择并向开户银行申请确认为个人银行结算账户。个人银行账户分为Ⅰ类银行账户、Ⅱ类银行账户和Ⅲ类银行账户。银行可通过Ⅰ类户为存款人提供存款、购买投资理财产品等金融产品、转账、消费和缴费支付、支取现金等服务。Ⅱ类户可以办理存款、购买投资理财产品等金融产品、限额消费和缴费、限额向非绑定账户转出资金业务。经银行柜面、自助设备加以银行工作人员现场面对面确认身份的,Ⅱ类户还可以办理存取现金、非绑定账户资金转入业务,可以配发银行卡实体卡片。Ⅲ类户可以办理限额消费和缴费、限额向非绑定账户转出资金业务。Ⅱ、Ⅲ类户可以通过移动支付工具进行小额取现,取现额度应当在遵守Ⅱ、Ⅲ类户出金总限额规定的前提下,由银行根据客户风险等级和交易情况自行设定。同一银行法人为同一个人开立Ⅱ类户、Ⅲ类户的数量原则上分别不得超过5个。

根据2021年9月26日发布的《中国人民银行关于做好流动就业群体等个人银行账户服务工作的指导意见》及《个人银行账户简易开户服务业务指引》,银行根据《人民币银行结算账户管理办法》等银行结算账户制度审核个人身份证件后,简化辅助身份证明材料要求,开立账户功能与客户身份核实程度和账户风险等级相匹配的银行账户。

(七) 异地存款账户

存款人一般应在注册地(指存款人的营业执照等开户证明文件上记载的住所地)或住所地开立银行结算账户。依《人民币银行结算账户管理办法》的规定,存款人有下列情形之一的,可以在异地开立有关银行结算账户:(1) 营业执照注册地与经营地不在同一行政区域(跨省、市、县或区)需要开立基本存款账户的;(2) 办理异地借款和其他结算需要开立一般存款账户的;(3) 存款人因附属的非独立核算单位或派出机构发生的收入汇缴或业务支出需要开立专用存款账户的;(4) 异地临时经营活动需要开立临时存款账户的；(5) 自然人根据需要在异地开立个人银行结算账户的。

（八）银行结算账户的撤销

银行结算账户的撤销是指存款人因开户资格或其他原因终止银行结算账户使用的行为。发生下列事由之一的，存款人应向开户银行提出撤销银行结算账户的申请：(1) 被撤并、解散、宣告破产或关闭的；(2) 注销、被吊销营业执照的；(3) 因迁址需要变更开户银行的；(4) 其他原因需要撤销银行结算账户的。

存款人因主体资格终止撤销银行结算账户的，应先撤销一般存款账户、专用存款账户、临时存款账户，将账户资金转入基本存款账户后，方可办理基本存款账户的撤销。

银行得知存款人主体资格终止情况，存款人超过规定期限未主动办理撤销银行结算账户手续的，银行有权停止其银行结算账户的对外支付。

存款人撤销银行结算账户，必须与开户银行核对银行结算账户存款余额，交回各种重要空白票据及结算凭证，银行核对无误后方可办理销户手续。存款人未按规定交回各种重要空白票据及结算凭证的，应出具有关证明，造成损失的，由其自行承担。

对于存款人应撤销而未办理销户手续的单位银行结算账户或1年内未发生收付活动且未欠开户银行债务的单位银行结算账户，银行应通知单位自发出通知之日起30日内办理销户手续，逾期视同自愿销户，未划转款项列入久悬未取专户管理。

五、支付结算的主要法律法规

支付结算的应用非常广泛。随着商业和科技的发展，支付结算方式不断推陈出新。同时，为了维护支付结算体系的安全稳定，中国人民银行等监管机构经常发布一些政策性规定。关于支付结算的法律制度，已逐步形成一个以基础性法律规定为主体，以各种具体支付结算方式相关规定和监管部门政策性规定为补充的法律规范体系。

（一）基础性规定

与支付结算相关的基础性规定，主要包括《中国人民银行法》《商业银行法》《反洗钱法》（2024年修订）《非银行支付机构监督管理条例》《非银行支付机构客户备付金存管办法》等。

（二）有关支付结算方式的具体规定

与各种支付结算方式相关的规定，除票据类（详见第二节）外，主要包括《支付结算办法》《电子支付指引（第一号）》《电子银行业务管理办法》《非银行支付机构监督管理条例实施细则》《非银行支付机构网络支付业务管理办法》《条码支付业务规范（试行）》《银行卡业务管理办法》《银行卡收单业务管理办法》《商业银行信用卡业务监督管理办法》《支付机构预付卡业务管理办法》《单用途商业预付卡管理办法（试行）》《国内信用证结算办法》《最高人民法院关于审理银行卡民事纠纷案件若干问题的规定》《最高人民法院关于审理信用证纠纷案件若干问题的规定》等。

（三）监管部门的政策性规定

较近的政策性规定主要包括《中国人民银行关于印发〈本外币合一银行结算账户体系试点工作方案〉和〈本外币合一银行结算账户体系试点办法〉的通知》《中国人民银

行关于取消企业银行账户许可的通知》《中国人民银行关于落实个人银行账户分类管理制度的通知》《中国人民银行关于改进个人银行账户分类管理有关事项的通知》《国家发展改革委、中国人民银行关于完善银行卡刷卡手续费定价机制的通知》《中国人民银行关于加强银行卡业务管理的通知》《中国人民银行关于加强银行卡收单业务外包管理的通知》《中国人民银行关于推进信用卡透支利率市场化改革的通知》《中国银保监会、中国人民银行关于进一步促进信用卡业务规范健康发展的通知》《中国人民银行关于加强支付结算管理防范电信网络新型违法犯罪有关事项的通知》《中国人民银行关于进一步加强支付结算管理防范电信网络新型违法犯罪有关事项的通知》等。

第二节 票据法律制度

一、票据与票据法概述

（一）票据的概念和种类

票据，是指出票人签发的、承诺由本人或者委托他人在见票时或者在票载日期无条件支付一定金额给持票人的有价证券。根据我国《票据法》第二条第二款规定，我国法律上的"票据"是汇票、本票和支票的合称。

需要注意的是，"票据"一词有多种含义。如"中央银行票据"，是中国人民银行为调节商业银行超额准备金而向商业银行发行的短期债务凭证，其实质是中央银行债券，由中国人民银行在银行间市场通过中国人民银行债券发行系统发行。发票、国库券、企业债券等，也常被称为"票据"。但是，狭义的、法律意义的票据，仅指《票据法》所规定的三种有价证券：

（1）汇票。《票据法》第十九条第一款规定："汇票是出票人签发的，委托付款人在见票时或者在指定日期无条件支付确定的金额给收款人或者持票人的票据。"

（2）本票。《票据法》第七十三条第一款规定："本票是出票人签发的，承诺自己在见票时无条件支付确定的金额给收款人或者持票人的票据。"

（3）支票。《票据法》第八十一条规定："支票是出票人签发的，委托办理支票存款业务的银行或者其他金融机构在见票时无条件支付确定的金额给收款人或者持票人的票据。"

假设甲医院拟向乙公司购买一批药品，总价150万元。如果甲医院选择采用银行承兑汇票（汇票的一种）的方式付款，则可以签发一张以甲医院为出票人、以乙公司为收款人、以甲医院的开户银行（X银行）为付款人的汇票，将其交付给乙公司。经甲医院申请，X银行审核后作为承兑人在票据上签章。乙公司在票据到期时，委托自己的开户银行（Y银行）向X银行提示付款。X银行经审核无误后，将票据金额150万元支付给Y银行，由其存入乙公司的账户。

如果甲医院选择采用转账支票（支票的一种）的方式付款，则可以签发一张以自己为出票人、以乙公司为收款人、以开户银行（X银行）为付款人的转账支票。乙公司委托自己的开户银行（Y银行）向X银行提示付款。X银行经审核无误后，将票据金额150万元支付给Y银行，由其存入乙公司的账户。

（二）票据的特征

1. 作为有价证券的票据的特征

票据是有价证券的一种。所谓"有价证券"，法律上并无统一的规定，乃是泛指各种记载了某种民事权利的文书（纸张），并且该权利与记载权利的文书具有紧密的结合关系，该权利的发生、转移、行使须全部或者部分依该文书而为之。日常生活和商业活动中所使用的纸质的邮票、提单、仓单、股票、电影票、车票、演出或体育比赛入场券等，都是有价证券。票据上记载的是请求支付一定金额的债权（票据权利），并且票据权利与票据具有紧密的结合关系，因而是有价证券的一种。

票据作为依票据法发行的、以无条件支付一定金额为目的的一种有价证券，具有自己独特的性质。

（1）票据是债权证券和金钱证券。持票人可以就票据上所载的金额向特定票据债务人行使请求权，其性质是债权，所以票据是债权证券。就债权的标的而言，持票人享有的权利是请求债务人给付一定的金钱，所以票据是一种金钱证券。

（2）票据是设权证券。所谓设权证券，是指权利的发生必须首先作成证券。票据上所表示的权利，是由出票这种票据行为创设。没有票据，就没有票据上的权利。因此，票据是一种设权证券。

（3）票据是文义证券。票据上的一切权利义务，都严格依照票据上记载的文义而定，文义之外的任何理由、事项都不得作为根据。也就是说，票据上记载的文义即使有错，通常也不得依据票据之外的其他证据变更或者补充。票据的这个特征，主要是为了保护善意持票人，以维护交易安全。

2. 纸质票据和电子票据

传统的票据均为纸质。中国人民银行近年来大力推行电子商业汇票业务（包括电子商业承兑汇票和电子银行承兑汇票），要求自2017年1月1日起，单张出票金额在300万元以上应全部通过电票办理；自2018年1月1日起，单张出票金额在100万元以上的商业汇票原则上全部通过电子商业汇票办理。根据相关规定，电子商业汇票是指出票人依托电子商业汇票系统，以数据电文形式制作的，委托付款人在指定日期无条件支付确定金额给收款人或者持票人的票据。中国人民银行批准建立了电子商业汇票系统，这一系统依托网络和计算机技术，具有接收、存储、发送数据电文功能。票据当事人可利用该系统，以数据电文形式签发票据和进行其他票据行为，以电子签名取代传统的签章方式。这一业务提高了票据业务的透明度，有利于防范票据业务风险，避免纸质票据毁损灭失的问题，还能够节约当事人的成本。从2024年起，由上海票据交易所建设和运营的中国票据业务系统取代电子商业汇票系统。中国票据业务系统整合了原电子商业汇票系统和原中国票据交易系统，实现了纸质票据和电子票据交易的一体化。

电子票据的特点在于：（1）电子票据的票据行为只能在票据业务系统中实施。（2）票据行为成立和生效条件的"表现形式"与纸质票据行为有明显差异，电子票据的出票、承兑、背书等票据行为只能通过票据业务系统办理，签章只能是电子签名，票据交付也由纸质票据转移占有变为电子交付。

需要注意的是，电子票据与传统的纸质票据相比，只是其载体形式和签章方式有所区别，票据法律制度适用于电子票据。当然，由于载体的变化，某些制度的适用性也发生了变化，例如，票据丧失补救制度基本无适用余地；善意取得规则在电子票据语境下的适用也大大减少。以及，在电子汇票语境下，如果在出票或背书时选择"不得转让"（即在电子票据上记载了"不得转让"），则后续无法再背书转让。另外，中国票据业务系统优化了提示付款流程，当汇票到期时，系统会自动发起付款提示，持票人无须再手动发起提示付款，这对遵期提示付款相关规则的实际适用也会有所影响。

（三）票据的分类

根据不同标准，票据可以作如下分类：

1. 委托票据与自付票据

根据出票人是否直接对票据付款，可作此种分类。委托票据是指出票人不担任票据付款人，而是记载他人为付款人的票据，如汇票和支票。但是，有的汇票也可能由出票人将自己记载为付款人。自付票据是指由出票人自己承担付款义务的票据，其典型是本票。

2. 即期票据与远期票据

根据票据所记载的到期日的不同，可作此种分类。有的票据的到期日是"见票即付"，即持票人可以随时请求付款。此种票据称为即期票据。有的票据则并非持票人可以随时请求付款，而须在票据记载的特定日期或者以一定方法计算的日期到来时，才有权请求付款。此种票据称为远期票据。按照我国法律的有关规定，本票、支票均为即期票据，汇票可以是即期票据，也可以是远期票据。

（四）票据在经济上的功能

在生活中，特别是在商事活动之中，票据可以发挥不同的功能。

（1）支付功能。票据记载的是金钱债权，可以替代现金作为支付方式，避免了运送和清点现金的麻烦。正是因为票据以及其他支付结算方式的出现和普及，我国法律才可以严格限制现金在经济往来中的使用。

（2）汇兑功能。异地之间需要支付金钱时，携带现金既不方便，也不安全。应付款方可以签发或者转让票据给异地的收款方，从而使票据发挥汇兑的职能。例如，甲公司为向异地的乙公司支付货款，可以将一定的金额交给开户银行（X银行），X银行即签发一张以本行为出票人和付款人、以甲公司为收款人的银行汇票，甲公司将该汇票背书转让给乙公司，乙公司即可向X银行在当地的分支机构请求付款。

（3）结算功能。结算功能又可称为债务抵销功能。互负票据债务的双方当事人，可以不必分别实际支付票据金额，而可以在金额相同的范围内进行抵销，从而简化了程序，减少了交易费用。

（4）信用功能。这是远期票据可以发挥的功能。例如，甲公司向乙公司购买货物，需要对方立即交货，但是并无足够的资金用于立即付款。甲公司如果签发一张6个月后到期的汇票给乙公司，就可以有6个月的时间来筹措资金，其经济意义相当于获得了6个月的贷款。票据法上的追索权制度使得票据权利人实现其权利的可能性大为增加，从而增强了票据的信用职能。

（5）融资功能。对于远期票据来说，虽然票据权利人无权在到期日之前请求票据债务人支付票据金额，但是可以在法律允许的范围内将票据权利转让给他人，并从受让人处立即获得对价，或者将票据权利为他人设定质押，从而达到融资的目的。

（五）票据法的法律渊源

第八届全国人大常委会第十三次会议于1995年5月10日正式通过了《中华人民共和国票据法》，该法于1996年1月1日起施行。由此，中国初步建立起了票据法体系。

我国票据法的法律渊源主要有：

（1）法律。《票据法》（2004年修正）是最主要的法律。《票据法》没有规定的，应当适用《民法典》的相关规定。此外，《民事诉讼法》中的公示催告程序也是票据法的重要组成部分。

（2）行政法规。目前最主要的行政法规是中国人民银行制定、国务院批准的《票据管理实施办法》。

（3）司法解释。《最高人民法院关于审理票据纠纷案件若干问题的规定》（2020年修正，以下简称《票据法司法解释》）是票据法领域最重要的司法解释。

（4）部门规章。中国人民银行是国务院的金融主管机关，制定了一大批有关票据的部门规章或者其他规范性文件。其中较为重要的有《支付结算办法》（2024年修正）《商业汇票承兑、贴现与再贴现管理办法》《电子商业汇票业务管理办法》等。

（六）票据法的立法精神

票据乃是记载一定金钱债权的有价证券。为了实现票据在经济上的职能，票据制度必须作出不同于一般民法制度的特殊设计，才可以达到这些特殊效果。票据法上的这些特殊设计，可以总结为票据法的特别立法精神——促进票据流通。

票据的流通，就是票据权利的转让。民法上有债权转让的规则，但是票据法认为债权转让规则中的一些内容不利于促使第三人受让债权，因此设计了特殊制度来克服这些障碍，其宗旨在于特别保护票据受让人的利益。具体而言，主要包括两种方法：

（1）使受让人能够迅速地取得权利，避免时间上的拖延。为了求得"迅速"，票据法对票据凭证的格式有严格规定，从而使得票据真伪易于辨认，有利于节约时间和成本。票据权利的转让方式是背书或者交付，相对于一般债权的转让，其不同之处在于无须通知债务人即可以对债务人发生效力，手续简单，节约时间。另外，此种方式可以让受让人迅速辨别让与人（前手）是否有权转让票据，也避免了一般债权转让中可能需要的繁琐查证。

（2）使受让人能够安全地取得权利，避免因为各种原因而导致不能取得权利、取得的权利有瑕疵或者容易丧失权利，并在最大程度上保障票据权利的实现。为了求得"安全"，票据行为具有独立性，法律设有票据权利善意取得制度和抗辩切断制度，此外还有追索权制度（担保承兑和担保付款的责任）以及利益偿还请求权、公示催告制度，这些特殊制度使得票据受让人的权利得到更有效的保障。此外，票据法还以刑事制裁阻吓票据犯罪。

二、票据关系

（一）票据关系与非票据关系

所谓票据关系，是指基于票据行为而发生的、以请求支付票据金额为内容的债权债务关系。这种法律关系的内容，一方面是票据债权，一方面是票据债务。我国通常将票据债权称为票据权利，将票据债务称为票据义务或者票据责任。

但是，票据关系只是票据法所规范的法律关系中的一部分，或者说，票据权利和票据义务只是票据法所规范的权利、义务的一部分。此外，票据法还规范所谓的"非票据关系"。

非票据关系，是指与票据有密切联系，但是并非基于票据行为而发生，并且不以请求支付票据金额为内容的法律关系。非票据关系也是票据法的规范对象，但是其内容并非请求票据金额，在票据法上居于比较次要的地位。

非票据关系分成两大类：

1. 票据法上的非票据关系

它是指依据票据法上的规定而发生的非票据关系。其中比较重要的是利益返还请求权关系。

2. 民法上的非票据关系

它是指依据民法的一般规定而发生的、与票据有紧密联系的法律关系。民法上的非票据关系的特点在于其发生依据是民法的一般规定，这些规定并不包含于狭义的票据法之中。但是，由于这些法律关系与票据有紧密联系，票据法不得不规定它们对票据关系有何种影响。民法上的非票据关系又被称为票据基础关系。其中最重要的是票据签发、转让的当事人之间的票据原因关系。

为了说明以上各种关系，我们举一个例子。甲公司于 2008 年 1 月 10 日与乙公司订立合同购买一批饲料，约定价款为 50 万元。双方还约定：甲公司应在收到货物后 10 日内签发转账支票以支付价款。1 月 15 日，乙公司交货。甲公司于 1 月 20 日签发一张金额为 50 万元、以丙银行为付款人的转账支票。乙公司没有在出票日起 10 日内请求丙银行付款，也没有向甲公司提出任何请求，直到 2009 年 10 月。

上例中，甲、乙公司 2008 年 1 月 10 日订立买卖合同而发生的债权债务关系，是民法上的非票据关系（票据原因关系）。甲公司对乙公司签发了支票，出票行为属于票据行为，导致了票据关系的发生。具体而言，乙公司因此取得了请求支付票据金额的权利，即票据权利，甲公司负有票据义务。由于乙公司没有在出票日起 10 日内向丙银行请求付款，丙银行可以不予付款，但是出票人甲公司仍承担票据责任（参见《票据法》第九十一条第二款）。又由于乙公司没有在出票日起 6 个月内向出票人甲公司请求付款，乙公司对甲公司的票据权利也已消灭（参见《票据法》第十七条第一款第二项）。但是，根据《票据法》第十八条的规定，乙公司可以请求甲公司返还其与未支付的票据金额相当的利益。双方的这一关系在理论上属于票据法上的非票据关系。

（二）票据权利概述

票据权利，是指持票人基于票据行为而取得的、向票据债务人请求支付票据金额的权利。需要说明的是，所谓"持票人"，其字面含义是占有票据的人。其实，占有票据的人并不一定是票据权利人（比如拾得他人遗失之纸质票据的人）；另一方面，票据权利人丧失其票据后通常并不丧失其权利（比如纸质票据被遗失、偷盗）。但是，由于票据行为以交付为要件（从而使票据权利人必须取得占有），票据权利的行使通常也必须提示票据（因此票据权利人必须仍旧保持其占有），因此一般以"持票人"来指称票据权利人。票据权利就是票据债权，只是我国《票据法》和实践中习惯使用"票据权利"的称法。需要注意的是，非票据关系上的权利人，其权利不能称为"票据权利"。

票据权利的性质是金钱债权，但是相对于民法上的一般债权，票据权利呈现出相当的复杂性。这主要体现在，票据权利包括了付款请求权和追索权两个方面。

《票据法》第四条第四款规定，票据权利包括付款请求权和追索权。付款请求权一般是指持票人对主债务人的权利。追索权是指持票人的付款请求权没有获得满足或者有可能无法获得满足的情况下，在符合了法定的条件之后，可以向偿还义务人所主张的票据权利。例如，A公司向B公司签发银行承兑汇票，以X银行为付款人。X银行在票据上进行了承兑。B公司将票据背书转让给C公司，C公司背书转让给D公司，D公司是最后持票人。那么，D公司享有什么样的票据权利呢？D公司可以向X银行请求付款。这一权利，被称为付款请求权。如果D公司向X银行请求付款遭到拒绝，在取得拒绝证书后，可以向A、B、C追索，也可以向X追索。D对A、B、C、X的这种权利，被称为追索权。

持票人应当首先向主债务人或者付款人请求付款，在被拒绝付款或者显然有不获付款的可能性时，才可以向偿还义务人主张追索权。因此，《票据法司法解释》第五条将付款请求权称为持票人的"第一顺序权利"，将追索权称为"第二顺序权利"。

从经济意义上看，票据权利相对于一般债权的优越性，首先体现在追索权。在付款请求权未获满足的情形下，票据权利人可以向所有的票据债务人主张追索权。再加上抗辩切断等制度，使得在票据上签章的人（票据债务人）可以向持票人提出抗辩的机会大大减少，从而使票据权利人实现其权利的可能性大大增加。

（三）票据责任概述

票据责任是指票据债务人基于其票据行为而发生的向持票人支付票据金额的义务。票据责任就是票据关系上的票据义务。

票据义务人，可以区分为主债务人和次债务人。

（1）票据上的主债务人，是指本票出票人、汇票承兑人。之所以将其称为主债务人，是因为最后持票人应当首先对其请求付款，并且在追索关系中，其为最终的偿还义务人，不再享有再追索权。主债务人的义务，常被称为第一次义务或者主义务。

至于票据上的保证人，应区分其被保证人的身份而定。如果被保证人是主债务人，则保证人属于主债务人；如果被保证人是次债务人，则属于次债务人。

（2）票据上的次债务人，是指票据关系上除了主债务人之外的其他债务人。最后持票人并不可以首先对其请求付款，而只能在追索关系中对其主张追索权。次债务人如果因为被追索而偿还，通常还可以向前手再追索。次债务人的义务，常被称为第二次义务、次义务或者偿还义务。次债务人包括：

①汇票上的出票人、背书人，及其保证人。

②本票上的背书人,及其保证人。

③支票上的出票人、背书人,及其保证人。

需要注意的是,支票上的付款人,以及未经承兑的汇票的付款人,并非票据义务人,而仅仅是票据关系的"关系人"(或称为"关系主体")。他们未在票据上签章,并不承担票据债务,但是他们的行为会对票据关系产生重要影响。此外,委托收款人以及代理付款人也是票据关系上的关系主体,而非票据义务人。

三、票据权利的取得

(一) 票据权利的取得原因概述

票据权利,乃是依票据行为而发生的债权。因此,票据行为显然是票据权利最主要的发生原因。但是,票据权利也可能因为其他原因而取得。

1. 依票据行为而取得票据权利

票据行为是一种民事法律行为。依照票据行为而取得票据权利,也就是依当事人的意思而使票据权利发生。我国票据法所规定的依票据行为取得票据权利的情形有四种:

(1) 依出票行为而取得。出票行为是票据上的第一个票据行为,有效的出票可以使票据上第一次发生票据权利。

(2) 依转让而取得。在纸质票据的语境下,最主要的情形是转让背书,在例外情况下也可以是空白票据的单纯交付;善意取得是让与取得的特殊方式。

(3) 依票据保证而取得。票据保证人提供了票据保证,票据权利人即可以向保证人行使票据权利。

(4) 依票据质押而取得。票据质押行为(质押背书)虽然在严格意义上并未使得票据质权人取得票据权利,但是质权人可以像票据权利人一样直接行使票据权利。

2. 依法律规定而直接取得票据权利

在特定情形下,当事人并非基于他人的票据行为而取得票据权利,而是基于法律的规定而直接取得票据权利。具体可包括下列两类情形:

(1) 依票据法上的规定而取得。其中最主要的是,被追索人(含票据保证人)向持票人偿还票据金额、利息费用后,可以取得票据权利。

(2) 依其他法律规定而取得。其中比较重要的是,因为继承、法人合并或者分立、税收等原因而取得票据权利。

(二) 票据行为的概念与特征

票据行为,是票据法律行为的简称,是指能够发生票据权利和义务的法律行为。我国票据法上的票据行为包括出票、背书、承兑、保证四种,其中承兑为汇票所独有。

和一般的民事法律行为相比,票据行为具有诸多的特点,这些特点多数是为了促进票据的流通性而在票据法上特别设计的。

1. 票据行为是要式法律行为

票据行为是一种要式法律行为,是说这种民事法律行为必须满足特定的形式要件才能够成立和生效。票据行为的这一特点,常被表述为票据行为的"要式性",或者因此而称票据是一种"要式证券"。

首先，票据行为的要式性体现在书面形式上。票据行为（票据意思表示）必须记载于票据的票面，采取口头或者默示的形式则不能成立。记载于票据以外的其他载体的，也不能发生票据行为的效力。

其次，票据行为的要式性还体现为票据行为人必须要签章。票据法上，票据行为人必须签章才能够满足票据行为的形式要件。因此，票据行为人必然是票据上的签章人。

最后，票据行为的要式性还体现在，每一种票据行为都有特定的"款式"，也就是说，法律针对每一种票据行为，分别规定了哪些属于"绝对必要记载事项"，哪些属于"相对必要记载事项"，哪些属于"不得记载事项"等。如果未记载绝对必要记载事项，或者记载了因记载则使票据行为无效的事项，则票据行为无效。

需要特别说明的是，对于电子商业汇票来说，由于不存在纸质载体，票据行为采取的是数据电文方式，即，票据行为人在票据业务系统中，对于出票、转让、保证等事项进行记载，以电子签名的方式进行"签章"；票据行为人拟交付票据时，在系统内将电子商业汇票发送给相对方，相对方若同意接受则签章并发送电子指令予以确认，交付完成。为简便起见，本书下文谈及各类票据行为时，如无特别规定，不再对电子商业汇票票据行为的这些特殊表现形式进行说明。

2. 票据行为的解释以文义解释为主

票据行为和其他民事法律行为一样，都需要进行解释。一般民事法律行为的解释是非常复杂的，需要综合运用多种解释方法，包括文义解释、体系解释、历史解释、目的解释等，以最终探明意思表示的内容。但是，票据行为的解释，原则上仅仅使用文义解释。《票据法》第四条第一、三款规定，出票人和其他票据义务人都应当"按照（票据）所记载的事项"承担票据责任。

当然，文义解释并非票据行为解释的唯一方法。由于在直接当事人之间，票据义务人可以以基础关系上的抗辩对抗票据关系，因此，在基础关系上的意思表示解释，就可以用来对抗票据行为的文义。

3. 票据行为是一种"格式"化的法律行为

在民法上，有所谓"格式合同"或者"格式条款"。票据行为如同一种法定的格式化法律行为。《票据法》明确规定了出票、承兑、背书、保证这几种票据行为应当如何作成，分别发生何种效果。当事人如果要进行票据行为，就只能按照这种要求去做，对于所发生的法律后果也没有另作特别约定的余地。票据行为的这个特点，使得票据行为的内容、法律效果都相当明确。尽管限制了意思自治，但是避免了意思自治所导致的复杂情况，从而避免了大多数可能发生的争议，票据的流通性得到加强。

4. 票据行为的独立性

票据上的各个票据行为之间互相独立，是否有效乃是根据各自的要件。一个票据行为如果形式上合法但因为欠缺其他要件而无效，原则上不影响其他票据行为的效力。例如，《票据法》第六条规定："无民事行为能力人或者限制民事行为能力人在票据上签章的，其签章无效，但是不影响其他签章的效力。"《票据法》第十四条第二款规定："票据上有伪造、变造的签章的，不影响票据上其他真实签章的效力。"《票据法》第四十九条规定："保证人对合法取得汇票的持票人所享有的汇票权利，承担保证责任。但是，被保证人的债务因汇票记载事项欠缺而无效的除外。"也就是说，被保证人的债务如果并非因为汇票记载事项欠缺而无效，而是因为其他原因而无效，保证人仍应承担保证责任。当然，票据行为的独立性也有例外，主要体现在《票据法》第十二条（因为恶意或者重大过失而取得票据）和第十三条（票据抗辩切断的例外）规定的情形。

5. 票据行为的无因性（详见下文）

（三）票据行为的成立与生效

一个票据行为必须满足法律规定的所有要件，才能够发生法律效力，导致票据关系发生。票据法关于票据行为的要件，有诸多复杂的规定。

1. 票据行为的形式要件

票据行为的行为人，须以一定方式在票据上进行记载。票据法对于票据行为的形式，有许多复杂的要求。其中较为重要的有：

（1）票据凭证。《票据法》第一百零八条第二款规定："票据凭证的格式和印制管理办法，由中国人民银行规定。"《票据管理实施办法》第五条规定："票据当事人应当使用中国人民银行规定的统一格式的票据。"《支付结算办法》第九条第二款规定："未使用按中国人民银行统一规定印制的票据，票据无效。"

（2）特定事项的记载方式。《票据法》第八条规定："票据金额以中文大写和数码同时记载，二者必须一致，二者不一致的，票据无效。"《票据法》第九条第二款规定："票据金额、日期、收款人名称不得更改，更改的票据无效。"

（3）签章方式。按照《票据法》第七条的规定，票据行为人必须在票据上签章，其签章方式必须符合如下要求：

自然人的签章，为签名、盖章或者签名加盖章。法人和其他单位的签章，为该法人或者该单位的盖章，加其法定代表人或者其授权的代理人的签章（签名、盖章或者签名加盖章）。并且，法律对于法人或者其他单位的盖章，还明确规定了其具体类型。①银行的签章。银行作为银行汇票的出票人、银行承兑汇票的承兑人签章时，应当盖该银行的汇票专用章。作为银行本票的出票人签章时，应当盖银行本票专用章。不过，根据《票据法司法解释》第四十一条，加盖银行公章的也有效。②其他法人或者单位的签章。商业汇票上的出票人、支票的出票人的签章，应当盖该单位的财务专用章或者公章。

《票据管理实施办法》第十七条规定："出票人在票据上的签章不符合票据法和本办法规定的，票据无效；背书人、承兑人、保证人在票据上的签章不符合票据法和本办法规定的，其签章无效，但是不影响票据上其他签章的效力。"

在票据业务系统中的电子签名，适用《电子签名法》。

（4）一定的款式。票据行为的款式，是指票据法对各种票据行为的记载事项所做的要求。违反相关规定的，可能影响票据行为的效力。票据行为的款式（记载事项）可作如下分类：

①绝对必要记载事项。如果未记载这类事项，则票据行为无效。例如出票行为中的票据金额。

②相对必要记载事项。如果未记载这类事项，票据行为仍然有效，但须依照法律规定决定相应事项。如出票行为中的票据到期日。

③任意记载事项（可以记载事项）。如果未记载这类事项，则不发生相应的法律效果。如果进行了记载，则依照记载发生票据法上的效力。如出票和背书行为中的"禁止转让"事项。

④记载不生票据法上效力的事项。记载此类事项并不产生票据法上的效力，但是可以产生民法上的效力。如背书时记载的条件。

⑤记载本身无效事项。记载的此类事项在票据法和民法上均无效，但是不影响票据行为本身的效力。例如，汇票的出票人免除其担保承兑、担保付款责任的记载。

⑥记载使票据行为无效事项。记载此类事项的，不仅关于该事项的记载无效，而且导致整个票据行为无效。例如，汇票的出票行为、承兑行为附条件。

需要注意的是，票据行为必须在票据（票据正面、背面或者粘单）上进行记载，才可能产生票据法上的效力。如果在票据之外另外以书面形式记载有关事项，即使其内容和票据有关，也不发生票据上的效力。

（5）交付。票据行为首先表现为票据行为人在票据上进行记载。但是，行为人的记载行为并非立即导致票据行为成立。票据行为人还必须将进行了这种记载的票据交付给相对人，票据行为才成立。

就汇票的出票，《票据法》第二十条规定："出票是指出票人签发票据并将其交付给收款人的票据行为。"尽管票据法没有对其他票据行为就"交付"问题进行类似的明确规定，但是在解释上应当相同。

例如，甲公司是某张汇票记载的收款人，甲公司拟将汇票背书转让给乙公司，自行完成了背书记载但尚未交付对方；之后，又因为某种原因（例如乙公司未按照约定交货）而不欲使乙公司取得票据权利，则可以自行涂销自己的背书记载（但是应当另行签章以证明其自己涂销了背书记载）。此后，如因为购买货物须向丙公司付款，甲公司可以另行以丙公司为被背书人而为背书记载，并交付丙公司。丙公司可以取得票据权利。

这还意味着，在纸质票据语境下，如果一个人在完成记载后，非因其意思而丧失对票据的占有，例如票据遗失、被盗，则票据行为人所记载的票据权利人并不能取得对签章人的票据权利。不过，如果第三人善意取得该票据而成为权利人，则由于行为人的记载符合票据行为的形式，并且其签章真实，行为人也对票据权利人负票据责任。例如，汇票的收款人甲公司完成了对乙公司的转让背书记载后票据遗失，拾得人丙向丁公司声称其乃是乙公司的代理人，并伪造了乙公司的签章而将其背书转让给丁公司，如果丁公司基于善意取得制度而取得票据权利，其虽然对乙公司不享有票据权利（基于票据伪造的法律规定），但是对甲公司则可以主张票据权利。

2. 票据行为的实质要件

除了上述形式要件外，票据行为还必须满足诸多的实质要件才能生效。

（1）票据行为能力。《票据法》第六条规定："无民事行为能力人或者限制民事行为能力人在票据上签章的，其签章无效，但是不影响其他签章的效力。"

（2）意思表示真实。根据《票据法》第十二条第一款的规定，以欺诈、胁迫手段取得票据的,不能取得票据权利。

(3) 如果票据行为由代理人进行,则代理权的欠缺也会影响票据行为的效力。详见下文讨论。

(4) 如果背书转让票据的背书人并不享有处分权,则背书行为无效。但是,如果符合善意取得的要件,则转让背书行为可以有效。详见下文关于票据权利善意取得的讨论。

(5) 基础关系对票据行为效力的影响。基于票据行为的无因性,票据基础关系的瑕疵不影响票据行为的效力,但是,基于赠与等无偿的原因而授受票据的,持票人所取得的票据权利不得优于其前手(详见下文)。

(四) 票据行为的代理

1. 票据行为代理的概念

票据行为是一种民事法律行为,可以由代理人进行,其法律效果归属于被代理人。《票据法》第五条第一款规定:"票据当事人可以委托其代理人在票据上签章,并应当在票据上表明其代理关系。"

2. 票据代理行为的生效要件

票据行为如果由代理人进行,除了需要满足票据行为的成立要件和其他生效要件外,还必须满足法律对于票据代理行为特别规定的生效要件。这些要件包括:

(1) 须明示本人(被代理人)的名义,并表明代理的意思。《票据法》第五条第一款规定,代理人应当在票据上表明其代理关系,也就是说,须记载本人是谁,并表明行为人乃是作为代理人在票据上签章。假如未作该记载,而是以自己的名义进行票据行为,那么不论其是否确有使他人承受票据行为之法律效果的真实意思,均不发生代理的效果,而由"代理人"自己承担票据行为的法律效果。

(2) 代理人签章。代理人签章的方式,适用票据行为人签章的一般规定。

(3) 代理人有代理权。只有代理人有代理权,其以本人的名义所为的票据行为的法律效果才能归属于本人。代理人的代理权,可能基于法律规定(无民事行为能力人、限制民事行为能力人的监护人),但是在绝大多数情形下,乃是基于本人的授权而取得。如果代理人欠缺代理权,则构成无权代理。

3. 票据行为的无权代理

《票据法》第五条第二款规定:"没有代理权而以代理人名义在票据上签章的,应当由签章人承担票据责任;代理人超越代理权限的,应当就其超越权限的部分承担票据责任。"对这一规定应如何解释,需要分析。

(1) 如果不符合表见代理的要件,比如,相对人明知代理人没有代理权,或者因过失而不知,根据《民法典》第一百七十一条第一款的规定,该代理行为对被代理人不生效力。也就是说,相对人不能取得票据权利。相应地,不论本人还是无权代理人均不承担票据责任。如果本人在事后表示追认,票据行为对本人发生效力,并由本人承担票据责任。

(2) 如果满足了表见代理的要件,相对人取得票据权利。此时,本人应承担票据责任,无权代理人不承担票据责任。

《民法典》第一百七十二条规定:"行为人没有代理权、超越代理权或者代理权终止后，仍然实施代理行为，相对人有理由相信行为人有代理权的，代理行为有效。"据此，虽然票据行为人客观上欠缺代理权，但是如果相对人有理由相信其有代理权，则其代理而为的票据行为有效，本人应根据该票据行为而承担票据责任。

(3) 在上述第 (1) 种情况下 (票据代理构成狭义无权代理), 如果相对人又对他人进行票据行为，假如该人因满足善意取得的要件而取得票据权利，无权代理之下的本人仍然不承担票据责任。理由在于，本人并未在票据上签章，也没有授权他人为票据行为。但是，无权代理人须对票据权利人承担票据责任。这是《票据法》第五条规定的意义。其理由在于，票据行为的代理人应当无条件地担保其具有代理权；如果其客观上没有代理权，因其在票据上进行了签章，应承担票据责任。例如，汇票的收款人是 A，而 B 以 A 的名义将其背书转让给 C，该代理构成狭义无权代理，因而 C 不能取得票据权利。但是 C 又将该票据背书转让给 D，由于善意取得的要件满足，D 取得了票据权利。此时，A 对 D 不负担票据责任，但是 B 负有票据责任。

4. 票据行为的代行

票据行为的代行，是指行为人在进行票据行为时在票据上记载他人之名，或者盖他人之章，而未签署自己的姓名或者盖自己的章。此种情形，并不构成代理。代行行为的法律效力，应类推适用有关代理的法律规定，视代行人是否获得本人之授权而定。如果代行人获得了本人的授权，则应类推适用有权代理的规定，本人承担票据行为的法律效果。如果代行人未获得本人的授权，其行为构成票据签章的伪造，本人和代行人均不承担票据责任；但是，如果相对人有理由相信代行人获得了本人的授权，则类推适用表见代理的规定，由本人承担票据责任。

(五) 票据权利的善意取得

1. 票据权利善意取得的含义

票据权利的善意取得，是指无处分权人处分他人之票据权利，受让人依照票据法所规定的票据转让方式取得票据，并且善意且无重大过失，则可以取得票据权利的法律制度。

票据权利可以转让，但是转让票据权利的票据行为，须以转让人 (处分人) 对于该票据权利享有处分权为条件。如果转让人并无处分权，为了保障真正票据权利人的合法权益，本不应使受让人取得票据权利 (因为这意味着真正的票据权利人的权利消灭)。但是，如果受让人受让票据权利时善意且无重大过失，为了保障交易安全，促进票据的流通性，票据法特别规定受让人可以取得票据权利。

《票据法》第十二条规定："以欺诈、偷盗或者胁迫等手段取得票据的，或者明知有前列情形，出于恶意取得票据的，不得享有票据权利。""持票人因重大过失取得不符合本法规定的票据的，也不得享有票据权利。"该条虽然没有从正面直接规定票据权利的善意取得，但是，从第一款分析，以欺诈等手段取得票据的，不享有票据权利；进而，以上述手段取得票据 (但不享有票据权利) 后，又向他人转让票据权利的，实际上就是非票据权利人在处分他人之票据权利。该款规定，如果受让人明知转让人取得票据权利乃是基于上述原因，也就是，明知转让人并非真正的票据权利人，没有处分权，却仍然受让票据，则不能取得票据权利。基于第二款的规定，如果受让人因为重大过失而不知上述原因，也不能取得票据权利。从上述分析反推可知，假如受让人不知道转让人没有处分权，并且是因为轻过失甚至无过失而不知情，则可以取得票据权利。

票据权利的无权处分，与无权代理存在区别。无权处分，乃是以自己的名义处分他人的票据权利。而无权代理，则行为人虽然也在票据上签章，但是仅仅作为代理人签章，必须指明本人（被代理人）是谁。如果发生了无权代理，善意相对人的保护是通过表见代理规则来实现的，而在无权处分之下，善意相对人的保护则通过善意取得规则实现。

2. 票据权利善意取得的要件

（1）转让人是形式上的票据权利人。票据权利的受让人，须以一定的方式审查转让人是否享有处分权。在通常情形下，票据权利乃是基于票据行为而取得，具体而言，须票据所记载的收款人或者被背书人（转让背书）才享有票据权利。因此，转让人须为票据记载的最后持票人（收款人或者被背书人），受让人才有理由相信其具有处分权。

（2）转让人没有处分权。虽然票据记载了特定的人是票据权利人，此人却可能因为各种原因在实质上并不享有票据权利。例如：

情形之一：转让人从其前手取得票据权利时，其前手没有完全民事行为能力。例如，A 对 B 签发转账支票，B 取得票据后患精神病而丧失民事行为能力，但仍将支票背书转让给 C。C 又将支票背书转让给 D。根据《票据法》第六条的规定，B 对 C 的背书行为无效，C 不能取得票据权利，因此，B 仍然是票据权利人。C 对 D 背书转让时，C 没有处分权，其实质是在处分 B 的票据权利。

情形之二：转让人从其前手取得票据权利时，其前手的意思表示不真实。例如，A 公司以 B 公司为收款人而签发汇票，B 公司受 C 公司的欺诈而背书转让，C 公司又背书转让给 D 公司。根据《票据法》第十二条第一款的规定，C 公司未从 B 公司处取得票据权利。因此，C 公司对 D 公司背书转让时，C 公司没有处分权，其实质是在处分 B 公司的票据权利。

情形之三：转让人从其前手取得票据权利时，其前手的代理人是无权代理，且不符合表见代理的要件。例如，汇票的收款人是 B 公司，C 公司从 B 公司受让票据权利时，明知 B 公司的代理人 X 并无代理权。这里是狭义无权代理，代理行为不生效力，C 公司未取得票据权利。因此，C 公司对 D 公司背书转让时，C 公司没有处分权，其实质是在处分 B 公司的票据权利。

情形之四：转让人并非票据所记载的权利人，但是冒充权利人并伪造其签章而转让票据权利。例如，A 公司对 B 签发转账支票，B 的票据遗失（或被盗），被 C 拾得（或窃取）。C 对 D 声称自己就是 B，并签下 B 的名字背书转让。C 对 D 公司背书转让时，C 没有处分权，其实质是在处分 B 的票据权利。

情形之五：转让人从其前手取得票据权利时，其前手的签章乃是被伪造的，且转让人并未善意取得票据权利。同上例，并且 C 对 D 声称自己就是 B 时，D 因重大过失而不知 C 的说法是假的，或者 D 明知 B 不是 C（甚至 C 与 D 串通而为），那么，D 不能基于 C 的背书而取得票据权利。这样，当 D 对 E 背书转让时，D 并无处分权，其实质是在处分 B 的票据权利。

（3）受让人依照票据法规定的转让方式取得票据。这主要是指，受让人乃是基于背书转让的方式取得票据。这一背书须符合一般背书行为的形式和实质要件。

(4) 受让人善意且无重大过失。即受让人并不知道转让人没有处分权，并且非因重大过失而不知情。

如果受让人明知转让人没有处分权，也就是存在恶意，则不能取得票据权利。如果受让人并非明知，也应尽到一定程度的注意以审查转让人是否有处分权。例如，应当审查转让人的身份是否就是票据上所记载的权利人。在上述情形之五，D应审查C的身份证，以确定其是否就是B。如果D未提出这一要求即轻信，或者C提供的身份证显然是伪造的，而D竟然未能识别，则D有重大过失。但是，如果C伪造了带有自己照片的"B"的身份证，十分逼真，普通人难以识别，则应认为D并无过失，或者仅有轻过失。

转让人没有处分权的多数情形是因为转让人与其前手之间的票据行为无效。应当认为，受让人并无义务审查转让人与其前手之间的法律关系，更没有义务审查更早的法律关系。只有在受让人因为某种其他原因而知道或者应当知道相关事由时，才导致其存在恶意或者有重大过失。

(5) 受让人须付出相当对价。《票据法》第十二条虽然没有明确规定票据的善意受让人须付出相当的对价，但是，《票据法》第十一条第一款规定："因税收、继承、赠与可以依法无偿取得票据的，不受给付对价的限制。但是，所享有的票据权利不得优于其前手权利。"可见，无偿取得票据的受让人所能够取得的权利不能优于其前手。在无权处分情形下，前手并不享有票据权利，因此，无偿的善意受让人也不能取得票据权利。

3. 票据权利善意取得的法律后果

如果符合上述要件，则有如下法律后果：

(1) 受让人取得票据权利。(2) 原权利人丧失票据权利。(3) 无权处分人的行为导致原权利人的权利消灭，其应承担何种责任需要适用其他规定来解决。除了可能存在民法上的赔偿责任甚至刑事责任外，如果无权处分人乃是以自己的名义在票据上作为背书人签章（如上文所列的情形一、二、三），则应基于票据法的一般规定承担背书人的票据责任；如果无权处分人并未以自己名义签章（如上文所列的情形四、五），处分人是票据伪造中的伪造人，则并不承担票据责任。(4) 原权利人是否对票据权利人承担票据责任呢？有的善意取得情形下，原权利人并未在票据上签章，如上文所列的情形三、四、五，不承担票据责任。有的情形下，原权利人曾经在票据上签章，原则上应承担票据责任，如上文所列的情形二。但是，在情形一之下，根据《票据法》第六条的规定，原权利人B不承担票据责任。

4. 票据权利善意取得制度的类推适用

典型的票据权利善意取得虽如上述，但是，还有一些情形与此类似，应类推适用善意取得制度。

(1) 形式合法的但实质上无效的出票行为所记载的收款人，将其背书转让给他人。例如，无权代理人A以甲公司的名义签发一张支票，收款人乙公司明知A没有代理权，根据上文分析，代理行为无效，乙公司不能取得票据权利。如果乙公司将票据背书转让给丙公司，在符合善意取得要件的情况下，丙公司应可取得票据权利。就票据关系的其他当事人而言，乙公司承担背书人的票据责任；根据《票据法》第五条第二款的规定，甲公司不承担票据责任，A承担作为出票人的票据责任。

（2）出票人完成记载后票据遗失或者被盗。例如，甲拟出票给乙，记载完毕后票据遗失。丙拾得后，冒充乙并伪造乙的签章，将其背书转让给丁。如果符合善意取得的要件，则丁可以取得票据权利。就其他当事人而言，乙、丙作为票据伪造的被伪造人和伪造人，均不承担票据责任。甲的签章是真实签章，应承担票据责任。

上述两种情形的特点在于，出票行为在实质上并未生效，票据上并不存在任何真实的票据权利，因此，此后的背书转让行为在实质上并非对他人的票据权利进行处分。但是，由于出票行为在形式上并无瑕疵，从被背书人的角度看，有维护交易安全的必要。因此，票据善意取得制度应当被参照适用于此类情形。

（3）票据质权的善意取得。无权处分人如果并非将票据权利转让他人，而是为他人设定质权，也应适用善意取得制度。

（六）票据基础关系对票据行为效力的影响

1. 票据基础关系的概念

票据基础关系是指票据关系据以产生的、由民法规定的法律关系。最重要的票据基础关系是票据原因关系和票据资金关系。

票据原因关系，是指作为票据当事人之间授受票据原因的法律关系。出票人与收款人之间的出票行为、背书人与被背书人之间转让背书行为，总是基于一定的原因。例如，为了支付货物买卖的价款、支付工程款、支付租金、缴纳税款、返还借款等。尽管出票人、背书人通常是基于一定的原因关系而为票据行为，但是，这一原因关系可能并不真实存在，或者不符合法律的要求。例如，买卖合同无效，出卖人并无支付价款的义务，但是却在认为合同有效的情形下签发了票据。因此，法律上需要决定的是：原因关系对于票据行为的效力应产生何种影响。

票据资金关系，是指出票人与承兑人或者付款人之间关于将来用于向持票人付款的资金安排的法律关系。出票人与汇票的承兑人或者付款人、支票的付款人之间，是何种法律关系？通常来说，出票人与承兑人或者付款人之间在出票前会订立委托合同，对于承兑人或者付款人应在何种情形下付款、付款资金的安排进行约定（例如，出票人应在票据到期前将全部票据金额支付给承兑人）。

2. 票据行为的无因性

《票据法》第十条第一款规定："票据的签发、取得和转让，应当遵循诚实信用的原则，具有真实的交易关系和债权债务关系。"根据该规定，出票行为和背书转让行为，必须为了履行基于"真实的交易关系"而发生的债务。这一规定是对于票据行为效力与原因关系的关联所作的规定。问题是，如果缺乏这种"真实的交易关系"而为的出票、背书行为，其效力是否因此而受到影响。

票据原因关系瑕疵的情形，主要有以下几种情况：

（1）作为原因关系的合同未成立、无效或被撤销。例如，为履行买卖合同上的价款义务而签发票据，但是买卖合同实际上无效。

（2）票据授受的原因是票据权利买卖。例如，甲公司缺乏资金，遂与乙公司约定：甲公司向乙公司签发一张6个月后到期、金额为100万元的远期汇票，乙公司立即向甲公司支付95万元。或者，甲公司此时持有一张5个月后到期的、金额为100万元的汇票，遂与乙公司达成协议：甲公司将其背书转让给乙公司，乙公司立即支付甲公司96万元。上述约定并非"真实的交易关系"。

关于上述两种情形下票据行为的效力，在理论上不无争论。最高人民法院近年来明确承认了票据行为无因性理论，也就是，票据基础关系的瑕疵并不影响票据行为的效力，但是其适用范围仍有限制。具体来说，上述第一种情形下，票据行为有效；第二种情形下，如果是背书转让形式，则构成"票据贴现"。参见下文关于贴现的讨论。

票据资金关系与票据行为的关系，也是如此。例如，某公司申请某银行为其签发的汇票进行承兑，为此双方签订了承兑协议，进而该银行为履行该协议而在票据上（作为承兑人）签章，那么，如果承兑协议无效或者被撤销（这意味着该银行并无义务进行承兑行为），该银行的承兑行为的效力不因此而受影响，持票人有权请求该银行承担票据责任。

另外，基于票据行为无因性理论，票据行为的内容如果与基础关系不一致，票据关系的内容只能依据票据行为来确定。例如，买卖合同约定的价款为100万元，买受人因为失误而签发了金额为200万元的汇票，那么，买受人（作为出票人）的票据责任应当根据票面上的记载（200万元）来确定，而不是根据买卖合同来确定。

3. 以赠与或者其他无偿法律关系为原因的出票和背书转让

《票据法》第十一条第一款承认了赠与等原因可以是票据授受的合法原因，只是持票人所取得的票据权利不得优于其前手。

还有基于其他无偿的原因关系而授受票据的情形。例如，在委托合同之下，委托人为了预付处理委托事务的费用，向受托人签发票据或者背书转让票据，也应适用《票据法》第十一条。但是，如果受托人先行垫付了费用，委托人向其偿还该费用时，即使该委托合同是无偿的，受托人取得该票据的原因，在票据法的意义上应视为有偿，不适用该条规定。

四、票据的伪造和变造

票据伪造，是指假冒或者虚构他人名义而为的票据行为。具体而言，就是在未获得他人授权的情况下，假冒他人或者声称获得了他人之授权，而径行以他人之名义为票据行为；或者，虚构某个并不存在的人，并以此人名义为票据行为。

需要注意的是，如果票据行为人在指明本人的存在并以代理人的身份在票据上签章，即使其欠缺代理权，也不构成票据伪造，而是无权代理。

在票据伪造的情形下，如果属于假冒他人名义，如上文分析，其法律效果应类似于无权代理。如果属于狭义无权代理，则票据行为不生效力。但是，如果其情形可以类推适用表见代理，则票据行为有效。如果票据伪造的情形属于虚构他人名义，票据行为应无效。

根据《票据法》第十四条第二款的规定，如果伪造的票据行为无效，其他真实签章的效力不受影响。从理论上来说，这一规定体现了票据行为的独立性。

在假冒他人名义的情形下，假如属于上文所分析的票据行为无效的情形，被伪造人不承担因为该票据行为所产生的票据责任。

伪造人并未以自己名义在票据上签章，不承担票据责任，但是可能要承担刑事责任、行政法律责任或者民法上的赔偿责任。

票据变造，是指没有变更权限的人变更票据上签章以外的其他记载事项的行为。由于电子商业票据业务的推广等原因，票据变造的情形已极为罕见，因此，本书对该问题不再讨论。

五、票据权利的消灭

（一）票据权利的消灭事由概述

1. 票据权利的一般消灭原因——付款

票据权利人向票据债务人主张权利，票据债务人向其付款的，其债务消灭。具体而言，如果汇票的付款人或者承兑人、支票的付款人、本票的出票人向票据权利人支付了票据金额，票据权利全部消灭；如果票据权利人向其他票据债务人主张追索权（如果出现了追索事由），被追索人向其履行债务后，其自身的票据债务消灭，但因此而享有再追索权。

2. 因为没有进行票据权利的保全而导致追索权消灭

如果票据权利人没有按照规定期限提示承兑或者提示付款，或者在受到拒绝时没有依法取证，其追索权消灭。

3. 消灭时效期间的经过

票据权利人没有在法定的消灭时效期间内行使权利的，其票据权利因此而消灭。

（二）追索权因为未进行票据权利保全而消灭

按照票据法的规定，票据权利人原则上应当在规定的时间、地点，以规定的方法提示付款或者提示承兑（"遵期提示"）；并且，在被拒绝时，应当依法取得相应的证明（"依法取证"）。否则，其追索权将因此而消灭。因此，遵期提示和依法取证的行为在理论上称为"票据权利的保全"，也就是票据权利人为防止票据权利丧失而为的行为。

1. 遵期提示

《票据法》第二十五条规定了汇票到期日的四种记载方式，分别是：见票即付；定日付款；出票后定期付款；见票后定期付款。

见票即付，是指一经持票人提示，付款人即应付款。其实质，是以提示付款日为到期日。但是，为免持票人长期不提示付款，法律另行规定了见票即付汇票的提示付款期限。本票、支票均为见票即付的票据。

定日付款，是指在汇票上明确记载特定的日期为到期日。出票后定期付款，是指出票后一定的期间经过后的日期为到期日。此种付款日期，与定日付款在实质上并无区别，只是需要一定的计算。根据相关规定，电子商业汇票为定日付款票据。电子商业汇票的付款期限自出票日起至到期日止，最长不得超过1年。

见票后定期付款，是指汇票的持票人向付款人提示承兑，付款人予以承兑或者拒绝承兑后，以承兑日或者拒绝承兑证书做成之日为基础，经计算而确定到期日。这种付款日期，无法直接依照票面记载而确定到期日。

（1）遵期提示承兑。承兑是汇票的特有制度。见票即付的汇票无须提示承兑。另外三种到期日的汇票,须在到期之前提示承兑。具体而言,根据《票据法》第三十九条、第四十条的规定,定日付款或者出票后定期付款的汇票,持票人应当在汇票到期日前向付款人提示承兑;见票后定期付款的汇票,持票人应当自出票日起1个月内向付款人提示承兑。汇票未按照规定期限提示承兑的,持票人丧失对其前手的追索权。根据《票据法司法解释》第十八条的规定,汇票的持票人未遵期提示承兑的,并不丧失对出票人的追索权。

(2)遵期提示付款。《票据法》第五十三条第一款、第七十八条、第九十一条第一款分别规定了汇票、本票、支票的提示付款期限。如果未在规定期限内提示付款,根据《票据法》第五十三条第二款、第七十九条、第九十一条第二款以及《票据法司法解释》第十八条的规定,持票人即丧失对出票人、汇票承兑人之外的前手的追索权。

《票据法》第十六条规定:"持票人对票据债务人行使票据权利,或者保全票据权利,应当在票据当事人的营业场所和营业时间内进行,票据当事人无营业场所的,应当在其住所进行。"

2. 依法取证

即使持票人遵期提示承兑或者提示付款,如果未能获得满足,还应采取措施获取相应的证明。

出具相应的拒绝证明是汇票付款人或者承兑人、本票出票人、支票付款人的法定义务。关于汇票,《票据法》第六十二条第二款规定:"持票人提示承兑或者提示付款被拒绝的,承兑人或者付款人必须出具拒绝证明,或者出具退票理由书。"如果因为其他原因而导致持票人不能取得拒绝证明,或者汇票承兑人或者付款人破产,或者被责令终止业务活动,根据《票据法》第六十三条、第六十四条的规定,持票人可以以其他证明替代拒绝证明。上述规定也适用于本票、支票。

根据《票据法》第六十五条、《票据法司法解释》第十八条的规定,如果持票人未取得拒绝证明或者具有相同效力的其他证明,或者在行使追索权时不出示该证明,则不能行使对其前手的追索权,但仍享有对出票人、承兑人的追索权。

需要注意的是,假如持票人未能遵期提示,即使取得了上述证明,根据上文所述,也丧失了对前手(出票人、承兑人除外)的追索权。

(三)票据时效

1. 票据时效概述

票据时效,也就是票据权利的消灭时效,是指票据权利人如果未在法定期间内行使权利,其权利归于消灭的票据法律制度。票据时效与民法上的诉讼时效是类似的制度,但是票据法关于票据时效的规定排除了民法上诉讼时效制度的适用。两者相比,票据时效期间较短,并且,票据时效期间经过的法律效果是票据权利消灭,这与民法上的诉讼时效制度有很大的不同(参见《民法典》第一百九十二条、第一百九十三条)。

根据《票据法》第十七条第一款的规定,票据时效期间根据票据种类、权利类型的不同而有所不同。

2. 付款请求权的消灭时效(票据上的主债务的消灭时效期间)

持票人对汇票承兑人或者本票出票人的付款请求权,消灭时效期间为2年,自票据到期日起算；见票即付的汇票、本票，自出票日起算。需要注意的是，《票据法》第十七条第一款第一项所规定的持票人对汇票承兑人、本票出票人的权利，根据《票据法司法解释》第十二条的规定，包括付款请求权和追索权。就这两项权利，其票据时效分别计算。

3. 追索权的消灭时效（票据上的次债务的消灭时效期间）

（1）汇票：持票人对汇票承兑人、出票人的追索权，消灭时效期间为2年。起算方法同上。

（2）本票：持票人对本票出票人的追索权，消灭时效期间为2年。起算方法同上。

（3）支票：持票人对支票出票人的追索权，消灭时效期间为6个月，自出票日起计算。

（4）汇票、本票、支票的持票人对其他前手的追索权，消灭时效期间为6个月，自被拒绝承兑或者被拒绝付款之日起算。根据《票据法司法解释》第十七条的规定，这一期间，不适用于对出票人、汇票承兑人的追索权。

（5）汇票、本票、支票的被追索人对前手的再追索权，消灭时效期间为3个月，自清偿日或者被提起诉讼之日起算。

4. 票据时效的中止、中断

《票据法》并未明确规定票据时效的中止、中断问题。《票据法司法解释》第十九条规定："票据法第十七条规定的票据权利时效发生中断的，只对发生时效中断事由的当事人有效。"基于该规定，票据时效期间可以发生中断。进而，也应可以发生中止。但是，票据时效期间的中止、中断，只对发生时效中止、中断事由的当事人有效，持票人对其他票据债务人的票据时效的计算方法，并不因此而受影响。

5. 利益返还请求权

《票据法》第十八条规定："持票人因超过票据权利时效或者因票据记载事项欠缺而丧失票据权利的，仍享有民事权利，可以请求出票人或者承兑人返还其与未支付的票据金额相当的利益。"票据时效期间经过后，票据权利归于消灭。如果票据上的全部权利均因此而消灭，票据权利人就陷入非常不利的境地。为此，票据法特别规定了持票人的利益返还请求权，使其可以享有请求出票人或者承兑人返还与未支付的票据金额相当之利益的权利，以为补救。这一权利的性质并非票据权利，而是票据法所规定的一种特别权利。

（1）利益返还请求权关系的当事人。在利益返还请求权关系上，享有权利的当事人是持票人。这里的持票人可以是票据所记载的最后持票人，也可以是在被追索并清偿后，享有再追索权的当事人，例如背书人、保证人。负有义务的当事人，是票据上的出票人或者承兑人。

（2）利益返还请求权的成立要件。根据票据法的规定，利益返还请求权的成立要件包括：①票据权利曾经有效存在。②票据权利因为消灭时效期间的经过而消灭。③出票人或者承兑人因为持票人的权利消灭而受有额外利益。这主要是指：汇票、本票、支票的出票人已经基于出票行为而取得了对价，或者汇票的承兑人已经收取了出票人提供的资金。

（3）利益返还请求权的效力。如果符合上述要件，则持票人享有请求出票人或者汇票承兑人返还所受利益的权利。该权利并非票据权利，不适用《票据法》第十七条关于票据时效的规定，而应适用民法上关于诉讼时效的一般规定。

六、票据抗辩

（一）票据抗辩概述

票据抗辩，是指票据上记载的票据债务人基于合法事由对持票人拒绝履行票据债务的行为。票据所记载的债务人，包括出票人、承兑人、转让背书和质押背书人、保证人。如果持票人向其主张票据权利，其可能基于特定的事由而拒绝履行债务。其中，有的人在实质上并非票据债务人，有的人虽然是票据债务人，但是有合法的理由拒绝履行其票据债务。这里，对于各种合法的抗辩事由进行概括介绍。

票据抗辩的特点，主要在于下文述及的抗辩切断制度，以及基于票据行为独立性而对票据保证人之抗辩事由的限制。

（二）票据抗辩中的"物的抗辩"

票据上的物的抗辩，又称绝对的抗辩，是指票据所记载的债务人可以对任何持票人所主张的抗辩。其具体情形可以包括以下三类：

1. 票据所记载的全部票据权利均不存在

（1）出票行为因为法定形式要件的欠缺而无效。例如，出票行为因为欠缺绝对必要记载事项而无效，或者记载了可导致出票行为无效的事项（如出票行为附有条件），或者若干事项的记载方式不符合法律规定（例如，票据金额的中文大写和数码不一致；对票据金额、日期、收款人名称进行了更改）。

（2）票据权利已经消灭。最主要的情形是，汇票付款人（或承兑人）、本票出票人、支票付款人已经按期全额付款，票据上的全部权利、义务均消灭。

2. 票据上记载的特定债务人的债务不存在

也就是说，虽然票据上记载了特定人所进行的票据行为，但是基于法律的规定，该当事人并不因此而发生票据债务。这样，不论谁是持票人，在向其主张权利时，该当事人均可基于其并非票据债务人而拒绝付款。根据上文对各项具体制度的说明，此类情形可以包括：

（1）签章人是无民事行为能力或者限制民事行为能力人的，票据行为无效，不承担票据责任。

（2）狭义无权代理情形下，本人不承担票据责任，或者仅对不超越代理权限的部分承担票据责任。

（3）票据伪造的被伪造人，不承担票据责任。

（4）票据被变造时，变造前在票据上签章的债务人，可以拒绝依照变造后的记载事项承担票据责任。

（5）对特定债务人的票据时效期间经过，其票据债务消灭。

（6）对特定票据债务人的追索权，因为持票人未进行票据权利的保全而丧失。

根据《票据法》第四十九条的规定，即使被保证人的债务并不存在，票据保证人的保证责任原则上仍然存在，并不因此而受影响。

3. 票据权利的行使不符合债的内容

（1）票据权利人行使其权利的时间、地点、方式不符合票据记载或者法律规定。

（2）法院经公示催告后作出除权判决后，票据权利人持票据（而非除权判决）主张权利的。此种情形下，虽然除权判决所认定的权利人仍然享有票据权利，但是其票据本身已经失效，不可以再作为权利凭证。

（三）票据抗辩中的"人的抗辩"

票据上的人的抗辩，又称相对的抗辩，是指票据债务人仅可以对特定的持票人主张的抗辩事由。此类情形下，票据所记载的债务人是真正的债务人。但是，如果特定的票据权利人向其主张票据权利，票据债务人可以此类事由拒绝履行债务。如果其他人取得并向其主张票据权利，则不得对其主张该抗辩事由。其具体情形，可以包括以下几类：

1. 基于持票人方面的原因

（1）持票人不享有票据权利。假如票据上的全部权利均已经消灭，则属于上述"物的抗辩"的情形。假如票据上仍有权利存在，只是现在占有并主张票据权利的持票人并非真正的权利人，则属于人的抗辩的范围。例如，有效的汇票上的收款人对他人进行转让背书，该背书行为因为某种原因而无效（例如，背书人欠缺完全民事行为能力、狭义无权代理、无权处分但没有被善意取得），则被背书人并未取得票据权利，票据权利仍由收款人享有。假如被背书人仍占有票据，并向票据记载的债务人（承兑人、出票人、收款人）主张权利，债务人可以此为由拒绝付款。

（2）持票人不能够证明其权利。最主要的情形是，背书不连续，持票人又不能证明背书中断之处乃是由于其他合法原因而发生票据权利的转移。

（3）背书人记载了"不得转让"字样的情形下，记载人对于其直接后手的后手不承担票据责任。

2. 在票据行为的直接当事人之间，票据债务人可以基于基础关系上的事由对票据权利人进行抗辩

《票据法》第十三条第二款规定："票据债务人可以对不履行约定义务的与自己有直接债权债务关系的持票人，进行抗辩。"票据行为的当事人之间，总是基于一定的基础关系而为票据行为。例如，A为了支付买卖合同上的货款而对B签发或者背书转让票据。当B向A主张票据权利时，如果B在买卖合同上构成违约，则A可以以此为由拒绝履行其在票据上的债务。

3. 票据债务人以其与持票人的前手之间的抗辩事由对抗持票人的情形

如上所述，《票据法》第十三条第二款规定的是，在票据行为的直接当事人之间，票据债务人以基础关系上的事由对抗票据权利。如果双方并非直接当事人，在特定情形下，票据债务人可以基于其与持票人前手之间在基础关系上的抗辩事由，对抗持票人。这主要包括两类情形：

（1）持票人未给付对价而取得票据。《票据法》第十一条第一款规定："因税收、继承、赠与可以依法无偿取得票据的，不受给付对价的限制。但是，所享有的票据权利不得优于其前手的权利。"因此，票据债务人如果与持票人的前手是票据行为的直接当事人，并且对其享有基础关系上的抗辩，那么当持票人乃是无偿取得票据时，票据债务人

有权以该事由对抗持票人。如上例，若B以赠与为目的将票据背书转让给C，或者为了缴纳税收而背书转让给税务机关，或者在B死亡时，C作为继承人而取得票据权利，那么，A有权以B违反买卖合同为由，拒绝对C承担票据责任。同样，假如C又以赠与为目的而将票据背书转让给D，当D对A主张票据权利时，A也有权提出相同的抗辩。

（2）明知票据债务人与出票人或者与持票人的前手存在抗辩事由而取得票据。根据《票据法》第十三条第一款的规定，如果持票人明知票据债务人与出票人或者与持票人的前手之间存在抗辩事由，而仍然受让票据权利的，票据债务人可以该事由对抗持票人。这与"抗辩切断"制度是正反两面的关系。如上例，若B拟为支付租金而将票据背书转让给C之前，C知道A、B之间存在买卖合同关系，也知道B已经对A构成违约，也就是说，知道A对B有权以买卖合同上的事由对抗其票据权利，却仍然接受B背书转让票据，那么，A有权以该事由对抗C，拒绝履行票据债务。

需要注意，这里要求的是持票人"明知"。如果其不知情，即使有重大过失，票据债务人仍不得对其主张抗辩。另外，"明知"与否的判断时点，应为票据交付之时。假如持票人在票据交付后才知道的，不适用该款规定，票据债务人不得对其主张此种抗辩。

4. 抗辩切断制度

根据《票据法》第十三条第一款，除了上文介绍的两种情形之外，票据债务人原则上不得以自己与出票人或者与持票人的前手之间的抗辩事由，对抗持票人。这一制度被称为票据抗辩的切断。

票据抗辩的切断，是票据法上的特殊制度。它使得持票人的权利通常不受前手之间的基础关系的影响，使其权利的受保障程度大大提高。因此，也大大增加了票据的流通性。

需要注意的是，在持票人无偿取得票据的情况下，如果其前手的权利已经获得了抗辩切断的保护，那么持票人的权利也受到抗辩切断的保护。如上例，假如B为支付租金而将票据背书转让给C，C又以赠与为目的而背书转让给D，那么A不得以其对B之间在买卖合同上的抗辩事由对抗D。因为，C从B处取得票据是有对价的，A不得以其对B在买卖合同上的抗辩事由对抗C，进而，尽管D是从C处无偿取得票据，A也不能对抗D。

另一个需要注意的问题是抗辩切断与善意取得之间的关系。这是两个不同的制度，尽管其目的均在于保障持票人的利益。善意取得制度所处理的问题是，善意受让人是否可以在无权处分的情形下取得票据权利，并同时导致原来的票据权利人丧失其权利。该制度并不直接涉及谁要承担票据责任，以及抗辩事由的问题。从实际结果来看，由于善意取得的构成要件包括了善意且无重大过失、给付相当的对价，善意受让人必然受到抗辩切断制度的保护，其取得的票据权利是无瑕疵的权利，前手之间的抗辩事由均不得对抗善意受让人。而在抗辩切断制度所涉及的问题之下，持票人的前手并非对其无权处分。如上例，B在票据关系上因为A的背书而成为票据权利人，尽管A对B可以主张买卖合同关系上的抗辩，但B对C转让时，B的处分却是有权处分。因此，不论C是否给付对价或者明知该抗辩事由，这里并不存在善意取得制度的适用问题。C所取得的权利的情况，只可能考虑抗辩切断制度是否适用。

七、票据丧失及补救

（一）票据丧失概述

票据丧失，是指持票人丧失对票据的占有。丧失了票据的票据权利人，称为失票人。票据丧失的具体情形，可以是票据的物质形态的根本变化，比如被烧毁、撕毁、泡成纸泥等，也可以虽然存在，但是脱离了持票人的占有，如被遗失、被盗、被抢。在后种情形下，失票人可能知道谁占有票据，也可能不知道谁占有票据。

由于票据权利的行使须提示票据，因此失票人无法证明和行使其权利，甚至可能被他人所利用。因此法律上设置了几种制度对失票人提供法律救济：挂失止付、公示催告、提起诉讼。

（二）挂失止付

1. 挂失止付的概念

挂失止付，是指失票人将票据丧失的情形通知付款人（包括代理付款人，下同），付款人接到通知后决定暂停支付，以防止他人取得票据金额的临时性救济措施。

挂失止付是一种临时性的措施。付款人在收到挂失通知时，并不知道，可能也来不及审查其是不是真正的票据权利人，只是在接到挂失通知后，在法定期限之内，不向任何持票请求付款的人支付票据金额。这样，丧失票据的票据权利人就可以赢得宝贵的时间，通过公示催告或者诉讼程序来确认票据权利，并最终证明和行使其票据权利。

2. 挂失止付适用的票据种类

根据《支付结算办法》第四十八条的规定，已承兑的商业汇票、支票、填明"现金"字样和代理付款人的银行汇票以及填明"现金"字样的银行本票丧失，可以由失票人通知付款人或者代理付款人挂失止付。未填明"现金"字样和代理付款人的银行汇票以及未填明"现金"字样的银行本票丧失，不得挂失止付。

3. 程序

失票人需要挂失止付的，应当在填写挂失止付通知书并签章后，通知付款人。付款人收到挂失止付通知书后，查明挂失票据确未付款时，应当立即暂停止付。付款人在收到通知书前已经依法向持票人付款的，不再接受挂失止付。

4. 挂失止付的效力

挂失止付只是一种临时性措施，申请人是不是真正的票据权利人，只能由人民法院认定。因此，根据《票据法》第十五条、《票据管理实施办法》第二十条的规定，申请挂失止付的当事人，必须在申请之前已经向法院申请公示催告或者起诉，或者应当在通知挂失止付后的 3 日内向法院申请公示催告或者起诉；否则，挂失止付失去效力。如果申请人已经采取了这一措施，付款人应继续暂停止付。但是，如果自收到通知书之日起 12 日内还没有收到法院的止付通知书的，自第 13 日起，挂失止付通知书失效。

（三）公示催告程序

1. 公示催告程序的含义

公示催告程序，是指法院根据失票人的申请，以公示的方式催告利害关系人在一定期限内向法院申报权利，到期无人申报权利的，法院将根据申请人的申请作出除权判决的一种非讼程序。公示催告程序主要规定在《民事诉讼法》第十八章。此外，《最高人民法院关于适用〈中华人民共和国民事诉讼法〉的解释》以及《票据法司法解释》中也有较为详细的规定。

在该程序之下，申请人声称自己是已丧失之特定票据上的权利人，法院则向社会发出公告，催促可能存在的票据利害关系人申报权利。如果没有人在指定期限内申报权利，则可以推定申请人的主张成立。在其申请法院作出除权判决时，法院应作出该判决，确认申请人为票据权利人。这样，申请人就可以持除权判决书行使票据权利了。

如果有利害关系人前来就同一票据申报权利，法院并不在该程序之下对申请人与申报权利人之间的争议进行实体审理，而是会裁定终结该程序。申请人如欲主张票据权利，可以向对方提起普通民事诉讼。

挂失止付并非公示催告的前置程序。失票人可以不申请挂失止付，而直接向法院申请公示催告。

2. 公示催告程序适用的票据种类

根据《民事诉讼法》第二百二十九条的规定，可以背书转让的票据丧失的，持票人可以申请公示催告。一般票据均属于这个范围，只有较少的例外。如《支付结算办法》第二十七条规定，填明"现金"字样的银行汇票、银行本票和现金支票不得背书转让，因此这些票据不能申请公示催告。

3. 公示催告申请人的资格

可以申请公示催告的失票人，是指在丧失票据占有以前的最后合法持票人，也就是票据所记载的票据权利人。出票人已经签章的授权补记的支票丧失后，持票人也可以申请公示催告。

4. 公示催告的具体程序

根据《民事诉讼法》以及有关司法解释的规定，公示催告程序主要包括以下几个主要环节：

（1）失票人向票据付款地的基层法院提出书面的公示催告申请。

（2）法院收到申请后，应当立即审查。符合条件的，通知予以受理。

（3）法院在受理公示催告申请的同时通知付款人或者代理付款人停止支付。付款人或者代理付款人应当停止支付，直到公示催告程序终结。

（4）法院在受理后的3日内发出公告，催促利害关系人申报权利。公示催告的期间，由人民法院根据情况决定，但不得少于60日，且公示催告期间届满日不得早于票据付款日后15日。

（5）利害关系人在法院作出除权判决之前申报权利的，法院应通知其向法院出示票据，并通知公示催告申请人查看该票据。如果该票据就是申请人申请公示催告的票据，法院应裁定终结公示催告程序，并通知申请人和付款人。如果该票据并非申请人公示催告的票据，法院应裁定驳回利害关系人的申报。

（6）公示催告期届满，且无上述（5）所列应裁定终结公示催告程序的事由，申请人可以在届满次日起1个月内，申请法院作出除权判决。逾期未申请的，法院终结公示催告程序。

(7) 申请人提出上述（6）所述申请的，法院作出除权判决。

5. 除权判决的效力

除权判决有两个主要效力：第一，确认申请人是票据权利人。第二，宣告票据失去效力，即票据权利与票据相分离，原来的票据凭证不再是票据权利的载体。这样，申请人有权持除权判决向票据上的义务人主张票据权利。

6. 除权判决的撤销

利害关系人因为正当理由不能在除权判决之前向法院及时申报权利的，自知道或者应当知道判决公告之日起1年内，可以向作出除权判决的法院起诉，请求撤销除权判决。

公示催告程序本为对合法持票人进行失票救济所设，但实践中，有的持票人已经背书转让票据，因而已经不再占有票据，但由于基础关系上的纠纷（通常是未实际收到对价），伪报票据丧失事实申请公示催告，以阻止合法持票人行使票据权利。如果法院已经作出了除权判决，在付款人尚未付款的情况下，最后合法持票人可以根据《民事诉讼法》的规定在法定期限内请求撤销除权判决，待票据恢复效力后再依法行使票据权利；在付款人已经付款的情况下，最后合法持票人可请求公示催告申请人承担侵权损害赔偿责任，因为恶意申请公示催告并持除权判决获得票款的行为损害了最后合法持票人的权利。

（四）提起民事诉讼

票据权利人丧失票据后，除了以公示催告程序证明自己的票据权利外，还可以提起普通民事诉讼来实现其权利。《票据法司法解释》规定了三种与票据权利有关的民事诉讼：票据返还之诉、请求补发票据之诉、请求付款之诉。在实务上，票据返还之诉的重要性相对较高，于此略作介绍。

《票据法司法解释》第三十六条规定："失票人为行使票据所有权，向非法持有票据人请求返还票据的，人民法院应当依法受理。"票据所记载的是票据权利和票据债务，其本身虽然只是一张纸，但也具有物的属性，是所有权的客体。票据作为一种有价证券，应认为票据权利与票据所有权原则上具有一致性，票据权利人通常就是票据所有权人。因此，当票据被他人所占有时，票据权利人也可以基于其所有权，请求返还票据。其具体情形，不仅包括票据因遗失、被盗等原因而被他人占有，也包括这类情形：票据行为因为行为人欠缺行为能力等原因而无效，票据权利并未转移，占有票据的人并未依法取得票据权利，因此，票据权利人可以基于其所有权而请求占有票据的人返还票据。

八、汇票的具体制度

（一）汇票概述

汇票，是指由出票人签发，委托付款人在指定的到期日向持票人无条件支付一定金额的票据。

根据不同标准，可以将汇票区分为不同的种类。在我国实际业务中最重要的一种分类是，根据出票人的不同，将汇票分为银行汇票和商业汇票。

1. 银行汇票

银行汇票，就是银行作为出票人的汇票。但是，根据我国有关规定，银行汇票又被限定为一种仅具有汇兑或者结算功能的汇票。具体而言，银行汇票有以下几个主要特点：

（1）"申请人"为办理资金结算，可以将一定款项交给银行，申请其签发银行汇票。

（2）银行收妥款项后，签发银行汇票。其中，银行所记载的"收款人"是申请人所指定的、在交易关系中享有收取一定金额之债权的相对人；但也可以是申请人自己，或者，当申请人是单位时，以申请人经办该项业务的工作人员作为收款人，进而由其以背书转让的方式将汇票权利转让给交易关系中的债权人。

（3）银行签发银行汇票时，基于所收妥的金额填写"出票金额"。银行汇票申请人在取得汇票后，由其自己或者取得汇票的相对人根据实际应支付的款项，另行填写"实际结算金额"，其数额不得超过出票金额。在法律意义上，"实际结算金额"才是票据金额，是票据权利人有权请求支付的金额。未填明实际结算金额和多余金额或实际结算金额超过出票金额的，银行不予受理。多余金额由出票银行退交申请人。

2. 商业汇票

商业汇票是由银行之外的企业或者其他组织作为出票人的汇票。只有在银行开立存款账户的法人以及其他组织之间，才能使用商业汇票。

商业汇票所记载的付款人可能是银行，也可能是其他当事人。以此为区别，商业汇票又区分为银行承兑汇票和商业承兑汇票。

（1）银行承兑汇票：出票人记载银行为付款人，并由付款人（银行）予以承兑。

（2）商业承兑汇票：出票人记载银行之外的人为付款人，并由付款人予以承兑。具体而言，商业承兑汇票有两种主要的签发方式。①由出票人兼任付款人并予以承兑。例如，甲公司向乙公司购买货物，遂签发一张以自己（甲公司）为出票人和付款人的汇票，并分别在出票人签章栏和承兑人签章栏进行签章，然后将汇票交付乙公司。此类商业汇票，其功能与商业本票基本相同，但是适用票据法中关于汇票的规定。②由出票人兼任收款人。如上例之下，乙公司（货物的出卖人）签发一张以自己（乙公司）为出票人和收款人、以甲公司为付款人的汇票，并在出票人签章栏签章，然后将汇票交付甲公司，向其提示承兑，甲公司予以承兑后返还乙公司。

需要注意，虽然商业汇票区分为银行承兑汇票和商业承兑汇票，在实践中也可能出现付款人并未承兑的商业汇票。

这里对"财务公司承兑汇票"稍作说明。企业集团财务公司的性质是非银行金融机构，如其业务范围包括票据承兑，则可以为企业集团的成员单位办理商业汇票承兑业务。长期以来，财务公司承兑的商业汇票，在相关法规和实践中一直属于"银行承兑汇票"的一种。但是，中国人民银行和中国银行保险监督管理委员会2022年11月11日发布的《商业汇票承兑、贴现与再贴现管理办法》（2023年1月1日起施行）把商业汇票分成银行承兑汇票、财务公司承兑汇票、商业承兑汇票等类型（第二条）。不过，其他相关法规尚未进行相应的修改（例如《电子商业汇票管理办法》）。为了简便起见，本书仍然遵循传统的表述，不单独讨论"财务公司承兑汇票"，"银行承兑汇票"的含义包括了此种汇票。

（二）汇票的出票

1. 出票的含义

出票，是指出票人签发票据并将其交付给收款人的票据行为。

2. 汇票出票的款式

（1）绝对必要记载事项。根据《票据法》第二十二条的规定，汇票上必须记载以下七个事项，否则汇票无效：表明"汇票"的字样；无条件支付的委托；确定的金额；付款人名称；收款人名称；出票日期；出票人签章。

需要注意的是，如上所述，银行汇票上存在三个金额：出票金额、实际结算金额、多余金额。其中，实际结算金额是票据法意义上的票据金额。

（2）相对必要记载事项。出票人可以记载付款日期、付款地、出票地。根据《票据法》第二十三条的规定，如果未记载，出票行为仍然有效，但是应根据该条规定来确定这三个事项。其中，未记载付款日期的，为见票即付；未记载付款地的，付款人的营业场所、住所或者经常居住地为付款地；未记载出票地的，出票人的营业场所、住所或者经常居住地为出票地。

如果出票人记载付款日期，其可以选择的形式包括四种：见票即付；定日付款；出票后定期付款；见票后定期付款。

（3）可以记载事项。出票人可以记载"不得转让"字样。如果未做该种记载，则汇票可以转让。如果记载了该事项，根据《票据法》第二十七条第二款的规定，汇票不得转让。

（4）记载不生票据法上效力的事项。除了票据法明确规定应当记载或者可以记载的事项之外，出票人还可以记载其他事项，例如，关于利息、违约金的记载。但是这些记载不具有汇票上的效力。是否具有民法上的效力，应根据民法进行判断。

（5）记载无效事项。《票据法》第二十六条规定："出票人签发汇票后，即承担保证该汇票承兑和付款的责任。"在法律解释上一般认为，基于该规定，出票人不得在票据上表明不承担保证该汇票承兑或者付款的责任；如有此类记载，出票行为仍然有效，但是该记载无效。即，出票人在持票人不能获得承兑或者付款时，仍应承担票据责任。

（6）记载使票据无效事项。《票据法》第二十二条第一款第二项规定，出票人必须记载"无条件支付的委托"。该条第二款规定，未作该记载的，汇票无效。因此，如果票据上所记载的出票人对付款人的委托并非无条件的，而是附有条件，即应理解为没有记载"无条件支付的委托"，不仅该记载无效，而且出票行为也无效。

此外，《票据法》第二十五条第一款规定了出票人可以记载的四种付款日期形式。如果出票人另行记载了其他形式，这种记载应导致出票行为无效。

3. 汇票出票的效力

如果出票行为有效，则发生如下法律效力：

（1）对出票人的效力。出票人成为票据债务人，承担担保承兑和担保付款的责任（参见《票据法》第二十六条）。

（2）对付款人的效力。付款人成为票据上的关系人。付款人并未在票据上签章，并非票据义务人。

(3) 对收款人的效力。收款人取得票据权利，包括付款请求权、追索权，以及以背书等方式处分其票据权利的权利。

（三）汇票的背书

1. 背书的含义

背书，是指持票人为将票据权利转让给他人或者将票据权利授予他人行使，在票据背面或者粘单上记载有关事项并签章，然后将票据交付给被背书人的票据行为。背书包括转让背书、委托收款背书和质押背书。对于电子商业汇票来说，"背书"指的是在电子商业汇票系统中的相应行为，不存在物理意义上的"背面"或者"粘单"。

2. 转让背书的一般问题

我国票据法所承认的主要的票据权利转让方式是背书转让。也就是，必须由持票人在背书栏或者粘单上记载转让的意思并将票据交付给受让人。票据法对于这种债权转让方式和转让的效力，作出了与一般的民事债权转让相比具有特殊性的规定，使受让人（被背书人）的地位高于一般债权的受让人，从而促进票据的流通性。如果没有采用背书方式转让，而是口头或者在票据之外书面达成转让的合意，这种转让并没有票据法上的效力。票据法所承认的另外一种票据权利转让方式是对空白授权票据以单纯交付的方式转让。还需要注意的是，票据权利还可以因为转让之外的原因而发生转移，例如继承、法人的合并或分立等。

转让背书，除了须满足票据行为的一般成立要件和生效要件外，还必须满足的条件是：该票据权利是可以背书转让的权利，即不存在对于背书转让的禁止。原则上，汇票上的票据权利均可以转让。但是，在两类情形下，票据权利不得背书转让。

（1）出票人记载"不得转让"的情形。《票据法》第二十七条第二款规定："出票人在汇票上记载'不得转让'字样的，汇票不得转让。"根据《票据法司法解释》第四十七条、第五十二条规定，如果收款人将此种汇票背书转让（包括贴现）给他人，背书行为无效，取得票据的人并不能因此而取得票据权利。此人若再对他人背书转让，进而取得票据的人更不能因此而取得票据权利。需要注意的是，如果不是出票人，而是其他当事人在背书时记载"不得转让"字样，并不影响后手的背书行为的效力。根据相关规定，电子商业汇票的出票人记载"不得转让"事项的，汇票无法进行背书转让。

（2）法定的转让背书禁止。《支付结算办法》第二十七条规定，填明"现金"字样的银行汇票不得背书转让。此外，《票据法》第三十六条还规定了"期后背书"的禁止。

3. 转让背书的款式

（1）绝对必要记载事项。根据《票据法》的规定，转让背书的绝对必要记载事项包括：被背书人、背书人的签章。

《票据法》第三十条规定，背书人必须记载被背书人的名称。不过，《票据法司法解释》第四十八条规定："背书人未记载被背书人名称即将票据交付他人的，持票人在票据被背书人栏内记载自己的名称与背书人记载具有同等法律效力。"也就是说，被背书人的名称虽然是背书行为的绝对必要记载事项，但是，背书人未记载该事项并不导致背书行为无效，而是可以授权受让人予以补记。

（2）相对必要记载事项。根据《票据法》第二十九条的规定，背书人应当记载背日期;背书未记载日期的,视为在汇票到期日前背书。

(3) 可以记载事项。根据《票据法》第三十四条规定:"背书人在汇票上记载'不得转让'字样,其后手再背书转让的,原背书人对后手的被背书人不承担保证责任。"据此,背书人如果不记载"不得转让"字样,则其后手再背书的,背书人要对后手的被背书人承担保证责任,也就是要负担追索权上的义务。但是,根据《票据法司法解释》第五十条、第五十三条的规定,如果背书人进行了该记载,那么,该记载虽然不影响被背书人(其直接后手)对他人进行转让背书(包括贴现)、质押背书的效力,但是,背书人仅对其直接后手承担票据责任,而不对其直接后手的后手承担票据责任。

(4) 记载不生票据法上效力事项。《票据法》第三十三条第一款规定:"背书不得附有条件。背书时附有条件的,所附条件不具有汇票上的效力。"当然,背书所附条件可能具有民法上的效力。

(5) 记载无效事项。《票据法》第三十七条规定:"背书人以背书转让汇票后,即承担保证其后手所持汇票承兑和付款的责任。"在法律解释上,背书人如果作出免除担保承兑、担保付款责任的记载,该记载无效,但是不影响背书行为本身的效力。当然,如上所述,背书人如果记载"不得转让",则可以免除对直接后手的被背书人的票据责任。

(6) 记载使背书无效事项。《票据法》第三十三条第二款规定:"将汇票金额的一部分转让的背书或者将汇票金额分别转让给二人以上的背书无效。"需要注意的是,此种转让背书无效,意味着票据权利并未因为转让背书而转移,票据权利仍然存在,并且其归属不变,即仍由背书人享有。

4. 背书转让的效力

(1) 权利转移的效力。转让背书生效后,被背书人取得票据权利,原权利人(背书人)的权利消灭。此时,并有抗辩切断制度的适用。

(2) 权利担保的效力。背书人对于所有后手承担了担保承兑和担保付款的责任,从而在被追索(包括被再追索)时,承担相应的票据责任。不过,转让背书的权利担保效力,票据法在两种情形下设置了例外规定。

第一种情形,如上所述,假如背书人记载"不得转让",则对于后手的被背书人不承担票据责任。根据相关规定,电子商业汇票的背书人记载"不得转让"事项的,汇票无法继续进行背书转让。

第二种情形是"回头背书"。《票据法》第六十九条规定:"持票人为出票人的,对其前手无追索权。持票人为背书人的,对其后手无追索权。"例如,A出票给B,B背书转让给C,C背书转让给D,D背书转让给B。依照上述规定,当B作为最后持票人向付款人提示承兑或者向承兑人提示付款遭到拒绝时,可以向A追索,但是对C、D没有追索权。假设D将汇票背书转让给A,A作为最后持票人向付款人提示承兑或者向承兑人提示付款遭到拒绝时,对B、C、D均无追索权。

(3) 权利证明的效力。《票据法》第三十一条第一款规定:"以背书转让的汇票,背书应当连续。持票人以背书的连续,证明其汇票权利;非经背书转让,而以其他合法方式取得汇票的,依法举证,证明其汇票权利。"第二款规定:"前款所称背书连续,是指在票据转让中,转让汇票的背书人与受让汇票的被背书人在汇票上的签章依次前后衔接。"

《票据法司法解释》第四十九条规定："依照票据法第三十一条的规定，连续背书的第一背书人应当是在票据上记载的收款人，最后的票据持有人应当是最后一次背书的被背书人。"

背书连续的典型情形，参见下例。A公司出票，以B公司为收款人。在票据的背书栏，B公司在第一栏中的"被背书人"栏填写"C公司"并在"背书人"栏签章；在第二栏，C公司在"被背书人"栏填写"D公司"并在"背书人"栏签章。这样，当D公司持票据主张权利时，背书栏记载的背书连续，D公司以此方式证明自己是票据权利人。

在上例中，在背书栏的第二栏，假如"E公司"被记载为被背书人，"D公司"在"背书人"栏签章，那么，这里的背书不连续。E公司如果持票主张自己是票据权利人，背书就不足以作为证明其为票据权利人的充分证据。E公司必须举证证明为什么发生了背书中断，进而证明自己的票据权利。因为，根据背书栏的第一栏，C公司因为B公司的背书而成为票据权利人，可是，票据记载却无法显示票据权利如何从C公司转移到D公司，进而由D公司背书转让给E公司。如果E公司不能证明C公司的票据权利如何被D公司取得，那么，票据债务人就可以拒绝对持票人E公司承担票据责任。《票据法司法解释》第十五条规定："票据债务人依照票据法第九条、第十七条、第十八条、第二十二条和第三十一条的规定，对持票人提出下列抗辩的，人民法院应予支持……（4）以背书方式取得但背书不连续的……"

当然，背书连续并非证明票据权利的唯一方式。在上例中，假如持票人E公司能够证明：C公司与D公司发生了吸收合并，C公司被注销登记，C公司的所有权利、义务均由D公司承受，那么，尽管背书并不连续，但是相关证据证明了C、D之间权利转移的原因。这样，E公司就可以主张票据权利了。

对于票据权利的真实性，付款人仅仅负有形式审查义务。其中，关于票据权利的转让，主要审查的就是转让背书的连续性。假如某个转让背书因为欠缺实质要件而无效，并进而导致持票人并非票据权利人，付款人善意且无重大过失的付款仍具有一般付款的效力，可以消灭其票据责任，并导致票据关系全部消灭。

5. 票据贴现的特殊问题

票据贴现，是指商业汇票的持票人在汇票到期日前，将票据权利背书转让给金融机构，由其扣除一定利息后，将约定金额支付给持票人的一种票据行为。票据贴现是金融机构向持票人融通资金的一种方式。

远期的商业汇票（包括银行承兑汇票和商业承兑汇票）的持票人，包括收款人或者转让背书的最后被背书人，是票据权利人。在汇票未到期时，自然不能通过提示付款而取得资金。其实现汇票价值的方式，要么是等待汇票到期时请求付款而获得资金，要么基于真实的交易关系而将其转让他人。如果并无这两种情形，而持票人又马上需要资金，则会陷入困境。

票据贴现，其实质是一种票据权利的买卖。从票据关系上来说，持票人（贴现申请人，"贴出人"）须将票据权利背书转让给贴现人（或称"贴入人"），作为对价，贴现人对其支付一定的金额。由于贴现人（被背书人）必须等到票据到期时才能够取得票据金额，因此必然根据贴现日距到期日的时长，贴付一定的利息。

向金融机构申请贴现必须符合一些特殊条件。其中包括，办理票据贴现业务的机构，必须是经过中国人民银行批准具有贷款业务资质的金融机构；申请贴现的人，必须是商业汇票的持票人；贴现人必须审查贴现申请人与前手之间交易关系的有关文件等。如果贴现人（金融机构）明知贴现申请人与其前手之间没有真实的交易关系，却接受贴现申请并完成转让背书，法院通常认定转让背书无效；贴现人虽然持有了票据，但不能取得票据权利。

进行了贴现而通过转让背书取得票据权利的金融机构，在符合有关规定的情况下，还可以将未到期的汇票以贴现方式转让给其他金融机构。这种业务称为"转贴现"。贴现人、转贴现人，还可以将未到期汇票以贴现方式背书转让给中国人民银行。这种业务称为"再贴现"。

可见，票据贴现与一般的票据背书行为的差别是基础关系（或者通常以真实交易为基础），从票据行为本身来看，票据贴现就是一个普通的转让背书。票据法上关于转让背书的规定，适用于票据贴现。

在我国，票据贴现属于国家特许经营业务，只有经批准的金融机构才有资格从事票据贴现业务。其他组织与个人从事票据贴现业务，可能要承担行政法律责任甚至刑事责任，转让背书行为无效，贴现款和票据应当相互返还。这种情形下，票据行为无因性理论不适用。但是，贴现人（被背书人）又对该票据进行背书转让时，如果符合票据权利善意取得的构成要件，新的持票人取得票据权利。

6. 委托收款背书

（1）委托收款背书的含义。委托收款背书，是指以授予他人行使票据权利、收取票据金额的代理权为目的的背书。委托收款背书并不导致票据权利的转移，而是使得被背书人取得代理权，因此与转让背书有很大的区别。

（2）委托收款背书的款式。与一般背书转让相同，但是必须加上"委托收款"（或者"托收""代理"）字样作为绝对必要记载事项。假如没有记载该事项，则其形式上体现为转让背书。

（3）委托收款背书的效力。委托收款背书的主要效力是，被背书人取得代理权，具备包括行使付款请求权、追索权以及收取款项的代理权。被背书人的权限不包括处分票据权利的代理权。《票据法》第三十五条第一款规定，委托收款背书的"被背书人不得再以背书转让汇票权利"。因此，假如其以代理人的身份对他人进行转让背书或者质押背书，委托收款背书的存在并不能证明其代理权，有可能构成无权代理。

委托收款人的权限，还包括再对他人进行委托收款背书。其实质，是授予复代理权。此时，委托收款人虽然也作为背书人在票据上签章，但是，并不像转让背书的背书人那样发生权利担保的效力。此外，委托收款背书不发生抗辩切断问题。

7. 质押背书

（1）质押背书的含义。质押背书，是指为担保他人之债权的实现，票据权利人在票据上为了对债权人设定质权而进行的背书行为。票据质权是权利质权的一种。除了《票据法》有规定外，在《民法典》中也有相关规定。

(2)质押背书的款式。质押背书的款式,与转让背书基本相同,但是必须记载"质押"(或者"设质""担保")字样作为绝对必要记载事项。假如未做该记载,则形式上构成转让背书。

和其他票据行为一样,质押背书也必须在票据上进行。《票据法司法解释》第五十四条规定:"依照票据法第三十五条第二款的规定,以汇票设定质押时,出质人在汇票上只记载了'质押'字样未在票据上签章的,或者出质人未在汇票、粘单上记载'质押'字样而另行签订质押合同、质押条款的,不构成票据质押。"

(3)质押背书的效力。首先,质押背书具有设定票据质权的效力。经质押背书,被背书人即取得票据质权。票据质权人的权利体现在:第一,有权以相当于票据权利人的地位行使票据权利,包括行使付款请求权、追索权。第二,票据质权人的优先受偿权。出质人(背书人)如有其他债权人,票据质权人(被背书人)享有优先于其他债权人的权利。

需要注意的是,质押背书的被背书人并不享有对票据权利的处分权。根据《票据法司法解释》第四十六条的规定,票据质权人进行转让背书或者质押背书的,背书行为无效。但是,被背书人可以再进行委托收款背书。

其次,质押背书具有抗辩切断的效力。《票据法》第十三条关于票据抗辩的规定,尤其是其中关于抗辩切断的特别规定,也适用于票据质权人。也就是说,票据质权人在票据法上的地位,在这一点上与票据权利人是一致的。

再次,权利证明的效力。质押背书是关于被背书人取得票据质权的证明。

最后,权利担保的效力。质押背书的背书人,也就是出质人,承担了担保承兑、担保付款的责任。如果被背书人被拒绝承兑、拒绝付款,享有追索权,包括可以向背书人(出质人)行使追索权。

(四)汇票的承兑

1. 承兑的概念

承兑,是指远期汇票的付款人,在票据正面作出承诺在票据到期日无条件支付票据金额的记载并签章,然后将票据交付请求承兑之人的票据行为。需要注意的是,实践中有人将票据债务人支付票据金额的行为称为"承兑",这是不准确的。

出票行为是出票人的行为。票据上虽然记载了出票人无条件委托付款人支付票据金额的内容,但是这仅仅是出票人的记载,而付款人自己并未在票据上签章。因此,付款人并不因为出票行为而承担票据责任。当然,即便如此,付款人仍然是票据上的关系人。例如,在见票即付的汇票之下,如果付款人在持票人请求付款时对其支付了票据金额,票据上的全部权利义务均消灭。只有当付款人在票据上签章、同意承担支付票据金额的票据责任后,才基于这一票据行为而成为票据义务人。此时,其称谓即从"付款人"改为"承兑人"。

根据《票据法》第三十九条第一款、第四十条第一款的规定,远期汇票的持票人均应当提示承兑。未按期提示承兑的,丧失对前手的追索权。根据《票据法》第四十条第三款的规定,即期汇票(见票即付的汇票)无须承兑。

2. 承兑的程序

承兑的过程,由持票人和付款人的行为构成。

(1) 提示承兑。提示承兑，是指持票人向付款人出示汇票，要求付款人承诺付款（即"承兑"）的行为。

持票人提示承兑，应当在一定期限内进行。《票据法》第三十九条第一款规定，定日付款、出票后定期付款的汇票，应当在汇票到期日前向付款人提示承兑；第四十条第一款规定，见票后定期付款的汇票，应当自出票日起1个月内向付款人提示承兑。不在上述期限内提示承兑的，按照上文的介绍，持票人丧失对出票人之外的其他前手的追索权。

(2) 付款人签发回单。根据《票据法》第四十一条第二款的规定，付款人收到提示承兑的汇票时，应当向持票人签发收到汇票的回单，其中记明提示承兑的日期并签章。

(3) 付款人承兑或者拒绝承兑。根据《票据法》第四十一条第一款的规定，付款人应当自收到提示承兑的汇票之日起3日内承兑或者拒绝承兑。

付款人通常基于与出票人之间的约定，而有义务在持票人提示承兑时进行承兑。但是，付款人的这一义务仅仅是民法上的义务。如果其拒绝承兑，仍然在票据法上发生拒绝承兑的法律效果。至于其如何对出票人承担违约责任，则是民法上的问题，应另行解决。这就是票据法上所谓"承兑自由原则"。

付款人承兑的，在进行承兑的记载后，应将票据交还持票人。付款人拒绝承兑的，根据《票据法》第六十二条第二款的规定，应当交还汇票，并出具拒绝证明或者退票理由书。

需要注意的是，上述程序虽然为《票据法》所规定，但是与我国的汇票实践却有一定不同。《支付结算办法》第八十条第一款规定："商业汇票可以在出票时向付款人提示承兑后使用，也可以在出票后先使用再向付款人提示承兑。"在实践中，多数的银行承兑汇票的出票人在记载了出票事项后，并非直接交付给收款人并由收款人在之后按照上述程序提示承兑，而是直接向付款人（银行）申请承兑，付款人（银行）审查同意后，在票据上记载承兑事项，然后将票据返还出票人。之后，出票人将其交付给收款人。也就是说，收款人取得汇票时，上面已经同时存在出票行为和承兑行为。需要注意的是，付款人在汇票上作为承兑人的签章并交付给出票人，并非法律意义上承兑行为的完成。因为出票人尚未将汇票交付收款人，尚无法律意义的持票人（票据权利人）。

就商业承兑汇票而言，如果由出票人兼承兑人，则出票人会在票据上分别作为出票人和承兑人签章，然后交付给收款人。收款人所获得的汇票上也同时存在出票行为和承兑行为。

3. 承兑的款式

(1) 绝对必要记载事项。根据《票据法》第四十二条第二款的规定，承兑行为的绝对必要记载事项包括承兑文句（"承兑"字样）以及签章。

(2) 相对必要记载事项。根据《票据法》第四十二条第二款的规定，承兑日期是相对必要记载事项。如果承兑人未记载承兑日期，则以收到提示承兑的汇票之日起的第3日为承兑日期。

(3) 记载使承兑无效事项。根据《票据法》第四十三条的规定，承兑附有条件的，视为拒绝承兑。也就是说，承兑行为因此而无效。

4. 承兑的效力

（1）对付款人的效力。承兑使得付款人成为票据债务人，称为承兑人。《票据法》第四十四条规定："付款人承兑汇票后，应当承担到期付款的责任。"并且，承兑人是汇票上的主债务人，承担最终的追索责任。持票人即使未按期提示付款或者依法取证，也不丧失对承兑人的追索权。

（2）对持票人的效力。经承兑，持票人即取得对承兑人的付款请求权。

（五）汇票的保证

1. 票据保证的含义

票据保证，是指票据债务人之外的人，为担保特定票据债务人的债务履行，以负担同一内容的票据债务为目的，在票据上记载有关事项并签章的票据行为。

票据保证与民法上的保证有类似之处，但它赋予持票人的权利要比民法上的保证更为优厚，这主要体现在票据保证的独立性上。

票据保证是一种票据行为，必须在票据上记载有关事项，才能发生票据保证的效力。《票据法司法解释》第六十一条规定："保证人未在票据或者粘单上记载'保证'字样而另行签订保证合同或者保证条款的，不属于票据保证，人民法院应当适用《中华人民共和国民法典》的有关规定。"因此，未在票据上进行记载，而是另行约定对特定票据债务人的票据债务提供保证的，可以具有民法上的保证的效力，但是并不发生票据保证的效力。

2. 票据保证的实质要件

除了应具备票据行为的一般要件之外，票据保证行为的保证人的资格亦有特殊要求。《票据管理实施办法》第十二条规定："票据法所称'保证人'，是指具有代为清偿票据债务能力的法人、其他组织或者个人。""国家机关、以公益为目的的事业单位、社会团体、企业法人的分支机构和职能部门不得为保证人；但是，法律另有规定的除外。"《票据法司法解释》第五十九条规定："国家机关、以公益为目的的事业单位、社会团体作为票据保证人的，票据保证无效，但经国务院批准为使用外国政府或者国际经济组织贷款进行转贷，国家机关提供票据保证的除外。"

3. 票据保证的款式

（1）绝对必要记载事项。根据《票据法》第四十六条、第四十七条的规定，票据保证的绝对必要记载事项包括三项：保证文句（表明"保证"的字样）、保证人的名称和住所、保证人签章。

（2）相对必要记载事项。根据《票据法》第四十七条的规定，被保证人名称、保证日期是相对必要记载事项。该条第一款规定，保证人未记载被保证人的，已承兑的汇票，承兑人为被保证人；未承兑的汇票，出票人为被保证人。该条第二款规定，保证人未记载保证日期的，出票日期为保证日期。

（3）记载不生票据法上效力事项。《票据法》第四十八条规定："保证不得附有条件；附有条件的，不影响对汇票的保证责任。"也就是说，保证所附的条件不发生票据法上的效力。

《票据管理实施办法》第二十三条规定："保证人应当依照票据法的规定，在票据或者其粘单上记载保证事项。保证人为出票人、付款人、承兑人保证的,应当在票据的正面记载保证事项;保证人为背书人保证的,应当在票据的背面或者其粘单上记载保证事项。"

4. 票据保证的效力

(1) 对保证人的效力。票据保证的主要效力是,使得签章人(保证人)成为票据债务人。票据保证人的责任具有以下三重特性。

第一,票据保证人责任的从属性。保证人与被保证人负同一责任。持票人对被保证人可以主张的任何票据权利,均可向保证人行使,包括在行使票据权利的顺序上,也是一致的。如果以承兑人为被保证人,由于持票人可以向承兑人行使付款请求权,则也可以向保证人行使付款请求权。如果以特定的背书人作为被保证人,则持票人不得对保证人主张付款请求权,只能对其行使追索权。

票据保证人不享有先诉抗辩权,这与民法上的一般保证有所不同(参见《民法典》第六百八十七条)。持票人也并非在被保证人迟延履行时才有权向票据保证人主张权利,而是可以直接对其行使权利。这一点,与民法上的连带责任保证也有所不同(参见《民法典》第六百八十八条)。可见,票据保证可以赋予持票人更加优厚的保护。

第二,票据保证人责任的独立性。《票据法》第四十九条规定:"保证人对合法取得汇票的持票人所享有的汇票权利,承担保证责任。但是,被保证人的债务因汇票记载事项欠缺而无效的除外。"被保证人的债务如果因为某种原因而并不存在,需要分析其原因,以判断其对票据保证之效力的影响。如果被保证人的债务乃是因为形式要件的欠缺而无效(即因为汇票记载事项欠缺而无效),那么,保证人也不承担票据责任。例如,票据保证以承兑人为被保证人,但是承兑人的签章不符合法律规定的形式(例如,加盖了公司的合同专用章),因而承兑行为无效,那么票据保证行为也因此而无效。假如被保证人的债务乃是因为实质要件的欠缺而无效,例如,欠缺民事行为能力、签章伪造、无权代理、欺诈、胁迫等,则不影响票据保证行为的效力。当然,即使票据保证有效,可以对其主张票据保证责任的,只能是票据权利人。所以,该条规定,持票人必须"合法取得汇票"。如前所述,此类情形属于票据抗辩中的"物的抗辩",保证人自然也可以对持票人主张。

例如,甲公司签发汇票给乙公司,以 A 银行为付款人。A 银行承兑。B 伪造乙公司的签章而背书转让给恶意的丙公司,丙公司背书转让给善意无过失的丁公司,丁公司被戊公司胁迫而背书转让。C 在背书栏中以乙公司为被保证人而进行了票据保证的记载并签章。从票据权利的归属来看,乙公司的签章被伪造,丙公司恶意,因此背书行为无效。但是丙公司背书转让给丁公司,丁公司善意取得票据权利。丁公司受到戊公司胁迫,背书行为无效,戊公司并未取得票据权利,丁公司仍然是票据权利人。从票据保证来看,C 的票据保证以乙公司为被保证人,乙公司的转让背书并非因为欠缺形式要件而无效,因此,C 的票据保证仍然有效。有权对 C 主张票据保证上的权利的,是票据权利人。如上分析,戊公司并非真正的票据权利人,C 可以对其拒绝履行债务。假设丁公司对戊公司提起票据返还诉讼并胜诉,重新取得票据后,如对 C 主张票据权利,则 C 应当承担保证责任。具体而言，C的票据责任与被保证人乙公司相同。假设丁公司在票据到期日直接向C主张票据金额，C可以拒绝其请求，因为C的票据责任只与乙公司应有之责任（追索责任）相同。假如丁公司向承兑人A银行按期请求付款而遭到拒绝，在保全其票据权利后，直接向C追索，C应当承担票据责任。C对丁公司承担票据责任后，有权向甲公司、A银行再追索，但是无权对乙公司、丙公司追索。

第三，票据保证人责任的连带性。根据《票据法》第五十条、第五十一条的规定，保证人应当与被保证人对持票人承担连带责任；保证人为二人以上的，保证人之间承担连带责任。

（2）对持票人的效力。票据保证生效的，持票人（票据权利人）的权利又多了一个票据债务人。如果承兑人是被保证人，持票人有权向保证人行使付款请求权。如果出票人、转让背书人是被保证人，持票人有权对其行使追索权。

（3）对被保证人及其前手、后手的效力。票据保证行为使得持票人的权利增加了一个债务人。如果承兑人是被保证人，保证人向持票人履行票据债务后，票据关系全部消灭。如果出票人、转让背书人是被保证人，当持票人对其行使追索权时，保证人对其履行票据债务后，被保证人的后手的票据责任消灭，但是，被保证人及其前手的票据责任仍然存在，保证人成为票据权利人，可以对其行使再追索权。

保证人对前手行使再追索权时，适用抗辩切断制度。被再追索的票据债务人，不得以其与被保证人或者被保证人的前手之间的抗辩事由对抗善意的保证人。

（六）汇票的付款

1. 汇票付款的概念

汇票付款，是指付款人或者代理付款人依照汇票文义支付票据金额的行为。广义的付款还包括追索义务人对追索权利人的支付、票据保证人对持票人的支付。这里所分析的是狭义的付款。

出票是票据关系的起点。在通常情形下，付款是票据关系的终点。付款人或者代理付款人支付票据金额后，票据关系全部消灭。但是，付款并非一种票据行为。依照上文所述的票据行为的定义，票据行为是能够导致票据权利、义务发生的法律行为。付款的法律效果是导致票据权利、义务消灭。显然，付款并非票据行为。

付款主要包括两个步骤：持票人的提示付款行为，以及付款人或者代理付款人支付票据金额的行为。

2. 提示付款

提示付款，是指持票人或者其代理人向付款人或者代理付款人现实地出示票据，请求其付款的行为。

（1）提示付款的当事人。有权提示付款的，是持票人，包括持有票据的票据权利人，以及受委托收取票款的代理人。实务中，多数的汇票均由持票人委托自己的开户银行（通过委托收款背书）作为代理人来提示付款。

提示付款的被提示人，也就是接受付款提示的人，可以是付款人本人，也可以是付款人的代理人（即"代理付款人"），还可以是"票据交换系统"。对于银行承兑汇票，持票人通常向承兑银行提示付款。银行汇票主要用于异地结算，通常由代理付款人付款。

商业承兑汇票一般由付款人的开户银行作为代理付款人。所谓"票据交换系统",是指由中国人民银行当地分支行主持、在同一票据交换地区、由各个金融机构对于相互之间代收、代付一定金额的票据以及其他凭证,按照规定的时间、场次等要求,集中进行交换和清算资金的系统。通过票据交换系统,金融机构之间可以只结算差额。

(2) 提示付款时应提供的文件。提示付款时,提示人应提交票据,还应提供合法身份证明或者有效证件。如果背书不连续,或者持票人乃是因为票据行为之外的原因(例如法人合并)而取得票据权利,还应提供相关证据。

(3) 提示付款的期间。根据《票据法》第五十三条的规定,见票即付的汇票,自出票日起1个月内向付款人提示付款;定日付款、出票后定期付款或者见票后定期付款的汇票,自到期日起10日内向承兑人提示付款。如前所述,未在该期限内提示付款的,持票人丧失部分前手的追索权,但是对承兑人、出票人的票据权利仍然存在。

(4) 提示付款的例外。如果纸质票据权利人丧失了票据,就无法正常地提交票据以请求付款,只能依照票据丧失的补救措施证明自己的权利,并持相应的法律文书请求付款。

如果持票人在远期汇票提示承兑时被拒绝,在取得付款人的拒绝证明后,可以向前手行使追索权。在此种情况下,持票人自然不必再毫无意义地提示付款。

此外,《票据法》第六十三条、第六十四条规定的几种情形,包括因付款人死亡、逃匿或者其他原因而无法对其提示付款,或者付款人被人民法院依法宣告破产或者因违法被责令终止业务活动,持票人也可以不必对其提示付款。

3. 付款

(1) 付款人的审查。收到付款提示后,付款人应当进行审查。付款人的审查主要分两个方面:票据权利的真实性;提示付款人身份的真实性。也就是说,票据所记载的持票人,是否真实地享有票据权利;提示付款人,是否就是票据所记载的持票人。《票据法》第五十七条第一款规定:"付款人及其代理付款人付款时,应当审查汇票背书的连续,并审查提示付款人的合法身份证明或者有效证件。"该款即分别就上述两个方面作出规定。当然,该款仅规定了付款人对背书连续性的审查,这并不全面,因为背书连续性是付款人审查票据权利真实性的主要环节,但并非唯一的事项。

对于票据权利的真实性,付款人原则上仅有形式审查的义务。即仅从票据的外观进行审查。其中主要包括:票据凭证是否符合法律规定;出票、背书等票据行为是否记载了绝对必要记载事项,是否记载了使票据行为无效事项等;票据记载的到期日是否到来。特别应当审查转让背书是否连续。

对于票据权利的真实性,付款人没有实质审查的义务。票据行为可能因为欠缺某个实质要件而无效,但是在票据的形式上却没有瑕疵。付款人并无义务审查各个实质要件是否满足。例如,持票人的前手欠缺民事行为能力,或者其签章是伪造的,并且因此而导致持票人并非真正的票据权利人,付款人即使未对此事项进行审查并查明,也不承担责任(下文详述)。

提示付款人身份的真实性问题,付款人应当进行实质审查。这一事项并非票据所记载的事项,只能进行实质审查。例如,票据所记载的最后被背书人是"张晓叁",在票据到期时,某人持"张晓叁"的居民身份证提示付款。付款人应当审查此人是不是"张晓叁",具体方法，只能是审查其居民身份证的真实性，身份证上的照片是否与提示付款人相吻合。这一审查，无可避免是一种实质审查。因身份错误而发生的付款问题，下文详述。

经审查无误后，付款人即应足额付款。

（2）汇票的签收与缴回。付款人付款时，有权要求持票人在汇票上签收并交出汇票。《票据法》第五十五条规定："持票人获得付款的，应当在汇票上签收，并将汇票交给付款人。持票人委托银行收款的，受委托的银行将代收的汇票金额转账收入持票人账户，视同签收。"《票据管理实施办法》第二十五条规定："票据法第五十五条所称'签收'，是指持票人在票据的正面签章，表明持票人已经获得付款。"

（3）付款的效力。付款人对票据权利人付款的，汇票上的票据关系全部消灭，全体票据债务人的债务消灭。

4. 错误付款

如果付款人向客观上并非票据权利人的提示付款人付款，应发生何种法律效果？

《票据法》第五十七条第二款规定："付款人及其代理付款人以恶意或者有重大过失付款的，应当自行承担责任。"根据该规定，付款人（或者代理付款人）将票据金额支付给非票据权利人时，应区分其过错状态来确定付款的法律后果。

（1）善意且无重大过失的错误付款。假如付款人不知道提示付款人并非票据权利人，并且是因为无过失或者轻过失而不知情，那么，付款人的付款行为与一般的付款具有相同的效力。也就是说，全部票据关系均消灭。这样，真正票据权利人的权利也因此而消灭，只能根据民法上的侵权责任制度或者不当得利制度向获得票据金额的当事人主张权利。

（2）恶意或者重大过失付款。如果付款人明知提示付款人并非票据权利人（"恶意"），或者虽然并非明知，但是进行一般的审查即可获知持票人并非票据权利人，却没有进行审查或者经过审查而没有发现（"重大过失"），而向持票人付款的，"应当自行承担责任"。也就是说，此时的付款并不发生通常情形下付款的效力，票据关系并不因此而消灭，真正的票据权利人的权利仍然存在，各个票据债务人（包括承兑人）的票据责任仍然继续存在。付款人因为已经对提示付款人付款而发生的损失，只能另行根据民法上的侵权责任制度或者不当得利制度向获得票据金额的当事人请求赔偿或者返还。

付款人对于票据权利的真实性问题，并无实质审查的义务，只有形式审查的义务。假如票据存在形式上的瑕疵，付款人可以通过形式审查发现持票人并非真正的票据权利人，即可认为付款人至少存在重大过失。假如票据上的某个票据行为欠缺某个实质要件并因此而无效，导致持票人并非票据权利人，如上文所言，付款人对此并无审查的义务。假如付款人因为未审查而不知情，并不能认为其有过失。但是，假如付款人因为某种其他原因而知情，却以其没有实质审查义务为由而"假装"不知情，仍构成"恶意"付款。假如付款人因为某种其他原因而应当知情，并且由于重大过失而未了解有关情况，那么，尽管其的确不知道提示付款人非票据权利人，也构成重大过失付款。需要注意的是，假如票据存在形式上的瑕疵（主要是出票行为上的瑕疵）而导致票据整体无效，那么，票据上并不存在任何真正的票据权利人。这样，也就不存在所谓恶意或者重大过失付款的问题，因为这一问题乃是针对票据有效但是提示付款人并非真正票据权利人的情形。

关于提示付款人身份的真实性，付款人应当进行实质审查。假如付款人未能识别出伪造、变造的身份证件，不能仅仅因此就认定付款人有重大过失，仍须结合其他事实来认定。例如，提示付款人所提供的身份证件，一望可知是伪造的，付款人竟然以为真实而付款，则应认为有重大过失；假如伪造的身份证十分逼真，付款人采取了合理的核实措施却未能辨别的，不能认为有重大过失。

由于票据行为的独立性，即使付款人对于某个票据行为存在形式或者实质瑕疵处于明知或者应知的状态，假如这一瑕疵不影响持票人的票据权利，其付款不属于恶意或者重大过失付款。例如，付款人在收到付款提示时发现，票据保证人在背书栏中的签章不符合法律要求，但是转让背书连续、无形式瑕疵。票据保证生效与否并不影响票据权利的归属，付款人对持票人的付款不属于恶意或者重大过失付款。又如，对于 A 签发的票据，付款人 X 明知收款人 B 对 C 的转让背书属于狭义无权代理，也就是被背书人 C 不能取得票据权利，但是 C 又将票据背书转让给 D，D 作为最后持票人请求付款。假如 D 可以基于善意取得制度取得票据权利，付款人 X 应当对 D 付款。尽管 X 因为某种原因而明知 B 的转让背书无效，也不构成恶意付款。

（3）期前的错误付款。《票据法》第五十八条规定："对定日付款、出票后定期付款或者见票后定期付款的汇票，付款人在到期日前付款的，由付款人自行承担所产生的责任。"基于该规定，对于远期汇票，付款人如果在到期日之前付款，假如提示付款人是真正的票据权利人，付款的法律效果与到期之后的付款相同。但是，假如发生了错误付款，那么即使付款人善意且无过失，仍然要"自行承担所产生的责任"。其法律效果与恶意或者重大过失付款相同。

（七）汇票的追索权和再追索权

1. 汇票追索权的概念

汇票的追索权，是指汇票到期不获付款、到期前不获承兑或者有其他法定原因时，持票人依法向汇票上的债务人请求偿还票据金额、利息和其他法定款项的票据权利。

追索权是票据法上的重要制度。持票人的付款请求权不能或者有可能不能实现时，追索权制度使得持票人可以向所有的票据债务人请求偿还票据金额以及利息和费用，其债权获得最终实现的可能性大大提高，从而增加了票据的信用。《票据法司法解释》第五条将付款请求权称为"第一顺序权利"，将追索权称为"第二顺序权利"。

2. 追索权的当事人

（1）追索权人。追索权人是享有票据权利的最后持票人。

（2）被追索人。追索权人的追索权所针对的义务人，称为被追索人，或者偿还义务人，其负有偿还票据金额、利息和法定费用的义务。根据《票据法》第六十一条的规定，被追索人包括背书人、出票人、保证人、承兑人。其中，承兑人既是付款义务人，也是被追索人。在其作为被追索人而承担票据责任时，其票据义务的范围不限于票据金额，还包括利息和费用。

3. 追索权的取得

追索权是第二顺序的票据权利。与付款请求权不同，须满足更多的条件时，才能够取得该权利,并且,在特定情形下,票据权利人还会丧失对部分票据债务人的追索权。

(1) 到期追索权的发生原因。根据《票据法》第六十一条第一款的规定,汇票到期被拒绝付款的,持票人可以行使追索权。在解释上,在汇票到期时因为付款人的原因而发生客观上无法提示付款的情形,也可以行使追索权。例如,票据所记载的付款场所并不存在、付款人不存在等。

(2) 期前追索权的发生原因。对于远期汇票来说,持票人还可能在到期前取得追索权。在票据记载的到期日到来之前,如果发生了特定的事由使到期付款已经不可能或者可能性显著降低,法律赋予了持票人在到期之前就进行追索的权利。这种追索权,称为"期前追索权"。

根据《票据法》第六十一条第二款的规定,持票人取得期前追索权的情形主要有:被拒绝承兑(包括承兑附条件);承兑人或者付款人死亡、逃匿;承兑人或者付款人被宣告破产或者因违法被责令终止业务活动。但是,我国当前的汇票一般不存在个人作为付款人的情形。即使是商业承兑汇票,也是在法人和其他组织之间使用。《票据法》该条规定的是一般法理。

4. 追索权的保全

如上文所述,持票人须遵期提示、依法取证,才能保全其追索权。但在例外情形下,持票人可以不必提示承兑或者提示付款,即可基于有关证据而行使追索权,而不发生丧失追索权的后果。这主要包括:在票据到期之前或者到期时,出现付款人死亡、逃匿、被宣告破产、被责令终止业务活动等情形,持票人无法对其提示承兑或者提示付款。

此时,持票人无法取得拒绝证明,但是可以依法取得关于付款人死亡或者逃匿的有关证明(包括医院或者有关单位出具的付款人死亡的证明、人民法院出具的宣告付款人失踪或者死亡的证明或者法律文书;公安机关出具的付款人逃匿或者下落不明的证明等);公证机关出具的具有拒绝证明效力的文书;人民法院宣告付款人破产的司法文书以及行政主管部门责令付款人终止业务活动的行政处罚决定。这些文件,具有拒绝证明的效力,持票人可以以此行使追索权。如果未取得这些文件,则不能行使追索权。

5. 追索的金额

根据《票据法》第七十条第一款的规定,持票人行使追索权,可以请求被追索人支付的金额包括:被拒绝付款的汇票金额;汇票金额自到期日或者提示付款日起至清偿日止,按照中国人民银行规定的利率计算的利息;取得有关拒绝证明和发出通知书的费用。

关于利率,根据《票据管理实施办法》第二十九条、《票据法司法解释》第二十一条、《支付结算办法》第四十六条的规定,指中国人民银行规定的同档次流动资金贷款利率。

6. 追索权的行使

最后持票人行使追索权的方式,《票据法》有详细的规定。

首先,持票人负有及时通知的义务。持票人应当自收到被拒绝承兑或者拒绝付款的有关证明之日起3日内,将被拒绝的事由书面通知其直接前手,还可以同时通知其他(甚至全部)的追索义务人。如果未按照规定期限通知,虽然仍可以行使追索权,但应当赔偿因为迟延通知而给被追索人造成的损失,赔偿金额以汇票金额为限。持票人的直接前手应当自收到通知之日起 3 日内书面通知其自己的再前手（参见《票据法》第六十六条、第六十七条）。

其次，持票人应当确定被追索的对象。根据《票据法》第六十八条的规定，汇票的出票人、背书人、承兑人和保证人对持票人承担连带责任。持票人可以不按照汇票债务人的先后顺序，对其中任何一人、数人或者全体行使追索权。持票人对汇票债务人中的一人或者数人已经进行追索的，对其他汇票债务人仍可以行使追索权。票据债务人的连带责任，使得持票人获得了很高程度的保障。需要注意的是，在回头背书的情形下，持票人的追索权有限制（参见《票据法》第六十九条）。

被追索人如果依照《票据法》第七十条第一款所规定的金额履行了债务，则消灭了自己的债务。如果被追索人是票据上的最终债务人，包括承兑人，或者未经承兑之汇票的出票人，则票据上的全部债权债务消灭。如果被追索人是其他票据债务人，根据《票据法》第六十八条第三款第二句的规定，即"与持票人享有同一权利"，也就是成了新的票据权利人，可以向其前手再追索，但是对于其后手没有再追索权（基于《票据法》第六十九条的解释）。

根据《票据法》第七十条第二款、第七十一条第二款的规定，被追索人清偿债务时，行使追索权的持票人应交回汇票和有关拒绝证明，并出具所收到的利息和费用的收据。

7. 追索权行使的效力

根据《票据法》第七十二条的规定，被追索人清偿其债务后，其自身的票据责任消灭。并且，根据被追索人是否属于票据上的最后债务人，来确定票据上的全部债权债务均告消灭，抑或被追索人成为新的票据权利人，进而对其前手发生再追索权。在后种情形下，抗辩切断制度适用于再追索权人与其追索义务人之间的关系。也就是说，被追索人不得以其对于再追索权人的前手之间的抗辩事由对抗再追索权人，除非其相互之间有直接的基础关系，或者再追索权人明知这一抗辩事由的存在。

8. 再追索权

有关的票据债务人在被持票人追索而清偿了相应的债务后，就享有了作为持票人的权利，享有再追索权，有权向其前手进行再追索。再追索权人，可以包括背书人、保证人、出票人。关于保证人，《票据法》第五十二条规定："保证人清偿汇票后，可以行使持票人对被保证人及前手的追索权。"

再追索权与追索权的保全有密切联系。如果追索权得以保全，自然可以进而发生再追索的问题。如果追索权因为未能保全而消灭，只有出票人和承兑人仍然承担票据责任。在这种情形下，再追索权的发生余地已经很小，即：持票人向出票人追索，出票人对其清偿了债务后，向承兑人进行再追索。

根据《票据法》第七十一条第一款的规定，被追索人依照前条规定清偿后，向其他汇票债务人行使再追索权时可以请求支付的金额包括：已清偿的全部金额；前项金额自清偿日起至再追索清偿日止，按照中国人民银行规定的利率计算的利息；发出通知书的费用。其中，利率标准的确定方法同上。

再追索权人行使其权利时，其追索义务人仍然承担连带责任。与上文所述相同，假如其选择最终债务人行使权利，并且最终债务人按照《票据法》第七十一条第一款规定的金额履行债务，票据上的全部债权债务消灭。如果被追索人是其他票据债务人，其清偿债务后还进一步发生再追索的问题。

九、本票的具体制度

（一）本票概述

1. 本票的概念

本票，是指出票人签发的，承诺自己在见票时无条件支付确定的金额给收款人或者持票人的票据。

2. 本票的特征

本票是出票人承诺自己支付一定金额的票据，因此并不存在与汇票上的付款人相当的票据当事人，进而也就不存在承兑制度。从理论上来说，可以根据出票人的身份是银行还是其他当事人，区分为银行本票和商业本票。不过，我国现行法之下的本票仅有银行本票，而不存在商业本票。当然，我国现行票据制度承认出票人兼付款人的商业承兑汇票，其功能相当于商业本票。

根据《支付结算办法》等规定，我国的本票仅仅在有限的情形下使用。单位或者个人需要使用银行本票的，应当将相应的金额交给出票银行。银行收妥后，在符合法律规定的其他条件的情形下，签发银行本票。此外，现行法之下的本票均为见票即付，而不存在远期的本票。也就是说，我国实务中的本票仅仅发挥支付功能，与银行汇票类似，而不像商业汇票那样可以发挥信用功能。

《票据法》关于汇票的规定是比较完整的，而对于本票则只规定了本票的特殊制度，其他制度适用关于汇票的规定。这里也主要介绍本票的特殊制度。

（二）本票的出票

1. 本票的出票人

根据《支付结算办法》第一百条的规定，银行本票的出票人，为经中国人民银行当地分支行批准办理银行本票业务的银行机构。向银行申请签发本票的当事人（"本票申请人"）并非出票人。

2. 本票出票的款式

（1）绝对必要记载事项。根据《票据法》第七十五条的规定，本票的绝对必要记载事项包括6项：表明"本票"的字样；无条件支付的承诺；确定的金额；收款人名称；出票日期；出票人签章。未记载上述任一事项均导致出票无效。

收款人由出票人按照本票申请人的指定填写。出票人当然也可以指定由自己作为收款人。假如出票人按照申请人的要求填写了第三人作为收款人，出票人在记载完毕后，并非直接将本票交付给收款人，而是交付给申请人。此时，出票行为尚未完成，因为票据行为所要求的"交付"要件是指交付给票据权利人。只有当申请人将本票交付给收款人时，出票行为才生效。

（2）相对必要记载事项。根据《票据法》第七十六条的规定，付款地和出票地是相对必要记载事项。本票上未记载付款地的，出票人的营业场所为付款地。本票上未记载出票地的，出票人的营业场所为出票地。

(3) 其他事项。根据《票据法》第八十条第二款的规定，本票的出票行为除了该章的特殊规定外，适用《票据法》第二十四条关于汇票的规定，即其他记载事项不发生票据法上的效力。

需要注意的是，出票人如果记载了"不得转让"字样，该本票不得转让。《票据法》虽然没有就本票的出票行为直接作出这一规定，但是基于《票据法》第八十条第一款的规定，该法关于汇票背书的规定适用于本票，因此《票据法》第二十七条第二款（规定在汇票的"背书"一节）的规定可以适用。也就是说，就出票行为而言，这一事项属于任意记载事项。

3. 出票的效力

出票行为生效后，出票人成为第一债务人，收款人成为票据权利人。

（三）本票的付款

1. 被提示人

与汇票不同，本票的出票人是最终的票据责任人，持票人应当向出票人提示付款。

2. 提示付款期限

现行法之下的本票均为见票即付。《票据法》第七十八条规定，持票人的提示见票并请求付款的期限最长不超过2个月。也就是说，持票人可以在出票日起2个月内随时提示付款。超过这一期限提示付款的，按照《票据法》第七十九条的规定，持票人即丧失对出票人之外的前手的追索权。

（四）汇票有关制度的适用

《票据法》第八十条第一款规定："本票的背书、保证、付款行为和追索权的行使，除本章规定外，适用本法第二章有关汇票的规定。"有关内容可以参考上文所述。

由于本票制度的特点，汇票上的有关制度并非可以全部适用。例如，仅适用于远期汇票的各种规定，不能适用于本票。其中包括并不发生所谓期前追索的问题。

十、支票的具体制度

（一）支票概述

1. 支票的概念

支票，是指出票人签发的，委托办理支票存款业务的银行或者其他金融机构在见票时无条件支付确定的金额给收款人或者持票人的票据。

2. 支票的特点

支票与汇票非常类似，其基本当事人（出票行为的当事人）有三个：出票人、付款人、收款人。其最特殊之处是，付款人的资格有明确的限制。支票的付款人，必须是办理支票存款业务的银行或者其他金融机构（以下统一简称为"银行"）。其他组织或者个人不能成为支票的付款人。

根据《票据管理实施办法》第十一条的规定，支票的出票人，必须是在经中国人民银行批准办理支票存款业务的银行、城市信用合作社（现已改制为城市商业银行）和农村信用合作社开立支票存款账户的企业、其他组织和个人。一个单位或者个人在银行开立支票存款业务后，存入一定的款项，即可领用空白的支票本，供其在需要时签发支票。

在我国，支票主要发挥的是支付手段的功能。因此，现行法不允许支票所记载的付款人进行承兑。持票人请求付款时，假如出票人在付款人处的存款金额足够支付支票金额，则付款人应当付款；如果不足，则付款人应当拒绝付款。

此外，根据《票据法》第九十条的规定，支票均为见票即付，不存在远期支票。

支票的另一特点是，收款人名称并非出票行为的绝对必要记载事项，可以授权补记。

（二）支票出票的款式

1. 绝对必要记载事项

根据《票据法》第八十四条的规定，支票的出票行为有6个绝对必要记载事项：表明"支票"的字样；无条件支付的委托；确定的金额；付款人名称；出票日期；出票人签章。支票上未记载上述任一事项的，支票无效。但是，根据《票据法》第八十五条第一款的规定，支票上的金额可以由出票人授权补记，未补记前不得使用。

2. 相对必要记载事项

根据《票据法》第八十六条的规定，付款地、出票地是相对必要记载事项。支票上未记载付款地的，付款人的营业场所为付款地。支票上未记载出票地的，出票人的营业场所、住所或者经常居住地为出票地。

3. 任意记载事项

《票据法》第八十六条第一款规定："支票上未记载收款人名称的，经出票人授权，可以补记。"并且，第八十四条并未将收款人名称列为绝对必要记载事项。可以理解为，出票人既可以授权收取支票的相对人补记，也可以由相对人再授权他人补记。例如，甲公司签发支票给乙公司，但是未记载收款人。乙公司为支付货款，直接将支票交付给丙公司，未作任何记载。丙公司将自己的名称记载为收款人后，持票向付款人主张票据权利。甲公司、乙公司的行为，均符合票据法。也就是说，就支票而言，我国票据法承认了转让背书之外的这种票据权利转让方式。

此外，基于《票据法》第九十三条第一款、第二十七条第二款的规定，出票人也可以记载"不得转让"字样。如有该记载，则支票不得转让。

4. 记载不生票据法上效力的事项

《票据法》第九十三条第二款规定："支票的出票行为，除本章规定外，适用本法第二十四条、第二十六条关于汇票的规定。"应当理解为，基于《票据法》第二十六条的规定，出票人免除其担保付款责任的记载不发生票据法上的效力。其他记载，也不发生票据法上的效力。

5. 记载无效事项

根据《票据法》第九十条的规定，支票限于见票即付；如果出票人记载了以其他方式计算的到期日，该记载无效。

6. 记载使支票无效事项

由于《票据法》第八十四条第一款第二项将"无条件支付的委托"规定为绝对必要记载事项，假如出票人记载了付款人支付票据金额的条件，即应认为欠缺该绝对必要记载事项，支票无效。

（三）支票的付款

1. 付款提示期限

《票据法》第九十一条第一款规定："支票的持票人应当自出票日起10日内提示付款；异地使用的支票，其提示付款的期限由中国人民银行另行规定。"根据第二款的规定，超过该期限提示付款的，持票人丧失对出票人之外的前手的追索权。

2. 支付密码

《票据管理实施办法》第二十二条规定："申请人申请开立支票存款账户的，银行、城市信用合作社和农村信用合作社可以与申请人约定在支票上使用支付密码，作为支付支票金额的条件。"

3. 付款人的责任

支票的付款人并未在票据上签章，票据法甚至未设置相当于承兑的制度，因此，付款人并未进行任何票据行为，并非票据债务人。如果持票人提示付款时，出票人的存款金额不足以支付支票金额（此时称为"空头支票"，参见《票据法》第八十七条），付款人不予付款。

第三节 非票据结算方式

一、汇兑

（一）汇兑概述

汇兑是汇款人委托银行将其款项支付给收款人的结算方式。汇兑简便灵活，适用于单位和个人的各种款项的结算，且不受金额起点的限制。汇兑分为信汇和电汇两种。信汇是以邮寄方式将汇款凭证转给外地收款人指定的汇入行，电汇则是以电报方式将汇款凭证转发给收款人指定的汇入行，后者更加快捷，汇款人可以根据实际情况选择使用。

（二）汇兑的基本流程

汇兑业务的基本流程如图9-1所示。

（1）汇款人按要求签发汇兑凭证。汇款人签发汇兑凭证时，必须记载相关事项并签章。汇兑凭证上记载收款人为个人的，收款人需要到汇入银行领取汇款，汇款人应在汇兑凭证上注明"留行待取"字样。

（2）汇出银行受理、审查汇款人签发的汇兑凭证。经审查无误后，应及时向汇入银行办理汇款，并向汇款人签发汇款回单。汇款回单只能作为汇出银行受理汇款的依据，不能作为该笔汇款已转入收款人账户的证明。

（3）汇入银行接收汇出银行的汇兑凭证，经审核无误后，根据收款人的不同情况进行审查并办理付款手续。

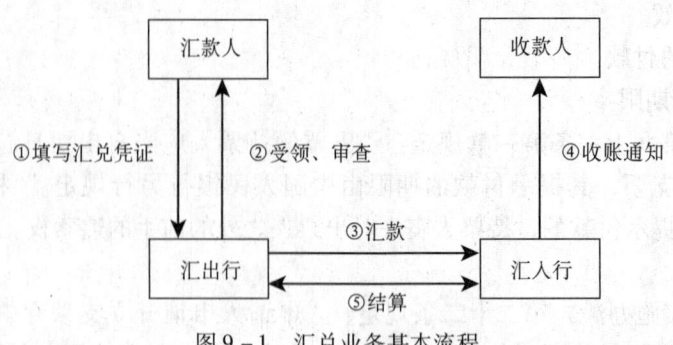

```
            汇款人              收款人
              ↑                  ↑
   ①填写汇兑凭证  ②受领、审查   ④收账通知
              ↓                  ↑
                    ③汇款
            汇出行  ————————→  汇入行
                    ⑤结算
```

图 9-1 汇兑业务基本流程

①汇入银行对开立存款账户的收款人，应将汇给其的款项直接转入收款人账户，并向其发出收账通知。收账通知是银行将款项确已收入收款人账户的凭据。

②未在银行开立存款账户的收款人，凭信、电汇的取款通知或"留行待取"的，向汇入银行支取款项，必须交验本人的身份证件，在信、电汇凭证上注明证件名称、号码及发证机关，并在"收款人签盖章"处签章；信汇凭签章支取的，收款人的签章必须与预留信汇凭证上的签章相符。银行审查无误后，以收款人的姓名开立应解汇款及临时存款账户，该账户只付不收，付完清户，不计付利息。

③支取现金的，信、电汇凭证上必须有按规定填明的"现金"字样，才能办理。未填明"现金"字样，需要支取现金的，由汇入银行按照国家现金管理规定审查支付。

④收款人还可以委托他人向汇入银行支取款项，或者转账支付到单位或个体工商户的存款账户（严禁转入储蓄和信用卡账户），或者办理转汇。

（三）汇兑的撤销和退汇

1. 撤销

汇款人对汇出银行尚未汇出的款项可以申请撤销。汇出银行查明确未汇出款项的，收回原信、电汇回单，方可办理撤销。

2. 退汇

汇款人对汇出银行已经汇出的款项可以申请退汇。对在汇入银行开立存款账户的收款人，由汇款人与收款人自行联系退汇；对未在汇入银行开立存款账户的收款人，汇款人应出具正式函件或本人身份证件以及原信、电汇回单，由汇出银行通知汇入银行，经汇入银行核实汇款确未支付，并将款项汇回汇出银行，方可办理退汇。

汇入银行对于收款人拒绝接受的汇款，应立即办理退汇。汇入银行对于向收款人发出取款通知，经过 2 个月无法交付的汇款，应主动办理退汇。

二、托收承付

（一）托收承付概述

托收承付，是根据买卖合同由收款人发货后委托银行向异地付款人收取款项，由付款人向银行承认付款的结算方式。托收承付结算款项的划回方法，分邮寄和电报两种，由收款人选用。托收承付结算每笔的金额起点为 1 万元（新华书店系统为 1000

元)。

《支付结算办法》对托收承付的适用规定了较为严格的条件：(1) 使用托收承付结算方式的收款单位和付款单位，必须是国有企业、供销合作社以及经营管理较好，并经开户银行审查同意的城乡集体所有制工业企业。(2) 办理托收承付结算的款项，必须是商品交易，以及因商品交易而产生的劳务供应的款项。代销、寄销、赊销商品的款项，不得办理托收承付结算。(3) 收付双方使用托收承付结算必须签有符合法律规定的买卖合同，并在合同上订明使用异地托收承付结算方式。(4) 收款人办理托收，必须具有商品确已发运的证件（包括铁路、航运、公路等运输部门签发的运单、运单副本和邮局包裹回执）。没有发运证件，可凭其他有关证件办理。(5) 收付双方办理托收承付结算，必须重合同、守信用。如果收款人对同一付款人发货托收累计三次收不回货款的，收款人开户银行应暂停收款人向付款人办理托收；付款人累计三次提出无理拒付的，付款人开户银行应暂停其向外办理托收。

(二) 托收承付的基本流程

托收承付业务的基本流程如图9-2所示。

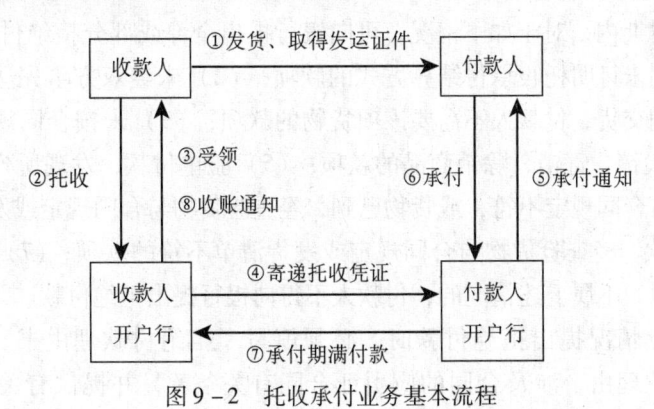

图9-2 托收承付业务基本流程

1. 托收

托收是指收款人根据买卖合同发货后，委托银行向付款人收取款项。

收款人办理托收，应填制托收凭证，盖章后并附发运证件或其他符合托收承付结算的有关证明和交易单证送交银行。

收款人开户银行接到托收凭证及其附件后，应当按照托收范围、条件和托收凭证填写的要求认真进行审查。经审查无误的，将有关托收凭证连同交易单证，一并寄交付款人开户行。

2. 承付

承付是指由付款人向银行承认付款的行为。

付款人开户银行收到托收凭证及其附件后，应当及时通知付款人。付款人在承付期内审查核对，安排资金。

承付货款分为验单付款和验货付款两种，由收付双方商量选用，并在合同中明确规定。

验单付款的承付期为3天，从付款人开户银行发出承付通知的次日算起（承付期内遇法定休假日顺延）。付款人在承付期内，未向银行表示拒绝付款，银行即视为承付，并在承付期满的次日（遇法定休假日顺延）上午银行开始营业时，将款项主动从付款人的账户内付出，划给收款人。

验货付款的承付期为10天，从运输部门向付款人发出提货通知的次日算起，收付双方在合同中明确规定，并在托收凭证上注明验货付款期限的，银行从其规定。付款人收到提货通知后，应即向银行交验提货通知，付款人在银行发出承付通知后（次日算起）的10天内，未收到提货通知，应在第10天将货物尚未到达的情况通知银行。在第10天付款人不通知银行的，银行即视同已验货，于10天期满的次日上午银行开始营业时，将款项划给收款人；在第10天付款人通知银行货物未到，而以后收到提货通知没有及时送交银行，银行仍按10天期满的次日作为划款日期，并按超过天数，计扣逾期付款赔偿金。收款人则必须在托收凭证上加盖明显的"验货付款"字样戳记。

无论是验单付款还是验货付款，付款人都可以在承付期内提前向银行表示承付，并通知银行提前付款，银行应立即办理划款；因商品的价格、数量或金额变动，付款人应多承付款项的，须在承付期内向银行提出书面通知，银行据此随同当次托收款项划给收款人。

（三）拒绝付款的处理

付款人在承付期内，对于如下情况，可向银行提出全部或部分拒绝付款：（1）没有签订买卖合同或合同未订明托收承付结算方式的款项；（2）未经双方事先达成协议，收款人提前交货或因逾期交货，付款人不需要该项货物的款项；（3）未按合同规定的到货地址发货的款项；（4）代销、寄销、赊销商品的款项；（5）验单付款，发现所列货物的品种、规格、数量、价格与合同规定不符，或货物已到，经查验货物与合同规定或发货清单不符的款项；（6）验货付款，经查验货物与合同规定或发货清单不符的款项；（7）货款已经支付或计算有错误的款项。不属上述情况的，付款人不得向银行提出拒绝付款。

付款人对以上情况提出拒绝付款时，必须填写"拒绝付款理由书"，并加盖单位公章，注明拒绝付款理由，涉及合同的应引证合同有关条款，并提供有关证明，一并送交开户银行。

开户银行经审查，认为拒付理由不成立，均不受理，应实行强制扣款。银行同意部分或全部拒付的，应在拒绝付款理由书上签注意见。部分拒绝付款的，除办理部分付款外，应将拒绝付款理由书连同拒付证明和拒付商品清单邮寄收款人开户银行转交收款人。全部拒绝付款的，应将拒绝付款理由书连同拒付证明和有关单证邮寄收款人开户银行转交收款人。

三、委托收款

（一）委托收款概述

委托收款是收款人委托银行向付款人收取款项的结算方式。委托收款结算款项的划回方式，分邮寄和电报两种，由收款人选用。委托收款的适用范围十分广泛，无论是同城还是异地都可办理。单位和个人凭已承兑商业汇票、债券、存单等付款人债务证明办理款项的结算，均可以使用委托收款结算方式。在同城范围内，收款人收取公用事业费或根据国务院的规定，可以使用同城特约委托收款。收取公用事业费，必须具有收付双方事先签订的合同,由付款人向开户银行授权,并经开户银行同意,报经中国人民银行当地分支行批准。

(二)委托收款的基本流程

委托收款业务的基本流程如图9-3所示。

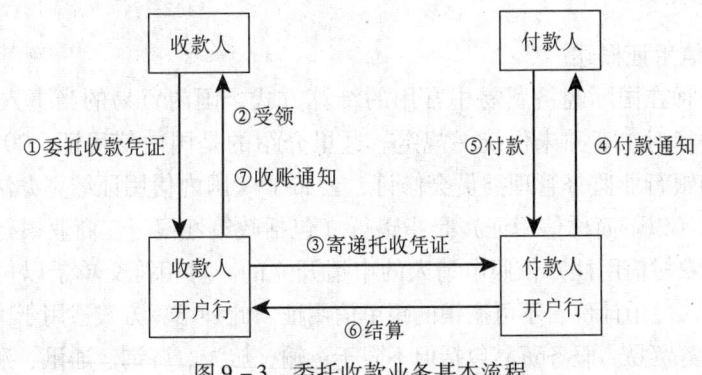

图9-3 委托收款业务基本流程

1. 委托

收款人办理委托收款,应当向银行提交所填写的委托收款凭证和有关债务证明。有关债务证明是指能够证明付款人到期并应向收款人支付一定款项的证明,如水电费单、电话费单、已承兑的商业汇票、债券、存单等。

委托收款以银行以外的单位为付款人的,委托收款凭证必须记载付款人开户银行名称;以银行以外的单位或在银行开立存款账户的个人为收款人的,委托收款凭证必须记载收款人开户银行名称;以未在银行开立存款账户的个人为收款人的,委托收款凭证必须记载被委托银行名称。欠缺上述记载的,银行不予受理。

2. 付款

银行在接到寄来的委托收款凭证及债务证明,并经审查无误之后应向收款人办理付款:(1)以银行为付款人的,银行应在当日将款项主动支付给收款人;(2)以单位为付款人的,银行应及时通知付款人,按照有关办法规定,需要将有关债务证明交给付款人的应交给付款人,并签收。付款人应于接到通知的当日书面通知银行付款。如果付款人未在接到通知日的次日起3日内通知银行付款的,视同付款人同意付款,银行应于付款人接到通知日的次日起第4日上午开始营业时,将款项划给收款人。

付款人提前收到由其付款的债务证明,应通知银行于债务证明的到期日付款。付款人未于接到通知日的次日起3日内通知银行付款,付款人接到通知日的次日起第4日在债务证明到期日之前的,银行应于债务证明到期日将款项划给收款人。

银行在办理划款时,发现付款人存款账户不足支付的,应通过被委托银行向收款人发出未付款通知书。如果债务证明留存付款人开户银行的,应将其债务证明连同未付款项通知书邮寄被委托银行转交收款人。

(三)拒绝付款的处理

付款人在审查有关债务证明后,对收款人委托收取的款项需要拒绝付款的,可以办理拒绝付款:(1)以银行为付款人的,应自收到委托收款及债务证明的次日起3日内出具拒绝证明，连同有关债务证明、凭证寄给被委托银行，转交收款人；（2）以单位为付款人的，应在付款人接到通知日的次日起3日内出具拒绝证明，持有债务证明的，应将其送交开户银行。银行将拒绝证明、债务证明和有关凭证一并寄给被委托银行，转交收款人。

四、国内信用证

（一）国内信用证概述

信用证是一种在国际经济贸易中常用的结算方式，国内贸易的当事人也在一定范围内使用。我国法律对二者并未作统一规定。这里介绍的是国内信用证。2016年，中国人民银行和原中国银行业监督管理委员会修订、公布了《国内信用证结算办法》。

国内信用证（以下简称信用证）是指银行（包括政策性银行、商业银行、农村合作银行、村镇银行和农村信用社）依照申请人的申请开立的、对相符交单予以付款的承诺。我国的信用证是以人民币计价、不可撤销的跟单信用证。此种结算方式适用于国内企事业单位之间的货物和服务贸易。服务贸易包括但不限于运输、旅游、咨询、通讯、建筑、保险、金融、计算机和信息、专有权利使用和特许、广告宣传、电影音像等服务项目。2019年，中国人民银行组织建设了电子信用证信息交换系统，旨在为系统参与者提供统一的国内信用证线上业务办理和信息交换平台及资金清算等服务的信息传输平台。信用证的开立和转让，应当具有真实的贸易背景。但是，在信用证业务中，银行处理的只是单据，而不是单据所涉及的货物或服务。银行只对单据进行表面审核。银行收到单据时，应仅以单据本身为依据，认真审核信用证规定的所有单据，以确定是否为相符交单（指与信用证条款、《国内信用证结算办法》的相关适用条款、信用证审单规则及单据之内、单据之间相互一致的交单）。银行不审核信用证没有规定的单据。信用证与作为其依据的贸易合同相互独立，即使信用证含有对此类合同的任何援引，银行也与该合同无关，且不受其约束。银行对信用证作出的付款、确认到期付款、议付或履行信用证项下其他义务的承诺，不受申请人与开证行、申请人与受益人之间关系而产生的任何请求或抗辩的制约。受益人在任何情况下，不得利用银行之间或申请人与开证行之间的契约关系。

信用证只能用于转账结算，不得支取现金。

（二）信用证的具体流程

办理信用证的基本流程如图9-4所示。

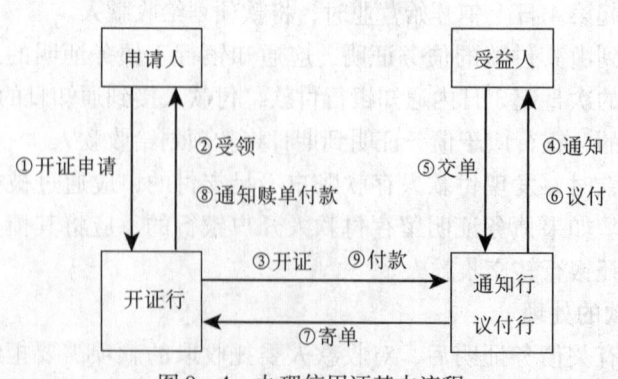

图9-4 办理信用证基本流程

1. 开证

(1) 申请。开证申请人申请开立信用证，须提交其与受益人签订的贸易合同。

(2) 受理。银行与申请人在开证前应签订明确双方权利义务的协议。开证行可要求申请人交存一定数额的保证金，并可根据申请人资信情况要求其提供抵押、质押、保证等合法有效的担保。开证行应根据贸易合同及开证申请书等文件，合理、审慎设置信用证付款期限、有效期、交单期、有效地点；自开立信用证之时起，其即受信用证内容的约束。

开立信用证可以采用信开和电开方式。信开信用证，由开证行加盖业务用章（信用证专用章或业务专用章），寄送通知行，同时应视情况需要以双方认可的方式证实信用证的真实有效性；电开信用证，由开证行以数据电文发送通知行。

信用证应使用中文开立，其记载的基本条款包括：(1) 表明"国内信用证"的字样。(2) 开证申请人名称及地址。(3) 开证行名称及地址。(4) 受益人名称及地址。(5) 通知行名称。(6) 开证日期。(7) 信用证编号。(8) 不可撤销信用证。(9) 信用证有效期及有效地点。(10) 是否可转让。可转让信用证须记载"可转让"字样并指定一家转让行。(11) 是否可保兑。保兑信用证须记载"可保兑"字样并指定一家保兑行。(12) 是否可议付。议付信用证须记载"议付"字样并指定一家或任意银行作为议付行。(13) 信用证金额。金额须以大、小写同时记载。(14) 付款期限。(15) 货物或服务描述。(16) 溢短装条款（如有）。(17) 货物贸易项下的运输交货或服务贸易项下的服务提供条款。(18) 单据条款，须注明据以付款或议付的单据，至少包括发票，表明货物运输或交付、服务提供的单据，如运输单据或货物收据、服务接受方的证明或服务提供方或第三方的服务履约证明。(19) 交单期。(20) 信用证项下相关费用承担方。未约定费用承担方时，由业务委托人或申请人承担相应费用。(21) 表明"本信用证依据《国内信用证结算办法》开立"的开证行保证文句。

2. 保兑

保兑是指保兑行根据开证行的授权或要求，在开证行承诺之外做出的对相符交单付款、确认到期付款或议付的确定承诺。保兑行自对信用证加具保兑之时起即不可撤销地承担对相符交单付款、确认到期付款或议付的责任。指定银行拒绝对信用证加具保兑时，应及时通知开证行。开证行对保兑行的偿付义务不受开证行与受益人关系的约束。

3. 修改

开证申请人需对已开立的信用证内容修改的，应向开证行提出修改申请，明确修改的内容。增额修改的，开证行可要求申请人追加增额担保；付款期限修改的，不得超过法律规定的最长期限。开证行发出的信用证修改书中应注明本次修改的次数。信用证受益人同意或拒绝接受修改的，应提供接受或拒绝修改的通知。如果受益人未能给予通知，当交单与信用证以及尚未接受的修改的要求一致时，即视为受益人已做出接受修改的通知，并且该信用证修改自此对受益人形成约束。对同一修改的内容不允许部分接受，部分接受将被视作拒绝接受修改。开证行自开出信用证修改书之时起，即不可撤销地受修改内容的约束。

保兑行有权选择是否将其保兑扩展至修改：扩展至修改的，自作出扩展通知时即不可撤销地受其约束；不对修改加具保兑的，应及时告知开证行并在给受益人的通知中告知受益人。

4. 通知

（1）通知行的确定。通知行可由开证申请人指定，如申请人未指定，开证行有权指定。通知行可自行决定是否通知：同意通知的，应于收到信用证次日起3个营业日内通知受益人；拒绝通知的，应于收到信用证次日起3个营业日内告知开证行。开证行发出的信用证修改书，应通过原信用证通知行办理通知。

（2）通知行的责任。通知行收到信用证或信用证修改书，应认真审查内容表面是否完整、清楚，核验开证行签字、印章、所用密押是否正确等表面真实性，或另以电讯方式证实。核验无误的，应填制信用证通知书或信用证修改通知书，连同信用证或信用证修改书正本交付受益人。通知行通知信用证或信用证修改的行为，表明其已确信信用证或修改的表面真实性，而且其通知准确反映了其收到的信用证或修改的内容。

通知行确定信用证或信用证修改书签字、印章、密押不符的，应即时告知开证行；表面内容不清楚、不完整的，应即时向开证行查询补正。通知行在收到开证行回复前，可先将收到的信用证或信用证修改书通知受益人，并在信用证通知书或信用证修改通知书上注明该通知仅供参考，通知行不负任何责任。开证行应于收到通知行查询次日起2个营业日内，对通知行做出答复或提供其所要求的必要内容。

通知行应于收到受益人同意或拒绝修改通知书次日起3个营业日内告知开证行，在受益人告知通知行其接受修改或以交单方式表明接受修改之前，原信用证条款对受益人仍然有效。开证行收到通知行发来的受益人拒绝修改的通知，信用证视为未做修改，开证行应于收到通知次日起2个营业日内告知开证申请人。

5. 转让

转让是指由转让行应第一受益人的要求，将可转让信用证的部分或者全部转为可由第二受益人兑用。可转让信用证指特别标注"可转让"字样的信用证。

对于可转让信用证，开证行必须指定转让行，转让行可为开证行。转让行无办理信用证转让的义务，除非其明确同意。转让行仅办理转让，并不承担信用证项下的付款责任，但转让行是保兑行或开证行的除外。

可转让信用证只能转让一次，即只能由第一受益人转让给第二受益人，已转让信用证不得应第二受益人的要求转让给任何其后的受益人，但第一受益人不视为其后的受益人。第二受益人拥有收取转让后信用证款项的权利并承担相应义务。第一受益人的任何转让要求须说明是否允许以及在何条件下允许将修改通知第二受益人。已转让信用证须明确说明该项条款。

6. 议付

议付指可议付信用证项下单证相符或在开证行或保兑行已确认到期付款的情况下，议付行在收到开证行或保兑行付款前购买单据、取得信用证项下索款权利，向受益人预付或同意预付资金的行为。议付行审核并转递单据而没有预付或没有同意预付资金不构成议付。

信用证未明示可议付，任何银行不得办理议付；明示可议付，如开证行仅指定一家议付行，未被指定为议付行的银行不得办理议付，被指定的议付行可自行决定是否办理议付。保兑行对以其为议付行的信用证加具保兑，在受益人请求议付时，须承担对受益人相符交单的议付责任。指定议付行非保兑行且未议付时，保兑行仅承担对受益人相符交单的付款责任。

受益人可对议付信用证在信用证交单期和有效期内向议付行提示单据、信用证正本、信用证通知书、信用证修改书正本及信用证修改通知书（如有），并填制交单委托书和议付申请书，请求议付。议付行在受理议付申请的次日起5个营业日内审核信用证规定的单据并决定议付的，应在信用证正本背面记明议付日期、业务编号、议付金额、到期日并加盖业务用章；拒绝议付的，应及时告知受益人。

议付行将注明付款提示的交单面函及单据寄开证行或保兑行索偿资金。除信用证另有约定外，索偿金额不得超过单据金额。开证行、保兑行负有对议付行符合法律规定的议付行为的偿付责任，该责任独立于开证行、保兑行对受益人的付款责任并不受其约束。

议付行议付时，必须与受益人书面约定是否有追索权。若约定有追索权，到期不获付款议付行可向受益人追索。若约定无追索权，到期不获付款议付行不得向受益人追索，议付行与受益人约定的例外情况或受益人存在信用证欺诈的情形除外。保兑行议付时，对受益人不具有追索权，受益人存在信用证欺诈的情形除外。

7. 寄单索款

受益人委托交单行交单，应在信用证交单期和有效期内填制信用证交单委托书，并提交单据和信用证正本及信用证通知书、信用证修改书正本及信用证修改通知书（如有）。交单行应在收单次日起5个营业日内对其审核相符的单据寄单。交单行应合理谨慎地审查单据是否相符，但非保兑行的交单行对单据相符性不承担责任，与受益人另有约定的除外。

8. 付款

开证行或保兑行在收到交单行寄交的单据及交单面函（寄单通知书）或受益人直接递交的单据的次日起5个营业日内，及时核对是否为相符交单。单证相符或单证不符但开证行或保兑行接受不符点的，对即期信用证，应于收到单据次日起五个营业日内支付相应款项给交单行或受益人（受益人直接交单时）；对远期信用证，应于收到单据次日起5个营业日内发出到期付款确认书，并于到期日支付款项给交单行或受益人。

若受益人提交了相符单据或开证行已发出付款承诺，即使申请人交存的保证金及其存款账户余额不足支付，开证行仍应在规定的时间内付款。对申请人提供抵押、质押、保函等担保的，按《民法典》的有关规定索偿。

开证行或保兑行审核单据发现不符并决定拒付的，应在收到单据的次日起5个营业日内一次性将全部不符点以电子方式或其他快捷方式通知交单行或受益人。如开证行或保兑行未能按规定通知不符点，则无权宣称交单不符。开证行或保兑行审核单据发现不符并拒付后，在收到交单行或受益人退单的要求之前，开证申请人接受不符点的，开证行或保兑行独立决定是否付款、出具到期付款确认书或退单；开证申请人不接受不符点的，开证行或保兑行可将单据退交单行或受益人。

开证行或保兑行拒付时，应提供书面拒付通知。拒付通知应包括如下内容：（1）开证行或保兑行拒付。（2）开证行或保兑行拒付所依据的每一个不符点。（3）开证行或保兑行拒付后可选择以下意见处理单据：①开证行或保兑行留存单据听候交单行或受益人的进一步指示。②开证行留存单据直到其从开证申请人处收到放弃不符点的通知并同意接受该放弃，或者其同意接受对不符点的放弃之前从交单行或受益人处收到进一步指示。③开证行或保兑行将退回单据。④开证行或保兑行将按之前从交单行或受益人处获得的指示处理。

开证行或保兑行付款后，对受益人不具有追索权，受益人存在信用证欺诈的情形除外。

9. 注销

信用证注销是指开证行对信用证未支用的金额解除付款责任的行为。开证行、保兑行、议付行未在信用证有效期内收到单据的，开证行可在信用证逾有效期1个月后予以注销。具体处理办法由各银行自定。其他情况下，须经开证行、已办理过保兑的保兑行、已办理过议付的议付行、已办理过转让的转让行与受益人协商同意，或受益人、上述保兑行（议付行、转让行）声明同意注销信用证，并与开证行就全套正本信用证收回达成一致后，信用证方可注销。

五、银行卡

（一）银行卡概述

银行卡是由商业银行向社会发行的具有消费信用、转账结算、存取现金等全部或部分功能的信用支付工具。随着商业的发展、科技的进步、人们消费习惯和用卡习惯的变化，银行卡的功能也越来越丰富，现在已成为我国居民最广泛使用的非现金支付工具。

（二）银行卡的种类

依照不同的标准，可将银行卡作不同的分类。例如按币种不同，银行卡可分为人民币卡和外币卡。按信息载体不同，银行卡可分为磁条卡、芯片（IC）卡等。按使用对象的不同，银行卡可分为单位卡和个人卡。单位卡是商业银行向企业、事业单位、学校、机关、团体、部队等单位发行的银行卡；个人卡是商业银行向个人发行的银行卡。

从结算方式的特点来说，银行卡可分为信用卡和借记卡。

（1）信用卡。信用卡是指记录持卡人账户相关信息，具备银行授信额度和透支功能，并为持卡人提供相关银行服务的各类介质。

信用卡按是否向发卡银行交存备用金，又可分为贷记卡、准贷记卡两类：①贷记卡是指发卡银行给予持卡人一定的信用额度，持卡人可在信用额度内先消费、后还款的信用卡。②准贷记卡是指持卡人须先按发卡银行要求交存一定金额的备用金，当备用金账户余额不足支付时，可在发卡银行规定的信用额度内透支的信用卡。

（2）借记卡。借记卡是指持卡人先将款项存入卡内账户，然后进行消费的银行卡。借记卡不具备透支功能，结算也比较简单。借记卡按功能不同分为转账卡（含储蓄卡）、专用卡、储值卡：

①转账卡是实时扣账的借记卡，具有转账结算、存取现金和消费功能。②专用卡是具有专门用途、在特定区域使用的借记卡，具有转账结算、存取现金功能。这里的"专门用途"是指在百货、餐饮、饭店、娱乐行业以外的用途。③储值卡是发卡银行根据持卡人要求将其资金转至卡内储存，交易时直接从卡内扣款的预付钱包式借记卡。

此外，还有一种联名/认同卡，是商业银行与营利性机构/非营利性机构合作发行的银行卡附属产品，其所依附的银行卡品种必须是已经中国人民银行批准的品种，并应当遵守相应品种的业务章程或管理办法。

（三）银行卡的发行

商业银行（包括外资银行、合资银行）开办银行卡业务，应满足严格的基本条件，并经中国人民银行批准。

发卡银行各类银行卡章程应载明下列事项：（1）卡的名称、种类、功能、用途；（2）卡的发行对象、申领条件、申领手续；（3）卡的使用范围（包括使用方面的限制）及使用方法；（4）卡的账户适用的利率，面向持卡人的收费项目及标准；（5）发卡银行、持卡人及其他有关当事人的权利、义务；（6）中国人民银行要求的其他事项。

（四）银行卡的申领、挂失与销户

1. 申领

（1）单位卡。单位人民币卡账户的资金一律从其基本存款账户转账存入，不得存取现金，不得将销货收入存入单位卡账户。单位外币卡账户的资金应从其单位的外汇账户转账存入，不得在境内存取外币现钞。

（2）个人卡。个人申领银行卡（储值卡除外），应当向发卡银行提供公安部门规定的本人有效身份证件，经发卡银行审查合格后，为其开立记名账户。个人人民币卡账户的资金以其持有的现金存入或以其工资性款项、属于个人的合法的劳务报酬、投资回报等收入转账存入。个人外币卡账户的资金以其个人持有的外币现钞存入或从其外汇账户（含外钞账户）转账存入。该账户的转账及存款均按中国人民银行《个人外汇管理办法》及国家外汇管理局的实施细则办理。

2. 挂失

发卡银行应当提供24小时挂失服务，通过营业网点、客户服务电话或电子银行等渠道及时受理持卡人挂失申请并采取相应的风险管控措施。借记卡的挂失手续办妥后，持卡人不再承担相应卡账户资金变动的责任，司法机关、仲裁机关另有判决的除外。发卡银行对储值卡和IC卡内的电子钱包可不予挂失。

3. 销户

持卡人在还清全部交易款项、透支本息和有关费用后，可申请办理销户。销户时，单位人民币卡账户的资金应当转入其基本存款账户，单位外币卡账户的资金应当转回相应的外汇账户，不得提取现金；个人卡账户可以转账结清，也可以提取现金。

（五）银行卡的计息和收费

银行卡的计息包括计收利息和计付利息。

发卡银行对准贷记卡及借记卡（不含储值卡）账户内的存款，按照中国人民银行规定的同期同档次存款利率及计息办法计付利息。

贷记卡持卡人非现金交易可享受免息还款期待遇、最低还款额待遇等优惠条件。根据自2017年1月1日起实施的《中国人民银行关于信用卡业务有关事项的通知》，信用卡持卡人透支消费享受免息还款期和最低还款额待遇的条件和标准等，由发卡机构自主确定。信用卡透支的计结息方式，以及对信用卡溢缴款是否计付利息及其利率标准，由发卡机构自主确定。取消信用卡滞纳金，对于持卡人违约逾期未还款的行为，发卡机构应与持卡人通过协议约定是否收取违约金，以及相关收取方式和标准。发卡机构向持卡人提供超过授信额度用卡服务的，不得收取超限费。发卡机构对向持卡人收取的违约金和年费、取现手续费、货币兑换费等服务费用不得计收利息。根据《中国人民银行关于推进信用卡透支利率市场化改革的通知》，自2021年1月1日起，信用卡透支利率由发卡机构与持卡人自主协商确定，取消信用卡透支利率上限和下限管理。2022年6月20日开始施行的《银保监会、人民银行关于进一步促进信用卡业务规范健康发展的通知》规定，银行业金融机构应当审慎设置信用卡分期透支金额和期限，明确分期业务最低起始金额和最高金额上限。银行业金融机构应当在分期业务合同（协议）首页和业务办理页面以明显方式展示分期业务可能产生的所有息费项目、年化利率水平和息费计算方式。向客户展示分期业务收取的资金使用成本时，应当统一采用利息形式，并明确相应的计息规则，不得采用手续费等形式，法律法规另有规定的除外。客户提前结清信用卡分期业务的，银行业金融机构应当按照实际占用的资金金额及期限计收利息，并按照法律法规规定和与客户合同约定计收费用。

（六）银行卡的使用

1. 提取现金

持卡人可以通过借记卡存取现金。中国人民银行2007年5月11日发布《关于改进个人支付结算服务的通知》，将借记卡在自动柜员机（ATM）取款的交易上限由原来的每卡每日累计5000元提高至2万元。各银行可在2万元的限度内综合考虑客户需要、服务能力和安全控制水平等因素，确定本行每卡单笔和每日累计提现金额。

信用卡也可以办理预借现金业务，包括现金提取、现金转账和现金充值。其中，现金提取，是指持卡人通过柜面和ATM等自助机具，以现钞形式获得信用卡预借现金额度内资金；现金转账，是指持卡人将信用卡预借现金额度内资金划转到本人银行结算账户；现金充值，是指持卡人将信用卡预借现金额度内资金划转到本人在非银行支付机构开立的支付账户。持卡人通过ATM等自助机具办理现金提取业务，每卡每日累计不得超过人民币1万元；持卡人通过柜面办理现金提取业务、通过各类渠道办理现金转账业务的每卡每日限额，由发卡机构与持卡人通过协议约定；发卡机构可自主确定是否提供现金充值服务，并与持卡人协议约定每卡每日限额。发卡机构不得将持卡人信用卡预借现金额度内资金划转至其他信用卡，以及非持卡人的银行结算账户或支付账户。

2. 购物消费

持卡人可持银行卡在特约单位购物、消费。特约商户，是指与收单机构签订银行卡受理协议、按约定受理银行卡并委托收单机构为其完成交易资金结算的企事业单位、个体工商户或其他组织，以及按照国家工商行政管理机关有关规定，开展网络商品交易等经营活动的自然人。

特约单位不得拒绝受理持卡人合法持有的、签约银行发行的有效银行卡，不得因卡人使用银行卡而向其收取附加费用。持卡人不得以和商户发生纠纷为由拒绝支付所欠银行款项。

为规范银行卡收单业务，保障各参与方的合法权益，防范支付风险，中国人民银行在2013年制定了《银行卡收单业务管理办法》。2024年7月9日开始施行的《非银行支付机构监督管理条例实施细则》第五十五条第三项,将原《非金融机构支付服务管理办法》规定的银行卡收单归入支付交易处理 I 类,经营地域范围不变。支付业务许可证登记的业务类型对应调整为支付交易处理 I 类（经营地域范围）。

六、预付卡

支付机构可以在境内从事预付业务。根据《支付机构预付卡业务管理办法》以及原《非金融机构支付服务管理办法》（已失效）和原《非金融机构支付服务管理办法实施细则》（已失效）等规定,"预付卡"是指发卡机构以特定载体和形式发行的、可在发卡机构之外购买商品或服务的预付价值,但不包括：（1）仅限于发放社会保障金的预付卡；（2）仅限于乘坐公共交通工具的预付卡；（3）仅限于缴纳电话费等通信费用的预付卡；（4）发行机构与特约商户为同一法人的预付卡。"支付机构"是指取得《支付业务许可证》,获准办理"预付卡发行与受理"业务的发卡机构和获准办理"预付卡受理"业务的受理机构。根据《非银行支付机构监督管理条例实施细则》第五十五条第二项,原《非金融机构支付服务管理办法》规定的预付卡发行与受理、预付卡受理归入储值账户运营 II 类,经营地域范围不变。支付业务许可证登记的业务类型对应调整为储值账户运营 II 类（经营地域范围）、储值账户运营 II 类（仅限于线上实名支付账户充值）、储值账户运营 II 类（仅限于经营地域范围预付卡受理）。

预付卡分为记名预付卡和不记名预付卡。记名预付卡是指预付卡业务处理系统中记载持卡人身份信息的预付卡。不记名预付卡是指预付卡业务处理系统中不记载持卡人身份信息的预付卡。记名预付卡应当可挂失、可赎回,不得设置有效期。不记名预付卡一般不挂失、不赎回。不记名预付卡有效期不得低于 3 年。预付卡不得具有透支功能。

此外,根据商务部《单用途商业预付卡管理办法（试行）》的规定,从事零售业、住宿和餐饮业、居民服务业的企业法人也可以在境内开展单用途商业预付卡业务。单用途商业预付卡是指企业发行的,仅限于在本企业或本企业所属集团或同一品牌特许经营体系内兑付货物或服务的预付凭证。单用途预付卡业务不属于《非银行支付机构监督管理条例》规定的支付业务。

七、电子支付

（一）电子支付概述

电子支付是指单位、个人直接或授权他人通过电子终端发出支付指令,实现货币支付与资金转移的行为。与传统支付方式相比,电子支付更加方便、高效,同时也带来了风险,电子支付的安全问题一直是关注焦点。

我国的电子支付近年来持续保持迅速发展态势。为规范和引导电子支付的健康发展,保障当事人的合法权益,防范支付风险,确保银行和客户资金的安全,中国人民银行于 2005 年 10 月 26 日发布《电子支付指引（第一号）》,以规范银行和客户之间的电子支付行为。2010 年中国人民银行发布原《非金融机构支付服务管理办法》及其实施细则,规范非金融机构的支付服务行为（包括网络支付）。2015 年 12 月 28 日中国人民银行发布专门的《非银行支付机构网络支付业务管理办法》,规范非银行支付机构的网络支付业务。

2017年12月25日，中国人民银行又发布《条码支付业务规范（试行）》，规范条码（二维码）支付业务（即银行业金融机构、非银行支付机构应用条码技术，实现收付款人之间货币资金转移的业务活动）。此外，《电子签名法》对于电子签名的法律效力问题进行了规范。2023年公布的《非银行支付机构监督管理条例》以及2024年公布的《非银行支付机构监督管理条例实施细则》对非银行支付机构行为（包括网络支付）进行了规范。

（二）电子支付的类型

电子支付的应用极为广泛，支付方式也不断创新。根据发起电子支付指令的电子终端不同，电子支付可以分为网上支付、电话支付、移动支付、销售点终端交易、自动柜员机交易和其他电子支付等类型。依托公共网络或专用网络在收付款人之间转移货币资金的支付方式，包括互联网支付（网上支付）、移动电话支付、固定电话支付、数字电视支付等，也被合称为网络支付。其中，使用最为广泛的是网上支付和移动支付。

根据《非银行支付机构监督管理条例实施细则》第五十五条第一项和第四项，原《非金融机构支付服务管理办法》规定的互联网支付，或者同时开展原《非金融机构支付服务管理办法》规定的互联网支付和移动电话支付（固定电话支付、数字电视支付）的，归入储值账户运营Ⅰ类。仅开展原《非金融机构支付服务管理办法》规定的移动电话支付、固定电话支付、数字电视支付，不开展互联网支付的，归入支付交易处理Ⅱ类。

网上支付是指通过互联网进行货币支付、现金流转、资金清算等行为，通常仍须以银行为中介。在典型的网上支付模式中，银行建立支付网关和网上支付系统，为客户提供网上支付服务。网上支付指令在银行后台处理，并通过传统支付系统完成跨行交易的清算与结算。与传统支付方式相比，在网上支付的过程中，客户成了支付系统的主动参与者。

移动支付是指依托移动互联网或专用网络，通过移动终端（通常是手机）实现收付款人之间货币资金转移的支付服务，包括但不限于近场支付（通过具有近距离无线通信技术的移动终端实现本地化通讯进行货币资金的转移）和远程支付（通过移动网络与后台支付系统建立连接，尤其是利用网银、第三方支付平台等互联网支付工具，实现各种转账、消费等）等业务。

2010年，中国人民银行网上支付跨行清算系统建成运行，可以处理网银贷记业务（付款人通过付款行向收款行主动发起的付款业务）、网银借记业务（收款人根据事先签订的协议，通过收款行向付款行发起的收款业务）、第三方贷记业务（第三方机构接受付款人或收款人委托，通过网上支付跨行清算系统通知付款行向收款行付款的业务）以及跨行账户信息查询等业务。

（三）电子支付的基本流程

电子支付的当事人一般包括发出电子支付指令的客户、接受电子支付指令的客户、提供电子支付网络环境服务或移动通信服务的经营商、银行、支付机构等。

电子支付的基本流程是：

1. 电子支付指令的发起

即客户根据需要就货币支付和资金转移通过电子终端，根据其与发起行签订的协议，发出电子支付指令。接受客户委托发出电子支付指令的发起银行称为发起行。

2. 电子支付指令的确认

在客户发出电子支付指令前,发起行应建立必要的安全程序,在提示客户对指令的准确性和完整性进行确认的前提下,对客户身份和电子支付指令再次进行确认,并应能够向客户提供纸质或电子交易回单,同时形成日志文件等记录,保存至交易后5年。

3. 电子支付指令的执行

发起行在确认客户电子支付指令完整和准确后,通过安全程序执行电子支付指令。发起行执行该指令后,客户不得要求变更或撤销电子支付指令。

如果银行自身提供了电子支付的网络环境,一般就不涉及提供该项服务的经营商;否则,银行只有与提供电子支付网络环境的经营商合作,才能完成电子支付行为。

4. 电子支付指令的接收

电子支付指令接收人的开户银行或接收人未在银行开立账户而电子支付指令确定的资金汇入银行称为接收行。接收行收到电子支付指令后,应按照协议,及时回复确认。

第四编

经济法律制度

第十章　企业国有资产法律制度

第一节　企业国有资产法律制度概述

一、企业国有资产的概念

国有资产是指属于国家所有的一切财产的总称。国有资产按照用途和性质划分，可分为经营性国有资产、行政事业性国有资产和资源性国有资产等。经营性国有资产是指国家作为出资者在企业中依法拥有的资产及权益。行政事业性国有资产是指各级政府监管的、由各部门各单位直接支配的国有资产。资源性国有资产是指以资源形态存在并能带来一定经济价值的国有资源，如国家所有的土地、矿藏、森林、水流等。

企业国有资产，仅指国有资产中的经营性国有资产。根据《中华人民共和国企业国有资产法》（以下简称《企业国有资产法》）规定，企业国有资产是指国家对企业各种形式的出资所形成的权益。企业国有资产具有以下两个特征：

（1）企业国有资产是国家以各种形式对企业的出资形成的。国家对企业的出资，是指各级政府以及政府授权投资的部门、机构投入到企业的，作为企业资本金组成部分的资产。国家对企业的出资有多种形式，既可以以货币出资，也可以以实物、知识产权、土地使用权等可以用货币估价并可以依法转让的非货币财产作价出资。

（2）企业国有资产是国家作为出资人对出资企业所享有的一种权益。企业国有资产与企业法人财产不同，企业国有资产是指国家作为出资人对所出资企业所享有的权益，而不是指国家出资企业的各项具体财产。出资人将出资投入企业，所形成的企业的厂房、机器设备等企业的各项具体财产，属于企业法人财产权所指向的对象。依照《民法典》等法律规定，企业法人的不动产和动产，由企业依照法律、行政法规和企业章程享有占有、使用、收益和处分的权利。出资人对企业法人财产不具有直接的所有权，其对企业享有的是出资人权利，通常表现为资产收益、参与重大决策和选择管理者等权利。

2008年10月28日第十一届全国人民代表大会常务委员会第五次会议通过了《企业国有资产法》，自2009年5月1日起施行。该法的颁布施行，对于维护国家的基本经济制度，巩固和发展国有经济，加强对国有资产保护，发挥国有经济在国民经济中的主导作用，促进社会主义市场经济发展，具有重大的意义。

二、企业国有资产的监督管理体制

《企业国有资产法》对企业国有资产的监督管理体制作出了明确规定，主要内容包括：

（1）企业国有资产属于国家所有，即全民所有。国务院代表国家行使企业国有资产所有权。

（2）国务院和地方人民政府依照法律、行政法规的规定，分别代表国家对国家出资企业履行出资人职责，享有出资人权益。国务院确定的关系国民经济命脉和国家安全的大型国家出资企业、重要基础设施和重要自然资源等领域的国家出资企业，由国务院代表国家履行出资人职责。其他的国家出资企业，由地方人民政府代表国家履行出资人职责。

（3）国务院和地方人民政府应当按照政企分开、社会公共管理职能与企业国有资产出资人职能分开、不干预企业依法自主经营的原则，依法履行出资人职责。

（4）国家采取措施，推动企业国有资本向关系国民经济命脉和国家安全的重要行业和关键领域集中，优化国有经济布局和结构，推进国有企业的改革和发展，提高国有经济的整体素质，增强国有经济的控制力、影响力。

（5）国家建立健全与社会主义市场经济发展要求相适应的企业国有资产管理与监督体制，建立健全企业国有资产保值增值考核和责任追究制度，落实企业国有资产保值增值责任。

（6）企业国有资产受法律保护，任何单位和个人不得侵害。

根据2015年10月25日国务院发布的《关于改革和完善国有资产管理体制的若干意见》，为加强企业国有资产管理，改革国有资本授权经营体制。一是改组组建国有资本投资、运营公司。主要通过划拨现有商业类国有企业的国有股权，以及国有资本经营预算注资组建，以提升国有资本运营效率、提高国有资本回报为主要目标，通过股权运作、价值管理、有序进退等方式，促进国有资本合理流动，实现保值增值；或选择具备一定条件的国有独资企业集团改组设立，以服务国家战略、提升产业竞争力为主要目标，在关系国家安全、国民经济命脉的重要行业和关键领域，通过开展投资融资、产业培育和资本整合等，推动产业集聚和转型升级，优化国有资本布局结构。二是明确国有资产监管机构与国有资本投资、运营公司关系。政府授权国有资产监管机构依法对国有资本投资、运营公司履行出资人职责。国有资本投资、运营公司对授权范围内的国有资本履行出资人职责，作为国有资本市场化运作的专业平台，依法自主开展国有资本运作，对所出资企业行使股东职责，维护股东合法权益，按照责权对应原则切实承担起国有资产保值增值责任。三是界定国有资本投资、运营公司与所出资企业关系。国有资本投资、运营公司依据公司法等相关法律法规，对所出资企业依法行使股东权利，以出资额为限承担责任。以财务性持股为主，建立财务管控模式，重点关注国有资本流动和增值状况；或以对战略性核心业务控股为主，建立以战略目标和财务效益为主的管控模式，重点关注所出资企业执行公司战略和资本回报状况。

此外，为了加强对金融企业国有资产的监督管理，规范金融企业国有资产评估、产权登记、转让行为，维护国有资产所有者合法权益，财政部先后发布了《金融企业国有资产评估监督管理暂行办法》《金融企业国有资产转让管理办法》等，这些法律制度对金融企业国有资产管理作出了具体规范。所谓金融企业，是指在中华人民共和国境内依法设立的国有及国有控股金融企业、金融控股公司、担保公司，以及城市商业银行、农村商业银行、农村合作银行、信用社等。所谓金融企业国有资产，是指各级人民政府及其授权投资主体对金融企业各种形式的出资所形成的权益。财政部门是金融企业国有资产的监督管理部门。财政部负责金融机构国有资产的基础管理工作，组织实施金融机构国有资产的清产核资、资本金权属界定和登记、统计、分析、评估，负责金融机构国有资产转让、划转处置管理，监交国有资产收益。

三、履行出资人职责的机构

（一）履行出资人职责的机构的概念

履行出资人职责的机构，是指根据本级人民政府的授权，代表本级人民政府对国家出资企业履行出资人职责的机构、部门。根据《企业国有资产法》的规定，履行出资人职责的机构有以下几种：

（1）国务院国有资产监督管理机构，即国务院国有资产监督管理委员会。根据国务院的授权，其代表国务院对国家出资企业履行出资人职责，主要职责有：

①根据国务院授权，依照《公司法》等法律和行政法规履行出资人职责，监管中央所属企业（不含金融类企业）的国有资产，加强国有资产的管理工作。

②承担监督所监管企业国有资产保值增值的责任。建立和完善国有资产保值增值指标体系，制订考核标准，通过统计、稽核对所监管企业国有资产的保值增值情况进行监管，负责所监管企业工资分配管理工作，制定所监管企业负责人收入分配政策并组织实施。

③指导推进国有企业改革和重组，推进国有企业的现代企业制度建设，完善公司治理结构，推动国有经济布局和结构的战略性调整。

④通过法定程序对所监管企业负责人进行任免、考核并根据其经营业绩进行奖惩，建立符合社会主义市场经济体制和现代企业制度要求的选人、用人机制，完善经营者激励和约束制度。

⑤负责组织所监管企业上交国有资本收益，参与制定国有资本经营预算有关管理制度和办法，按照有关规定负责国有资本经营预决算编制和执行等工作。

⑥按照出资人职责，负责督促检查所监管企业贯彻落实国家安全生产方针政策及有关法律法规、标准等工作。

⑦负责企业国有资产基础管理，起草国有资产管理的法律法规草案，制定有关规章、制度，依法对地方国有资产管理工作进行指导和监督。

⑧承办国务院交办的其他事项。

（2）地方人民政府按照国务院的规定设立的国有资产监督管理机构。根据地方人民政府的授权，其代表地方人民政府对国家出资企业履行出资人职责。

（3）国务院和地方人民政府根据需要授权的其他部门、机构。如根据国务院的有关规定,国务院授权财政部对金融行业的国有资产进行监管,授权财政部对中央文化企业、中国铁路、中国烟草及中国邮政集团等公司履行出资人职责。

以上代表本级人民政府履行出资人职责的机构、部门,统称为"履行出资人职责的机构"。

(二)履行出资人职责的机构的基本职责

根据《企业国有资产法》的规定,履行出资人职责的机构的基本职责主要有:

(1)代表本级人民政府对国家出资企业依法享有资产收益、参与重大决策和选择管理者等出资人权利。

(2)依照法律、行政法规的规定,制定或者参与制定国家出资企业的章程。

(3)按照法律、行政法规和本级人民政府规定,对于须经本级人民政府批准的履行出资人职责的重大事项,报请本级人民政府批准。

(4)委派股东代表参加国有资本控股公司、国有资本参股公司召开的股东会会议。被委派的股东代表应当按照委派机构的指示提出提案、发表意见、行使表决权,并将其履行职责的情况和结果及时报告委派机构。

(5)按照国家有关规定,定期向本级人民政府报告有关企业国有资产总量、结构、变动、收益等汇总分析的情况。

(三)履行出资人职责的机构的履职要求

根据《企业国有资产法》的规定,履行出资人职责的机构的履职要求主要有:

(1)履行出资人职责的机构应当依照法律、行政法规以及企业章程履行出资人职责,保障出资人权益,防止企业国有资产损失。

(2)履行出资人职责的机构应当维护企业作为市场主体依法享有的权利,除依法履行出资人职责外,不得干预企业经营活动。

(3)履行出资人职责的机构对本级人民政府负责,向本级人民政府报告履行出资人职责的情况,接受本级人民政府的监督和考核,对企业国有资产的保值增值负责。

四、国家出资企业

(一)国家出资企业的概念

根据《企业国有资产法》规定,国家出资企业,是指国家出资的国有独资企业、国有独资公司,以及国有资本控股公司、国有资本参股公司。

(1)国有独资企业,即依照《全民所有制工业企业法》设立的,企业全部注册资本均为国有资本的非公司制企业。根据《全民所有制工业企业法》的规定,全民所有制企业是依法自主经营、自负盈亏、独立核算的商品生产和经营单位。企业财产属于全民所有,国家依照所有权和经营权分离的原则授予企业经营管理。企业对国家授予其经营管理的财产享有占有、使用和依法处分的权利。企业内部的治理结构与公司制企业不同:企业的高级管理人员由政府或者履行出资人职责的机构直接任免;政府通过向企业派出监事组成的监事会,对企业的财务活动及负责人的经营管理行为进行监督。

(2)国有独资公司,即依照《公司法》设立的企业全部资本均为国有资本的公司制企业。《公司法》对国有独资公司作了专门规定,具体内容参见《公司法》相关内容。

(3)国有资本控股公司,即根据《公司法》成立的国有资本具有控股地位的公司。

这类公司包括有限责任公司和股份有限公司。这里所称国有资本控股，是指国有资本的出资人具有控股股东的地位。控股股东是指其出资额占有限责任公司资本总额超过50%或者其持有的股份占股份有限公司股本总额超过50%的股东；出资额或者持有股份的比例虽然低于50%，但依其出资额或者持有的股份享有的表决权已足以对股东会的决议产生重大影响的股东。2023年修订的《公司法》已将国有资本控股公司纳入调整范围。

（4）国有资本参股公司，即公司资本包含部分国有资本，但国有资本没有控股地位的股份公司。

由国家出资企业出资设立的子企业不属于国家直接出资的企业，但国家出资企业的国有资本出资人权益，通过国家出资企业的投资延伸到子企业。对国家出资企业履行出资人职责的机构，应当通过对国家出资企业行使出资人权利，决定或者参与决定母企业的对外投资，并通过母企业行使对子企业的出资人权利，维护母企业作为出资人的权益，从而维护作为母企业的国有资本出资人的权益。

（二）国家出资企业管理者的任职要求

1. 国家出资企业管理者的任免范围

根据《企业国有资产法》的规定，履行出资人职责的机构依照法律、行政法规以及企业章程的规定，任免或者建议任免国家出资企业的下列人员：（1）任免国有独资企业的经理、副经理、财务负责人和其他高级管理人员；（2）任免国有独资公司的董事长、副董事长、董事、监事会主席和监事；（3）向国有资本控股公司、国有资本参股公司的股东会提出董事、监事人选。上述第（1）、（2）项规定的企业管理者，国务院和地方人民政府规定由本级人民政府任免的，依照其规定。

国家出资企业中应当由职工代表出任的董事、监事，依照有关法律、行政法规的规定由职工民主选举产生。

2. 国家出资企业管理者的任职条件

根据《企业国有资产法》的规定，履行出资人职责的机构任命或者建议任命的董事、监事、高级管理人员，应当具备下列条件：（1）有良好的品行；（2）有符合职位要求的专业知识和工作能力；（3）有能够正常履行职责的身体条件；（4）法律、行政法规规定的其他条件。董事、监事、高级管理人员在任职期间出现不符合上述规定情形或者出现《公司法》第一百七十八条规定的不得担任公司董事、监事、高级管理人员情形的，履行出资人职责的机构应当依法予以免职或者提出免职建议。

3. 国家出资企业管理者的兼职限制

根据《企业国有资产法》的规定，未经履行出资人职责的机构同意，国有独资企业、国有独资公司的董事、高级管理人员不得在其他企业兼职。未经股东会同意，国有资本控股公司、国有资本参股公司的董事、高级管理人员不得在经营同类业务的其他企业兼职。未经履行出资人职责的机构同意，国有独资公司的董事长不得兼任经理。未经股东会同意，国有资本控股公司的董事长不得兼任经理。董事、高级管理人员不得兼任监事。

4. 国家出资企业管理者的义务

国家出资企业的董事、监事、高级管理人员，应当遵守法律、行政法规以及企业章程，对企业负有忠实义务和勤勉义务，不得利用职权收受贿赂或者取得其他非法收入和不当利益，不得侵占、挪用企业资产，不得超越职权或者违反程序决定企业重大事项，不得有其他侵害企业国有资产出资人权益的行为。

五、企业改制

（一）企业改制的类型

根据《企业国有资产法》规定，企业改制有以下情形：

（1）国有独资企业改为国有独资公司。这是指依照《全民所有制工业企业法》登记成立的国有独资企业，依照《公司法》的有关规定改制成为国有独资公司。

（2）国有独资企业、国有独资公司改为国有资本控股公司或者非国有资本控股公司。这是指国有独资企业、国有独资公司依照《公司法》的有关规定，吸收其他法人、自然人出资，或者出让其部分资产，将原来由国家单独投资设立的国有独资企业、国有独资公司改制为多个主体投资的国有资本控股公司或者国有资本参股公司，或者出让其全部资产，将原来由国家独资设立的国有独资企业、国有独资公司改为没有国有资本的公司。

（3）国有资本控股公司改为非国有资本控股公司。这是指国有资本控股公司依照《公司法》的有关规定，吸收其他法人、自然人改制为国有资本只参股不控股的公司，或者将该企业的国有资本出资全部转让，成为没有国有资本参股的公司。

（二）企业改制的程序及方案制定

1. 企业改制的程序

企业改制应当依照法定程序，由履行出资人职责的机构决定或者由公司股东会决定。重要的国有独资企业、国有独资公司、国有资本控股公司的改制，履行出资人职责的机构在作出决定或者向其委派参加国有资本控股公司股东会会议的股东代表作出指示前，应当将改制方案报请本级人民政府批准。

2. 企业改制方案的制定

企业改制应当制定改制方案，载明改制后的企业组织形式、企业资产和债权债务处理方案、股权变动方案、改制的操作程序、资产评估和财务审计等中介机构的选聘等事项。企业改制涉及重新安置企业职工的，还应当制定职工安置方案，并经职工代表大会或者职工大会审议通过。

根据有关规定，国有企业实施改制前，原企业应当与投资者就职工安置费用、劳动关系接续等问题明确相关责任，并制订职工安置方案。职工安置方案必须经职工代表大会或职工大会审议通过，企业方可实施改制。职工安置方案必须及时向广大职工群众公布，其主要内容包括：企业的人员状况及分流安置意见；职工劳动合同的变更、解除及重新签订办法；解除劳动合同职工的经济补偿金支付办法；社会保险关系接续；拖欠职工的工资等债务和企业欠缴的社会保险费处理办法等。企业实施改制时必须向职工公布企业总资产、总负债、净资产、净利润等主要财务指标的财务审计、资产评估结果，接受职工群众的民主监督。改制为国有控股企业的，改制后企业继续履行改制前企业与留用的职工签订的劳动合同；留用的职工在改制前企业的工作年限应合并计算为在改制后企业的工作年限；原企业不得向继续留用的职工支付经济补偿金。改制为非国有企业的，要严格按照有关法律法规和政策处理好改制企业与职工的劳动关系。对企业改制时解除劳动合同且不再继续留用的职工，要支付经济补偿金。企业国有产权持有单位不得强迫职工将经济补偿金等费用用于对改制后企业的投资或借给改制后企业（包括改制企业的投资者）使用。企业改制时，对经确认的拖欠职工的工资、集资款、医疗费和挪用的职工住房公积金以及企业欠缴社会保险费，原则上要一次性付清。改制后的企业要按照有关规定，及时为职工接续养老、失业、医疗、工伤、生育等各项社会保险关系，并按时为职工足额交纳各种社会保险费。

第二节　企业国有资产产权登记制度

一、企业国有资产产权登记的概念

企业国有资产产权登记，是指履行出资人职责的机构代表政府对占有国有资产的各类企业的资产、负债、所有者权益等产权状况进行登记，依法确认产权归属关系的行为。

企业国有资产产权登记是一种法律行为，这种行为不是简单地将国有资产记录在册，更重要的是记录在册后，要依法确认产权归属关系，履行出资人职责的机构将向企业颁发《中华人民共和国企业国有资产产权登记证》，该登记证是依法确认企业产权归属关系的法律凭证，也是企业的资信证明文件。

为了加强企业国有资产产权登记管理，健全国有资产基础管理制度，防止国有资产流失，1996年1月25日国务院发布了《企业国有资产产权登记管理办法》，之后，财政部制定了《企业国有资产产权登记管理办法实施细则》，国务院国有资产监督管理委员会也于2012年4月20日发布了《国家出资企业产权登记管理暂行办法》，这些法律制度对企业国有资产产权登记管理工作作出了具体规范。

二、企业国有资产产权登记的范围

根据《企业国有资产产权登记管理办法》和《国家出资企业产权登记管理暂行办法》等法律制度的规定，国有企业、国有独资公司、持有国家股权的单位以及以其他形式占有国有资产的企业，应当依照规定办理产权登记。根据《国有金融资本产权登记管理办法（试行）》的规定，在中华人民共和国境内或境外设立的占有国有金融资本的金融机构，应按本办法规定办理产权登记。国有控股金融机构拥有实际控制权的境内外各级企业及前述企业投资参股的企业，应当纳入产权登记范围，所属企业包括非金融企业。

国家出资企业、国家出资企业（不含国有资本参股公司）拥有实际控制权的境内外各级企业及其投资参股企业，应当纳入产权登记范围。国家出资企业所属事业单位视为其子企业进行产权登记。但上述企业为交易目的持有的下列股权不进行产权登记：

（1）为了赚取差价从二级市场购入的上市公司股权；
（2）为了近期内（一年以内）出售而持有的其他股权。上述所称拥有实际控制权，是指国家出资企业直接或者间接合计持股比例超过50%，或者持股比例虽然未超过50%，但为第一大股东，并通过股东协议、公司章程、董事会决议或者其他协议安排能够实际支配企业行为的情形。

有限责任公司、股份有限公司、外商投资企业和联营企业，应由国有股权持有单位或委托企业按规定申办企业国有资产产权登记。有关部门所属未脱钩企业和事业单位及社会团体所投资企业的产权登记工作，由同级履行出资人职责的机构组织实施。企业产权归属关系不清楚或者发生产权纠纷的，可以申请暂缓办理产权登记。被批准暂缓办理产权登记的企业应当在暂缓期内，将产权界定清楚，将产权纠纷处理完毕，然后及时办理产权登记。

三、企业国有资产产权登记的内容

企业国有资产产权登记分为占有产权登记、变动产权登记和注销产权登记。

（一）占有产权登记

根据有关规定，占有产权登记的主要内容包括：（1）出资人名称、住所、出资金额及法定代表人；（2）企业名称、住所及法定代表人；（3）企业的资产、负债及所有者权益；（4）企业实收资本、国有资本；（5）企业投资情况；（6）国务院国有资产监督管理机构规定的其他事项。

已取得法人资格的企业应当在本细则实施后向产权登记机关申办占有产权登记，填写《企业国有资产占有产权登记表》，并提交下列文件、资料：（1）由出资人或母公司或上级单位批准设立的文件、投资协议书或出资证明文件；（2）经注册会计师审计的或财政部门核定的企业上一年度财务报告；（3）各出资人的《企业法人营业执照》副本、经注册会计师审计的或财政部门核定的企业上一年度财务报告，其中国有资本出资人还应当提交产权登记证副本；（4）企业章程；（5）《企业法人营业执照》副本；（6）企业提供保证、定金或设置抵押、质押、留置以及资产被司法机关冻结的相关文件；（7）申办产权登记的申请；（8）产权登记机关要求提交的其他文件、资料。

申请取得法人资格的企业应当于申请办理工商注册登记前30日内，向财政（国有资产管理）部门办理产权登记，填写《企业国有资产占有产权登记表》，并提交下列文件、资料：（1）出资人的母公司或上级单位批准设立的文件、投资协议书或出资证明文件；（2）企业章程；（3）《企业名称预先核准通知书》；（4）各出资人的《企业法人营业执照》、经注册会计师审计的或财政部门核定的企业上一年度财务报告和提供保证、定金或设置抵押、质押、留置以及资产被司法机关冻结的相关文件；其中国有资本出资人还应当提交产权登记证副本；（5）经注册会计师审核的验资报告，其中以货币投资的应当附银行进账单；以实物、无形资产投资的应当提交经财政（国有资产管理）部门合规性审核的资产评估报告；（6）申办产权登记的申请；（7）产权登记机关要求提交的其他文件、资料。财政（国有资产管理）部门审定的产权登记表，是企业办理工商注册登记的资信证明文件。企业依据产权登记机关审定的产权登记表向市场监督管理部门申办注册登记，取得企业法人资格后30日内到原产权登记机关领取产权登记证，同时提交《企业法人营业执照》副本。

根据有关规定，履行出资人职责的机构和履行出资人职责的企业有下列情形之一的，应当办理占有产权登记：（1）因投资、分立、合并而新设企业的；（2）因收购、投资入股而首次取得企业股权的；（3）其他应当办理占有产权登记的情形。

（二）变动产权登记

根据有关规定，企业发生下列情形之一的，应当申办变动产权登记：（1）企业名称、住所或法定代表人改变的；（2）企业组织形式发生变动的；（3）企业国有资本额发生增减变动的；（4）企业国有资本出资人发生变动的；（5）产权登记机关规定的其他变动情形。企业发生上述第（1）项情形的，应当于市场监督管理部门核准变动登记后30日内，向原产权登记机关申办变动产权登记。企业发生上述第（2）项至第（5）项情形的，应当自企业出资人或者有关部门批准、企业股东会或者董事会作出决定之日起30日内，向市场监督管理部门申请变更登记前，向原产权登记机关申办变动产权登记。

企业申办变动产权登记应当填写《企业国有资产变动产权登记表》，并提交下列文件和资料：（1）政府有关部门或出资人的母公司或上级单位的批准文件、企业股东会或董事会做出的书面决定及出资证明；（2）修改后的企业章程；（3）各出资人的企业法人营业执照、经注册会计师审计的或财政部门核定的企业上一年度财务报告和提供保证、定金或设置抵押、质押、留置以及资产被司法机关冻结的相关文件；其中，国有资本出资人还应当提交产权登记证副本；（4）本企业的《企业法人营业执照》副本、经注册会计师审计的或财政部门核定的企业上一年度财务报告和提供保证、定金或设置抵押、质押、留置以及资产被司法机关冻结的相关文件和企业的产权登记证副本；（5）经注册会计师审核的验资报告，其中以货币投资的应当附银行进账单；以实物、无形资产投资的应当提交经财政（国有资产管理）部门合规性审核的资产评估报告；（6）企业发生企业国有资本额发生增减变动或者企业国有资本出资人发生变动情形且出资人是事业单位和社会团体法人的，应当提交《中华人民共和国国有资产产权登记证（行政事业单位）》和出资人上级单位批准的非经营性资产转经营性资产的可行性研究报告；（7）企业兼并、转让或减少国有资本的，应当提交与债权银行、债权人签订的有关债务保全协议；（8）经出资人的母公司或上级单位批准的转让国有产权的收入处置情况说明及有关文件；（9）申办产权登记的申请；（10）产权登记机关要求提交的其他文件、资料。产权登记机关核准企业变动产权登记后，相应办理企业产权登记证正本和副本的变更手续。

（三）注销产权登记

根据有关规定，企业发生下列情形之一的，应当申办注销产权登记：（1）企业解散、被依法撤销或被依法宣告破产；（2）企业转让全部国有资产产权或改制后不再设置国有股权的；（3）产权登记机关规定的其他情形。企业解散的，应当自出资人的母公司或上级单位批准之日起30日内，向原产权登记机关申办注销产权登记。企业被依法撤销的，应当自政府有关部门决定之日起30日内向原产权登记机关申办注销产权登记。企业被依法宣告破产的，应当自法院裁定之日起60日内由企业破产清算机构向原产权登记机关申办注销产权登记。企业转让全部国有资产产权（股权）或改制后不再设置国有股权的，应当自出资人的母公司或上级单位批准后30日内由向原产权登记机关申办注销产权登记。

企业申办注销产权登记时应当填写《企业国有资产注销产权登记表》，并提交下列文件和资料：（1）政府有关部门、出资人的母公司或上级单位、企业股东会的批准文件，市场监督管理部门责令关闭的文件或法院宣告企业破产的裁定书；（2）经注册会计师审计的或财政部门核定的企业上一年度财务报告；（3）企业的财产清查、清算报告或经财政（国有资产管理）部门合规性审核的资产评估报告；（4）企业有偿转让或整体改制的协议或方案；（5）本企业的产权登记证正本、副本和《企业法人营业执照》副本和提供保证、定金或设置抵押、质押、留置以及资产被司法机关冻结的相关文件；（6）受让企业的《企业法人营业执照》副本和经注册会计师审计的年度财务报告和提供保证、定金或设置抵押、质押、留置以及资产被司法机关冻结的相关文件；（7）转让方、受让方与债权银行、债权人签订的债务保全的协议；（8）经出资人的母公司或上级单位批准的资产处置或产权转让收入处置情况说明及相关文件；（9）申办产权登记的申请；（10）产权登记机关要求提交的其他文件、资料。产权登记机关核准企业注销产权登记后，收回被注销企业的产权登记证正本和副本。

四、企业国有资产产权登记的程序

（1）企业申办产权登记，应当按规定填写相应的产权登记表，并向产权登记机关提交有关文件资料。

（2）企业申办产权登记必须经政府管理的企业或企业集团母公司（含政府授权经营的企业）出具审核意见；仍由政府有关部门、机构或国有社会团体管理的企业，由部门、机构或社团出具审核意见。企业未按上述规定取得审核意见的，产权登记机关不予受理产权登记。

（3）产权登记机关收到企业提交的符合规定的全部文件、资料后，发给《产权登记受理通知书》，并于10个工作日内对企业申报的产权登记作出准予登记或不予登记的决定。产权登记机关核准产权登记的，发给、换发或收缴企业的产权登记证正本和副本。产权登记机关不予登记的，应当自作出决定之日起3日内通知登记申请人，并说明原因。

五、企业国有资产产权登记的管理

（一）产权登记的管理机关

根据有关规定，产权登记机关是县级以上各级政府负责国有资产管理的部门。财政部主管全国产权登记工作，统一制定产权登记的各项政策法规。上级产权登记机关指导下级产权登记机关的产权登记工作。产权登记机关依法履行下列职责：（1）依法确认企业产权归属，理顺企业集团内部产权关系；（2）掌握企业国有资产占有、使用的状况；（3）监管企业的国有产权变动；（4）检查企业国有资产经营状况；（5）监督国家授权投资机构、国有企业和国有独资公司的出资行为；（6）备案企业的担保或资产被司法冻结等产权或有变动事项；（7）在汇总、分析的基础上，编报并向同级政府和上级产权登记机关呈送产权登记与产权变动状况分析报告。

根据有关规定，财政部负责下列企业的产权登记工作：（1）由国务院管辖的企业（含国家授权投资机构）；（2）中央各部门、直属机构的机关后勤、事业单位，各直属事业单位及全国性社会团体管辖的企业；（3）中央国有企业、国有独资公司或国务院授权的国家授权投资机构投资设立的企业。

省、自治区、直辖市及计划单列市财政（国有资产管理）部门负责下列企业的产权登记：（1）由省级政府管辖的企业（含省属国家授权投资机构）；（2）省级各部门、直属机构的机关后勤、事业单位，各直属事业单位及省级社会团体管辖的企业；（3）省级国有企业、国有独资公司或省级政府授权的国家授权投资机构投资设立的企业；（4）财政部委托办理产权登记的企业。

国有金融资本产权登记和管理机关为同级财政部门。国有金融资本产权登记按照统一规制、分级管理的原则，由县级以上财政部门组织实施。财政部负责中央国有金融资本产权登记管理工作。县级以上地方财政部门负责本级国有金融资本产权登记管理工作。上级财政部门指导和监督下级财政部门的国有金融资本产权登记管理工作。财政部各地监管局根据财政部的委托，协助办理中央国有金融资本产权登记工作，开展属地国有金融资本产权登记监督管理工作。各级财政部门履行以下职责：（1）依法确认金融机构国有产权归属、理顺产权关系，核发产权登记证（表）；（2）监督国有控股金融机构的出资和产权变动及处置行为；（3）对金融机构产权被司法冻结等产权或有变动事项进行备案；（4）监督金融机构国有资本经营状况；（5）统计、监测、汇总和分析国有金融资本占有、使用和变动情况；（6）向上级财政部门报送国有金融资本产权登记情况与产权变动状况分析报告。

（二）产权登记的年度检查

企业应当于每个公历年度终了后90日内，办理工商年检登记之前，向原产权登记机关申办产权登记年度检查。下级产权登记机关应当于每个公历年度终了后150日内，编制并向同级政府和上级产权登记机关报送产权登记与产权变动状况分析报告。

企业国有资产经营年度报告书是反映企业在检查年度内国有资产经营状况和产权变动状况的书面文件。主要报告以下内容：（1）企业国有资产保值增值情况；（2）企业国有资本金实际到位和增减变动情况；（3）企业及其子公司、孙公司等发生产权变动情况及是否及时办理相应产权登记手续情况；（4）企业对外投资及投资收益情况；（5）企业及其子公司的担保、资产被司法机关冻结等产权或有变动情况；（6）其他需要说明的问题。

第三节 企业国有资产评估管理制度

一、企业国有资产评估的概念

资产评估，是指资产评估机构及其资产评估专业人员根据委托对不动产、动产、无形资产、企业价值、资产损失或者其他经济权益进行评定、估算，并出具资产评估报告的专业服务行为。

企业国有资产评估，是指对企业国有资产的价值进行的评估。

二、企业国有资产评估的法律规定

为了正确体现企业国有资产的价值量，规范企业国有资产评估行为，维护国有资产出资人合法权益，防止国有资产流失，2016年7月2日第十二届全国人民代表大会常务委员会第二十一次会议审议通过了《中华人民共和国资产评估法》（以下简称《资产评估法》）。针对国有资产评估管理，国务院发布的《国有资产评估管理办法》，财政部、国务院国有资产监督管理委员会先后制定的《国有资产评估管理若干问题的规定》《企业国有资产评估管理暂行办法》《国有资产评估违法行为处罚办法》《金融企业国有资产评估监督管理暂行办法》《中央文化企业国有资产评估管理暂行办法》等有关国有资产评估管理的法律制度，对国有资产评估管理工作作出了具体规定。

三、企业国有资产评估的范围

《资产评估法》规定，涉及国有资产或者公共利益等事项，法律、行政法规规定需要评估的，应当依法委托资产评估机构评估。

根据有关规定，国家出资企业及其各级子企业（本节以下统称企业）有下列行为之一的，应当对相关资产进行评估：（1）整体或者部分改建为有限责任公司或者股份有限公司；（2）以非货币资产对外投资；（3）合并、分立、破产、解散；（4）非上市公司国有股东股权比例变动；（5）产权转让；（6）资产转让、置换；（7）整体资产或者部分资产租赁给非国有单位；（8）以非货币资产偿还债务；（9）资产涉讼；（10）收购非国有单位的资产；（11）接受非国有单位以非货币资产出资；（12）接受非国有单位以非货币资产抵债；（13）法律、行政法规规定的其他需要进行资产评估的事项。金融企业除以上情形外，有资产拍卖、债权转股权、债务重组、接受非货币性资产抵押或者质押、处置不良资产等情形的也应当委托资产评估机构进行资产评估。

企业有下列行为之一的，可以不对相关国有资产进行评估：（1）经各级人民政府或其履行出资人职责的机构批准，对企业整体或者部分资产实施无偿划转；（2）国有独资企业与其下属独资企业（事业单位）之间或其下属独资企业（事业单位）之间的合并、资产（产权）置换和无偿划转。此外，金融企业在发生多次同类型的经济行为时，同一资产在评估报告使用有效期内，并且资产、市场状况未发生重大变化的，以及上市公司可流通的股权转让时，也可以不进行评估。

根据有关规定，企业发生应当进行资产评估行为的，应当由其产权持有单位委托具有相应专业服务能力的资产评估机构进行评估。企业产权持有单位委托的资产评估机构应当具备下列基本条件：（1）遵守国家有关法律、法规、规章以及企业国有资产评估的政策规定，严格履行法定职责，近3年内没有违法、违规记录；（2）具有与评估对象相适应的专业人员和专业特长；（3）与企业负责人无经济利益关系；（4）未向同一经济行为提供审计业务服务。

四、企业国有资产评估的组织管理系统

企业国有资产评估是一项政策性强、技术要求复杂的工作，必须要有一套科学严密的组织管理系统。企业国有资产评估的组织管理系统由履行出资人职责的机构和资产评

估机构两部分组成。

（一）国有资产监督管理机构

根据有关规定，各级履行出资人职责的机构负责其所出资企业的国有资产评估监管工作。国务院国有资产监督管理机构主要负责对全国企业国有资产评估监管工作进行指导和监督。各级国有资产监督管理机构及其所出资企业，应当建立企业国有资产评估管理工作制度，完善资产评估项目的档案管理，做好项目统计分析报告工作。省级国有资产监督管理机构和中央企业应当于每年度终了30个工作日内将其资产评估项目情况的统计分析资料上报国务院国有资产监督管理机构。

（二）资产评估机构

资产评估机构是指依法经市场监督管理部门登记设立并向有关评估行政管理部门备案的从事资产评估业务的专业服务机构。资产评估机构的组织形式为合伙制或者公司制。资产评估机构开展国有资产评估业务，应当按规定向省级财政部门备案，并遵守有关法律、行政法规和评估准则，遵循独立、客观、公正的原则。资产评估机构应当建立健全质量控制制度，保证资产评估报告的客观、真实、合理。

根据《资产评估法》的规定，资产评估机构违反规定，有下列情形之一的，由有关评估行政管理部门予以警告，可以责令停业1个月以上6个月以下；有违法所得的，没收违法所得，并处违法所得1倍以上5倍以下罚款；情节严重的，由市场监督管理部门吊销营业执照；构成犯罪的，依法追究刑事责任：（1）利用开展业务之便，谋取不正当利益的；（2）允许其他机构以本机构名义开展业务，或者冒用其他机构名义开展业务的；（3）以恶性压价、支付回扣、虚假宣传，或者贬损、诋毁其他评估机构等不正当手段招揽业务的；（4）受理与自身有利害关系的业务的；（5）分别接受利益冲突双方的委托，对同一评估对象进行评估的；（6）出具有重大遗漏的评估报告的；（7）未按规定的期限保存评估档案的；（8）聘用或者指定不符合规定的人员从事评估业务的；（9）对本机构的评估专业人员疏于管理，造成不良后果。资产评估机构违反法律规定，出具虚假评估报告的，由有关评估行政管理部门责令停业6个月以上1年以下；有违法所得的，没收违法所得，并处违法所得1倍以上5倍以下罚款；情节严重的，由市场监督管理部门吊销营业执照；构成犯罪的，依法追究刑事责任。

五、企业国有资产评估项目核准制和备案制

根据有关规定，企业国有资产评估项目实行核准制和备案制。

（一）核准制

经各级人民政府批准经济行为的事项涉及的资产评估项目，分别由其授权履行出资人职责的机构负责核准。国务院批准的重大经济事项同时涉及中央和地方的资产评估项目，可由国有股最大股东依照其产权关系，逐级报送国务院国有资产监督管理机构进行核准。

金融企业下列经济行为涉及资产评估的，资产评估项目实行核准：（1）经批准进行改组改制、拟在境内或者境外上市、以非货币性资产与外商合资经营或者合作经营的经济行为；（2）经县级以上人民政府批准的其他涉及国有资产产权变动的经济行为。中央金融企业资产评估项目报财政部核准。地方金融企业资产评估项目报本级财政部门核准。

凡需经核准的资产评估项目，企业在资产评估前应当向履行出资人职责的机构报告下列有关事项：（1）相关经济行为批准情况；（2）评估基准日的选择情况；（3）资产评估范围的确定情况；（4）选择资产评估机构的条件、范围、程序及拟选定机构的资质、专业特长情况；（5）资产评估的时间进度安排情况。企业应当及时向履行出资人职责的机构报告资产评估项目的工作进展情况。履行出资人职责的机构认为必要时，可以对该项目进行跟踪指导和现场检查。

资产评估项目的核准按照下列程序进行：

（1）企业收到资产评估机构出具的评估报告后应当逐级上报初审，经初审同意后，自评估基准日起8个月内向履行出资人职责的机构提出核准申请。

企业提出资产评估项目核准申请时，应当向履行出资人职责的机构报送下列文件材料：①资产评估项目核准申请文件；②资产评估项目核准申请表；③与评估目的相对应的经济行为批准文件或有效材料；④所涉及的资产重组方案或者改制方案、发起人协议等材料；⑤资产评估机构提交的资产评估报告（包括评估报告书、评估说明、评估明细表及其电子文档）；⑥与经济行为相对应的审计报告；⑦资产评估各当事方的相关承诺函；⑧其他有关材料。

（2）履行出资人职责的机构收到核准申请后，对符合核准要求的，及时组织有关专家审核，在20个工作日内完成对评估报告的核准；对不符合核准要求的，予以退回。

履行出资人职责的机构应当对下列事项进行审核：①资产评估项目所涉及的经济行为是否获得批准；②资产评估机构是否具备相应评估资质；③评估人员是否具备相应执业资格；④评估基准日的选择是否适当，评估结果的使用有效期是否明示；⑤资产评估范围与经济行为批准文件确定的资产范围是否一致；⑥评估依据是否适当；⑦企业是否就所提供的资产权属证明文件、财务会计资料及生产经营管理资料的真实性、合法性和完整性作出承诺；⑧评估过程是否符合相关评估准则的规定；⑨参与审核的专家是否达成一致意见。

（二）备案制

经国务院国有资产监督管理机构或国务院授权的部门批准经济行为的事项涉及的资产评估项目，由国务院国有资产监督管理机构或国务院授权的部门负责备案；经国务院国有资产监督管理机构或国务院授权的部门所出资企业（以下简称中央企业）及其各级子企业批准经济行为的事项涉及的资产评估项目，由中央企业负责备案。

经国务院国有资产监督管理机构批准经济行为的事项涉及的资产评估项目，其中包括采用协议方式转让企业国有产权事项涉及的资产评估项目和股份有限公司国有股权设置事项涉及的资产评估项目，由国务院国有资产监督管理机构负责备案。经国务院国有资产监督管理机构批准进行主辅分离辅业改制项目中，按限额专项委托中央企业办理相关资产评估项目备案。其中，属于国家授权投资机构的中央企业负责办理资产总额账面值5000万元（不含）以下资产评估项目的备案，5000万元以上的资产评估项目由国务院国有资产监督管理机构办理备案；其他中央企业负责办理资产总额账面值2000万元（不含）以下资产评估项目的备案，2000万元以上的资产评估项目由国务院国有资产监督管理机构办理备案。

资产评估项目的备案按照下列程序进行：

（1）企业收到资产评估机构出具的评估报告后，将备案材料逐级报送给履行出资人职责的机构或其所出资企业，自评估基准日起9个月内提出备案申请。

资产评估项目备案需报送下列文件材料：①国有资产评估项目备案表一式三份；②资产评估报告（评估报告书、评估说明和评估明细表及其电子文档）；③与资产评估项目相对应的经济行为批准文件；④其他有关材料。

（2）履行出资人职责的机构或者所出资企业收到备案材料后，对材料齐全的，在20个工作日内办理备案手续，必要时可组织有关专家参与备案评审。

履行出资人职责的机构及所出资企业根据下列情况确定是否对资产评估项目予以备案：①资产评估所涉及的经济行为是否获得批准；②资产评估机构是否具备相应评估资质，评估人员是否具备相应执业资格；③评估基准日的选择是否适当，评估结果的使用有效期是否明示；④资产评估范围与经济行为批准文件确定的资产范围是否一致；⑤企业是否就所提供的资产权属证明文件、财务会计资料及生产经营管理资料的真实性、合法性和完整性作出承诺；⑥评估程序是否符合相关评估准则的规定。

六、企业国有资产评估程序

根据《资产评估法》的规定，企业国有资产评估履行下列基本程序：

（1）企业国有资产评估业务委托人应当依法选择资产评估机构，应当与评估机构订立委托合同，约定双方的权利和义务。委托人应当按照合同约定向评估机构支付费用，不得索要、收受或者变相索要、收受回扣。委托人应当对其提供的权属证明、财务会计信息和其他资料的真实性、完整性和合法性负责。

（2）资产评估机构受理企业国有资产评估业务后，应当指定至少两名相应专业类别的评估师承办。评估师应当根据评估业务具体情况，对评估对象进行现场调查，收集权属证明、财务会计信息和其他资料并进行核查验证、分析整理，作为评估的依据。评估师应当恰当选择评估方法，除依据评估执业准则只能选择一种评估方法的外，应当选择两种以上评估方法，经综合分析，形成评估结论，编制资产评估报告。评估机构应当对评估报告进行内部审核。

（3）资产评估报告应当由至少两名承办该项业务的评估师签名并加盖资产评估机构印章。资产评估机构及其评估师对其出具的资产评估报告依法承担责任。委托人不得串通、唆使评估机构或者评估师出具虚假评估报告。委托人对评估报告有异议的，可以要求评估机构解释。

（4）评估档案的保存期限不少于15年，属于法定评估业务的，保存期限不少于30年。

（5）委托人或者资产评估报告使用人应当按照法律规定和资产评估报告载明的使用范围使用评估报告。委托人或者资产评估报告使用人违反规定使用评估报告的，评估机构和评估师不承担责任。

第四节 企业国有资产交易管理制度

一、企业国有资产交易概述

(一) 企业国有资产交易的概念和原则

(1) 企业国有资产交易,是指履行出资人职责的机构、国有及国有控股企业、国有实际控制企业转让产权,或者增加资本、进行重大资产转让的活动。

为了规范企业国有资产交易行为,加强企业国有资产交易监督管理,防止国有资产流失,2016年6月24日国务院国有资产监督管理委员会、财政部联合发布了《企业国有资产交易监督管理办法》,对除金融、文化类国家出资企业的国有资产交易和上市公司的国有股权转让以外的企业国有资产交易行为的监督管理作出了规定。

(2) 企业国有资产交易应当遵守国家法律法规和政策规定,有利于国有经济布局和结构调整优化,充分发挥市场配置资源作用,遵循等价有偿和公开、公平、公正的原则,在依法设立的产权交易机构中公开进行,国家法律法规另有规定的从其规定。

企业国有资产交易标的应当权属清晰,不存在法律法规禁止或限制交易的情形。已设定担保物权的国有资产交易,应当符合《民法典》等有关法律法规规定。涉及政府社会公共管理事项的,应当依法报政府有关部门审核。

(二) 企业国有资产交易的范围

企业国有资产交易行为包括:(1) 履行出资人职责的机构、国有及国有控股企业、国有实际控制企业转让其对企业各种形式出资所形成权益的行为(以下称企业产权转让);(2) 国有及国有控股企业、国有实际控制企业增加资本的行为(以下称企业增资),政府以增加资本金方式对国家出资企业的投入除外;(3) 国有及国有控股企业、国有实际控制企业的重大资产转让行为(以下称企业资产转让)。

上述所称国有及国有控股企业、国有实际控制企业包括:(1) 政府部门、机构、事业单位出资设立的国有独资企业(公司),以及上述单位、企业直接或间接合计持股为100%的国有全资企业;(2) 上述第(1)项中所列单位、企业单独或共同出资,合计拥有产(股)权比例超过50%,且其中之一为最大股东的企业;(3) 上述第(1)、(2)项中所列企业对外出资,拥有股权比例超过50%的各级子企业;(4) 政府部门、机构、事业单位、单一国有及国有控股企业直接或间接持股比例未超过50%,但为第一大股东,并且通过股东协议、公司章程、董事会决议或者其他协议安排能够对其实际支配的企业。

二、企业产权转让

(一) 审核批准

履行出资人职责的机构负责审核国家出资企业的产权转让事项。其中,因产权转让致使国家不再拥有所出资企业控股权的,须由履行出资人职责的机构报本级人民政府批准。

国家出资企业应当制定其子企业产权转让管理制度，确定审批管理权限。其中，对主业处于关系国家安全、国民经济命脉的重要行业和关键领域，主要承担重大专项任务子企业的产权转让，须由国家出资企业报同级履行出资人职责的机构批准。转让方为多家国有股东共同持股的企业，由其中持股比例最大的国有股东负责履行相关批准程序；各国有股东持股比例相同的，由相关股东协商后确定其中一家股东负责履行相关批准程序。

产权转让应当由转让方按照企业章程和企业内部管理制度进行决策，形成书面决议。国有控股和国有实际控制企业中国有股东委派的股东代表，应当按照规定和委派单位的指示发表意见、行使表决权，并将履职情况和结果及时报告委派单位。

转让方应当按照企业发展战略做好产权转让的可行性研究和方案论证。产权转让涉及职工安置事项的，安置方案应当经职工代表大会或职工大会审议通过；涉及债权债务处置事项的，应当符合国家相关法律法规的规定。

（二）审计评估

产权转让事项经批准后，由转让方委托会计师事务所对转让标的企业进行审计。涉及参股权转让不宜单独进行专项审计的，转让方应当取得转让标的企业最近一期年度审计报告。

对按照有关法律法规要求必须进行资产评估的产权转让事项，转让方应当委托具有相应专业能力的评估机构对转让标的进行资产评估，产权转让价格应以经核准或备案的评估结果为基础确定。

（三）确定受让方

产权转让原则上通过产权市场公开进行。转让方可以根据企业实际情况和工作进度安排，采取信息预披露和正式披露相结合的方式，通过产权交易机构网站分阶段对外披露产权转让信息，公开征集受让方。其中正式披露信息时间不得少于20个工作日。因产权转让导致转让标的企业的实际控制权发生转移的，转让方应当在转让行为获批后10个工作日内，通过产权交易机构进行信息预披露，时间不得少于20个工作日。产权转让原则上不得针对受让方设置资格条件，确需设置的，不得有明确指向性或违反公平竞争原则，所设资格条件相关内容应当在信息披露前报同级履行出资人职责的机构备案，履行出资人职责的机构在5个工作日内未反馈意见的视为同意。

转让方披露信息包括但不限于以下内容：（1）转让标的基本情况；（2）转让标的企业的股东结构；（3）产权转让行为的决策及批准情况；（4）转让标的企业最近一个年度审计报告和最近一期财务报表中的主要财务指标数据，包括但不限于资产总额、负债总额、所有者权益、营业收入、净利润等（转让参股权的，披露最近一个年度审计报告中的相应数据）；（5）受让方资格条件（适用于对受让方有特殊要求的情形）；（6）交易条件、转让底价；（7）企业管理层是否参与受让，有限责任公司原股东是否放弃优先受让权；（8）竞价方式，受让方选择的相关评判标准；（9）其他需要披露的事项。其中信息预披露应当包括但不限于以上（1）、（2）、（3）、（4）、（5）项内容。转让方应当按照要求向产权交易机构提供披露信息内容的纸质文档材料，并对披露内容和所提供材料的真实性、完整性、准确性负责。产权交易机构应当对信息披露的规范性负责。

产权转让项目首次正式信息披露的转让底价，不得低于经核准或备案的转让标的评估结果。信息披露期满未征集到意向受让方的，可以延期或在降低转让底价、变更受让条件后重新进行信息披露。降低转让底价或变更受让条件后重新披露信息的，披露时间不得少于20个工作日。新的转让底价低于评估结果的90%时，应当经转让行为批准单位书面同意。

转让项目自首次正式披露信息之日起超过12个月未征集到合格受让方的，应当重新履行审计、资产评估以及信息披露等产权转让工作程序。在正式披露信息期间，转让方不得变更产权转让公告中公布的内容，由于非转让方原因或其他不可抗力因素导致可能对转让标的价值判断造成影响的，转让方应当及时调整补充披露信息内容，并相应延长信息披露时间。

产权交易机构负责意向受让方的登记工作，对意向受让方是否符合受让条件提出意见并反馈转让方。产权交易机构与转让方意见不一致的，由转让行为批准单位决定意向受让方是否符合受让条件。

产权转让信息披露期满、产生符合条件的意向受让方的，按照披露的竞价方式组织竞价。竞价可以采取拍卖、招投标、网络竞价以及其他竞价方式，且不得违反国家法律法规的规定。

受让方确定后，转让方与受让方应当签订产权交易合同，交易双方不得以交易期间企业经营性损益等理由对已达成的交易条件和交易价格进行调整。

产权转让导致国有股东持有上市公司股份间接转让的，应当同时遵守上市公司国有股权管理以及证券监管相关规定。企业产权转让涉及交易主体资格审查、反垄断审查、特许经营权、国有划拨土地使用权、探矿权和采矿权等政府审批事项的，按照相关规定执行。受让方为境外投资者的，应当符合外商投资产业指导目录和负面清单管理要求，以及外商投资安全审查有关规定。

（四）结算交易价款

交易价款应当以人民币计价，通过产权交易机构以货币进行结算。因特殊情况不能通过产权交易机构结算的，转让方应当向产权交易机构提供转让行为批准单位的书面意见以及受让方付款凭证。

交易价款原则上应当自合同生效之日起5个工作日内一次付清。金额较大、一次付清确有困难的，可以采取分期付款方式。采用分期付款方式的，首期付款不得低于总价款的30%，并在合同生效之日起5个工作日内支付；其余款项应当提供转让方认可的合法有效担保，并按同期银行贷款利率支付延期付款期间的利息，付款期限不得超过1年。

产权交易合同生效后，产权交易机构应当将交易结果通过交易机构网站对外公告，公告内容包括交易标的名称、转让标的评估结果、转让底价、交易价格，公告期不少于5个工作日。产权交易合同生效，并且受让方按照合同约定支付交易价款后，产权交易机构应当及时为交易双方出具交易凭证。

（五）非公开协议方式转让企业产权的特殊规定

以下情形的产权转让可以采取非公开协议转让方式：（1）涉及主业处于关系国家安全、

国民经济命脉的重要行业和关键领域企业的重组整合，对受让方有特殊要求，企业产权需要在国有及国有控股企业之间转让的，经履行出资人职责的机构批准，可以采取非公开协议转让方式；(2) 同一国家出资企业及其各级控股企业或实际控制企业之间因实施内部重组整合进行产权转让的，经该国家出资企业审议决策，可以采取非公开协议转让方式。

采取非公开协议转让方式转让企业产权，转让价格不得低于经核准或备案的评估结果。以下情形按照《公司法》、企业章程履行决策程序后，转让价格可以资产评估报告或最近一期审计报告确认的净资产值为基础确定，且不得低于经评估或审计的净资产值：(1) 同一国家出资企业内部实施重组整合，转让方和受让方为该国家出资企业及其直接或间接全资拥有的子企业；(2) 同一国有控股企业或国有实际控制企业内部实施重组整合，转让方和受让方为该国有控股企业或国有实际控制企业及其直接、间接全资拥有的子企业。

履行出资人职责的机构批准、国家出资企业审议决策采取非公开协议方式转让企业产权时，应当审核下列文件：(1) 产权转让的有关决议文件；(2) 产权转让方案；(3) 采取非公开协议方式转让产权的必要性以及受让方情况；(4) 转让标的企业审计报告、资产评估报告及其核准或备案文件；(5) 产权转让协议；(6) 转让方、受让方和转让标的企业的国家出资企业产权登记表（证）；(7) 产权转让行为的法律意见书；(8) 其他必要的文件。

三、企业增资

（一）审核批准

履行出资人职责的机构负责审核国家出资企业的增资行为。其中，因增资致使国家不再拥有所出资企业控股权的，须由履行出资人职责的机构报本级人民政府批准。

国家出资企业决定其子企业的增资行为。其中，对主业处于关系国家安全、国民经济命脉的重要行业和关键领域，主要承担重大专项任务的子企业的增资行为，须由国家出资企业报同级履行出资人职责的机构批准。增资企业为多家国有股东共同持股的企业，由其中持股比例最大的国有股东负责履行相关批准程序；各国有股东持股比例相同的，由相关股东协商后确定其中一家股东负责履行相关批准程序。

企业增资应当符合国家出资企业的发展战略，做好可行性研究，制订增资方案，明确募集资金金额、用途、投资方应具备的条件、选择标准和遴选方式等。增资后企业的股东数量须符合国家相关法律法规的规定。

企业增资应当由增资企业按照企业章程和内部管理制度进行决策，形成书面决议。国有控股、国有实际控制企业中国有股东委派的股东代表，应当按照规定和委派单位的指示发表意见、行使表决权，并将履职情况和结果及时报告委派单位。

（二）审计评估

企业增资在完成决策批准程序后，应当由增资企业委托具有相应资质的中介机构开展审计和资产评估。以下情形按照《公司法》、企业章程履行决策程序后，可以依据评估报告或最近一期审计报告确定企业资本及股权比例：(1) 增资企业原股东同比例增资的；(2) 履行出资人职责的机构对国家出资企业增资的；(3) 国有控股或国有实际控制企业对其独资子企业增资的；(4) 增资企业和投资方均为国有独资或国有全资企业的。

(三) 确定投资方

企业增资通过产权交易机构网站对外披露信息公开征集投资方，时间不得少于40个工作日。信息披露内容包括但不限于：（1）企业的基本情况；（2）企业目前的股权结构；（3）企业增资行为的决策及批准情况；（4）近三年企业审计报告中的主要财务指标；（5）企业拟募集资金金额和增资后的企业股权结构；（6）募集资金用途；（7）投资方的资格条件，以及投资金额和持股比例要求等；（8）投资方的遴选方式；（9）增资终止的条件；（10）其他需要披露的事项。

企业增资涉及上市公司实际控制人发生变更的，应当同时遵守上市公司国有股权管理以及证券监管相关规定。

产权交易机构接受增资企业的委托提供项目推介服务，负责意向投资方的登记工作，协助企业开展投资方资格审查。通过资格审查的意向投资方数量较多时，可以采用竞价、竞争性谈判、综合评议等方式进行多轮次遴选。产权交易机构负责统一接收意向投资方的投标和报价文件，协助企业开展投资方遴选有关工作。企业董事会或股东会以资产评估结果为基础，结合意向投资方的条件和报价等因素审议选定投资方。

投资方以非货币财产出资的，应当经增资企业董事会或股东会审议同意，并委托具有相应资质的评估机构进行评估，确认投资方的出资金额。

增资协议签订并生效后，产权交易机构应当出具交易凭证，通过交易机构网站对外公告结果，公告内容包括投资方名称、投资金额、持股比例等，公告期不少于5个工作日。

(四) 非公开协议方式增资的特殊规定

以下情形经同级履行出资人职责的机构批准，可以采取非公开协议方式进行增资：（1）因国有资本布局结构调整需要，由特定的国有及国有控股企业或国有实际控制企业参与增资；（2）因国家出资企业与特定投资方建立战略合作伙伴或利益共同体需要，由该投资方参与国家出资企业或其子企业增资。

以下情形经国家出资企业审议决策，可以采取非公开协议方式进行增资：（1）国家出资企业直接或指定其控股、实际控制的其他子企业参与增资；（2）企业债权转为股权；（3）企业原股东增资。

履行出资人职责的机构批准、国家出资企业审议决策采取非公开协议方式增资时，应当审核下列文件：（1）增资的有关决议文件；（2）增资方案；（3）采取非公开协议方式增资的必要性以及投资方情况；（4）增资企业审计报告、资产评估报告及其核准或备案文件；（5）增资协议；（6）增资企业的国家出资企业产权登记表（证）；（7）增资行为的法律意见书；（8）其他必要的文件。

四、企业资产转让

企业一定金额以上的生产设备、房产、在建工程以及土地使用权、债权、知识产权等资产对外转让，应当按照企业内部管理制度履行相应决策程序后，在产权交易机构公开进行。涉及国家出资企业内部或特定行业的资产转让，确需在国有及国有控股、国有实际控制企业之间非公开转让的，由转让方逐级报国家出资企业审核批准。国家出资企业负责制定本企业不同类型资产转让行为的内部管理制度，明确责任部门、管理权限、决策程序、工作流程，对其中应当在产权交易机构公开转让的资产种类、金额标准等作出具体规定，并报同级履行出资人职责的机构备案。

转让方应当根据转让标的情况合理确定转让底价和转让信息公告期：（1）转让底价高于100万元、低于1000万元的资产转让项目，信息公告期应不少于10个工作日；（2）转让底价高于1000万元的资产转让项目，信息公告期应不少于20个工作日。

资产转让价款原则上一次性付清。企业资产转让的具体工作流程参照上述关于企业产权转让的规定执行。

五、企业国有产权无偿划转

（一）企业国有产权无偿划转的概念和原则

1. 企业国有产权无偿划转的概念

企业国有产权无偿划转，是指企业国有产权在政府机构、事业单位、国有独资企业、国有独资公司之间的无偿转移行为。为了规范企业国有产权无偿划转行为，保障企业国有产权有序流动，防止国有资产流失，1999年9月27日财政部制定了《关于企业国有资产办理无偿划转手续的规定》，2005年8月29日国务院国有资产监督管理委员会也发布了《企业国有产权无偿划转管理暂行办法》，对企业国有产权无偿划转作出了具体的规范。

2. 企业国有产权无偿划转的原则

根据有关规定，企业国有产权无偿划转应当遵循以下原则：（1）符合国家有关法律法规和产业政策的规定；（2）符合国有经济布局和结构调整的需要；（3）有利于优化产业结构和提高企业核心竞争力；（4）划转双方协商一致。

（二）企业国有产权无偿划转的程序

1. 做好可行性研究

企业国有产权无偿划转应当做好可行性研究。无偿划转可行性论证报告一般应当载明下列内容：（1）被划转企业所处行业情况及国家有关法律法规、产业政策规定；（2）被划转企业主业情况及与划入、划出方企业主业和发展规划的关系；（3）被划转企业的财务状况及或有负债情况；（4）被划转企业的人员情况；（5）划入方对被划转企业的重组方案，包括投入计划、资金来源、效益预测及风险对策等；（6）其他需说明的情况。

2. 划转双方审议

划转双方应当在可行性研究的基础上，按照内部决策程序进行审议，并形成书面决议。划入方（划出方）为国有独资企业的，应当由总经理办公会议审议；已设立董事会的，由董事会审议。划入方（划出方）为国有独资公司的，应当由董事会审议；尚未设立董事会的，由总经理办公会议审议。所涉及的职工分流安置事项，应当经被划转企业职工代表大会审议通过。划出方应当就无偿划转事项通知本企业（单位）债权人，并制订相应的债务处置方案。

3. 审计或者清产核资

划转双方应当组织被划转企业按照有关规定开展审计或清产核资，以中介机构出具的审计报告或经划出方履行出资人职责的机构批准的清产核资结果作为企业国有产权无偿划转的依据。

4. 签订划转协议

划转双方协商一致后，应当签订企业国有产权无偿划转协议。划转协议应当包括下列主要内容：（1）划入划出双方的名称与住所；（2）被划转企业的基本情况；（3）被划转企业国有产权数额及划转基准日；（4）被划转企业涉及的职工分流安置方案；（5）被划转企业涉及的债权、债务（包括拖欠职工债务）以及或有负债的处理方案；（6）划转双方的违约责任；（7）纠纷的解决方式；（8）协议生效条件；（9）划转双方认为必要的其他条款。无偿划转事项按照规定程序批准后，划转协议生效。划转协议生效以前，划转双方不得履行或者部分履行。

5. 办理产权登记手续

划转双方应当依据相关批复文件及划转协议，进行账务调整，按规定办理产权登记等手续。

（三）企业国有产权无偿划转的批准

1. 确定批准机构

企业国有产权在同一履行出资人职责的机构所出资企业之间无偿划转的，由所出资企业共同报履行出资人职责的机构批准。企业国有产权在不同履行出资人职责的机构所出资企业之间无偿划转的，依据划转双方的产权归属关系，由所出资企业分别报同级履行出资人职责的机构批准。实施政企分开的企业，其国有产权无偿划转所出资企业或其子企业持有的，由同级履行出资人职责的机构和主管部门分别批准。下级政府履行出资人职责的机构所出资企业国有产权无偿划转上级政府履行出资人职责的机构所出资企业或其子企业持有的，由下级政府和上级政府履行出资人职责的机构分别批准。企业国有产权在所出资企业内部无偿划转的，由所出资企业批准并抄报同级履行出资人职责的机构。

2. 批准机构审查

批准机构批准企业国有产权无偿划转事项，应当审查下列书面材料：（1）无偿划转的申请文件；（2）总经理办公会议或董事会有关无偿划转的决议；（3）划转双方及被划转企业的产权登记证；（4）无偿划转的可行性论证报告；（5）划转双方签订的无偿划转协议；（6）中介机构出具的被划转企业划转基准日的审计报告或同级履行出资人职责的机构清产核资结果批复文件；（7）划出方债务处置方案；（8）被划转企业职工代表大会通过的职工分流安置方案；（9）其他有关文件。

企业国有产权无偿划转事项经批准后，划出方和划入方调整产权划转比例或者划转协议有重大变化的，应当按照规定程序重新报批。

有下列情况之一的，不得实施无偿划转：（1）被划转企业主业不符合划入方主业及发展规划的；（2）中介机构对被划转企业划转基准日的财务报告出具否定意见、无法表示意见或保留意见的审计报告的；（3）无偿划转涉及的职工分流安置事项未经被划转企业的职工代表大会审议通过的；（4）被划转企业或有负债未有妥善解决方案的；（5）划出方债务未有妥善处置方案的。

3. 由政府决定的无偿划转事项

根据规定，下列国有产权无偿划转事项，依据中介机构出具的被划转企业上一年度（或最近一次）的审计报告或经履行出资人职责的机构批准的清产核资结果，直接进行账务调整，并按规定办理产权登记等手续：（1）由政府决定的所出资企业国有产权无偿划转本级履行出资人职责的机构其他所出资企业的；（2）由上级政府决定的所出资企业国有产权在上、下级政府履行出资人职责的机构之间的无偿划转；（3）由划入、划出方政府决定的所出资企业国有产权在互不隶属的政府的履行出资人职责的机构之间的无偿划转；（4）由政府决定的实施政企分开的企业，其国有产权无偿划转履行出资人职责的机构持有的；（5）其他由政府或履行出资人职责的机构根据国有经济布局、结构调整和重组需要决定的无偿划转事项。

六、上市公司国有股权变动管理

（一）上市公司国有股权变动管理概述

1. 上市公司国有股权变动的概念

上市公司国有股权变动，是指上市公司国有股权持股主体、数量或比例等发生变化的行为，具体包括：国有股东所持上市公司股份通过证券交易系统转让、公开征集转让、非公开协议转让、无偿划转、间接转让、国有股东发行可交换公司债券；国有股东通过证券交易系统增持、协议受让、间接受让、要约收购上市公司股份和认购上市公司发行股票；国有股东所控股上市公司吸收合并、发行证券；国有股东与上市公司进行资产重组等行为。

上述所称国有股东是指符合以下情形之一的企业和单位，其证券账户标注"SS"：（1）政府部门、机构、事业单位、境内国有独资或全资企业；（2）上述第（1）项中所述单位或企业独家持股比例超过50%，或合计持股比例超过50%，且其中之一为第一大股东的境内企业；（3）上述第（2）项中所述企业直接或间接持股的各级境内独资或全资企业。

2. 上市公司国有股权变动管理的立法

为规范上市公司国有股权变动行为，推动国有资源优化配置，平等保护各类投资者合法权益，防止国有资产流失，2018年5月16日国务院国有资产监督管理委员会、财政部、中国证券监督管理委员会联合发布了《上市公司国有股权监督管理办法》，对上市公司国有股权变动管理作出了具体规定。金融、文化类上市公司国有股权的监督管理，国家另有规定的，依照其规定。国有或国有控股的专门从事证券业务的证券公司及基金管理公司转让、受让上市公司股份的监督管理按照相关规定办理。国有出资的有限合伙企业不作国有股东认定，其所持上市公司股份按有关规定管理。

3. 上市公司国有股权变动管理的原则

（1）上市公司国有股权变动行为应坚持公开、公平、公正原则，遵守国家有关法律、行政法规和规章制度规定，符合国家产业政策和国有经济布局结构调整方向，有利于国有资本保值增值，提高企业核心竞争力。（2）上市公司国有股权变动涉及的股份应当权属清晰，不存在受法律法规规定限制的情形。（3）国有股东所持上市公司股份变动应在作充分可行性研究的基础上制定方案，严格履行决策、审批程序，规范操作，按照证券监管的相关规定履行信息披露等义务。在上市公司国有股权变动信息披露前，各关联方要严格遵守保密规定。（4）上市公司国有股权变动应当根据证券市场公开交易价格、可比公司股票交易价格、每股净资产值等因素合理定价。

(二) 国有股东转让所持上市公司股份的方式

1. 通过交易系统转让

国有股东通过证券交易系统转让上市公司股份，按照国家出资企业内部决策程序决定，有以下情形之一的，应报履行出资人职责的机构审核批准：（1）国有控股股东转让上市公司股份可能导致持股比例低于合理持股比例的；（2）总股本不超过10亿股的上市公司，国有控股股东拟于一个会计年度内累计净转让（累计转让股份扣除累计增持股份后的余额，下同）达到总股本5%及以上的；总股本超过10亿股的上市公司，国有控股股东拟于一个会计年度内累计净转让数量达到5000万股及以上的；（3）国有参股股东拟于一个会计年度内累计净转让达到上市公司总股本5%及以上的。

国家出资企业、履行出资人职责的机构决定或批准国有股东通过证券交易系统转让上市公司股份时，应当审核以下文件：（1）国有股东转让上市公司股份的内部决策文件；（2）国有股东转让上市公司股份方案，内容包括但不限于：转让的必要性，国有股东及上市公司基本情况、主要财务数据，拟转让股份权属情况，转让底价及确定依据，转让数量、转让时限等；（3）上市公司股份转让的可行性研究报告；（4）国家出资企业、履行出资人职责的机构认为必要的其他文件。

2. 公开征集转让

公开征集转让是指国有股东依法公开披露信息，征集受让方转让上市公司股份的行为。

国有股东拟公开征集转让上市公司股份的，在履行内部决策程序后，应书面告知上市公司，由上市公司依法披露，进行提示性公告。国有控股股东公开征集转让上市公司股份可能导致上市公司控股权转移的，应当一并通知上市公司申请停牌。上市公司发布提示性公告后，国有股东应及时将转让方案、可行性研究报告、内部决策文件、拟发布的公开征集信息等内容通过管理信息系统报送履行出资人职责的机构。履行出资人职责的机构通过管理信息系统对公开征集转让事项出具意见。国有股东在获得履行出资人职责的机构同意意见后书面通知上市公司发布公开征集信息。

公开征集信息内容包括但不限于：拟转让股份权属情况、数量，受让方应当具备的资格条件，受让方的选择规则，公开征集期限等。公开征集信息对受让方的资格条件不得设定指向性或违反公平竞争要求的条款，公开征集期限不得少于10个交易日。

国有股东收到拟受让方提交的受让申请及受让方案后，应当成立由内部职能部门人员以及法律、财务等独立外部专家组成的工作小组，严格按照已公告的规则选择确定受让方。公开征集转让可能导致上市公司控股权转移的，国有股东应当聘请具有上市公司并购重组财务顾问业务资格的证券公司、证券投资咨询机构或者其他符合条件的财务顾问机构担任财务顾问。财务顾问应当具有良好的信誉，近三年内无重大违法违规记录，且与受让方不存在利益关联。财务顾问应当勤勉尽责，遵守行业规范和职业道德，对上市公司股份的转让方式、转让价格、股份转让对国有股东和上市公司的影响等方面出具专业意见；并对拟受让方进行尽职调查，出具尽职调查报告。

国有股东确定受让方后，应当及时与受让方签订股份转让协议。股份转让协议应当包括但不限于以下内容：（1）转让方、上市公司、拟受让方的名称、法定代表人及住所；（2）转让方持股数量、拟转让股份数量及价格；（3）转让方、受让方的权利和义务；

（4）股份转让价款支付方式及期限；（5）股份登记过户的条件；（6）协议生效、变更和解除条件、争议解决方式、违约责任等。

国有股东与受让方签订协议后，按照审批权限由国家出资企业审核批准或由履行出资人职责的机构审核批准。国家出资企业、履行出资人职责的机构批准国有股东所持上市公司股份公开征集转让时，应当审核以下文件：（1）受让方的征集及选择情况；（2）国有股东基本情况、受让方基本情况及上一年度经审计的财务会计报告；（3）股份转让协议及股份转让价格的定价说明；（4）受让方与国有股东、上市公司之间在最近12个月内股权转让、资产置换、投资等重大情况及债权债务情况；（5）律师事务所出具的法律意见书；（6）财务顾问出具的尽职调查报告（适用于上市公司控股权转移的情形）；（7）国家出资企业、履行出资人职责的机构认为必要的其他文件。

国有股东公开征集转让上市公司股份的价格不得低于下列两者之中的较高者：（1）提示性公告日前30个交易日的每日加权平均价格的算术平均值；（2）最近一个会计年度上市公司经审计的每股净资产值。

国有股东应在股份转让协议签订后5个工作日内收取不低于转让价款30%的保证金，其余价款应在股份过户前全部结清。在全部转让价款支付完毕或交由转让双方共同认可的第三方妥善保管前，不得办理股份过户登记手续。

履行出资人职责的机构关于国有股东公开征集转让上市公司股份的批准文件或履行出资人职责的机构、管理信息系统出具的统一编号的备案表和全部转让价款支付凭证是证券交易所、中国证券登记结算有限责任公司办理上市公司股份过户登记手续的必备文件。上市公司股份过户前，原则上受让方人员不能提前进入上市公司董事会和经理层，不得干预上市公司正常生产经营。

3. 非公开协议转让

非公开协议转让是指不公开征集受让方，通过直接签订协议转让上市公司股份的行为。

符合以下情形之一的，国有股东可以非公开协议转让上市公司股份：（1）上市公司连续两年亏损并存在退市风险或严重财务危机，受让方提出重大资产重组计划及具体时间表的；（2）企业主业处于关系国家安全、国民经济命脉的重要行业和关键领域，主要承担重大专项任务，对受让方有特殊要求的；（3）为实施国有资源整合或资产重组，在国有股东、潜在国有股东（经本次国有资源整合或资产重组后成为上市公司国有股东的）之间转让的；（4）上市公司回购股份涉及国有股东所持股份的；（5）国有股东因接受要约收购方式转让其所持上市公司股份的；（6）国有股东因解散、破产、减资、被依法责令关闭等原因转让其所持上市公司股份的；（7）国有股东以所持上市公司股份出资的。

国有股东在履行内部决策程序后，应当及时与受让方签订股份转让协议。涉及上市公司控股权转移的，在转让协议签订前，应按规定聘请财务顾问，对拟受让方进行尽职调查，出具尽职调查报告。

国有股东与受让方签订协议后，按照审批权限由国家出资企业审核批准或由履行出资人职责的机构审核批准。国家出资企业、履行出资人职责的机构批准国有股东非公开协议转让上市公司股份时，应当审核以下文件：（1）国有股东转让上市公司股份的决策文件；（2）国有股东转让上市公司股份的方案，内容包括但不限于：不公开征集受让方的原因，转让价格及确定依据，转让的数量，转让收入的使用计划等；（3）国有股东基本情况、受让方基本情况及上一年度经审计的财务会计报告；（4）可行性研究报告；（5）股份转让协议；（6）以非货币资产支付的说明；（7）拟受让方与国有股东、上市公司之间在最近12个月内股权转让、资产置换、投资等重大情况及债权债务情况；（8）律师事务所出具的法律意见书；（9）财务顾问出具的尽职调查报告（适用于上市公司控股权转移的情形）；（10）国家出资企业、履行出资人职责的机构认为必要的其他文件。

国有股东非公开协议转让上市公司股份的价格不得低于下列两者之中的较高者：（1）提示性公告日前30个交易日的每日加权平均价格的算术平均值；（2）最近一个会计年度上市公司经审计的每股净资产值。

国有股东非公开协议转让上市公司股份存在下列特殊情形的，可按以下原则确定股份转让价格：（1）国有股东为实施资源整合或重组上市公司，并在其所持上市公司股份转让完成后全部回购上市公司主业资产的，股份转让价格由国有股东根据中介机构出具的该上市公司股票价格的合理估值结果确定；（2）为实施国有资源整合或资产重组，在国有股东之间转让且上市公司中的国有权益并不因此减少的，股份转让价格应当根据上市公司股票的每股净资产值、净资产收益率、合理的市盈率等因素合理确定。

以现金支付股份转让价款的，国有股东应在股份转让协议签订后5个工作日内收取不低于转让价款30%的保证金，其余价款应在股份过户前全部结清；以非货币资产支付股份转让价款的，应当符合国家相关规定。

4. 股份无偿划转

政府部门、机构、事业单位、国有独资或全资企业之间可以依法无偿划转所持上市公司股份。国有股东所持上市公司股份无偿划转，按照审批权限由国家出资企业审核批准或由履行出资人职责的机构审核批准。国家出资企业、履行出资人职责的机构批准国有股东所持上市公司股份无偿划转时，应当审核以下文件：（1）国有股东无偿划转上市公司股份的内部决策文件；（2）国有股东无偿划转上市公司股份的方案和可行性研究报告；（3）上市公司股份无偿划转协议；（4）划转双方基本情况、上一年度经审计的财务会计报告；（5）划出方债务处置方案及或有负债的解决方案，及主要债权人对无偿划转的无异议函；（6）划入方未来12个月内对上市公司的重组计划或未来三年发展规划（适用于上市公司控股权转移的情形）；（7）律师事务所出具的法律意见书；（8）国家出资企业、履行出资人职责的机构认为必要的其他文件。

5. 股份间接转让

国有股东所持上市公司股份间接转让是指因国有产权转让或增资扩股等原因导致国有股东不再符合规定情形的行为。

国有股东拟间接转让上市公司股份的，履行内部决策程序后，应书面通知上市公司进行信息披露，涉及国有控股股东的，应当一并通知上市公司申请停牌。

国有股东所持上市公司股份间接转让，应当按照不得低于下列两者之中的较高者确定其所持上市公司股份价值：（1）提示性公告日前30个交易日的每日加权平均价格的算术平均值；（2）最近一个会计年度上市公司经审计的每股净资产值。

上市公司股份价值确定的基准日应与国有股东资产评估的基准日一致，且与国有股东产权直接持有单位对该产权变动决策的日期相差不得超过一个月。国有产权转让或增资扩股到产权交易机构挂牌时，因上市公司股价发生大幅变化等原因，导致资产评估报告的结论已不能反映交易标的真实价值的，原决策机构应对间接转让行为重新审议。

国有控股股东所持上市公司股份间接转让，应当按规定聘请财务顾问，对国有产权拟受让方或投资人进行尽职调查，并出具尽职调查报告。

国有股东所持上市公司股份间接转让的，国有股东应在产权转让或增资扩股协议签订后，产权交易机构出具交易凭证前报履行出资人职责的机构审核批准。履行出资人职责的机构批准国有股东所持上市公司股份间接转让时，应当审核以下文件：（1）产权转让或增资扩股决策文件、资产评估结果核准、备案文件及可行性研究报告；（2）经批准的产权转让或增资扩股方案；（3）受让方或投资人征集、选择情况；（4）国有产权转让协议或增资扩股协议；（5）国有股东资产作价金额，包括国有股东所持上市公司股份的作价说明；（6）受让方或投资人基本情况及上一年度经审计的财务会计报告；（7）财务顾问出具的尽职调查报告（适用于国有控股股东国有产权变动的情形）；（8）律师事务所出具的法律意见书；（9）履行出资人职责的机构认为必要的其他文件。

（三）国有股东受让上市公司股份

国有股东受让上市公司股份行为主要包括国有股东通过证券交易系统增持、协议受让、间接受让、要约收购上市公司股份和认购上市公司发行股票等。

1. 审核批准

国有股东受让上市公司股份，按照审批权限由国家出资企业审核批准或由履行出资人职责的机构审核批准。国家出资企业、履行出资人职责的机构批准国有股东受让上市公司股份时，应当审核以下文件：（1）国有股东受让上市公司股份的内部决策文件；（2）国有股东受让上市公司股份方案，内容包括但不限于：国有股东及上市公司的基本情况、主要财务数据、价格上限及确定依据、数量及受让时限等；（3）可行性研究报告；（4）股份转让协议（适用于协议受让的情形）、产权转让或增资扩股协议（适用于间接受让的情形）；（5）财务顾问出具的尽职调查报告和上市公司估值报告（适用于取得控股权的情形）；（6）律师事务所出具的法律意见书；（7）国家出资企业、履行出资人职责的机构认为必要的其他文件。

2. 办理受让手续

国有股东将其持有的可转换公司债券或可交换公司债券转换、交换成上市公司股票的，通过司法机关强制执行手续取得上市公司股份的，按照相关法律、行政法规及规章制度的规定办理，并在上述行为完成后10个工作日内将相关情况通过管理信息系统按程序报告履行出资人职责的机构。

（四）国有股东发行可交换公司债券

国有股东发行可交换公司债券，是指上市公司国有股东依法发行、在一定期限内依据约定条件可以交换成该股东所持特定上市公司股份的公司债券的行为。

1. 确定可交换公司债券的价格和利率

国有股东发行的可交换公司债券交换为上市公司每股股份的价格，应不低于债券募集说明书公告日前1个交易日、前20个交易日、前30个交易日该上市公司股票均价中的最高者。国有股东发行的可交换公司债券,其利率应当在参照同期银行贷款利率、银行票据利率、同行业其他企业发行的债券利率,以及标的公司股票每股交换价格、上市公司未来发展前景等因素的前提下,通过市场询价合理确定。

2. 审批

国有股东发行可交换公司债券,按照审批权限由国家出资企业审核批准或由履行出资人职责的机构审核批准。国家出资企业、履行出资人职责的机构批准国有股东发行可交换公司债券时,应当审核以下文件:(1)国有股东发行可交换公司债券的内部决策文件;(2)国有股东发行可交换公司债券的方案,内容包括但不限于:国有股东、上市公司基本情况及主要财务数据,预备用于交换的股份数量及保证方式,风险评估论证情况、偿本付息及应对债务风险的具体方案,对国有股东控股地位影响的分析等;(3)可行性研究报告;(4)律师事务所出具的法律意见书;(5)国家出资企业、履行出资人职责的机构认为必要的其他文件。

(五)国有股东所控股上市公司发行证券

国有股东所控股上市公司发行证券包括上市公司采用公开方式向原股东配售股份、向不特定对象公开募集股份、采用非公开方式向特定对象发行股份以及发行可转换公司债券等行为。

国有股东所控股上市公司发行证券,应当在股东会召开前,按照审批权限由国家出资企业审核批准或由履行出资人职责的机构审核批准。国家出资企业、履行出资人职责的机构批准国有股东所控股上市公司发行证券时,应当审核以下文件:(1)上市公司董事会决议;(2)国有股东所控股上市公司发行证券的方案,内容包括但不限于:相关国有股东、上市公司基本情况,发行方式、数量、价格,募集资金用途,对国有股东控股地位影响的分析,发行可转换公司债券的风险评估论证情况、偿本付息及应对债务风险的具体方案等;(3)可行性研究报告;(4)律师事务所出具的法律意见书;(5)国家出资企业、履行出资人职责的机构认为必要的其他文件。

(六)国有股东所控股上市公司吸收合并

国有股东所控股上市公司吸收合并,是指国有控股上市公司之间或国有控股上市公司与非国有控股上市公司之间的吸收合并。

1. 聘请财务顾问

国有股东所控股上市公司应当聘请财务顾问,对吸收合并的双方进行尽职调查和内部核查,并出具专业意见。

2. 确定换股价格

国有股东应指导上市公司根据股票交易价格,并参考可比交易案例,合理确定上市公司换股价格。

3. 审批

国有股东应当在上市公司董事会审议吸收合并方案前,将该方案报履行出资人职责的机构审核批准。履行出资人职责的机构批准国有股东所控股上市公司吸收合并时,应当审核以下文件:(1)国家出资企业、国有股东的内部决策文件;(2)国有股东所控股上市公司吸收合并的方案,内容包括但不限于:国有控股股东及上市公司基本情况、换股价格的确定依据、现金选择权安排、吸收合并后的股权结构、债务处置、职工安置、市场应对预案等；（3）可行性研究报告；（4）律师事务所出具的法律意见书；（5）国有资产监督管理机构认为必要的其他文件。

（七）国有股东与上市公司进行资产重组

国有股东与上市公司进行资产重组是指国有股东向上市公司注入、购买或置换资产并涉及国有股东所持上市公司股份发生变化的情形。

1. 信息披露

国有股东就资产重组事项进行内部决策后，应书面通知上市公司，由上市公司依法披露，并申请股票停牌。在上市公司董事会审议资产重组方案前，应当将可行性研究报告报国家出资企业、履行出资人职责的机构预审核，并由履行出资人职责的机构通过管理信息系统出具意见。

2. 审批

国有股东与上市公司进行资产重组方案经上市公司董事会审议通过后，应当在上市公司股东会召开前，按照审批权限由国家出资企业审核批准或由履行出资人职责的机构审核批准。国家出资企业、履行出资人职责的机构批准国有股东与上市公司进行资产重组时，应当审核以下文件：（1）国有股东决策文件和上市公司董事会决议；（2）资产重组的方案，内容包括但不限于：资产重组的原因及目的，涉及标的资产范围、业务情况及近三年损益情况、未来盈利预测及其依据，相关资产作价的说明，资产重组对国有股东及上市公司权益、盈利水平和未来发展的影响等；（3）资产重组涉及相关资产的评估备案表或核准文件；（4）律师事务所出具的法律意见书；（5）国家出资企业、履行出资人职责的机构认为必要的其他文件。

国有股东参股的非上市企业参与非国有控股上市公司的资产重组事项由国家出资企业按照内部决策程序自主决定。

第十一章 反垄断法律制度

第一节 反垄断法律制度概述

一、反垄断法的发展

反垄断法是调整国家规制垄断过程中所发生的社会关系的法律规范的总称。在经济学上，垄断最初的含义是指一个经营者独占某一市场的结构状态，也称"独占"。在法学上，作为反垄断法的规制对象，垄断的概念随各国和地区建立在一定经济社会基础之上的竞争政策的发展不断变迁。当今世界，反垄断法主要从禁止达成和实施垄断协议、禁止滥用市场支配地位以及控制经营者集中等方面对"垄断"予以规制。显然，其所关注的"垄断"与市场结构意义上的"独占"已相去甚远，而是"限制竞争"或"反竞争"的同义语。

现代意义上的反垄断法产生于19世纪末西方自由资本主义进入垄断资本主义时期。1890年美国颁布的《谢尔曼法》是早期现代反垄断立法的典型代表。目前，绝大多数市场经济国家都有较为完善的反垄断法律制度。中国《反垄断法》颁布于2007年8月30日，于2008年8月1日开始实施。2022年6月，十三届全国人大常委会第三十五次会议表决通过关于修改《中华人民共和国反垄断法》的决定，修正后的新《反垄断法》自2022年8月1日开始实施。《反垄断法》法典和与之配套的行政法规、规章、司法解释等规范性法律文件共同构成我国反垄断法律规范体系。

二、反垄断法的立法宗旨

立法宗旨，也称立法目的，是一部法律的价值取向及其所要实现的调整目标的集中反映，是法律解释和实施以及具体细则制定的指导思想。反垄断法的立法宗旨一般关注如下几方面：一是保护竞争。竞争是市场的灵魂。垄断的根本性危害在于限制、扭曲竞争，进而动摇市场经济的基石。因此，保护竞争是反垄断法的首要目标。二是鼓励创新。创新是市场主体展开竞争的重要维度，在科技驱动的现代经济中，创新已成为促进效率、消费者福利和推动社会进步的根本动力，更是竞争执法中重要判断标准。三是提高经济效率。作为一种资源配置方式，市场经济的价值在于它能透过竞争实现优胜劣汰，进而提高经济效率。在反垄断法执法和司法过程中，是否有助于提高效率是对限制竞争行为的违法性进行判断的主要标准。四是提升消费者福利。健康而有活力的市场经济必然意味着较高的生产力水平；有效的竞争必然意味着较高的消费者盈余。垄断对于垄断者意味着超额利润，对于消费者来说则意味着高价盘剥、福利减损。因此，提升消费者福利也是反垄断法的重要目标。上述四个目标中，保护竞争是反垄断法最基本、最直接的目标，鼓励创新、提升效率和消费者福利均建立在竞争受到很好保护的基础之上。另外，保护竞争、发展经济并非只关系个体社会成员的利益，而是事关全局；而且，一个经济体在制定自己的反垄断法时还要考虑提升民族经济的竞争力甚至保障国家经济安全等因素。因此，社会公共利益目标也会被导入反垄断法的立法宗旨，但是，此目标相对于前述四个目标而言更为宏观和抽象。

根据我国《反垄断法》第一条的规定，其立法宗旨是：预防和制止垄断行为，保护市场公平竞争，鼓励创新，提高经济运行效率，维护消费者利益和社会公共利益，促进社会主义市场经济健康发展。

三、反垄断法的适用范围

法的适用范围是指一部法律发挥其调整功能的边界，具体包括适用的主体和行为的范围，以及适用的时间和空间范围。反垄断法的适用范围即反垄断法的规制范围。合理界定反垄断法的规制范围，对于有效遏制和打击不法垄断行为，避免国家对市场的不当干预，保证市场对资源配置的决定性作用，具有十分重要的意义。在反垄断法的有效期内，其适用范围主要从适用的地域范围、适用的主体及行为，以及适用除外等三个维度进行界定。

（一）反垄断法适用的地域范围

反垄断法适用的地域范围主要解决其法律规范是只适用于本国国内，还是同时也适用于国外的问题。传统上，作为公法的反垄断法是纯粹的国内法，不具有域外效力。但是，在经济全球化背景下，国与国之间的经济联系日益紧密，境外经济行为对境内市场竞争产生排除和限制效果或者损害境内消费者福利的情况越来越多。为维护本国的市场竞争秩序、消费者福利以及民族企业的贸易利益，越来越多的国家依据效果原则，规定本国反垄断法对发生在境外的垄断行为同样具有管辖权。效果原则，也称影响原则，是指若发生在国外的垄断行为对国内市场竞争产生了影响，就可对该垄断行为适用本国反垄断法。在反垄断法适用的地域范围方面，"属地原则＋效果原则"被当今各国反垄断法所广泛采用，我国也不例外。

我国《反垄断法》第二条规定："中华人民共和国境内经济活动中的垄断行为，适用本法。"这就是属地原则。同时，该条后半段还对效果原则进行了规定："中华人民共和国境外的垄断行为，对境内市场竞争产生排除、限制影响的，适用本法。"可见，我国《反垄断法》的效力不仅及于发生在境内的垄断行为，而且还及于发生在境外的对境内市场竞争产生排除、限制影响的垄断行为。这里所称"境内"，不含我国港、澳、台地区。

（二）反垄断法适用的主体和行为

1. 以经营者为主体的垄断行为

根据当今世界反垄断法的通例，我国《反垄断法》对以"经营者"为行为主体的下列垄断行为予以规制：

（1）经营者达成垄断协议；

（2）经营者滥用市场支配地位；

（3）具有或者可能具有排除、限制竞争效果的经营者集中。

上述三种垄断行为的主体是"经营者"。所谓经营者，是指从事商品生产、经营或者提供服务的自然人、法人和其他组织。对这三种行为的规制制度是反垄断法实体规范的主体，通常被称作反垄断法的三大支柱。应当指出，反垄断法所禁止或限制的垄断协议、滥用市场支配地位行为以及经营者集中，均具有特定含义、构成要件和适用条件，并非所有的类似行为均为非法，因此，《反垄断法》第六条规定，"经营者可以通过公平竞争、自愿联合，依法实施集中，扩大经营规模，提高市场竞争能力"。

2. 行业协会参与的垄断行为

在市场经济条件下，作为特定经营领域的自律性组织，行业协会等经营者团体具有促进信息交流、维护成员企业的合法权益等重要作用。但是，作为一种企业间的联合，行业协会有时也会参与组织实施诸如"价格联盟"之类的垄断行为，为此，行业协会的行为也会受到反垄断法的关注。我国《反垄断法》第十四条规定："行业协会应当加强行业自律，引导本行业的经营者依法竞争，合规经营，维护市场竞争秩序。"第二十一条规定："行业协会不得组织本行业的经营者从事本章禁止的垄断行为。"

3. 滥用行政权力排除、限制竞争行为

滥用行政权力排除、限制竞争行为，在理论上通常被称为"行政垄断行为"。《反垄断法》第十条规定："行政机关和法律、法规授权的具有管理公共事务职能的组织不得滥用行政权力，排除、限制竞争。"可见，滥用行政权力排除、限制竞争行为的主体是行政机关和法律、法规授权的具有管理公共事务职能的组织。滥用行政权力排除、限制竞争行为虽不是传统意义上的垄断行为，但同样具有排除、限制竞争的效果，因此，也是我国反垄断法的规制对象。

（三）反垄断法的适用除外

反垄断法上的适用除外是指将特定领域排除在反垄断法的适用范围之外，根本不予适用的制度，是从消极方面界定反垄断法的适用范围。《反垄断法》第六十八条和第六十九条分别规定了知识产权和农业领域的反垄断法适用除外制度。

1. 知识产权的正当行使

为鼓励创新和科技进步，法律赋予知识产权权利人以垄断权，"独占性"是知识产权的本质属性。因此，经营者依照有关知识产权的法律、行政法规规定行使知识产权的行为，不适用反垄断法。但是，经营者滥用知识产权，排除、限制竞争的行为，不可排除反垄断法的适用。

2. 农业生产中的联合或者协同行为

农业是国民经济命脉，事关粮食安全。为弱化农业领域的竞争风险，稳定农民收入，进而解除国家的后顾之忧，反垄断法对农业生产者及农村经济组织在农产品生产、加工、销售、运输、储存等经营活动中实施的联合或者协同行为排除适用。

另外，需要特别说明的是《反垄断法》第八条第一款。该款规定，"国有经济占控制地位的关系国民经济命脉和国家安全的行业以及依法实行专营专卖的行业，国家对其经营者的合法经营活动予以保护，并对经营者的经营行为及其商品和服务的价格依法实施监管和调控，维护消费者利益，促进技术进步"，这并不意味着《反垄断法》不适用于国有垄断企业。对于铁路、石油、电信、电网、烟草等重点行业，国家通过立法赋予国有企业以垄断性经营权，但是，如果这些国有垄断企业从事垄断协议、滥用市场支配地位行为，或者从事可能排除、限制竞争的经营者集中行为，同样应受《反垄断法》的规制。

四、相关市场界定

竞争和垄断均为特定市场范围内的相对概念。在一定范围的市场内的垄断，如果放在更大范围的市场内考察，就不一定是垄断。因此，认定垄断之前必须先界定相关市场的范围。相关市场界定是反垄断分析的重要步骤。在垄断协议及滥用市场支配地位的禁止，以及经营者集中的反垄断审查案件中，均可能涉及相关市场的界定问题。恰如其分地界定相关市场，是判断经营者之间的竞争关系（识别竞争者）、经营者的市场地位，评估垄断行为对竞争的影响的前提和条件。国务院反垄断委员会公布的《关于相关市场界定的指南》，对相关市场界定的依据和方法进行了说明，为反垄断执法机构的相关执法工作提供了比较具体的指导性意见。

（一）相关市场的概念及维度

根据《反垄断法》第十五条第二款，相关市场是经营者在一定时期内就特定商品或者服务（统称商品）进行竞争的商品范围和地域范围。正如对空间需要从长、宽、高三个不同维度界定一样，相关市场的界定也涉及不同的维度。从上述相关市场的法律定义可以看出，界定相关市场涉及的维度包括时间、商品和地域等三个维度。

但是，并非任何市场界定都涉及全部三个维度。大部分反垄断分析中，相关市场只需从商品和地域两个维度进行界定；只有在时间因素可以影响商品之间的竞争关系的特定情形下，才会用到时间维度。在"唐山人人诉百度滥用市场支配地位案"中，法院将相关市场界定为"中国搜索引擎服务市场"，其中商品维度就是"搜索引擎服务"，地域维度是"中国"。通常，我们将相关市场界定中的商品、地域和时间维度分别称为相关商品市场、相关地域市场和相关时间市场。

（二）界定相关市场的基本标准与分析视角

界定相关市场的意义在于：明确在特定的时间段内，哪些地域范围内的哪些商品之间存在着竞争关系。判断商品之间是否具有竞争关系、是否在同一相关市场的基本标准，是商品间的"较为紧密的相互替代性"。一般来说，商品之间的可替代性越高，它们之间的竞争关系就越强，就越可能属于同一相关市场。

市场中存在着卖方和买方两个主体，因此，界定商品市场可以从需求替代和供给替代两个视角进行分析。需求替代是根据需求者对商品功能用途的需求、质量的认可、价格的接受以及获取的难易程度等因素，对商品之间的相互替代程度进行分析。需求替代是界定相关市场的主要分析视角。供给替代是指当一种商品的需求增加时，其他经营者转产该种商品以进入市场、增加供给的可能性。当供给替代对经营者行为产生的竞争约束类似于需求替代时，也应考虑供给替代。一般来说，其他经营者的转产成本越低，提供紧密替代商品越迅速，则供给替代程度就越高，其就越可能划入同一相关市场；在需要计算市场份额时，其他经营者因转产而带来的潜在市场份额也将一并计入相关市场的总量。其他经营者转产的成本主要表现为改造生产设施的投入、承担的风险、进入目标市场的时间等。

（三）相关商品市场及其界定

相关商品市场，是指具有较为紧密替代关系的商品范围。所有具有较为紧密的相互替代关系的商品构成同一个市场。这里的"商品"，是个广义概念，不仅包括传统意义上的货物，而且还包括服务。在技术贸易、许可协议等涉及知识产权的反垄断执法工作中，商品的概念还会拓展到技术以及为完成某项技术创新而从事的研发活动，也就是通常所说的"相关技术市场"和"相关创新市场"。

从需求角度界定相关商品市场，一般考虑以下几个方面的因素：

（1）需求者因商品价格或其他竞争因素变化，转向或考虑转向购买其他商品的证据。

（2）商品的外形、特性、质量和技术特点等总体特征和用途。商品可能在特征上表现出某些差异，但需求者仍可以基于商品相同或相似的用途将其视为紧密替代品。一般来说，如果商品之间具有相似的功能和用途，能满足消费者相同的使用目的，即可认定它们属同一商品市场。

（3）商品之间的价格差异。通常情况下，替代性较强的商品价格比较接近，而且在价格变化时表现出同向变化趋势。反之，如果两种商品的价格相差悬殊，即使彼此的功能和用途相同或非常接近，也很难发生竞争关系，也就不可认定为属于同一相关商品市场。

（4）商品的销售渠道。销售渠道不同的商品面对的需求者可能不同，相互之间难以构成竞争关系，属于同一相关商品市场的可能性较小。

（5）其他重要因素。如需求者偏好或需求者对商品的依赖程度；可能阻碍大量需求者转向某些紧密替代商品的障碍、风险和成本；是否存在区别定价等。一般来说，在消费者特别偏爱某种商品的情况下，这种商品的可替代性就会减弱，从而使其更倾向于单独构成一个商品市场。

从供给角度界定相关商品市场，一般考虑的因素包括：经营者的生产流程和工艺，转产的难易程度，转产需要的时间，转产的额外费用和风险，转产后所提供商品的市场竞争力，营销渠道等。

（四）相关地域市场及其界定

相关地域市场，是指相同或具有替代关系的商品相互竞争的地理区域。不同的地理区域之间因空间距离导致的运输成本以及关税等贸易壁垒形成的隔阻，会影响商品的自由流动，进而导致相同或近似的商品之间不具有竞争关系。

一般来说，相关市场一般被界定为一国的全部或部分。随着经济全球化程度的加深以及贸易壁垒的逐步消除，界定相关市场时有时还需要超越国界，考虑国际因素。我国地域辽阔，交通和物流业还不够发达，非均衡的区域性经济长期存在，因此，确定地域市场就更为复杂，有些商品的地域市场可能是全国范围，有些商品的地域市场可能仅限于国内某个特定的地理区域。

界定相关地域市场，也要从需求和供给两方面考虑。从需求角度界定相关地域市场，一般考虑以下几个方面的因素：

（1）需求者因商品价格或其他竞争因素变化，转向或考虑转向其他地域购买商品的证据。

（2）商品的运输成本、运输特征。相对于商品的价格来说，运输成本越高，相关地域市场的范围越小，如水泥等；商品的运输特征也决定了商品的销售地域，如需要管道运输的工业气体等。

（3）多数需求者选择商品的实际区域和主要经营者商品的销售分布。

（4）地区间的贸易壁垒，包括关税、地方性法规、环保因素、技术因素等。如关税相对商品的价格来说占比例较高时，则相关地域市场很可能是一个区域性市场。

（5）其他重要因素。如特定区域需求者偏好，商品运进和运出该地域的数量。

从供给角度界定相关地域市场时，需要考虑其他地域供应或销售相关商品的即时性和可行性，如将订单转向其他地域经营者的转换成本等。

（五）相关时间市场

相关时间市场，是指相同或近似的商品在同一区域内相互竞争的时间范围。相对于相关商品市场和相关地域市场而言，相关时间市场并不是确定相关市场的主要维度。但是，当商品的生产周期、使用期限、季节性、流行时尚性或知识产权保护期限等已构成商品不可忽视的特征时，界定相关市场还应考虑时间性，时间的变化可能导致相关产品市场和相关地域市场随之变化。假设某种水果只在夏季才出产，而另外某种水果是在秋季出产，即使两种水果从商品属性角度看具有较为紧密的相互替代性，但由于上市时间的错位，也不具有竞争关系，不能划在同一相关市场。

（六）假定垄断者测试

在经营者竞争的市场范围不够清晰或不易确定时，可以按照"假定垄断者测试"的分析思路来界定相关市场。假定垄断者测试是一种在相关市场界定实践中被普遍使用的计量分析方法。该方法提高了相关市场界定中的替代关系测试的客观性和准确性。

1. 假定垄断者测试在相关商品市场界定中的应用

通过假定垄断者测试界定相关商品市场的基本路径是：假设反垄断审查关注的经营者是以利润最大化为经营目标的垄断者，在其他商品的销售条件保持不变的情况下，看其能否持久（一般为1年）而小幅（一般为5%~10%）提高其商品的价格，并仍然有利可图。如果能，则其商品可以单独构成一个相关市场；如果在此过程中，由于其商品涨价导致需求者转向购买与其商品具有紧密替代关系的其他商品，从而引起假定垄断者销售量下降，并最终无利可图，则其商品不能单独构成一个相关市场，需求者所转向的其他商品与其商品也同处一个相关市场。按如此路径继续测试，直至该经营者可以通过持久而小幅的涨价实现盈利，由此便界定出相关商品市场。

2. 假定垄断者测试在相关地域市场界定中的应用

界定相关地域市场与界定相关商品市场的思路相同：假设反垄断审查关注的经营者

是以利润最大化为经营目标的垄断者,在其他地域的销售条件不变的情况下,看其对目标地域内的相关商品进行持久(一般为1年)小幅涨价(一般为5%~10%)是否有利可图。如果答案是肯定的,目标地域就构成相关地域市场;如果其他地域市场的强烈替代使得涨价无利可图,就需要扩大地域范围,直到涨价最终有利可图,该地域就是相关地域市场。

(七)平台经济领域的相关市场界定

1. 平台经济领域的相关商品市场界定

平台经济领域的相关商品市场界定的基本方法是替代性分析。在个案中界定相关商品市场时,可以基于平台功能、商业模式、应用场景、用户群体、多边市场、线下交易等因素进行需求替代分析;当供给替代对经营者行为产生的竞争约束类似于需求替代时,可以基于市场进入、技术壁垒、网络效应、锁定效应、转移成本、跨界竞争等因素考虑供给替代分析。具体而言,可以根据平台一边的商品界定相关商品市场;也可以根据平台所涉及的多边商品,分别界定多个相关商品市场,并考虑各相关商品市场之间的相互关系和影响。当该平台存在的跨平台网络效应能够给平台经营者施加足够的竞争约束时,可以根据该平台整体界定相关商品市场。

2. 平台经济领域的相关地域市场界定

平台经济领域相关地域市场界定同样采用需求替代和供给替代分析。在个案中界定相关地域市场时,可以综合评估考虑多数用户选择商品的实际区域、用户的语言偏好和消费习惯、相关法律法规的规定、不同区域竞争约束程度、线上线下融合等因素。根据平台特点,相关地域市场通常界定为中国市场或者特定区域市场,根据个案情况也可以界定为全球市场。

五、反垄断法的实施机制

反垄断法的实施机制,是指行政执法机构和司法机关通过执法和司法活动实现反垄断法的机制,具体包括反垄断法的实施主体、法律责任及其追究方式等内容。

我国反垄断法的实施机制采用行政执法与民事诉讼并行的"双轨制"模式。《反垄断法》第十二条、第十三条对国务院反垄断机构的设置和职责进行了规定,此外还具体规定了反垄断行政调查、处罚程序以及经营者集中反垄断审查中的行政许可程序。《反垄断法》第六十条第一款则为私人诉讼奠定了基础,规定经营者实施垄断行为,给他人造成损失的,依法承担民事责任;第六十条第二款则确立了我国反垄断法上的民事公益诉讼制度,规定经营者实施垄断行为,损害社会公共利益的,设区的市级以上人民检察院可以依法向人民法院提起民事公益诉讼。最高人民法院2012年发布的《关于审理因垄断行为引发的民事纠纷案件应用法律若干问题的规定》细化了反垄断民事诉讼的具体程序规则。最高人民法院于2024年发布《关于审理垄断民事纠纷案件适用法律若干问题的解释》(以下简称新《反垄断司法解释》),在旧司法解释的基础上,进一步细化了有关程序和实体规则。

在制度构成上,反垄断法的实施机制主要包括法律责任、行政执法机制以及民事诉讼机制等方面的内容。

（一）反垄断法律责任

根据法律责任所适用对象的不同，反垄断法上的法律责任包括三个方面：一是因实施非法垄断行为而应承担的法律责任；二是因妨碍反垄断执法活动而应承担的法律责任；三是因反垄断执法人员执法行为不当而应承担的法律责任。第一类责任直接针对垄断行为，设置该类责任的目的是维护有效的市场竞争秩序；设置后两类责任的目的则是维护正常的行政执法秩序。狭义上的反垄断法法律责任仅指因实施非法垄断行为而应承担的法律责任，即垄断行为的法律责任。在理论上，垄断行为的法律责任又可分为三类：一是反垄断执法机构对违法主体科以的行政责任；二是违法主体对因垄断行为而受损的他方承担的民事责任，或者垄断行为所涉合同或者经营者团体的章程、决议、决定等因违反反垄断法的强制性规定而无效时，应承担的民事责任；三是实施垄断行为，情节严重构成犯罪的，承担的刑事责任。

1. 行政责任

反垄断法上的行政责任，是指由反垄断行政执法机构针对违法垄断行为作出的制裁措施。我国《反垄断法》规定的行政责任主要包括：责令停止违法行为、没收违法所得、罚款、限期恢复原状等形式。当事人不服反垄断法执法机构有关处罚决定的，可以申请行政复议，也可以直接向人民法院提起行政诉讼。承担行政责任的主体既包括作为行为主体的经营者和行业协会，也包括对经营者特定类型垄断行为负有个人责任的法定代表人、主要负责人和直接责任人员。

2. 民事责任

第一，非法垄断行为给他人造成损失的，行为人应当承担民事责任。

有关反垄断法的民事责任，主要包括停止侵害、赔偿损失、恢复竞争等，其中，赔偿损失是最主要的民事责任形式。在赔偿损失的范围方面，原告因被诉垄断行为受到的损失包括直接损失和相对于该行为未发生条件下减少的可得利益。根据原告的诉讼请求和具体案情，人民法院可以将原告因调查、制止垄断行为所支付的合理开支，包括合理的市场调查费用、经济分析费用、律师费用等，计入损失赔偿范围。确定原告因被诉垄断行为受到的损失，可以考虑下列因素：（1）被诉垄断行为实施之前或者结束以后与实施期间相关市场的商品价格、经营成本、利润、市场份额等；（2）未受垄断行为影响的可比市场的商品价格、经营成本、利润等；（3）未受垄断行为影响的可比经营者的商品价格、经营成本、利润、市场份额等；（4）其他可以合理证明原告因被诉垄断行为所受损失的因素。如果原告有证据证明被诉垄断行为已经给其造成损失，但难以根据上述考虑因素确定具体损失数额的，人民法院可以根据原告的主张和案件证据，考虑被诉垄断行为的性质、程度、持续时间、获得的利益等因素，酌情确定合理的赔偿数额。

第二，因垄断行为所涉合同或者经营者团体的章程、决议、决定等无效，有关当事人应当承担民事责任。

当事人主张被诉垄断行为所涉合同或者经营者团体的章程、决议、决定等因违反《反垄断法》或者其他法律、行政法规的强制性规定而无效的，人民法院应当依照《民法典》第一百五十三条的规定审查认定。被诉垄断行为所涉合同或者经营者团体的章程、决议、决定中的部分条款因违反《反垄断法》或者其他法律、行政法规的强制性规定而无效，当事人主张与该部分条款具有紧密关联、不具有独立存在意义或者便利被诉垄断行为实施的其他条款一并无效的，人民法院可予支持。垄断行为所涉合同或者经营者团体的章程、决议、决定等被认定无效的，应当依照《民法典》第一百五十七条的规定承担民事责任。

3. 刑事责任

《反垄断法》经2022年修正后，增加了垄断行为的刑事责任，该法第六十七条规定："违反本法规定，构成犯罪的，依法追究刑事责任。"至于何种垄断行为构成犯罪，还需要《刑法》作出具体规定。

（二）反垄断行政执法

反垄断行政执法行为主要包括两个基本类型：一是反垄断执法机构依法对涉嫌构成垄断协议，滥用市场支配地位行为以及滥用行政权力排除、限制竞争行为的调查和处罚；二是反垄断执法机构对经营者集中的审查。鉴于经营者集中的审查程序的特殊性和专属性，本教材将其置于本章第四节，与经营者集中审查实体制度一并介绍。

1. 反垄断机构及执法权

反垄断机构是指负责反垄断法执法的行政机构及其他相关行政机构。我国的反垄断机构采取双层制模式：国家市场监督管理总局作为国务院反垄断执法机构，负责反垄断法的行政执法；另外，在其之上还设反垄断委员会，负责组织、协调、指导反垄断工作。

在权力的纵向配置上，反垄断执法权属于中央事权。但是，国务院反垄断执法机构根据工作需要，可以授权省、自治区、直辖市人民政府相应的机构，负责有关反垄断执法工作。国家市场监管总局组建后，为了加强和优化政府反垄断职能、充实反垄断执法力量，发布了《关于反垄断执法授权的通知》，概括授权各省、自治区、直辖市人民政府市场监督管理部门负责本行政区域内有关反垄断执法工作。根据该通知，市场监管总局负责反垄断统一执法，直接管辖或者授权有关省级市场监管部门管辖下列案件：（1）跨省、自治区、直辖市的垄断协议、滥用市场支配地位和滥用行政权力排除限制竞争案件，以及省级人民政府实施的滥用行政权力排除限制竞争行为；（2）案情较为复杂或者在全国有重大影响的垄断协议、滥用市场支配地位和滥用行政权力排除限制竞争案件；（3）总局认为有必要直接管辖的垄断协议、滥用市场支配地位和滥用行政权力排除限制竞争案件。省级市场监管部门负责本行政区域内垄断协议、滥用市场支配地位、滥用行政权力排除限制竞争案件反垄断执法工作，以本机关名义依法作出处理。省级市场监管部门发现案件属于总局管辖范围的，要及时将案件移交总局。省级市场监管部门对属于本机关管辖范围的案件，认为有必要由总局管辖的，可以报请总局决定。总局在案件审查和调查过程中，可以委托省级市场监管部门开展相应的调查。省级市场监管部门也可以委托其他省级市场监管部门或者下级市场监管部门开展调查。受委托的市场监管部门在委托范围内，以委托机关的名义实施调查，不得再委托其他行政机关、组织或者个人实施调查。根据《经营者集中审查规定》，市场监管总局根据工作需要，可以委托省、自治区、直辖市市场监管部门实施经营者集中审查。

需要说明的是，国务院反垄断委员会并不是执法机构，而是关于反垄断工作的议事协调机构。根据《反垄断法》第十二条第一款，国务院反垄断委员会的职责包括：（1）研究拟订有关竞争政策；（2）组织调查、评估市场总体竞争状况，发布评估报告；（3）制定、发布反垄断指南；（4）协调反垄断行政执法工作；（5）国务院规定的其他职责。国务院反垄断委员会下设办公室，承担日常工作，办公室设在国家市场监督管理总局。

2. 反垄断调查措施

反垄断执法机构调查涉嫌垄断行为，可以采取下列措施：（1）进入被调查的经营者的营业场所或者其他有关场所进行检查；（2）询问被调查的经营者、利害关系人或者其他有关单位或者个人，要求其说明有关情况；（3）查阅、复制被调查的经营者、利害关系人或者其他有关单位或者个人的有关单证、协议、会计账簿、业务函电、电子数据等文件和资料；（4）查封、扣押相关证据；（5）查询经营者的银行账户。

3. 反垄断调查程序

调查程序包括立案、调查和处理三个阶段。

（1）立案。反垄断执法机构可依举报人举报对涉嫌垄断行为立案调查，也可依职权主动立案。对涉嫌垄断行为，任何单位和个人有权向反垄断执法机构举报。举报采用书面形式并提供相关事实和证据的，反垄断执法机构应当进行必要的调查。

（2）调查。立案后，反垄断执法机构应对涉嫌垄断的行为展开调查。反垄断执法机构调查涉嫌垄断行为，执法人员不得少于两人，并应当出示执法证件。执法人员进行询问和调查，应当制作笔录，并由被询问人或者被调查人签字。反垄断执法机构及其工作人员对执法过程中知悉的商业秘密负有保密义务。被调查的经营者、利害关系人或者其他有关单位或者个人应当配合反垄断执法机构依法履行职责，不得拒绝、阻碍反垄断执法机构的调查。被调查的经营者、利害关系人有权陈述意见。反垄断执法机构应当对被调查的经营者、利害关系人提出的事实、理由和证据进行核实。

（3）处理。反垄断执法机构对涉嫌垄断行为调查核实后，认为构成垄断行为的，应当依法作出处理决定，并可以向社会公布。

4. 反垄断约谈制度

反垄断约谈是指反垄断执法机构针对涉嫌违法的相关主体，通过信息交流、沟通协商、警示谈话和批评教育等方法，对涉嫌违法行为加以预防、纠正的行为，属于不具有处分性、惩罚性和强制性的柔性执法方式。《反垄断法》第五十五条规定，"经营者、行政机关和法律、法规授权的具有管理公共事务职能的组织，涉嫌违反本法规定的，反垄断执法机构可以对其法定代表人或者负责人进行约谈，要求其提出改进措施"。

（1）对达成垄断协议以及滥用市场支配地位行为的约谈。反垄断执法机构可以对达成垄断协议或滥用市场支配地位经营者的法定代表人或者负责人进行约谈。约谈应当指出经营者涉嫌达成垄断协议或滥用市场支配地位的问题，听取情况说明，开展提醒谈话，并可以要求其提出改进措施，消除行为危害后果。经营者应当按照反垄断执法机构要求进行改进，提出消除行为危害后果的具体措施、履行时限等，并提交书面报告。

（2）对滥用行政权力排除、限制竞争行为的约谈。2023年10月，国家市场监督管理总局发布了《滥用行政权力排除、限制竞争执法约谈工作指引》，引导有关行政机关和法律、法规授权的具有管理公共事务职能的组织主动改进有关政策措施，提升滥用行政权力排除、限制竞争反垄断执法效能，维护公平竞争的市场秩序。相较于对经营者的约谈，针对行政垄断行为的约谈主要有如下四个特点：一是约谈应当经过反垄断执法机构主要负责人的批准；二是反垄断执法机构可以根据需要，邀请被约谈单位的有关上级机关共同实施约谈；三是反垄断执法机构应当公开约谈情况，也可以邀请媒体、行业协会、专家学者、相关经营者、社会公众代表列席约谈；四是反垄断执法机构可以将约谈情况通报被约谈单位的上级机关或监察机关。

5. 经营者承诺

经营者承诺是反垄断行政执法中的一种和解制度。根据该制度，对反垄断执法机构调查的涉嫌垄断行为，被调查的经营者承诺在反垄断执法机构认可的期限内采取具体措施消除该行为后果的，反垄断执法机构可以决定中止调查和终止调查。这一制度主要适用于垄断协议和滥用市场支配地位案件。《国务院反垄断委员会垄断案件经营者承诺指南》规定了经营者承诺制度的具体规则。

（1）经营者承诺制度的适用范围。根据该指南，在两种情形下，反垄断执法机构不接受经营者提出承诺：一是反垄断执法机构对涉嫌垄断行为调查核实后，认为构成违法垄断行为的，应当依法作出处理决定，不再接受经营者提出承诺；二是涉嫌固定或者变更商品价格、限制商品的生产数量或者销售数量、分割销售市场或者原材料采购市场等三类严重限制竞争的横向垄断协议的，反垄断执法机构不应接受经营者提出承诺。

（2）中止调查及终止调查决定的法律后果。执法机构的中止调查及终止调查决定，不是对经营者的行为是否构成垄断行为作出认定。执法机构仍然可以依法对其他类似行为实施调查并作出行政处罚。中止调查及终止调查决定也不应作为认定该行为是否构成垄断行为的相关证据。

（3）经营者的承诺措施及对其的分析审查。经营者承诺的措施可以是结构性措施、行为性措施和综合性措施。行为性措施包括调整定价策略、取消或者更改各类交易限制措施、开放网络或者平台等基础设施、许可专利、技术秘密或者其他知识产权等；结构性措施包括剥离有形资产、知识产权等无形资产或者相关权益等。承诺的措施需要明确、可行且可以自主实施。如果承诺的措施需经第三方同意方可实施，经营者需要提交第三方同意的书面意见。执法机构在对经营者的承诺进行审查时，可以综合考虑以下因素：一是经营者实施涉嫌垄断行为的主观态度；二是经营者实施涉嫌垄断行为的性质、持续时间、后果及社会影响；三是经营者承诺的措施及其预期效果。

（4）调查的中止、终止和恢复。决定中止调查的，反垄断执法机构应当对经营者履行承诺的情况进行监督。经营者应当在规定的时限内向反垄断执法机构书面报告承诺履行情况。反垄断执法机构确定经营者已经履行承诺的，可以决定终止调查。有下列情形之一的，反垄断执法机构应当恢复调查：一是经营者未履行或者未完全履行承诺的；二是作出中止调查决定所依据的事实发生重大变化的；三是中止调查的决定是基于经营者提供的不完整或者不真实的信息作出的。

（三）反垄断民事诉讼

与普通民事诉讼相比，反垄断民事诉讼在原告资格、管辖、举证责任、诉讼时效等方面均具有一定的特殊性。为此，新《反垄断司法解释》对有关问题作出了规定。

1. 原告资格

原告资格解决什么人能向法院提起反垄断民事诉讼的问题。根据新《反垄断司法解释》第一条的规定，自然人、法人或者非法人组织因垄断行为受到损失以及因合同内容或者经营者团体的章程、决议、决定等违反反垄断法而发生争议，可以向人民法院提起反垄断民事诉讼。可见，我国法律并未对反垄断民事诉讼的原告资格作特别限制。作为间接购买人的消费者，只要因垄断行为受损，也可以作为垄断民事案件的原告。这一规定有利于维护消费者合法权益、打击非法垄断行为。由于因垄断行为受到损失的消费者可能人数众多，而单个当事人的损失额又较小，因此，有效发挥公益诉讼制度的功能十分必要。

2. 民事诉讼与行政执法的关系

在行政执法与民事诉讼双轨制的反垄断法实施体制下，民事诉讼是否以行政执法机构已对相关垄断行为进行查处为前置条件，是需要解决的另外一个重要问题。根据新《反垄断司法解释》第二条的规定，原告依据反垄断法直接向人民法院提起民事诉讼，或者在反垄断执法机构认定构成垄断行为的处理决定作出后向人民法院提起民事诉讼，且符合法律规定的受理条件的，人民法院应当受理。可见，在我国，人民法院受理垄断民事纠纷案件，是不以执法机构已对相关垄断行为进行了查处为前提条件的。

3. 专家在诉讼中的作用

反垄断法以法为表，以经济为里，具有很强的专业性。在反垄断诉讼中，相关市场的界定以及涉嫌垄断行为违法性的认定等，通常需借助经济学分析手段；对反垄断法律规范的解释，也涉及经济、社会等诸多因素；有时，特定产业领域的反垄断案件，还会涉及自然科学以及技术等方面的专业知识。为了为法官判断案件提供专业性意见，保证反垄断诉讼的顺利进行，在较为复杂的反垄断案件中，就需要引进专家就有关专业性问题进行说明。根据新《反垄断司法解释》，专家参与反垄断民事诉讼的情形有两种：

（1）当事人聘请专家出庭就专门问题进行说明。根据新《反垄断司法解释》第十一条的规定，在反垄断民事诉讼中，当事人可以向人民法院申请一至二名具有案件所涉领域、经济学等专门知识的人员出庭，就案件的专门性问题进行说明。根据这一规定，原被告双方都有权向人民法院申请专家出庭；经人民法院准许，双方聘请的专家都可以出庭并发表专业意见。在民事诉讼法上，此类由当事人各自聘请的出庭专家，称为"专家辅助人"。一般认为，专家辅助人不具有中立性，在法庭上提供的意见相当于当事人陈述。

（2）双方当事人协商委托或由人民法院委托专家提出市场调查或者经济分析意见。新《反垄断司法解释》第十一条第二款规定，当事人可以向人民法院申请委托专业机构或者专业人员就案件的专门性问题提出市场调查或者经济分析意见。该专业机构或者专业人员可以由双方当事人协商确定；协商不成的，由人民法院指定。人民法院可以参照民事诉讼法及相关司法解释有关鉴定意见的规定，对该专业机构或者专业人员提出的市场调查或者经济分析意见进行审查判断。可见，双方当事人协商委托或由人民法院委托专家就案件的专门性问题提出的市场调查或者经济分析意见，视为鉴定意见。但是，一方当事人就案件的专门性问题自行委托有关专业机构或者专业人员提出市场调查或者经济分析意见，该意见缺乏可靠的事实、数据或者其他必要基础资料佐证，或者缺乏可靠的分析方法，或者另一方当事人提出证据或者理由足以反驳的，人民法院不予采信。

4. 诉讼时效

（1）诉讼时效的起算。因垄断行为产生的损害赔偿请求权诉讼时效期间，从原告知道或者应当知道权益受到损害以及义务人之日起计算。

（2）诉讼时效的中断。原告向反垄断执法机构举报被诉垄断行为的，诉讼时效从其举报之日起中断。反垄断执法机构决定不立案、撤销案件或者决定终止调查的，诉讼时效期间从原告知道或者应当知道该事由之日起重新计算。反垄断执法机构调查后认定构成垄断行为的，诉讼时效期间从原告知道或者应当知道反垄断执法机构认定构成垄断行为的处理决定确定发生法律效力之日起重新计算。

第二节 垄断协议规制制度

垄断协议本质上是竞争者之间相互勾结以限制竞争，是垄断行为的最基本形态。经营者达成垄断协议是实现市场垄断最直接、最主要的方式，尤其是竞争者之间的横向垄断协议，对竞争的损害及主观恶性程度都非常深，因此，各国和地区的反垄断法都将其作为规制重点。国家市场监督管理总局发布的《禁止垄断协议规定》对相关制度作了细化。

一、垄断协议的概念、特征与分类

（一）概念及特征

垄断协议，也称限制竞争协议、联合限制竞争行为。根据《反垄断法》第十六条的规定，垄断协议是指排除、限制竞争的协议、决定或者其他协同行为。垄断协议具有以下特征：

第一，垄断协议的主体是两个或两个以上的经营者。达成垄断协议的经营者须为复数，这是由"协议"的本身属性决定的。

第二，垄断协议的表现形式多样化。垄断协议为广义概念，泛指当事人之间通过意思联络并取得一致后而形成的协议、决定和其他协同行为。其中，"协议"与合同法意义上的协议相同，既包括书面协议，也包括口头协议。"决定"则是指企业集团、其他形式的企业联合组织以及行业协会等要求其成员企业共同实施排除、限制竞争的决议。"其他协同行为"则指经营者虽然没有达成协议，也没有可供遵循的决定，但相互间通过意思联络，共同实施的排除、限制竞争的协调、合作行为。垄断协议的当事人未必都有明示的意思表示一致,"其他协同行为"即一种"默示"行为,经营者之间的意思联络是通过当事人客观上协调一致的行动表现出来的"心有灵犀""心领神会"和"心照不宣"。此外,在信息技术发达的时代,经营者利用其所掌握的算法、技术以及运营规则等达成垄断协议,更具隐蔽性。因此,具有竞争关系的经营者利用数据和算法、技术以及平台规则等,通过意思联络、交换敏感信息、行为协调一致等方式达成垄断协议,也被法律明确禁止。

第三,垄断协议排除、限制竞争。经营者达成垄断协议,旨在避免竞争风险,实施市场垄断,牟取不正当利益,是对竞争最直接的破坏。

(二)分类

根据参与垄断协议的经营者之间是否具有竞争关系,可将垄断协议分为横向垄断协议和纵向垄断协议。这是对垄断协议的最基本分类,具有十分重要的理论和实践意义。我国反垄断法采用了此分类方式,第十七条规定"禁止具有竞争关系的经营者达成垄断协议",即禁止达成横向垄断协议;第十八条规定"禁止经营者与交易相对人达成垄断协议",即禁止达成纵向垄断协议。

横向垄断协议也称卡特尔,是指具有竞争关系的经营者之间达成的排除、限制竞争的协议,如生产相同产品的经营者达成的固定产品价格的协议。具有竞争关系的经营者,包括处于同一相关市场进行竞争的实际经营者和可能进入相关市场进行竞争的潜在竞争者。但是,特定经营者取得对其他经营者的控制权或者能够对其他经营者施加决定性影响,或者两个以上经营者被同一第三方控制或者施加决定性影响,应当视为一个经济实体的,不构成具有竞争关系的经营者。通过横向垄断协议,生产或销售同类商品的经营者相约不竞争,事实上结为一体,可使市场出现独占的效果,进而使经营者获得垄断利润,因此,横向垄断协议被认为是最原始、最直接、危害最大的垄断行为。

纵向垄断协议是指同一产业中处于不同市场环节而具有买卖关系的企业(即经营者与其交易相对人)通过共谋达成的联合限制竞争协议,如产品生产商与销售商之间关于限制转售价格的协议。但是,如果协议属于经营者与相对人之间的代理协议,且代理商不承担任何实质性商业或者经营风险的,不构成纵向垄断协议。与横向垄断协议相比,纵向垄断协议的效果更为复杂,在限制竞争的同时又有促进竞争和效率的效果。

鉴于横向垄断协议与纵向垄断协议在效果和危害程度上的区别,反垄断法往往对两者区别对待,对于纵向垄断协议的规制态度更为审慎。在美国,法院在判断垄断协议违法性案件过程中,发展出"本身违法原则"和"合理原则"。前者是指对那些性质恶劣、危害后果明确的横向垄断协议,为了节约司法成本、提高审判效率,法院不必调查其行为目的与后果而直接认定其违法;后者是指对行为效果不甚明确,可能兼具促进效率的积极效果和限制竞争的消极效果的垄断协议,法院则通过进一步考虑其行为目的、调查其行为后果来进行行为的合理性评估,在此基础上再作出行为是否违法的判断。我国《反垄断法》效仿欧盟模式,对垄断协议采取"原则禁止+例外豁免"的违法性认定模式,通过证明责任的分配区分主要横向协议和其他协议的认定规则。

二、横向垄断协议规制制度

（一）《反垄断法》禁止的主要横向垄断协议

被《反垄断法》禁止的具有竞争关系的经营者达成的垄断协议主要包括：

1. 固定或者变更商品价格的协议

固定或者变更商品价格的协议，也称价格卡特尔。在市场经济中，价格是反映和传递供求关系和竞争程度的信息载体；价格竞争是调节市场供求、合理配置社会资源，进而提升市场效率的重要机制。竞争者之间达成和实施价格垄断协议的动机在于摆脱竞争压力，获得垄断利润。价格垄断协议扭曲价格信号，屏蔽市场竞争，使市场配置资源和保证经济效率的功能丧失殆尽，同时严重损害消费者福利。故而，价格垄断被视为危害最严重的垄断行为，必须予以禁止。

固定或者变更商品价格的协议的表现形式多样。除了赤裸裸地通过协议锁定、维持或提高商品销售价格外，它还可以表现为对经营者定价过程设定统一的限制，从而达到固定价格、限制竞争的目的。

上述限制主要包括：（1）固定或者变更价格水平、价格变动幅度、利润水平或者折扣、手续费等其他费用；（2）约定采用据以计算价格的标准公式、算法、平台规则等；（3）限制参与协议的经营者的自主定价权等。应当注意的是，若固定或变更价格协议是在具有竞争关系的买方之间达成时，此类协议的内容则为锁定、维持或降低购买价格。

2. 限制商品的生产数量或者销售数量的协议

限制商品的生产数量或者销售数量的协议，可统称为限制数量协议，是指参与垄断协议的经营者通过限制相关市场上商品的生产或销售数量，间接控制商品价格的垄断协议。在市场机制作用下，商品的市场供给量与其价格呈反比。在需求一定的情况下，市场中商品供应量越多，其价格越低；市场中商品供应量越少，其价格越高。在有效竞争的条件下，经营者根据市场价格的变化调节商品生产或销售的数量，市场价格在市场主体之间的互动下在正常范围内上下波动。经营者限制商品生产数量或销售数量，意在人为控制商品价格，从而获得垄断利润。实践中，限制数量的协议与价格垄断协议往往合并使用，以保证和巩固价格垄断的实现和维持。限制数量的垄断协议同样损害市场绩效，降低经济效率和消费者福利，应予以禁止。

限制数量的垄断协议包括限制商品生产数量和限制商品销售数量两种形式。竞争者之间达成的数量限制协议可具体表现为：（1）以限制产量、固定产量、停止生产等方式限制商品的生产数量或者限制特定品种、型号商品的生产数量；（2）以限制商品投放量等方式限制商品的销售数量，或者限制特定品种、型号商品的销售数量等。

3. 分割销售市场或者原材料采购市场的协议

分割销售市场或者原材料采购市场的垄断协议，也称划分市场协议。统一、开放的市场是保证有效竞争的基础。只有消除各种市场进入障碍，使所有潜在竞争者都能有机会参与到任何自己感兴趣的市场，才能使竞争充分有效，从而提升经济效率和消费者福利。如果经营者人为将市场进行划分，约定各自固守一部分市场，互不进入对方的"领地"进行竞争，就相当于使经营者在各自市场内取得垄断地位，进而可以各自自由定价，获取垄断利润。

划分市场可以通过划分地域、划分客户和划分产品等形式实现。划分地域即经营者约定各自在销售或采购市场上的地域范围，相互不跨区销售或采购。划分客户是指经营者约定各自的采购或销售对象，互不向他方的客户销售或采购。划分产品则是通过约定各自经营的产品类型来实现互不竞争。划分市场协议可具体表现为：（1）划分商品销售地域、市场份额、销售对象、销售收入、销售利润或者销售商品的种类、数量、时间；（2）划分原料、半成品、零部件、相关设备等原材料的采购区域、种类、数量、时间或者供应商等。此外，原材料还包括经营者生产经营所必需的数据、技术和服务等。

4. 限制购买新技术、新设备或者限制开发新技术、新产品的协议

有效的市场竞争可以提升动态效率，即刺激经营者不断进行技术创新和应用以提升竞争力，进而提升经济效率。限制创新的垄断协议可以缓解经营者的竞争压力，在不增加研发成本的基础上维持现有产品的供求平衡、价格和利润。限制购买新技术、新设备或者限制开发新技术、新产品的协议，限制了经营者通过创新开展的竞争，保护了落后，严重伤害市场的创新能力，降低了效率，损害了消费者福利。

限制购买新技术、新设备或者限制开发新技术、新产品的协议的表现形式有：（1）限制购买、使用新技术、新工艺；（2）限制购买、租赁、使用新设备、新产品；（3）限制投资、研发新技术、新工艺、新产品；（4）拒绝使用新技术、新工艺、新设备、新产品等。

5. 联合抵制交易

联合抵制交易在我国台湾地区称为"杯葛"（英文 boycott 的音译），是指具有竞争关系的经营者联合起来，共同拒绝与其他的特定经营者进行交易的行为。选择哪个交易对象进行交易本是市场主体的权利和自由，但是若多个经营者联合起来一致行动，拒绝与特定经营者进行交易，就要受到反垄断法的关注。联合抵制交易行为具有限制竞争、减少消费者选择机会、抬高商品价格等反竞争效果，应予禁止。

联合抵制交易一般用作惩治某些"不受欢迎"的经营者，比如，具有竞争关系的经营者通过联合起来拒绝与之进行商业往来的方式，惩罚违反或不配合固定价格垄断协议的同行，再如某产品的多个供货商联合起来，对违反供货商关于产品销售价格的限制、自行降价的销售商，采取一致拒绝供货的惩罚。此外，联合抵制还可以被用来要挟客户接受价格或其他条件、迫使供应商或者客户停止与其他任何竞争对手进行交易等。联合抵制交易协议的具体表现包括：（1）联合拒绝向特定经营者供应或者销售商品；（2）联合拒绝采购或者销售特定经营者的商品；（3）联合限定特定经营者不得与其具有竞争关系的经营者进行交易等。

此外，新《反垄断法司法解释》还就药品生产领域的"反向支付协议"作出了专门规定。反向支付协议，是指原研药公司与仿制药公司之间达成的，前者作为专利权利人向后者提供某种对价，后者承诺在一定期限内不进入该药品市场的协议。由于此种协议具有明显的限制竞争效果，因此，可能构成横向垄断协议。根据新《反垄断法司法解释》，仿制药申请人与被仿制药专利权利人达成的协议同时具备下列条件时，构成横向垄断协议：（1）被仿制药专利权利人给予或者承诺给予仿制药申请人明显不合理的金钱或

者其他形式的利益补偿；（2）仿制药申请人承诺不质疑被仿制药专利权的有效性或者延迟进入被仿制药相关市场。但是，如果被仿制药专利权利人有证据证明利益补偿仅系为弥补被仿制药专利相关纠纷解决成本或者具有其他正当理由，或者该协议符合《反垄断法》第二十条关于豁免规定的，则不构成垄断协议。

（二）横向垄断协议违法性认定规则

由于《反垄断法》第十七条明列禁止的上述五种横向垄断协议的排除、限制竞争效果十分明确，因此，由法律推定其具有排除、限制竞争效果，执法机构无须调查其效果即可予以禁止。在民事诉讼中，原告也无须为其反竞争效果承担举证责任。同时，行为人无权提出协议不具有反竞争效果的抗辩，但可以依据《反垄断法》第二十条提出豁免抗辩。

三、纵向垄断协议规制制度

（一）反垄断法禁止的主要纵向垄断协议

在商业实践中，常见的纵向垄断协议主要包括维持转售价格协议、地域或客户限制协议和排他性交易协议。维持转售价格协议是指供应商对销售商的最终销售价格进行固定或者作出不得低于或高于某一价格水平的限制的协议。地域或客户限制协议，即供应商对不同销售商的销售区域和对象进行划分，禁止销售商越界销售的协议。排他性交易也称独家交易，通常包括一个或者一系列协议，其中约定供应商同意在特定的地区内向特定销售商独家供应商品，或者销售商同意只从特定供应商处购买用于转售的一类商品，或者双方当事人相互承担上述两个方面的约束。

鉴于纵向垄断协议的经济效果比较模糊，反垄断法对其规制比较审慎，只有那些对竞争和效率的消极效果明确大于积极效果的纵向垄断协议才被法律明确禁止。我国《反垄断法》列举了两类应被禁止的纵向垄断协议，即固定向第三人转售商品的价格的协议和限定向第三人转售商品的最低价格的协议。

（二）纵向垄断协议的经济效果

进一步了解纵向垄断协议在正反两方面的经济效果，有助于理解和运用反垄断法中的有关规则。

1. 纵向垄断协议的消极效果

纵向垄断协议对市场竞争的不利影响主要包括：（1）促成价格卡特尔。如果一个生产商限制其销售商的最低转售价格，同一品牌商品的销售商之间就不能开展价格竞争。此外，纵向价格约束因为可以固定销售商的价格，这种协议也有助于不同品牌的生产商在价格方面搞价格协调。此外，在存在纵向价格约束的情况下，生产商之间的价格卡特尔会更持久和更稳定。（2）导致市场进入障碍。纵向限制经常导致市场进入的障碍。例如，地域市场划分就会导致在这个市场内的进入障碍。而在独家经销的情况下，经销商不能经营其他厂商的产品也会导致其他厂商的产品或服务进入障碍。因为，毕竟在一个区域内的经销商的数量是有限的，而另行建立自己的销售渠道又成本极高。

2. 纵向垄断协议的积极效果

纵向垄断协议的积极效果主要体现在：（1）减少"搭便车"。比如，有的销售商在品牌营销和服务质量上投入较多，而同一品牌的其他销售商则通过低价策略抢夺市场份额而获得更多利润。为解决这种品牌内部的"搭便车"现象,供应商就可能对所有销售商采取维持转售价格的限制。虽然这种排他性交易安排减少了"品牌内竞争",但是它可以整体改善某一品牌的竞争条件,鼓励企业加强产品推广和创新,提高消费者盈余。(2)克服销售商加价。供应商对销售商施加的限制最高转售价格的限制,有利于避免销售商自行加价,起到稳定商品价格,保护消费者利益的作用。(3)有利于经营者的市场进入。一个欲进入特定市场的经营者,可以通过授予目标市场中销售商以某种特权(如独家销售权)的方式,使销售商效益与供应商在目标市场中的销售业绩直接联系起来,从而激励销售企业努力推销产品,为供应商进入市场提供一定的保障。

(三)纵向垄断协议违法性认定规则

对于《反垄断法》第十八条第一款第一项、第二项所列的两种纵向垄断协议,由法律假定其具有排除、限制竞争效果,但行为人可以依据第十八条第二款提出协议不具有排除、限制竞争效果的抗辩,也可以依据第二十条提出豁免抗辩。在垄断民事纠纷案件审理中,人民法院依照《反垄断法》第十八条第一款和第二款的规定审查认定被诉垄断协议是否具有排除、限制竞争效果时,可以综合考虑下列因素:(1)被告在相关市场的市场力量和协议对相关市场类似不利竞争效果的累积作用;(2)协议是否具有提高市场进入壁垒、阻碍更有效率的经营者或者经营模式、限制品牌间或者品牌内竞争等不利竞争效果;(3)协议是否具有防止搭便车、促进品牌间竞争、维护品牌形象、提升售前或者售后服务水平、促进创新等有利竞争效果,且为实现该效果所必需;(4)其他可以考虑的因素。在案证据足以证明的有利竞争效果明显超过不利竞争效果的,人民法院应当认定协议不具有排除、限制竞争效果。

此外,《反垄断法》第十八条第三款还在第二款的基础上规定了纵向垄断协议的安全港规则,即经营者能够证明其在相关市场的市场份额低于国务院反垄断执法机构规定的标准,并符合国务院反垄断执法机构规定的其他条件的,不予禁止。《国务院反垄断委员会关于知识产权领域的反垄断指南》也有关于"安全港"规则的规定。安全港规则不仅有助于降低执法成本、提高执法效率,还能给经营者提供明确的预期、降低其合规负担,起到鼓励有益合作活动和促进经济效率的作用。

四、垄断协议的豁免

经营者(特别是具有竞争关系的经营者)之间的联合,乃反垄断法之大忌。但是,有些情形下,经营者之间的联合有利于防止竞争过度和无效,有利于技术进步和效率的提高,从而符合社会公共利益,故而豁免。

(一)豁免的概念及其与适用除外的区别

豁免是反垄断法上的一项重要制度,是指对违反反垄断法的行为,由于其满足一定的条件,而不受反垄断法禁止。豁免与适用除外是完全不同的两个制度。反垄断法上的适用除外是指将特定领域排除在反垄断法的适用范围,根本不予适用;而豁免则是在适用反垄断法过程中,发现某些违反反垄断法的行为符合法定条件而不予禁止。

(二) 垄断协议可被《反垄断法》豁免的条件

1. 符合《反垄断法》规定的特定情形

根据《反垄断法》第二十条的规定，垄断协议可被《反垄断法》豁免的情形主要包括：

(1) 为改进技术、研究开发新产品的。新技术、新产品的开发与利用对提高经济效率和消费者福利均具有积极的促进作用。由于新技术和新产品开发耗资和风险巨大，个别企业难以承受，因此，企业间就此达成合作协议可以得到豁免。

(2) 为提高产品质量、降低成本、增进效率，统一产品规格、标准或者实行专业化分工的。经营者为降低成本、提高质量、增进效率而达成的统一产品规格和标准的协议，以及经营者之间分工合作、各自发挥比较优势以提高产品质量和生产效率的协议，可得到反垄断法的豁免。

(3) 为提高中小经营者经营效率，增强中小经营者竞争力的。中小企业是维持市场竞争活力和"生态"平衡的重要力量。缺乏联合的中小企业由于势单力孤，容易受到大企业的排挤。为了提高中小企业的经营效率，增强它们的竞争力，中小企业之间在生产、融资、研发、采购等领域达成的合作协议可豁免于反垄断法。

(4) 为实现节约能源、保护环境、救灾救助等社会公共利益的。

(5) 因经济不景气，为缓解销售量严重下降或者生产明显过剩的。面临经济不景气，为解决生产过剩，摆脱困境，避免恶性竞争造成的更大的经济损害，企业间达成限制或排除竞争的协议，可以得到反垄断法的豁免。

(6) 为保障对外贸易和对外经济合作中的正当利益的。此类协议主要表现为出口卡特尔。出口卡特尔是指国内经营者为了确保或促进产品出口，就出口商品价格和国际市场划分等达成的限制竞争协议。一般来说，出口卡特尔限制了境外市场的竞争，损害他国消费者的福利，但对出口国不但无害反而有利。故而，为了维护国际贸易中的国家利益，反垄断法对之予以豁免。

反垄断执法机构认定被调查的垄断协议是否属于上述情形时，应当考虑以下因素：(1) 协议实现该情形的具体形式和效果；(2) 协议与实现该情形之间的因果关系；(3) 协议是否是实现该情形的必要条件；(4) 其他可以证明协议属于相关情形的因素。

2. 符合比例原则

垄断协议是一种限制竞争行为，若欲以其具有特定的积极效果而将其豁免，应符合比例原则。依据《反垄断法》第二十条第二款的规定以及相关法理，对于符合第二十条第一款第 (1) 至第 (5) 项情形的垄断协议，主张豁免时应证明以下事实：(1) 协议与实现该情形之间具有因果关系；(2) 协议为实现该情形所必需；(3) 协议不会严重限制相关市场的竞争；(4) 协议能够使消费者分享由此产生的利益。

(三) 调查的终止与重启

反垄断执法机构认定被调查的垄断协议属于《反垄断法》规定的豁免情形的，应当终止调查并制作终止调查决定书。终止调查决定书应当载明协议的基本情况、适用《反垄断法》豁免规定的依据和理由等内容。反垄断执法机构作出终止调查决定后，因情况发生重大变化，导致被调查的协议不再符合《反垄断法》规定的豁免情形的，反垄断执法机构应当重新启动调查。

五、"其他协同行为"的认定

实践中，垄断协议的证明和认定往往比较困难，很多涉嫌垄断协议行为表现为"其他协同行为"。《禁止垄断协议规定》第五条第三款将"其他协同行为"界定为"经营者之间虽未明确订立协议或者决定，但实质上存在协调一致的行为"。

认定其他协同行为，应当考虑下列因素：（1）经营者的市场行为是否具有一致性；（2）经营者之间是否进行过意思联络、信息交流或者传递；（3）相关市场的结构情况、竞争状况、市场变化等情况；（4）经营者能否对行为的一致性作出合理解释。

在垄断民事纠纷案件中，原告提供上述第一项和第二项的初步证据，或者第一项和第三项的初步证据，能够证明经营者存在协同行为的可能性较大的，被告应当提供证据或者进行充分说明，对其行为一致性作出合理解释；不能作出合理解释的，人民法院可以认定协同行为成立。所谓合理解释，包括经营者系基于市场和竞争状况变化等而独立实施相关行为。

六、垄断协议的组织、帮助行为

垄断协议的组织帮助行为的主体不仅可以是行业协会，也可以是其他经营者。旧《反垄断法》仅就行业协会组织（帮助）达成垄断协议的行为作出了规定，修正后的《反垄断法》又增加了关于禁止经营者组织、帮助其他经营者达成垄断协议的规定。

（一）行业协会的组织、帮助行为

行业协会是指由同行业经济组织和个人组成，行使行业服务和自律管理职能的各种协会、学会、商会、联合会、促进会等社会团体法人。新《反垄断法司法解释》在《反垄断法》行业协会概念的基础上，又增加了"经营者团体"的概念。经营包括行业协会等由两个以上经营者为了实现共同目的而组成的结合体或者联合体。虽然行业协会等经营者团体不属于经营者，但它是同行经营者的共同体，在组织协调本行业经营者方面具有先天优势，因此成为反垄断法的关注对象。

在我国，经营者通过行业协会组织协调价格联盟的案例并不鲜见。为了有效规范行业协会在市场竞争中的角色和行为，《反垄断法》要求行业协会加强行业自律，引导本行业的经营者依法竞争，维护市场竞争秩序；禁止行业协会组织本行业的经营者达成或实施反垄断法所禁止的垄断协议。根据《禁止垄断协议规定》，禁止行业协会从事下列行为：（1）制定、发布含有排除、限制竞争内容的行业协会章程、规则、决定、通知、标准等；（2）召集、组织或者推动本行业的经营者达成含有排除、限制竞争内容的协议、决议、纪要、备忘录等。

（二）经营者的组织、帮助行为

实践中，经营者在达成和实施垄断协议时，通常会借助其他主体在信息交换、策略协调、施加惩戒等方面来实现协同行为。组织帮助行为可以表现为达成纵向限制协议，也可以表现为其他组织协调行为，如帮助沟通交换关键信息等。根据《反垄断法》第十

九条,经营者不得组织其他经营者达成垄断协议或者为其他经营者达成垄断协议提供实质性帮助。实质性帮助,是指对垄断协议达成或者实施具有直接、重要促进作用的引导产生违法意图、提供便利条件、充当信息渠道、帮助实施惩罚等行为。

(三)垄断协议的组织、帮助行为的民事责任

经营者、经营者团体等组织其他经营者达成、实施垄断协议,给原告造成损失,原告依据《民法典》第一千一百六十八条的规定主张实施组织行为的经营者、经营者团体等与达成、实施垄断协议的其他经营者承担连带责任的,人民法院应当予以支持。

经营者、经营者团体等为其他经营者达成、实施垄断协议提供实质性帮助,给原告造成损失,原告依据《民法典》第一千一百六十九条第一款的规定主张提供帮助行为的经营者、经营者团体等与达成、实施垄断协议的其他经营者承担连带责任的,人民法院应当予以支持。但是,经营者、经营者团体等能够证明其不知道且不应当知道其他经营者达成、实施有关协议的除外。

七、垄断协议行为的行政法律责任

经营者违反《反垄断法》规定,达成并实施垄断协议的,由反垄断执法机构责令停止违法行为,没收违法所得,并处上一年度销售额1%以上10%以下的罚款,上一年度没有销售额的,处500万元以下的罚款;尚未实施所达成的垄断协议的,可以处300万元以下的罚款。经营者的法定代表人、主要负责人和直接责任人员对达成垄断协议负有个人责任的,可以处100万元以下的罚款。

经营者组织其他经营者达成垄断协议或者为其他经营者达成垄断协议提供实质性帮助的,也按上述规定承担责任。

行业协会违反《反垄断法》规定,组织本行业的经营者达成垄断协议的,由反垄断执法机构责令改正,可以处300万元以下的罚款;情节严重的,社会团体登记管理机关可以依法撤销登记。

反垄断执法机构确定具体罚款数额时,应当考虑违法行为的性质、情节、程度、持续时间等因素。经营者因行政机关和法律、法规授权的具有管理公共事务职能的组织滥用行政权力而达成垄断协议的,不影响其依法承担行政责任。经营者能够证明其达成垄断协议是被动遵守行政命令所导致的,可以依法从轻或者减轻处罚。

八、宽大制度

实践中,反垄断执法机构对垄断协议的调查取证工作面临当事人之间订立攻守同盟、直接证据难以获得等诸多实际困难。为了激励掌握情况的垄断协议成员主动向执法机构揭发违法行为,从而从内部将其瓦解,《反垄断法》特别规定了垄断协议的宽大制度。所谓宽大制度,是指参与垄断协议的经营者主动向反垄断执法机构报告达成垄断协议的有关情况并提供重要证据的,反垄断执法机构可以对其宽大处理,酌情减轻或者免除其处罚。除了《禁止垄断协议规定》,《国务院反垄断委员会横向垄断协议案件宽大制度适用指南》(以下简称《横向协议宽大指南》)专门对横向垄断协议案件宽大制度适用的具体

规则作出了规定。

（一）"重要证据"的界定

向执法机构提供有关垄断协议的重要证据，是参与垄断协议经营者获得宽大处理的必要条件。根据《禁止垄断协议规定》，经营者应当在反垄断执法机构行政处罚告知前，向反垄断执法机构提出申请。所谓"重要证据"，是指反垄断执法机构尚未掌握的，能够对立案调查或者对认定垄断协议起到关键性作用的证据。根据《横向协议宽大指南》，经营者提供的重要证据包括：（1）在垄断协议的达成方式和实施行为方面具有更大证明力或者补充证明价值的证据；（2）在垄断协议的内容、达成和实施的时间、涉及的产品或者服务范畴、参与成员等方面具有补充证明价值的证据；（3）其他能够证明和固定垄断协议证明力的证据。

（二）区分情况减免处罚的具体规则

参与垄断协议的经营者主动报告达成垄断协议有关情况并提供重要证据的，可以申请依法减轻或者免除处罚。反垄断执法机构应当根据经营者主动报告的时间顺序、提供证据的重要程度以及达成、实施垄断协议的有关情况，决定是否减轻或者免除处罚。对于第一个申请者，反垄断执法机构可以免除处罚或者按照不低于80%的幅度减轻罚款；对于第二个申请者，可以按照30%~50%的幅度减轻罚款；对于第三个申请者，可以按照20%~30%的幅度减轻罚款。根据《横向协议宽大指南》，经营者组织、胁迫其他经营者参与达成、实施垄断协议或者妨碍其他经营者停止该违法行为的，执法机构不对其免除处罚，但可以相应给予减轻处罚。此外，为鼓励经营者主动报告垄断协议行为并提供重要证据，《横向协议宽大指南》还规定，执法机构在减免罚款的同时还可以考虑相应减免没收经营者的违法所得。

第三节 滥用市场支配地位规制制度

经营者的实力和地位各不相同。有的经营者在竞争中依靠技术创新和管理水平赢得优势，有的经营者通过合并重组做强做大，也有的经营者则因所处行业特殊而被法律赋予垄断性经营权。它们都会因此而成为自己所在相关市场中具有一定市场支配地位的企业。当今世界，反垄断法对经营者合法取得的市场支配地位（包括垄断地位）并不视为非法，而对于具有市场支配地位的经营者滥用其市场支配地位的行为则严加规制。国家市场监督管理总局发布的《禁止滥用市场支配地位行为规定》对滥用市场支配地位禁止制度作了细化。

一、市场支配地位的概念

（一）市场支配地位的法律界定

根据《反垄断法》的相关规定，市场支配地位是指经营者在相关市场内具有能够控制商品价格、数量或者其他交易条件,或者能够阻碍、影响其他经营者进入相关市场能力的市场地位。根据《禁止滥用市场支配地位行为规定》,这里所称"其他交易条件",是指除商品价格、数量之外能够对市场交易产生实质影响的其他因素,包括商品品种、商品品质、付款条件、交付方式、售后服务、交易选择、技术约束等。这里所称"能够阻碍、影响其他经营者进入相关市场",包括排除其他经营者进入相关市场,或者延缓其他经营者在合理时间内进入相关市场,或者导致其他经营者虽能够进入该相关市场但进入成本大幅提高,无法与现有经营者开展有效竞争等情形。

(二) 市场支配地位的含义

对市场支配地位的概念可以从以下三个方面进行理解:第一,具有市场支配地位的经营者未必是"独占"者。市场的非独占者有足够强大的影响市场竞争的能力时,也会成为具有市场支配地位的经营者。第二,具有市场支配地位的经营者可以是一个,也可以是多个经营者共同具有市场支配地位。如果多个具有独立法人地位的企业之间具有紧密关联关系,或者它们相互之间无关联关系但属于相关市场内不存在实质竞争的寡占者,当它们作为整体具有足够的影响市场竞争的能力并涉嫌共同实施了某种滥用行为时,则该多个经营者可被认定具有市场支配地位。第三,市场支配地位是一种市场结构状态。当今世界的反垄断法已由结构主义转变为行为主义,即,法律主要关注垄断行为,对市场支配地位这种结构状态并无否定性评价。

二、滥用市场支配地位行为的概念与分类

(一) 滥用市场支配地位行为的概念

滥用市场支配地位行为,是指具有市场支配地位的经营者凭借其市场支配地位实施的排挤竞争对手或不公平交易行为。滥用市场支配地位行为的构成要件有三:一是行为主体须是具有市场支配地位的经营者;二是客观方面实施了排挤竞争对手或不公平交易的反竞争行为;三是在行为后果方面削弱了竞争,破坏了市场竞争秩序。

(二) 滥用市场支配地位行为的分类

滥用市场支配地位行为可分为两个基本类型,即排他性滥用和剥削性滥用。排他性滥用是指寻求损害竞争者的竞争地位,或者从根本上将它们排除出市场的行为,主要表现形式包括掠夺定价、搭售、价格歧视和拒绝交易等。剥削性滥用是指具有市场支配地位的经营者凭借其市场支配地位对交易对方进行剥削的行为,实践中主要表现为不公平定价行为。

三、市场支配地位的认定

在反垄断法律实践中,判断经营者是否具有市场支配地位的首要步骤是界定相关市场,之后再根据市场集中度及市场进入的难易程度等各种相关因素综合考察经营者在该相关市场中是否具有市场支配地位。经营者的市场份额是判断市场结构的量化标准,由于它具有客观性和可量化等特点,因此,实践中通常优先以经营者的市场份额作为经营者市场支配地位的推定标准。当经营者的市场份额达到一定程度时,可先推定其具有市场支配地位;如果其不能提供证明其不具有市场支配地位的其他证据,则可在此基础上

认定其具有市场支配地位。

（一）认定经营者具有市场支配地位时应当依据的因素

在总结当今世界反垄断法立法、执法和司法经验的基础上，我国《反垄断法》规定了以下认定经营者具有市场支配地位时应当依据的因素：

1. 经营者在相关市场的市场份额，以及相关市场的竞争状况

市场份额是反映经营者在相关市场中所处地位的结构性指标。一般而言，经营者在一个相关市场上长期占有很高的市场份额，便会凭借自己的绝对规模和相对优势处于支配地位。这种支配地位能使其在定价以及其他市场决策中获得相当大的自由，不用顾忌其他竞争者和消费者的反应。另外，市场份额是可量化标准，可以克服市场支配地位认定中主观因素的影响。因此，尽管市场结构不是判断经营者市场支配地位的唯一标准，但它的确是重要标准，而且大多数时候是决定性标准。确定经营者在相关市场的市场份额，可以考虑一定时期内经营者的特定商品销售金额、销售数量或者其他指标在相关市场所占的比重。

相关市场的竞争状况主要是指市场中的竞争者的多寡以及他们之间的竞争程度。一般而言，若一个相关市场中的竞争者众多，并且竞争者之间存在实质性竞争，即，该市场是一个有效竞争的市场，则少数竞争者对商品价格、供应数量以及潜在竞争者的市场进入等进行控制和阻碍的局面很难形成，也就很难出现具有市场支配地位的经营者。反之则相反。分析相关市场竞争状况，可以考虑相关市场的发展状况、现有竞争者的数量和市场份额、商品差异程度、创新和技术变化、销售和采购模式、潜在竞争者情况等因素。

2. 经营者控制销售市场或者原材料采购市场的能力

原材料供给和产品销售是企业经营中至关重要的上下游环节。若经营者拥有控制产品销售市场的能力，就在很大程度上具有了产品的定价自由和决定其他交易条件的权力。同理，若经营者拥有控制原材料采购市场的能力，便在很大程度上对原材料采购价格和其他交易条件具有了谈判能力。实践中，能够控制产品销售价格的经营者一定是该市场中具有市场支配地位甚至是垄断地位的卖者；而能够控制原材料采购价格的经营者一定是该市场中具有市场支配地位甚至是垄断地位的买者。因此，经营者控制销售市场或者原材料采购市场的能力是判断其是否具有市场支配地位的重要参考标准。确定经营者控制销售市场或者原材料采购市场的能力，可以考虑该经营者控制产业链上下游市场的能力，控制销售渠道或者采购渠道的能力，影响或者决定价格、数量、合同期限或者其他交易条件的能力，以及优先获得企业生产经营所必需的原料、半成品、零部件、相关设备以及需要投入的其他资源的能力等因素。

3. 经营者的财力和技术条件

财力和技术是决定经营者实力的重要物质条件。经营者的财力和技术能够在一定程度上反映其市场支配能力。经营者的财力是其经济实力的最直接体现。通常情况下，经营者的财力越大，其在市场中的竞争力越强，控制市场竞争的能力也越大。在知识经济时代，技术特别是包括专利权在内的垄断性技术，往往是一个企业取得竞争优势并对其他潜在竞争者形成市场进入障碍的先天条件。确定经营者的财力和技术条件，可以考虑

该经营者的资产规模、盈利能力、融资能力、研发能力、技术装备、技术创新和应用能力、拥有的知识产权等，以及该财力和技术条件能够以何种方式和程度促进该经营者业务扩张或者巩固、维持市场地位等因素。应当注意的是，经营者拥有知识产权可以构成认定其市场支配地位的因素之一，但不能仅根据经营者拥有知识产权推定其在相关市场上具有市场支配地位。认定知识产权领域经营者具有市场支配地位，可以考虑知识产权的替代性、下游市场对利用知识产权所提供商品的依赖程度、交易相对人对经营者的制衡能力等因素。

4. 其他经营者对该经营者在交易上的依赖程度

其他经营者的交易依赖可表现为买方对卖方的依赖，如经销商对某种名牌产品生产商的依赖，也可表现为卖方对买方的依赖，如产品生产商对某些大型销售商的依赖。其他经营者在交易上的依赖，可以使受到依赖的经营者在相关市场上具有明显的优势。这种情况实际上是反映了相关市场上的结构及竞争状况。这种依赖越甚，受依赖的经营者具有市场支配地位的可能性就越大。确定其他经营者对该经营者在交易上的依赖程度，可以考虑其他经营者与该经营者之间的交易关系、交易量、交易持续时间、在合理时间内转向其他交易相对人的难易程度等因素。

5. 其他经营者进入相关市场的难易程度

在市场进入无障碍的情况下，任何市场出现垄断利润，都会吸引其他经营者进入到该市场，进而打破原有的市场竞争格局，使供给趋于充分，进而使利润率恢复到正常水平。因此，潜在竞争者进入的压力，是使现有竞争者保持充分竞争的外部条件。所以，具有市场支配地位的经营者总是希望或试图通过制造市场进入障碍排除潜在竞争，从而维持其垄断利润。如果市场的进入障碍来自外部，如国家法令，则可将市场中现有的竞争者造就成为有市场支配地位的经营者。

一般来说，市场进入的障碍可能来自以下几个方面：一是资金门槛。特定行业非常高的资金投入可能导致市场进入的困难，从而影响该市场中的充分竞争。但是，随着资本市场的不断发达，资本积聚渠道的日益畅通，资金门槛导致实质性市场进入障碍的可能性也在减小。二是技术门槛。特定产业的技术开发难度大，尤其是在既有经营者已经通过专利保护等方式控制了相关核心技术的情况下，也可能对特定市场的进入造成实质性障碍。三是国家法令。国家可能通过法令赋予少数企业以特定行业的经营权，或者通过法令对特定行业的进入设置很高的审批门槛。四是市场中已有的市场支配地位企业所采取的特殊市场策略，如频繁地开发和推出新产品并辅以大规模广告投入，或控制分销渠道等。

确定其他经营者进入相关市场的难易程度，可以考虑市场准入、获取必要资源的难度、采购和销售渠道的控制情况、资金投入规模、技术壁垒、品牌依赖、用户转换成本、消费习惯等因素。

6. 认定互联网等新经济业态经营者具有市场支配地位考虑的特殊因素

近年来，我国数字经济蓬勃发展，互联网行业的竞争日趋激烈，网络经营者之间的竞争纠纷不断涌现。互联网及其他涉及信息通信技术的相关产业，具有高频创新、动态竞争、平台经济、数据驱动等特征。这些特征对该领域的相关市场界定和经营者市场地位的评估都带来了诸多挑战。因此,《禁止滥用市场支配地位行为规定》规定,在认定互联网等新经济业态经营者具有市场支配地位时,可以考虑相关行业竞争特点、经营模式、交易金额、交易数量、用户数量、网络效应、锁定效应、技术特性、市场创新、控制流量的能力、掌握和处理相关数据的能力及经营者在关联市场的市场力量等因素。

2021年国务院反垄断委员会发布的《国务院反垄断委员会关于平台经济领域的反垄断指南》进一步就分析以互联网企业为代表的平台经营者是否具有市场支配地位时,可以考虑下列具体因素:(1)经营者的市场份额以及相关市场竞争状况。确定平台经济领域经营者市场份额,可以考虑交易金额、交易数量、销售额、活跃用户数、点击量、使用时长或者其他指标在相关市场所占比重,同时考虑该市场份额持续的时间。分析相关市场竞争状况,可以考虑相关平台市场的发展状况、现有竞争者数量和市场份额、平台竞争特点、平台差异程度、规模经济、潜在竞争者情况、创新和技术变化等。(2)经营者控制市场的能力。可以考虑该经营者控制上下游市场或者其他关联市场的能力,阻碍、影响其他经营者进入相关市场的能力,相关平台经营模式、网络效应,以及影响或者决定价格、流量或其他交易条件的能力等。(3)经营者的财力和技术条件。可以考虑该经营者的投资者情况、资产规模、资本来源、盈利能力、融资能力、技术创新和应用能力、拥有的知识产权、掌握和处理相关数据的能力,以及该财力和技术条件能够以何种程度促进该经营者业务扩张或者巩固、维持市场地位等。(4)其他经营者对该经营者在交易上的依赖程度。可以考虑其他经营者与该经营者的交易关系、交易量、交易持续时间,锁定效应、用户黏性,以及其他经营者转向其他平台的可能性及转换成本等。(5)其他经营者进入相关市场的难易程度。可以考虑市场准入、平台规模效应、资金投入规模、技术壁垒、用户多栖性、用户转换成本、数据获取的难易程度、用户习惯等。(6)其他因素。可以考虑基于平台经济特点认定经营者具有市场支配地位的其他因素。

7. 认定共同市场支配地位考虑的特殊因素

共同滥用市场支配地位禁止制度移植于欧盟竞争法。该制度主要是为了解决寡占市场结构下多个寡头企业之间的一致行为的违法性认定问题,是"其他协同行为"制度的补充。因此,只有当市场上出现多个经营者的一致行为时,才可能触发此类制度。《禁止滥用市场支配地位行为规定》规定,认定两个以上的经营者具有市场支配地位,还应当考虑经营者行为一致性、市场结构、相关市场透明度、相关商品同质化程度等因素。

(二)经营者市场支配地位的推定标准

《反垄断法》规定了以市场份额为基础的经营者市场支配地位推定标准。根据该标准,一个经营者在相关市场的市场份额达到1/2的,即可推定为具有市场支配地位;对于多个经营者可能共同拥有市场支配地位的情况,两个经营者在相关市场的市场份额合计达到2/3的,或三个经营者在相关市场的市场份额合计达到3/4的,这些经营者被推定为共同占有市场支配地位。同时,对于多个经营者被推定为共同占有市场支配地位时,其中有的经营者市场份额不足1/10的,不应当推定该经营者具有市场支配地位。

市场份额不是认定市场支配地位的唯一的和绝对的标准。因此,被推定具有市场支配地位的经营者,如有证据证明不具有市场支配地位的,不应当认定其具有市场支配地位。这里的证据应从市场份额以外的其他认定市场支配地位的因素中寻找。

四、《反垄断法》禁止的滥用市场支配地位行为

根据《反垄断法》第二十二条第一款的规定，该法禁止的滥用市场支配地位行为主要包括：

（一）以不公平的高价销售商品或者以不公平的低价购买商品

正常情况下，商品价格由市场决定，而在市场中存在具有市场支配地位企业的情况下，价格则由个别经营者决定。在市场交易中，当卖方拥有市场支配地位时，可能以不公平的高价来盘剥买方；当买方拥有市场地位时，可能以不公平的低价盘剥卖方。这两类不公平定价行为的目的在于获取超额的利润，而不是排挤竞争对手。

认定"不公平的高价"或者"不公平的低价"，可以考虑下列因素：（1）销售价格或者购买价格是否明显高于或者明显低于其他经营者在相同或者相似市场条件下销售或者购买同种商品或者可比较商品的价格；（2）销售价格或者购买价格是否明显高于或者明显低于同一经营者在其他相同或者相似市场条件区域销售或者购买同种商品或者可比较商品的价格；（3）在成本基本稳定的情况下，是否超过正常幅度提高销售价格或者降低购买价格；（4）销售商品的提价幅度是否明显高于成本增长幅度，或者购买商品的降价幅度是否明显高于交易相对人成本降低幅度；（5）需要考虑的其他相关因素。认定市场条件相同或者相似，应当考虑经营模式、销售渠道、销售模式、供求状况、监管环境、交易环节、成本结构、交易情况、平台类型等因素。涉及平台经济领域，还可以考虑平台涉及多边市场中各相关市场之间的成本关联情况及其合理性。

（二）没有正当理由，以低于成本的价格销售商品

无正当理由以低于成本的价格销售商品的行为，也称掠夺性定价。掠夺性定价的目的是排挤竞争对手，进一步强化自己的市场支配地位。当具有市场支配地位的企业通过掠夺性定价将竞争对手逐出市场后，再恢复垄断价格，将掠夺战中的损失捞回来。

认定以低于成本的价格销售商品，应当重点考虑价格是否低于平均可变成本。平均可变成本是指随着生产的商品数量变化而变动的每单位成本。涉及平台经济领域，还可以考虑平台涉及多边市场中各相关市场之间的成本关联情况及其合理性。互联网等新经济业态中的免费模式，应当综合考虑经营者提供的免费商品以及相关收费商品等情况。

当具有正当理由时，以低于成本的价格销售商品行为不违法。根据《禁止滥用市场支配地位行为规定》，下列情形构成低于成本销售行为的正当理由：（1）降价处理鲜活商品、季节性商品、有效期限即将到期的商品或者积压商品的；（2）因清偿债务、转产、歇业降价销售商品的；（3）在合理期限内为推广新产品进行促销的。

（三）没有正当理由，拒绝与交易相对人进行交易

无正当理由的拒绝交易，是具有市场支配地位的企业妨碍下游企业市场竞争的重要方式。拒绝交易通常表现为占市场支配地位的企业拒绝向买者出售商品。实践中，拒绝交易往往作为某些纵向交易安排的辅助手段出现。拒绝交易行为可能会对市场产生以下不利影响：一是限制下游企业之间的竞争。生产商可以拒绝供货为要挟，强迫经销商按其规定的价格销售商品，从而限制经销商之间在该种商品上进行价格竞争。二是可直接影响市场竞争状况。比如，经营者拒绝将其产品销售给某一地域的部分销售商，实际上

就使该地域内的其他销售商获得了垄断市场的机会。再如，具有市场支配地位的经营者作为原材料供应者时，通过拒绝向下游需求方供货，可实现将该下游企业排挤出市场的效果。

具有市场支配地位的经营者拒绝与交易相对人进行交易时，通常通过间接方式变相进行。根据《禁止滥用市场支配地位行为规定》的相关规定，下列没有正当理由、以间接方式拒绝交易的行为同样受到禁止：（1）实质性削减与交易相对人的现有交易数量；（2）拖延、中断与交易相对人的现有交易；（3）拒绝与交易相对人进行新的交易；（4）通过设置交易相对人难以接受的价格、向交易相对人回购商品、与交易相对人进行其他交易等限制性条件，使交易相对人难以与其进行交易；（5）拒绝交易相对人在生产经营活动中，以合理条件使用其必需设施。在依据第（5）项认定经营者滥用市场支配地位时，应当综合考虑以合理的投入另行投资建设或者另行开发建造该设施的可行性、交易相对人有效开展生产经营活动对该设施的依赖程度、该经营者提供该设施的可能性以及对自身生产经营活动造成的影响等因素。

拒绝交易的经济效果也需具体分析。只有无正当理由的拒绝交易才为非法。根据《禁止滥用市场支配地位行为规定》，能构成否认拒绝交易行为违法性的正当理由包括：（1）因不可抗力等客观原因无法进行交易；（2）交易相对人有不良信用记录或者出现经营状况恶化等情况，影响交易安全；（3）与交易相对人进行交易将使经营者利益发生不当减损；（4）能够证明行为具有正当性的其他理由。

（四）没有正当理由，限定交易相对人只能与其进行交易或者只能与其指定的经营者进行交易

限定交易相对人只能与其进行交易或者只能与其指定的经营者进行交易的行为，简称限定交易行为。通过限定交易，经营者可限制交易相对人与自己的竞争者进行交易，从而达到抑制竞争者甚至将其逐出市场的目的。另外，限定交易还可起到阻碍竞争者市场进入的效果。根据《禁止滥用市场支配地位行为规定》，限定交易行为的具体表现包括：（1）限定交易相对人只能与其进行交易；（2）限定交易相对人只能与其指定的经营者进行交易；（3）限定交易相对人不得与特定经营者进行交易。从事上述限定交易行为可以是直接限定，也可以是采取惩罚性或者激励性措施等方式变相限定。

限定交易的经济效果也并非绝对，只有经营者无正当理由地实施该行为时才为非法。根据《禁止滥用市场支配地位行为规定》，限定交易的"正当理由"包括：（1）为满足产品安全要求所必需；（2）为保护知识产权、商业秘密或者数据安全所必需；（3）为保护针对交易进行的特定投资所必需；（4）为维护平台合理的经营模式所必需；（5）能够证明行为具有正当性的其他理由。

（五）没有正当理由搭售商品，或者在交易时附加其他不合理的交易条件

搭售及附加不合理交易条件行为，是指经营者利用其市场支配地位，在销售某种产品时强迫交易相对人购买其不愿购买的其他商品，或接受其他不合理条件。根据《禁止滥用市场支配地位行为规定》，此类行为的具体表现包括：（1）违背交易惯例、消费习惯或者无视商品的功能，利用合同条款或者弹窗、操作必经步骤等交易相对人难以抉择、更改、拒绝的方式，将不同商品捆绑销售或者组合销售；（2）对合同期限、支付方式、商品的运输及交付方式或者服务的提供方式等附加不合理的限制；（3）对商品的销售地域、销售对象、售后服务等附加不合理的限制；（4）交易时在价格之外附加不合理费用；（5）附加与交易标的无关的交易条件。

搭售及附加不合理交易条件行为不但违反意思自治原则，而且将经营者在某一相关市场的支配地位延伸到其他市场。应该指出的是，被搭售的商品与第一种商品须是两个独立的商品。如果两个商品从交易习惯或功能上看必须搭配使用，则不属于独立商品，如鞋和鞋带。

搭售及附加不合理交易条件行为并不当然违法。根据《禁止滥用市场支配地位行为规定》，此类行为的"正当理由"包括：（1）符合正当的行业惯例和交易习惯；（2）为满足产品安全要求所必需；（3）为实现特定技术所必需；（4）为保护交易相对人和消费者利益所必需；（5）能够证明行为具有正当性的其他理由。

（六）没有正当理由，对条件相同的交易相对人在交易价格等交易条件上实行差别待遇

对条件相同的交易相对人在交易价格等交易条件上实行差别待遇的行为，简称差别待遇或歧视待遇。根据《禁止滥用市场支配地位行为规定》，此类行为的具体表现包括：（1）实行不同的交易价格、数量、品种、品质等级；（2）实行不同的数量折扣等优惠条件；（3）实行不同的付款条件、交付方式；（4）实行不同的保修内容和期限、维修内容和时间、零配件供应、技术指导等售后服务条件。条件相同，是指交易相对人之间在交易安全、交易成本、规模和能力、信用状况、所处交易环节、交易持续时间等方面不存在实质性影响交易的差别。交易中依法获取的交易相对人的交易数据、个体偏好、消费习惯等方面存在的差异不影响认定交易相对人条件相同。

差别待遇可使相同产品的卖方或者买方获得不同的交易机会，从而直接影响到他们的公平竞争。此外，如果经营者自身也参与下游竞争的话，可能会利用价格歧视排挤其他竞争者。

由于差别待遇的反竞争效果并非绝对，因此，《反垄断法》只禁止无正当理由的差别待遇行为。根据《禁止滥用市场支配地位行为规定》，差别待遇行为的"正当理由"包括：（1）根据交易相对人实际需求且符合正当的交易习惯和行业惯例，实行不同交易条件；（2）针对新用户的首次交易在合理期限内开展的优惠活动；（3）基于公平、合理、无歧视的平台规则实施的随机性交易；（4）能够证明行为具有正当性的其他理由。

（七）利用数据和算法、技术以及平台规则等从事滥用市场支配地位的行为

随着数字经济不断壮大，平台垄断、竞争失序、无序扩张等乱象逐步凸显，不公平定价、掠夺性定价、拒绝交易等传统的滥用市场支配地位行为，在算法、数据、平台规则的驱动下表现出了新形式，如自我优待、强制平台"二选一""大数据杀熟"等。数字市场中滥用支配地位的行为影响市场的公平竞争，损害中小微企业以及消费者的合法权益，还可能带来数据安全、隐私安全等问题。根据《反垄断法》第二十二条第二款，具有市场支配地位的经营者不得利用数据和算法、技术以及平台规则等从事滥用市场支配地位的行为。

五、滥用市场支配地位的行政法律责任

经营者违反《反垄断法》规定，滥用市场支配地位的，由反垄断执法机构责令停止

违法行为，没收违法所得，并处上一年度销售额1%以上10%以下的罚款。

反垄断执法机构确定具体罚款数额时，应当考虑违法行为的性质、情节、程度、持续时间等因素。经营者因行政机关和法律、法规授权的具有管理公共事务职能的组织滥用行政权力而滥用市场支配地位的，不影响其依法承担行政责任。经营者能够证明其从事的滥用市场支配地位行为是被动遵守行政命令所导致的，可以依法从轻或者减轻处罚。

第四节 经营者集中反垄断审查制度

在市场经济条件下，企业之间的并购及其他形式的整合现象非常普遍。这种企业间的整合会导致原本独立进行经营决策的经营者之间由于整合而形成控制与被控制关系，进而形成共同决策机制。共同决策可能涉及市场结构的重大改变，并由此产生限制甚至排除竞争的可能，因此，需要专门的制度予以规制。与垄断协议和滥用市场支配地位行为禁止制度不同，经营者集中审查制度旨在通过对经营者集中后可能出现的排除、限制竞争效果进行预测，实现对反竞争行为的事前规制。

《反垄断法》对经营者集中的反垄断审查制度进行了专章规定。《国务院关于经营者集中申报标准的规定》规定了经营者集中申报的基本标准，同时，授权国务院商务主管部门会同国务院有关部门另行制定金融业经营者集中申报营业额的计算办法。2009年，商务部、人民银行、银监会、证监会和保监会联合发布《金融业经营者集中申报营业额计算办法》，具体规定了银行、保险、证券、期货等金融行业经营者的营业额要素和计算公式。国家市场监督管理总局发布的《经营者集中审查规定》，较为全面和具体地规定了经营者集中反垄断审查的申报和审查规则。

一、经营者集中反垄断审查制度概述

（一）经营者集中的概念

经营者集中，是指经营者之间通过合并、取得股份或者资产、委托经营或联营以及人事兼任等方式形成的控制与被控制状态。由于一定规模的经营者集中可能改变市场结构，并进而可能妨碍市场竞争，损害消费者福利，因此，反垄断法将其纳入调整视野。

经营者集中主要包括以下三种情形：（1）合并。经营者合并是指两个或两个以上的经营者按照法律规定的程序结合为一个经营者的法律行为。根据《公司法》的有关规定，合并分为吸收合并和新设合并。吸收合并是指一个经营者吸收其他经营者，被吸收的经营者解散，前者存续并扩大的合并方式；新设合并是指两个或两个以上的经营者合并设立一个新的经营者，合并各方解散的合并方式。（2）通过取得股权或者资产的方式取得对其他经营者的控制权。（3）通过合同等方式取得对其他经营者的控制权或者能够对其他经营者施加决定性影响。此种情形主要包括经营者通过委托经营或者联营以及人事兼任等方式取得对其他经营者的控制权或者对其他经营者施加决定性影响。

根据《经营者集中审查规定》，判断经营者是否通过交易取得对其他经营者的控制权或者能够对其他经营者施加决定性影响，应当考虑下列因素：一是交易的目的和未来的计划；二是交易前后其他经营者的股权结构及其变化；三是其他经营者股东（大）会等权力机构的表决事项及其表决机制，以及其历史出席率和表决情况；四是其他经营者董事会等决策或管理机构的组成及其表决机制，以及其历史出席率和表决情况；五是其他经营者高级管理人员的任免等；六是其他经营者股东、董事之间的关系，是否存在委托行使投票权、一致行动人等；七是该经营者与其他经营者是否存在重大商业关系、合作协议等。两个以上经营者均拥有对其他经营者的控制权或者能够对其他经营者施加决定性影响的，构成对其他经营者的共同控制。

（二）经营者集中的分类

根据参与集中的经营者在产业中的位置和相互关系，可将经营者集中分为横向集中、纵向集中和混合集中。横向集中，是指因生产或销售同类产品，或者提供同种服务而具有相互直接竞争关系的经营者之间的集中。纵向集中，是指同一产业中处于不同阶段，彼此之间不存在竞争关系，但有买卖关系的经营者之间的集中，亦即某种产品的卖方和买方之间的集中或上游经营者与下游经营者间的集中。混合集中，是指生产经营的产品或服务在彼此没有关联的经营者之间的集中。参与混合集中的经营者之间既不存在竞争关系，也不存在买卖关系，即，跨行业的经营者集中，如一个移动电话制造商与一个房地产商之间的集中。

（三）经营者集中的经济效果

经营者集中的经济效果同样具有两面性。在积极效果方面，第一，经营者集中有利于实现规模经济，提高经济效率。具体而言，横向集中有利于实现统一的经营管理，从而节省费用，增进效率。纵向集中则可以使企业的供应、销售和生产环节协调配合，从而降低交易费用。混合集中则有助于企业实现多样化的综合经营，从而降低经营失败的风险。第二，经营者集中有利于提高企业的经营效率。经营者集中可以使企业的存量资产和生产要素得到调整和重组，有利于实现资源的优化配置，促进产业结构、产品结构和企业结构的合理化和均衡化。在纵向集中的情况下，生产企业通过整合销售企业，可以更容易地将其经营扩展到新的销售领域。第三，经营者集中有利于优化市场竞争环境。一方面，面对被其他经营者兼并的压力，经营者能提高自身危机感，激发竞争活力，提高企业效率；另一方面，经营者集中也可以减轻过度的企业破产给社会带来的压力。

在消极效果方面，首先，横向集中必然减少相关市场中的竞争者数量，并且极易造就具有市场支配地位的经营者，从而加大经营者达成横向垄断协议及滥用市场支配地位的风险。其次，当经营者集中导致相关市场经营者数量减少并形成寡占结构时，可为垄断协议的达成和实施创造便利条件。而且纵向集中有可能产生阻碍市场进入的限制性效果。比如，一个生产企业通过纵向集中控制了下游的各主要批发商，从而控制了该产品的销售渠道。在这种情况下，如果其他企业打算进入到这个市场，可能会因重新建立销售渠道的巨额成本而望而却步。

（四）《反垄断法》对经营者集中的规制模式

经营者集中的经济效果的两面性，决定了《反垄断法》对它的规制在于"控制"，而不在于"禁止"。这种控制制度体现为经营者集中申报制度。从各国反垄断立法和执法实践来看，经营者集中申报制度主要分为三种模式：强制的事前申报、强制的事后申报和自愿申报。目前，绝大多数国家采取的是强制的事前申报模式，我国也是如此。所谓强制的事前申报，是指法律要求当事人在实施集中前必须事先向反垄断法执法机构申报，待执法机构审查批准后才可实施集中的制度。

二、经营者集中的申报

（一）经营者集中申报标准

经营者集中申报制度并不要求所有的集中都应申报，而是达到一定法定标准的集中才申报。经营者集中达到下列标准之一的，经营者应当事先向市场监管总局申报，未申报的不得实施集中：（1）参与集中的所有经营者上一会计年度在全球范围内的营业额合计超过 120 亿元人民币，并且其中至少两个经营者上一会计年度在中国境内的营业额均超过 8 亿元人民币；（2）参与集中的所有经营者上一会计年度在中国境内的营业额合计超过 40 亿元人民币，并且其中至少两个经营者上一会计年度在中国境内的营业额均超过 8 亿元人民币。这里的"营业额"包括相关经营者上一会计年度内销售产品和提供服务所获得的收入，扣除相关税金及附加。这里的"上一会计年度"是指集中协议签署日的上一会计年度。经营者集中未达到上述申报标准，但有证据证明该经营者集中具有或者可能具有排除、限制竞争效果的，国务院反垄断执法机构可以要求经营者申报。经营者未按照规定进行申报的，执法机构应当依法进行调查。

（二）申报材料的提交与补正

经营者向国务院反垄断执法机构申报集中，应当提交下列文件、资料：（1）申报书；（2）集中对相关市场竞争状况影响的说明；（3）集中协议；（4）参与集中的经营者经会计师事务所审计的上一会计年度财务会计报告；（5）国务院反垄断执法机构规定的其他文件、资料。

经营者提交的文件、资料不完备的，应当在国务院反垄断执法机构规定的期限内补交文件、资料。经营者逾期未补交文件、资料的，视为未申报。

（三）申报豁免

为了提高效率，节约国家执法资源，对于虽达申报标准，但属于关系极为紧密的关联企业之间的集中，可以免于申报。其道理在于，这些企业之间在集中前本来就已具有控制与被控制关系，集中不会产生或加强其市场地位。我国《反垄断法》规定，经营者集中有下列情形之一的，可以不向国务院反垄断执法机构申报：（1）参与集中的一个经营者拥有其他每个经营者 50% 以上有表决权的股份或者资产的；（2）参与集中的每个经营者 50% 以上有表决权的股份或者资产被同一个未参与集中的经营者拥有的。

三、经营者集中审查程序

（一）两阶段审查

根据《反垄断法》，执法机构对经营者集中实施两阶段审查制。第一阶段为初步审查。反垄断执法机构应当自收到经营者提交的符合规定的文件、资料之日起 30 日内，对申报的经营者集中进行初步审查，作出是否实施进一步审查的决定，并书面通知经营者。反垄断执法机构作出决定前，经营者不得实施集中。反垄断执法机构作出不实施进一步审查的决定或者逾期未作出决定的，经营者可以实施集中。

如果反垄断执法机构决定实施进一步审查的，则进入第二阶段审查。第二阶段审查应当自执法机构作出实施进一步审查决定之日起90日内完毕，并作出是否禁止经营者集中的决定，书面通知经营者。作出禁止经营者集中的决定，应当说明理由。审查期间，经营者不得实施集中。有下列情形之一的，国务院反垄断执法机构经书面通知经营者，可以延长前款规定的审查期限，但最长不得超过60日：（1）经营者同意延长审查期限的；（2）经营者提交的文件、资料不准确，需要进一步核实的；（3）经营者申报后有关情况发生重大变化的。国务院反垄断执法机构逾期未作出决定的，经营者可以实施集中。

（二）审查期限中止

执法机构在实践中面临复杂的经营者集中问题时，可以暂停计算审查期间，突破反垄断法对第二阶段审查限制的最长期限，为执法机构的审查提供更为充足的时间，直至解决相关问题。

《反垄断法》规定了反垄断执法机构决定中止计算经营者集中审查期限的情形：（1）经营者未按照规定提交文件、资料，导致审查工作无法进行；（2）出现对经营者集中审查具有重大影响的新情况、新事实，不经核实将导致审查工作无法进行；（3）需要对经营者集中附加的限制性条件进一步评估，且经营者提出中止请求。

（三）简易程序

为了提高经营者集中的审查效率，降低集中方的合规成本，符合法定情形的集中交易，可以适用简易案件审查程序。

符合下列情形的经营者集中案件，为简易案件：（1）在同一相关市场，参与集中的经营者所占的市场份额之和小于15%；在上下游市场，参与集中的经营者所占的市场份额均小于25%；不在同一相关市场也不存在上下游关系的参与集中的经营者，在与交易有关的每个市场所占的市场份额均小于25%；（2）参与集中的经营者在中国境外设立合营企业，合营企业不在中国境内从事经济活动的；（3）参与集中的经营者收购境外企业股权或资产，该境外企业不在中国境内从事经济活动的；（4）由两个以上经营者共同控制的合营企业，通过集中被其中一个或一个以上经营者控制的。

另外，虽符合上述条件，但存在下列情形的经营者集中案件，不视为简易案件：（1）由两个以上经营者共同控制的合营企业，通过集中被其中的一个经营者控制，该经营者与合营企业属于同一相关市场的竞争者，且市场份额之和大于15%的；（2）经营者集中涉及的相关市场难以界定的；（3）经营者集中对市场进入、技术进步可能产生不利影响的；（4）经营者集中对消费者和其他有关经营者可能产生不利影响的；（5）经营者集中对国民经济发展可能产生不利影响的；（6）市场监管总局认为可能对市场竞争产生不利影响的其他情形。

市场监管总局受理简易案件后，对案件基本信息予以公示，公示期为10日。公示的案件基本信息由申报人填报。对于不符合简易案件标准的简易案件申报，市场监管总局予以退回，并要求申报人按非简易案件重新申报。

（四）审查决定

根据不同情况，国务院反垄断执法机构应作出以下不同决定：

1. 禁止集中决定

国务院反垄断执法机构认为经营者集中具有或者可能具有排除、限制竞争效果的，应当作出禁止经营者集中的决定。

2. 不予禁止决定

国务院反垄断执法机构认为经营者集中不具有排除、限制竞争效果的，或者国务院反垄断执法机构虽认为经营者集中具有或者可能具有排除、限制竞争效果，但是经营者能够证明该集中对竞争产生的有利影响明显大于不利影响或者符合社会公共利益的，国务院反垄断执法机构可以作出对经营者集中不予禁止的决定。

3. 附条件的不予禁止决定

对不予禁止的经营者集中，国务院反垄断执法机构可以决定附加减少集中对竞争产生不利影响的限制性条件。

对于禁止集中决定和附条件的不予禁止决定，国务院反垄断执法机构应当及时向社会公布。

四、经营者集中审查的实体标准

经营者集中反垄断审查的实体标准是相对于申报标准这一程序性标准而言的，是指反垄断执法机构据以判断一个经营者集中案是否应依法予以禁止的标准。经营者集中反垄断审查的实体标准包括一般标准和竞争影响评估的具体规则等两个层面的内容。

（一）一般标准

我国《反垄断法》第三十四条规定，经营者集中具有或者可能具有排除、限制竞争效果的，国务院反垄断执法机构应当作出禁止经营者集中的决定。可见，我国《反垄断法》是将"具有或者可能具有排除、限制竞争效果"作为经营者集中审查的一般标准。

（二）对经营者集中竞争影响的评估

反垄断执法机构在评估经营者集中对竞争产生不利影响的可能性时，首先应考察集中是否产生或加强了某一经营者单独排除、限制竞争的能力、动机及其可能性。当集中所涉及的相关市场中有少数几家经营者时，还应考察集中是否产生或加强了相关经营者共同排除、限制竞争的能力、动机及其可能性。集中涉及上下游市场或者关联市场的，可以考察相关经营者利用在一个或者多个市场的控制力，排除、限制其他市场竞争的能力、动机及可能性。

审查经营者集中，根据个案具体情况和特点，综合考虑下列因素：（1）参与集中的经营者在相关市场的市场份额及其对市场的控制力；（2）相关市场的市场集中度；（3）经营者集中对市场进入、技术进步的影响；（4）经营者集中对消费者和其他有关经营者的影响；（5）经营者集中对国民经济发展的影响；（6）应当考虑的影响市场竞争的其他因素。

五、经营者集中附加限制性条件批准制度

（一）经营者集中附加限制性条件的概念

经营者集中附加限制性条件，也称经营者集中的救济措施，是指在经营者集中反垄断审查中，为了消除集中对竞争造成的不利影响，由参与集中的经营者向执法机构提出消除不利影响的解决办法，执法机构附条件批准该项集中的制度。《反垄断法》第三十五条规定，对不予禁止的经营者集中，国务院反垄断执法机构可以决定附加减少集中对竞争产生不利影响的限制性条件。

（二）限制性条件的分类

根据《经营者集中审查规定》，限制性条件包括如下几类：（1）剥离有形资产、知识产权、数据等无形资产或相关权益等结构性条件；（2）开放网络或平台等基础设施、许可关键技术（包括专利、专有技术或其他知识产权）、终止排他性协议或者独占性协议、保持独立运营、修改平台规则或者算法、承诺兼容或者不降低互操作性水平等行为性条件；（3）结构性条件和行为性条件相结合的综合性条件。剥离有形资产、知识产权等无形资产或相关权益，简称业务剥离，是指由参与集中的经营者将自己的部分业务出售给第三方经营者，以保持这部分业务的竞争性。

（三）限制性条件的确定

为减少集中具有或者可能具有的排除、限制竞争的效果，参与集中的经营者可以向市场监管总局提出附加限制性条件承诺方案。市场监管总局应当对承诺方案的有效性、可行性和及时性进行评估，并及时将评估结果通知申报人。市场监管总局认为承诺方案不足以减少集中对竞争的不利影响的，可以与参与集中的经营者就限制性条件进行磋商，要求其在合理期限内提出其他承诺方案。承诺方案存在不能实施的风险的，参与集中的经营者可以提出备选方案。备选方案应当在首选方案无法实施后生效，并且比首选方案的条件更为严格。

（四）限制性条件的履行监督、解除与变更

对于附加限制性条件批准的经营者集中，义务人应当严格履行审查决定规定的义务，并按规定向市场监管总局报告限制性条件履行情况。市场监管总局可以自行或者通过受托人对义务人履行限制性条件的行为进行监督检查。通过受托人监督检查的，市场监管总局应当在审查决定中予以明确。

审查决定应当规定附加限制性条件的期限。根据审查决定，限制性条件到期自动解除的，经市场监管总局核查，义务人未违反审查决定的，限制性条件自动解除。义务人存在违反审查决定情形的，市场监管总局可以适当延长附加限制性条件的期限，并及时向社会公布。根据审查决定，限制性条件到期后义务人需要申请解除的，义务人应当提交书面申请并说明理由。市场监管总局评估后决定解除限制性条件的，应当及时向社会公布。限制性条件为业务剥离的，经市场监管总局核查，义务人履行完成所有义务的，限制性条件自动解除。

审查决定生效期间，市场监管总局可以主动或者应义务人申请对限制性条件进行重新审查，变更或者解除限制性条件。市场监管总局决定变更或者解除限制性条件的，应当及时向

社会公布。市场监管总局变更或者解除限制性条件时，应当考虑下列因素：（1）集中交易方是否发生重大变化；（2）相关市场竞争状况是否发生实质性变化；（3）实施限制性条件是否无必要或者不可能；（4）应当考虑的其他因素。

六、对违法实施经营者集中的调查处理

我国的经营者集中反垄断控制制度，采取的是集中实施前经营者主动申报审查模式。依据这种模式，只要达到法律规定的申报标准的经营者集中，均应主动向执法机构申报，接受审查。实践中，一些经营者不顾《反垄断法》的相关规定，违法实施集中，应当承担相应的法律责任。违法实施经营者集中主要包括三种情形：一是经营者集中达到申报标准，相关经营者未申报径行实施集中；二是经营者集中申报后，相关经营者未经批准实施集中；三是违反经营者集中审查决定。根据《反垄断法》第五十八条的规定，"经营者违反本法规定实施集中，且具有或者可能具有排除、限制竞争效果的，由国务院反垄断执法机构责令停止实施集中、限期处分股份或者资产、限期转让营业以及采取其他必要措施恢复到集中前的状态，处上一年度销售额10%以下的罚款；不具有排除、限制竞争效果的，处500万元以下的罚款。"根据《经营者集中审查规定》的相关规定，反垄断执法机构要对被调查的违法集中交易是否具有或者可能具有排除、限制竞争效果进行评估，并据此决定是否给予"恢复到集中前的状态"的处罚。

第五节 滥用行政权力排除、限制竞争规制制度

与垄断协议、滥用市场支配地位禁止以及经营者集中审查制度不同，滥用行政权力排除、限制竞争规制制度指向的是以行政机关为主的公共管理主体，而非市场主体。政府对经营者的市场行为过度地直接干预，也会产生扭曲竞争的效果。因此，这类行为也是竞争法的重要规制对象。我国《反垄断法》设专章规定滥用行政权力排除、限制竞争行为规制制度，同时，国家市场监督管理总局发布的《制止滥用行政权力排除、限制竞争行为规定》对此制度作了细化。

一、滥用行政权力排除、限制竞争行为概述

（一）概念

滥用行政权力排除、限制竞争，即通常所谓"行政性垄断"，是指行政机关和法律、法规授权的具有管理公共事务职能的组织滥用行政权力，排除、限制竞争的行为。行政性垄断是我国体制转轨过程中备受诟病的一大社会现象，辟专章规定行政垄断规制制度是我国《反垄断法》的亮点和特色。

（二）成因

行政性垄断现象出现和长期存在的原因比较复杂。一是政府职能转变不到位。我国社会主义市场经济体制尚不完善，长期在计划经济体制下运行导致的政府包揽全局、权

力高度集中的惯性依然存在，政府还未能完全转变到现代市场经济条件下承担宏观调控、市场规制、公共服务、社会管理等有限职能的角色上来。政府有时甚至直接参与、推动和指挥具体的经济活动。这在客观上为行政性垄断提供了条件。二是利益驱动是直接动因。现有的财税体制使地方财政收入与本地经济发展和税收状况紧密相关；同时，公务员的工资福利也与本部门和单位的经济效益挂钩。因此，为保护和谋求地方利益、部门利益、系统利益甚至单位利益等目的而实施行政性垄断也就不足为怪了。三是观念原因。一些地方、部门负责人的全局意识、法律意识和市场意识不强，不能正确处理局部利益和整体利益、当前利益与长远利益的关系。四是制度原因。我国规范行政权力运行程序、运行方式的制度不够健全，行政权力的具体边界不十分清楚。

（三）危害

行政性垄断与一般的市场性垄断一样具有破坏市场秩序，损害市场绩效，减损消费者福利的效果。此外，它还助长腐败，毒化社会风气、破坏社会主义政治民主和制度文明。因此，应予以禁止。

二、《反垄断法》禁止的滥用行政权力排除、限制竞争行为

（一）行政强制交易

行政性垄断意义上的强制交易，是指行政机关和法律、法规授权的具有管理公共事务职能的组织滥用行政权力，限定或者变相限定单位或者个人经营、购买、使用其指定的经营者提供的商品的行为。《反垄断法》第三十九条对此种行为明确予以禁止。

行政机关和法律、法规授权的具有管理公共事务职能的组织强制交易的动机有两方面：一是为了地方经济利益，保护本地经营者，限制外地经营者；二是为了本部门、本单位的小团体利益，通过强制单位或个人与本部门或本单位有利益关系的经营者进行交易，从中获利，以充实本单位的"小金库"，有时还可能伴随着少数人的腐败行为。

从行政强制交易的实施方式来看，有的是直接、明确要求单位或者个人经营、购买或使用其指定的经营者提供的商品，但更多时候是通过变相手段实现强制交易的目的。根据《制止滥用行政权力排除、限制竞争行为规定》，行政强制交易的具体表现包括：（1）以明确要求、暗示、拒绝或者拖延行政审批、重复检查、不予接入平台或者网络等方式，限定或者变相限定经营、购买、使用特定经营者提供的商品；（2）通过限制投标人所在地、所有制形式、组织形式等方式，限定或者变相限定经营、购买、使用特定投标人提供的商品；（3）没有法律、法规依据，通过设置项目库、名录库等方式，限定或者变相限定经营、购买、使用特定经营者提供的商品；（4）限定或者变相限定单位或者个人经营、购买、使用其指定的经营者提供的商品的其他行为。

（二）利用合作协议实施垄断行为

行政机关为了实现行政管理的目的，有时需要与经营者合作而达成协议，这些协议中可能会制订有利于合作企业的条款，妨碍其他经营者参与竞争，损害其他市场主体的利益。根据《反垄断法》，行政机关和法律、法规授权的具有管理公共事务职能的组织不得滥用行政权力，通过与经营者签订合作协议、备忘录等方式，妨碍其他经营者进入相关市场或者对其他经营者实行不平等待遇，排除、限制竞争。

（三）地区封锁

地区封锁，是指行政机关和法律、法规授权的具有管理公共事务职能的组织滥用行政权力，限制外地商品进入本地市场，或者限制本地商品流向外地市场的行为。实践中，限制外地商品流入本地一般是为了通过限制外地商品的市场准入排除本地市场的竞争，以保护本地生产相同或类似商品企业的利益。限制本地商品流向外地则往往是针对某种紧缺型生产资料，目的也是保护本地企业，排挤外地企业。

根据《制止滥用行政权力排除、限制竞争行为规定》，地区封锁行为的具体表现包括：（1）对外地商品设定歧视性收费项目、实行歧视性收费标准，或者规定歧视性价格、实行歧视性补贴政策；（2）对外地商品规定与本地同类商品不同的技术要求、检验标准，或者对外地商品采取重复检验、重复认证等歧视性技术措施，阻碍、限制外地商品进入本地市场；（3）采取专门针对外地商品的行政许可，或者对外地商品实施行政许可时，设定不同的许可或者备案条件、程序、期限等，阻碍、限制外地商品进入本地市场；（4）设置关卡、通过软件或者互联网设置屏蔽等手段，阻碍、限制外地商品进入本地市场或者本地商品运出；（5）妨碍商品在地区之间自由流通的其他行为。

（四）排斥或限制经营者参加招标投标

排斥或限制经营者参加招标投标以及其他经营活动，意在减少本地招标投标以及其他经营活动中的竞争，保护本地企业的商业机会。此种行为的手段包括对外地投标者、供应商设定歧视性资质要求、评审标准或者不依法发布信息等。此种行为不仅违反《反垄断法》，而且违反《招标投标法》《政府采购法》等相关法律。根据《制止滥用行政权力排除、限制竞争行为规定》，此类行为的具体表现包括：（1）不依法发布招标投标等信息；（2）排除或者限制外地经营者参与本地特定的招标投标活动和其他经营活动；（3）设定歧视性的资质要求或者评审标准；（4）设定与实际需要不相适应或者与合同履行无关的资格、技术和商务条件，变相限制外地经营者参加本地招标投标、政府采购活动；（5）排斥或者限制外地经营者参加本地招标投标、政府采购活动的其他行为。

（五）排斥或者限制外地经营者在本地投资或者设立分支机构或者妨碍外地经营者在本地的正常经营活动

为了排除外地投资者和企业对本地投资者和企业的竞争压力，地方政府及其有关部门也可能会通过采取与本地经营者不平等待遇等方式，排斥或者限制外地经营者在本地投资或者设立分支机构或者妨碍外地经营者在本地的正常经营活动。《反垄断法》及相关行政规章均对此类行为予以禁止。根据《制止滥用行政权力排除、限制竞争行为规定》，此类行为的具体表现包括：（1）拒绝、强制或者变相强制外地经营者在本地投资或者设立分支机构；（2）对外地经营者在本地投资的规模、方式以及设立分支机构的地址、商业模式等进行限制或者提出不合理要求；（3）对外地经营者在本地的投资或者设立的分支机构在投资、经营规模、经营方式、税费缴纳等方面规定与本地经营者不同的要求，在安全生产、节能环保、质量标准、行政审批、备案等方面实行歧视性待遇；（4）排斥、限制、强制或者变相强制外地经营者在本地投资或者设立分支机构的其他行为。

（六）强制经营者从事垄断行为

强制经营者从事垄断行为，是指行政机关和法律、法规授权的具有管理公共事务职能的组织滥用行政权力，强制经营者达成、实施排除、限制竞争的垄断协议，或者强制具有市场支配地位的经营者从事滥用市场支配地位的行为，或者强制经营者实施违法经营者集中等。地方政府实施此种行为的动机可能是保护地方经济、挽救某地方企业等。

（七）抽象行政性垄断行为

《反垄断法》第四十五条规定："行政机关和法律、法规授权的具有管理公共事务职能的组织不得滥用行政权力，制定含有排除、限制竞争内容的规定。"这是对抽象行政性垄断行为的禁止规定。抽象行政性垄断行为，是指行政机关滥用行政权力，制定含有排除、限制竞争内容的规定的行为，其具体形式包括决定、公告、通告、通知、意见、会议纪要等。与具体行政行为只针对特定主体和特定事项不同，抽象行政行为则是行政机关针对不特定对象发布的能反复适用的行政规范性文件，具有一定的"普适性"。因此，抽象行政性垄断行为比具体行政性垄断行为的危害更大。

三、公平竞争审查制度

促进市场公平竞争是提高经济效率、增加消费者福利的根本保障。为保证公平竞争，必须清除阻碍公平竞争的不合理制度安排，形成公平竞争的体制环境。《反垄断法》第五条规定，国家建立健全公平竞争审查制度。行政机关和法律、法规授权的具有管理公共事务职能的组织在制定涉及市场主体经济活动的规定时，应当进行公平竞争审查。公平竞争审查制度的目标是规范政府有关行为，防止出台排除、限制竞争的政策措施，逐步清理废除妨碍全国统一市场和公平竞争的规定和做法。2016年6月，国务院公布《关于在市场体系建设中建立公平竞争审查制度的意见》，对公平竞争审查的对象、方式、标准，实施步骤和保障措施等作了框架性规定。2021年6月，市场监管总局等五部委联合发布《公平竞争审查制度实施细则》，对公平竞争审查制度进行了细化。2024年6月，《公平竞争审查条例》获得通过，并于2024年8月1日起施行。该条例是目前关于公平竞争审查制度的效力层级最高的立法，下一步，市场监管总局还将根据该条例制定公平竞争审查的具体实施办法。

（一）公平竞争审查制度的基本原则

（1）尊重市场，竞争优先。尊重市场经济规律，处理好政府与市场的关系，着力转变政府职能，最大限度减少对微观经济的干预，促进和保护市场主体公平竞争，保障市场配置资源的决定性作用得到充分发挥。

（2）立足全局，统筹兼顾。着力打破地区封锁和行业垄断，清除市场壁垒，促进商品和要素在全国范围内自由流动。统筹考虑维护国家利益和经济安全、促进区域协调发展、保持经济平稳健康运行等多重目标需要，稳妥推进制度实施。

（3）依法审查，强化监督。加强与现行法律体系和行政管理体制的衔接，提高公平竞争审查的权威和效能。建立健全公平竞争审查保障机制，把自我审查和外部监督结合起来，加强社会监督和执法监督，及时纠正滥用行政权力排除、限制竞争行为。

（二）公平竞争审查制度的适用范围

公平竞争审查制度的适用范围可以从行为和主体两个维度界定。在行为层面，公平竞争审查制度适用于涉及经营者经济活动的法律、行政法规、地方性法规、规章、规范性文件以及具体政策措施（统称政策措施）的起草活动；在主体方面，公平竞争审查制度适用于作为起草单位的行政机关和法律、法规授权的具有管理公共事务职能的组织。

（三）公平竞争审查制度的实施机制

1. 国务院公平竞争审查协调机制

国务院建立公平竞争审查协调机制，统筹、协调和指导全国公平竞争审查工作，研究解决公平竞争审查工作中的重大问题，评估全国公平竞争审查工作情况。

2. 地方人民政府公平竞争审查工作机制

县级以上地方人民政府建立健全公平竞争审查工作机制，保障公平竞争审查工作力量，并将公平竞争审查工作经费纳入本级政府预算。

3. 公平竞争审查的主管部门

国务院市场监督管理部门负责指导实施公平竞争审查制度，督促有关部门和地方开展公平竞争审查工作。县级以上地方人民政府市场监督管理部门负责在本行政区域组织实施公平竞争审查制度。

4. 公平竞争审查的保障机制

县级以上人民政府将公平竞争审查工作情况纳入法治政府建设、优化营商环境等考核评价内容。

（四）公平竞争审查标准

进行公平竞争审查时，从维护全国统一大市场和公平竞争的角度，按照以下标准进行审查：

1. 市场准入和退出标准

起草单位起草的政策措施，不得含有下列限制或者变相限制市场准入和退出的内容：（1）对市场准入负面清单以外的行业、领域、业务等违法设置审批程序；（2）违法设置或者授予特许经营权；（3）限定经营、购买或者使用特定经营者提供的商品或者服务（以下统称商品）；（4）设置不合理或者歧视性的准入、退出条件；（5）其他限制或者变相限制市场准入和退出的内容。

2. 商品和要素自由流动标准

起草单位起草的政策措施，不得含有下列限制商品、要素自由流动的内容：（1）限制外地或者进口商品、要素进入本地市场，或者阻碍本地经营者迁出，商品、要素输出；（2）排斥、限制、强制或者变相强制外地经营者在本地投资经营或者设立分支机构；（3）排斥、限制或者变相限制外地经营者参加本地政府采购、招标投标；（4）对外地或者进口商品、要素设置歧视性收费项目、收费标准、价格或者补贴；（5）在资质标准、监管执法等方面对外地经营者在本地投资经营设置歧视性要求；（6）其他限制商品、要素自由流动的内容。

3. 影响生产经营成本标准

起草单位起草的政策措施，没有法律、行政法规依据或者未经国务院批准，不得含有下列影响生产经营成本的内容：（1）给予特定经营者税收优惠；（2）给予特定经营者选择性、差异化的财政奖励或者补贴；（3）给予特定经营者要素获取、行政事业性收费、政府性基金、社会保险费等方面的优惠；（4）其他影响生产经营成本的内容。

4. 影响生产经营行为标准

起草单位起草的政策措施，不得含有下列影响生产经营行为的内容：（1）强制或者变相强制经营者实施垄断行为，或者为经营者实施垄断行为提供便利条件；（2）超越法定权限制定政府指导价、政府定价，为特定经营者提供优惠价格；（3）违法干预实行市场调节价的商品、要素的价格水平；（4）其他影响生产经营行为的内容。

5. 例外规定

起草单位起草的政策措施，具有或者可能具有排除、限制竞争效果，但符合下列情形之一，且没有对公平竞争影响更小的替代方案，并能够确定合理的实施期限或者终止条件的，可以出台：（1）为维护国家安全和发展利益的；（2）为促进科学技术进步、增强国家自主创新能力的；（3）为实现节约能源、保护环境、救灾救助等社会公共利益的；（4）法律、行政法规规定的其他情形。

（五）审查机制

1. 审查主体

总体而言，公平竞争审查由起草单位开展自我审查。按照政策措施拟出台或提请审议的主体的不同，又区分两种情况：（1）拟由部门出台的政策措施，由起草单位在起草阶段开展公平竞争审查。拟由多个部门联合出台的政策措施，由牵头起草单位在起草阶段开展公平竞争审查。（2）拟由县级以上人民政府出台或者提请本级人民代表大会及其常务委员会审议的政策措施，由本级人民政府市场监督管理部门会同起草单位在起草阶段开展公平竞争审查。起草单位应当开展初审，并将政策措施草案和初审意见送市场监督管理部门审查。此外，国家鼓励有条件的地区探索建立跨区域、跨部门的公平竞争审查工作机制。

2. 审查程序

开展公平竞争审查，应当听取有关经营者、行业协会商会等利害关系人关于公平竞争影响的意见。涉及社会公众利益的，应当听取社会公众意见。

3. 审查结论及其运用

开展公平竞争审查，应当按照本条例规定的审查标准，在评估对公平竞争影响后，作出审查结论。适用例外规定的，应当在审查结论中详细说明。政策措施未经公平竞争审查，或者经公平竞争审查认为违反本条例第八条至第十一条规定且不符合第十二条规定情形的，不得出台。

（六）监督保障机制

1. 抽查、举报处理与督查

市场监督管理部门建立健全公平竞争审查抽查机制，组织对有关政策措施开展抽查，经核查发现违反本条例规定的，应当督促起草单位进行整改。市场监督管理部门应当向本级人民政府报告抽查情况，抽查结果可以向社会公开。

对违反本条例规定的政策措施，任何单位和个人可以向市场监督管理部门举报。市场监督管理部门接到举报后，应当及时处理或者转送有关部门处理。市场监督管理部门应当向社会公开受理举报的电话、信箱或者电子邮件地址。

国务院定期对县级以上地方人民政府公平竞争审查工作机制建设情况、公平竞争审查工作开展情况、举报处理情况等开展督查。国务院市场监督管理部门负责具体实施。

2. 为依法开展公平竞争审查的法律责任

起草单位未依法开展公平竞争审查，经市场监督管理部门督促，逾期仍未整改的，上一级市场监督管理部门可以对其负责人进行约谈。未依照本条例规定开展公平竞争审查，造成严重不良影响的，对起草单位直接负责的主管人员和其他直接责任人员依法给予处分。

第十二章 涉外经济法律制度

　　涉外经济法律制度是调整涉外经济关系的法律规范的总称。涉外经济关系是指具有涉外因素的经济关系，是因国际经贸往来亦即货物（商品）、服务、资本和劳动力的跨境流动而形成的经济关系。涉外经济关系的一个突出特点在于，其必然涉及两个或两个以上国家（地区）的人（包括自然人、法人和其他实体）或物。因此，一国的涉外经济法律制度尽管仍属国内法，却必然需要较多地考虑其他国家（地区）的相关法律制度以及通行的国际规则。一国缔结或参加的双边和多边国际条约、协定，对于其涉外经济法律制度有着重要影响。例如，我国2001年加入世界贸易组织（以下简称世贸组织）后，世贸组织框架下的多边协定就深刻影响了我国的对外贸易法律制度。

　　涉外投资和对外贸易是涉外经济关系的主要内容，涉外投资法律制度和对外贸易法律制度也因此构成涉外经济法律制度的主体部分。按照资本流入、流出的方向不同，涉外投资习惯上又区分为外商投资和境外（海外）投资，从而形成外商投资法律制度和境外投资法律制度这两套各有特点而又相互联系的法律制度。进而言之，由于贸易和投资往往结合在一起，因此，涉外投资法和对外贸易法也联系密切。例如，外商投资企业为经营需要，通常会进口原材料和设备，其产品也往往大量出口，这些都受到对外贸易法律制度的调整。与此同时，无论是涉外投资还是对外贸易，都要受制于我国的外汇管理制度。其中，对外贸易主要涉及经常项目下的外汇管理，涉外投资则主要涉及资本项目下的外汇管理。因此，涉外投资法律制度、对外贸易法律制度和外汇管理制度有着不可分割的内在联系，共同构成涉外经济法律制度这个整体。

第一节　涉外投资法律制度

一、外商投资法律制度

（一）《外商投资法》的特色与创新

　　2019年3月15日，十三届全国人大二次会议表决通过《中华人民共和国外商投资法》（以下简称《外商投资法》），自2020年1月1日起施行；原《中华人民共和国中外合资经营企业法》《中华人民共和国中外合作经营企业法》《中华人民共和国外资企业法》（以下合称"外资三法"）同时废止。新的《外商投资法》分为6章，包括总则、投资促进、投资保护、投资管理、法律责任、附则，共42条，对新的外商投资法律制度作出了基本的、明确的规定。作为配套法律文件，国务院于2019年12月26日发布《中华人民共和国外商投资法实施条例》（以下简称《实施条例》），最高人民法院于2019年12月27日发布《关于适用〈中华人民共和国外商投资法〉若干问题的解释》，商务部、国家市场监督管理总局于2019年12月30日发布《外商投资信息报告办法》，均自2020年1月1日起施行。

相较于"外资三法"，《外商投资法》的特色与创新主要体现在四个方面，即，从企业组织法转型为投资行为法，更加强调对外商投资的促进和保护，全面落实内外资一视同仁的国民待遇原则，以及更加周延地覆盖外商投资实践。

1. 从企业组织法转型为投资行为法

"外资三法"出台时的历史背景和立法理念决定了其基本上是企业组织法，主要规制外商投资企业的组织形式和设立变更。这一方面导致"外资三法"的相关规定与后来制定的《公司法》《合伙企业法》等一般性企业组织法存在大量重复和局部冲突，例如《中外合资经营企业法》规定合营企业不设股东会，董事会为最高权力机构；另一方面则使得"外资三法"难以专注于处理与外商投资行为直接相关的特色性问题。

与此不同，新通过的《外商投资法》不再是一部企业组织法，而是一部投资行为法；不再是以企业组织为着眼点和依归，而是以投资行为为着眼点和依归。《外商投资法》第三十一条明确规定："外商投资企业的组织形式、组织机构，适用《中华人民共和国公司法》《中华人民共和国合伙企业法》等法律的规定。"换言之，《外商投资法》将外商投资所涉及的企业组织形式方面的内容，如企业设立、注册资本、组织机构、股权转让、变更终止等，交由上述法律制度去统一调整和规范，自身则集中于与外商投资行为直接相关的特色性内容，包括外资界定、外资准入、外资保护、外资审查等。这符合国际通行的立法模式。

进而言之，这一转变还意味着主管部门不再对外商投资企业进行有别于内资企业的概括式管理，而是以内外资企业相同对待为原则，外商投资企业在企业组织和运营方面同内资企业一样贯彻公司自治、企业自治，淡化行政审批色彩，在企业设立、股权转让、变更终止等方面赋予中外经营者更多契约自由和更大自主权。

与此同时，《外商投资法》设置了5年的过渡期，规定在其施行前依照"外资三法"设立的外商投资企业，在其施行后5年内可以继续保留原企业组织形式。这有助于保持制度的稳定性和连续性，保护投资者的合理预期。

2. 强调对外商投资的促进与保护

与"外资三法"侧重于管理不同，《外商投资法》更为强调对外商投资的促进与保护。该法第一条就开宗明义地指出："为了进一步扩大对外开放，积极促进外商投资，保护外商投资合法权益，规范外商投资管理，推动形成全面开放新格局，促进社会主义市场经济健康发展，根据宪法，制定本法。"不仅如此，《外商投资法》关于"投资促进"的第二章有11条，关于"投资保护"的第三章有8条，共计19条，加上第一章总则部分关于保护和促进投资的部分条款,在数量上远远超出关于"投资管理"的第四章(仅8条)。

此外,《外商投资法》的一些具体规定,也体现出较以往更强的保护力度和更高的保护水平。例如,第二十条规定:"国家对外国投资者的投资不实行征收。在特殊情况下,国家为了公共利益的需要,可以依照法律规定对外国投资者的投资实行征收或者征用。征收、征用应当依照法定程序进行,并及时给予公平、合理的补偿。"相比"外资三法"所规定的"给予相应的补偿",保护标准有了实质性提高。

再如,第十条规定在制定外商投资相关法律法规时应当征求外商投资企业的意见和建议,与外商投资有关的规范性文件和裁判文书应当依法及时公布;第十八条规定县级以上地方人民政府可以根据法律、行政法规、地方性法规的规定,在法定权限内制定外商投资促进和便利化政策措施;第二十二条强调保护外国投资者和外商投资企业的知识产权,禁止行政机关及其工作人员利用行政手段强制转让技术;第二十六条规定建立专门的外商投资企业投诉工作机制;第二十七条规定外国投资者、外商投资企业可以依法成立和自愿参加商会、协会等,都充分彰显了《外商投资法》促进和保护外商投资的力度和决心。

3. 全面落实国民待遇原则

在"外资三法"时代的大多数时期,外商投资和外国投资者所享有的国民待遇仅限于准入后,亦即获准进入中国市场投资以后。就市场准入本身而言,外国投资者并不享有国民待遇,而是同中国投资者区别对待的。换言之,仅仅因为"外国人"(包括自然人和法人)这一身份本身,其在中国投资就要经过专门的申请和审批程序,亦即所谓"外商投资审批"。从2013年起,我国在上海自贸试验区试行准入前国民待遇加负面清单的投资准入管理模式,即除负面清单上列明的禁止或限制外商投资的领域和门类外,自投资准入阶段起就给予外国投资者国民待遇。经过上海自贸试验区及其后设立的其他多个自贸试验区的探索和完善,2018年6月我国推出了全国版外商投资负面清单,将自贸试验区的成功经验正式推广到全国。

在此基础上,《外商投资法》以法律形式进一步加以确认。该法第四条明确规定:"国家对外商投资实行准入前国民待遇加负面清单管理制度。前款所称准入前国民待遇,是指在投资准入阶段给予外国投资者及其投资不低于本国投资者及其投资的待遇;所称负面清单,是指国家规定在特定领域对外商投资实施的准入特别管理措施。国家对负面清单之外的外商投资,给予国民待遇。"至此,我国正式实现了与国际通行的外商投资准入管理模式的接轨。

需要强调的是,所谓"准入前国民待遇",并不是说准入后就不享受国民待遇。恰恰相反,如上所述,我国对外商投资的国民待遇是从准入后向准入前(或者更准确地说,准入阶段)延展,这里所说的准入前国民待遇,实际上是包含准入阶段和准入后的运营阶段在内的整个投资阶段的国民待遇。上述"国家对负面清单之外的外商投资,给予国民待遇"的表述也说明了这一点。不仅如此,《外商投资法》还通过多个条款确保和强化准入后国民待遇,落实内外资一视同仁的基本原则。例如,第九条规定外商投资企业依法平等适用国家支持企业发展的各项政策;第十六条规定国家保障外商投资企业依法通过公平竞争参与政府采购活动，政府采购依法对外商投资企业在中国境内生产的产品平等对待；第三十条规定外国投资者在依法需要取得许可的行业、领域进行投资的，有关主管部门应当按照与内资一致的条件和程序，审核外国投资者的许可申请。

4. 更加周延地覆盖外商投资实践

"外资三法"仅涉及新设投资亦即设立外商投资企业这种外商投资形式，对于跨国并购未予规定，对于通过协议控制等方式进行的间接投资也未涉及。实践中，主要通过《关于外国投资者并购境内企业的规定》《外商投资企业设立及变更备案管理暂行办法》《最高人民法院关于审理外商投资企业纠纷案件若干问题的规定》等部门规章和司法解释的方式，对相关实践予以规范。此外，对于反垄断审查、国家安全审查等涉及外商投资行为的特色性问题，"外资三法"也未予涉及，从而不能在立法层面周延地覆盖外商投资实践。

《外商投资法》第二条规定："本法所称外商投资，是指外国的自然人、企业或者其他组织（以下称'外国投资者'）直接或者间接在中国境内进行的投资活动，包括下列情形：①外国投资者单独或者与其他投资者共同在中国境内设立外商投资企业；②外国投资者取得中国境内企业的股份、股权、财产份额或者其他类似权益；③外国投资者单独或者与其他投资者共同在中国境内投资新建项目；④法律、行政法规或者国务院规定的其他方式的投资。"这就将现在已有和将来可能的各种外商投资形式都涵盖在内，实现了立法的周延覆盖。

（二）关于外商投资的界定

根据《外商投资法》第二条的规定，外商投资是指外国投资者直接或者间接在中国境内进行的投资活动，包括以下四类具体情形：一是外国投资者单独或者与其他投资者共同在中国境内设立外商投资企业；二是外国投资者取得中国境内企业的股份、股权、财产份额或者其他类似权益；三是外国投资者单独或者与其他投资者共同在中国境内投资新建项目；四是法律、行政法规或者国务院规定的其他方式的投资。

此处所称在中国境内投资新建项目，是指外国投资者在中国境内对特定项目建设进行投资，但不设立外商投资企业，不取得中国境内企业的股份、股权、财产份额或者其他类似权益。例如，外国投资者以服务费、特许经营费或其他约定方式获取投资收益。《实施条例》进一步规定，上述"其他投资者"，包括中国的自然人在内。这意味着中国自然人也可以同外国自然人、企业或其他组织在中国境内设立外商投资企业或者投资新建项目。

尽管《外商投资法》和《实施条例》均未对"间接"一词作出界定，但根据对间接投资通常的几种理解，上述法律规定至少提供了将资本市场投资、协议控制模式投资、外商投资企业中国境内再投资等涵盖在内的可能性。同时，考虑到金融行业同其他行业和领域相比具有特殊性，《外商投资法》规定，对于外国投资者在中国境内投资银行、证券、保险等金融行业，或者在证券市场、外汇市场等金融市场进行投资，国家另有规定的，依照其规定。

此外，考虑到中国港澳台地区投资者以及定居国外的中国公民（即通常所说的华侨）投资的特殊性，《实施条例》专门规定：（1）香港特别行政区、澳门特别行政区投资者在内地投资，参照《外商投资法》和《实施条例》执行；法律、行政法规或者国务院另有规定的，从其规定。(2) 台湾地区投资者在大陆投资，适用《中华人民共和国台湾同胞投资保护法》及其实施细则的规定；台湾同胞投资保护法及其实施细则未规定的事项，参照《外商投资法》和《实施条例》执行。(3) 定居在国外的中国公民在中国境内投资，参照《外商投资法》和《实施条例》执行；法律、行政法规或者国务院另有规定的，从其规定。

（三）关于外商投资促进

为积极促进外商投资，《外商投资法》在总则中明确规定，国家坚持对外开放的基本国策，鼓励外国投资者依法在中国境内投资；国家实行高水平投资自由化便利化政策，建立和完善外商投资促进机制，营造稳定、透明、可预期和公平竞争的市场环境。《外商投资法》和《实施条例》为此作出了一系列具体规定。

1. 提高外商投资政策的透明度

政府及其有关部门制定的支持企业发展的政策应当依法公开；对政策实施中需要由企业申请办理的事项，政府及其有关部门应当公开申请办理的条件、流程、时限等，并在审核中依法平等对待外商投资企业和内资企业。制定与外商投资有关的行政法规、规章、规范性文件，或者政府及其有关部门起草与外商投资有关的法律、地方性法规，应当根据实际情况，采取书面征求意见以及召开座谈会、论证会、听证会等多种形式，听取外商投资企业和有关商会、协会等方面的意见和建议；对反映集中或者涉及外商投资企业重大权利义务问题的意见和建议，应当通过适当方式反馈采纳的情况。与外商投资有关的规范性文件应当依法及时公布，未经公布的不得作为行政管理依据。与外商投资企业生产经营活动密切相关的规范性文件，应当结合实际，合理确定公布到施行之间的时间。

2. 保障外商投资企业平等参与市场竞争

外商投资企业依法和内资企业平等参与国家标准、行业标准、地方标准和团体标准的制定、修订工作。外商投资企业可以根据需要自行制定或者与其他企业联合制定企业标准。外商投资企业可以向标准化行政主管部门和有关行政主管部门提出标准的立项建议，在标准立项、起草、技术审查以及标准实施信息反馈、评估等过程中提出意见和建议，并按照规定承担标准起草、技术审查的相关工作以及标准的外文翻译工作。标准化行政主管部门和有关行政主管部门应当建立健全相关工作机制，提高标准制定、修订的透明度，推进标准制定、修订全过程信息公开。国家制定的强制性标准对外商投资企业和内资企业平等适用，不得专门针对外商投资企业适用高于强制性标准的技术要求。

国家保障外商投资企业依法通过公平竞争参与政府采购活动，政府采购依法对外商投资企业在中国境内生产的产品和提供的服务平等对待。政府及其有关部门不得阻挠和限制外商投资企业自由进入本地区和本行业的政府采购市场。政府采购的采购人、采购代理机构不得在政府采购信息发布、供应商条件确定和资格审查、评标标准等方面，对外商投资企业实行差别待遇或者歧视待遇，不得以所有制形式、组织形式、股权结构、投资者国别、产品或者服务品牌以及其他不合理的条件对供应商予以限定，不得对外商投资企业在中国境内生产的产品、提供的服务和内资企业区别对待。外商投资企业可以依照《中华人民共和国政府采购法》及其实施条例的规定，就政府采购活动事项向采购人、采购代理机构提出询问、质疑，向政府采购监督管理部门投诉。采购人、采购代理机构、政府采购监督管理部门应当在规定的时限内作出答复或者处理决定。

外商投资企业可以依法在中国境内或者境外通过公开发行股票、公司债券等证券，以及公开或者非公开发行其他融资工具、借用外债等方式进行融资。

3. 加强外商投资服务

国家建立健全外商投资服务体系，为外国投资者和外商投资企业提供法律法规、政策措施、投资项目信息等方面的咨询和服务。各级人民政府应当按照政府主导、多方参与的原则，建立健全外商投资服务体系，不断提升外商投资服务能力和水平。政府及其有关部门应当通过政府网站、全国一体化在线政务服务平台集中列明有关外商投资的法律、法规、规章、规范性文件、政策措施和投资项目信息，并通过多种途径和方式加强宣传、解读，为外国投资者和外商投资企业提供咨询、指导等服务。

4. 依法依规鼓励和引导外商投资

国家根据需要，设立特殊经济区域，或者在部分地区实行外商投资试验性政策措施，促进外商投资，扩大对外开放。此处所称特殊经济区域，是指经国家批准设立、实行更大力度的对外开放政策措施的特定区域；国家在部分地区实行的外商投资试验性政策措施，经实践证明可行的，根据实际情况在其他地区或者全国范围内推广。

国家根据国民经济和社会发展需要，制定鼓励外商投资产业目录，列明鼓励和引导外国投资者投资的特定行业、领域、地区。鼓励外商投资产业目录由国务院投资主管部门会同国务院商务主管部门等有关部门拟订，报国务院批准后由国务院投资主管部门、商务主管部门发布。

外国投资者、外商投资企业可以依照法律、行政法规或者国务院的规定，享受财政、税收、金融、用地等方面的优惠待遇。外国投资者以其在中国境内的投资收益在中国境内扩大投资的，依法享受相应的优惠待遇。县级以上地方人民政府可以根据法律、行政法规、地方性法规的规定，在法定权限内制定费用减免、用地指标保障、公共服务提供等方面的外商投资促进和便利化政策措施。

（四）关于外商投资保护

为加强对外商投资合法权益的保护，《外商投资法》在总则中明确规定，国家依法保护外国投资者在中国境内的投资、收益和其他合法权益。《外商投资法》和《实施条例》为此作出了一系列具体规定。

1. 加强对外商投资企业的产权保护

国家对于外国投资者的投资原则上不实行征收；在特殊情况下、为了公共利益的需要，可以依照法律规定对外国投资者的投资实行征收或者征用，但应当依照法定程序、以非歧视性的方式进行，并按照被征收投资的市场价值及时给予补偿。外国投资者对征收决定不服的，可以依法申请行政复议或者提起行政诉讼。外国投资者在中国境内的出资、利润、资本收益、资产处置所得、取得的知识产权许可使用费、依法获得的补偿或者赔偿、清算所得等，可以依法以人民币或者外汇自由汇入、汇出，任何单位和个人不得违法对币种、数额以及汇入、汇出的频次等进行限制。外商投资企业的外籍职工和我国香港、澳门、台湾地区职工的工资收入和其他合法收入，可以依法自由汇出。

国家保护外国投资者和外商投资企业的知识产权，保护知识产权权利人和相关权利人的合法权益，鼓励在外商投资过程中基于自愿原则和商业规则开展技术合作，合作条件由投资各方遵循公平原则平等协商确定。行政机关（包括法律、法规授权的具有管理公共事务职能的组织）及其工作人员不得利用实施行政许可、行政检查、行政处罚、行政强制以及其他行政手段，强制或者变相强制外国投资者、外商投资企业转让技术。行政机关依法履行职责，确需外国投资者、外商投资企业提供涉及商业秘密的材料、信息的，应当限定在履行职责所必需的范围内，并严格控制知悉范围，与履行职责无关的人员不得接触有关材料、信息。行政机关应当建立健全内部管理制度，采取有效措施保护履行职责过程中知悉的外国投资者、外商投资企业的商业秘密；依法需要与其他行政机关共享信息的，应当对信息中含有的商业秘密进行保密处理，防止泄露。

2. 强化对制定涉及外商投资规范性文件的约束

各级人民政府及其有关部门制定涉及外商投资的规范性文件，应当符合法律法规的规定；没有法律、行政法规依据的，不得减损外商投资企业的合法权益或者增加其义务，不得设置市场准入和退出条件，不得干预外商投资企业的正常生产经营活动。涉及外商投资的规范性文件，应当按照国务院的规定进行合法性审核。外国投资者、外商投资企业认为行政行为所依据的国务院部门和地方人民政府及其部门制定的规范性文件不合法，在依法对行政行为申请行政复议或者提起行政诉讼时，可以一并请求对该规范性文件进行审查。

3. 促使地方政府守约践诺

地方各级人民政府及其有关部门应当履行向外国投资者、外商投资企业依法作出的政策承诺以及依法订立的各类合同，不得以行政区划调整、政府换届、机构或者职能调整以及相关责任人更替等为由违约毁约；因国家利益、社会公共利益需要改变政策承诺、合同约定的，应当依照法定权限和程序进行，并依法对外国投资者、外商投资企业因此受到的损失及时予以公平、合理的补偿。此处所称政策承诺，是指地方各级人民政府及其有关部门在法定权限内，就外国投资者、外商投资企业在本地区投资所适用的支持政策、享受的优惠待遇和便利条件等作出的书面承诺。

4. 建立健全外商投资企业投诉工作机制

国家建立外商投资企业投诉工作机制，协调完善外商投资企业投诉工作中的重大政策措施，及时处理外商投资企业或者其投资者反映的问题。

县级以上人民政府及其有关部门应当按照公开透明、高效便利的原则，建立健全外商投资企业投诉工作机制，及时处理外商投资企业或者其投资者反映的问题，协调完善相关政策措施。国务院商务主管部门会同国务院有关部门建立外商投资企业投诉工作部际联席会议制度，协调、推动中央层面的外商投资企业投诉工作，对地方的外商投资企业投诉工作进行指导和监督。县级以上地方人民政府应当指定部门或者机构负责受理本地区外商投资企业或者其投资者的投诉。

外商投资企业或者其投资者认为行政机关及其工作人员的行政行为侵犯其合法权益，通过外商投资企业投诉工作机制申请协调解决的，有关方面进行协调时可以向被申请的行政机关及其工作人员了解情况，被申请的行政机关及其工作人员应当予以配合。协调结果应当以书面形式及时告知申请人。外商投资企业或者其投资者依照前款规定申请协调解决有关问题的，不影响其依法申请行政复议、提起行政诉讼。对外商投资企业或者其投资者通过外商投资企业投诉工作机制反映或者申请协调解决问题，任何单位和个人不得压制或者打击报复。除外商投资企业投诉工作机制外，外商投资企业或者其投资者还可以通过其他合法途径向政府及其有关部门反映问题。

此外，《外商投资法》和《实施条例》还规定，外商投资企业可以依法成立商会、协会，除法律、法规另有规定外，外商投资企业有权自主决定参加或者退出商会、协会，任何单位和个人不得干预；商会、协会应当依照法律法规和章程的规定，加强行业自律，及时反映行业诉求，为会员提供信息咨询、宣传培训、市场拓展、经贸交流、权益保护、纠纷处理等方面的服务；国家支持商会、协会依照法律法规和章程的规定开展相关活动。

（五）关于外商投资管理

1. 准入前国民待遇加负面清单管理制度

我国长期以来对外商投资的市场准入实行审批制，即外国投资者在我国境内投资设立企业必须经国家或地方商务主管部门事先批准，获得批准后才能办理工商登记，领取营业执照；外商投资企业的合并、分立等重要事项变更以及延长经营期限，也需要审批机关批准。

2013年，上海自贸试验区率先试行准入前国民待遇加负面清单的新型投资准入管理模式，即以清单形式明确列出需要对外商投资采取审批等特别管理措施的投资领域和投资项目，对于清单（特别管理措施目录）之外的投资领域和投资项目则对外国投资者和本国投资者一体对待，不再仅因前者的"外国"身份而对其进行专门审批。上海自贸试验区三年试点期间，积累了大量可复制可推广的经验，我国也增设若干新的自贸试验区。在此基础上，全国人大常委会于2016年9月3日通过《关于修改〈中华人民共和国外资企业法〉等四部法律的决定》，对《外资企业法》《中外合资经营企业法》《中外合作经营企业法》《台湾同胞投资保护法》等四部法律进行修改，规定举办外商投资企业不涉及国家规定实施准入特别管理措施的，对上述法律中规定的相关审批事项适用备案管理，从而将准入前国民待遇加负面清单管理模式正式推广到全国。

《外商投资法》明确规定，国家对外商投资实行准入前国民待遇加负面清单管理制度。所谓准入前国民待遇，是指在投资准入阶段给予外国投资者及其投资不低于本国投资者及其投资的待遇；所谓负面清单，是指国家规定在特定领域对外商投资实施的准入特别管理措施。国家对负面清单之外的外商投资，给予国民待遇；中华人民共和国缔结或者参加的国际条约、协定对外国投资者准入待遇有更优惠规定的，可以按照相关规定执行。换言之，除非国家另有规定并明确列举于负面清单之上，或者相关国际条约、协定对于外国投资者待遇有更优惠的规定，内外资在投资待遇和准入管理方面一视同仁、一体对待。《实施条例》进一步规定，负面清单由国务院投资主管部门会同国务院商务主管部门等有关部门提出，报国务院发布或者报国务院批准后由国务院投资主管部门、商务主管部门发布。

负面清单规定禁止投资的领域，外国投资者不得投资。负面清单规定限制投资的领域，外国投资者进行投资应当符合负面清单规定的股权要求、高级管理人员要求等限制性准入特别管理措施。有关主管部门在依法履行职责过程中，对外国投资者拟投资负面清单内领域，但不符合负面清单规定的，不予办理许可、企业登记注册等相关事项；涉及固定资产投资项目核准的，不予办理相关核准事项；投资有股权要求的领域，不得设立外商投资合伙企业。

2024年9月，国家发展改革委和商务部联合发布《外商投资准入特别管理措施（负面清单）（2024年版）》，自2024年11月1日施行。该版清单按照农、林、牧、渔业，采矿业，电力、热力、燃气及水生产和供应业，批发和零售业，交通运输、仓储和邮政业，信息传输、软件和信息技术服务业，租赁和商务服务业，科学研究和技术服务业，教育，卫生和社会工作，以及文化、体育和娱乐业等11个大类，规定了29条特别管理措施，数量相较以往进一步缩减（2018年版负面清单的特别管理措施为48条，2019年版、2020年版、2021年版分别缩减至40条、33条、31条），实现了制造业领域外资准入限制措施的"清零"。清单同时规定，《内地与香港关于建立更紧密经贸关系的安排》及其后续协议，《内地与澳门关于建立更紧密经贸关系的安排》及其后续协议，《海峡两岸经济合作框架协议》及其后续协议，我国缔结或者参加的国际条约、协定对境外投资者准入待遇有更优惠规定的，可以按照相关规定执行。在自贸试验区等特殊经济区域对符合条件的投资者实施更优惠开放措施的，按照相关规定执行。

此外，《外商投资法》相关条款还对外商投资管理作出了一些指引性、衔接性的规定，以便与投资经营领域的现有制度框架配套和衔接。

(1) 明确按照内外资一致的原则对外商投资实施监督管理。

外商投资企业的登记注册，由国务院市场监督管理部门或者其授权的地方人民政府市场监督管理部门依法办理，注册资本可以用人民币或者可自由兑换的外币表示。外商投资需要办理投资项目核准、备案的，按照国家有关规定执行。外国投资者在依法需要取得许可的行业、领域进行投资的，除法律、行政法规另有规定外，负责实施许可的有关主管部门应当按照与内资一致的条件和程序，审核外国投资者的许可申请，不得在许可条件、申请材料、审核环节、审核时限等方面对外国投资者设置歧视性要求。

外商投资企业的组织形式、组织机构适用公司法、合伙企业法等法律的规定。外商投资企业开展生产经营活动，应当依照有关法律、行政法规和国家有关规定办理税收、会计、外汇等事宜，并接受有关主管部门依法实施的监督检查。外国投资者并购中国境内企业或者以其他方式参与经营者集中的，应当依照反垄断法的规定接受经营者集中审查。

(2) 建立健全外商投资信息报告制度。

外国投资者或者外商投资企业应当通过企业登记系统以及国家企业信用信息公示系统向商务主管部门报送投资信息，所报送的投资信息应当真实、准确、完整。商务部负责统筹和指导全国范围内外商投资信息报告工作。县级以上地方人民政府商务主管部门以及自贸试验区、国家级经济技术开发区的相关机构负责本区域内外商投资信息报告工作。国家市场监督管理总局统筹指导全国企业登记系统、国家企业信用信息公示系统建设，保障外商投资信息报告制度的实施。商务部建立外商投资信息报告系统，及时接收、处理市场监管部门推送的投资信息以及部门共享信息等。

外国投资者或者外商投资企业应当通过提交初始报告、变更报告、注销报告、年度报告等方式报送投资信息。相关投资信息根据《企业信息公示暂行条例》应当向社会公示，或者外国投资者、外商投资企业同意公示的，通过国家企业信用信息公示系统及外商投资信息报告系统向社会公示。

2. 外商投资安全审查制度

《外商投资法》明确规定，国家建立外商投资安全审查制度，对影响或者可能影响国家安全的外商投资进行安全审查，依法作出的安全审查决定为最终决定。

一般而言，外商投资安全审查是指以涉及"国家安全"为理由，由专门的机构和机制对归入审查范围的特定外商投资行为进行全面审查，以评估该投资行为对东道国国家安全产生的风险和影响，从而作出决策并进行风险干预管控的专门制度。该制度由美国于20世纪70年代创设，后经不断修正完善而日益成熟。由于在平衡经济利益与国家安全中发挥着重要作用，该制度逐渐为各国政府所认可和仿效。

我国现行外资安全审查制度的原型是商务部等部委搭建的外资并购国家经济安全审查制度，基本依据是2006年《关于外国投资者并购境内企业的规定》（以下简称10号令）。对外资并购境内企业的国家安全审查本质上是一种市场准入制度，是行政许可的一种，而根据《行政许可法》，部门规章不能设定行政许可。因此，严格说来，10号令所搭建的国家经济安全审查制度，在合法性上存在一定瑕疵。2008年出台的《反垄断法》明确规定，外资并购境内企业涉及国家安全的，应当按照国家有关规定进行国家安全审查，从而弥补了上述可能的合法性缺陷。

2011年2月，国务院办公厅发布《关于建立外国投资者并购境内企业安全审查制度的通知》（以下简称《通知》），进一步完善了外资并购领域的国家安全审查制度。根据《通知》，国家安全审查的内容为：并购交易对国防安全，包括对国防需要的国内产品生产能力、国内服务提供能力和有关设备设施的影响；并购交易对国家经济稳定运行的影响；并购交易对社会基本生活秩序的影响；并购交易对涉及国家安全关键技术研发能力的影响。在审查机制方面，《通知》规定采取部际联席会议形式，由国家发展改革委和商务部"双牵头"，会同相关部门共同进行审查；在决策机制上采取协商一致的方式，重大分歧报国务院决定。

2011年8月，商务部公布了《商务部实施外国投资者并购境内企业安全审查制度的规定》，对《通知》的相关内容作了进一步明确和细化。2014年5月，国家发展改革委发布了《外商投资项目核准和备案管理办法》，将国家安全审查纳入外商投资项目管理体系，实现相关管理制度有机结合。与《通知》仅适用于并购投资不同，该管理办法适用于"中外合资、中外合作、外商独资、外商投资合伙、外商并购境内企业、外商投资企业增资及再投资项目等各类外商投资项目"（第二条），既包括并购投资，也包括新设投资。管理办法第七条明确规定"外商投资涉及国家安全的，应当按照国家有关规定进行安全审查"，从而将国家安全审查与外商新设投资联系起来。

2015年4月8日，经国务院同意，国务院办公厅印发《自由贸易试验区外商投资国家安全审查试行办法》，在自贸试验区的范围内，将国家安全审查的范围扩展为全面覆盖外商投资领域。2020年12月19日,国家发展改革委和商务部联合公布《外商投资安全审查办法》(以下简称《安审办法》),自2021年1月18日起施行。

《安审办法》规定,对影响或者可能影响国家安全的外商投资进行安全审查。国家建立外商投资安全审查工作机制(以下简称工作机制),负责组织、协调、指导外资安审工作。工作机制办公室设在国家发展改革委,由国家发展改革委、商务部牵头,承担外资安审日常工作。

下列范围内的外商投资,外国投资者或者境内相关当事人(以下统称当事人)应当在实施投资前主动向工作机制办公室申报:

(1)投资军工、军工配套等关系国防安全的领域,以及在军事设施和军工设施周边地域投资;

(2)投资关系国家安全的重要农产品、重要能源和资源、重大装备制造、重要基础设施、重要运输服务、重要文化产品与服务、重要信息技术和互联网产品与服务、重要金融服务、关键技术以及其他重要领域,并取得所投资企业的实际控制权。此处所称"实际控制权"包括:①外国投资者持有所投资企业50%以上股权;②外国投资者持有所投资企业股权不足50%,但所享有的表决权能够对董事会、股东会或者股东大会的决议产生重大影响;③其他导致外国投资者能够对所投资企业的经营决策、人事、财务、技术等产生重大影响的情形。

对于上述申报范围内的外商投资,工作机制办公室有权要求当事人申报。有关机关、企业、社会团体、社会公众等认为外商投资影响或者可能影响国家安全的,可以向工作机制办公室提出进行安全审查的建议。

外资安全审查分为一般审查和特别审查。工作机制办公室决定对申报的外商投资进行安全审查的,应当自决定之日起30个工作日内完成一般审查。审查期间,当事人不得实施投资。经一般审查,认为申报的外商投资不影响国家安全的,应当作出通过安全审查的决定;认为影响或者可能影响国家安全的,应当作出启动特别审查的决定。决定应当书面通知当事人。

工作机制办公室决定对申报的外商投资启动特别审查的,审查后应当按照下列规定作出决定,并书面通知当事人:(1)认为不影响国家安全的,作出通过安全审查的决定。(2)认为影响国家安全的,作出禁止投资的决定;通过附加条件能够消除对国家安全的影响,且当事人书面承诺接受附加条件的,可以作出附条件通过安全审查的决定,并在决定中列明附加条件。特别审查应当自启动之日起60个工作日内完成;特殊情况下可以延长审查期限,但应书面通知当事人。审查期间,当事人不得实施投资。

工作机制办公室作出通过安全审查决定的,当事人可以实施投资。作出禁止投资决定的,当事人不得实施投资;已经实施的,应当限期处分股权或者资产以及采取其他必要措施,恢复到投资实施前的状态,消除对国家安全的影响。作出附条件通过安全审查决定的,当事人应当按照附加条件实施投资;工作机制办公室可以采取要求提供有关证明材料、现场检查等方式,对附加条件的实施情况进行核实。

工作机制办公室对申报的外商投资作出不需要进行安全审查或者通过安全审查的决定后,当事人变更投资方案,影响或者可能影响国家安全的,应当依照《安审办法》的规定重新向工作机制办公室申报。对申报范围内的外商投资，当事人未依照《安审办法》的规定申报即实施投资的，由工作机制办公室责令限期申报；拒不申报的，责令限期处分股权或者资产以及采取其他必要措施，恢复到投资实施前的状态，消除对国家安全的影响。外国投资者通过证券交易所或者国务院批准的其他证券交易场所购买境内企业股票，影响或者可能影响国家安全的，其适用《安审办法》的具体办法由国务院证券监督管理机构会同工作机制办公室制定。香港特别行政区、澳门特别行政区、台湾地区投资者进行投资，影响或者可能影响国家安全的，参照《安审办法》的规定执行。

3. 外商投资合同效力的认定

在既往外商投资审批制下，相关审批机关的审批、登记行为是投资合同的生效要件。而在准入前国民待遇加负面清单管理模式下，原则上外商投资无须再经审批，投资合同的效力应当贯彻当事人意思自治原则；只有负面清单列明采取特别管理措施的投资领域和项目，才继续涉及审批行为对投资合同效力的影响问题。

为妥当适用《外商投资法》、更好落实负面清单制度，最高人民法院《关于适用〈中华人民共和国外商投资法〉若干问题的解释》区分负面清单所列投资领域与负面清单之外投资领域两种情形，对于相关投资合同的效力认定问题作出了具体规定。

首先，对于外商投资准入负面清单之外的领域形成的投资合同，当事人以合同未经有关行政主管部门批准、登记为由主张合同无效或者未生效的，人民法院不予支持。投资合同签订于《外商投资法》施行前，但人民法院在《外商投资法》施行时尚未作出生效裁判的，也依据上述规则认定合同的效力。

其次，外国投资者投资外商投资准入负面清单规定禁止投资的领域，当事人主张投资合同无效的，人民法院应予支持。这本质上属于合同因违反法律、行政法规的强制性规定而无效的情形。

最后，外国投资者投资外商投资准入负面清单规定限制投资的领域，当事人以违反限制性准入特别管理措施为由，主张投资合同无效的，人民法院应予支持。但是，在人民法院作出生效裁判前，当事人采取必要措施满足准入特别管理措施的要求，并据此主张所涉投资合同有效的，人民法院应予支持。此外，在生效裁判作出前，因外商投资准入负面清单调整，外国投资者投资不再属于禁止或者限制投资的领域，当事人主张投资合同有效的，人民法院应予支持。概言之，《关于适用〈中华人民共和国外商投资法〉若干问题的解释》既允许当事人采取措施补正投资合同的效力瑕疵，又允许人民法院在审理过程中根据负面清单的实际调整对于投资合同的效力予以动态认定，体现了尽可能认定相关投资合同有效、平等保护中外投资者合法权益的基本宗旨和立场。

根据《关于适用〈中华人民共和国外商投资法〉若干问题的解释》，这里所称的"投资合同"是指外国投资者即外国的自然人、企业或者其他组织因直接或者间接在中国境内进行投资而形成的相关协议，包括设立外商投资企业合同、股份转让合同、股权转让合同、财产份额或者其他类似权益转让合同、新建项目合同等协议。外国投资者因赠与、财产分割、企业合并、企业分立等方式取得相应权益所产生的合同纠纷，也适用上述规定。

（六）关于过渡问题的处理

鉴于在"外资三法"存续期间，有大量外商投资企业依据"外资三法"设立，在新法实施后，有必要给这些企业一个适应、调整的过渡时期。为此，《外商投资法》和《实施条例》规定，《外商投资法》施行前依照"外资三法"设立的外商投资企业，在《外商投资法》施行后5年内，可以依照《中华人民共和国公司法》《中华人民共和国合伙企业法》等法律的规定调整其组织形式、组织机构等，并依法办理变更登记，也可以继续保留原企业组织形式、组织机构等。自2025年1月1日起，对未依法调整组织形式、组织机构等并办理变更登记的现有外商投资企业，市场监督管理部门不予办理其申请的其他登记事项，并将相关情形予以公示。现有外商投资企业的组织形式、组织机构等依法调整后，原合营、合作各方在合同中约定的股权或者权益转让办法、收益分配办法、剩余财产分配办法等，可以继续按照约定办理。此外，《外商投资法》和《实施条例》规定，自其施行之日（2020年1月1日）起，原"外资三法"及其实施条例、细则同时废止。但除国务院制定的实施条例、细则外，在外商投资领域还存在大量部门规章、地方性法规、地方性规章、司法解释等规范性文件，既不宜一体废止，又难以在短时间内一一筛选甄别。为此，《实施条例》规定，2020年1月1日前制定的有关外商投资的规定与《外商投资法》和《实施条例》不一致的，以《外商投资法》和《实施条例》的规定为准，从而创造性地解决了这一难题。

二、境外投资法律制度

（一）境外投资概述

所谓境外投资，是指中华人民共和国境内投资主体直接或通过其控制的境外主体，以投入资产、权益或提供融资、担保等方式，获得境外所有权、控制权、经营管理权及其他相关权益的投资活动。这里所称的投资活动，包括但不限于下列情形：（1）获得境外土地所有权、使用权等权益；（2）获得境外自然资源勘探、开发特许权等权益；（3）获得境外基础设施所有权、经营管理权等权益；（4）获得境外企业或资产所有权、经营管理权等权益；（5）新建或改扩建境外固定资产；（6）新建境外企业或向既有境外企业增加投资；（7）新设或参股境外股权投资基金；（8）通过协议、信托等方式控制境外企业或资产。境外投资与外商投资从性质上说均属国际直接投资，区别仅在于资金的流向：在外商投资中，中国是资金输入国，是投资者的东道国；在境外投资中，中国是资金输出国，是投资者的母国。

中国境内投资者在境外投资，需要遵守投资所在国即东道国的法律和政策，以及中国与有关东道国签订的双边投资保护协定和双方共同缔结或参加的多边条约中的相关规定。与此同时，作为投资者的母国，中国国内法中的相关规定当然也要予以适用。从法律层级看，目前我国还没有专门调整境外投资行为的法律或行政法规，所依据的法律规范主要是国家发展改革委、商务部、国资委、人民银行、国家外汇管理局等部委发布的部门规章。

（二）境外投资核准备案制度

1. 商务部门的核准和备案

根据商务部2014年9月6日发布、2014年10月6日起施行的《境外投资管理办法》，商务部和省级商务主管部门按照企业境外投资的不同情形，分别实行备案和核准管理。企业境外投资涉及敏感国家和地区、敏感行业的，实行核准管理；企业其他情形的境外投资，实行备案管理。其中，实行核准管理的国家是指与中华人民共和国未建交的国家、受联合国制裁的国家，必要时商务部可另行公布其他实行核准管理的国家和地区的名单；实行核准管理的行业是指涉及出口中华人民共和国限制出口的产品和技术的行业、影响一国（地区）以上利益的行业。企业境外投资不得有以下情形：（1）危害我国国家主权、安全和社会公共利益，或违反我国法律法规；（2）损害我国与有关国家（地区）关系；（3）违反我国缔结或者参加的国际条约、协定；（4）出口我国禁止出口的产品和技术。

对属于备案情形的境外投资，中央企业报商务部备案，地方企业报所在地省级商务主管部门备案；对属于核准情形的境外投资，中央企业向商务部提出申请，地方企业通过所在地省级商务主管部门向商务部提出申请。两个以上企业共同开展境外投资的，应当由相对大股东在征求其他投资方书面同意后办理备案或申请核准；如果各方持股比例相等，应当协商后由一方办理备案或申请核准；如投资方不属同一行政区域，负责办理备案或核准的商务部或省级商务主管部门应当将备案或核准结果告知其他投资方所在地商务主管部门。核准境外投资应当征求中国驻外使领馆意见，涉及中央企业的，由商务部征求意见；涉及地方企业的，由省级商务主管部门征求意见。

2. 发展改革部门的核准和备案

根据国家发展改革委2017年12月26日发布、2018年3月1日起施行的《企业境外投资管理办法》，国家发展改革委和省级政府发展改革部门根据不同情况，对境外投资项目分别实行相应的核准或备案管理。

实行核准管理的范围是投资主体直接或通过其控制的境外企业开展的敏感类项目，核准机关是国家发展改革委。

所谓敏感类项目，是指涉及敏感国家和地区的项目，以及涉及敏感行业的项目。其中，敏感国家和地区包括：（1）与我国未建交的国家和地区；（2）发生战争、内乱的国家和地区；（3）根据我国缔结或参加的国际条约、协定等，需要限制企业对其投资的国家和地区；（4）其他敏感国家和地区。敏感行业包括：（1）武器装备的研制生产维修；（2）跨境水资源开发利用；（3）新闻传媒；（4）根据我国法律法规和有关调控政策，需要限制企业境外投资的行业。敏感行业目录由国家发展改革委发布。

实行备案管理的范围是投资主体直接开展的非敏感类项目，亦即不涉及敏感国家和地区且不涉及敏感行业的项目。

实行备案管理的项目中，投资主体是中央管理企业（含中央管理金融企业、国务院或国务院所属机构直接管理的企业）的，备案机关是国家发展改革委；投资主体是地方企业且中方投资额3亿美元及以上的，备案机关是国家发展改革委；投资主体是地方企业且中方投资额3亿美元以下的，备案机关是投资主体注册地的省级政府发展改革部门。此处所称中方投资额，是指投资主体直接以及通过其控制的境外企业为项目投入的货币、证券、实物、技术、知识产权、股权、债权等资产、权益以及提供融资、担保的总额；所称省级政府发展改革部门，包括各省、自治区、直辖市及计划单列市人民政府发展改革部门和新疆生产建设兵团发展改革部门。

投资主体可以向核准、备案机关咨询拟开展的项目是否属于核准、备案范围，核准、备案机关应当及时予以告知。两个以上投资主体共同开展的项目，应当由投资额较大一方在征求其他投资方书面同意后提出核准、备案申请。如各方投资额相等，应当协商一致后由其中一方提出核准、备案申请。

投资主体通过其控制的境外企业开展大额非敏感类项目（中方投资额3亿美元及以上）的，投资主体应当在项目实施前通过网络系统提交大额非敏感类项目情况报告表，将有关信息告知国家发展改革委。境外投资过程中发生外派人员重大伤亡、境外资产重大损失、损害我国与有关国家外交关系等重大不利情况的，投资主体应当在有关情况发生之日起5个工作日内通过网络系统提交重大不利情况报告表。属于核准、备案管理范围的项目，投资主体应当在项目完成之日起20个工作日内通过网络系统提交项目完成情况报告表。项目完成情况报告表格式文本由国家发展改革委发布；此处所称项目完成，是指项目所属的建设工程竣工、投资标的股权或资产交割、中方投资额支出完毕等情形。

第二节 对外贸易法律制度

一、对外贸易法律制度概述

中国对外贸易是国际贸易的组成部分，是指中国同其他国家或地区之间发生的贸易活动，包括货物进出口贸易、技术进出口贸易和国际服务贸易。

《中华人民共和国对外贸易法》（以下简称《对外贸易法》）是我国调整对外贸易的基本法律依据。为发展对外贸易，维护对外贸易秩序，促进社会主义市场经济的健康发展，我国于1994年制定了《对外贸易法》。2001年，我国加入世贸组织，世贸组织诸协定以及《中华人民共和国加入世界贸易组织议定书》（以下简称《中国加入议定书》）和《中国加入世界贸易组织工作组报告》（以下简称《工作组报告》）成为对中国具有约束力的法律文件。为适应对外贸易形势的发展，特别是履行中国"入世"承诺，我国于2004年对《对外贸易法》进行了全面修订。新法在立法目的中增加了"扩大对外开放"和"保护对外贸易经营者的合法权益"这两条，一方面，表明我国加入世贸组织后将以更加开放的心态来面对世界；另一方面，强调《对外贸易法》不仅是管理性质的法律，也是保护和服务性质的法律，体现出鲜明的时代特征。

除《对外贸易法》外，《中华人民共和国货物进出口管理条例》、《中华人民共和国技术进出口管理条例》（以下简称《技术进出口条例》）、《中华人民共和国反倾销条例》（以下简称《反倾销条例》）、《中华人民共和国反补贴条例》（以下简称《反补贴条例》）和《中华人民共和国保障措施条例》（以下简称《保障措施条例》）等行政法规，以及商务部等政府主管部门颁行的管理对外贸易的相关规章，也构成对外贸易法律制度的重要内容。

二、《对外贸易法》的适用范围和原则

(一)《对外贸易法》的适用范围

《对外贸易法》规定,该法适用于对外贸易以及与对外贸易有关的知识产权保护。换言之,从对象上看,我国对外贸易法律制度适用于货物进出口、技术进出口、国际服务贸易以及与此相关的知识产权保护。

从地域范围看,我国《对外贸易法》仅适用于中国内地,不适用于香港特别行政区、澳门特别行政区和台湾地区。《对外贸易法》规定,中华人民共和国的单独关税区不适用该法。"单独关税区"是世贸组织的专有名词,是指在对外经济贸易方面有自主权而在政治外交方面无自主权的地方政府所颁布的海关法规得以全面实施的区域。在单独关税区内,进出口关税征收等措施均依照该地方政府颁布的海关法规办理。单独关税区同主权国家一样,是世贸组织的独立成员。我国香港特别行政区、澳门特别行政区和台湾地区已经分别以"中国香港""中国澳门"和"台湾、澎湖、金门、马祖单独关税区"(以下简称中国台北)名义加入世贸组织,成为我国的单独关税区。因此,我国《对外贸易法》不适用于港澳台地区同其他国家或地区之间的贸易活动。

(二)《对外贸易法》的原则

1. 统一管理原则

我国实行统一的对外贸易制度。国务院对外贸易主管部门,亦即商务部,依照《对外贸易法》的规定主管全国对外贸易工作。在商务部主管之下,其他有关政府部门也根据分工,在不同程度上参与对外贸易管理。例如,商务部会同国务院其他有关部门,制定限制或者禁止出口的货物、技术目录,经国务院批准还可临时决定限制或者禁止货物进出口的种类和期限;商务部会同国务院其他有关部门,对限制进出口的货物或技术实行配额或许可证管理;依据其他法律、行政法规的禁止或限制性规定,国务院有关部门(如公安部、海关总署)对文物、野生动植物及其产品的进出口进行管理;相关行业主管部门依据行业管理方面的法律、行政法规的规定,参与本行业对外贸易活动的管理和监督等。

2. 公平自由原则

《对外贸易法》规定,我国鼓励发展对外贸易,维护公平、自由的对外贸易秩序。这表明,我国在对外贸易中坚持自由贸易与公平贸易并重的原则,既崇尚自由贸易,致力于减少乃至消除关税和非关税贸易壁垒;又主张公平贸易,反对和打击倾销、补贴等不公平贸易行为。

3. 平等互利原则

我国根据平等互利的原则,促进和发展同其他国家和地区的贸易关系,缔结或者加入关税同盟协定、自由贸易区协定等区域贸易协定,参加区域经济组织。

4. 区域合作原则

我国通过签订区域贸易协定、参加区域经济组织等方式,积极参与区域经济合作,推进区域经济一体化。区域经济一体化是与经济全球化并存的现象和趋势,自由贸易区和关税同盟是世贸组织所允许的区域经济合作方式,区域内国家之间相互给予的特殊优

惠待遇，不违反世贸组织国民待遇和最惠国待遇原则。目前，我国已经与世界上多个国家或地区签订自由贸易协定，建成或商建自由贸易区。

香港特别行政区、澳门特别行政区和台湾地区作为单独关税区，在对外贸易方面具有独立地位，但又同属一个中国，在同一主权范围之内。因此，我国内地同港澳台地区之间的经济合作，既有区域经济合作的一般属性，也有一个中国框架下的特殊性。2003年，中央政府与香港、澳门特区政府分别签署内地与香港、澳门《关于建立更紧密经贸关系的安排》，2004年1月1日起实施，并自2004年起陆续签署并实施了10个补充协议。2010年，大陆与台湾地区签署《海峡两岸经济合作框架协议》，并自同年9月起生效实施。

5. 非歧视原则

非歧视原则包括最惠国待遇原则和国民待遇原则。简言之，最惠国待遇是指一国（给惠国）给予另一国（受惠国）的个人、企业、商品等的待遇不低于给惠国给予任何第三国（最惠国）的相应待遇。国民待遇是指一国给予他国国民（包括个人和企业）与本国国民相同的待遇。非歧视原则既是世贸组织法律制度的基石，也是我国对外贸易法律制度的一项基本原则。《对外贸易法》规定，我国在对外贸易方面根据所缔结或者参加的国际条约、协定，给予其他缔约方、参加方最惠国待遇、国民待遇等待遇，或者根据互惠、对等原则给予对方最惠国待遇、国民待遇等待遇。换言之，我国缔结或参加的国际条约、协定有规定的，依规定给予非歧视待遇；没有相关国际条约、协定或者相关国际条约、协定没有规定的，则根据互惠、对等原则给予非歧视待遇。

6. 互惠对等原则

互惠、对等是处理国际关系的基本原则，也是我国对外贸易法律制度的基本原则。简言之，互惠、对等是指我国给予另一国某种待遇或者对其采取某种措施，以该国给予我国相应待遇或者对我国采取相应措施为前提。这意味着，一方面，对于没有相关国际条约、协定或者相关国际条约、协定没有规定的情形，我国可以根据互惠、对等原则给予他国最惠国待遇和国民待遇；另一方面，任何国家或地区在贸易方面对我国采取歧视性的禁止、限制或其他类似措施的，我国可以根据实际情况对该国家或地区采取相应措施。

三、对外贸易经营者

（一）对外贸易经营者的概念

对外贸易经营者是我国对外贸易活动的经营主体，是指依法办理工商登记或者其他执业手续，依照《对外贸易法》和其他有关法律、行政法规的规定从事对外贸易经营活动的法人、其他组织或者个人。

1. 对外贸易经营者包括法人、其他组织和个人

对外贸易经营者既可以是法人，也可以是非法人组织如合伙，还可以是个人亦即自然人。给予个人对外贸易经营权是2004年《对外贸易法》修订的一大进步。1994年的《对外贸易法》规定对外贸易经营者仅包括法人和其他组织。《中国加入议定书》第五十二条规定："除本议定书另有规定外，对于所有外国个人和企业，包括未在中国投资或注

册的外国个人和企业，在贸易权方面应给予其不低于给予在中国的企业的待遇。"据此，外国个人有权在中国从事对外贸易活动。在此情况下，中国个人自然也应享有对外贸易权，否则就会形成对外国自然人的"超国民待遇"。因此，2004年的《对外贸易法》顺应这一要求，允许个人从事对外贸易经营活动。

2. 对外贸易经营无须专门许可

我国在很长时间内对于对外贸易经营实行特许制，只有经过审批并获得外贸经营资格才能从事对外贸易活动。1994年，《对外贸易法》即规定，从事货物进出口与技术进出口的对外贸易经营，必须具备该法规定的条件，并经国务院对外经济贸易主管部门许可。《工作组报告》第84（a）段规定："中国代表确认，中国将在加入后3年内取消贸易权的审批制。届时，中国将允许所有在中国的企业及外国企业和个人，包括其他世贸组织成员的独资经营者，在中国全部关税领土内进口所有货物（议定书附件2A所列保留由国营贸易企业进口和出口的产品份额除外）。"为履行这一承诺，《对外贸易法》于2004年修订时取消了外贸特许制，规定依法办理了工商登记或其他执业手续的单位和个人均可从事外贸经营。当然，对外贸易经营者必须首先依据《公司法》《非公司型企业法》《个体工商户条例》等法律法规的规定，完成设立登记。此外，《对外贸易法》原第九条规定，从事货物进出口或者技术进出口的对外贸易经营者，应当向国务院对外贸易主管部门或者其委托的机构办理备案登记，未按照规定办理备案登记的，海关不予办理进出口货物的报关验放手续。2022年12月的最新修订删除了该条，进一步放宽了对于对外贸易经营者的管理。

（二）关于国营贸易的特别规定

《对外贸易法》规定，我国可以对部分货物的进出口实行国营贸易管理；实行国营贸易管理货物的进出口业务只能由经授权的企业经营，但国家允许部分数量的国营贸易管理货物的进出口业务由非授权企业经营的除外；实行国营贸易管理的货物和经授权经营企业的目录，由商务部会同国务院其他有关部门确定、调整并公布。

所谓国营贸易，是指国家设立的国有企业以及国家给予排他性特权的私营企业所进行的贸易，亦即国家通过授予对外贸易经营者在特定贸易领域内的专营权或特许权的方式，对特定产品的进出口实施的管理。《对外贸易法》关于国营贸易的上述规定有三方面的含义：第一，国家只对部分而非全部货物实行国营贸易管理，且此类货物应当是明确和公开的，通过目录的方式让公众周知。从商务部公布的《进口国营贸易管理货物目录》和《出口国营贸易管理货物目录》看，实行进口国营贸易管理的货物涉及粮食、植物油、糖、烟草、原油、成品油、化肥和棉花等类别，而实行出口国营贸易管理的货物主要是烟草专卖品。第二，国营贸易一般由经授权的企业经营。第三，国家可以根据具体情况，允许部分数量的国营贸易管理货物的进出口业务由非授权企业经营。

国营贸易是世贸组织明文允许的贸易制度。需要指出的是，经授权从事国营贸易的企业，亦即所谓国营贸易企业，是指在国际贸易中基于国内法律规定或者事实上享有专营权或特许权的政府企业和非政府企业。判断一个企业是不是国营贸易企业，关键是看该企业是否在国际贸易中享有专营权或特许权，与该企业的所有制形式并无必然联系。换言之，国营贸易企业的判断标准并非所有制形式，其与我国过去所称的国营企业是不同的概念。

四、货物进出口与技术进出口

(一) 货物和技术进出口的一般原则

《对外贸易法》规定，国家准许货物与技术的自由进出口，但法律、行政法规另有规定的除外。根据这一规定，我国对货物和技术进出口实施一定限制管理下的自由贸易制度，即国家在保证进出口贸易不对国家安全和社会公共利益等造成损害的情况下，允许货物和技术自由进出口；当法律、行政法规另有规定时，则按照特别法优于一般法的原理，根据具体规定对某些货物和技术的进出口实施限制。

(二) 货物和技术自由进出口的例外情形

《对外贸易法》对于货物和技术的自由进出口规定了两类例外情形。

《对外贸易法》第十五条规定，国家基于下列原因，可以限制或者禁止有关货物、技术的进出口：(1) 为维护国家安全、社会公共利益或者公共道德，需要限制或者禁止进口或者出口的；(2) 为保护人的健康或者安全，保护动物、植物的生命或者健康，保护环境，需要限制或者禁止进口或者出口的；(3) 为实施与黄金或者白银进出口有关的措施，需要限制或者禁止进口或者出口的；(4) 国内供应短缺或者为有效保护可能用竭的自然资源，需要限制或者禁止出口的；(5) 输往国家或者地区的市场容量有限，需要限制出口的；(6) 出口经营秩序出现严重混乱，需要限制出口的；(7) 为建立或者加快建立国内特定产业，需要限制进口的；(8) 对任何形式的农业、牧业、渔业产品有必要限制进口的；(9) 为保障国家国际金融地位和国际收支平衡，需要限制进口的；(10) 依照法律、行政法规的规定，其他需要限制或者禁止进口或者出口的；(11) 根据我国缔结或者参加的国际条约、协定的规定，其他需要限制或者禁止进口或者出口的。

《对外贸易法》第十六条规定，国家对与裂变、聚变物质或者衍生此类物质的物质有关的货物、技术进出口，以及与武器、弹药或者其他军用物资有关的进出口，可以采取任何必要措施，维护国家安全；在战时或者为维护国际和平与安全，国家在货物、技术进出口方面可以采取任何必要措施。

上述两类对自由进出口予以限制的例外情形也是世贸组织法律文件明文允许的，分别属于《关税与贸易总协定》第二十条所规定的"一般例外"情形和第二十一条所规定的"安全例外"情形。

(三) 货物和技术进出口的管理制度

1. 货物进出口自动许可制度

《对外贸易法》规定，商务部基于监测进出口情况的需要，可以对部分自由进出口的货物实行进出口自动许可并公布其目录。实行自动许可的进出口货物，收货人、发货人在办理海关报关手续前提出自动许可申请的，商务部应当予以许可；未办理自动许可手续的，海关不予放行。这表明：第一，进出口自动许可针对的是部分而非全部货物，并通过目录方式让公众周知；第二，进出口自动许可仅是出于监测进出口情况的需要，并非对自由进出口的限制；第三，自动许可申请仅具有"备案"意义，商务部对于申请应当许可，这也正是"自动"的含义所在。

根据《货物进出口条例》以及商务部据此颁行的《货物自动进口许可管理办法》，进口属于自动进口许可管理的货物，均应当给予许可。实行自动进口许可管理的货物目录，包括具体货物名称和海关商品编码，由商务部会同海关总署等有关部门确定和调整，并由商务部至少在实施前21天以公告形式发布。

2. 技术进出口备案登记制度

《对外贸易法》规定，进出口属于自由进出口的技术，应当向商务部或其委托的机构办理合同备案登记。据此，我国对自由进出口技术的进出口实行合同登记制度。但需要指出的是，此种合同登记仅具有备案意义，合同自依法成立时生效，不以登记作为合同生效的条件。

根据《技术进出口条例》以及商务部据此颁行的《技术进出口合同登记管理办法》，技术进出口合同包括专利权转让合同、专利申请权转让合同、专利实施许可合同、技术秘密许可合同、技术服务合同和含有技术进出口的其他合同。商务主管部门是技术进出口合同的登记管理部门。其中，商务部负责对《政府核准的投资项目目录》和政府投资项目中由国务院或国务院投资主管部门核准或审批的项目下的技术进口合同进行登记管理；各省、自治区、直辖市和计划单列市商务主管部门负责对除此以外的自由进出口技术合同进行登记管理；中央管理企业的自由进出口技术合同，按属地原则到各省、自治区、直辖市和计划单列市商务主管部门办理登记；各省、自治区、直辖市和计划单列市商务主管部门可授权下一级商务主管部门对自由进出口技术合同进行登记管理。

3. 配额和许可证制度

《对外贸易法》规定，商务部会同国务院其他有关部门，依照该法第十五条和第十六条的规定（见上文），制定、调整并公布限制或者禁止进出口的货物、技术目录。此外，商务部或者由其会同国务院其他有关部门，经国务院批准，可以在第十五条和第十六条规定的范围内，临时决定限制或者禁止上述目录以外的特定货物、技术的进口或者出口。国家对限制进口或者出口的货物，实行配额、许可证等方式管理；对限制进口或者出口的技术，实行许可证管理。实行配额、许可证管理的货物、技术，经商务部或者经其会同国务院其他有关部门许可方可进口或者出口。国家对部分进口货物还可以实行关税配额管理。关税配额是将关税和配额制度结合起来的一种数量限制措施，是指在一定时期内对进口商品的绝对数量不加限制，但对在规定关税配额内的进口货物适用较低的关税税率，对超过规定数量限额的进口货物则适用较高的关税税率，以此来调节货物进口的数量。进出口货物配额和关税配额由商务部或者国务院其他有关部门在各自职责范围内，按照公开、公平、公正和效益的原则进行分配。

（1）货物进出口配额和许可证制度。根据《货物进出口条例》的规定，国家规定有数量限制的限制进出口货物，实行配额管理；其他限制进出口货物，实行许可证管理。实行配额管理的限制进出口货物，由商务部和国务院有关经济管理部门（统称"进出口配额管理部门"）按照国务院规定的职责划分进行管理。

实行配额管理的限制进出口货物，进出口经营者凭进出口配额管理部门发放的配额证明，向海关办理报关验放手续。国务院有关经济管理部门应当及时将年度配额总量、分配方案和配额证明实际发放的情况向商务部备案。

实行许可证管理的限制进出口货物，进出口经营者应当向商务部或者国务院有关部门（统称进出口许可证管理部门）提出申请，后者应当自收到申请之日起30日内决定是否许可。进出口经营者凭进出口许可证管理部门发放的进出口许可证，向海关办理报关验放手续。

实行关税配额管理的进口货物目录，由商务部会同国务院有关经济管理部门制定、调整并公布。属于关税配额内进口的货物，按照配额内税率缴纳关税；属于关税配额外进口的货物，按照配额外税率缴纳关税。进口经营者凭进口配额管理部门发放的关税配额证明，向海关办理关税配额内货物的报关验放手续。国务院有关经济管理部门应当及时将年度关税配额总量、分配方案和关税配额证明实际发放的情况向商务部备案。

（2）技术进出口许可证制度。根据《技术进出口条例》，我国对属于限制进出口的技术实行许可证管理，未经许可不得进出口。进口属于限制进口的技术，应当向商务部提出技术进口申请并附有关文件；技术进口项目需经有关部门批准的，还应当提交有关部门的批准文件。商务部收到申请后，应当会同国务院有关部门进行审查，并自收到申请之日起30个工作日内作出批准或者不批准的决定。出口属于限制出口的技术，应当向商务部提出申请。商务部收到申请后，应当会同国务院科技管理部门对申请出口的技术进行审查，并自收到申请之日起30个工作日内作出批准或者不批准的决定。技术进出口申请获得批准的，由商务部发给技术进出口许可意向书。进出口经营者取得技术进出口许可意向书后，方可对外签订技术进出口合同。进出口经营者签订技术进出口合同后，应当向商务部提交合同副本及有关文件，申请技术进出口许可证，技术进出口合同自许可证颁发之日起生效。进出口经营者凭技术进出口许可证，办理外汇、银行、税务、海关等相关手续。

五、国际服务贸易

《对外贸易法》规定，我国在国际服务贸易方面根据所缔结或者参加的国际条约、协定中的承诺，给予其他缔约方、参加方市场准入和国民待遇。商务部和国务院其他有关部门依照该法和其他有关法律、行政法规的规定，对国际服务贸易进行管理。国家基于下列原因，可以限制或者禁止有关的国际服务贸易：（1）为维护国家安全、社会公共利益或者公共道德，需要限制或者禁止的；（2）为保护人的健康或者安全，保护动物、植物的生命或者健康，保护环境，需要限制或者禁止的；（3）为建立或者加快建立国内特定服务产业，需要限制的；（4）为保障国家外汇收支平衡，需要限制的；（5）依照法律、行政法规的规定，其他需要限制或者禁止的；（6）根据我国缔结或者参加的国际条约、协定的规定，其他需要限制或者禁止的。此外，国家对与军事有关的国际服务贸易，以及与裂变、聚变物质或者衍生此类物质的物质有关的国际服务贸易，可以采取任何必要措施，维护国家安全；在战时或者为维护国际和平与安全，国家在国际服务贸易方面可以采取任何必要措施。商务部会同国务院其他有关部门，依照上述规定以及其他有关法律、行政法规的规定，制定、调整并公布国际服务贸易市场准入目录。

从事国际服务贸易，应当遵守《对外贸易法》和其他有关法律、行政法规的规定。由于国际服务贸易涉及多个行业，具体情况不尽相同，同时，我国在国际服务贸易方面采取的又是逐步发展的政策，因此，我国对于国际服务贸易不实行统一的备案登记制，而是由相关行业主管部门分别予以管理。在加入世贸组织时，我国对法律服务（不包括中国法律业务）、会计服务、广告服务、建筑及相关工程服务、建筑设计、工程、集中工程、城市规划服务（不包括城市总体规划服务）、教育服务、旅行社服务、电信服务、仓储服务、铁路货运服务、国际运输服务（货物和客运，不包括沿海和内水运输）、分销服务、银行服务、保险服务、证券服务以及医疗和牙医服务等16项服务贸易作出了相应的准入承诺，并基于这些承诺循序渐进地逐步开放服务贸易市场。例如，在会计服务方面，允许获得我国主管部门颁发的中国注册会计师执业资格许可证的人在华设立会计师事务所，并在国民待遇基础上向通过中国注册会计师资格考试的外国人颁发执业许可证。对外贸易经营者在从事国际服务贸易时，必须遵守所属服务行业的相关法律、行政法规和部门规章。例如，根据《注册会计师法》，外国会计师事务所在中国境内设立常驻代表机构，须经财政部批准；需要在中国境内临时办理有关业务的，须经省级人民政府财政部门批准。又如，根据司法部和原国家工商总局《关于外国律师事务所在中国境内设立办事处的暂行规定》，外国律师事务所在中国境内设立办事处，须经司法部批准、原国家工商总局登记注册。

六、对外贸易救济

《对外贸易法》规定，国家根据对外贸易调查结果，可以采取适当的对外贸易救济措施。所谓贸易救济措施，是指对外贸易中其他国家或地区的不公平贸易行为或者特定条件下的公平贸易行为对我国相关产业造成实质损害或者产生实质损害威胁，或者对建立国内产业造成实质阻碍时，我国根据国际条约、协定和国内法律、行政法规所采取的，旨在消除或者减轻此种损害、损害威胁或者阻碍的措施。对外贸易救济措施包括反倾销措施、反补贴措施和保障措施。

（一）反倾销措施

其他国家或者地区的产品以低于正常价值的倾销方式进入我国市场，对已建立的国内产业造成实质损害或者产生实质损害威胁，或者对建立国内产业造成实质阻碍的，国家可以采取反倾销措施，消除或者减轻这种损害、损害的威胁或者阻碍。

1. 基本概念

"倾销"是指在正常贸易过程中进口产品以低于其正常价值的出口价格进入中国市场。对倾销的调查和确定，由商务部负责。进口产品的正常价值按照下列方法确定：（1）进口产品的同类产品在出口国（地区）国内市场的正常贸易过程中有可比价格的，以该可比价格为正常价值；（2）进口产品的同类产品在出口国（地区）国内市场的正常贸易过程中没有销售的，或者该同类产品的价格、数量不能据以进行公平比较的，以该同类产品出口到一个适当第三国（地区）的可比价格或者以该同类产品在原产国（地区）的生产成本加上合理费用、利润，作为正常价值。进口产品的出口价格按照下列方法确定：（1）进口产品有实际支付或者应当支付的价格的，以该价格为出口价格。（2）进口产品没有出口价格或者其价格不可靠的，以根据该进口产品首次转售给独立购买人的价格推定的价格为出口价格，若该进口产品未转售给独立购买人或者未按进口时的状态转售，可以商务部根据合理基础推定的价格为出口价格。对进口产品的出口价格和正常价值，应当考虑影响价格的各种可比性因素，按照公平、合理的方式进行比较。进口产品的出口价格低于其正常价值的幅度，为倾销幅度。

"损害"是指倾销对已经建立的国内产业造成实质损害或者产生实质损害威胁，或者对建立国内产业造成实质阻碍。对损害的调查和确定，由商务部负责；其中，涉及农产品的反倾销国内产业损害调查，由商务部会同农业农村部进行。在确定倾销对国内产业造成的损害时，应当审查下列事项：(1) 倾销进口产品的数量，包括倾销进口产品的绝对数量或者相对于国内同类产品生产或者消费的数量是否大量增加，或者倾销进口产品大量增加的可能性；(2) 倾销进口产品的价格，包括倾销进口产品的价格削减或者对国内同类产品的价格产生大幅度抑制、压低等影响；(3) 倾销进口产品对国内产业的相关经济因素和指标的影响；(4) 倾销进口产品的出口国（地区）、原产国（地区）的生产能力、出口能力，被调查产品的库存情况；(5) 造成国内产业损害的其他因素。对实质损害威胁的确定，应当依据事实，不得仅依据指控、推测或者极小的可能性。在确定倾销对国内产业造成的损害时，应当依据肯定性证据，不得将造成损害的非倾销因素归因于倾销。

"国内产业"是指中国国内同类产品的全部生产者，或者其总产量占国内同类产品全部总产量的主要部分的生产者；但是，国内生产者与出口经营者或者进口经营者有关联的，或者其本身为倾销进口产品的进口经营者的，可以排除在国内产业之外。

"同类产品"是指与倾销进口产品相同的产品；没有相同产品的，以与倾销进口产品的特性最相似的产品为同类产品。

2. 反倾销调查

国内产业或者代表国内产业的自然人、法人或者有关组织（统称申请人），可以依照《反倾销条例》的规定向商务部提出反倾销调查的书面申请。商务部应当自收到申请书及有关证据之日起 60 日内，对申请是否由国内产业或者代表国内产业提出、申请书内容及所附具的证据等进行审查，并决定立案调查或者不立案调查。在决定立案调查前，应当通知有关出口国（地区）政府。在表示支持申请或者反对申请的国内产业中，支持者的产量占支持者和反对者的总产量的 50% 以上的，应当认定申请是由国内产业或者代表国内产业提出，可以启动反倾销调查；但是，表示支持申请的国内生产者的产量不足国内同类产品总产量的 25% 的，不得启动反倾销调查。在特殊情形下，商务部虽未收到反倾销调查的书面申请，但有充分证据认为存在倾销和损害以及二者之间有因果关系的，可以自行决定立案调查。

立案调查决定由商务部予以公告，并通知申请人、已知的出口经营者和进口经营者、出口国（地区）政府以及其他有利害关系的组织、个人。立案调查的决定一经公告，商务部应当将申请书文本提供给已知的出口经营者和出口国（地区）政府。商务部根据调查结果，就倾销、损害和二者之间的因果关系是否成立作出初裁决定，并予以公告。初裁决定确定倾销、损害以及二者之间的因果关系成立的，商务部应当对倾销及倾销幅度、损害及损害程度继续进行调查，并根据调查结果作出终裁决定，予以公告。在作出终裁决定前，应当由商务部将终裁决定所依据的基本事实通知所有已知的利害关系方。反倾销调查应当自立案调查决定公告之日起12个月内结束；特殊情况下可以延长，但延长期不得超过6个月。

有下列情形之一的，反倾销调查应当终止，并由商务部予以公告：（1）申请人撤销申请的；（2）没有足够证据证明存在倾销、损害或者二者之间有因果关系的；（3）倾销幅度低于2%的；（4）倾销进口产品实际或者潜在的进口量或者损害属于可忽略不计的；（5）商务部认为不适宜继续进行反倾销调查的。

3. 反倾销措施

（1）临时反倾销措施。初裁决定确定倾销成立，并由此对国内产业造成损害的，可以采取下列临时反倾销措施：①征收临时反倾销税；②要求提供保证金、保函或者其他形式的担保。临时反倾销税税额或者提供的保证金、保函或者其他形式担保的金额，不得超过初裁决定确定的倾销幅度。征收临时反倾销税，由商务部提出建议，国务院关税税则委员会根据商务部的建议作出决定，由商务部予以公告；要求提供保证金、保函或者其他形式的担保，由商务部作出决定并予以公告。海关自公告规定实施之日起执行。临时反倾销措施实施的期限，自临时反倾销措施决定公告规定实施之日起，不超过4个月；在特殊情形下，可以延长至9个月。自反倾销立案调查决定公告之日起60天内，不得采取临时反倾销措施。

（2）价格承诺。倾销进口产品的出口经营者在反倾销调查期间，可以向商务部作出改变价格或者停止以倾销价格出口的价格承诺。商务部可以向出口经营者提出价格承诺的建议，但不得强迫出口经营者作出价格承诺。出口经营者不作出价格承诺或者不接受价格承诺的建议的，不妨碍对反倾销案件的调查和确定；出口经营者继续倾销进口产品的，商务部有权确定损害威胁更有可能出现。商务部对倾销以及由倾销造成的损害作出肯定的初裁决定前，不得寻求或者接受价格承诺。

商务部认为出口经营者作出的价格承诺能够接受并符合公共利益的，可以决定中止或者终止反倾销调查，不采取临时反倾销措施或者征收反倾销税；中止或者终止反倾销调查的决定由商务部予以公告。商务部不接受价格承诺的，应当向有关出口经营者说明理由。出口经营者违反其价格承诺的，商务部可以立即决定恢复反倾销调查；根据可获得的最佳信息，可以决定采取临时反倾销措施，并可以对实施临时反倾销措施前90天内进口的产品追溯征收反倾销税，但违反价格承诺前进口的产品除外。

（3）反倾销税。终裁决定确定倾销成立，并由此对国内产业造成损害的，可以征收反倾销税。征收反倾销税应当符合公共利益。征收反倾销税，由商务部提出建议，国务院关税税则委员会根据商务部的建议作出决定，由商务部予以公告；海关自公告规定实施之日起执行。反倾销税原则上仅适用于终裁决定公告之日以后进口的产品。反倾销税的纳税人为倾销进口产品的进口经营者。反倾销税应当根据不同出口经营者的倾销幅度，分别确定；对于未包括在审查范围内的出口经营者的倾销进口产品，需要征收反倾销税的，应当按照合理的方式确定对其适用的税率。在任何情形下，反倾销税税额不超过终裁决定确定的倾销幅度。

反倾销税的征收期限不超过5年，但经商务部复审确定终止征收反倾销税有可能导致倾销和损害的继续或者再度发生的，反倾销税的征收期限可以适当延长。

(二) 反补贴措施

进口的产品直接或者间接地接受出口国家或者地区给予的任何形式的专向性补贴，对已建立的国内产业造成实质损害或者产生实质损害威胁，或者对建立国内产业造成实质阻碍的，国家可以采取反补贴措施，消除或者减轻这种损害或者损害的威胁或者阻碍。

1. 基本概念

"补贴"是指出口国（地区）政府或者其任何公共机构［统称出口国（地区）政府］提供的并为接受者带来利益的财政资助以及任何形式的收入或者价格支持。此处所称的"财政资助"包括：（1）出口国（地区）政府以拨款、贷款、资本注入等形式直接提供资金，或者以贷款担保等形式潜在地直接转让资金或者债务；（2）出口国（地区）政府放弃或者不收缴应收收入；（3）出口国（地区）政府提供除一般基础设施以外的货物、服务，或者由出口国（地区）政府购买货物；（4）出口国（地区）政府通过向筹资机构付款，或者委托、指令私营机构履行上述职能。

依照《反补贴条例》进行调查、采取反补贴措施的补贴必须具有专向性。根据《反补贴条例》的规定，有下列情形之一的补贴，具有专向性：（1）由出口国（地区）政府明确确定的某些企业、产业获得的补贴；（2）由出口国（地区）法律、法规明确规定的某些企业、产业获得的补贴；（3）指定特定区域内的企业、产业获得的补贴；（4）以出口实绩为唯一条件或条件之一而获得的补贴；（5）以使用本国（地区）产品替代进口产品为条件而获得的补贴。在确定补贴专向性时，还应当考虑受补贴企业的数量和企业受补贴的数额、比例、时间以及给予补贴的方式等因素。对补贴的调查和确定，由商务部负责。

"损害"是指补贴对已经建立的国内产业造成实质损害或者产生实质损害威胁，或者对建立国内产业造成实质阻碍。对损害的调查和确定，由商务部负责；其中，涉及农产品的反补贴国内产业损害调查，由商务部会同农业农村部进行。在确定补贴对国内产业造成的损害时，应当审查下列事项：（1）补贴可能对贸易造成的影响；（2）补贴进口产品的数量，包括补贴进口产品的绝对数量或者相对于国内同类产品生产或者消费的数量是否大量增加，或者补贴进口产品大量增加的可能性；（3）补贴进口产品的价格，包括补贴进口产品的价格削减或者对国内同类产品的价格产生大幅度抑制、压低等影响；（4）补贴进口产品对国内产业的相关经济因素和指标的影响；（5）补贴进口产品出口国（地区）、原产国（地区）的生产能力、出口能力，被调查产品的库存情况；（6）造成国内产业损害的其他因素。

"国内产业"和"同类产品"的概念见反倾销措施部分的讨论。

2. 反补贴调查与反补贴措施

反补贴调查在申请、启动、实施、终止等方面的条件和程序与反倾销调查基本相同。略有差异的是，《反补贴条例》规定的终止情形之一是"补贴金额为微量补贴"，而不是"幅度低于2%"；还有一种终止情形是"通过与有关国家（地区）政府磋商达成协议，不需要继续进行反补贴调查"，该终止情形为反倾销调查所无。

反补贴措施包括临时反补贴措施，取消、限制补贴或者其他有关措施的承诺，以及反补贴税，其具体内容和实施程序与反倾销措施基本相同。略有差异的是，临时反补贴措施实施的期限，自临时反补贴措施决定公告规定实施之日起不超过4个月，不得延长。

（三）保障措施

1. 基本概念

因进口产品数量大量增加，对生产同类产品或者与其直接竞争的产品的国内产业造成严重损害或者严重损害威胁的，国家可以采取必要的保障措施，消除或者减轻这种损害或者损害的威胁，并可以对该产业提供必要的支持。这是保障措施的基本含义。此外，因其他国家或者地区的服务提供者向我国提供的服务增加，对提供同类服务或者与其直接竞争的服务的国内产业造成损害或者产生损害威胁的，国家可以采取必要的救济措施，消除或者减轻这种损害或者损害的威胁（即服务贸易中的保障措施）；因第三国限制进口而导致某种产品进入我国市场的数量大量增加，对已建立的国内产业造成损害或者产生损害威胁，或者对建立国内产业造成阻碍的，国家可以采取必要的救济措施，限制该产品进口（即针对贸易转移的保障措施）。从性质上说，保障措施与反倾销和反补贴措施有所不同：反倾销和反补贴措施针对的是倾销和补贴这样的不公平贸易行为，而保障措施针对的则是公平贸易条件下的特殊情形。

根据《保障措施条例》的规定，进口产品数量增加是指进口产品数量的绝对增加或者与国内生产相比的相对增加。在确定进口产品数量增加对国内产业造成的损害时，应当审查下列相关因素：（1）进口产品的绝对和相对增长率与增长量；（2）增加的进口产品在国内市场中所占的份额；（3）进口产品对国内产业的影响，包括对国内产业在产量、销售水平、市场份额、生产率、设备利用率、利润与亏损、就业等方面的影响；（4）造成国内产业损害的其他因素。国内产业是指中国国内同类产品或者直接竞争产品的全部生产者，或者其总产量占国内同类产品或者直接竞争产品全部总产量的主要部分的生产者。

2. 损害调查与保障措施

对进口产品数量增加及损害的调查和确定，由商务部负责；其中，涉及农产品的保障措施国内产业损害调查，由商务部会同农业农村部进行。与国内产业有关的自然人、法人或者其他组织，可以依照《保障措施条例》的规定，向商务部提出采取保障措施的书面申请；商务部应当及时对申请进行审查，决定立案调查或者不立案调查。商务部虽未收到采取保障措施的书面申请，但有充分证据认为国内产业因进口产品数量增加而受到损害的，也可以决定立案调查。商务部应当将立案调查决定予以公告，并及时通知世贸组织保障措施委员会（以下简称保障措施委员会）。对于进口产品数量增加和损害的调查结果及其理由的说明，由商务部予以公布，并及时通知保障措施委员会。

商务部根据调查结果，可以作出初裁决定，也可以直接作出终裁决定，并予以公告。有明确证据表明进口产品数量增加，不采取临时保障措施将对国内产业造成难以补救的损害时，商务部可以作出初裁决定，并采取临时保障措施。临时保障措施采取提高关税的形式。采取临时保障措施由商务部提出建议，国务院关税税则委员会根据商务部的建议作出决定，由商务部予以公告；海关自公告规定实施之日起执行。在采取临时保障措施前，商务部应当将有关情况通知保障措施委员会。临时保障措施的实施期限，自临时保障措施决定公告规定实施之日起，不超过200天。

终裁决定确定进口产品数量增加，并由此对国内产业造成损害的，可以采取保障措施。保障措施可以采取提高关税、数量限制等形式。保障措施采取提高关税形式的，由商务部提出建议，国务院关税税则委员会根据商务部的建议作出决定，由商务部予以公告；采取数量限制形式的，由商务部作出决定并予以公告。海关自公告规定实施之日起执行。商务部应当将采取保障措施的决定及有关情况及时通知保障措施委员会。

采取数量限制措施的，限制后的进口量不得低于最近3个有代表性年度的平均进口量，但有正当理由表明为防止或者补救严重损害而有必要采取不同水平数量限制措施的除外。采取保障措施应当限于防止、补救严重损害并便利调整国内产业所必要的范围内。在采取保障措施前，商务部应当为与有关产品的出口经营者有实质利益的国家（地区）政府提供磋商的充分机会。

保障措施的实施期限不超过4年。符合下列条件的，保障措施的实施期限可以适当延长：(1) 按照《保障措施条例》规定的程序确定保障措施对于防止或者补救严重损害仍有必要。(2) 有证据表明相关国内产业正在进行调整。(3) 已经履行有关对外通知、磋商的义务。(4) 延长后的措施不严于延长前的措施。但在任何情况下，一项保障措施的实施期限及其延长期限不得超过10年。

第三节 外汇管理法律制度

一、外汇及外汇管理的概念

（一）外汇的概念

根据我国《外汇管理条例》的规定，外汇包括外币现钞、外币支付凭证或者支付工具、外币有价证券、特别提款权及其他外汇资产。其中，外币现钞包括纸币和铸币；外币支付凭证或者支付工具包括票据、银行存款凭证、银行卡等；外币有价证券包括债券、股票等。特别提款权是国际货币基金组织（以下简称基金组织）创设的一种特殊的国际储备和支付手段，由基金组织根据各成员国在该组织中的出资份额多少按比例分配。当成员国发生国际收支逆差时，可以用特别提款权向基金组织指定的其他成员国换取特定种类的外汇，或者基于该成员国与其他成员国之间的自愿约定向后者换取外汇，以偿付国际收支逆差。此外，特别提款权还可以与黄金、其他外汇资产一样充作国际储备。

（二）外汇管理的概念

外汇管理又称外汇管制，是指一国为保持本国的国际收支平衡，对外汇的买卖、借贷、转让、收支、国际清偿、汇率和市场实施一定限制的管理制度。外汇管理的目的在于维持本国国际收支平衡、稳定汇率、限制资本外流、防止外汇投机，以及促进本国经济发展。

1996年1月29日发布,并经1997年和2008年两次修订的《外汇管理条例》,是我国现行外汇管理制度的基本法律依据。

二、《外汇管理条例》的适用范围和基本原则

《外汇管理条例》对适用范围的规定采取了属人主义与属地主义相结合的原则。境内机构和境内个人的外汇收支或者外汇经营活动,不论其发生在境内或境外,均适用该条例;而对于境外机构和境外个人而言,则仅对其发生在中国境内的外汇收支和外汇经营活动适用该条例。《外汇管理条例》还特别对境内机构和境内个人的概念进行了界定。所谓境内机构,是指中华人民共和国境内的国家机关、企业、事业单位、社会团体、部队等,外国驻华外交领事机构和国际组织驻华代表机构除外;所谓境内个人,是指中国公民和在中华人民共和国境内连续居住满1年的外国人,外国驻华外交人员和国际组织驻华代表除外。

我国目前外汇管理的基本原则是经常项目与资本项目区别管理原则,即经常项目开放(可自由兑换),资本项目部分管制。

先实行经常项目可兑换再逐步放宽资本项目管制,是发展中国家外汇管理制度演进的基本路径。当前,适应我国经济结构、市场发育和监管能力等各方面的国情,在外汇管理制度上,我国还处在"经常项目可兑换、资本项目部分管制"的过渡期,形成了经常项目与资本项目区别管理的基本架构。《外汇管理条例》第五条规定,国家对经常性国际支付和转移不予限制。这也就是通常所说的人民币经常项目可兑换。简言之,它是指取消对经常性国际交易支付和转移的所有汇兑限制,即只要确系经常项目下的国际交易支付和转移,而不是用于资本转移目的的,就可以对外支付,不得加以数量限制。经常项目可兑换并不意味着没有任何管理,银行仍需根据外汇管理制度的要求,通过核对交易单证进行真实性审核。与经常项目管理不同,资本项目外汇管理主要是通过外汇管理部门进行事前审批和事后备案。对于风险较大、管制较多的资本项目,即使符合真实性原则,也可能不被允许。

三、经常项目外汇管理制度

(一)经常项目及经常项目外汇的概念

经常项目,通常是指一个国家或地区对外交往中经常发生的交易项目,包括贸易收支、服务收支、收益和经常转移,其中,贸易及服务收支是最主要内容。在经常项目下发生的外汇收支,就是经常项目外汇。贸易收支又称货物贸易收支,是一国出口货物所得外汇收入和进口货物所需外汇支出的总称。服务收支又称服务贸易收支,是一国对外提供各类服务所得外汇收入和接受服务所需外汇支出的总称,包括国际运输、旅游等项下外汇收支。收益包括职工报酬和投资收益两部分,其中职工报酬主要是工资、薪金和其他福利,投资收益主要是利息、红利等。经常转移也称单方面转移,是指国家间单方面进行、无须归还或偿还的外汇收支。经常转移又分为个人转移和政府转移,前者是指个人之间的无偿赠与或赔偿等,后者是指政府间的军事或经济援助、赔款、赠与等。

（二）经常项目外汇收支管理的一般规定

我国经常项目外汇管理制度经历了严格管制、逐步放松和不予限制即完全可兑换的过程。《外汇管理条例》对经常项目外汇收支管理的一般规定主要包括以下内容。

（1）经常项目外汇收入实行意愿结汇制。《外汇管理条例》第十三条规定，经常项目外汇收入，可以按照国家有关规定保留或者卖给经营结汇、售汇业务的金融机构。此前，我国实行强制结汇制，境内机构的所有外汇收入都必须按照规定出售给外汇指定银行，或者在外汇指定银行开立的外汇账户中、在经批准的限额内保留一部分。

（2）经常项目外汇支出凭有效单证，无须审批。《外汇管理条例》第十四条规定，经常项目外汇支出，应当按照国务院外汇管理部门关于付汇与购汇的管理规定，凭有效单证以自有外汇支付或者向经营结汇、售汇业务的金融机构购汇支付。

（3）经常项目外汇收支需有真实、合法的交易基础。人民币经常项目可兑换后，对企业和个人经常项目下用汇的管理，主要体现为对外汇收支及汇兑环节的真实性审核。《外汇管理条例》第十二条规定，经常项目外汇收支应当具有真实、合法的交易基础。经营结汇、售汇业务的金融机构应当按照国务院外汇管理部门的规定，对交易单证的真实性及其与外汇收支的一致性进行合理审查。外汇管理机关有权对前款规定事项进行监督检查。

（三）经常项目外汇业务的分类管理

2012年，国家外汇管理局、海关总署、国家税务总局联合发布公告，在全国范围内实施货物贸易外汇管理制度改革，并发布《货物贸易外汇管理指引》。与此同时，我国服务贸易外汇管理不断调整完善，明确了真实性审核要求，形成了基本管理框架。2013年，国家外汇管理局发布公告，在全国范围内实施服务贸易外汇管理改革，并发布《服务贸易外汇管理指引》。在此基础上，为进一步优化营商环境，便利市场主体办理经常项目外汇业务，国家外汇管理局全面整合相关法规，形成《经常项目外汇业务指引（2020年版）》。2024年，国家外汇管理局发布《关于进一步优化贸易外汇业务管理的通知》（以下简称《2024年通知》），进一步优化贸易外汇业务管理，便利经营主体跨境贸易业务办理。

1. 货物贸易外汇业务

（1）企业分类管理。

国家外汇管理局及其分支局（以下简称外汇局）根据企业遵守外汇管理规定等情况，将企业分为A、B、C三类，实施分类管理。在分类管理有效期内，对A类企业的货物贸易外汇收支，适用便利化的管理措施。对B、C类企业的货物贸易外汇收支，在单证审核、业务类型及办理程序、结算方式等方面实施审慎监管。

存在下列情况之一的企业，外汇局可将其列为B类企业：①外汇局核查或风险提示时，对相关交易无合理解释；②未按规定履行报告义务；③办理货物贸易外汇业务登记；④外汇局核查或风险提示时，未按规定的时间和方式向外汇局报告或提供资料；⑤被外汇局与国家相关主管部门实施联合监管的；⑥近2年因外汇局对企业实施核查时通过企业名录登记信息所列联系方式无法与其取得联系而被外汇局注销名录后，重新列入名录且对前期核查业务无合理解释的。存在下列情况之一的企业，外汇局可将其列为C类企业：①近12个月受到外汇局处罚且情节严重的；②阻挠或拒不接受外汇局核查，或向外汇局提供虚假资料；③B类企业在分类监管有效期届满经外汇局综合评估，相关情况仍符合列入B类企业标准的；④被外汇局与国家相关主管部门实施联合惩戒的。外汇局对分类结果进行动态调整，B、C类企业的分类监管有效期原则上为1年。

(2) 企业名录管理。

《2024年通知》取消了由外汇局核准办理"贸易外汇收支企业名录"（以下简称名录）登记的要求，改为在境内银行直接办理名录登记。开展货物贸易外汇收支业务的企业应当于办理首笔收支前，在境内银行办理名录登记。登记时，可通过线上或线下方式向银行提交《贸易外汇收支企业名录申请表》。银行应根据《申请表》通过国家外汇管理局"数字外管"平台填报企业名录信息，企业可通过该平台查询名录登记办理结果。其他境内机构或个体工商户确有客观需要开展货物贸易外汇收支业务的，可参照企业的有关规定办理。小微跨境电商企业，即年度货物贸易收汇或付汇累计金额低于等值20万美元的跨境电商企业，凭交易电子信息办理货物贸易外汇收支业务时，可免于办理名录登记。银行办理名录信息填报或变更业务时，应审核企业基本信息的真实性，并留存纸质或电子材料5年备查。

(3) 货物贸易外汇收支。

货物贸易外汇收支应具有真实、合法的交易基础，企业不得虚构贸易背景办理外汇收支业务。企业出口后应按合同约定及时、足额收回货款或按规定存放境外，进口后应按合同约定及时、足额支付货款。企业收取货款后应按合同约定及时、足额出口货物，支付货款后应按合同约定及时、足额进口货物。企业应当按照"谁出口谁收汇、谁进口谁付汇"的原则办理货物贸易外汇收支业务，外汇管理法规另有规定的除外。货物贸易外汇收支包括：①从境外、境内海关特殊监管区域收回的出口货款，向境外、境内海关特殊监管区域支付的进口货款；②从离岸账户、境外机构在境内账户收回的出口货款，向离岸账户、境外机构在境内账户支付的进口货款；③深加工结转项下境内收付款；④离岸转手买卖项下收付款；⑤其他与货物贸易相关的收付款。此处所称"海关特殊监管区域"，是指保税区、出口加工区、保税物流园区、跨境工业区、保税港区、综合保税区等海关实行封闭监管的特定区域。

2. 服务贸易外汇业务

服务贸易外汇收支应具有真实、合法的交易基础，境内机构或个人不得虚构贸易背景办理外汇收支业务，不得以分拆等方式规避外汇管理。初次收入和二次收入项下外汇收支按照服务贸易外汇收支有关规定执行。所谓初次收入，是指因提供劳务、金融资产和出租自然资源而获得的回报；所谓二次收入，是指居民与非居民间的经常性转移，包括所有非资本转移的转移项目。外商投资企业的利润、股息和红利项下对外支付，按照直接投资利润汇出的相关管理规定办理。

银行办理服务贸易外汇收支业务，应当对交易单证的真实性及其与外汇收支的一致性进行合理审核。办理单笔等值5万美元以下（含）的服务贸易外汇收支业务，银行原则上可不审核交易单证；对于资金性质不明确的外汇收支业务，银行应要求境内机构或个人提交交易单证进行合理审核。办理单笔等值5万美元以上（不含）的服务贸易外汇收支业务，银行应按展业原则，确认交易单证所列的交易主体、金额、性质等要素与其申请办理的外汇收支相一致。服务贸易外汇收支涉及纸质或电子的交易单证应符合国家法律法规和通行商业惯例的要求,包括但不限于:(1)包含交易标的、主体、金额等要素的合同(协议);(2)发票(支付通知)或列明交易标的、主体、金额等要素的结算清单(支付清单);(3)其他能证明交易真实合法的单证。

(四)个人外汇管理制度

个人外汇收支管理遵循经常项目可兑换的总体原则,立足于满足个人正当合理的用汇需求,采用额度管理的方式。目前,对于个人结汇和境内个人购汇实行年度总额管理,年度总额为每人每年等值5万美元,国家外汇管理局根据国际收支状况对年度总额进行调整。个人经常项目项下外汇收支分为经营性外汇收支和非经营性外汇收支。对于个人开展对外贸易产生的经营性外汇收支,视同机构按照货物贸易的有关原则进行管理。另外,随着近年来出国留学、移民人员的增多,境内个人在境外买房、投资等方面的需求增加,境外个人在境内买房、购买股权等行为时有发生,这些资本项下的外汇交易行为按照资本项目的管理原则和相关政策办理。

境内个人是指持有中华人民共和国居民身份证、军人身份证件、武装警察身份证件的中国公民。境外个人是指持外国护照、港澳居民来往内地通行证、台湾居民来往大陆通行证的外国公民(包括无国籍人)以及港澳台同胞。

四、资本项目外汇管理制度

(一)资本项目外汇管理制度概述

资本项目,是指国际收支中引起对外资产和负债水平发生变化的交易项目,包括资本转移、非生产及非金融资产的收买或放弃、直接投资、证券投资、衍生产品投资及贷款等。在资本项目下发生的外汇收支,即资本项目外汇。

对资本项目外汇实施管制主要是为了避免短期资本流动剧烈变动引发国际收支危机或汇率波动。通常认为,短期资本流动大多是投资者不顾经济基本面,听信传闻或出于投机性动机进行交易引起的,因而对其进行限制有利于长期、正常的经济发展。对于资本流出进行管理可以避免本币汇率急剧贬值,抑制资本外逃;对于资本流入进行管理可以避免本币汇率过度升值,防止通货膨胀。

《外汇管理条例》对资本项目外汇收支管理的一般规定主要包括以下内容:

1. 资本项目外汇收入

资本项目外汇收入保留或者卖给经营结汇、售汇业务的金融机构,应当经外汇管理机关批准,但国家规定无须批准的除外。

2. 资本项目外汇支出

资本项目外汇支出,应当按照国务院外汇管理部门关于付汇与购汇的管理规定,凭有效单证以自有外汇支付或者向经营结汇、售汇业务的金融机构购汇支付。国家规定应当经外汇管理机关批准的,应当在外汇支付前办理批准手续。依法终止的外商投资企业,按照国家有关规定进行清算、纳税后,属于外方投资者所有的人民币,可以向经营结汇、售汇业务的金融机构购汇汇出。

3. 资本项目外汇及结汇资金的使用

资本项目外汇及结汇资金,应当按照有关主管部门及外汇管理机关批准的用途使用。外汇管理机关有权对资本项目外汇及结汇资金使用和账户变动情况进行监督检查。

(二) 直接投资项下的外汇管理

1. 外商直接投资

对外商直接投资的外汇管理,重点在于统计监测外商直接投资项下的跨境资本流动,同时以外汇账户为核心进行相应的外商投资企业外汇资本金结汇管理。2013 年,国家外汇管理局发布《外国投资者境内直接投资外汇管理规定》,对外商境内直接投资的外汇实行登记管理制度。

无论是直接投资的汇入还是汇出,外国投资者应先在外汇局办理登记。如果登记事项发生变化,外国投资者还应当办理变更登记。境内直接投资所涉主体在办理登记后,可根据实际需要到银行开立前期费用账户、资本金账户及资产变现账户等境内直接投资账户。

外商投资企业资本金结汇及使用应符合外汇管理相关规定。外商投资企业外汇资本金及其结汇所得人民币资金,应在企业经营范围内使用,并符合真实自用原则。

银行在为境内直接投资所涉主体办理账户开立、资金入账、结售汇、境内划转以及对外支付等业务前,应确认其已按规定在外汇局办理相应登记。银行应按外汇管理规定对境内直接投资所涉主体提交的材料进行真实性、一致性审核,并通过外汇局指定业务系统办理相关业务。同时,银行应按照规定将相关信息及时、完整、准确地向外汇局报送。

2. 境外直接投资

在鼓励和完善外商直接投资的同时,我国逐步放松境外投资的相关限制。《外汇管理条例》规定,境内机构、境内个人向境外直接投资,应当按照国务院外汇管理部门的规定办理登记。国家规定需要事先经有关主管部门批准或者备案的,应当在外汇登记前办理批准或者备案手续。据此,国家外汇管理局于 2009 年 7 月 13 日发布《境内机构境外直接投资外汇管理规定》(2009 年 8 月 1 日起施行),取消了境外投资外汇资金的来源审核,改为实行登记备案制度。

境内机构可以使用自有外汇资金、符合规定的国内外汇贷款、人民币购汇或实物、无形资产及经外汇局核准的其他外汇资产来源等进行境外直接投资。境内机构境外直接投资所得利润也可留存境外用于其境外直接投资。其中,自有外汇资金包括经常项目外汇账户、外商投资企业资本金账户等账户内的外汇资金。

外汇局对境内机构境外直接投资及其形成的资产和相关权益实行外汇登记备案制度。境内机构境外直接投资获得相关主管部门核准后,持有关材料到所在地外汇局办理境外直接投资外汇登记。外汇局审核上述材料无误后,在相关业务系统中登记有关情况,并向境内机构颁发境外直接投资外汇登记证;境内机构凭登记证办理境外直接投资项下的外汇收支业务。多个境内机构共同实施一项境外直接投资的,由境内机构所在地外汇局分别向相关境内机构颁发境外直接投资外汇登记证,并在相关业务系统中登记有关情况。

境内机构将其所得的境外直接投资利润汇回境内的,可以保存在其经常项目外汇账户或办理结汇。

(三) 间接投资项下的外汇管理

《外汇管理条例》规定，境外机构、境外个人在境内从事有价证券或者衍生产品发行、交易（即间接投资，相对于外商直接投资而言），应当遵守国家关于市场准入的规定，并按照国务院外汇管理部门的规定办理登记。境内机构、境内个人从事境外有价证券、衍生产品发行、交易，应当按照国务院外汇管理部门的规定办理登记。国家规定需要事先经有关主管部门批准或者备案的，应当在外汇登记前办理批准或者备案手续。目前，我国关于有价证券及衍生产品发行、交易项下的外汇管理主要涉及合格境外机构投资者和合格境内机构投资者制度。

1. 合格境外机构投资者制度

合格境外机构投资者（QFII）制度是指允许符合条件的境外机构投资者经批准汇入一定额度的外汇资金，并转换为当地货币，投资当地证券市场，其本金、资本利得、股息等经批准后可购汇汇出。QFII制度的管制性内容主要包括资格条件的限制、投资规模的限制、投资通道的控制（专用账户制度）和资金汇出入限制等。中国证监会、中国人民银行、国家外汇管理局于2020年9月25日发布、2020年11月1日起施行的《合格境外机构投资者和人民币合格境外机构投资者境内证券期货投资管理办法》，将此前的QFII制度和人民币合格境外机构投资者（RQFII）制度合二为一，统称合格境外机构投资者，鼓励其使用来自境外的人民币资金进行境内证券期货投资。中国证监会、中国人民银行依法对合格境外投资者的境内证券期货投资实施监督管理，中国人民银行、国家外汇管理局依法对合格境外投资者境内银行账户、资金汇兑等实施监督管理。合格境外投资者可参与的金融衍生品等交易品种和交易方式，由中国证监会商中国人民银行、国家外汇管理局同意后公布。

2. 合格境内机构投资者制度

合格境内机构投资者（QDII）制度是QFII的反向制度，是指允许符合条件的境内机构经监管部门批准，在一定额度内，通过专用账户投资境外证券市场。QDII制度的管制性内容主要包括资格条件的限制、投资规模的限制和投资通道的控制等。目前，我国的QDII包括但不限于商业银行、证券公司、信托公司、保险公司和基金管理公司。根据职责分工，国家金融监督管理总局和中国证监会分别负责各自监管范围内金融机构境外投资业务的市场准入，包括资格审批、投资品种确定以及相关风险管理；国家外汇管理局负责QDII机构境外投资额度、账户及资金汇兑管理等。另外，根据有关规定，获得国家金融监管机构许可的境内金融机构，可以使用自有人民币资金或募集境内机构和个人的人民币资金，投资于境外金融市场的人民币计价产品，此即所谓人民币合格境内机构投资者（RQDII）制度。RQDII开展境外投资，不得将人民币资金汇出境外购汇。

（四）外债管理

外债是指境内机构对非居民承担的以外币表示的债务，包括境外借款、发行债券、国际融资租赁等。

2013年，国家外汇管理局发布《外债登记管理办法》，规定国家外汇管理局及其分支局负责外债的登记、账户、使用、偿还以及结售汇等管理、监督和检查，并对外债进行统计和监测；国家外汇管理局负责全口径外债的统计监测，并定期公布外债情况。2014

年，国家外汇管理局发布《跨境担保外汇管理规定》，对内保外贷、外保内贷及其他形式跨境担保下的外汇管理事宜作出专门规定；其中，外保内贷业务涉及外债登记。

外债登记是指债务人借用外债后，按照规定方式向所在地外汇局登记或报送外债的签约、提款、偿还和结售汇等信息。根据债务人的不同类型，实行不同的外债登记方式。外债借款合同发生变更时，债务人应按照规定到外汇局办理外债签约变更登记。外债未偿余额为零且债务人不再发生提款时，债务人应按照规定到外汇局办理外债注销登记手续。

外商投资企业借用的外债资金可以结汇使用；除另有规定外，境内金融机构和中资企业借用的外债资金不得结汇使用。债务人借款合同中约定的外债资金用途应当符合外汇管理规定；短期外债原则上只能用于流动资金，不得用于固定资产投资等中长期用途。

符合规定的债务人向境内金融机构借款时，可以接受境外机构或个人提供的担保（以下简称外保内贷）。境内非金融机构从境内金融机构借用贷款或获得授信额度，在同时满足以下条件的前提下，可以接受境外机构或个人提供的担保，并自行签订外保内贷合同：（1）债务人为在境内注册经营的非金融机构；（2）债权人为在境内注册经营的金融机构；（3）担保标的为金融机构提供的本外币贷款（不包括委托贷款）或有约束力的授信额度；（4）担保形式符合境内外法律法规。

境内债务人从事外保内贷业务，由发放贷款或提供授信额度的境内金融机构向外汇局的资本项目系统集中报送外保内贷业务数据。境内债务人向债权人申请办理外保内贷业务时，应真实、完整地向债权人提供其已办理外保内贷业务的债务违约、外债登记及债务清偿情况。

外保内贷业务发生担保履约的，金融机构可直接与境外担保人办理担保履约收款。境内债务人应到所在地外汇局办理短期外债签约登记及相关信息备案手续，外汇局在外债签约登记环节对债务人外保内贷业务的合规性进行事后核查。

境内债务人因外保内贷项下担保履约形成的对外负债，其未偿本金余额不得超过其上年度末经审计的净资产数额。超出上述限额的，须占用其自身的外债额度；外债额度仍然不够的，按未经批准擅自对外借款进行处理。在境内债务人偿清其对境外担保人的债务之前，未经外汇局批准，境内债务人应暂停签订新的外保内贷合同；已经签订外保内贷合同但尚未提款或尚未全部提款的，未经所在地外汇局批准，境内债务人应暂停办理新的提款。

五、人民币汇率制度

汇率是一国货币与另一国货币相互折算的比率，即，以一国货币表示另一国货币的价格。汇率的高低由外汇市场供求关系及其他相关经济、政治因素所决定。改革开放前，我国长期实行单一的汇率制度。改革开放后，外汇留成制和外汇调剂市场的建立，使我国汇率体制从单一汇率制转变为双重汇率制，形成官方汇率和调剂市场汇率并存的局面。1993年12月28日，根据国务院决定，中国人民银行发布了《关于进一步改革外汇管理体制的公告》，决定从1994年1月1日起，取消外汇留成，将两种汇率并轨，实行以市场供求为基础、单一的、有管理的浮动汇率制度。2005年7月21日，经国务院批准，中国人民银行发布了《关于完善人民币汇率形成机制改革的公告》，决定自 2005 年 7 月 21 日起，在我国开始实行以市场供求为基础，参考"一篮子"货币进行调节、有管理的浮动汇率制度。这一汇率制度包含三个方面的内容：一是以市场供求为基础的汇率浮动，发挥汇率的价格信号作用；二是根据经常项目主要是贸易平衡状况动态调节汇率浮动幅度，发挥"有管理"的优势；三是参考"一篮子"货币，即从"一篮子"货币的角度看汇率，不片面地关注人民币与某个单一货币的双边汇率。

2008 年全球金融危机后，受全球经济金融环境的影响，人民币汇率形成机制的市场化脚步有所放缓。2010 年 6 月，在经济形势好转后，我国宣布重启汇改，进一步推进人民币汇率形成机制改革，增强人民币汇率弹性。2015 年 8 月 11 日，中国人民银行发布声明，为增强人民币兑美元汇率中间价的市场化程度和基准性，决定完善人民币兑美元汇率中间价报价：自 2015 年 8 月 11 日起，做市商在每日银行间外汇市场开盘前，参考上日银行间外汇市场收盘汇率，综合考虑外汇供求情况以及国际主要货币汇率变化，向中国外汇交易中心提供中间价报价。在此之前，人民币兑美元汇率中间价是由中国外汇交易中心在银行间外汇市场开盘前向所有银行间外汇市场做市商询价，去掉最高和最低报价后，将剩余报价加权平均后得到当日人民币兑美元汇率中间价，其权重由中国外汇交易中心根据报价方在银行间外汇市场的交易量及报价情况等指标综合确定。"8·11"新汇改明确了做市商的报价依据，使得中间价与收盘价的关联度增强，人民币汇率形成机制的市场化程度进一步提高。

六、外汇市场

基于参与主体和交易方式的不同，外汇市场可以划分为外汇零售市场和外汇批发市场。外汇零售市场是指银行与企业、银行与个人之间进行柜台式外汇买卖所形成的市场；外汇批发市场则是指以银行业金融机构为主、以非银行金融机构和非金融企业为辅的机构间外汇买卖市场，也称银行间外汇市场。《外汇管理条例》第五章所称的"外汇市场"，特指银行间外汇市场。

（一）外汇市场的交易主体

《外汇管理条例》规定，经营结汇、售汇业务的金融机构和符合国务院外汇管理部门规定条件的其他机构，可以按照国务院外汇管理部门的规定在银行间外汇市场进行外汇交易。目前，我国银行间外汇市场的参与主体以境内银行业金融机构为主，同时包括部分非银行金融机构和非金融企业。

（二）外汇市场交易的币种和形式

《外汇管理条例》规定，外汇市场交易的币种和形式由国务院外汇管理部门规定。目前，银行间外汇市场提供集中竞价、双边询价和撮合交易三种交易模式，支持人民币对 29 种外币（美元、欧元、日元、港元、英镑、澳大利亚元、新西兰元、新加坡元、瑞士法郎、加元、澳门元、马来西亚林吉特、俄罗斯卢布、南非兰特、韩元、阿联酋迪拉姆、沙特里亚尔、匈牙利福林、波兰兹罗提、丹麦克朗、瑞典克朗、挪威克朗、土耳其里拉、墨西哥元、泰铢、哈萨克斯坦坚戈、蒙古图格里克、柬埔寨瑞尔、印度尼西亚卢比）的即期交易，人民币对 26 种外币（美元、欧元、日元、港元、英镑、澳大利亚元、新西兰元、新加坡元、瑞士法郎、加元、澳门元、马来西亚林吉特、俄罗斯卢布、南非兰特、韩元、阿联酋迪拉姆、沙特里亚尔、匈牙利福林、波兰兹罗提、丹麦克朗、瑞典克朗、挪威克朗、土耳其里拉、墨西哥元、泰铢、印度尼西亚卢比）的远期和掉期交易，人民币对7种外币（美元、欧元、日元、港元、英镑、澳大利亚元、印度尼西亚卢比）的货币掉期交易，人民币对5种外币（美元、欧元、日元、港元、英镑）的期权交易，13组外币对（欧元/美元、澳大利亚元/美元、英镑/美元、美元/瑞士法郎、美元/港元、美元/加元、美元/日元、欧元/日元、美元/新加坡元、新西兰元/美元、欧元/英镑、美元/澳门元、港元/澳门元）的即期、远期和掉期交易，以及12种外币（美元、欧元、港元、日元、韩元、澳大利亚元、英镑、加元、新西兰元、新加坡元、瑞士法郎、俄罗斯卢布）的外币拆借和外币同业存款交易。

七、人民币加入特别提款权货币篮及其影响

2015年12月，基金组织执行董事会正式批准人民币加入特别提款权货币篮，权重为10.92%，自2016年10月1日起生效。人民币由此成为与美元（41.73%）、欧元（30.93%）、日元（8.33%）、英镑（8.09%）并列的第五种可自由使用货币。2022年5月11日，基金组织董事会完成5年一次的特别提款权定值审查，这是人民币加入特别提款权货币篮以来的首次审查。此次审查维持货币篮的组成货币不变，权重则调整为美元43.38%、欧元29.31%、人民币12.28%、日元7.59%、英镑7.44%，自2022年8月1日起生效。人民币在货币篮中仍排名第三，但权重上升1.36个百分点。

特别提款权由基金组织于1969年创设，其本身不是货币，但可用于成员国与基金组织之间的官方结算，并可基于基金组织指定机制或者成员国之间的协议，用于换取（提取）等量的可自由使用货币。特别提款权本身有价值，其"币值"由货币篮组成货币的币值按各自权重计算并加总而成。货币篮组成货币的权重由基金组织执行董事会每5年审议一次。所谓可自由使用货币，是指基金组织认定同时符合下列两个条件的成员国货币：一是事实上在国际交易中广泛用于支付；二是在主要外汇市场上被广泛交易。前者主要是关于贸易结算，后者主要是关于外汇交易。按照基金组织的口径，对特定货币在国际交易中使用情况的评估应当基于货物和服务贸易使用该种货币进行支付的程度，以及以该种货币计价的资本交易的相对规模；对特定货币是否在主要外汇市场被广泛交易的评估应当基于交易的规模、远期市场的存在情况，以及以该种货币计价的交易的买入价和卖出价之间的价差，其中一国拥有足够深广的外汇市场是一个必要条件。简言之，可自由使用货币的判定涉及相关货币在国际上的实际使用和交易，与货币是否自由兑换、汇率是否自由浮动是不同的概念。这也正是人民币尚未完全实现可自由兑换（资本项目下还存在限制），却能被基金组织认定为可自由使用货币的原因所在。

从基金组织的相关规则看，人民币加入特别提款权货币篮本身并不会对我国外汇管理制度直接提出新的要求或者施加新的义务。但这是对人民币国际地位的重要承认，标志着国际社会正式认可人民币成为世界主要货币之一。